"지난 40년간
주님의 몸된 교회들을
섬겨 오는 부족한 가장을 항상
사랑과 기도로 응원하며 함께한 사랑하는
아내 권선자, 아들 현민, 딸 혜일, 사위 아론
가족 모두에게 드립니다. 모든 식구가 구원의
확신 속에 예수님을 잘 믿기를 간절히 기도합니다."

EPISTLE OF PAUL THE APOSTLE TO THE ROMANS

로마서 이해하기

신앙과 이성의 대화

로마서 5:12-8:39

ROMANS

예정하신 구원을 성화로 이루시는 성령

박병은 지음

vol. II

아침향기

차례 Contents

제2부
구원의 확실성 (롬 7:1~8:39)

추천사

김승년 목사(베튼루지, 비전교회 담임)

복음이 점점 변질되고 소외되어져 가는 현 한국교회에 간결하면서도 매우 명확하게 복음의 핵심을 바로 이해하고 개혁주의 관점에서 해석한 이 "로마서 이해하기"를 모든 목회자들과 성도들에게 적극 추천하는 바이다.

송요준 장로 (의사, M.D. ph.D MA-BTS)

자신을 그리스도의 종(*doulos*)으로 칭하며(저자가 섬기는 교회가 둘로스 장로교회다) 예수 그리스도를 구주(The Lord)로 또 구원자(The Savior)받아들여 성령님의 인도하심으로 복음을 자신의 삶에서 실천한 사도 바울이 로마교회에 보낸 로마서는 많은 교훈을 줍니다. 많은 한인들이 교회와 연계된 일상생활을 영유하고 있으나 각자의 삶에서 예수 그리스도가 구주이심을 고백하고, 가족과 이웃에게 진리의 말씀과 자신의 삶을 통하여 참된 그리스도의 복음을 전하는 진실한 기독교인이 매우 적음을 고려하여 볼 때 개혁주의 해석에 따른 로마서 공부는 현재 절실히 요구되는 상황입니다. "로마서 이해하기"를 주위의 가족과 지인들과 함께 읽고, 믿음은 들음에서 시작되고 입으로 시인하고 마음으로 믿는 참된 크리스천의 삶을 이루기 바라며 기도합니다.

이인승 목사 (휴스톤, 새믿음장로교회 담임)

한국 교회의 목회자들뿐 아니라, 평신도에게까지도 믿음으로 의롭게 된다고 하는 교리는 분명하게 정립되어 있지마는, 우리가 현재 성화의 과정 속에 있으므로 우리 자신들이 예수 그리스도의 성품과 인격을 날마다 닮아 가야 한다고 하는 "거룩한 생활"에 대해서는 별로 관심들이 없다는 것을 인지할 때에, 금번에 박 목사의 "로마서 이해하기" 제 2권을 많은 목회자와 성도들이 읽어 한국 교회가 성화의 교리를 확실하게 정립하고, 또 크게 각성하고 크게 회개를 하게 되어 큰 변화의 놀라운 큰 역사들이 일어나게 되기를 간절히 소원한다.

민경엽 목사(미국 나침반교회 담임)

사실 로마서는 기독교의 거의 전반적인 교리를 다루는 참으로 방대한 말씀입니다. 기독교 교리는 사람 몸으로 생각한다면 뼈에 해당되는 부분이기에 그 자체가 딱딱하기 때문에 자칫 건조하기만 하여 듣기 힘들다고 할 수 있습니다. 그런데 저자의 책을 살펴보니까 매우 명확하게 정리를 해놓아서 읽기가 쉽고 이해가 빠르게 되어 있습니다. 박 목사는 본문을 매우 깊이 있게 다루시면서 기독교에서 가르치는 복음이 무엇인가를 개혁주의적인 입장에서 진지하게 전하셨습니다. 그러므로 성경과 함께 박 목사님의 "로마서 이해하기"를 읽는다면 여러 방면에서 건강한 신앙인이 될 것이라고 믿습니다. 또한 현대 신학계의 논쟁거리라든가 고민거리를 간단하지만 핵심적으로 잘 다루었기 때문에 신학적인 이슈에 대해서도 분별력을 가질 수 있으리라고 생각합니다. 이렇게 귀한 책이 건강하고 올바른 한국교회를 만드는 일에 아름답게 쓰임받아서 한국교회와 이민교회가 더욱 튼튼해질 수 있기를 간절히 바랍니다.

김용복 목사(뉴욕, City Fellowship Mission)

저자는 바울을 만나고 있었다. 그는 로마서 강해를 쓴다기 보다, 자기가 만난 바울을 독자에게 전해준다. 로마서의 학술적 분석이라기보다, 바울을 만났던 감촉을 성경 전체 속에서 생생히, 독자에게 전해주고 싶었던 것 같다. 로마서는 바울이 예수를 만난 자신의 느낌과 생각, 마음과 감촉을 적어 로마 교인들에게 전한 것이다. 바울과 예수가 통하는 그 결을, 저자 박 목사는 자신의 예수와의 결로 울타리처럼 두르고, 바울을 만지며 로마서를 다시 써내려 가는 것 같다. 현대를 살아가는 우리에게 그런 만남이 너무 아쉬운 때에, 저자는 "로마서 이해하기"를 통해, 바울을 그리 만나고 싶어 하고, 또한 이 책을 통해, 교인들과 나아가 미지의 독자들을 그리 만나고 싶어 한 것으로 나는 느낀다. 나는 저자 박 목사가 바울을 만나듯, 또 그 둘이 예수를 만나듯, 이 책의 바람은 사람들이 사람들을 그리 만나길 원할 것이다. 그런 마음의 이 책을 한번 읽어 볼만 하지 않겠는가.

박요한 목사(씨애틀, 겨자씨 선교회)

본서의 독특함은 로마서만의 특징을 극대화했다. 첫째, 은혜 언약의 관점에서 예수를 통해 이루신 하나님의 복음으로 하나님의 의를 주격 소유격과 목적 소유격으로 주경했다. 둘째, 성경 신학의 장점인 로마서만의 특성과 조직 신학의 매력인 논리의 체계성을 초지일관 은혜 언약으로 관통 시켜서 복음의 황금 사슬인 "예정", "소명" "칭의" "성화"를 복음의 요체로 담아냈다. 셋째, 성령의 부으심을 "완료 수동"의 형식의 주해를 통해 성도의 마음속에 하나님의 사랑을 만나게 하는 구체적인 사역의 주체로 구원의 확신, 내주, 각성, 격려, 보증 등 다섯 가지로 성령사역을 명료하게 해득 시켜 주었다.

머리말

교회에 다니는 사람은 누구나 자신의 구원이 확실하길 바랄 것입니다. 그런데 게 중에는 구원의 확신 없이 교회를 다니는 이들이 의외로 많다는 것을 경험합니다. 그들은 자신이 선한 일을 많이 하고 윤리적으로 흠 없는 삶을 살면 천국에 갈 수 있다고 생각하는 것 같습니다. 정말 그럴까요? 과연 이 세상에 그런 완전한 성인군자가 있을까요?

제가 부교역자로 섬길 때 담임 목사께서 2천여 명의 장년 교인 중에 거듭난 교인이 얼마나 될 것인지를 심각하게 말씀하신 것이 기억납니다. 이 문제는 제게 목회하는 내내 큰 도전이었습니다. 하나님께서 제게 맡겨주신 영혼들의 구원에 대한 책임을 어떻게 하나 하는 생각 속에서 정말 힘들었습니다. 분명 하나님 앞에 섰을 때, 주께서는 이 문제에 대한 책임을 물으실 텐데 라는 염려 속에서, 저는 항상 긴장하며 타협 없이 성경 말씀대로 전하려 애썼습니다. 참석한 교인 중 한 사람에게라도 거듭나기를 간절히 기도하며 매 시간 강단에 섰습니다.

"로마서 이해하기"1 권에서 살펴보았듯이, "모든 사람은 하나님의 영광에 이르지 못하는 죄인(롬 3:23)"입니다. 그리고 "죄의 삯은 사망(롬 6:23)"입니다. 1 권 51편의 설교에서는 "복음을 믿어 의롭게 되는 구원의 여정"을 담았습니다. 이제 2 권 58편의 설교에서는 "이미 예정하신 구원이 성령의 역사로 성화를 거쳐 영화에 이르는 구원"임을 다루었습니다.

자주 실수하는 저를 목회자와 설교자로 받아주시고 무서운 Corona Virus Pandemic 상황 가운데 매 주일마다 40여 분이 넘는 긴 시간 강해 설교를 경청해 주신 둘로스 장로교회 성도 한분 한분께 진심으로 감사드립니다. 이 분들의 사랑과 격려가 아니었다면 이 책은 분명 불가능했을 것입니다. 이 모든 것이 전적으로 하나님의 은혜입니다.

"로마서 이해하기" 2권의 추천사를 써 주신 김승년목사, 송요준장로, 이인승목사, 민경엽목사, 김용복목사, 박요한목사께 진심으로 감사드립니다. 또한 본서를 아름답게 엮어주시고 출판해 주신 새한기획 출판부(아침향기)와 편집주간 강신억목사께 진심으로 감사드립니다. 끝으로 지난 40여 년간 힘든 목회를 곁에서 묵묵히 응원하며 함께 목회에 동참해 준 사랑하는 아내 권 선자와 아들 현민, 딸 혜일과 사위 아론(Aaron Freeman)에게 진심을 담아 고마움을 표합니다.

바라기는 성령 하나님께서 "로마서 이해하기" 2권을 읽는 독자들께 역사하셔서 구원의 진리가 보다 선명하게 이해되고 믿어져 구원을 굳게 확신하는 믿음의 성숙이 있기를 간절히 바랍니다. 모든 것을 하나님께 영광을 돌립니다. *Soli Deo Gloria!*

Mile High City, CO
2023년 부활절에
박병은 목사

PART 1.

은혜의 지배

(롬 5:12~6:23)

제52강

아담 안에, 그리스도 안에

그러므로 한 사람으로 말미암아 죄가 세상에 들어오고 죄로 말미암아 사망이 들어왔나니 이와 같이 모든 사람이 죄를 지었으므로 사망이 모든 사람에게 이르렀느니라. 죄가 율법 있기 전에도 세상에 있었으나 율법이 없었을 때에는 죄를 죄로 여기지 아니하였느니라. 그러나 아담으로부터 모세까지 아담의 범죄와 같은 죄를 짓지 아니한 자들까지도 사망이 왕 노릇 하였나니 아담은 오실 자의 모형이라(로마서 5:12~14).

온 세상이 창궐하는 Corona Virus로 몸살을 앓고 있다. 중국과 한국을 거쳐 이젠 이곳 미국까지 그 여파가 미쳐 트럼프 대통령은 국가비상사태를 선포하면서 2020년 3월 15일을 국가 기도회의 날로 선포했다. 유럽에도 널리 퍼져 모든 나라가 COVID-19로 인한 역병에 두려워하고 있다. 사회적 거리두기, 여행 봉쇄 등, 심각한 문제가 발생하고 있다.

국제보건기구(WHO)에서는 전 세계의 유행(Pandemic)을 공표했다. 전 세계 10만 명 이상이 폐렴에 감염되었고 그 가운데 3천 명 이상이 죽었다. 한국에도 8,162명이 감염되었고, 현재 75명이 사망했다고 보고되고 있다. 무서운 일이 아닐 수 없다. 이로 인하여 사람들이 활동을 자제하고, 경제활동 역시 위축되어 엄청난 손해를 입고 있다. 심지어

행정당국에서는 교회에서의 모임을 금지하라는 행정명령을 내리기도 했다. 이곳 덴버에서도 250명 이상의 모임은 금지한다고 발표했다. 인간이 이렇게 연약하고 무력한 존재임을 느껴본 적이 없다. 어떤 대책도 불안하기만 하다. 왜 인간은 죽음을 날마다 의식하고 두려워하며 살아가야만 하는 것일까?

원래 하나님은 인간을 영생하도록 지으셨다. 여호와 하나님은 인간을 창조하신 후 심히 좋아하셨다. 생육하고 번성하며 모든 생물을 다스리며 땅에 충만할 것을 명령하셨다(창 1:28). 하나님은 아담에게 동산 중앙에 있는 선과 악을 구별하는 나무의 열매를 먹지 말 것을 명하셨지만, 같은 곳에 있는 생명나무에 대해서는 금하지 않으셨다.

> 여호와 하나님이 그 사람에게 명하여 이르시되 동산 각종 나무의 열매는 네가 임의로 먹되, 선악을 알게 하는 나무의 열매는 먹지 말라 네가 먹는 날에는 반드시 죽으리라 하시니라.(창 2:16~17)

이는 아담과 하와가 생명나무의 열매를 먹으면서 영생하도록 지음 받았음을 의미한다. 아담과 하와는 아름다운 에덴동산에서 각종 나무의 열매와 함께 그 생명 열매를 먹으며 영생하도록 창조되었다. 문제는 금지 명령을 아담이 어겼다는데 있다.

로마서 5장은 두 부분으로 나뉜다. 첫 부분(1~11절)에서는 이신칭의의 결과로 성도가 누리는 혜택들, 둘째 부분(12~21절)에서는 아담 안의 인간과 예수 그리스도 안의 인간을 다루며 죄의 결과인 사망의 원인과 예수 그리스도를 통하여 주어진 구원 도리를 다루고 있다. 앞 장에 이어 이제 두 번째 단락을 살펴보려 한다. 이 부분에서 바울은 인간을 두 부류로 나누어 구원의 도리를 설명한다. 그것은 아담 안의 인간과 예수 그리스도 안의 인간이다.

1. "그러므로"(12절)

12절은 "그러므로"로 시작된다. 이 말은 결론을 낼 때 사용되는 접속사이다. 이 접속사에 대한 여러 설명이 있다.

1) 세대주의 설명: "그러므로"를 3:19에서 끊겼던 이신칭의를 이어 다루기 위하여 결론짓는 말이라고 설명한다(Scofield Bible). 그러나 12절 이후 내용에서 이신칭의를 직접 다루고 있지 않다는 데서 무리한 해석으로 보인다.

2) 찰스 하지(Charles Hodge)의 주장; 이제까지 설명한 이신칭의 교리를 예화로서 다루고 있는 부분이라고 설명한다. 이 역시 본문 내용 자체가 단순히 예화 정도가 아니라, 더 풍성하고 깊은 근본적인 죄, 사망, 그리고 영생의 문제를 다루고 있기에 쉽게 동의하기 어렵다.

3) 문맥에 따른 해석; 그렇다면 12절을 시작하는 "그러므로"는 어떤 의미일까? 이는 21절까지 이어지는 문단의 시작으로, 앞의 9~11절과 직접 연관이 있는 바를 결론으로 내리면서 이후 다룰 특별한 주제를 위한 접속사라 할 것이다. 12절 앞의 구절들을 다시 읽어 보면 쉽게 알 수 있다.

> 그러면 이제 우리가 그의 피로 말미암아 의롭다 하심을 받았으니 더욱 그로 말미암아 진노하심에서 구원을 받을 것이니, 곧 우리가 원수 되었을 때에 그의 아들의 죽으심으로 말미암아 하나님과 화목하게 되었은즉 화목하게 된 자로서는 더욱 그의 살아나심으로 말미암아 구원을 받을 것이라. 그뿐 아니라 이제 우리로 화목하게 하신 우리 주 예수 그리스도로 말미암아 하나님 안에서 또한 즐거워하느니라.(롬 5:9~11)

이렇게 보듯이 9~11절에서 강조하는 바는 "예수 그리스도께서 이루신 구속 사역"을 통하여 구원하시는 하나님의 구원방식의 결론을 도출하려고 사용한 접속사임을 알게 된다. 이는 그리스도 안에 있는 이 신칭의로 구원받은 우리의 근본을 살피려는 차원에서 "그러므로"이다. 즉 예수 믿기 이전, 아담 안에 있는 존재인 성도가 예수 안에서 새로운 존재가 되었다는 것이다. 이 과정에서 사도 바울은 인간의 뿌리 깊은 죄성과 그 죄의 부패성에 대하여 설명하면서 상대적으로 우리에게 주어지는 하나님의 은혜로운 구원의 깊고 높은 도리를 세밀하게 설명하고 있다.

여기서 우리는 바울이 이미 유대인이든 이방인이든 예외 없이 죄를 지어 모두 사망에 이르게 되어있는 운명에 빠져 있음을 선언했음을 상기할 필요가 있다. 그는 "유대인이나 헬라인이나 다 죄 아래에 있다고 우리가 이미 선언하였느니라(롬 3:9)."라고 말했다. 그러면서 그는 아브라함의 예로 유대인이나 이방인이나 믿음의 조상인 그의 후손임을 강조했다.

> 율법에 속한 자에게 뿐만 아니라 아브라함의 믿음에 속한 자에게도 그러하니
> 아브라함은 우리 모든 사람의 조상이라.(롬 4:16b)

인간은 아담 안에서 죄와 사망으로 제한받는 인간과, 예수 안에서 은혜와 믿음으로 구원받는 인간이 있다. 바울은 12절에서 21절까지 이 부분을 다루면서, 인간의 근본과 죄 가운데 처한 운명적 실체와 그로부터 구원받는 도리와 배경 그리고 그 혜택을 세밀하게 다룬다. 바울은 자신을 이 후자의 그룹 즉 예수 안에 있는 그룹에 속해 있음을 설명하면서 "우리(복수 1인칭)"라고 지칭한다.

그는 예수 그리스도의 구속 사역을 믿음으로 인하여 주어지는 특권 즉 "의로워지고(5:1), 하나님과 화목하게 된(5:11)" 우리임을 강력하게 주장한다. 성도는 이신칭의로 하나님의 구원을 받아 하나님과 화평을

누리는 자로서 큰 복을 받아 그 "하나님을 즐거워하는 자"가 된 것이다. 이것이 롬 5:1~11에서 설명하고 있는 내용이다.

요약하면, "그러므로"는 1~11절까지의 모든 말씀을 종합하여 결론을 내리면서 21절까지 전체적인 구원의 도리를 포함하려는 의도로 사용되었다. 그것은 화해와 구원이 그리스도의 구속 사건을 통하여 이루어진 결과라는 것이다.

2. 대표론(Headship theory)

이 대목에서 바울이 전달하며 설명하는 특별한 서술 방식에 대한 이해가 필요하다. 그것은 소위 "대표론(headship theory)"라는 것이다. 즉 한 사람의 불순종으로 온 인류에게 온 사망과 한 사람의 순종으로 인류에게 생명이 주어지게 된 구원의 도리를 다루는 논법이다.

1) 아담 안에

아담은 선과 악을 구별하는 나무의 열매를 금하신 하나님의 명령(창 2:16~17)을 어기고 그 열매를 먹음으로써 하나님의 심판을 받아 죽게 되었다. 그런데 이 형벌로 죽게 된 것이 단순히 아담에게만 미치지 않고 그의 후손 즉 온 인류에게도 전가되어 모든 사람이 죽음의 형벌을 받게 되었다는 것이다. 창세기 3장은 이 과정을 아주 속도감 있게 간략하게 다루고 있다.

> 여자가 그 나무를 본즉 먹음직도 하고 보암직도 하고 지혜롭게 할 만큼 탐스럽기도 한 나무인지라 여자가 그 열매를 따 먹고 자기와 함께 있는 남편에게도 주매 그도 먹은지라. 이에 그들의 눈이 밝아져 자기들이 벗은 줄을 알고 무화과나무 잎을 엮어 치마로 삼았더라. 그들이 그 날 바람이 불 때 동산에

거니시는 여호와 하나님의 소리를 듣고 아담과 그의 아내가 여호와 하나님의 낯을 피하여 동산 나무 사이에 숨은지라. 여호와 하나님이 아담을 부르시며 그에게 이르시되 네가 어디 있느냐. 이르되 내가 동산에서 하나님의 소리를 듣고 내가 벗었으므로 두려워하여 숨었나이다. 이르시되 누가 너의 벗었음을 네게 알렸느냐 내가 네게 먹지 말라 명한 그 나무 열매를 네가 먹었느냐. 아담이 이르되 하나님이 주셔서 나와 함께 있게 하신 여자 그가 그 나무 열매를 내게 주므로 내가 먹었나이다. 여호와 하나님이 여자에게 이르시되 네가 어찌하여 이렇게 하였느냐 여자가 이르되 뱀이 나를 꾀므로 내가 먹었나이다.(창 3:6~13)

바울은 이 사건을 세세하게 다루고 있지 않고 핵심 개념 즉 아담의 범죄 행위만을 다룬다. 그는 여자인 하와의 범죄 행위에 대하여 언급조차 하지 않았다. 왜일까? 대표론으로 설명하고 있기 때문이다. 즉 아담이 인류의 대표로서 범한 죄를 다루고 있다. 아담의 죄로 온 인류에게 사망이 미치게 되었다는 설명이다.

즉 아담은 인류의 "머리요 대표(head and representative)"인 셈이다. 그 대표가 지은 죄의 결과로 주어진 형벌은 모든 인간에게 전가되어 아담이 죽은 것과 같이 다 죽게 된 것이다. 이 죄에 대한 형벌이 얼마나 강했던지 14절은 다음과 같이 설명하고 있다.

그러나 아담으로부터 모세까지 아담의 범죄와 같은 죄를 짓지 아니한 자들까지도 사망이 왕 노릇 하였나니(롬 5:14a)

아담과 같은 죄를 짓지 않은 자라 할지라도, 아담의 후손은 사망의 지배를 받아 다 죽었다는 것이다. 노아 심판, 바벨 사건, 소돔과 고모라 사건들 속에서 아담 이후의 모든 인간이 예외 없이 사망했다. 그 이유는 그들이 아담을 머리로 한 후예이기 때문이다.

그러므로 한 사람으로 말미암아 죄가 세상에 들어오고 죄로 말미암아 사망이 들어왔나니 이와 같이 모든 사람이 죄를 지었으므로 사망이 모든 사람에게 이르렀느니라.(롬 5:12)

2) 그리스도 안에

또 한 부류가 있다. 예수 그리스도 안에서 있는 자들이다. 이들은 비록 아담의 후손 즉 운명적으로 사망의 지배하에 놓여있는 자들이지만, 예수께서 이루신 대속의 진리를 믿은 자들로 예수를 통하여(through Christ), 예수로 말미암아(by Christ), 예수 안에서(in Christ), 그리고 예수와 함께(with Christ) 새로운 생명으로 거듭 태어난 자들이다. 우리가 바로 이 부류에 속해 있어서 이신칭의로 구원받고 살아가는 자들이 되었다.

바울은 이들을 "예수로 인하여 하나님과 화평을 누리는 자"라고 규정했다.

> 그뿐 아니라 이제 우리로 화목하게 하신 우리 주 예수 그리스도로 말미암아 하나님 안에서 또한 즐거워하느니라.(롬 5:11)

3. 유비론(Analogy)

어떻게 아담의 후손인 우리가 예수 그리스도 안에서 구원을 얻게 되었는지 알 수 있을까? 바울은 이를 특별한 서술 방식을 동원하여 설명하고 있다. 그것은 "유비론"이다. 이 말은 어떤 진리를 드러내기 위한 서술 방식 중에 하나로 14절에서 그 예를 찾아볼 수 있다.

> 아담은 오실 자의 모형이라.(롬 5:14b)

바울은 아담과 그리스도 사이에 어떤 깊은 관계가 형성되어 있다고 주장한다. 그것은 유비이다. 즉 하나의 원리가 전혀 같지 않은 두 존재에 같이 적용될 수 있을 때 이를 유비 관계라 말한다. 그것은 아담의 불순종과 예수의 순종, 그 결과 죄와 사망으로 이어지는 아담과 그 후손, 예수의 순종으로 이루어진 구원 도리를 믿어 은혜와 영생으로 이어지는 성도, 이런 대비적인 유비 관계가 형성된다고 바울은 주장한다. 12절과 21절이 잘 말해준다.

> 그러므로 한 사람으로 말미암아 죄가 세상에 들어오고 죄로 말미암아 사망이
> 들어왔나니 이와 같이 모든 사람이 죄를 지었으므로 사망이 모든 사람에게
> 이르렀느니라. ― 이는 죄가 사망 안에서 왕 노릇한 것 같이 은혜도 또한 의
> 로 말미암아 왕 노릇 하여 우리 주 예수 그리스도로 말미암아 영생에 이르게
> 하려 함이라(롬 5:12, 21).

아담과 우리와의 관계는 아담이 지은 죄의 전가로 인하여 떨어질 수 없는 관계이다. 즉 아담 대표론에 의하여 비참한 사망에서 헤어 나올 수 없는 존재가 되었다. 그런데 우리가 예수 그리스도와의 신비스러운 관계로 인하여 영광스러운 구원의 영역에 들어있게 된 것이다. 놀라운 일이 아닌가! 그 과정 속에는 예수 그리스도의 수난 즉 십자가의 구속의 도리 즉 피 흘리신 보혈의 공로가 적용되어 있음을 잊지 말아야 한다.

이 놀라운 구원의 진리는 전혀 능력도 자격도 없는 자에게 베푸시는 하나님의 은혜로 주어져 있다. 이로 인하여 우리에게는 예수 그리스도 안에서 신비로운 연합이 형성되었다. 사도 바울은 이 놀랍고 신비스러운 구원의 도리를 다음과 같이 설명한다.

> 그러므로 우리가 그의 죽으심과 합하여 세례를 받음으로 그와 함께 장사되었
> 나니 이는 아버지의 영광으로 말미암아 그리스도를 죽은 자 가운데서 살리심
> 과 같이 우리로 또한 새 생명 가운데서 행하게 하려 함이라.(롬 6:4)

어떻게 이것이 가능할까? 이는 모형론이 적용되기 때문이다.

> 그러나 아담으로부터 모세까지 아담의 범죄와 같은 죄를 짓지 아니한 자들까
> 지도 사망이 왕 노릇 하였나니 아담은 오실 자의 모형이라.(롬 5:14)

아담은 그리스도의 표상(pattern)이다. 다른 말로는 모형(types)이라 부른다. 사도 바울은 모형론(typology)으로 아담과 그리스도의 관계를 설명하고 있다. 그런데 바울은 이를 순 적용을 하지 않고 반대로 적용된 모형론(anti-typology)으로 설명한다.

이 설명으로 아담을 이해하면 상대적으로 예수를 쉽게 이해할 수 있

다. 바울은 이 진리를 놀랍게 요약하고 있다.

> 사망이 한 사람으로 말미암았으니 죽은 자의 부활도 한 사람으로 말미암는도
> 다. 아담 안에서 모든 사람이 죽은 것 같이 그리스도 안에서 모든 사람이 삶
> 을 얻으리라.(고전 15:21~22)

결 론

우리는 모두 아담 안에 있던 자들이었다. 죄의 지배를 받고 살아온 우리는 그 결과 사망의 지배를 받고 살아왔다. 그런데 하나님의 은혜로 예수 그리스도 안에서 영원한 영생을 누리며 하나님과 화목하게 되었다. 이는 전혀 우리의 자격이나 노력 그리고 능력에 의해 된 것이 아니다. 오직 하나님의 은혜요, 성령의 역사로 된 것이다.

이에 대한 사도 바울의 강력한 논증을 들어보자.

> 우리가 알거니와 하나님을 사랑하는 자 곧 그의 뜻대로 부르심을 입은 자들
> 에게는 모든 것이 합력하여 선을 이루느니라. 하나님이 미리 아신 자들을 또
> 한 그 아들의 형상을 본받게 하기 위하여 미리 정하셨으니 이는 그로 많은 형
> 제 중에서 맏아들이 되게 하려 하심이니라. 또 미리 정하신 그들을 또한 부르
> 시고 부르신 그들을 또한 의롭다 하시고 의롭다 하신 그들을 또한 영화롭게
> 하셨느니라.(롬 8:28~30)

우리는 모두 바로 이 놀라운 하나님의 섭리 가운데 부름을 받아 이 신칭의로 하나님 앞에서 기뻐하며 즐거워하는 구원을 받았다. 그러기에 우리가 예수 안에 있는 자임을 확신하게 되는 것이다. 어떤 상황 가운데 처하든지 낙심하지 않고 참된 기쁨과 감격으로 구원을 확신하게 되는 것이다.

이 구원의 도리를 설명하는 과정에서 사도 바울이 도입하는 성경의

진리와 신학적인 개념들이 다 들어 있다. 원죄교리와 창조와 타락의 역사성, 언약 신학, 그리스도의 구속론, 이를 믿는 자들의 성화와 영화로 이어지는 구원론 등등이 이 로마서 안에 보석처럼 박혀 영롱하게 빛나고 있다. 이 진리의 보고를 세밀하게 살펴보는 것은 구원받은 자들이 반드시 추구해야 할 책무이다. 이를 통하여 구원의 확신을 갖게 되는 것이다.

제53강

한 사람의 죄, 모든 사람의 죄

그러므로 한 사람으로 말미암아 죄가 세상에 들어오고 죄로 말미암아 사망이 들어왔나니 이와 같이 모든 사람이 죄를 지었으므로 사망이 모든 사람에게 이르렀느니라. 죄가 율법 있기 전에도 세상에 있었으나 율법이 없었을 때에는 죄를 죄로 여기지 아니하였느니라. 그러나 아담으로부터 모세까지 아담의 범죄와 같은 죄를 짓지 아니한 자들까지도 사망이 왕 노릇 하였나니 아담은 오실 자의 모형이라(로마서 5:12~14).

누구나 언젠가 죽게 마련이다. 히브리서 기자는 "한번 죽는 것은 사람에게 정해진 것이요 그 후에는 심판이 있으리니(히 9:27)"라고 말한다. 죽음은 이미 정해진 원칙이다. 예외가 없다. 그 원인이 무엇일까? 바울은 한 사람의 불순종으로 많은 사람이 죄인이 되어 죽음에 이르게 되었다(19절)고 설명한다. 계속하여 "한 사람으로 말미암아 죄가 세상에 들어오고 죄로 말미암아 사망이 들어왔나니, 이와 같이 모든 사람이 죄를 지었으므로 사망이 모든 사람에게 이르렀느니라(12절)라고 그는 부언한다.

여기 '한 사람'은 누구인가? 하나님께서 창조하신 아담이다. 아담이 하나님께서 명하신 금단의 명령을 어긴 죄가 모든 사람이 죽는 원인이라고 말한다. 아담의 죄로 인하여 모든 사람이 죄를 짓게 되었으며 그 결과 아담이 죽은 것과 같이 모든 사람이 죽는 것이다. 왜일까? 그 근본적인 원인은 모든 사람이 아담과 같이 죄 가운데 있기 때문이다. 설령 모든 사람이 아담과 같은 죄를 짓지 않았다고 하더라도 말이다. 그래서 모든 사람이 죽는 것이다.

이해하기 쉽지 않은 대목이다. 이 시간 바로 이 점을 살피려고 한다. 과연 어떤 이유로, 어떤 근거로, 아담의 죄와 모든 사람의 죄가 관계가 있으며 어떤 의미가 담겨있는 것일까?

1. 모두에게 미치는 한 사람의 죄

교회에서 죄에 대하여 많이 말한다. 사실, 듣기 좋지 않다. 그런데 왜 이렇게 죄에 대하여 집착할까? 죄의 대가는 죽음이고, 이 사망으로부터 구원의 길을 성경이 제시하고 있기 때문이다. 성경은 단지 인간의 문제 해결과 위로 그리고 행복과 구복만을 추구하며 그 방법을 전하는 것이 아니라, 모두가 겪게 마련인 죽음과 그토록 원하는 영생을 계시하는 말씀이다.

당연히 여러분은 죄를 지으면 죄에 대한 대가 즉 죄의 값을 치러야 한다고 할 것이다. 그렇다면 "모든 사람이 죄를 지었으매"라는 12절의 말씀에서 만약 신생아가 죽었다면 그 영아도 죄를 지은 결과로 죽은 것이라고 자신 있게 말할 수 있을까? 그 신생아는 죄를 지을 기회도 없고 또한 죄지을 생각도 하지 않았는데, 어떻게 그 어린 아이가 죄의 값으로 죽었다고 말할 수 있을까?

첫째, 아담과 그리스도의 비교

우선 이 점을 생각하기에 앞서 바울이 언급하고 있는 "아담은 오실 자의 모형(pattern, type)"이라는 설명을 먼저 생각해 보아야 한다. 바울은 모형론(Typology) 개념을 동원하여 죄에 대하여 심판하심으로 모든 사람이 죽는 것과 모든 사람에게 주어질 구원의 도리를 설명하고 있다.

> 그러나 이 은사는 그 범죄와 같지 아니하니 곧 한 사람의 범죄로 인하여 많은 사람이 죽었은즉 더욱 하나님의 은혜와 또한 한 사람 예수 그리스도의 은혜로 말미암은 선물은 많은 사람에게 넘쳤느니라.(롬 5:15)

이렇게 바울은 한 사람 아담이 불순종한 죄로 인하여 주어진 사망과 한 사람 예수의 순종으로 주어지는 생명 즉 구원을 비교하며 이신칭의의 절대적 의미와 가치를 설명한다.

둘째, 사망의 보편성

모든 사람은 예외 없이 죽는다. 올 때는 순서가 있지만, 갈 때는 순서가 없다. 이유가 무엇일까? 신생아조차 죽는 이유가 무엇일까? '죄의 삯은 사망이라(롬 6:23)' 했는데 이 신생아가 무슨 죄를 지었기에 죽을 수 있단 말인가? 요즘 Covid-19으로 무고한 사람도 희생당하는 이유를 어디서 찾을 수가 있을까? 안타까운 일이지만, 모든 사람은 어떤 자리에서 어떤 경우에서든 반드시 죽는다. 모두 예외 없이 죽음을 맞이할 수밖에 없는 존재들이다.

이미 사도 바울은 이러한 모두의 운명적 죽음에 대하여 말씀했다.

> 모든 사람이 죄를 범하였으매 하나님의 영광에 이르지 못하더니(롬 3:23)

2. 아담부터 모세까지의 죄

> 죄가 율법 있기 전에도 세상에 있었으나 율법이 없었을 때에는 죄를 죄로 여기지 아니하였느니라. 그러나 아담으로부터 모세까지 아담의 범죄와 같은 죄를 짓지 아니한 자들까지도 사망이 왕 노릇 하였나니(롬 5:13~14a)

죄는 율법 이전에도 여전히 있었다. 그것은 아담과 하와가 에덴동산에서 추방된 이후부터 온 땅에 횡행했던 바이다. 가인과 아벨(창 4:1~15), 가인 후손들의 반역(창 4:16~24), 노아 홍수(창 6~10), 바벨탑 사건(창 11:1~9) 등등 모세의 율법 이전에도 죄는 변함없이 인간 세계에 끈질기게 그리고 강력하게 작동하고 있었다. 그 결과 모든 사람은 다 죽었다. 즉 아담의 후예들은 예외 없이 다 죽었던 것이다.

무슨 까닭일까? 다름 아닌 죄 때문이다. 사실 율법이 온 후 즉 모세 이후에는 그 율법의 잣대로 죄를 가름했지만, 그러나 율법 이전에도 사람들 모두가 죽었다는 것은 죄가 율법 이전에도 횡행했으며 그 결과 모든 사람이 죽은 것이다. 이는 마치 Covid-19의 감염률이 높아진 이유는 더 많이 측정했기 때문에 더 높게 나왔지 측정 이전에도 여전히 감염자가 있었다는 주장과 같은 논리이다.

첫째, 아담과 같은 죄를 짓지 않은 자는 누구인가?

"아담의 범죄와 같은 죄를 짓지 아니한 자들(14절)"이란 누구를 의미하는 말일까? 두 가지 설명이 있다.

첫째는 아담부터 모세까지의 모든 사람을 가리킨다. 둘째는 어떤 행동을 저지를 수 없는 사람 즉 유아들을 가리킨다. 당연히 모든 아담의 후손은 아담과 같은 에덴동산이란 환경에서 살지 않았기에 아담과 같은 죄를 지을 수 없고 또 영아 역시 죄를 지을 수 없다. 그러기에 이 두 설명에 대한 그 어떤 설명에도 동의 혹은 부정을 하기 어렵다. 어찌 되었든 모든 사람이 죄를 지었다는 데 문제가 있다.

둘째, "모든 사람이 죄를 지었다"라는 말의 의미는 무엇인가?

만인이 죄를 지었다는 만인 죄인 설에 대하여 세 가지 설명이 있다.

1) 모방설(Imitation theory): 모든 사람은 자기 조상의 행동을 모방하여 죄를 지었다는 설명이다. 즉 아담의 자손들이 아담의 불순종하는 것을 모방하여 죄를 지었다는 것이다. 그리고 이 모방의 과정이 시대가 흐름에 따라 고착되어 인간들이 더 큰 죄를 짓게 되었다고 설명한다.

과연 자식이 부모의 행위를 모방하여 죄를 지을까? 이 설명이 맞는다면 부모가 철석같이 믿는 자식이 어떻게 부모 모르게 죄를 짓는 것일까? 그리고 세상의 엄청난 죄의 증가와 범람은 어떻게 설명할 수 있을까?

다윗은 이미 이러한 설명이 틀렸음을 진술했다.

> 내가 죄악 중에서 출생하였음이여 어머니가 죄 중에서 나를 잉태하였나이다.(시편 51:5)

2) 원천유전설(Hereditism): 이는 종교개혁자 요한 칼빈(John Calvin)의 설명이다. 그는 모든 사람이 아담으로부터 죄의 본성을 물려받는 것(유전)을 뜻한다고 설명한다. "모든 사람이 죄를 지었다."라는 것은 모든 이들이 죄인이라는 것이며 이는 모든 이들이 죄를 범했다는 것을 의미한다. 우리는 모두 아담으로부터 오염되고, 부패하고, 죄의 본성을 물려받았다."라고 설명했다.

그런데 칼빈의 이 주장은 인간은 모두 죄스럽고 부패하고 오염된 본성을 아담에게서 유전 받았기에 하나님께서는 이런 우리의 본질을 죄로 여기신다는 것이다. 이 설명에서 아담과 그리스도의 평행적 관계에 대한 바울의 주장은 왜곡된다. '아담의 불순종으로 모든 사람이 사망, 예수의 순종으로 믿는 모든 사람에게 생명'이란 구도가 칼빈의 원천유전설로는 잘 설명되지 않는다. 사망이 죄로 인한 것이라면 생명은 의에 따른 것이어야 하기 때문이다.

모든 사람의 죄가 본성적 유전에 따른 것이어서 사망에 이르게 되었다면, 생명은 그들이 의를 행할 때 주어지는 것이 마땅한 논리가 되기 때문이다. 그래서 이 설명은 믿음으로 의롭다 함을 얻게 된다는 이신칭의 논리에도 어긋나는 설명이라 하겠다.

3) 직접 범죄설(The theory of conduct to sin directly): 모든 사람이

아담과 함께 죄를 지었다는 설명으로 이는 로이드 존스의 주장이다. 그는 모든 인간은 아담이 죄를 지을 때 그와 함께 죄를 지었다고 말한다. 즉, "모든 사람이 죄를 지었다(12절)"라는 것은 모두가 죄를 지은 것을 의미한다고 말한다. 그는 "여기서 사도가 말하는 바는 '우리가 모두 죄가운데 있게 된다(All, we are among in sin)'는 것이 아니고, '우리 모두 죄를 지었다(We all sinned)'는 말입니다. 모든 사람이 아담과 함께 죄를 지었기에 모든 사람이 죽는 것입니다." 라고 말한다.

성도 여러분, 사망은 언제나 죄와 관련이 있다. 사망은 죄에 대한 심판이다. 만약 죄를 짓지 않은 신생아가 낳자마자 죽었다고 가정할 때 죽음은 죄를 짓지 않은 그 아이에게까지도 영향을 미친 것이 된다. 비록 그 아이가 어떤 특별한 죄를 짓지 않았어도 그는 어떤 특별한 죄책으로 죽은 것이다. 의심의 여지없이, 신생아가 죄를 지을 수는 없다. 어떻게 신생아가 어떤 죄에 대한 책임을 지고서 죽었다고 말할 수는 있겠는가? 만약 어떤 죄에 대한 책임이 없다면 죽지 않았을 것이다. 그렇지 않은가!

3. 사망의 원인 규명

사망은 죄책으로 인한 것이다. 아담이 지은 죄로 죽은 것 같이 그 죄가 전 인류에게 전가되어(imputed) 아담과 같이 모든 인간은 반드시 죽는다. 죽음의 원인은 죄인 것이다.

그러나 이 은사는 그 범죄와 같지 아니하니 곧 한 사람의 범죄로 인하여 많은 사람이 죽었은즉 더욱 하나님의 은혜와 또한 한 사람 예수 그리스도의 은혜로 말미암은 선물은 많은 사람에게 넘쳤느니라. 또 이 선물은 범죄한 한 사람으로 말미암은 것과 같지 아니하니 심판은 한 사람으로 말미암아 정죄에 이르렀으나 은사는 많은 범죄로 말미암아 의롭다 하심에 이름이니라. 한 사람의

범죄로 말미암아 사망이 그 한 사람을 통하여 왕 노릇 하였을 즉 더욱 은혜와
의의 선물을 넘치게 받는 자들은 한 분 예수 그리스도를 통하여 생명 안에서
왕 노릇 하리로다. 그런즉 한 범죄로 많은 사람이 정죄에 이른 것같이 한 의
로운 행위로 말미암아 많은 사람이 의롭다 하심을 받아 생명에 이르렀느니라.
한 사람이 순종하지 아니함으로 많은 사람이 죄인 된 것같이 한 사람이 순종
하심으로 많은 사람이 의인이 되리라.(롬 5:15~19)

이 귀한 말씀은 아담과 그리스도와의 평행 비교를 통하여 죄로 인하
여 사망에 이르는 우리 모두에게 새 생명이 어떻게 주어져 구원에 이르
게 되었는지를 잘 설명해 주고 있다. 즉 한 사람의 한 행위가 모든 이에
게 사망을 가져온 것과 같이 한 사람 그리스도의 한 행동이 모두에게
생명을 가져다준다.

모든 사람에게 죄를 가져온 것은 아담의 한 불순종의 행위 때문이다.
그는 모든 인간의 머리(head)요, 대표(representative)이기에 모두 이 한
사람 안에서 죄를 지었고 사망하는 것이다(롬 5:16). 계속하여 한 사람과
그 한 사람의 행동이 어떤 영향을 미쳤으며 그 결과가 어떠했는지를 말
하고 있다(롬 5:18~19).

19절에서 강조하고 있는 바, "된 것 같이"의 병행 구를 주목해야 한
다. 한 사람의 불순종과 한 사람의 순종은 죄인이 되게 하는 결과와 의
인이 되게 하는 결과의 원인이다. 즉 예수 그리스도의 순종으로 의인이
되게 하신다는 것은 하나님께서 우리를 "죄를 짓기 쉬운 자"가 아니라
(칼빈), 이미 "죄를 지은 자"로 취급하시는(로이드 존스) 차원에서의 설명
이다.

우리는 이 점을 사도 바울이 쓴 이 글의 행간에서 반드시 읽어내야
한다. 하나님께서 이렇게 우리를 취급하시는 것은 우리 스스로 지은 죄
때문이 아니라, 우리가 아담의 후손으로서 이미 아담이 죄를 지었을 때
그와 연합된 우리 역시 죄를 같이 지었기 때문이다. 이 진술이 사실인

것은 아담이 죽은 것과 같이 우리도 예외 없이 죽기 때문이다. 사망이 우리 가운데 왕 노릇하여 모두가 죽는 것은 우리가 모두 하나님께 법적으로 죄인이기 때문이다. 이것을 어떻게 알 수 있고 증명할 수 있을까?

4. 오실 자의 표상인 아담

이 점에서 아담은 오실 자의 표상으로서 존재하게 된 것이다. 아담의 불순종의 한 행위로 우리 모두를 죄인으로 취급하도록 정하신 하나님께서 주 예수 그리스도의 순종을 믿는 모든 자에게 믿음으로 말미암아 의롭다고 하시는 이신칭의의 도리를 통하여 구원하도록 하신 것이다.

아담에게서 죄가 우리에게 전가되었듯이 예수 그리스도의 의가 우리에게 전가되었다. 이것이 이신칭의의 원리요, 아담의 죄로부터 우리를 구원하시는 하나님의 구원방식이다. 이 점에서 "아담은 오실 자의 표상"이다. 그래서 아담의 죄가 우리에게 전가되는 것과 꼭 같은 방식으로 그리스도의 의가 우리에게 전가되는 것이다.

이는 아담 안에서 죄를 지은 자인 우리에게 그 죄책으로서 사망의 지배하에 여전히 놓여 죽게 된다는 사실에서 증명된다. 그래서 모든 사람은 죽는 것이다. 그러나 이미 십자가에서 구속 사역을 완수하신 예수 그리스도를 믿는 우리에겐 더 이상 그 죄책인 사망의 지배력이 끊어지게 되어 예수로부터 전가된 '그리스도의 의(The Righteousness of Christ)'가 우리를 구원하시는 것이다.

사도 바울은 부활장인 고린도전서 15장 마지막 구절에서 이 점을 분명히 한다.

사망이 쏘는 것은 죄요(the sting of death is sin), 죄의 권능은 율법이라(고전 15:56)

사람을 화살로 쏘아 죽게 만드는 것과 같은 것이 죄이다. 이것은 사망에 이르게 하는 길(sting)로, 이는 죄이다. 모든 이가 죽고 영아들까지도 죽는 것은 무엇 때문일까? 바로 죄 때문이다. 비록 영유아가 죄를 짓지 않았다고 하더라도 그들이 죽을 수 있는 이유는 바로 아담의 죄 때문에 죽는 것이다. 사도 바울이 12절에서 말하는 바가 아담이 죄를 지었을 때 우리가 모두 함께 죄를 지었다는 것이다. 이것이 "모든 사람이 죄를 지었으매"란 말씀의 의미이다.

정리하면, 본문 12절 말씀과 같이 인간의 죽음을 설명하는 핵심은 우리가 죄를 지은 아담과 연합되어 있다는 사실이다. 아담이 죄를 지었을 때, 모든 사람이 죄를 지은 것이고 그 결과 사망과 심판이 모두에게 이르게 되었다. 그러나 예수를 믿는 모든 사람은 예수와 연합된 자로서 그리스도 안에서 죽은 자 가운데서 살아날 수 있고, 살아날 것이고, 지금 우리가 주 안에서 함께 사는 것이다. 그래서 주님은 우리에게 질문하신다.

> 예수께서 이르시되 나는 부활이요 생명이니 나를 믿는 자는 죽어도 살겠고, 무릇 살아서 나를 믿는 자는 영원히 죽지 아니하리니 이것을 네가 믿느냐(요 11:25~26)

사도 바울은 이 진리를 계속하여 아담과 그리스도 예수를 비교하며 세밀하게 설명한다(롬 5:12~21). 모든 사람이 죽음에 이르게 되는 것은 우리를 이미 죄인으로 정해 놓으신 하나님의 단호한 죄에 대한 심판 때문이다. 곧 한 사람의 불순종의 한 행위로 인하여 발생된 결과요, 공의로우신 하나님의 정죄요 단호한 심판이다.

이는 단순하게 아담이 우리에게 죄의 본성을 전가했다는 수준이 아니라, 우리를 아담과 연합된 자로 취급하시는 하나님의 공의로우신 섭리 가운데 죄에 대한 정죄요 심판이다. 그래서 모든 사람은 반드시 죽게 되어있고 이는 죄인을 다루시는 공의로우신 하나님의 심판이다.

결 론

　이렇게 성경이 밝히는 것은 아담과 그리스도와의 평행적 관계는 우리에게 놀라운 반전의 메시지를 제공한다. 즉 아담과 연합된 우리가 예수 그리스도의 구속 진리를 믿음으로 예수와 연합되어 사망에서 생명으로 옮기게 되었다는 것이다.

> 내가 진실로 진실로 너희에게 이르노니 내 말을 듣고 또 나 보내신 이를 믿는 자는 영생을 얻었고 심판에 이르지 아니하나니 사망에서 생명으로 옮겼느니라.(요 5:24)

　이것을 믿는 우리는 그리스도의 의가 우리가 아직 죄인이 되었을 때, 연약할 때, 경건치 않았을 때, 하나님과 원수가 되었을 때, 우리에게 전가되었음을 알고 기뻐하지 않을 수 없다.

　우리는 이렇게 아담 안에서 죽는, 운명적인 인생을 살아갈 수밖에 없는 자임을 인정하고 우리에게 그리스도의 의를 전가해 주셔서 영생을 얻도록 은혜를 베풀어 주신 그 하나님께 감사와 찬양을 드려야 할 것이다.

제54강

아담과 성도

그러므로 한 사람으로 말미암아 죄가 세상에 들어오고 죄로 말미암아 사망이 들어왔나니 이와 같이 모든 사람이 죄를 지었으므로 사망이 모든 사람에게 이르렀느니라(로마서 5:12).

앞에서, "아담 안에서 모든 사람이 죄를 지었다"라는 주제를 다뤘다. 모두가 여지없이 죽는 것을 보니 모두가 아담 안에 있는 존재라는 사실이 진리임을 알 수 있었다. 이는 신생아에게도 예외가 없어서 신생아가 죽었을 경우도 적용됨으로 확실하게 증명된다.

본문은 이 진리를 말하고 있다. 이 구절을 쉽게 "그러므로 한 사람을 통하여 죄가 세상에 들어온 것과 같이 죽음은 이 죄를 통하여 세상에 들어와서 결과적으로 그 죽음이 모든 사람에게 퍼졌다. 그 이유는 모든 사람이 죄를 지었기 때문이다."라고 번역할 수 있다(저자 사역).

이제 "모든 사람이 아담 안에서 죄를 지었다"라는 말을 좀 더 살펴보려 한다. 이 말의 정확한 의미가 무엇일까? 어떻게 이런 원리가 가능할까? 아담과 우리와 어떤 연관성이 있기에 사도는 이런 주장을 하고 있을까?

1. 언약 원칙이 적용된 결과

살펴 본대로, 아담은 "오실 자의 모형(pattern, type)"이라고 사도 바울은 주장한다. 왜냐하면, "언약 사상" 때문이다. 아담 한 사람의 행위는 하나님과 맺은 언약 차원에서 다루어진 사안이다. 하나님께서는 최초의 인간을 창조하시고 그와 언약을 맺으셨다. 모세는 이 점을 분명하게 기록하였다. 하나님은 아담에게 "동산 각종 나무의 열매는 네가 임의로 먹되 선악을 알게 하는 나무의 열매는 먹지 말라 네가 먹는 날에는 반드시 죽으리라(surely die!) 하시니라(창 2:16~17)."라고 명령하시며 그와 계약을 체결하셨다.

이것이 하나님과 인간이 체결한 첫 언약이다. 이를 행위언약(The covenant of works)이라고 한다. 문제의 발단은 아담이 이 중요한 언약을 파기했다는 사실로부터다. 사도 바울은 이 점을 "한 사람의 범죄로 인하여 많은 사람이 죽었다(롬 5:15 a)"라고 분명하게 적시했다. 이것은 "금단 언약의 파기"의 결과이다.

혹자는 아담의 이러한 행위에 대하여 원망할 것이다. 그뿐 아니라, 사랑의 하나님께서 무조건 아담의 언약 파기 행위에 따른 벌칙을 아담에게만 적용하지 않으시고 모든 사람에게 적용하신 것에 대하여 이의를 제기할 수도 있을 것이다. 그런데 이러한 시비가 과연 옳은 것인가? 다음 구절을 살펴보자.

> 인류의 모든 족속을 한 혈통으로(from one man) 만드사 온 땅에 살게 하시고 그들의 연대를 정하시며 거주의 경계를 한정하셨으니 이는 사람으로 혹 하나님을 더듬어 찾아 발견하게 하려 하심이로되 그는 우리 각 사람에게서 멀리 계시지 아니하도다.(행 17:26~27)

누가는 이렇게 한 혈통 즉 한 사람으로부터 각처에서 사는 모든 인종의 나라가 형성되었음을 기록하면서, 이를 더듬어 찾아가면 그 한 사람이 누구인지 알게 되고, 그 사람을 창조하신 하나님을 만날 수 있다고 주장한다. 이는 모든 인간은 한 사람 즉 아담의 후손임을 알게한다. 이것이 인류의 아담 기원설(The theory of Adam genesis)이다. 이 성경의 주장은 철저하게 진화론을 부인하고 배격한다. 사도 바울은 이 인류의 조상인 한 사람, 아담의 행위언약 파기의 결과, 즉 그가 지은 죄의 결과로 사망이라는 형벌이 내려졌고, 아담이 죽은 것과 같이 그의 후손 모두에게 적용되어 모두 죽는 결과가 왔다고 주장한다. 이는 아담과 모든 인간이 어떤 연관성이 있는지를 생각하게 한다. 이유는 바울 사도가 인간의 사망 원인이 우리 모두가 아담과 같이 범죄 했기 때문이라고 주장하고 있기 때문이다.

2. 아담과 인간의 관계 이론들

그러면 아담과 그 후손은 어떤 관계가 있기에 이러한 죽음이 왔다고 한 것인가? 어떤 관계가 이 둘 사이에 설정된 것일까? 이 점을 설명하는 두 가지 이론이 있다.

첫째, 실제적 관점(realistic view)

이 설명은 많은 사람이 생각하고 있는 아담은 "인간 본성의 전체성(totality of human natures)"을 가진 자로 보는 것이다. 즉 이 한 사람 아담 안에 전 인류의 본성이 담겨있다고 보는 것이다. 그 아담 안에는 모든 인간성이 담겨있고 그 후손 모두의 인간성이 아담 안에 있어서, 아담의 행위는 전 인간의 행위로 취급되어야 한다는 것이다. 이러한 설명을 뒷받침하는 말씀이 있다. 히브리서 7장이다.

> 또한 십 분의 일을 받는 레위도 아브라함으로 말미암아 십 분의 일을 바쳤다
> 고 할 수 있나니, 이는 멜기세덱이 아브라함을 만날 때에 레위는 이미 자기

조상의 허리에 있었음이라.(히 7:9~10)

이 구절은 창세기 14장을 배경으로 한다. 잘 아시는 대로, 가나안 부족 네 왕이 소돔과 고모라를 침략하여, 그곳에 살고 있던 아브라함의 조카 롯을 포로로 잡아갔다. 이 조카를 구출하기 위하여 헤브론에 살고 있던 아브라함이 사병 318명을 거느리고 습격하여 승리한다. 조카의 가족을 구하고 엄청난 전리품을 가지고 돌아올 때, 샬렘 왕 멜기세덱을 만나 그에게 전리품의 십일조를 드린 일이 있었다.

이때의 예를 들어 히브리서 기자는 설명한다. 멜기세덱에게 십일조를 드린 아브라함의 행위는 십일조를 받는 레위가 십일조를 멜기세덱에게 드린 것과 같다는 것이다. 그 근거는 아브라함이 십일조를 샬렘 왕에게 드릴 때 그의 허리에는 후손 레위가 있었다는 것이다. 즉 아브라함의 십일조에는 레위를 포함한 모든 후손의 십일조가 있었다는 것이다. 재미있는 설명이다. 이 구절 설명으로 조상 아담의 행위로 그 안에 있는 죄의 성격이 후손에게도 같이 있다고 적용하여 말할 수 있다.

둘째, 대표 관점(representative view)

이 견해는 아담을 온 인류의 머리이며 대표(head and representative)로 보는 것이다. 그를 인류의 자연적 대표, 혹은 유전적 대표로 보는 것이다. 즉 "아담 안에서 모든 사람이 죄를 지었다"라는 말은 아담이 모든 사람의 대표로서 죄를 지은 것으로 받아들이는 것이다. 이 점에서 아담을 연대적 머리로서 아담(Adam is the federal head as well as)으로 본다.

우리는 '왜 하나님께서 아담을 연대적 머리로 보시는가?'라고 의문을 품을 수 있다. 이는 창조주의 주권에 달린 문제이다. 피조물이 이의를 제기할 수 없는 영역이라 하겠다. 우리는 그런 이의를 제기할 자격과 능력이 없는 피조물일 뿐이다. 만약 우리가 이 점을 인정하지 않는다면 그것은 하나님의 주권을 침해하는 행위가 되고 결국에는 하나님을 부인하고 거부한 것이 될 것이다.

연대적 대표로서 아담에게는 온 인류의 운명을 책임지는 중차대한 임무가 있었다. 당연히 그는 온 인류의 머리로서, 대표로서 하나님의 언약을 중차대한 명령으로 받아들여 항상 마음에 담고 신중하게 행동하고 반드시 그 명령을 준수했어야 했다. 그러나 안타깝게도 아담은 자기 책임의 중요성을 잊고 금단의 언약을 파기했던 것이다.

3. 신비한 연합 관계

12절에서 이 두 견해를 모두 적용하여 가르치고 있다. 바울은 다음과 같이 말한다.

> 그러므로 한 사람으로 말미암아 죄가 세상에 들어오고 죄로 말미암아 사망이 들어왔나니, 이와 같이 모든 사람이 죄를 지었으므로 사망이 모든 사람에게 이르렀느니라.(롬 5:12)

이 말씀 속에는 아담이 온 인류라는 "한 가족의 머리(The head of one family) "이며 그 가족의 대표라는 개념이 담겨있다. 즉 죄인 아담과 연합된 죄인으로서 모든 사람은 반드시 죽는 것이다. 그런데 이런 '신비한 연합' 개념은 구원의 진리 속에도 똑같이 작동한다. 우리 주께서 이점을 강조하시며 구원의 진리를 가르쳐주셨다.

> 내 안에 거하라. 나도 너희 안에 거하리라. 가지가 포도나무에 붙어 있지 아니하면 스스로 열매를 맺을 수 없음 같이 너희도 내 안에 있지 아니하면 그러하리라. /나는 포도나무요 너희는 가지라. 그가 내 안에, 내가 그 안에 거하면 사람이 열매를 많이 맺나니 나를 떠나서는 너희가 아무것도 할 수 없음이라/ 너희가 내 안에 거하고 내 말이 너희 안에 거하면 무엇이든지 원하는 대로 구하라 그리하면 이루리라.(요 15:4~5, 7)

주께서는 다락방 기도에서도 이 점을 강조하시며 우리를 위하여 아버지 하나님께 기도하셨다.

> "아버지여, 아버지께서 내 안에, 내가 아버지 안에 있는 것 같이 그들도 다 하나가 되어 우리 안에 있게 하사 세상으로 아버지께서 나를 보내신 것을 믿게 하옵소서(요 17:21).

사도 바울도 이 점을 매우 중요하게 생각하여 다음과 같이 설명했다.

> 긍휼이 풍성하신 하나님이 우리를 사랑하신 그 큰 사랑을 인하여 허물로 죽은 우리를 그리스도와 함께 살리셨고 (너희는 은혜로 구원을 받은 것이라). 또 함께 일으키사 그리스도 예수 안에서 함께 하늘에 앉히시니, 이는 그리스도 예수 안에서 우리에게 자비하심으로써 그 은혜의 지극히 풍성함을 오는 여러 세대에 나타내려 하심이라.(엡 2:4~7)

이렇듯, 예수 그리스도 역시 성도의 대표이며, 머리로서 우리와 '신비한 연합(mystical union)'을 통하여 구원의 역사가 적용된다는 것을 말씀하셨다. 이는 십자가와 부활의 진리가 믿는 자에게 어떻게 적용되는지를 알게 한다.

> 무릇 그리스도 예수와 합하여 세례를 받은 우리는 그의 죽으심과 합하여 세례를 받은 줄을 알지 못하느냐 그러므로 우리가 그의 죽으심과 합하여 세례를 받음으로 그와 함께 장사 되었나니 이는 아버지의 영광으로 말미암아 그리스도를 죽은 자 가운데서 살리심과 같이 우리로 또한 새 생명 가운데서 행하게 하려 함이라. 만일 우리가 그의 죽으심과 같은 모양으로 연합한 자가 되었으면 또한 그의 부활과 같은 모양으로 연합한 자도 되리라.(롬 6:3~5)

이로써 아담 안에서 모든 사람이 죽듯이 예수 안에서 모든 사람이 영생을 얻는다는 구원의 진리가 선포된다. 바울은 인간은 모두 아담과 함께 죄를 지었고, 모두가 하나님의 명령을 어긴 아담 안에서 죄인이 되었다고 주장한다. 그래서 하나님께서 우리를 이렇게 실제로 죄를 지은 자로 취급하셔서, 비록 그와 같은 죄를 짓지 않았더라도 아담에게 내리신 사망의 형벌을 온 인류에게 같이 적용하여 시행하신 것이다.

> 그러나 아담으로부터 모세까지 아담의 범죄와 같은 죄를 짓지 아니한 자들까지도 사망이 왕 노릇 하였나니(롬 5:14a)

이 엄청난 사실을 바울은 "한 사람의 범죄로 말미암아 사망이 그 한 사람을 통하여 왕 노릇 하였은즉 더욱 은혜와 의의 선물을 넘치게 받는 자들은 한 분 예수 그리스도를 통하여 생명 안에서 왕 노릇 하리로다(롬 5:17)."라고 설명한다.

이 하나님의 이 조치에 대하여 부인하고, 거부할 수 있는 인간은 있을 수 없다. 지금도 Covid-19으로 수많은 사람이 죽어가는 현실을 보면서 부인할 수 있겠는가? 아무도 부인할 수 없을 것이다. 죽음은 모든 인간이 항상 경험하는 일상이기에 그 사망의 실체와 원인 그리고 사망의 과정에 대하여 정확하게 인지하고 겸손하게 하나님 앞에서 믿음을 가지고 살아가야 할 것이다.

결 론

아담 언약 파기에 따른 형벌 원칙으로 모든 사람이 죽음에 이르게 되었다. 모두 죽는다. 그런데 이 사망의 형벌로부터 구원은 예수 그리스도께서 순종으로 이루신 언약 즉 은혜 언약에 따른 원칙이 똑같이 적용되어 이루어진다. 사도 바울은 고린도전서 15장 부활의 장에서 이 점을 강조한다.

> 사망이 한 사람으로 말미암았으니 죽은 자의 부활도 한 사람으로 말미암는도다. 아담 안에서 모든 사람이 죽은 것 같이 그리스도 안에서 모든 사람이 삶을 얻으리라.(고전 15:21~22)

요즘 들려오는 수많은 사망 소식은 전혀 생소하지 않다. 우리가 살아가면서 겪는 일상 중에 하나이기 때문이다. 아담 안에서 모두 죽는 것이다. 그러나 우리에게 소망이 있다. 예수 안에서 다시 살아나는 소망이 있다. 죽어도 사는 이 진리가 우리에게 주어진 영생의 복음이다. 부디 바울이 전하는 이 구원의 도리를 잘 이해하고 믿어 구원의 기쁨 가운데 영생을 누리시기 바란다.

> 그러나 이 은사는 그 범죄와 같지 아니하니 곧 한 사람의 범죄를 인하여 많은 사람이 죽었은즉 더욱 하나님의 은혜와 또한 한 사람 예수 그리스도의 은혜로 말미암은 선물은 많은 사람에게 넘쳤느니라.(롬 5:15)

제55강

구원의 근거

그러나 이 은사는 그 범죄와 같지 아니하니 곧 한 사람의 범죄를 인하여 많은 사람이 죽었은즉 더욱 하나님의 은혜와 또한 한 사람 예수 그리스도의 은혜로 말미암은 선물은 많은 사람에게 넘쳤느니라. 또 이 선물은 범죄한 한 사람으로 말미암은 것과 같지 아니하니 심판은 한 사람으로 말미암아 정죄에 이르렀으나 은사는 많은 범죄로 말미암아 의롭다 하심에 이름이니라. 한 사람의 범죄로 말미암아 사망이 그 한 사람을 통하여 왕 노릇 하였은즉 더욱 은혜와 의의 선물을 넘치게 받는 자들은 한 분 예수 그리스도를 통하여 생명 안에서 **왕 노릇 하리로다**(로마서 5:15~17).

말씀을 공부하기에 앞서 이 질문들을 생각해 보자

• 죄인이 어떻게 구원을 얻게 되는가?

• 예수를 믿는다는 말은 무슨 의미인가?

• 예수를 믿는 구원 진리의 배경과 내용은 무엇인가?

• 예수만을 믿어야 한다는 근본적 근거가 무엇인가?

성도 중에 이런 의문점을 인식하고 그 답을 얻어 예수를 믿는 이들이 얼마나 될까? 이 시간 귀한 말씀을 통하여 이 문제들을 추적해 보려 한다.

지금까지 구원은 인간의 조건과 이유와 업적을 근거로 하지 않고 오직 믿음으로 주어진다는 이신칭의의 도리를 추적해 왔다. 그것은 인간에게 어떤 지혜와 능력도 갖고 있지 못하다는 전제 아래 시도한 추적이었다. 이 과정에서, 구원을 이루시는 근본 동력은 성령 하나님의 역사임을 알게 되었다. 성령께서는 우리 안에 하나님의 말씀에 대한 반응으로 우리 자신이 죄인임을 깨닫게 하시고, 회개하게 하고 거듭나게 하신다. 그리하여 그 영혼이 세상의 모든 환란과 역경 속에서 굴하지 않고 믿음을 지켜 하나님께서 요구하시고 이끌어 가시는 지점까지 즉 완성단계까지 이끌고 가신다.

그런데 질문은 과연 공의로우신 하나님께서 왜 이렇게까지 구원 사역을 이루어 가시는가 하는 점이다. 알다시피 공의로우신 하나님께서는 나 한 사람을 구원하기기 위하여 엄청난 대가를 지불하셨다.

하나님께서는 아담의 타락 이후 우리에게 엄습한 사망의 저주에서 우리를 구하시기 위하여 지불하신 엄청난 희생과 대가가 얼마나 크고 놀라운 일인지를 우리가 알도록 하셨다. 그래서 우리를 포기하지 않으시고 여기까지 인도하신 하나님을 믿고 오직 그 하나님께 영광을 돌리며 살아가기를 원하신다. 결국, 하나님께서는 나의 무지함과 무능력함에도 불구하고 포기하지 않으시고 구원하시겠다는 사실을 고백하도록 역사하시는 것이다.

이제, 이러한 구원의 진리가 함축하고 있는 바를 사도 바울은 어떤 근거로 밝히고 있는 지를 살펴보도록 하자.

1. 그리스도의 표상, 아담

사도 바울은 5장 12절에서 21절까지 예수 그리스도의 구원 사역의 탁월성과 포괄성 그리고 완벽성을 매우 정교하고 치밀하게 분석하며 설명하고 있다. 그는 3개의 짧은 문단으로 아담과 그리스도를 비교하면서 세 주제로 설명한다.

그 세 주제는 다음과 같다.

첫째, 아담과 그리스도 소개(12~14절); 아담은 죄와 죽음의 책임을 져야 하는 인물이며 예수 그리스도는 그 책임을 지고 죄의 문제를 해결한 분이시다.

둘째, 대비되는 아담과 그리스도(15~17절); 예수 그리스도의 사역은 아담의 사역과 대비되나 서로 같지 않다. 그리스도의 사역은 아담의 사역을 포괄하고 또한 뛰어넘어 모든 것을 포괄한다.

셋째, 아담과 그리스도의 유사성과 차별성; 아담의 불순종과 예수 그리스도의 순종을 비교하여 인간이 죄의 저주로부터 축복으로 이르는 구원을 완벽한 비교 논리로 설명한다.

바울은 이러한 주제들을 모형론(typology)을 동원하여 대표(representative, headship)개념으로 설명하여 "아담은 오실 자의 표상(모형)이다(14절)"라고 말한다.

그렇다면, 15~17절의 말씀은 어떤 내용일까? 이 말씀을 쉽게 이해하는 것이 필요하겠다 싶어 직접 의역해 보았다.

"그러나 그 선물(은사)은 범죄한 것과 같지 않다. 이유는 만약 한 사람이 죄를 지어 많은 사람이 죽었다고 한다면, 얼마나 많은 사람에게 한 사람 예수 그리스도의 넘치는 은혜로 인하여 오는 선물(은사)이 수없이 많은 사람에게 더 하겠는가? 다시 말해서, 하나님의 선물은 한 사람이 지은 죄의 결과와 같지 않다. 이는 한 차례 지은 죄에 대하여 가차 없이 죽음이란 심판이 시행됐으나, 그 하나님께서 베푸시는 은사는 죄를 많이 지은 수많은 사람을 의롭다고 한 것이다. 그 한 사람이 지은 죄로 처벌된 사망이 그 한 사람을 통하여 모든 사람을 지배했다면, 하나님의 풍성한 은혜의 공급 즉 한 사람 예수 그리스도를 통하여 주어진 생명 안에서 의의 지배를 받는 자들은 얼마나 많은 특혜를 받은 것인가!"

이 구절에는 온 인류의 대표로서 아담이 지은 불순종의 결과로 선언된 사망과 예수 그리스도의 순종으로 인하여 주어진 선물 즉 풍성한 은혜가 비교되고 있다. 또, 죄의 심판으로 선고된 사망의 지배를 받는 인간의 비참한 신세와 그리스도의 대속 진리를 믿는 믿음으로 주어진 의의 지배 아래서 얻은 영생이 비교되고 있다. 본문은 이 진리를 분명하게 진술한다.

> 한 사람의 범죄로 말미암아 사망이 그 한 사람을 통하여 왕 노릇 하였은즉 더욱 은혜와 의의 선물을 넘치게 받는 자들은 한 분 예수 그리스도를 통하여 생명 안에서 왕 노릇 하리로다. 그런즉 한 범죄로 많은 사람이 정죄에 이른 것 같이 한 의로운 행위로 말미암아 많은 사람이 의롭다 하심을 받아 생명에 이르렀느니라. 한 사람이 순종하지 아니함으로 많은 사람이 죄인 된 것 같이 한 사람이 순종하심으로 많은 사람이 의인이 되리라.(롬 5:17~19)

2. 아담과 예수 그리스도의 비교

아담은 오실 자 예수 그리스도의 표상이다(14절). 다른 말로, 아담은 예수 그리스도의 모형(type) 혹은 원형(prototype)이다. 바울은 아담과 예수를 동일 선상에 놓고 비교한다(parallelism). 여기서 "같다(like)"라는 표현에는 '동일하다(same)'라는 의미보다는 '비슷하다(looks like, or similar)'라는 의미로 사용되고 있음에 주목해야 한다. 이런 점에서 아담과 그리스도 예수를 비교할 때 유사성(similarity)과 차별성(difference)을 생각하게 된다.

첫째: 대표(Representative)
아담과 예수 그리스도와의 유사성은 대표성 혹은 언약성에 있다 하겠다. 아담과 예수 모두가 대표성을 갖고 있다. 즉 아담은 인간의 대표이며, 예수 그리스도는 믿음으로 구원받아 거듭난 하나님의 나라 백성의 대표이다. 대표로서의 유사성을 바울은 분명하게 말씀한다.

> 사망이 한 사람으로 말미암았으니 죽은 자의 부활도 한 사람으로 말미암는도다. 아담 안에서 모든 사람이 죽은 것 같이 그리스도 안에서 모든 사람이 삶을 얻으리라.(고전 15:21~22)

둘째, 언약(Covenant)

하나님께서는 아담과 행위언약을 제정하시며 그와 언약을 맺으셨다(창 2:16~17). 그리고 하나님은 예수에게 온 인류의 죄를 대속하시기 위한 구속 사역을 수행할 것을 명하셨다. 우리가 알고 있듯이 아담은 이 명령에 순종하지 못하고 죽었지만, 예수께서는 온전히 순종하여 죽음으로 성취하셨다.

주께서는 생전에 자신에게 주어진 이 임무를 완수하시기 위하여 3년 반의 공생애 기간 동안 전력투구하셨다. 그리고 다 수행하시고 마지막 다락방 기도에서 이 점을 밝히시며, 아버지께 사역의 완성을 보고하시고 그 결과를 아뢰었다.

> 아버지께서 내게 하라고 주신 일을 내가 이루어 아버지를 이 세상에서 영화롭게 하였사오니(요 17:4)

그리고 주께서는 십자가에서 마지막으로 숨을 거두시면서 "다 이루셨다(te telestai, It is finshed)!"라고 선언하셨다.

> 예수께서 신 포도주를 받으신 후에 이르시되 다 이루었다 하시고 머리를 숙이니 영혼이 떠나가시니라.(요 19:30)

이 점에서 둘이 함께 하나님과 언약을 맺었다는 점에서 유사성을 발견한다. 비록 전자는 실패하고, 후자는 성공했지만 말이다.

셋째, 유산(Heritage)

아담과 예수 모두 각자가 한 일로 인하여 발생한 결과를 후손에게 유산으로 남겨주었다. 아담은 하나님의 명령을 거역하는 죄의 결과로 후손들에게 죽음을 넘겨준 반면, 예수 그리스도는 순종하여 십자가에서 죽으심으로 이를 믿는 자들에게 의와 생명을 넘겨주었다.

이는 아담과 예수 그리스도의 머리됨의 수준과 능력에 있어서 판이한 차이가 있음을 생각하게 한다. 이 대목에서 아담은 인간의 지혜 그리고 능력의 불완전함과 부족한 한계를 보게 되지만 예수 그리스도에게서는 완벽하고 완전하며 무한한 지혜와 능력을 보여준다.

바울은 이 점에 주목하여 아담의 후손으로 사망의 지배를 받은 인간이 예수 그리스도의 온전한 순종으로 주어진 하나님의 은혜는 아담에게 선언된 사망의 지배력(영향력)보다 "더욱 더(much more)" 큰 은사라는 점을 두 번씩이나 강조한다(17, 20절). 즉 이렇게 주어진 하나님의 은혜는 그 어떤 대가를 요구하지 않으시고 오직 믿음을 보시고 생명과 영생이란 선물을 주신다. 이는 아담이 지은 죄의 것과는 비교할 수조차 없는 완벽한 선물이며 은사로 주신 구원이다.

바울 사도는 말한다.

> 그러나 이 은사는 그 범죄와 같지 아니하니 곧 한 사람의 범죄로 인하여 많은 사람이 죽었은즉 더욱 하나님의 은혜와 또한 한 사람 예수 그리스도의 은혜로 말미암은 선물은 많은 사람에게 넘쳤느니라. 또 이 선물은 범죄한 한 사람으로 말미암은 것과 같지 아니하니 심판은 한 사람으로 말미암아 정죄에 이르렀으나 은사는 많은 범죄로 말미암아 의롭다 하심에 이름이니라. 한 사람의 범죄로 말미암아 사망이 그 한 사람을 통하여 왕 노릇 하였은즉 더욱 은혜와 의의 선물을 넘치게 받는 자들은 한 분 예수 그리스도를 통하여 생명 안에서 왕 노릇 하리로다.(롬 5:15∼17)

3. 만인 구원설(universal salvation theory)

그런데 여기서 생각할 주제가 있다. 그것은 아담 안에서 차별 없이 모든 사람이 죽고, 예수 안에서 모든 사람이 산다면 하나님께서는 예수 안에서도 차별 없이 모든 사람을 구원하시는 것이 아닌가 하는 점이다.

혹자는 이 점을 논하기를 아담이 죄를 범하여 모든 사람이 죽은 것과 같이 예수께서는 모든 사람을 살리려고 오신 것이 아닌가, 그래서 이미 예수께서 십자가에서 구원사역을 완수하셨기 때문에 이미 모든 사람은 구원받은 것이라고 주장한다. 또한 이들은 구약 시대에는 예수께서 아직 오지 않았기 때문에 구원이 없고, 예수께서 오신 이후 즉 신약시대에 사는 모든 사람은 이미 구원을 받았다고 주장한다. 이를 만인 구원설(universal salvation theory)이라 한다.

과연 이러한 주장이 맞을까? 물론 하나님께서는 모든 사람이 구원에 이르기를 원하신다. 사도 바울은 디모데에게 이 점을 강조하면서 전도를 열심히 할 것을 명했다.

> 하나님은 모든 사람이 구원을 받으며 진리를 아는 데에 이르기를 원하시느니라.(딤전 2:4)

그런데 이 말씀이 만인 구원설을 의미할까? 사도 바울이 말씀하는 바는 하나님께서 모든 사람을 구원하시기 위하여 구원의 진리를 전하셔서 그들이 다 알기를 원하셨다는 것이다. 이 구절을 근거로 이미 예수께서 이 세상에 오셔서 구원의 진리를 다 완수하셨기에 모든 사람이 구원을 받은 것이라고 할 수 있을까? 이에 대하여 요한복음은 주께서 말씀하신 바를 명확하게 판단할 수 있도록 해주었다.

> 모세가 광야에서 뱀을 든 것 같이 인자도 들려야 하리니, 이는 그를 믿는 자마다 영생을 얻게 하려 하심이니라. 하나님이 세상을 이처럼 사랑하사 독생자를 주셨으니 이는 그를 믿는 자마다 멸망하지 않고 영생을 얻게 하려 하심이

라.(요 3:14~16)

사도 요한이 전하는 주님의 이 말씀은 어떤 내용을 담고 있을까? 14절에서 주님은 민수기 21장에 기록된 한 사건을 예로 들고 있다. 주님은 모세의 놋 뱀 사건을 예로 들어 구원의 진리를 전하셨다.

> 백성이 하나님과 모세를 향하여 원망하되 어찌하여 우리를 애굽에서 인도해 내어 이 광야에서 죽게 하는가. 이곳에는 먹을 것도 없고 물도 없도다. 우리 마음이 이 하찮은 음식을 싫어하노라 하매, 여호와께서 불 뱀들을 백성 중에 보내어 백성을 물게 하시므로 이스라엘 백성 중에 죽은 자가 많은지라. 백성이 모세에게 이르러 말하되 우리가 여호와와 당신을 향하여 원망함으로 범죄하였사오니 여호와께 기도하여 이 뱀들을 우리에게서 떠나게 하소서 모세가 백성을 위하여 기도하매, 여호와께서 모세에게 이르시되 불 뱀을 만들어 장대 위에 매달아 물린 자마다 그것을 보면 살리라. 모세가 놋 뱀을 만들어 장대 위에 다니 뱀에게 물린 자가 놋 뱀을 쳐다본즉 모두 살더라.(민 21:5~9)

광야에서 여호와 하나님을 불신하고 불평하며 하나님을 대적하는 이스라엘 백성에게 무서운 불 뱀을 보내셨다. 불 뱀에 물려 죽은 사람들, 고통을 호소하는 사람들이 많이 발생했다. 백성들이 모세에게 여호와께 아뢰어서 살려달라고 강력하게 요청했다. 모세가 하나님께 간청하자 하나님께서 해결책을 제시하셨다. 그것은 놋 뱀을 만들어 장대 위에 매다는 것이었다. 장대에 달린 놋 뱀을 보면 살 것이라고 구원 방식을 처방해 주셨다. 그 결과 불 뱀에 물린 자가 장대에 매달린 놋 뱀을 보면 살지만 그 처방을 무시하고 쳐다보지 않은 사람은 다 죽었다.

주께서 이 사건을 예로 들며 자신이 십자가에 달리실 것을 말씀하셨다. 그리고 잘 알고 있는 유명한 말씀을 하셨다. 요한복음 3:16 말씀이다. 문제는 요 3:16의 말씀을 잘 읽기만 해도 만인 구원설이 성립될 수 없음을 금방 알 수 있다는 점이다.

> 하나님이 세상을 이처럼 사랑하사 독생자를 주셨으니 이는 그를 믿는 자마다

멸망하지 않고 영생을 얻게 하려 하심이라.(요 3:16)

하나님은 온 세상을 구원하시기를 원하셨다. 하나님께서 제시하신 구원 방식이 독생자 예수를 세상에 보내셔서 세상의 죄를 해결하시기 위하여 죄인을 대신하여 희생제물이 되게 하셨다. 이 사실을 믿는 자는 모두 영생을 얻도록 하셨다. 이때, 핵심적인 조건은 "믿는 자마다"이다. 즉 "믿어야만" 구원을 얻게 된다는 것이다. 마치 '모세의 놋 뱀을 쳐다 보는 자마다'와 같다. 이는 모세 당시 광야에서 불 뱀에 물린 이스라엘 백성이 놋 뱀을 쳐다보지 않은 자는 모두 죽었듯이, 오늘날 예수 그리스도의 십자가를 믿지 않으면 구원을 얻지 못하는 것과 같은 이치이다.

그러기에 만인 구원설은 옳지 않다. 성립되지 않는 주장이다. 아담의 범죄로 온 인류에 사망이 왔고 예수 그리스도의 순종이 온 인류에게 영생이 주어졌다는 선언적 진리를 예수께서 오셔서 십자가에서 돌아가셨으니 무조건 모든 사람이 구원을 받는 것이라고 주장할 수는 없다. 죄인이 구원을 얻기 위해서는 반드시 예수 그리스도의 대속의 진리를 믿어야만 하는 것이다.

결 론

우리의 구원의 근거가 어디에 있을까? 인간이라면 예외 없이 죽는다. 아담이 지은 죄의 결과이다. 우리는 모두 아담이 죄를 지을 그때 그와 함께 죄를 지었다. 그래서 죄의 지배력 즉 죽음의 권세에 짓밟혀 모두 죽게 되어 있다. 이 사망의 권세, 사망의 지배력으로 우리를 구원해 줄 진리가 어디에 있을까? 바울은 명쾌하게 요약하여 구원의 진리를 선언한다.

한 사람의 범죄로 말미암아 사망이 그 한 사람을 통하여 왕 노릇 하였은 즉 더욱 은혜와 의의 선물을 넘치게 받는 자들은 한 분 예수 그리스도를 통하여 생명 안에서 왕 노릇 하리로다. 그런즉 한 범죄로 많은 사람이 정죄에 이른 것 같이 한 의로운 행위로 말미암아 많은 사람이 의롭다 하심을 받아 생명에 이르렀느니라.(롬 5:17~18)

사망아 너의 승리가 어디 있느냐. 사망아 네가 쏘는 것이 어디 있느냐. 사망이 쏘는 것은 죄요 죄의 권능은 율법이라. 우리 주 예수 그리스도로 말미암아 우리에게 승리를 주시는 하나님께 감사하노니, 그러므로 내 사랑하는 형제들아 견실하며 흔들리지 말고 항상 주의 일에 더욱 힘쓰는 자들이 되라 이는 너희 수고가 주 안에서 헛되지 않은 줄 앎이라.(고전 15:55~58)

오직 예수 그리스도의 순종으로 완수하신 십자가의 대속 진리뿐이다. 우리 주께서 말씀하신 바, "내가 곧 길이요 진리요 생명이니 나로 말미암지 않고는 아버지께로 올 자가 없느니라.(요 14:6)"라는 말씀을 굳게 믿고 의지하여 온전한 구원에 이르시기 바란다.

제56강

아담과 그리스도

그런즉 한 범죄로 많은 사람이 정죄에 이른 것 같이 한 의로운 행위로 말미암아 많은 사람이 의롭다 하심을 받아 생명에 이르렀느니라. 한 사람이 순종하지 아니함으로 많은 사람이 죄인 된 것 같이 한 사람이 순종하심으로 많은 사람이 의인이 되리라. 율법이 들어온 것은 범죄를 더하게 하려 함이라. 그러나 죄가 더한 곳에 은혜가 더욱 넘쳤나니, 이는 죄가 사망 안에서 왕 노릇 한 것 같이 은혜도 또한 의로 말미암아 왕 노릇 하여 우리 주 예수 그리스도로 말미암아 영생에 이르게 하려 함이라(로마서 5:18~21).

예수께서 자기를 따르는 제자들에게 "누구든지 나를 따라오려거든 자기를 부인하고 자기 십자가를 지고 나를 따를 것이니라(마 16:24)." 라고 말씀하셨다. 그리고 누가복음에서는 한 걸음 더 나아가 주께서는 "누구든지 자기 십자가를 지고 나를 따르지 않는 자도 능히 내 제자가 되지 못하리라(눅 14:27)"라고 강하게 말씀하셨다. 주님을 믿고 따르는 자에게 기회주의적 신앙, 달면 삼키고, 쓰면 뱉는 식의 신앙은 허용되지 않는다.

1. 아담과 그리스도의 비교

본문은 아담과 그리스도를 비교하고 있다. 한 사람 아담과 한 분 그리스도 예수와의 비교는 바울 사도가 구원의 진리를 설명하는 중요한 테마이다. 바울은 앞 구절들에서 아담과 그리스도를 대치(contrast)하여 설명했다면, 이제는 대치가 아닌 평행(parallel) 비교를 하고 있다. 18절 이전에서는 '같지 않다(not likely)' 혹은 '더욱(much more) "식의 표현을 썼다면(15, 16, 17절), 18절 이후에는 '~~ 같이 ~~ 그와 같이(just as -- so also)' 식의 표현으로 비교하고 있다(18, 19, 21절).

바울은 15~17절에서 아담과 그리스도 간의 대조에서, 그는 "범죄-선물, 정죄-칭의, 죽음-생명" 등으로 극단적인 대치를 말했는데, 18절 이하에서는 이 점을 염두에 두면서 아담과 그리스도와의 공통 주제를 강조하며 그 둘의 상이점을 비교한다.

1) 공통점

아담과 그리스도의 공통점이 무엇일까? 그것은 한 사람의 행위가 많은 사람에게 결정적 영향을 미쳤다는 점이다. 한 사람이 많은 사람의 운명을 결정짓는 한 행위가 사람들에게 결정적인 결과를 겪도록 한다는 점에서 같다.

> 그런즉 한 범죄로 많은 사람이 정죄에 이른 것같이 한 의로운 행위로 말미암아 많은 사람이 의롭다 하심을 받아 생명에 이르렀느니라.(롬 5:18)

이 말씀은 아담과 그리스도의 행위 결과를 말하고 있는데, 이는 이미 "심판은 한 사람으로 말미암아 정죄에 이르렀으나 은사는 많은 범죄로 말미암아 의롭다 하심에 이름이니라(16절b)."라는 말과 같다. 즉 아담의 한 행위로 인한 정죄와 그리스도의 한 행위 순종으로 인하여 주어지는 칭의를 비교하며 강조한다.

또, 19절에서는 '아담과 그리스도의 행위의 성격'에 대하여 말하고 있다. 이 역시 15절에서 말한 바와 같다. 다른 점이라면, 15절에서는 '범죄와 은사를 비교'하고 있다면 19절에서는 '불순종과 순종'을 같은 수준에서 평행적으로 다루고 있다는 차이가 있다.

2) 상이점

문제는 18절과 19절에서 아담과 그리스도와의 명백히 다른 점을 말하고 있다는데 있다. 아담 때문에 인간에게 내려진 '죄의 보편성' 그리고 '죽음의 보편성'과 그리스도를 믿는 자에게 주어지는 '확실한 구원 즉 생명과 영생'을 명확하게 비교한다.

아담 안에서 후손에게 미치는 죄와 죽음이 어떻게 그리스도에게서 생명과 영생으로 구원이 주어지게 되는가? 바울은 이를 '머리 개념(headship concept)' 혹은 대표 개념(representative concept)으로 설명한다.

바울은 이 개념으로 첫 아담 안에서 정죄된 인류를 둘째 아담 예수 그리스도를 통하여 구원을 완성하신 것으로 설명한다. 이 설명은 '아담 안에서의 우리란 존재'와 '그리스도 안에서의 우리란 존재'의 차이점을 명확히 하고 있다. 즉 아담 안에 있는 자의 신분 즉 죄인은 죽음의 지배에 굴복한 존재라면, 그리스도 안에 있는 자의 신분 즉 의인은 그 죽음을 극복하고 영원한 영생 가운데 살아가는 자란 점이다.

> 한 사람이 순종하지 아니함으로 많은 사람이 죄인 된 것 같이 한 사람이 순종하심으로 많은 사람이 의인이 되리라.(롬 5:19)

2. 아담 안에서 일어난 일

바울은 아담의 행위와 그 결과를 설명하면서, "그런즉 한 범죄로 많은 사람이 정죄에 이른 것 같이(18절a)"는 "한 사람으로 말미암아 죄가 세상에 들어오고 죄로 말미암아 사망이 들어왔나니 이와 같이 모든 사람이 죄를 지었으므로 사망이 모든 사람에게 이르렀느니라(12절)."라고 말한다. 이는 12절의 반복이다. 즉 한 사람의 범죄 → 사망 → 모든 사람의 범죄 → 모든 사람의 사망으로 이어지는 결과이다. 이어서 "한 사람이 순종하지 아니함으로 많은 사람이 죄인 된 것 같이"(19절)라고 반복하여 설명하고 있다.

여기서 생각할 중요한 두 단어가 있다. 첫 단어는 '된'이고, 다음 단어는 '죄인'이다. "죄인이 되었다(is made sinner)"에서 "된(katastathesontai, is made,)"은 여러 가지 깊은 의미를 갖는다. 이 말은 '~~ 신분으로 규정되었다(set down in the rank of),' 혹은 '~~ 범주에 집어넣다(place in the category of)' 또는 '어느 특정 신분으로 임명하다(to appoint to a particular class)'란 의미이다. 아담의 범죄로 인하여 모든 사람은 죄인이 된 것이다.

다음의 "죄인(sinner)"은 아담의 죄로 인하여 죄인이 될 가능성(to possible to take sin)을 말하는 것이 아니라, 아담의 죄로 많은 사람이 죄인으로 규정되었다는 것이다. 여기서 중요한 점은 죄 많은(sinful) 아담이 아니라, 아담이 죄인이다(sinner)라는 것이다.

그래서 아담 한 사람과 그리스도 한 사람의 균형을 맞추어 불순종-죄인, 순종-의인으로 표현하고 있다. 이것은 양단간의 같은 행동, 같은 수준에 따른 신분과 결과에 맞게 설명하는 치밀함을 보여준다.

> 한 사람이 순종하지 아니함으로 많은 사람이 죄인 된 것 같이 한 사람이 순종하심으로 많은 사람이 의인이 되리라.(롬 5:19)

여기서 말하는 "죄인, 의인"이란 단순히 윤리와 도덕 차원에서의 가치를 논하는 것이 아니다. 이것은 하나님의 기준에서 평가된 법적 죄인과 의인으로 제정된(constituted) 것이다. 이에 대하여 찰스 하지(C. Hodge)는 "아담의 불순종은 많은 사람이 죄인의 범주에 들어가게 되는 토대가 되었고, 그리스도의 순종은 많은 사람이 의인의 범주에 들어가게 되는 근거가 되었다."라고 말했다.

앞에서 영아가 죽는 것도 이미 그 아이가 죄지을 기회도 없이 죽었음에도 죽었다는 사실에서 그 영아는 이미 죄인임이 증명된 것이라 말쏟드렸다. 즉 모든 사람은 아담이 죄를 지을 때 같이 죄를 지었고 그 결과 죽음의 지배 하에서 모두 죽는 것이다. 우리는 모두 아담 안에서 죄인이 되어 죽음에 이르게 되었다는 이 엄연한 사실을 잊지 말아야 하겠다.

3. 그리스도 안에서 일어난 일

성도는 예수께서 어떻게 순종하셨는지 깊이 생각해야 한다. 예수의 순종으로 인하여 아담 안에서 죄인이 되었던 우리가 죽음으로부터 구원받는 의인이 되었기 때문이다. 예수께서 어떻게 순종하셨는가? 성경은 아주 세밀하게 예수 그리스도의 출생부터 공생애 전반에 걸친 그의 순종하심에 대하여 밝히고 있다.

성자 하나님이신 예수께서는 사람이 아니심에도 불구하고 동정녀 마리아의 몸을 빌려 인간으로 탄생하셨다. 그가 태어나신 시기는 율법이 지배하던 시대였다. 바울은 예수의 탄생 시기를 "때가 차매 하나님이 그 아들을 보내사 여자에게서 나게 하시고 율법 아래에 나게 하신 것은"(갈 4:4)이라고 설명한다. 주께서는 율법에 따라 할례를 받으셨고 또한 죄인이 받는 세례를 몸소 받으셨다(마 3:13~17; 막 1:9~11; 눅 3:21~22).

이는 스스로 자신이 죄인으로 취급당하도록 허락하신 행위다. 또, 주께서는 겟세마네 동산에서 마지막 기도를 하시면서도 자기 뜻을 굽히고 아버지의 뜻에 철저하게 복종하셨다.(마 26:36~46; 막 14:32~42; 눅 22:39~46) 즉 예수께서는 철저하게 하나님 아버지의 뜻에 전적으로 복종하셨다.

바울은 이 점을 강조하여 성도는 예수를 본받을 것을 명령했다.

그는 근본 하나님의 본체시나 하나님과 동등 됨을 취할 것으로 여기지 아니하시고 오히려 자기를 비워 종의 형체를 가지 사 사람들과 같이 되셨고, 사람

의 모양으로 나타나사 자기를 낮추시고 죽기까지 복종하셨으니 곧 십자가에 죽으심이라.(빌 2:6~8)

이렇게 예수 그리스도의 긍정적 순종 사역은 우리를 위하여 완성하신 구원 사역이다. 성령께서 우리가 예수께서 이루신 이 구속 진리를 믿음으로 받아드리게 하셔서 구원을 이루심으로 새 생명을 얻게 하시고 죽음의 권세를 이기게 하셔서 영생 즉 구원의 완성으로 이끌어 주신 것이다. 이렇게 믿음으로 의인이 된 자에게는 영원한 생명이 주어지게 되고 영생을 누리게 된다.

너희는 하나님으로부터 나서 그리스도 예수 안에 있고 예수는 하나님으로부터 나와서 우리에게 지혜와 의로움과 거룩함과 구원함이 되셨으니(고전 1:30)

이 구절은 취소될 수 없는 칭의와 상급이 성도에게 주어진다는 것을 의미한다. 즉 성도가 지혜와 의로움과 거룩함과 구원함을 누리게 되는 것은 우리가 믿음으로 예수 그리스도 안에(in Christ Jesus) 있기 때문이다. 그래서 이렇게 담대히 말할 수 있다. 즉 "예수 안에서 의로운 자가 된 자는 결코 그 신분이 바뀌지 않는다. 예수를 믿는 내가 죄를 짓는다 하더라도 나는 여전히 예수 안에 있는 의인이다. 어떤 상황이 발생하고 어떤 죄를 순간적으로 짓는다고 하더라도 결코 예수 안에서 변화된 신분 즉 의인됨은 취소되지 않는다."

그런데 이 세상에서 하나님의 자녀로 살아가는 자에게 무조건적으로 평등한 구원이 주어지는 것은 결코 아니다. 구원의 영역에서 상급이 있음을 잊지 말아야 한다. 영예로운 자리에 오르는 구원이 있는 반면에 부끄러운 구원도 있음을 기억해야 한다.

만일 누구든지 그 위에 세운 공적이 그대로 있으면 상을 받고, 누구든지 그 공적이 불타면 해를 받으리니 그러나 자신은 구원을 받되 불 가운데서 받은 것 같으리라.(고전 3:14~15)

그러기에 온전한 믿음과 확고한 믿음으로 예수 십자가와 부활의 진리를 믿는 성도는 항상 이 점을 기억해야 한다. 믿음으로 의롭다 하심을 얻은 바에 대한 깊은 감사와 고백 속에서 성실하게 믿음 생활에 힘써야 한다. 중간지대와 회색 신앙은 결코 있을 수 없다.

> 우리 주 예수 그리스도로 말미암아 우리에게 승리를 주시는 하나님께 감사하노니, 그러므로 내 사랑하는 형제들아 견실하며 흔들리지 말고 항상 주의 일에 더욱 힘쓰는 자들이 되라 이는 너희 수고가 주 안에서 헛되지 않은 줄 앎이라.(고전 15:57~58)

4. 두 존재 안에 있는 인간

영적으로 이 세상 사람들을 두 부류로 나눌 수 있다. '예수 없이 (without Christ) 사는 자와 예수 안에(In Christ) 사는 자'이다. 모든 인간은 이 두 부류로 나누어진다. 바울은 이에 대하여 롬 6장과 7장에서 잘 설명하고 있다.

1) 예수 없이(without Christ) 사는 자

이 사람은 예수를 거부하고 자기 주관으로 살아가는 사람이다. 그는 비록 교회에 출석한다 하더라도 자신을 사랑하고 자기 주관으로 세상을 살아가는 사람이다. 그는 진리의 말씀을 사모하지도 않고 하나님의 말씀대로 살려고 애쓰지도 않는다. 오로지 자신만을 믿고 의지하며 살아가는 사람이다.

이런 사람에 대하여 우리 주님께서는 씨뿌리는 비유에서 잘 설명해 주셨다. 네 종류의 마음이 있는데, 길가와 같은 마음, 돌짝밭과 같은 마음, 가시떨기 땅과 같은 마음, 옥토와 같은 마음이다. 이 마음들은 말씀(씨)에 대한 반응과 결과를 상징적으로 표현한 것이다.

돌밭에 뿌려졌다는 것은 말씀을 듣고 즉시 기쁨으로 받되, 그 속에 뿌리가 없어 잠시 견디다가 말씀으로 말미암아 환난이나 박해가 일어날 때에는 곧 넘어지는 자요, 가시떨기에 뿌려졌다는 것은 말씀을 들으나 세상의 염려와 재물의 유혹에 말씀이 막혀 결실하지 못하는 자요.(마 13:20~22)

2) 예수 안에(in Christ) 사는 자

이 사람들은 예수를 믿는 자이다. 예수를 고백하며 하나님의 말씀을 사모하며 예배드리기를 간절히 바라는 사람이다. 문제는 이런 사람도 죄를 짓는다는 점이다. 그러나 참된 성도는 이 순간에도 율법의 지배를 받지 않는다. 그는 양심에 가책을 느끼고 회개하며 하나님 앞에 나오기를 주저하지 않는다. 성령께서 그의 마음에 역사하셔서 주 앞에 나가게 하시기 때문이다. 즉 예수 그리스도께서 주신 은혜의 지배를 받는 것이다. 그렇게 된 배경에는 하나님께서 예수 안에서 그를 부르시고 믿음을 주셔서 의롭다고 선언하셨기 때문이다. 그는 율법 아래에 있지 않고, 죄와 사망의 지배를 받지 않는 자가 되어 영원한 영생을 확보하고 있기 때문이다.

어떻게 이럴 수가 있을까? 바울은 이 과정에서 성도가 낙심하지 말고 믿음으로 승리할 수 있는 비결을 밝힌다.

이와 같이 성령도 우리의 연약함을 도우시나니 우리는 마땅히 기도할 바를 알지 못하나 오직 성령이 말할 수 없는 탄식으로 우리를 위하여 친히 간구하시느니라. 마음을 살피시는 이가 성령의 생각을 아시나니 이는 성령이 하나님의 뜻대로 성도를 위하여 간구하심이니라.(롬 8:26~27)

성령 하나님께서 예수 안에 있는 우리를 끝까지 믿음으로 승리하도록 지금도 간절히 기도하신다. 성령 하나님의 중보 사역은 승천하신 우리 주님께서도 감당하고 계신다. 그래서 예수 믿는 성도를 정죄할 수 있는 사람은 아무도 없다. 이미 예수 안에서 의로운 자들이 되었기 때문이다. 의롭다 선언하신 주께서 지금도 믿는 성도들을 위하여 기도하시며 믿음으로 온전히 승리할 수 있기를 간절히 바라신다. 이것이 복음이며 구원의 진리이다.

> 누가 정죄하리요. 죽으실 뿐 아니라, 다시 살아나신 이는 그리스도 예수시니 그는 하나님 우편에 계신 자요, 우리를 위하여 간구하시는 자시니라.(롬 8:34)

결 론

이신칭의로 의롭게 된 우리는 비록 아담의 죄 가운데서 죄를 지으며 살아 결국 사망의 지배에 굴복할 수밖에 없는 존재이지만, 하나님의 무한하신 자비로 예수 그리스도의 진리를 알게 되었고 믿게 되었다.

그리스도 안에 있는 우리는 다시는 아담 안에 있을 수 없다. 아담 안에 있을 때에는 그의 불순종의 행위로 죄와 악 그리고 사망의 지배를 받을 수밖에 없었지만, 같은 원리와 수준에서(so also), 예수 그리스도 안에 있는 자는 그리스도의 순종으로 주어지는 모든 축복 즉 의와 생명 그리고 영생을 얻게 되는 것이다.

우리 주께서는 "이것을 너희에게 이르는 것은 너희로 내 안에서 평안을 누리게 하려 함이라 세상에서는 너희가 환난을 당하나 담대해라 내가 세상을 이기었노라(요 16:33)." 라고 말씀하셨다. 그래서 우리는 세상을 두려워하지 않는다. 또 죽음을 회피하지 않는다. 오히려 온전한 구원을 믿고 사모하며 더욱 담대히 믿음의 경주를 해야 하는 것이다.

그뿐 아니라, 연약하여 죄를 지을 때마다 긴장하라는 바울 사도의 말씀을 기억해야 한다. 내가 과연 믿음이 있는지, 구원의 확신을 하는지를 항상 살펴 굳건한 믿음으로 살아가야 할 것이다.

> 두렵고 떨림으로 너희 구원을 이루라.(빌 2:12b)

그리스도 사역의 효과

그런즉 한 범죄로 많은 사람이 정죄에 이른 것 같이 한 의로운 행위로 말미암아 많은 사람이 의롭다 하심을 받아 생명에 이르렀느니라. 한 사람이 순종하지 아니함으로 많은 사람이 죄인 된 것 같이 한 사람이 순종하심으로 많은 사람이 의인이 되리라. 율법이 들어온 것은 범죄를 더하게 하려함이라. 그러나 죄가 더한 곳에 은혜가 더욱 넘쳤나니, 이는 죄가 사망 안에서 왕 노릇한 것 같이 은혜도 또한 의로 말미암아 왕 노릇 하여 우리 주 예수 그리스도로 말미암아 영생에 이르게 하려 함이라(로마서 5:18~21).

예수 그리스도의 순종으로 이루신 구속 사역의 효과로 모든 사람에게 구원을 얻는 길이 열렸다. 하나님께서는 모든 사람이 이 진리를 믿어 구원에 이르기를 원하신다(딤전 2:4). 이것이 예수 그리스도께서 이루신 사역의 효과라 하겠다. 이 말씀에 의지하며 어떤 사람은 이미 모든 사람을 위하여 예수께서 십자가에서 돌아가셨기 때문에 다 구원받았다고 말하는 사람도 있다. 과연 그럴까? 예수 그리스도의 구속사역의 효과의 범위가 얼마나 될까? 이 시간에는 예수 구속 사역의 효과와 범위에 대해 생각해 보도록 하겠다.

1. 그리스도의 긍정적 순종으로

> 그런즉 한 범죄로 많은 사람이 정죄에 이른 것같이, 한 의로운 행위로 말미암
> 아 많은 사람이 의롭다 하심을 받아 생명에 이르렀느니라. 한 사람이 순종하
> 지 아니함으로 많은 사람이 죄인 된 것같이, 한 사람이 순종하심으로 많은 사
> 람이 의인이 되리라.(롬 5:18~19)

이 구절에서 눈에 띄는 것은 "같이"라는 말이다. 바울은 아담과 예수
를 비교하면서 아담의 불순종 행위와 그리스도 예수의 순종을 같은 수
준에서 다루고 있다. 반대 개념 즉 불순종과 순종 행위의 결과를 말하
는 방식이다. 즉 반대의 결과를 초래한 것이지만, 그 "결과된 바"가 같
은 차원에서 이루어진 것임을 강조하고 있다. 아담의 불순종은 하나님
께서 명하신 금단의 열매를 따 먹은 행위로 나타난다(창 3:1~7). 반면에
예수께서는 철저하게 하나님의 뜻에 순종하여 십자가 희생 제물로 돌
아가신 것으로 나타난다(요 12:27; 막 10:45).

여기서 깊이 생각해 봐야 하는 점은 먼저 예수께서 어떻게 순종하셨
는지를 살피는 것이다. 이는 예수의 순종으로 인하여 이미 아담 안에서
죄인이 된 우리가 죽음의 지배로부터 구원받아 의인이 되었기 때문이다.

예수께서 어떻게 순종하셨는가? 성경은 우리에게 아주 세밀하게 예
수 그리스도의 출생부터 공생애 전반에 걸친 그의 순종하심에 대하여
밝히고 있다.

성자 하나님이신 예수께서는 사람이 아니심에도 불구하고 동정녀
마리아의 몸을 빌려 인간으로 탄생하셨다. 그가 태어나신 시기는 율
법이 지배하는 시대였다(갈 4:4). 주께서는 율법에 따라 할례를 받으
셨고 또한 죄인이 받는 세례를 몸소 받으셨다(마 3:13~17; 막 1:9~11; 눅
3:21~22). 이는 스스로 자신이 죄인으로 취급당하도록 허락하신 행위
다. 또, 주께서는 겟세마네 동산에서의 마지막 기도를 하시면서도 자

기 뜻을 굽히고 아버지의 뜻에 철저하게 복종하셨다(마 26:36~46; 막 14:32~42; 눅 22:39~46). 즉 예수께서는 철저하게 하나님 아버지의 뜻에 적극적으로 순종하시고 복종하셨다.

바울은 이 점을 강조하여 본받을 것을 명했다.

> 그는 근본 하나님의 본체시나 하나님과 동등 됨을 취할 것으로 여기지 아니
> 하시고 오히려 자기를 비워 종의 형체를 가지사 사람들과 같이 되셨고, 사람
> 의 모양으로 나타나사 자기를 낮추시고 죽기까지 복종하셨으니 곧 십자가에
> 죽으심이라.(빌 2:6~8)

이렇게 예수 그리스도의 순종 사역은 우리를 위하여 완성하신 구속 사역이며 구원 사역이다. 우리가 예수께서 이루신 구속 진리를 성령께서 믿음으로 받아들이게 하셔서 구원을 이루심으로 우리에게는 새 생명이 주어졌고, 죽음의 권세를 이겨 영생 즉 구원이 주어진다.

2. 만인 구원설(universal salvation)

18~19절에서 다루게 되는 진리 가운데 이 주제가 있다.

> 그런즉 한 범죄로 많은 사람이 정죄에 이른 것같이 한 의로운 행위로 말미암
> 아 많은 사람이 의롭다 하심을 받아 생명에 이르렀느니라. 한 사람이 순종하
> 지 아니함으로 많은 사람이 죄인 된 것같이 한 사람이 순종하심으로 많은 사
> 람이 의인이 되리라.(롬 5:18~19)

여기서 바울은 아담과 그리스도의 행위를 평행 비교하면서 많은 사람이 아담의 범죄행위로 인하여 임한 사망이 모든 사람에게 영향을 미치게 된 것과 같이, 그리스도의 온전한 순종으로 모든 이에게 영생이 주어지게 되었다고 말한다.

이에 대하여 크랜필드(C. Cranfield)는 "그리스도에 의하여 성취된 바는 첫째 사람의 죄와 같은 보편성을 갖고 있다. 바울은 교회에 대하여

더는 언급하지 않고 그는 모든 인류를 포함하고 있음을 본다."라고 말했다.

바울은 이 만인 구원설에 대한 반대를 세 가지 표현을 통하여 분명히 한다. 18~19절에서 사용된 보편주의 구원론에 대하여 바울은 "많은(many)"과 "모든 사람(everybody)"이란 말을 교차적으로 사용한다. 유명한 신약학자인 예레미아스(Johannes Jeremias)도 "이 '많은(polloi)'이란 말은 수가 많을 때 사용되는 말로써, 당시 헬라파 유대인들이 이 단어를 사용한 용례를 살펴볼 때, 이 '많은'이란 말의 문자적 의미는 "포괄적으로 표현한 많은(inclusive many)'이다. 즉 '엄청나게 많은 무리(great multitude)'이지 '모든 사람(everybody)'이 아니다"라고 했다.

이러한 예는 성경에 자주 등장한다. 대표적인 경우가 오순절 성령강림 때(행 2:1~4)), 그 현장에 있던 모든 사람이 다 방언을 하고 다 예수를 믿은 것은 아니다. 게중에는 제자들과 함께 모인 120여 명의 성도 외에 이들을 비웃고 조롱하는 자들도 있었다(행 2:13). 즉 그 자리에 있었다고 그들 모두가 다 구원받은 것은 아니다.

또 사도 바울이 에베소에서 구원의 도리를 가르칠 때 그 복음을 들은 자 모두가 다 구원을 받은 것이 아니다(행 19:10). 이때도 "다"란 표현은 개개인 모두가 아니라 "대표적인 의미"에서 "다"인 것이다.

이와 마찬가지로 롬 5장에서의 "모든 사람"은 예수 그리스도의 사역으로 인하여 영향을 받아 믿는 자(believers)를 의미하지, 모든 사람(all people)을 뜻하지 않는다. 이들은 모두 아담과 연결된 자로서 그중에 어떤 이는 예수와 연결된 자가 있다는 의미이다. 즉 육적으로 연관된 "아담 안에서(in Adam)"이 있는 사람이 있는 반면에, 오직 믿음으로 예수 안에서(in Christ) 새롭게 출생한 생명도 있다는 말이다.

이 점에서 표현의 확실한 내용을 파악하는 것이 중요하다.

1) "예수 안에서"의 의미

이는 몇 가지 측면에서 분명하게 나타난다.

첫째, "아담 안에서 모든 사람"은 예외가 없이 모두이지만, "예수 그리스도 안에서 모든 사람"은 '예수에 속한 모두'를 의미한다.

둘째, 롬 5:17에서 분명히 하고 있듯이, '예수 안에' 있는 사람은 예수의 통치 받는 존재로서 생명의 지배를 받는 자이다. 이는 인간 모두가 아니다. 이들은 하나님의 특별하고 풍성한 은혜 속에서 살아가는 자를 뜻한다.

셋째, 바울의 강조점은 칭의는 믿음으로(1:16; 3:21; 4:1) 주어지는 것이기 때문에 이신칭의로 예수 안에 있는 자는 자기 공력의 유무와 상관하지 않는 혜택으로 새 생명을 획득한 것이다.

넷째, 마지막 날에 임할 분명한 하나님의 진노하심(2:5, 8)은 지은 죄에 대하여 저항하는 자(2:12)에 대한 경고다. 반면에 바울이 말하는 '예수 안에서의 모두'는 '예수 안에 있는 자 모두'를 뜻한다. 이렇게 예수 안에 있는 자는 안전하다.

이러한 차원에서 바울이 사용한 단어의 의미를 살펴볼 필요가 있다.

2) 선택적 구원의 표현

첫째, 바울은 "왕국 용어(kingdom language)"를 사용한다.

바울은 "왕 노릇하다(bacileiu)"란 단어를 사용한다(14, 17, 21절). 이는 지배한다는 차원에서 특정 대상을 향한 통치권을 말한다. 아담의 죄의 지배는 육적으로 태어난 그의 후손 모두에게 미쳐 다 죽기 마련이다.

그러나 그리스도께서 이루신 구속의 진리를 믿은 자에게는 예수의 의의 지배를 받아 영생을 얻고 누리게 되는 것이다. 이를 예수께서 마련하신 천국의 진리를 전파하신 것으로 세상 나라와 다른 그리스도 예수의 나라라는 특별한 범위 즉 하나님 나라를 의미한다. 그래서 구원은 예수 그리스도께서 이루시는 나라의 백성에게만 적용되는 은혜로 주어진다.

> 예수께서 대답하시되 내 나라는 이 세상에 속한 것이 아니니라. 만일 내 나라가 이 세상에 속한 것이었더라면 내 종들이 싸워 나로 유대인들에게 넘겨지지 않게 하였으리라 이제 내 나라는 여기에 속한 것이 아니니라.(요 18:36)

둘째, 바울은 최상급의 비교 언어(superlative language)를 사용한다.

바울은 아담의 불순종으로 인하여 주어진 사망의 세력보다 더 강한 은혜 즉 예수 안에서 주어지는 은혜를 말하고 있다. 이는 풍성하고 강력한 하나님의 은혜로 주어지는 새 생명 즉 영생이 어떻게 주어지는지를 잘 말해 주고 있다.

> 그러나 죄가 더한 곳에 은혜가 더욱 넘쳤나니(롬 5:20b)

셋째, 바울은 풍성함을 강조한다.

그는 두 번이나 "더욱 ~~"이란 표현을 사용했다(15, 17절). 이 '더욱(*polloi*)'이란 말은 한 사람의 죄로 인하여 전 인류에게 미친 사망의 굴레에서 벗어나 새 생명을 얻게 되는 과정에 있어서 하나님의 강력한 은혜와 선물이 주어졌음을 말한다. 이는 한 사람 즉 아담의 범죄로 인하여 주어진 사망의 지배로부터 더욱 강한 하나님의 풍성한 은혜가 제공해 주는 역할을 예수께서 수행하셨음을 보여준다.

즉 한 사람의 죄로 인하여 사망이 지배하는 그 영역에 놀라운 하나님의 은혜가 미쳐 그 은혜를 받은 자는 사망에서 생명으로 옮겨져 구원을 얻게 되는 것이다.

> 내가 진실로 진실로 너희에게 이르노니 내 말을 듣고 또 나 보내신 이를 믿는

자는 영생을 얻었고 심판에 이르지 아니하나니 사망에서 생명으로 옮겼느니라.(요 5:24)

예수께서 이루신 왕국과 구원 역사는 하나님의 풍성한 사랑과 은혜로 주어지는 것이다. 이 점에서 아담 안에서 차별 없이 모든 사람이 죽고 예수 안에서 모든 사람이 산다면, 하나님은 예수 안에서도 차별 없이 모든 사람을 구원하신다는 만인 구원설 혹은 보편적 구원설은 잘못된 논리임을 알게 된다.

분명히 예수께서 말씀하셨다.

모세가 광야에서 뱀을 든 것 같이 인자도 들려야 하리니, 이는 그를 믿는 자마다 영생을 얻게 하려 하심이니라. 하나님이 세상을 이처럼 사랑하사 독생자를 주셨으니 이는 그를 믿는 자마다 멸망하지 않고 영생을 얻게 하려 하심이라.(요 3:14~16)

하나님께서 예수를 세상에 보내셔서 세상의 죄를 해결하시기 위하여 죄인을 대신하여 희생제물이 되게 하신 사실을 믿는 자는 모두 영생을 얻도록 하셨다. 이때, 핵심적인 조건은 "믿는 자마다" 이다. 즉 "믿어야만 구원을 얻게 된다"라는 것이다. 마치 '모세의 놋 뱀을 쳐다보는 자마다'와 같다. 이는 모세 당시 광야에서 불 뱀에 물린 이스라엘 백성이 놋 뱀을 쳐다보지 않은 자는 모두 죽었듯이, 오늘날 예수 그리스도의 십자가를 믿지 않으면 구원을 얻지 못하는 것과 같은 이치이다.

그러기에 만인 구원설은 옳지 않다. 성립되지 않는 주장이다. 아담의 범죄로 온 인류에 사망이 왔고, 예수 그리스도의 순종이 온 인류에게 영생이 주어졌다는 선언적 진리를 예수께서 오셔서 십자가에서 돌아가셨으니 무조건 모든 사람이 구원을 받는 것이라고 주장할 수는 없다. 죄인이 구원을 얻기 위해서는 반드시 예수 그리스도의 구속 진리를 믿어야만 한다.

결론

예수 그리스도께서 완성하신 하나님의 구원의 도리는 완벽하고 철저하다. 예수를 믿어 "예수 안에, 예수와 함께(in Christ, with Christ)" 자에겐 구원과 영생이지만, "예수 밖에(outside Jesus)" 있는 자에게는 구원이 주어질 수 없다. 이는 예수의 복음을 전하는 교회 밖에서는 구원이 있을 수 없음을 뜻하기도 한다.

베드로 사도는 바로 이 점을 강조하며 구원의 주님이신 예수를 전파했다.

> 다른 이로써는 구원을 받을 수 없나니 천하사람 중에 구원을 받을 만한 다른 이름을 우리에게 주신 일이 없음이라 하였더라.(행 4:12)

복음으로 하나님의 사랑과 예수 그리스도의 희생을 전하는 이 놀라운 구원의 도리를 온전히 신뢰하고 믿어 의지해야 한다. 나에게까지 구원의 복음을 전하시고 믿게 하시는 성령 하나님의 놀라운 은혜를 깊이 인식하고 두렵고 떨림으로 우리의 구원을 이루어 가야 한다.

> 두렵고 떨림으로 너희 구원을 이루라.(빌 2:12b)

제58강

첫 사람의 죽음과 생명

한 사람이 순종하지 아니함으로 많은 사람이 죄인 된 것 같이 한 사람이 순종
하심으로 많은 사람이 의인이 되리라. 율법이 들어온 것은 범죄를 더하게 하
려 함이라 그러나 죄가 더한 곳에 은혜가 더욱 넘쳤나니(로마서 5:18~19).

사람이 죽는 이유가 무엇일까? 누가 사망의 원인과 이유를 말할 수
있을까? 혹자는 이렇게 말할 것이다. "이 땅에 모든 생물은 다 죽는 것
인데, 사람이라고 예외가 될 수 없다. 사람이 죽는 이유 역시 사람도 동
물이기 때문이다. 그래서 한번은 죽는 것은 당연하다. 사람이 죽는 것
에 대하여 냉정하게 생각하면 그리 놀랄 일은 아니다." 그런데 우리가
이러한 설명이 바르다고 하더라도 이렇게 말하면 사람의 죽음에 대하
여 바르게 답한 것일까? 그리고 죽으면 모든 것이 끝나는 것일까?

이런 주제를 생각하며 과연 죽을 수밖에 없는 우리네 인생에 있어서
이 죽음 문제를 해결해 줄 구원의 도리는 무엇일까? 그 죽음 이후엔 어
떤 일이 벌어질까? 그에 대한 답은 본문에 나와 있다.

> 그런즉 한 범죄로 많은 사람이 정죄에 이른 것 같이, 한 의로운 행위로 말미
> 암아 많은 사람이 의롭다 하심을 받아 생명에 이르렀느니라. 한 사람이 순종
> 하지 아니함으로 많은 사람이 죄인 된 것 같이, 한 사람이 순종하심으로 많은
> 사람이 의인이 되리라.(롬 5:18~19)

여기에서 한 범죄는 어느 사람이 저지른 죄일까? 한 의로운 행위는 누구를 지칭하는가? 죄를 지은 사람은 아담이고, 의로운 행위를 한 사람은 나사렛 예수이다. 모두가 아는 사실이다. 성경은 이 아담을 '첫 사람 아담', 그리고 예수를 '둘째 아담' 혹은 '마지막 아담'이라 부른다(고전 15:45~49). 왜일까?

우리는 아담이 실제로 존재한 인간으로 믿는가? 이제까지 로마서 강해를 통하여 아담의 범죄로 인해 죽음이 모두에게 왔다는 점과 예수의 의로운 행위로 생명을 얻게 되었기에 예수께서 이루신 복음을 믿으면 의로워지고 구원에 이르게 된다는 이신칭의의 구원 진리를 살펴왔다. 그런데 과연 이러한 바울의 설명이 역사적으로 믿을 만한 근거를 가지고 한 설명인가 등의 의문을 품는 사람들이 있다. 이 점에 대하여 살펴보려 한다.

1. 역사적 실존 인물 아담

인류 문화사에서 설명하는 다양한 주장들과 학설들이 있다. 이것들은 학교에서 공부할 때 한 번쯤은 들어보았음 직한 설명들이다. 문제는 인류의 기원에 대하여 설명하는 이러한 다양한 주장들이 증명된 이론이 아니라는데 있다. 그 배경에는 지금까지 남아있는 최초의 인류 흔적 즉 화석(fossil)이나 미라(the mummy)가 남아있지 않아 이런 이론들을 증명해 주지 않기 때문이다.

1) 인류의 기원에 대한 불확실한 설명들
사람의 기원을 설명하는 다양한 용어 중에, '호모(*homo*)'란 '인간(human)' 이란 뜻이다.
- 거주인간(*homo habilis*): 20만 년 전에 동남 아프리카 지역에 거주,

석기 사용
- 직립인간(*homo erectus*): 10만 8천 년 전에 두 발로 걷는 사람 출현, 동굴에 집단거주, 나무 도구 사용, 수렵 생활
- 현존 인간(*homo sapiens*): 10만 년 전에 현재와 같은 모습의 사람 출현. 유럽의 석기 시대 소위 네안데르탈인(Neanderthal man), 집단 수렵 생활. 동굴에 그림 그리고, 장례문화

인간의 기원에 대한 이런 설명들이 사실일까? 여전히 의심스럽기만 하다. 이들 이론은 뼈 한 조각을 갖고 진화론에 꿰맞춘 이론들에 불과하다. 과연 인간 즉 사람은 언제 출현한 것일까? 언제 누가 만들어 냈을까? 이 땅에 어떤 설명도 성경만큼 확실하게 설명하는 자료는 없다. 오직 성경만이 설명하고 있을 뿐이다.

2) 아담의 실재에 대한 성경의 설명들

먼저 모세는 출애굽 한 이스라엘 백성들에게 인류의 기원에 대하여 핵심적인 사실만을 기술했다. 그는 창세기 1~2장의 창조 기사에서 하나님께서 인간을 창조하였다는 것을 밝혔다. 하나님은 창조 제 6일째 되는 마지막 날 인간을 창조하셨다. 창조 사역을 마친 하나님께서는 창조하신 모든 것에 대하여, 특히 인간에 대하여 매우 만족하셨다.

> 하나님이 이르시되 우리의 형상을 따라 우리의 모양대로 우리가 사람을 만들고 그들로 바다의 물고기와 하늘의 새와 가축과 온 땅과 땅에 기는 모든 것을 다스리게 하자 하시고, 하나님이 자기 형상 곧 하나님의 형상대로 사람을 창조하시되 남자와 여자를 창조하시고, 하나님이 그들에게 복을 주시며 하나님이 그들에게 이르시되 생육하고 번성하여 땅에 충만하라, 땅을 정복하라, 바다의 물고기와 하늘의 새와 땅에 움직이는 모든 생물을 다스리라 하시니라. 하나님이 이르시되 내가 온 지면의 씨 맺는 모든 채소와 씨 가진 열매 맺는 모든 나무를 너희에게 주노니 너희의 먹을거리가 되리라. 또 땅의 모든 짐

승과 하늘의 모든 새와 생명이 있어 땅에 기는 모든 것에게는 내가 모든 푸른 풀을 먹을거리로 주노라 하시니 그대로 되니라. 하나님이 지으신 그 모든 것을 보시니 보시기에 심히 좋았더라. 저녁이 되고 아침이 되니 이는 여섯째 날이니라.(창 1:26~31)

그런데 적지 않은 사람들이 이 성경의 창조 기사에 대하여 의심하며 이는 유대인의 신화에 불과하다고 깎아내리고 있다. 이들은 성경의 창조 기사는 전사(前史, prehistory)에 해당하여 증명할 수도, 믿을 수도 없는 신화(mythology)에 불과하다고 주장한다. 과연 이 주장이 맞을까?

놀랍게도 성경은 역사적 실존인물로 아담의 존재를 5가지로 증명하고 있다.

첫째, 창 5장에서 모세는 아담의 후예들에 대한 역사적 기록을 남겼다. 그는 하나님께서 창조하신 첫 사람 아담의 이름과 후손과 수명을 기록했다.

이것은 아담의 계보를 적은 책이니라. 하나님이 사람을 창조하실 때에 하나님의 모양대로 지으시되, 남자와 여자를 창조하셨고 그들이 창조되던 날에 하나님이 그들에게 복을 주시고 그들의 이름을 사람이라 일컬으셨더라. 아담은 백삼십 세에 자기의 모양 곧 자기의 형상과 같은 아들을 낳아 이름을 셋이라 하였고, 아담은 셋을 낳은 후 팔백 년을 지내며 자녀들을 낳았으며, 그는 구백삼십 세를 살고 죽었더라.(창 5:1~5)

둘째, 역대기서 기자는 대상 1장과 2장에서 첫 사람 아담으로부터 시작하여 사울과 다윗에게 이르기까지 이스라엘의 역사를 기록하고 있다.

셋째, 누가복음의 저자 역시 예수님의 족보를 마태복음 1장과 달리 눅 3장에서 예수로부터 시작하여 아담 그리고 창조주 하나님에까지 거슬러 기록하고 있다.

> 예수께서 가르치심을 시작하실 때에 삼십 세쯤 되시니라 사람들이 아는 대로
> 는 요셉의 아들이니 요셉의 위는 헬리요 -그 위는 에노스요 그 위는 셋이요
> 그 위는 아담이요 그 위는 하나님이시니라.(눅 3:23, 38)

넷째, 예수께서 결혼제도의 신성함을 강조하시면서 강력한 증거로 아담과 하와의 결혼이 하나님께서 인간을 창조하신 후 제정하신 최초의 제도(창 2:24)임을 밝히셨다.

> 예수께서 대답하여 이르시되 사람을 지으신 이가 본래 그들을 남자와 여자로
> 지으시고, 말씀하시기를 그러므로 사람이 그 부모를 떠나서 아내에게 합하여
> 그 둘이 한 몸이 될지니라 하신 것을 읽지 못하였느냐, 그런즉 이제 둘이 아
> 니요, 한 몸이니 그러므로 하나님이 짝지어 주신 것을 사람이 나누지 못할지
> 니라.(마 19:4~6)

다섯째, 바울도 한 사람을 통하여 온 인류가 후손으로 살도록 하나님께서 창조하셨음을 주장했다.

> 인류의 모든 족속을 한 혈통으로 만드사 온 땅에 살게 하시고 그들의 연대를
> 정하시며 거주의 경계를 한정하셨으니(행 17:26)

이 모든 성경 말씀은 이스라엘의 역사 그리고 예수의 역사성에 대하여 인정할 수밖에 없는 자료이며, 인류 조상 최초의 사람 아담의 역사적 실재를 확인시켜주고 있다. 결국 아담의 역사성은 신화에 불과한 것이 아니라 변론의 여지가 없는 역사적인 존재라는 사실임을 말해 준다.

2. 죄로 인하여 죽는 아담들

1) '아담 adam' 의미

'아담'의 어원은 "진흙, 혹은 먼지(*adama*, dust, soil)"이다. 창 5장에서 남자(*ish*)와 여자(*ishah*)를 가리켜 사람(adam)이라 칭한다. 문제는 죄를

지은 아담을 하나님께서 저주하실 때 이 점을 분명히 부각하여 단호하게 심판하셨다는 점이다.

> 네가 흙으로 돌아갈 때까지 얼굴에 땀을 흘려야 먹을 것을 먹으리니 네가 그것에서 취함을 입었음이라 너는 흙이니 흙으로 돌아갈 것이니라 하시니라.(창 3:19)

여기서 이름으로부터 기원하는 아담의 숙명적인 죽음의 배경을 알 수 있다. 즉 최초의 인간 아담은 죽을 가능성이 있는 이름으로 지어졌고 불행하게도 그 죽음의 가능성은 실제로 발생하고야 말았다. 이 불행한 일이 발생하게 된 것은 아담이 하나님의 명령에 불순종했기 때문이다. 결국 모든 사람에게 미치는 죽음은 이 아담의 범죄로 인하여 초래된 것이다. 그 과정에 대하여 바울은 이렇게 설명하고 있다.

> 그러므로 한 사람으로 말미암아 죄가 세상에 들어오고 죄로 말미암아 사망이 들어왔나니 이와 같이 모든 사람이 죄를 지었으므로 사망이 모든 사람에게 이르렀느니라.(롬 5:12)

2) 인간 죽음의 독특성

문제는 사람의 죽음과 다른 피조물의 죽음이 같은 것인가 하는 점이다. 흔히 사람들은 "모든 생물은 다 죽게 마련이며 사람도 동물과 같은 존재이기에 당연히 죽는다."고 말한다. 사람도 동물도 같은 날 창조되었기에 죽을 수 있게 지음을 받았다고 할 수 있다. 그러나 과연 하나님께서 인간을 창조하실 때부터 죽도록 지으셨을까? 이 점을 살피기 위하여 다시 창조 기사로 돌아가 보자.

> 하나님이 자기 형상 곧 하나님의 형상대로 사람을 창조하시되 남자와 여자를 창조하시고, 하나님이 그들에게 복을 주시며 하나님이 그들에게 이르시되 생육하고 번성하여 땅에 충만 하라, 땅을 정복하라, 바다의 물고기와 하늘의 새와 땅에 움직이는 모든 생물을 다스리라 하시니라.(창 1:27~28)

여기서 분명하게 알 수 있는 것은 하나님께서 인간의 죽음에 대하여 언급하지 않으셨다는 점이다. 오히려 하나님은 생육하고 번성할 것을 명령하시며 축복하셨다. 아담과 하와가 살았던 환경은 강이 흐르고 먹을거리가 풍성한 에덴동산이었다. 그곳에는 각종 과일이 있었다. 특히 생명나무(the tree of life)가 있어서 아담과 하와는 그 생명나무의 열매를 먹으며 영원히 살 수 있었다.

> 여호와 하나님이 동방의 에덴에 동산을 창설하시고 그 지으신 사람을 거기 두시니라. 여호와 하나님이 그 땅에서 보기에 아름답고 먹기에 좋은 나무가 나게 하시니 동산 가운데에는 생명나무와 선악을 알게 하는 나무도 있더라.(창 2:8~9)

하나님께서 금하신 선과 악을 구별하는 나무의 열매를 인간이 먹음으로 문제가 발생하게 되었다. 이것이 첫 사람 아담이 지은 죄다. 사도 바울은 이 아담의 범죄 행위로 인하여 세상에 죄가 들어왔고 "네가 먹으면 반드시 죽으리라(창 2:17)"라는 하나님의 경고가 그대로 실행되어 아담은 물론 모든 사람이 죽게 되었다고 설명한다(롬 5:12).

그러므로 사람의 죽음은 이 질문으로 동물과 같은 것일 수 없다고 유추해 볼 수 있다. "과연 인간이 죄를 짓지 않았다면 영원히 죽지 않았을 것인가?" 성경에서의 답은 "그렇다(yes)!"이다. 그 근거는 요한계시록에서 찾아볼 수 있다.

> 길 가운데로 흐르더라. 강 좌우에 생명나무가 있어 열두 가지 열매를 맺되 달마다 그 열매를 맺고 그 나무 잎사귀들은 만국을 치료하기 위하여 있더라.(계 22:2)

이 말씀에서 보듯이 생명나무란 존재는 치료와 회복 그리고 영생을 보장하는 나무이다. 하나님께서는 에덴동산의 생명나무를 이런 목적으로 주셨던 것이다. 아담과 하와는 이 나무를 통하여 치료받고 영생을 보장받도록 창조되었다. 그들은 생육하고 번성하여 그곳에서 그 동산을 개간하고 확장시켜 하나님의 나라를 세워나갈 사명 속에서 살았던 것이다. 그러나 그들은 실패했고 오히려 사망의 길로 가서 마침내 죽었다.

유대 랍비들은 이 엄청나게 축복받은 지위를 상실한 인간에 대하여 지혜서에서 통탄하며 말했다.

> 하나님은 인간을 부패하지 않도록 창조하셨다. 주께서는 인간을 하나님의 형상으로 창조하셔서 당신과 합당한 존재가 되게 하셨다. 그러나 사탄의 시기로 죽음이 세상에 들어왔다. 이것이 성경 저자들이 죽음을 애도하고 그 사실에 대해 분노하는 이유이다.(지혜서 2:25)

아담의 범죄로 인하여 모든 인간은 동물과 같은 존재로 추락하였고 결국 동물과 같이 죽어 비참한 존재가 되었다. 시편 저자는 추락한 인간의 처지를 매우 안타까워했다.

> 사람은 존귀하나 장구하지 못함이여 멸망하는 짐승 같도다.(시편 49:12)

그런데 놀랍게도 전도서 저자 솔로몬은 동물과 같은 존재로 추락한 인간과 짐승의 차이를 밝혔다.

> 인생이 당하는 일을 짐승도 당하나니 그들이 당하는 일이 일반이라. 다 동일한 호흡이 있어서 짐승이 죽음 같이 사람도 죽으니 사람이 짐승보다 뛰어남이 없음은 모든 것이 헛됨이로다. 다 흙으로 말미암았으므로 다 흙으로 돌아가나니 다 한 곳으로 가거니와 인생들의 혼은 위로 올라가고 짐승의 혼은 아래 곧 땅으로 내려가는 줄을 누가 알랴.(전 3:19~21)

이렇듯 하나님의 형상으로 지음을 받은 인간은 한 사람의 범죄로 비참한 존재로 추락했고 부패하여 해체되는 가련한 존재가 되었지만, 과연 사람이 동물과 같이 죽으면 그걸로 끝나는 것일까?

3. 죽을 수 없는 영원한 생명을 소유한 성도

성경은 죄로 인하여 모든 사람이 죽는다고 선언하면서도 놀랍게도

이 죽음을 경험하지 않은 사람이 있음을 보여준다. 우리가 잘 아는 에녹(창 5:21)과 엘리야(왕하 2:11)이다. 이 두 사람은 죽음을 보지 않았다. 그들 역시 아담의 후손임에도 불구하고 죽음을 겪지 않았다. 참으로 놀랍고 존귀한 사람들이다. 이 두 사람은 무엇을 교훈하고 있을까?

사도 바울의 말씀을 보면,

> 이는 죄가 사망 안에서 왕 노릇한 것 같이 은혜도 또한 의로 말미암아 왕 노릇 하여 우리 주 예수 그리스도로 말미암아 영생에 이르게 하려 함이라.(롬 5:21)

아담 한 사람의 죄로 인하여 사망이 모든 사람에게 지배력을 발휘하여 사망에 이르게 되었으나, 마지막 아담이신 예수께서 의로우신 순종으로 인하여 완성하신 의가 지배하여 모든 사람에게 영생이 주어지는 것이라고 말한다. 이를 바울은 정리하여 말한다.

> 죄의 삯은 사망이요 하나님의 은사는 그리스도 예수 우리 주 안에 있는 영생이니라.(롬 6:23)

에녹과 엘리야 모두 예수를 예표 하는 인물로 하나님의 은혜가 그들에게 미쳐 죽음을 보지 않았다는 말이다. 그들 역시 우리와 마찬가지로 예수께서 이루신 의를 통하여 생명을 얻게 된 것이다. 주께서는 "나는 길이요, 진리요 생명"이라 하시며, 당신을 통해서만 창조주 하나님 아버지께로 갈 수 있다(요 14:6)고 주장하셨다.

이 말씀을 하신 예수께서는 십자가에서 비참하게 처형 받아 죽고 사흘 만에 부활하셨다. 죽음의 세력이 더는 무덤 속에 그를 가둬둘 수 없었다. 더는 사망이 그를 지배하지 못했다. 우리 주께서 사망의 권세를 깨뜨리시고 부활하셨다. 사도 바울은 이 신비로운 예수 그리스도의 부활을 선포했고, 그 예수는 부활의 첫 열매가 되셨다.

> 그러나 이제 그리스도께서 죽은 자 가운데서 다시 살아 나사 잠자는 자들의 첫 열매가 되셨도다. 사망이 한 사람으로 말미암았으니, 죽은 자의 부활도 한

사람으로 말미암는도다. 아담 안에서 모든 사람이 죽은 것 같이 그리스도 안
에서 모든 사람이 삶을 얻으리라.(고전 15:20~22)

생명이시고 부활이신 예수께서 사망의 권세를 깨부수셨다. 부활로
승리하셨다. 이 예수의 부활을 믿는 자에게는 주님과 같은 부활의 역사
가 일어난다. 이 놀라운 부활의 진리를 믿는가?

보라, 내가 너희에게 비밀을 말하노니 우리가 다 잠잘 것이 아니요, 마지막 나
팔에 순식간에 홀연히 다 변화되리니, 나팔 소리가 나매 죽은 자들이 썩지 아
니할 것으로 다시 살아나고 우리도 변화되리라. 이 썩을 것이 반드시 썩지 아
니할 것을 입겠고 이 죽을 것이 죽지 아니함을 입으리로다. 이 썩을 것이 썩
지 아니함을 입고 이 죽을 것이 죽지 아니함을 입을 때에는 사망을 삼키고 이
기리라고 기록된 말씀이 이루어지리라.(고전 15:51~54)

결 론

성도는 예수 십자가와 부활이란 놀라운 복음을 믿음으로 다시 사는
변화를 겪게 될 것이다. 예수를 믿어 예수 안에서 살아가는 성도는 모
두 이 날을 바라보고 믿음으로 살아가는 자들이다. 부활하신 후에 보여
주신 예수님의 부활체는 신비롭고 놀랍다. 주님의 놀라운 영성체의 모
습은 과연 어떠한 모습이며 주 안에서 변화될 우리 몸의 모습은 어떤
형태일까? 이 흥미로운 사실을 주님의 변화 산 기록에서 찾아볼 수 있
다. 주께서는 베드로, 야고보, 요한 세 제자에게 변화된 영성체를 부활
전에 보여주셨다.

엿새 후에 예수께서 베드로와 야고보와 요한을 데리시고 따로 높은 산에 올
라가셨더니 그들 앞에서 변형되사, 그 옷이 광채가 나며 세상에서 빨래하는
자가 그렇게 희게 할 수 없을 만큼 매우 희어졌더라.(막 9:2~3)

이때 주께서는 모세와 엘리야와 함께 변화되어 자신을 나타내셨다. 놀라운 주님의 모습은 얼굴에서, 옷에서 인간이 경험한 적이 없는 놀라운 변화로 나타나셨다. 세 제자는 모두 이 놀랍고 신비한 상황 속에서 경황이 없었다. 그래서 베드로는 엉뚱한 말을 했다. 세 분을 위하여 초막 셋을 짓겠다는 것이었다. 이 때 하나님께서는 이 예수가 하나님의 아들이심을 계시하시며 "너희는 그의 말을 들으라(마 17:5)고 계시하셨다.

이 사건 후에 주께서는 제자들을 경계하시며 부활 전에는 이 사실을 말하지 말 것을 명하셨다. 여기서 이 변화된 주님의 몸은 장차 부활 하신 후에 나타나실 영성체이다.

> 그들이 산에서 내려올 때에 예수께서 경고하시되 인자가 죽은 자 가운데서
> 살아날 때까지는 본 것을 아무에게도 이르지 말라.(막 9:9)

모든 사람은 아담 안에서 죽은 자이다. 모두 아담의 죽음을 공유하여 다 죽을 수밖에 없다. 그러나 마지막 아담이신 예수께서 죽으심으로 주님을 믿는 자는 모두 새 생명을 얻어 영생에 들어간다. 이는 하나님께서 우리를 구원하시기 위하여 예수를 인간이 되게 하여서 이루신 사랑과 희생 그리고 은혜의 복음이다.

> 그를 잠시 동안 천사보다 못하게 하시며 영광과 존귀로 관을 씌우시며, 만물
> 을 그 발아래에 복종하게 하셨느니라 하였으니, 만물로 그에게 복종하게 하
> 셨은즉 복종하지 않은 것이 하나도 없어야 하겠으나 지금 우리가 만물이 아
> 직 그에게 복종하고 있는 것을 보지 못하고, 오직 우리가 천사들보다 잠시 동
> 안 못하게 하심을 입은 자 곧 죽음의 고난 받으심으로 말미암아 영광과 존귀
> 로 관을 쓰신 예수를 보니 이를 행하심은 하나님의 은혜로 말미암아 모든 사
> 람을 위하여 죽음을 맛보려 하심이라.(히 2:7~9)

주 예수 그리스도를 믿는 것이 구원 도리이며 영생에 이르는 유일한 길이다. 주 예수께서는 죽음을 운명처럼 알고 절망하며 사는 모두를 구

하시기 위하여 대신 죽어주셨다. 그리고 자신의 자유와 사랑의 질서 가운데 우리를 다시 살리는 생명나무가 있는 그 아름다운 새 에덴동산으로 인도하시기 위하여 이 땅에 다시 오실 것이다.

주님은 "살리는 것은 영이니 육은 무익하니라. 내가 너희에게 이른 말은 영이요 생명이라(요 6:63)."라고 말씀하셨다. 우리는 "장차 주님과 같은 형상으로 사망에 처해 있던 우리를 변화시켜 주실 것(요일 3:2)"을 믿는다. 바라기는 이 놀라운 구원의 복음을 온전히 믿어 그 영광스럽고 신비한 부활의 영성체로 변화되는 영광을 얻기 바란다.

> 사랑하는 자들아 우리가 지금은 하나님의 자녀라 장래에 어떻게 될지는 아직 나타나지 아니하였으나 그가 나타나시면 우리가 그와 같을 줄을 아는 것은 그의 참모습 그대로 볼 것이기 때문이니 주를 향하여 이 소망을 가진 자마다 그의 깨끗하심과 같이 자기를 깨끗하게 하느니라.(요일 3:2~3)

제59강

율법을 적용한 결과

율법이 들어온 것은 범죄를 더하게 하려 함이라 그러나 죄가 더한 곳에 은혜가 더욱 넘쳤나니 이는 죄가 사망 안에서 왕 노릇 한 것 같이 은혜도 또한 의로 말미암아 왕 노릇 하여 우리 주 예수 그리스도로 말미암아 영생에 이르게 하려 함이라(로마서 5:20~21).

"가중처벌"이란 말이 있다. 이 말은 죄를 반복적으로 지으면 징벌하는 것으로 형량을 무겁게 하여 죄를 처벌하는 것을 의미한다. 음주운전으로 벌금형을 받았는데 얼마 지나지 않아 또 음주운전을 하면 벌을 더심하게 받는 것이다. 이 본문은 이런 논리로 이해하면 쉽게 알 수 있다. 본문을 다시 읽어 보자.

율법이 들어온 것은 범죄를 더하게 하려 함이라. 그러나 죄가 더한 곳에 은혜가 더욱 넘쳤나니, 이는 죄가 사망 안에서 왕 노릇한 것 같이 은혜도 또한 의로 말미암아 왕 노릇하여, 우리 주 예수 그리스도로 말미암아 영생에 이르게 하려 함이라.(롬 5:20~21)

1. 더구나(moreover)

바울은 "더구나 율법이 들어왔을 때 (Moreover the law entered)"라

는 말로 20절을 시작한다. 여기서 눈에 띄는 두 단어가 있다. "더 한다"라는 말과 "왕 노릇을 한다."라는 말이다. 우선, 개정 개역 판에는 없지만, "더구나(moreover)"란 단어를 사용한 이유가 무엇일까? 그것은 당시 바울 사도의 전도를 받아 그가 전하는 복음을 듣고 예수를 믿게 된 유대 기독교인(Jewish Christian)을 의식하고 사용한 것으로 파악된다. 아마도 아담의 죄로 인하여 죄가 들어왔고 결국 그 죄로 사망이 왔다는 진리의 의미를 알지 못하는 그들이 가질 수 있는 의문을 고려하여 사용한 단어일 것이다. 이 점에서 바울의 목회적 면모를 엿볼 수 있다. 신실한 목회적인 마음이며 아름다운 배려의 자세이다.

1) 목회적 배려 차원에서 한 설명

바울은 12절에서부터 한 사람의 불순종의 결과 죄와 사망으로 심판받은 인간이 한 사람 예수의 순종으로 의와 생명 그리고 구원에 이르게 되었다고 주장한다. 이에 대하여 유대인 기독교 성도들이 가질 수 있는 질문이 무엇일까 유대인들이 매우 자랑스럽게 생각하는 모세의 율법에서는 그것을 지킴으로 구원에 이를 수 있다고 가르치는데 '그렇다면, 율법은 어떻게 되는 것이냐'라고 질문할 수 있다.

바울은 이 점을 미리 생각하고 그에 대한 설명이 꼭 필요하다고 여겼을 것이다. 그리고 앞의 설명을 들은 후에 가질 수 있는 의문에 대하여 반드시 설명하고 싶었던 것이다. 이는 자신이 바리새인이었기에 자기도 가질 수 있는 의문을 그들도 가질 수 있지 않을까? 생각했을 것이다.

바울은 18~19절에서 이미 결론을 내렸음에도 불구하고 "죄가 율법이 있기 전에도 세상에 있었으나, 율법이 없었을 때는 죄를 죄로 여기지 아니하였다(13절)"라고 목회적 배려 차원에서 "더구나(moreover)"로 20절을 시작한다. 이는 유대 기독교인에게 율법에 대하여 기존에 갖고 있던 틀을 부숴버리는 파격적인 도전이다. 그는 율법이 있기 훨씬 전에 이미 죄라는 것이 있었고 또 죄에 대한 정죄가 있었다고 주장한다.

이런 주장은 당시 유대기독교도에겐 기존의 "율법을 어기면 죄"라는 생각을 강하게 흔들어 혼란을 일으키는 주장이다. 이 주장은 율법이 있기 전에 이미 죄는 있었고, 세상의 모든 죄는 율법에 따른 것이 아니라, 아담 이후 모든 인간이 저지르는 죄로 정죄를 받았다는 주장이다. 이 현상은 율법으로 밝혀진 것이 아니라 그 이전부터 있어 온 죄 때문이다.

2) "율법이 들어 왔다"라는 말의 의미

그렇다면 "율법이 들어오게 되었다"라는 말에는 어떤 의미가 담겨 있을까? 여기서 "들어왔다(*pareiserchomai*)"라는 말을 좀 공부해야 할 필요가 있다. 이 단어는 "더해졌다(added), 들어왔다(entered)"로 번역되었다. 그런데 이 단어의 헬라어는 좀 더 깊은 의미가 있다. 이 단어는 "~~와 나란히 들어오다(to come in along side)", 혹은 "~~에 가까이 따라 들어오다(to come into by the side of)"이다. 또한 '이미 존재하고 있는 것에 따라 들어오다(to come into by the side of a state of things already existing)"라는 의미가 담겨 있다.

그래서 전에 사용했던 개역 한글 번역판에서는 이런 의미를 살려 "율법이 가입한 것은(롬 5:20)"라고 했다. 이미 존재하고 있는 "죄"를 따라 들어온 것이 율법이라는 말이다. 즉 "가입했다(added along side)"라는 것은 율법이 죄를 근본적으로 가르치는 것이 아니라, 이미 있는 "죄"란 것에 '첨가된 것'이라는 말이다. 그 결과 율법은 죄의 정의를 내리고, 죄를 규명하고, 죄를 정리하고 요약하여 죄를 지으면 구체적으로 어떤 심판을 받게 될지를 알게 하는 역할을 한다는 것이다.

결국, 율법은 구원문제를 다룸에 있어서 근본적인 것이 될 수 없고 구원의 진수를 다루고 있다고 할 수 없다. 오히려 율법을 통하여 사망에 이르게 하는 죄에 대한 고민과 두려움과 염려를 하게 할 뿐이다. 그래서 바울은 "율법이 들어온 것은 범죄를 더하게 하려 함이라(롬 5:20a)."라고 말했다.

여기서 범죄란 아담의 죄만을 말하지 않는다. 모든 인간이 저지르는 각종 죄를 다 포함하는 죄이다. 이미 사도 바울은 "그러므로 율법의 행위로 그의 앞에 의롭다 하심을 얻을 육체가 없나니 율법으로는 죄를 깨달음이니라(롬 3:20)"라고 했고, 또 "만일 능히 살게 하는 율법을 주셨더라면 의가 반드시 율법으로 말미암았으리라(갈 3:31b)"라고 하여 율법이 결코 사람을 의롭게 하거나 구원을 주는 것이 아님을 분명히 했다.

하나님께서 이스라엘 백성에게 율법을 주신 것은 그들이 율법에 복종하여 그들을 의롭게 하므로 구원을 보상해 주려는 목적이 아니다. 율법은 구원의 수단이 아니며 구원으로 이끄는 절대적 도구가 아니다. 오히려 율법은 죄를 지적하고 강화해 주고 그것을 정죄하는 기능을 한다. 그래서 이 죄를 해결해야만 하는 문제를 일으키는 것이 율법이다.

그래서 바울은 율법이 죄를 더하게 하는 역할을 하므로 '죄가 많은 곳에는 은혜도 많다'(롬 5:20 b)고 말했다. 이유는 한 사람 예수께서 순종으로 이루신 의를 믿을 때 의롭게 되는 은혜가 주어지기 때문이다.

혹자는 이렇게 말할 수 있을 것이다. "율법의 기능이 그렇다면, 더 많은 죄를 지으면 은혜를 더욱 많이 받으면 되겠네요?" 과연 이런 질문이 정당할까요? 야고보 선생은 이 점을 의식하고 말한다.

> 사람이 시험을 받을 때에 내가 하나님께 시험을 받는다 하지 말지니 하나님은 악에게 시험을 받지도 아니하시고 친히 아무도 시험하지 아니하시느니라.(약 1:13)

사람이 죄를 짓는 것은 그 사람의 잘못이고 그 책임이 그에게 있는 것이지 결코 하나님께 그 원인을 물을 수 없다는 것이다. 이유는 하나님은 사람이 죄를 범하도록 조장하시는 분이 아니기 때문이다. 그래서 사도 바울은 6장을 시작하면서 이 점을 지적한다.

> 그런즉 우리가 무슨 말을 하리요 은혜를 더하게 하려고 죄에 거하겠느냐, 그럴 수 없느니라. 죄에 대하여 죽은 우리가 어찌 그 가운데 더 살리요.(롬 6:1~2)

2. 율법의 특징

사도 바울은 율법에 대하여 로마서 6장, 7장, 8장에 걸쳐 상세하게 설명한다. 그리고 갈라디아 3장에서도 율법을 다루고 있다. 그런데 이 모든 구절을 바르게 이해하려면 반드시 롬 5:20의 말씀을 이해해야만 한다. 먼저, 율법의 일반적인 특징을 살펴보는 것이 유익하리라 본다.

모세가 준 율법의 특징은 무엇일까? 네 가지로 정리해 볼 수 있다.

1) 율법은 죄에 대한 지식을 증가시킨다.

로마서 7장에서 사도 바울은 "율법으로 말미암지 않고는 내가 죄를 알지 못하였으니 곧 율법이 탐내지 말라 하지 아니하였더라면 내가 탐심을 알지 못하였으리라(롬 7:7b)라고 말한다.

사도가 설명하는 율법의 기능은 무엇일까? 율법이 탐욕을 언급하지 않았다면 탐심이란 죄를 알지 못했을 거라는 말이다. 이는 마치 도로에 중앙선을 긋기 전에는 도로를 좌우로 다녀도 잘못이 아니었는데, 중앙선을 긋게 되자 그것을 어기는 것이 죄임을 알게 되는 것과 같다는 말이다. 인간이 거짓말을 다 하는데, 거짓말을 하는 것이 죄라고 규정되어 있기에 거짓말이 죄임을 알게 되었다는 것이다.

바울은 이미 이 점에 주목하며 의로운 인간은 하나도 없다고 선언했다.

> 그러므로 율법의 행위로 그의 앞에 의롭다 하심을 얻을 육체가 없나니 율법
> 으로는 죄를 깨달음이니라.(롬 3:20)

여기서도 문제가 되는 것은, 이러한 행위는 율법 이전에도 행해지고 있었다는 것이다. 즉 율법 이전에도 죄라고 여겨지는 행위를 해 왔는데, 율법을 통하여 그 죄가 무엇인지 규정하므로 분명해진 것이다. 이유는 율법 규정이 사람의 행동거지를 관리, 통제하는 기능을 발휘하기 때문이다. 이렇게 율법은 죄에 대한 지식과 성격 그리고 죄의 정도와 심도를 규정하는 기능을 수행한다.

그 예로, 율법의 창시자 주께서는 율법의 근본적인 취지를 밝히시면서 해석하셨다.

> 또 간음하지 말라 하였다는 것을 너희가 들었으나, 나는 너희에게 이르노니
> 음욕을 품고 여자를 보는 자마다 마음에 이미 간음하였느니라.(마 5:27~28)

사실, 모든 인간은 죄 가운데 출생하고 죄와 더불어 살아간다. 인간의 죄성은 굳이 율법의 잣대를 들이대지 않아도 이미 부패한 양심을 소유한 인간이기 때문이다. 율법이 죄를 규정하고, 그 죄의 성격과 심도와 부패성을 말하고 있다. 주께서는 율법이 주어지기 이전에 인간의 부패한 죄성으로 이미 죄를 그 마음에 짓고 있다는 점을 지적하셨다.

이 진리를 7장에서도 엿볼 수 있다. 사도 바울은 자신은 율법에 능하지만, 자신의 거짓과 위선으로 종교적인 형식과 외식 적인 행위로부터 결코 벗어 날 수 없는 존재임을 고백한다. 그는 이를 한탄하고 절규한다.

> 내 지체 속에서 한 다른 법이 내 마음의 법과 싸워 내 지체 속에 있는 죄의 법
> 으로 나를 사로잡는 것을 보는 도다. 오호라, 나는 곤고한 사람이로다. 이 사
> 망의 몸에서 누가 나를 건져내랴.(롬 7:23~24)

우리는 모두 죄의 지배로부터 벗어 날 수 없는 운명적 존재로 살뿐이다.

2) 율법은 죄에 대한 자각을 증가시킨다.

한편, 모든 율법 조항은 단순히 죄에 대한 정보만을 제공하지 않는다. 율법에는 반드시 죄가 무엇이며 그에 따른 벌칙 조항이 담겨 있다. 그래서 머리로만 율법을 이해하게 하지 않는다. 한 걸음 더 나아가 그 죄에 대하여 의식하게 하고, 죄의 심각성을 자각하게 한다. 이런 율법 지식이 자신이 지은 죄에 대하여 후회하게 할 뿐 아니라, 자기 스스로 선한 자라는 자부심을 여지없이 깨트려 지은 죄에 대하여 심각한 자책을 하게 한다.

한 부자 청년이 예수님을 찾아와서 "영생을 얻는 방법"을 물었다. 주께서는 그 청년에게 율법(십계명)을 제시하시며 그 조항들을 지킬 것을 가르쳐 주셨다. 그때 놀랍게도 청년은 그 모든 율법을 어렸을 때부터 다 지켰다고 자신 있게 답한다. 그때 예수께서 그 청년에게 명하신 것이 무엇이며 그에 대한 청년의 반응은 어떠했는가?

> 예수께서 그를 보시고 사랑하사 이르시되 네게 아직도 한 가지 부족한 것이 있으니 가서 네게 있는 것을 다 팔아 가난한 자들에게 주라 그리하면 하늘에서 보화가 네게 있으리라 그리고 와서 나를 따르라 하시니 그 사람은 재물이 많은 고로 이 말씀으로 인하여 슬픈 기색을 띠고 근심하며 가니라.(막 10:21~22)

율법 조항은 결코 머리로만 인식할 것이 아니다. 행동에까지 이어져야 하는 것이다. 주께서는 이 점을 지적하시며 그러지 못한 위선적인 바리새인을 질책하셨다. 그들이 머리로만 율법을 이해했지 생활 속에서 실천하지 못했기 때문이다.

3) 율법은 죄책감에 빠뜨리고 더욱 죄 가운데서 헤매게 한다.

그 좋은 예로 종교개혁자 마틴 루터의 경험을 들 수 있다. 그가 십자가의 은총을 깨닫기 전에 이 문제로 심각한 고민 가운데 빠졌었다. 그는 수차례 기도하고 금식과 같은 고행을 했고 철저하게 회개했다. 그런데 하면 할수록 자신의 연약함과 죄성만이 주목받을 뿐이었다. 점점 죄의 수렁에서 벗어날 수 없다는 점에 괴로워했다. 자신의 능력과 영성이 율법의 기준을 충족시키지 못하는 패배감에 사로잡힐 뿐이었다.

그때 스승 슈타우피츠(Staupitz)의 조언을 듣게 된다. 스승은 "자신만 바라보지 말고 하나님의 은혜와 그리스도의 은총만을 바라보라"고 조언했다. 그리고 성경을 깊이 공부하라고 조언했다. 루터는 시편과 로마서를 연구하던 중 마침내 십자가 복음을 깨닫고 율법에서 벗어나 참된 구원의 도리를 깨달아 "십자가 신학(The theology of Cross)"을 정립하게 되었다. 그 후 그는 당시 형식적이고 위선적인 교회를 개혁하는 기치를 높이 들었던 것이다.

현재 학교에서 시행하는 여러 교육 중에 성교육이란 것이 있다. 그런데 이 교육의 폐해가 심각하다고 한다. 학생이 그 교육을 통하여 오히려 죄를 더욱 습득하는 기회를 제공하는 결과를 초래하여 많은 문제를 발생하고 있기 때문이다. 이는 부패한 인성의 실체를 고려하지 못한 처사라고 생각된다.

> 깨끗한 자들에게는 모든 것이 깨끗하나 더럽고 믿지 아니하는 자들에게는 아무것도 깨끗한 것이 없고 오직 그들의 마음과 양심이 더러운지라. 그들이 하나님을 시인하나 행위로는 부인하니 가증한 자요 복종하지 아니하는 자요, 모든 선한 일을 버리는 자니라.(딛 1:15~16)

4) 율법은 그리스도께로 인도하는 역할을 한다.

위에서 예로 든 바와 같이 루터가 회심하고 구원을 확신하게 되는 것은 바로 그가 율법으로는 결코 구원을 얻을 수 없음을 절감하고 하나님의 은혜와 그리스도의 구속 진리를 깨닫게 되었기 때문이다. 루터는 이때의 경험을 "탑 속의 경험(turmerlebnis)"이라고 명명했다. 그것은 그가 그리스도 십자가의 의미를 깊이 깨닫고 율법의 정죄로부터 구원받는 놀라운 영적 경험이었다. 사도 바울은 설명한다.

> 그러나 성경이 모든 것을 죄 아래에 가두었으니 이는 예수 그리스도를 믿음으로 말미암는 약속을 믿는 자들에게 주려 함이라. 믿음이 오기 전에 우리는 율법 아래에 매인 바 되고 계시될 믿음의 때까지 갇혔느니라. 이같이 율법이 우리를 그리스도께로 인도하는 초등교사가 되어 우리로 하여금 믿음으로 말미암아 의롭다 함을 얻게 하려 함이라.(갈 3:22~24)

율법은 죄를 깊이 인식하게 하고, 점점 더 깊은 죄의 수렁에 빠뜨려서 죄책으로 고통 받게 한다. 그런데 이 죄 문제로 고민하고 고통 속에서 도무지 견디지 못하고 구원을 갈구하게 될 때, 예수 그리스도 구원의 복음으로 이끌어 주는 기회가 주어지게 된다. 그러기에 율법은 그리스도에게로 인도하는 몽학 선생이며 초등학교 교사 혹은 과외선생과 같은 역할을 한다고 말한 것이다. 인간이 죄를 깊이 알면 알수록 그 고통 가운데서 벗어나기를 노력하게 되고 결국 하나님의 은혜를 체험하게 되기 때문이다.

단순히 하나님의 사랑, 하나님의 은혜만을 강조하며 복음을 전할 것이 아니라, 복음이 가진 의(義, righteousness) 즉 인간이 죄를 짓고 사는 존재임을 가르쳐 자신의 위선과 거짓된 자기 정체성에 대한 점검과 고민을 심각하게 해야 한다. 그리하여 그 가운데서 참된 구원을 갈구하여 마침내 하나님의 은혜가 무엇인지, 그 은혜를 어떻게 얻을 수 있는지를 심각하게 고민하도록 해야 한다. 그래야 영혼 구원의 길이 열리는 것이다. 우리 주께서 말씀하신다.

> 수고하고 무거운 짐 진 자들아 다 내게로 오라 내가 너희를 쉬게 하리라. 나는 마음이 온유하고 겸손하니 나의 멍에를 메고 내게 배우라 그리하면 너희 마음이 쉼을 얻으리니(마 11:28~29)

결 론

우리는 공의로우신 하나님 아버지께 믿음과 진실 그리고 인내로 나갈 때 반드시 응답해 주신다는 믿음으로 기도에 힘써야 한다. 이러한 믿음이 구원을 경험하게 된다. 우리는 과연 얼마나 거듭남을 경험하였는가? 오늘날 교회에서 이 중생의 역사가 얼마나 일어나고 있을까? 우리가 머리만으로 율법을 다루고 복음을 이해한다면 결국 영적 각성과 거듭남을 경험하지 못할 것이다. 이것이 설교자의 가장 심각한 고민이다. 모든 목회자는 주께서 우려하신 바를 심각하게 생각해야 한다.

그러나 인자가 올 때에 세상에서 믿음을 보겠느냐.(눅 18:8b)

많은 이들이 화려하고 웅장하고 많은 무리 가운데 모여 소위 종교 생활을 즐기지만, 전혀 중생의 역사를 경험하지 못하는 이유가 바로 여기에 있다. 거짓 교사들이 많아 현혹하는 시대이다. 그저 걱정거리는 덜어 주고 해결해 주겠다는 식의 거짓과 위선이 판치고 있는 시대이다.

그러므로 단순히 예수를 믿으라든가, 교회에 나오라는 권면을 넘어 자신의 죄가 무엇인지, 어떤 영적 상태로 비참하게 살아가고 있는지를 철저하게 점검해야 한다. 그리하여 각자가 하나님의 은혜와 고마우신 예수 그리스도의 의를 경험하도록 하는 데 힘써야 한다.

제60강

풍성한 은혜

율법이 들어온 것은 범죄를 더하게 하려 함이라. 그러나 죄가 더한 곳에 은혜가 더욱 넘쳤나니 이는 죄가 사망 안에서 왕 노릇 한 것 같이 은혜도 또한 의로 말미암아 왕 노릇 하여 우리 주 예수 그리스도로 말미암아 영생에 이르게 하려 함이라(로마서 5:20~21).

유명한 미국의 정치인 패트릭 헨리(Patrick Henry, 1736~1799)는 1775년 3월 23일 버지니아주 리치몬드시 성 요한교회에서 "자유가 아니면 죽음을 달라(Give me liberty or give me death)!"고 외쳤다. 누구나 자신이 마음껏 하고 싶은 일을 하며 자유롭게 살길 원한다. 누구나 자유가 보장되는 삶을 추구한다. 탈북민은 모두가 '자유 대한에서 자유가 보장된 삶이 너무 좋다'라고 말한다.

중국에서 양회(兩會, 전국인민대표회의-전인대, 전국인민정치협상회의-정협, 5천명) 가 매해 3월에 열리는 데, 2020년엔 Covid-19 때문에 5월 22일 ~28일 기간에 열림)에서 중요한 결정을 했다. 홍콩 보안법을 제정하기로 결정한 것이다. 이로써 일국양제(一國兩制, 공산주의와 자본주의를 병행하는 제도) 하에서 자유민주주의와 자본주의를 누렸던 홍콩이, 이제까지 그들이 누렸던 혜택을 잃게 되었고 중국공산주의의 지배하에 놓이게 되었다. 홍콩인들 특히 젊은 청년들이 혼란 가운데 극렬하게 저항하고 있다. 그들은 항의 집회를 하고 있고 비관적인 홍콩에서 탈출을 계획하여 시도하고 있다. 참으로 걱정이 아닐 수 없다. 특히 교회가 항의 집회를 주도한 것으로 밝혀져서 중국당국이 본토에서와 같이 기독교 탄압을 지속할 것으로 예상되어 기도가 절실히 필요하다.

로마서를 강해 오면서 이제 5장 마지막 부분에 도달했다. 그동안 사도 바울은 이신칭의의 진리를 규명하면서 예수 그리스도께서 완성하신 의를 믿음으로 구원에 이르게 됨을 설명했다. 아담이 하나님과 맺은 언약을 지키지 못하고 불순종함으로 죄가 들어왔고 그 죄로 인하여 사망이 인간에게 주어졌음을 지적하면서(롬 5:12) 죄와 사망으로부터의 구원이 둘째 아담, 예수 그리스도의 순종으로 인하여 완성된 의를 믿는 자에게 생명과 영생이 주어지게 된다는 것이다(롬 5:12, 15).

이 과정에서 유대 기독교인이 가질 수 있는 의문, 즉 율법의 역할에 대한 의문에 대하여 바리새인이었던 바울은 "율법이 들어온 것은 범죄를 더하게 하려 함(롬 5:20a)"이라고 주장한다. 이 주장은 유대 기독교인들에게는 충격이 아닐 수 없었을 것이다. 그들이 알고 있고 또한 믿는 바는 모세로부터 받은 율법 준수만이 구원에 이를 수 있는 길이었기 때문이다.

롬 5:20~21 말씀을 잘 이해하지 못하면 앞으로 계속되는 6장과 7장 그리고 8장으로 이어지는 구원의 진리를 바르게 파악할 수 없다. 그만큼 본문 20절과 21절은 매우 중요하다. 바울은 이 구절에서 율법의 성격과 한계를 분명히 하면서 죄의 지배 가운데 살아갈 수밖에 없는 자들에게 미친 하나님의 은혜가 이신칭의의 진리로 강력하게 지배함에 대하여 세밀하게 설명한다.

그래서 "은혜의 통치력 혹은 은혜의 지배력"이라는 주제로 세 번에 걸쳐 설명하려 한다. 첫째 은혜의 성격(20b), 둘째 은혜의 통치(21a), 셋째 은혜의 효력(21b)이다. 첫 번째로 은혜의 특징과 그 풍성함에 대하여 살펴보자.

1. 은혜의 풍성함

본문 20절에서 '율법이 죄를 더하기 위하여 들어왔고 죄가 더한 곳에 은혜가 더욱 넘쳤다.'라고 말한다. 이 구절에서 "더한다."가 세 번 사용되고 있다. 이는 "더한다(20a, *pleonase*, abound, increase)"와 "더한다(20b, *epileovasen*, abounded, increased)." 그리고 "더욱 넘쳤다(20c, *hupereperisseusen*, increased all the more)"이다.

그런데 한글 번역에는 나타나지 않으나 여기에서 '더하다'는 각각 다른 단어로 되어있다. 각각의 단어는 다른 의미를 내포하고 있다. 20a의 더한다는 말은 현재시제로, 있는 것에 첨가하는 것(to be more, to be in abundance)이라면, 두 번째 더하는 것은 과거시제로 더 많이 더해졌음을 의미하며, 마지막 더한다는 것은 현재완료시제로 이미 있는 것을 덮고도 남을 만큼 넘치게 부어짐(to abound more exceedingly)을 뜻한다.

사도 바울은 죄가 상존하고 있는 상태와 그 죄에 작용하는 은혜가 어떤 상태로 풍성하게 작용하는 지를 구분하여 설명했다. 이렇게 다르게 표현한 이유는 아마도 이 점을 확실하게 인식하는 것이 구원을 이해하는 데 매우 중요하기 때문일 것이다.

특히 마지막 '더함'에 대해서는 한글 개정 개역 판에서는 "은혜가 더욱 넘쳤다"라고 번역이 되어있는데, 원문의 의미를 적극 살린 영어번역에서는 최상급비교로 "increased all the more(NIV), much more abound(KJV)"라고 했다. 최상의 풍성함(super abound)을 표현한 것이다. 이는 아무리 죄가 더해진 상태라고 하더라도, 그리고 그 죄가 어떠한 것이었다고 하더라도 이를 해결하기 위하여 부어지는 은혜는 그 죄보다 훨씬 더하게 주어졌다는 것이다. 이 표현은 비교급이 아닌, 최상급으로 죄가 더해져서 사망으로 이어지도록 정해진 절망적인 인간에게 예수 그리스도의 순종의 희생으로 완성된 의를 통하여 주어지는 은혜는 그 무서운 죄와 사망을 덮고도 남는 넘침, 측량할 수 없을 풍성, 덮고도 넘치는 은혜의 흐름(overflowed)임을 말한 것이다.

이 넘치는 은혜의 완성은 결국 최종 단계에서 이뤄질 것이다. 사도 바울은 예수 그리스도의 부활 진리를 믿는 자에게 주어질 부활의 영광됨은 "이 썩을 것이 썩지 아니함을 입고 이 죽을 것이 죽지 아니함을 입을 때에는 사망을 삼키고 이기리라"(이사야 25:8)는 이사야 선지자 예언의 성취라고 주장했다(고전 15:54).

'죄가 더한 곳에 은혜가 더욱 넘친다.' 라는 말은 죄를 덮고도 남아, 넘치는 풍성한 은혜를 의미한다. 바울은 이미 "더욱"이란 말을 여러 차례 사용했다(9, 10, 15, 17절).

> 그러면 이제 우리가 그의 피로 말미암아 의롭다 하심을 받았으니 더욱 그로 말미암아 진노하심에서 구원을 받을 것이니(롬 5:9.)

> 곧 우리가 원수 되었을 때에 그의 아들의 죽으심으로 말미암아 하나님과 화목하게 되었은 즉 화목하게 된 자로서는 더욱 그의 살아나심으로 말미암아 구원을 받을 것이니라.(롬 5:10.)

> 그러나 이 은사는 그 범죄와 같지 아니하니 곧 한 사람의 범죄를 인하여 많은 사람이 죽었은 즉 더욱 하나님의 은혜와 또한 한 사람 예수 그리스도의 은혜로 말미암은 선물은 많은 사람에게 넘쳤느니라.(롬 5:15.)

> 한 사람의 범죄로 말미암아 사망이 그 한 사람을 통하여 왕 노릇 하였은즉 더욱 은혜와 의의 선물을 넘치게 받는 자들은 한 분 예수 그리스도를 통하여 생명 안에서 왕 노릇 하리로다.(롬 5:17.)

이 모두 아담의 죄에 참여한 우리에게 선언된 사망과 예수 그리스도의 순종으로 인하여 주어진 생명과 영생을 비교하는 말이다. 즉 영생이 죄와 사망을 덮고도 넘치는 것을 강조하고 있다. 결국, 사도 바울의 이 증언은 "더욱"이란 표현의 의미를 정확하게 인식하지 못하면 결코 구원의 진리를 알 수 없다는 것을 깨닫게 한다.

이로써 예수 그리스도께서 이루신 의를 믿는 것은 죄와 사망의 지배(굴레)로부터 확실하게 구원을 받는다는 확고한 신앙을 갖게 한다. 이 믿음은 성도가 환란 중에서도 기뻐하고 즐거워하며 인내하고 소망하게 하는 근거가 된다(롬 5:3, 12:12). 이 믿음은 단순히 종교적 바람 정도가 아니라, 삶 속에서 실천하고 경험하므로 축적된 믿음이다. 이러한 믿음을 가질 때 사도 베드로가 권면하는 넉넉한 구원에 이르게 되는 것이다. 우리는 이 점을 잊지 말아야 한다.

> 이같이 하면 우리 주 곧 구주 예수 그리스도의 영원한 나라에 들어감을 넉넉
> 히 너희에게 주시리라.(벧후 1:11)

이 은혜는 모든 죄를 탕감하고, 더는 죄에 대하여 문제시하지 않고, 그 모든 죄를 덮고도 남는 풍성한 은혜이다. 이 점은 에베소서에서도 매우 강조되고 있다.

> 허물로 죽은 우리를 그리스도와 함께 살리셨고(너희는 은혜로 구원을 받은 것이라),
> 또 함께 일으키사 그리스도 예수 안에서 함께 하늘에 앉히시니, 이는 그리스
> 도 예수 안에서 우리에게 자비하심으로써 그 은혜의 지극히 풍성함을 오는
> 여러 세대에 나타내려 하심이라. 너희는 그 은혜에 의하여 믿음으로 말미암아
> 구원을 받았으니 이것은 너희에게서 난 것이 아니요 하나님의 선물이라. 행위
> 에서 난 것이 아니니 이는 누구든지 자랑하지 못하게 함이라.(엡 2:5~9)

이렇게 하나님께서 예수 안에서 우리를 부르시고 예수 그리스도를 믿게 하심은 우리를 예수께서 이루신 의에 동참시켜서 모든 허물과 죄를 그리스도의 의로 덮으시고 풍성한 은혜를 베풀어 주시기 위한 것이다. 그래서 예수 안에서 구원받은 성도는 다음과 같이 고백할 수밖에 없다.

> 또한 그로 말미암아 우리가 믿음으로 서 있는 이 은혜에 들어감을 얻었으며
> 하나님의 영광을 바라고 즐거워하느니라.(롬 5:2)

2. 죄의 실체적 인식의 중요성

문제는 이렇게 풍성한 은혜를 베풀어 주시는 이유가 무엇인가 하는 점이다. 그것은 죄의 실체(the reality of sins) 때문이다. 우리는 아담 안에서 죄를 지은 존재로서 죄의 지배 아래 있는 존재들이었으며, 예수 그리스도 안에서 의와 생명의 은혜를 받는 존재로서 양자택일할 수밖에 없는 자이다. 사도 바울은 이 점을 아주 정확하게 설명했다.

> 그는 허물과 죄로 죽었던 너희를 살리셨도다. 그때에 너희는 그 가운데서 행하여 이 세상 풍조를 따르고 공중의 권세 잡은 자를 따랐으니 곧 지금 불순종의 아들들 가운데서 역사하는 영이라. 전에는 우리도 다 그 가운데서 우리 육체의 욕심을 따라 지내며 육체와 마음의 원하는 것을 하여 다른 이들과 같이 본질상 진노의 자녀이었더니, 긍휼이 풍성하신 하나님이 우리를 사랑하신 그 큰 사랑을 인하여, 허물로 죽은 우리를 그리스도와 함께 살리셨고 (너희는 은혜로 구원을 받은 것이라), 또 함께 일으키사 그리스도 예수 안에서 함께 하늘에 앉히시니(엡 2:1~6)

사도가 강조하는 바는 예수를 믿는 성도는 예수 믿기 전 자신의 영적 상태에 대하여 분명히 인식하고 또 기억해야 한다는 것이다. 로마서에서는 이 점을 6장에서 상세하게 진술하고 있다. 이는 우리가 잊지 말아야 할 죄에 대한 분명한 인식이다.

주께서 공생애 사역 중에 한 여인이 예수께서 초대받아 가신 바리새인 시몬의 집을 찾아와 죄 사함을 받는 사건이었다(눅 7:35~48). 그 여인은 죄를 많이 지어 동네에 소문 난 여인이었다. 그런데 이 여인이 예수께서 바리새인의 집에 앉아 계심을 알고 향유 담은 옥합을 가지고 와서 예수의 뒤로 가서 주님의 발 곁에 서서 울며 눈물로 발을 적시고 자기 머리털로 닦고 그 발에 입 맞추고 향유를 부었다.

그때 바리새인은 마음속으로 "이 사람이 만일 선지자라면 자기를 만지는 이 여자가 누구며 어떠한 자 곧 죄인인 줄을 알았으리라"라고 예수를 경멸했다. 그러자 예수께서 "시몬아 내가 네게 이를 말이 있다"라고 하시며 비유로 질문하셨다. "빚 주는 사람에게 빚진 자가 둘이 있어 하나는 오백 데나리온을 졌고 하나는 오십 데나리온을 졌는데 갚을 것이 없으므로 둘 다 탕감하여 주었으니 둘 중에 누가 그를 더 사랑하겠느냐?" 바리새인 시몬이 "내 생각에는 탕감함을 많이 받은 자니이다." 라고 답했다.

예수께서 "네 판단이 옳다" 그리고 "그 여자를 돌아보시며 시몬에게 이르시되 이 여자를 보느냐 내가 네 집에 들어올 때 너는 내게 발 씻을 물도 주지 아니하였으되 이 여자는 눈물로 내 발을 적시고 그 머리털로 닦았으며 너는 내게 입 맞추지 아니하였으되 그는 내가 들어올 때로부터 내 발에 입 맞추기를 그치지 아니하였으며 너는 내 머리에 감람유도 붓지 아니하였으되 그는 향유를 내 발에 부었느니라. 이러므로 내가 네게 말하노니 그의 많은 죄가 사하여졌도다. 이는 그의 사랑함이 많음이라. 사함을 받은 일이 적은 자는 적게 사랑하느니라. 이에 여자에게 이르시되 네 죄 사함을 받았느니라."라고 말씀하셨다.

이 사건에서 주께서 강조하신 바를 생각해 보면, 많은 죄를 지은 자에게 풍성한 사함이 주어짐을, 사랑을 많이 받은 자가 더 주님을 사랑함을! 반대로 자기 의에 사로잡혀 있는 자에겐 사함의 은총이 주어질 수 없음을 깨닫게 된다. 하나님의 풍성한 은혜를 받은 자일수록 더욱더 깊은 고백과 감사 그리고 그에 대한 보답과 헌신을 할 줄 믿는다. 많은 죄를 지은 이 여인과 같이 말이다.

누구나 죄 가운데 출생하고, 죄와 더불어 살아간다. 앞에서도 언급했듯이 인간은 모두 하나님의 진노의 대상일 수밖에 없는, 그리스도 밖에서 살았던 자들이다(엡 2:1 이하). 다윗은 죄를 짓고 나단 선지자의 지적을 받아 하나님의 징계를 받으면서 철저하게 회개했다.

내가 죄악 중에서 출생하였음이여 어머니가 죄 중에서 나를 잉태하였나이

다.(시편 51:5)

이 구절은 우리가 모두 죄의 지배 하에서 살아가는 비참한 존재임을 고백하는 것이다. 이렇게 통렬하게 자신의 죄인 됨을 인식해 본 적이 있는가? 죄 문제로 고민하고 잠을 자지 못하며 심적 고통을 심하게 겪은 적이 있는가? 사도 바울은 이런 고통을 겪은 후 예수를 고백했다. 자신의 죄 문제를 철저하게 점검한 후 한 고백이다.

> 그러므로 내가 한 법을 깨달았노니 곧 선을 행하기 원하는 나에게 악이 함께 있는 것이로다. 내 속사람으로는 하나님의 법을 즐거워하되 내 지체 속에서 한 다른 법이 내 마음의 법과 싸워 내 지체 속에 있는 죄의 법으로 나를 사로잡는 것을 보는 도다. 오호라 나는 곤고한 사람이로다. 이 사망의 몸에서 누가 나를 건져내랴.(롬 7:21~24)

바울은 순수 바리새인의 길을 갔던 철저한 율법주의자였다. 그런데 부활하신 주님의 부르심을 받은 후 예수의 복음을 점검하면서 깊은 회의에 빠졌다. 그것은 죄와 율법의 지배력에 대한 문제였다. 죄의 통치를 받으며 살아갈 수밖에 없는 자신이 그 무엇으로 죄의 사슬에서 벗어날 수가 있단 말인가! 이것이 바울의 고민이었고 그로부터의 구원을 철저하게 경험한 일련의 과정을 기술한 것이 바로 로마서 6, 7장의 내용이다.

우리는 예수 복음으로 새 생명을 찾아가는 영적 순례의 길에서, 반드시 겪을 수밖에 없는 자신의 실체 즉 교만과 거짓 그리고 위선과 반역에 대한 철저한 점검을 통하여 예수 십자가를 의지하게 된다. 우리는 바울처럼 예수의 복음을 붙잡을 수밖에 없는 자신을 발견하고, 바울과 같은 구원의 여정을 발견해야 된다.

주께서는 바리새인들 즉 형식적인 율법주의자, 오늘날로 말하면 자기의(自己義 self-righteousness) 사로잡혀 자신 있게 살아가는 자들을 향하여 다음과 같이 논박하셨다.

> 너희가 내 말에 거하면 참으로 내 제자가 되고 진리를 알지니 진리가 너희를 자유롭게 하리라.(요 8:31b)

율법의 형식과 종교적인 행위를 다 수행한다고 하여 결코 구원에 이를 수 없다. 오직 진리 되시는 예수 그리스도를 믿고 그 말씀을 순종하며 살아갈 때 참된 자유와 기쁨을 누리게 된다. 이는 마치 중국 공산당의 지배 하에서는 자유가 없음을 잘 아는 홍콩인들이 저항하는 것과 같이, 탈북자들이 탈북하여 자유를 만끽하여 고백하듯이, 예수를 믿는 우리는 사탄의 지배 하의 죄의 종의 신분에서 벗어나 예수의 의로 거듭나 새 생명을 받아 참된 기쁨과 자유와 소망을 갖고 살아가게 된다. 우리는 그 풍성한 은혜의 지배를 받는 자로서 원수 마귀의 지배 아래서 짓던 그 죄와 싸워야 한다.

결 론

우리는 모두 이 놀라운 하나님의 은혜를 풍성하게 받은 자들이 아닌가! 사도 바울은 이 점을 분명하게 지적하며 우리가 예수 믿는 자로서의 분명한 인식을 가지고 확실한 성도로 삶을 살아갈 것을 명했다. 다음 두 구절은 이 교훈을 분명히 하며, 우리가 자신과 복음을 살펴, 예수 그리스도의 복음으로 풍성한 은혜를 베풀어 주시는 하나님의 그 은혜를 온전히 믿고 신뢰할 것을 권한다.

> 만일 우리의 복음이 가리었으면 망하는 자들에게 가리어진 것이라. 그중에 이 세상의 신이 믿지 아니하는 자들의 마음을 혼미하게 하여 그리스도의 영광의 복음의 광채가 비치지 못하게 함이니 그리스도는 하나님의 형상이니라.(고후 4:3~4)

> 우리가 세상의 영을 받지 아니하고 오직 하나님으로부터 온 영을 받았으니 이는 우리로 하여금 하나님께서 우리에게 은혜로 주신 것들을 알게 하려 하

심이라. 우리가 이것을 말하거니와 사람의 지혜가 가르친 말로 아니하고 오직 성령께서 가르치신 것으로 하니 영적인 일은 영적인 것으로 분별하느니라. 육에 속한 사람은 하나님의 성령의 일들을 받지 아니하나니 이는 그것들이 그에게는 어리석게 보임이요, 또 그는 그것들을 알 수도 없나니 그러한 일은 영적으로 분별되기 때문이라.(고전 2:12~14)

죄 가운데 미련하게 살아가던 우리에게 베푸신 하나님의 풍성한 은혜는 예수께서 이루신 의를 믿어 구원을 얻게 하신 것이다. 그러기에 이 은혜의 강력한 지배와 통치하심이 있음을 믿고 그 놀라운 사랑에 감사하며 더욱 그 은혜를 신뢰해야 할 것이다.

제61강

왕 노릇 하는 은혜

**율법이 들어온 것은 범죄를 더하게 하려 함이라 그러나 죄가 더한 곳에 은혜
가 더욱 넘쳤나니 이는 죄가 사망 안에서 왕 노릇 한 것 같이 은혜도 또한 의로
말미암아 왕 노릇 하여 우리 주 예수 그리스도로 말미암아 영생에 이르게 하
려 함이라(로마서 5:20~21).**

앞에서 "은혜의 통치력"이란 주제로 첫 주제인 "풍성한 은혜"에 대
하여 다루면서, 하나님께서 베푸시는 은혜는 어떤 죄라도 다 덮고 남
을 만큼 풍성하다고 말씀드렸다. 이 시간, 두 번째 주제인 '은혜의 통치
(21a)' 즉 '왕 노릇 하는 은혜', 혹은 '지배하는 은혜'에 대하여 말씀드리
겠다.

나라가 성립되려면 세 가지 요소가 있어야 한다. 국민, 영토, 주권 즉
통치권이다. 한때, 대한민국은 주권을 잃었었다. 국민도 있고, 영토도
있는 데 주권을 빼앗기니까 나라를 잃어버렸다. 주권은 나라 형성에 가
장 중요한 요소다.

롬 5:20~21은 로마서 전체를 이해하는 핵심 구절이다. 그래서 이
두 구절을 잘 이해하는 것이 중요하다. 즉 20절과 21절과의 관계성을
잘 파악하는 것이 구원 문제 해결의 실마리를 풀 수 있다.

은혜란 무엇인가? 율법과 죄 그리고 사망으로 이어지는 이 저주의

연결고리를 끊는 것이 은혜이다. 죄와 은혜! 사도의 관심사는 이 둘 사이의 긴장 관계를 어떻게 풀어 구원의 진리를 이해시키는가 하는 것이다. 이것이 그가 전하려는 구원 도리 즉 바울 복음의 핵심이다. 이렇게 볼 때, 21절은 1장부터 5장까지의 요약이며 결론이라 하겠다.

1. 구원 확신의 기초적 이해

로마서를 통하여 바울은 아담의 죄로 인하여 들어온 사망의 세력이 작동하고 있는 것과 같이 예수 그리스도의 순종으로 이루어진 의로 영생에 이르게 되었는데, 이러한 원리가 작동하게 된 것이 다름 아닌 "은혜"임을 강력하게 주장한다. 즉 사망의 영역이나 생명의 영역 모두에서 "왕 노릇의 원리"가 적용되어 작동하는 것이다. 여기서 "죄가 사망 안에서 왕 노릇한 것 같이 은혜도 또한 의로 말미암아 왕 노릇한다(21절)."라는 말의 의미가 무엇일까?

우선, 생각해야 할 두 가지 점이 있다. 먼저는 "같이"의 의미이다. 다음은 바울 사도가 "의인화" 식으로 설명하고 있다는 점이다. 이는 죄와 은혜 간의 평행적 의미를 파악하는 것과 그 죄와 은혜가 각각 어떤 세력을 발휘하여 "왕노릇" 하는 지를 바르게 파악하는 것이 중요하다.

우리 주변에는 구원을 확신하지 못한 채 한평생 교회를 들락거리는 이들이 적지 않다. 많은 사람이 묻는다. "어떻게 하면 구원을 확신할 수 있습니까?" "구원을 확신하는 방법이 있습니까?"

무엇보다도 구원을 확신하기 위해서는 이 성경을 읽고 이해하여 복음을 깨우치는 것이 절대적으로 필요하다. 이는 마치 시험을 잘 치르기 위하여 열심히 기도만 하면 될 수 없고 교과서를 열심히 공부하여 실력을 갖추어야만 하듯이, 구원도 이미 주신 성경을 세밀하게 공부하여 그속에 있는 구원의 도리를 확실하게 이해할 때 확신할 수 있게 되는 것이다.

물론 구원의 확신은 성령께서 강권적으로 주실 수 있다. 그러나 마냥 성령의 초자연적 역사가 임하기만을 기대할 수는 없는 노릇이다. 이유는 구원의 도리를 주신 성경이 있기 때문이다. 그래서 구원의 확신을 갖기 위해서는 아래와 같은 몇 가지를 이해해야 한다.

1) 성경의 논리를 잘 이해해야

구원을 확신하기 위해서는 이것을 알아야 한다. 즉 모두 예외 없이 죽는 그 배경에는 죄가 지배하고 있고, 믿는 자에게 영생이 주어지는 것은 은혜가 지배하고 있기 때문이다. 이 둘의 지배력을 비교해 보면 은혜의 지배력이 죄의 지배력보다 훨씬 더 강력하여 그 어떤 죄 아래에 놓여있다 하더라도, 그가 예수 그리스도께서 마련하신 구속의 도리를 믿으면 의롭게 된다는 것이다. 바울은 이 원리를 한 인격체와 같이 "왕 노릇 한다"고 표현하고 있다. 그러기에, 죄의 지배력과 은혜의 지배력의 차이점을 명확하게 이해할 때 온전한 구원의 도리를 믿을 수 있는 것이다.

바울은 이제까지 이신칭의로 구원에 이르는 도리를 세밀하게 전했다. 문제는 이 이신칭의의 도리가 어떻게 작용하여 우리가 구원을 확신하게 되는가 하는 것이다. 이 구조적인 말씀을 이해하려고 하지 않고, 또한 이를 믿지도 않아 구원을 확신하지 못하는 자들이 많이 있기에 바울은 20절과 21절을 결론적으로 기록했다. 이 점에서 바울 목사의 절실한 문제 즉 영혼 구원을 위한 신실한 목회적 심정을 알 수 있다.

우리는 모두 죄 아래서 지배받고 사는 자들이다. 한마디로 죄인이다. 아무리 착하고, 학식이 많고, 인격적으로 고매한 자라고 하더라도 여전히 육체적으로 완벽하게 선을 행하지 못하고, 정신적으로 건전하지 못하고, 윤리적으로 의롭지 못한 죄인이다. 결국, 이렇게 연약한 죄인은 누구나 죽고 만다. 누구나 사망하게 된다. 어떻게 이럴 수가 있을까? 그 원인이 무엇일까? 바로 죄 때문이다. 죄가 사람을 "지배하여" 죽게 한다. 누구도 예외가 없다. 이 점을 철저하게 이해하고, 인정하고, 고백하는 것이 구원을 얻는데 반드시 요구되는 전제이다.

다시 강조하지만, 죄가 지배하여 죽음에 이르게 하는 것과 같이, 은혜가 지배하여 영생이 이르게 한다. 이것이 구원의 원리이다. 이 점을 반드시 이해하고 인정하고 믿어야 한다. 구원의 확신은 이런 방식으로 주어진다는 것을 성경은 제시한다.

어느 한순간에 성경의 강력한 역사를 체험하고 순간적으로 구원을 확신할 수도 있을 것이다. 물론 성령 하나님은 무슨 일이든 하실 수 있는 분이니까 그렇게 생각할 수도 있다. 그러나 그것은 매우 드문 '사건'이다. 그것은 특별한 경우이며 예외적인 것이다. 성경이 제시하고 설득하고 이해시키는 방식은 복음의 논리성을 따르는 것이며 이것이 기본적으로 구원을 확신하는 방법이라는 것이다.

사도 바울은 로마서를 통하여 그 원리를 아주 자세하고 논리적으로 완벽하게 제시하고 있다. 그는 이제까지 칭의 교리를 세밀하고 집요하게 설명해 왔다. 그는 칭의 교리가 처음부터 끝까지 구원에 이르는 안전하고 확실한 교리임을 보여주려고 노력해 왔다. 그 이유는 전능하신 하나님께서 제시하시고 시행하신 가장 완벽한 구원의 도리가 바로 이 칭의 교리임을 그가 깨달았기 때문이다. 그는 자신이 깨달은 이 원리를 갈라디아서에서 분명하게 진술하고 있다.

> 사람이 의롭게 되는 것은 율법의 행위로 말미암음이 아니요, 오직 예수 그리스도를 믿음으로 말미암는 줄 알므로 우리도 그리스도 예수를 믿나니, 이는 우리가 율법의 행위로써가 아니고 그리스도를 믿음으로써 의롭다 함을 얻으려 함이라 율법의 행위로써는 의롭다 함을 얻을 육체가 없느니라.(갈 2:16)

이것은 얼마나 치밀하고 완벽하게 주어진 구원의 도리인가! 정말로 이신칭의의 도리는 하나님 은혜의 극치요 영광이요 죄에 대한 완벽한 승리의 원칙이다.

2) "은혜"를 잘 이해해야

20절에서 '죄가 더한 곳에 은혜가 더욱 넘친다.'라는 말은 '죄를 덮고도 남아, 넘치는 풍성한 은혜'라는 뜻이다. 바울은 이미 "더욱"이란 말을 앞에서 여러 차례 사용했다(9, 10, 15, 17절). 이 모두 아담의 죄에 참여한 모든 인간에게 선언된 사망과 예수 그리스도의 순종으로 인하여 주어진 생명과 영생과 비교하는 말이다. 즉 영생이 죄와 사망을 덮고도 넘치는 것을 강조하고 있다. 이것이 바로 은혜이다.

여기서 은혜란 말을 다시 생각해야 한다. "은혜(*Charis*, Grace)"가 무엇인가? 어떤 뜻인가? 은혜란 '자격이 없는 자에게 베풀어 주시는 호의'이다. 사도 바울은 이런 말씀을 한다.

> 그런즉 한 범죄로 많은 사람이 정죄에 이른 것 같이, 한 의로운 행위로 말미암아 많은 사람이 의롭다 하심을 받아 생명에 이르렀느니라.(롬 5:18)

어떻게 이런 일이 가능한가? 은혜가 있기에 가능한 것이다. 우리는 그 은혜를 받을 그 어떤 조건과 자격과 능력과 지위를 갖지 못한 죄인이다. 그런데 한 분 예수 그리스도의 의로운 행위를 믿게 되어 하나님으로부터 의롭다 하심을 얻었고 생명을 얻게 되었다. 어떻게 이것이 가능한가? 바로 은혜 때문이다.

결국, 죄의 세력에 대항하여 승리하는 것은 그 어떤 인간의 노력과 학설과 주장이 아니라, 오직 은혜이다. 율법도 아니고 그 어떤 개인의 지혜와 수행도 그리고 집단적인 수행도 아니다. 오직 은혜일뿐이다. 하나님께서 베풀어 주시는 호의적인 선물 은혜뿐이다.

구약의 야곱은 "속이는 자'란 뜻을 가진 이름이다. 그는 나중에 이스라엘(Israel)이 되었다. 그 뜻은 "하나님과 싸워 이긴 자"이다(창 32:24~32).

그가 외삼촌 라반을 피해 도망가던 중 형 에서가 마중 온다는 소식을 듣고 식구들을 다 압복 강 건너편으로 보낸 후에 그는 홀로 안절부절 못하고 고민할 때 한 천사와 얍복 강가에서 씨름하게 되었다. 그러다가 얻은 이름이 이스라엘이다.

이 씨름에서 누가 이겼는가? 항복할 때까지 싸우는 씨름(sudden death wrestling)에서 실제로는 야곱이 환도뼈가 부러지는 중상을 입고 패배한 싸움이었다. 실은 하나님께서 이기셨다. 이때 야곱은 반칙을 하면서 천사를 놓지 않고 간청한다.

> 그가 이르되 날이 새려 하니 나로 가게 하라. 야곱이 이르되 당신이 내게 축복하지 아니하면 가게 하지 아니하겠나이다. 그 사람이 그에게 이르되 네 이름이 무엇이냐 그가 이르되 야곱이니이다. 그가 이르되 네 이름을 다시는 야곱이라 부를 것이 아니요 이스라엘이라 부를 것이니 이는 네가 하나님과 및 사람들과 겨루어 이겼음이니라.(창 32:26~28)

이 사건에서 보듯이 야곱에게 천사 즉 하나님께서 져주신 것이다. 이것이 바로 은혜이다. 하나님은 야곱에게 은혜를 베푸셔서 져주시고 오히려 그에게 이스라엘이라는 이름을 주시며 복을 주셨다. 아예 자신이 야곱에게 지셨다고 하시면서 말이다.

놀라운 일이 아닐 수 없다. 전능하신 하나님께서 져주시고 축복까지 해 주시며 주신 이름이 이스라엘이고, 이것이 야곱에게 베푸신 진정한 은혜이다. 이렇게 따지고 보면, 성경의 전 기록은 바로 은혜의 역사이며, 죄와 악의 세력과 은혜의 세력 사이의 영적 전투라 하겠다.

타락부터 전개되는 구속 역사는 죄를 즉각 심판하지 않으시고, 또 심판 중에서도 완전히 진멸하지 않으시고 은혜를 베푸셔서 이끌어 구원하시는 은혜의 역사이다. 이것이 구원 역사, 즉 구속사(救贖史, the redemptive history)이다.

이렇게 죄와 은혜의 투쟁 역사는 성경의 시작부터 끝까지 전개되어 있다. 바울은 이 모두를 한 개념 즉 죄의 세력과 은혜의 세력 간의 투쟁 역사로 해석한다. 그는 은혜의 세력이 더 강하고 완벽하여 죄의 영역을 침공하여 박멸하고, 죄의 핵심 진지인 사망의 세력을 파괴하여 넉넉하게 승리한다고 선언한다.

> 사망아, 너의 승리가 어디 있느냐, 사망아, 네가 쏘는 것이 어디 있느냐, 사망이 쏘는 것은 죄요 죄의 권능은 율법이라. 우리 주 예수 그리스도로 말미암아 우리에게 승리를 주시는 하나님께 감사하노니(고전 15:55~57)

이것이 믿음의 승리요 하나님 은혜의 승리이며 그 은혜의 영광됨이다. 이 진리를 우리가 믿을 때 구원을 확신을 얻게 되는 것이다.

2. 은혜의 왕 노릇

어떻게 은혜가 왕 노릇, 즉 지배하고 통치하는 것일까? 하나님께서는 죄인에게 은혜를 베푸셔서 그가 예수를 믿어 거듭난 성도가 되도록 역사하신다. 그 다음부터 죄인 속에서는 하나님의 강력한 은혜가 주장하고 지배한다. 이것이 의미하는 것이 바로 "은혜의 왕 노릇"이다.

1) 지배하는 은혜의 특징
마치 죄가 죄인을 지배하여 계속하여 죄를 짓게 하는 것과 같이, 은혜도 믿음을 가진 그 심령을 지배하여 죄에서 벗어나 새로운 생명의 삶을 살게 한다.

여기서 '죄 아래에 있다'는 말은 죄를 짓는 단순한 범죄 행위 즉 거짓말, 사기, 싸움, 음주, 도박, 등등의 온갖 범죄 행위를 의미하지 않는다. 이 말은 반복적으로 죄의 충동을 느끼고, 죄의 지배 속에서 비극적결과에 이르기까지 죄를 짓는 것을 의미한다. 그래서 도저히 벗어날 수 없는 운명에 처한 가련한 처지를 말한다. 한때 바울도 자신의 이런 처지를 확인하고 몹시 절망하며 절규했다.

> 그러므로 내가 한 법을 깨달았노니 곧 선을 행하기 원하는 나에게 악이 함께 있는 것이로다. 내 속사람으로는 하나님의 법을 즐거워하되, 내 지체 속에서 한 다른 법이 내 마음의 법과 싸워 내 지체 속에 있는 죄의 법으로 나를 사로잡는 것을 보는 도다. 오호라. 나는 곤고한 사람이로다. 이 사망의 몸에서 누가 나를 건져내랴.(롬 7:21~24)

놀랍게도 이런 상태에 있던 우리에게 하나님께서 예수 그리스도를 통해 은혜를 베풀어 주셨다. 은혜란 전적으로 주려는 분의 호의에 따라 주어진다. 그 어떤 자격과 공력과 수준에 따라 주어지는 보상과 상급이 아니다. 바울은 이 점을 분명하게 구분할 것을 강조했다.

> 그는 허물과 죄로 죽었던 너희를 살리셨도다. 그때에 너희는 그 가운데서 행하여 이 세상 풍조를 따르고 공중의 권세 잡은 자를 따랐으니 곧 지금 불순종의 아들들 가운데서 역사하는 영이라. 전에는 우리도 다 그 가운데서 우리 육체의 욕심을 따라 지내며 육체와 마음의 원하는 것을 하여 다른 이들과 같이 본질상 진노의 자녀이었더니, 긍휼이 풍성하신 하나님이 우리를 사랑하신 그 큰 사랑을 인하여, 허물로 죽은 우리를 그리스도와 함께 살리셨고 (너희는 은혜로 구원을 받은 것이라), 또 함께 일으키사 그리스도 예수 안에서 함께 하늘에 앉히시니(엡 2:1~5)

우리가 예수 안에서 구원받기 전에는 죽어서 세상 풍속을 따르고, 공중의 권세 잡은 자, 곧 마귀를 따르고, 육체의 욕심 따라 살았고, 마음의 원대로 행동하여, 하나님의 진노 대상이었다. 그러한 우리가 하나님의 은혜를 입었다. 예수와 함께 살리시고 그리스도 예수와 함께 일으키시고, 그리스도 예수와 함께 하늘에 앉히시는 은혜를 베풀어 주셨다.

2) '은혜의 지배'를 잘못 이해하는 생각들

그러나 은혜를 잘못 이해하는 자들이 많이 있다. 이들은 은혜를 "하늘은 스스로 돕는 자를 돕는다!"라고 오해한다. 그들은 은혜를 다음과 같이 생각하는 경향이 있다.

a. 은혜는 사랑의 하나님이시니까 당연히 주셔야 하는 것이다.
b. 은혜는 나를 배려하셔서 제공하시는 자비로우심 일뿐이다.
c. 은혜는 나의 시도를 보조 수단으로 필요한 것이다.
d. 은혜는 내가 도움을 구할 때 즉각적으로 주는 것이다.

과연 그럴까? 이런 식으로 은혜를 이해하는 것은 자기중심적으로 이해하는 것이다. 또 은혜가 자기 생각과 노력에 부차적으로 운 좋게 주어지는 그 어떤 것이라고 생각한다. 이것은 성경이 말하는 은혜가 결코 아니다. 그 어떤 행위를 조건으로 하여 달라고 하여 받는 것이 은혜가 아니다.

사도가 말하는 은혜는 결코 그러한 조건적이거나 부차적으로 주는 것이 아니다. 강조하였듯이 은혜란 무자격자에게 거저 주시는 것이다. 만약 그러한 것이 은혜라면 은혜로 주어지는 사도 바울이 말하는 구원은 받을 수 없다. 이러한 이해로는 결코 구원을 확신할 수 없다. 다음 구절을 묵상하자.

> 너희는 그 은혜에 의하여 믿음으로 말미암아 구원을 받았으니 이것은 너희에게서 난 것이 아니요. 하나님의 선물이라. 행위에서 난 것이 아니니 이는 누구든지 자랑하지 못하게 함이라. 우리는 그가 만드신 바라 그리스도 예수 안에서 선한 일을 위하여 지으심을 받은 자니 이 일은 하나님이 전에 예비하사 우리로 그 가운데서 행하게 하려 하심이니라.(엡 2:8~10)

3) '은혜의 지배'에 대한 바른 이해

'은혜의 왕 노릇'을 바르게 이해한다는 것은 무슨 뜻인가? 아담 안에서 우리 모두는 죄를 지었기에 그 결과 모두가 죄를 지은 죄인이라는 사실을 반드시 인정해야 한다. 그 이유는 우리 모두가 죄의 지배 아래에 놓여있어서 죄를 지을 수밖에 없고, 그 죄의 지배에서 벗어날 능력이 전혀 없는 운명에 처해있기 때문이다.

하나님께서는 우리에게 예수를 통하여 은혜를 베풀어 주셔서 그 강한 죄의 세력보다 더 강력한 은혜의 지배력이 우리 마음에 작용하게 하여 죄를 짓지 않게 하고, 또한 그 믿음 가운데 승리하게 하시는 것이다. 이것이 은혜의 지배이다. 이 점에서 은혜는 강력하게 역사하는 하나님의 능력이다.

죄가 우리 속에서 하나의 세력을 발휘하듯이 은혜는 더욱 강하여 우리 심령 속에서 역사하는 힘을 발휘한다. 이것이 은혜의 왕 노릇이며, 이것이 은혜의 지배력이고 이는 성령의 강력하신 역사 속에서 이루어지는 구원의 역사이다. 이러한 점에서 은혜가 왕으로 지배한다고 말할 수 있다. 이는 불신자들에게 죄가 왕 노릇하는 것과 "같이", 거듭난 하나님의 백성에게는 은혜가 왕 노릇하는 것이다. 문제는 그 은혜의 왕 노릇의 강도 즉 은혜의 능력이다.

결 론

하나님께서는 죄의 지배 가운데 빠져 '영원을 사모하는 능력(전도서 3:9-15)'을 잃고, 죄와 더불어 살다가 죄의 결과로 사망에 이르러 영벌에 처할 우리를 극진히 사랑하셔서 예수 그리스도께서 이루신 구속의 진리를 믿게 하셨다. 그리하여 예수께서 이루신 의를 믿는 우리에게 그 믿음으로 구원을 얻게 하셨다. 이것이 하나님의 은혜가 아니고 무엇인가!

사도 요한은 이렇게 말씀했다.

> 하나님이 그 아들을 세상에 보내신 것은 세상을 심판하려 하심이 아니요, 그
> 로 말미암아 세상이 구원을 받게 하려 하심이라. 그를 믿는 자는 심판을 받지
> 아니하는 것이요 믿지 아니하는 자는 하나님의 독생자의 이름을 믿지 아니하
> 므로 벌써 심판을 받은 것이니라.(요 3:17~18)

천주교에서는 사제를 통하여, 성인을 통하여, 성모 마리아를 통하여 그들이 이룬 그 어떤 공력을 의지하여, 그에게 빌면 그 공력이 나에게 미쳐 구원에 이르는 것으로 생각한다. 그러나 이러한 가르침은 성경이 말하는 구원교리가 결코 될 수 없다.

구원의 핵심 원리는 믿는 자의 심령 속에 역사하는 은혜로우신 '하나님의 왕 노릇' 즉 통치하심에 근거한다. 앞에서 나라의 조건, 나라의 성립 요소 가운데 가장 중요한 것이 주권이라 말씀드렸다. 내 마음속에 통치하시는 하나님의 주권적 역사 즉 은혜의 역사를 온전히 받아 하나님 나라 백성으로서 구원의 삶을 영위하는 것이 은혜의 지배를 잘 받는 것임을 잊지 말아야 하겠다.

강력한 은혜의 힘

율법이 들어온 것은 범죄를 더하게 하려 함이라. 그러나 죄가 더한 곳에 은혜가 더욱 넘쳤나니 이는 죄가 사망 안에서 왕 노릇한 것 같이 은혜도 또한 의로 말미암아 왕 노릇 하여 우리 주 예수 그리스도로 말미암아 영생에 이르게 하려 함이라(로마서 5:20~21).

교회에서 많이 사용하는 말 가운데 "은혜"란 말이 있다. 은혜가 무엇일까? 흔히 "은혜"를 "편하고, 기쁘게, 그리고 문제가 없이 평안하게" 되는 상황을 의미하곤 한다. 그러나 성경에서 말하고 있는 "은혜"란 좋은 느낌, 편안함과 같은 감정적인 것만을 뜻하지 않는다. 은혜란 '받을 자격과 능력이 없는 자에게 베푸시는 호의'라고 말씀드렸다.

본문 20, 21절은 로마서를 이해하는 핵심 구절이다. 사도 바울은 구원의 전 과정이 이 은혜에 기초를 두고 있으며 은혜에 의하여 진행되고 또 은혜를 통하여 완성됨을 강조한다. 이 은혜를 정확하게 이해하는 것이 필요하다. 이제 "은혜의 통치력"의 세 번째 "은혜의 강력한 힘"에 대하여 살펴보자.

1. 구속 역사 내면에 흐르는 "은혜"

사도 바울은 '죄가 더한 곳에 은혜가 더욱 넘친다(20절).' 라고 말한다. 이는 아무리 많은 죄가 있더라도 그 죄를 덮고도 남을 만큼 풍성한 은혜라는 말이다. 그는 이미 "더욱"이란 말을 20절을 포함하여 5장에서만도 다섯 차례나 사용하며(9, 10, 15, 17, 20절) 이 진리를 강조했다. 이것은 아담의 죄에 참여한 모든 인간을 지배하는 죄의 세력, 즉 죽음의 권세를 격퇴하고 그 죄의 세력을 덮고도 남아 풍성한 은혜로 구원이 주어진다는 사실을 말해 준다. 이 은혜는 예수 그리스도께서 구속 사역을 통하여 이루신 의를 통하여, 이것을 믿는 자가 영생에 이르도록 강력한 힘을 발휘한다고 말한다.

> 율법이 들어온 것은 범죄를 더하게 하려 함이라. 그러나 죄가 더한 곳에 은혜가 더욱 넘쳤나니 이는 죄가 사망 안에서 왕 노릇한 것 같이 은혜도 또한 의로 말미암아 왕 노릇 하여 우리 주 예수 그리스도로 말미암아 영생에 이르게 하려 함이라.(롬 5:20~21)

강력한 죄의 세력은 모든 사람을 사망에 이르게 하는 힘 즉 지배력을 발휘하는 데, 이보다 더 강력하게 역사하는 은혜의 지배가 있다는 것이다. 이 은혜는 그 기초를 예수 그리스도의 십자가와 부활 즉 완전한 구속 사역으로 이루신 의에 두고 있다. 결국 은혜가 영생에 이르게 한다는 것이다. 이 은혜의 역사는 성경 전체 속에서 예언되고 실행에 옮겨져 강력한 지배력을 발휘하고 있다.

그렇다면 이 은혜의 강력한 역사는 성경에 어떻게 나타나고 있을까?

1) 삼위 하나님의 영원한 의논(the eternal council of Trinity)

사도 바울은 그의 서신 곳곳에서 이 은혜의 역사는 삼위 하나님의 영원한 작정 속에서 세워진 역사라고 밝히고 있다. 바울은 예수 그리스도의 구속 사역이 삼위 하나님의 영원한 의논을 통하여 확정되고, 시행된 성 삼위 하나님(Trinity)의 작품임을 강조한다. 바울은 에베소서에서 이 심오한 구원의 도리를 설명한다.

찬송하리로다. 하나님 곧 우리 주 예수 그리스도의 아버지께서 그리스도 안에서 하늘에 속한 모든 신령한 복을 우리에게 주시되, 곧 창세전에 그리스도 안에서 우리를 택하사 우리로 사랑 안에서 그 앞에 거룩하고 흠이 없게 하시려고, 그 기쁘신 뜻대로 우리를 예정하사 예수 그리스도로 말미암아 자기의 아들들이 되게 하셨으니, 이는 그가 사랑하시는 자 안에서 우리에게 거저 주시는 바 그의 은혜의 영광을 찬송하게 하려는 것이라.(엡 1:3~6)

성도가 하나님을 찬양하고 경배하게 되는 것은 예수 안에서 완성하신 놀라운 구원 때문이다. 그 배경과 원인과 과정이 바로 삼위 하나님의 영원한 의논(eternal council) 가운데 결정되어 시행되었고, 마침내 성도에게까지 구속의 역사가 미치게 되었다. 놀라운 일이 아닐 수 없다.

이미 사도 베드로도 이 점을 밝혔다. 그는 오순절 성령 강림 때 놀라운 광경을 경험한 유대인들을 향하여 예수 그리스도의 십자가와 부활의 역사는 바로 이 삼위 하나님의 영원한 의논을 통하여 결정된 구속 사역이라고 강조한다. 이것을 모르고 예수를 십자가에 못 박아 죽인 자들은 죄를 회개하고 구세주이신 메시아 예수를 믿으라고 강력하게 전했다.

그가 하나님께서 정하신 뜻과 미리 아신 대로 내준 바 되었거늘 너희가 법 없는 자들의 손을 빌려 못 박아 죽였으나, 하나님께서 그를 사망의 고통에서 풀어 살리셨으니 이는 그가 사망에 매여 있을 수 없었음이라.(행 2:23~24)

이러한 구원의 은혜는 삼위 하나님께서 타락한 인간을 타락 이전 상황으로 회복시키시기 위해 영원한 계획 속에서 이루어진 은혜의 역사라 하겠다.

2) 구속 역사의 장구한 흐름

우리가 아는 대로 성경은 구원을 계시한다. 물론 이 성경 속에서 다양한 진리를 얻을 수 있지만, 성경은 구원을 밝히는 계시의 책이다. 창세기 시작부터 요한계시록 끝까지 일관되게 계시하고 있는 것이 "구원"이란 주제이다.

창세기에서는 창조 기사를 두 장에 걸쳐 밝힌 후에 나머지 성경에서는 모두 구원의 흐름을 밝히는 계시의 말씀을 담고 있다. 아담과 하와의 범죄로부터 인간의 타락은 시작된다. "원시복음(proto-evangelicum)"이라 부르는 창 3:15부터 타락한 인간을 구원하시는 지속적인 구원이 있을 것을 계시한다. 이것이 바로 성경의 계시이다. 이 점에서 본문에서 말하는 "은혜의 왕 노릇"이란 개념은 은혜의 선명하고 신비스럽고, 지속적이며 강력한 지배력이라 하겠다.

하나님께서는 금단의 언약을 파기한 아담과 하와를 경고하신 대로 죽이지 않으셨다. 대신 그에게 가죽옷을 해 입히시고 에덴동산에서 추방하셨다. 이것이 은혜의 시작이다. 이후 아담의 후손들은 거칠 것 없이 살인(창 4:1~15)과 신앙의 타락(창 4:16 이하), 성적 타락과 도덕적 부패(창 4:23~24)로 하나님을 떠났다. 이들은 창조주 하나님을 버렸다.

그러나 하나님께서는 아담을 버리지 않으시고 그 후손 셋을 주셔서 언약을 이어가시는 은혜를 베풀어 주셨다. 그때야 비로소 사람들은 하나님을 찾는 신앙을 갖게 되었다. 그러나 그동안 인간들은 철저하게 하나님을 떠난 문화 속에서 살았다. 셋을 얻은 후, 그리고 그 아들 셋이 아들 에노스를 낳은 후에야 비로소 하나님을 찾는 신앙을 갖게 되었다.

이전까지는 아담과 하와 모두가 온전한 하나님의 은혜 가운데 있지 못하는 불신의 삶을 살았었던 것이다. 이렇게 인간들은 비로소 하나님께서 셋을 주시고 그 후손을 주심으로 풍성한 은혜를 경험하게 되었다.

아담이 다시 자기 아내와 동침하매 그가 아들을 낳아 그의 이름을 셋이라 하였으니 이는 하나님이 내게 가인이 죽인 아벨 대신에 다른 씨를 주셨다 함이며, 셋도 아들을 낳고 그의 이름을 에노스라 하였으며 그때에 사람들이 비로소 여호와의 이름을 불렀더라.(창 4:25~26)

이후 하나님께서는 노아, 아브라함, 모세, 다윗, 이스라엘의 분단과 바벨론 포로와 귀환 그리고 예수에 이르기까지 도도하게 흐르는 구속 역사를 인간의 죄 된 세상 속에서 이루어 가셨다. 하나님은 그 속에 적극적으로 개입하시고 다루어 가시며 은혜의 역사를 이루셨다.

이러한 구원의 역사를 마태복음 저자는 그의 복음서 첫머리에서 압축하여 기록했다.

아브라함과 다윗의 자손 예수 그리스도의 계보라.(마 1:1)

이는 타락 이후 죄의 세력에 지배받으며 사망의 굴레 속에서 빠져나오지 못하는 인간을 구원하시려는 역사 즉 구속 역사의 흐름을 한마디로 축약한 것이다.

이 가운데 우리가 주목하게 되는 인물들이 있다. 그들은 아브라함, 모세 그리고 다윗과 같은 인물이 아니다. 물론 이들은 당연히 주목받아 마땅하지만, 우리가 주목하는 인물들은 다섯 명의 여인이다. 다말, 라합, 룻, 밧세바, 그리고 예수의 모친 마리아다. 사실, 이들은 그렇게까지 주목받을 수 있는 인물들이 아니다. 이유는 예수의 모친을 제외한 네 명의 여인 모두가 도덕적으로 문제(불륜, 창기, 이방 여인, 불륜)가 있는 인물들이기 때문이다.

죄의 현장 속에서 살았던 여인들이 구속의 역사 속에, 다른 말로 하면 구원의 주체이신 예수의 족보 속에 들어와 있는 것이다. 어떻게 이런 추한 여인들이 거룩하신 예수님의 족보에 당당하게 이름을 올릴 수 있을까? 이는 죄의 지배 가운데 놓여 있는 자들이 하나님의 은혜로 구원의 반열에 들어왔기 때문이다. 즉 일상의 역사 속에 하나님께서 개입하셔서 이 여인들이 거룩한 역사 속으로 들어와 놀라운 구원을 누리게 되었기 때문이다. 신비스러운 일이 아닐 수 없다. 그 속에는 이 여인들에게 적용된 강력한 하나님의 은혜가 있었기에 가능했다고 볼 수밖에 없지 않은가!

이것이 바로 은혜의 역사이다. 예수께서는 역사 속에 오셔서 구속의 역사를 이루셨다. 사도 바울은 이 예수 그리스도의 탄생 역사는 "때가 찬 역사"라고 밝힌다(갈 4:4). 이렇게 오신 예수는 말씀이 육신이 되신 역사로 "은혜와 진리가 충만한 영광된 아버지 하나님의 독생자"의 역사라고 사도 요한은 말한다(요 1:14).

이 구원의 역사는 죽음의 지배하에 신음하며 사는 인간 세상 속에서 교회에 의해 이어지고 있다. 주께서는 이 교회를 통하여 영원한 구원의 도리를 전파하도록 하셔서(엡 3:20~21) 구원의 역사가 마지막 날까지 이어가도록 역사하셨다. 그러므로 교회는 복음 전파의 사명을 맡아 잘 수행해야 할 책임이 있다. 그런데 과연 오늘의 교회들이 이 사명을 잘 감당하고 있는가? 사도 요한에게 예수께서 이 점을 지적하시며 구원 역사의 완성을 향한 계시를 하셨다.

> 요한은 아시아에 있는 일곱 교회에 편지하노니 이제도 계시고 전에도 계셨고 장차 오실 이와 그의 보좌 앞에 있는 일곱 영과 또 충성된 증인으로 죽은 자들 가운데서 먼저 나시고 땅의 임금들의 머리가 되신 예수 그리스도로 말미암아 은혜와 평강이 너희에게 있기를 원하노라. 우리를 사랑하사 그의 피로 우리 죄에서 우리를 해방하시고, 그의 아버지 하나님을 위하여 우리를 나라와 제사장으로 삼으신 그에게 영광과 능력이 세세토록 있기를 원하노라. 아멘.
> (계 1:4~6)

이것이 성경의 역사이며 이 모든 것이 하나님께서 주도적으로 이끌어 가시는 은혜의 역사이다. 한 마디로, "은혜의 지배, 은혜의 통치"이다. 이렇게 성경은 도도히 흘러가는 역사 속에는 죄에 대한 강력한 심판과 함께 겸손히 하나님 앞에 나와 구원을 사모하는 자들에게 베푸시는 강력한 은혜의 역사 즉 복음의 역사가 있음을 밝히고 있다. 그러므로 모든 성도는 구원에 이르게 하시는 이 강력한 지배력, 즉 놀라운 통치가 바로 은혜의 지배임을 알아야 하고 또한 그 강력한 능력을 사모하며 신뢰해야 한다. 이 놀라운 은혜가 우리에게, 나에게까지 미쳤다면 얼마나 놀랍고 감사한 일인가?

2. 은혜의 수단

그렇다면, 하나님께서는 어떠한 방법으로 이 은혜를 얻게 하시며 그 은혜의 지배를 받게 하시는 것일까? 구원하시는 은혜의 강력한 수단으로 세 가지 선물을 주셨다. 첫째 말씀, 다음 기도, 마지막 성찬이다. 이 세 가지를 통하여 은혜를 베풀어 주신다. 이것은 하나님께서 예수 그리스도 안에서 성도에게 주시는 선물이기에 이것들은 오직 성도만이 누릴 수 있는 특권이다.

예수 믿는 자에게만 주어지는 말씀과 기도와 성찬은, 예수 안에서만 얻을 수 있는 금보다 더 귀한 것이다(벧전 1:7). 진리인 말씀, 문제의 해결수단인 기도, 성찬으로 이루어지는 예수와 하나 됨이다. 이것들 가운데 가장 중요한 것이 무엇일까? 가장 풍성한 은혜를 경험하게 하는 것은 말씀이다. 말씀을 통하여 우리는 모든 하나님의 은혜를 깨닫게 되고 누릴 수 있게 된다.

성도는 예수 그리스도의 구속 사역을 통하여 주신 말씀을 얻게 되고 (요 1:14), 주께서 가르쳐 주신 기도를 드리게 되고(마 6:5~13; 눅 11:2~4; 요 14:13, 16:23~24) 주께서 제정하신 언약예식에 참여함으로 주님과 연합되는 특권을 받아 누리게 되는 것이다(마 26:26~30; 막 14:22~26; 눅 22:14~23; 고전 11:23~25). 이것이 하나님의 은혜이다.

3. 은혜의 과정

바울은 이 강력한 은혜로 구원에 이르게 되는 과정을 로마서 8장에서 기록해주었다.

> 우리가 알거니와 하나님을 사랑하는 자 곧 그의 뜻대로 부르심을 입은 자들에게는 모든 것이 합력하여 선을 이루느니라. 하나님이 미리 아신 자들을 또한 그 아들의 형상을 본받게 하기 위하여 미리 정하셨으니 이는 그로 많은 형제 중에서 맏아들이 되게 하려 하심이니라. 또 미리 정하신 그들을 또한 부르시고 부르신 그들을 또한 의롭다 하시고 의롭다 하신 그들을 또한 영화롭게 하셨느니라.(롬 8:28~30)

모든 일을 합력하여 선을 이루어 가시는 하나님께서는 각자에게 주어진 인생의 여정 속에 은혜를 베풀어 주시고 놀랍고 신비스러운 구원을 경험하게 하신다. 이를 경험한 자들은 전능하신 하나님의 섭리적 역사를 고백하고 항복하여 주께 경배하게 된다. 이것이 구원이며 은혜의 역사이다. 사도 바울도 이 점을 깊이 인식하고 고백하며 복음 전파 사역에 충성했다.

> 그러나 내가 나 된 것은 하나님의 은혜로 된 것이니 내게 주신 그의 은혜가 헛되지 아니하여 내가 모든 사도보다 더 많이 수고하였으나 내가 한 것이 아니요 오직 나와 함께 하신 하나님의 은혜로라.(고전 15:10a)

구원의 은혜로운 역사가 밝히는 구원의 서정(*Ordo Salutis*, order of salvation)은 다음과 같다. 예정(豫定, predestination) → 소명(召命, calling) → 중생(重生, regeneration) → 칭의(稱義, Justification) → 성화(聖化, sanctification) → 영화(榮化, glorification). 이 단계 단계마다 세밀한 설명이 요구되는 주제임에는 의심의 여지가 없다. 이 내용은 앞으로 8장 강해에서 살펴볼 것이다. 사도들은 이 같은 구원의 진리를 서신 곳곳에서 밝히고 있다.

곧 창세전에 그리스도 안에서 우리를 택하사 우리로 사랑 안에서 그 앞에 거
룩하고 흠이 없게 하시려고, 그 기쁘신 뜻대로 우리를 예정하사 예수 그리스
도로 말미암아 자기의 아들들이 되게 하셨으니, 이는 그가 사랑하시는 자 안
에서 우리에게 거저 주시는 바 그의 은혜의 영광을 찬송하게 하려는 것이
라.(엡 1:4~6)

곧 하나님 아버지의 미리 아심을 따라 성령이 거룩하게 하심으로 순종함과
예수 그리스도의 피 뿌림을 얻기 위하여 택하심을 받은 자들에게 편지하노니
(벧전 1:2a)

이 모든 구원의 과정은 다름 아닌 성령 하나님께서 지배하시고 이루
시는 구원 즉 은혜의 역사이다. 진정한 구원의 역사는 성령의 역사 즉
하나님의 은혜를 통해서만 가능하다. 우리를 극진히 사랑하시는 하나
님께서는 말씀 속에 예수 안에서 구원하시는 진리를 담아서 전해 주신
다. 이 진리는 우리의 이성과 세상적인 생각으로는 풀리지 않는 하나님
의 지혜요 은혜의 역사이다. 오직 성령의 강력한 역사를 통하여 거듭나
게 하셔서 구원의 도리를 믿게 하신다. 사도는 이 구원의 진리를 깨닫
는 것은 이성적 추구를 통하여 얻게 되는 진리가 아니라는 점을 분명히
한다.

육신의 생각은 하나님과 원수가 되나니 이는 하나님의 법에 굴복하지 아니할
뿐 아니라 할 수도 없음이라.(롬 8:7)

또 사도 바울은 고린도전서에서 이 점을 재차 강조한다.

육에 속한 사람은 하나님의 성령의 일들을 받지 아니하나니 이는 그것들이
그에게는 어리석게 보임이요, 또 그는 그것들을 알 수도 없나니 그러한 일은
영적으로 분별되기 때문이라.(고전 2:14)

이 사실을 니고데모와 만남 속에서 계시하신 주님의 말씀을 통하여
잘 알 수 있다.

예수께서 대답하여 이르시되 진실로 진실로 네게 이르노니 사람이 거듭나지
아니하면 하나님의 나라를 볼 수 없느니라. 니고데모가 이르되 사람이 늙으

면 어떻게 날 수 있사옵나이까 두 번째 모태에 들어갔다가 날 수 있사옵나이까. 예수께서 대답하시되 진실로 진실로 네게 이르노니 사람이 물과 성령으로 나지 아니하면 하나님의 나라에 들어갈 수 없느니라. 육으로 난 것은 육이요 영으로 난 것은 영이니, 내가 네게 거듭나야 하겠다 하는 말을 놀랍게 여기지 말라. 바람이 임의로 불매 네가 그 소리는 들어도 어디서 와서 어디로 가는지 알지 못하나니 성령으로 난 사람도 다 그러하니라.(요 3:3~8)

성령의 역사로 죄악된 인간이 다시 태어나는 은혜를 경험하게 된다. 이를 본문에서는 "이는 죄가 사망 안에서 왕 노릇한 것 같이 은혜도 또한 의로 말미암아 왕 노릇하여 우리 주 예수 그리스도로 말미암아 영생에 이르게 한다(롬 5:21)."라고 말한다.

그런데 여기에 중요한 구원의 비밀이 있다. 이 은혜의 역사는 절대 취소되지 않으며 또한 거절할 수 없다는 것이다. 하나님께서 부르시는 그 은혜를 인간이 절대로 거절할 수 없다. 이것을 신학적인 용어로 "불가항력적 은혜(irresistible grace)"라 칭한다. 죄 가운에 헤매며 살던 한 인생에게 베푸시는 하나님의 이 은혜는 절대로 취소되지 않는다. 하나님은 스스로 후회할 일을 하지 않으시기 때문이다. 반드시 구원하기로 작정한 영혼에 대해서는 반드시 이루시고야 만다. 우리는 이 점을 굳게 믿어야 한다.

하나님의 은사와 부르심에는 후회하심이 없느니라.(롬 11:29)

우리가 아는 바 대로 바울이 성도들을 잡으러 다메섹으로 가던 중 부활하신 예수께서 그를 부르실 때, 그는 도저히 거부할 수 없었다(행 9). 주께서는 은혜로 그를 강력하게 부르셔서 사도로 삼으신 것이다. 인간 사울은 이 부르심을 거부할 수 없었다. 그래서 이렇게 고백하게 된 것이다.

나는 사도 중에 가장 작은 자라. 나는 하나님의 교회를 박해하였으므로 사도라 칭함 받기를 감당하지 못할 자니라. 그러나 내가 나 된 것은 하나님의 은혜로 된 것이니 내게 주신 그의 은혜가 헛되지 아니하여 내가 모든 사도보다

더 많이 수고하였으나 내가 한 것이 아니요 오직 나와 함께 하신 하나님의 은혜로라.(고전 15:9~10)

결 론

사도 바울의 고백한 바와 같이 우리는 모두 은혜로 부르심을 받아 예수를 믿게 되었다. 우리가 현재 이 자리에 있게 된 자체가 예수 그리스도의 의로 인하여 의롭게 된 것을 믿게 되었기 때문이고 그것이 하나님의 은혜임을 잊지 말아야 한다. 이 신령한 은혜는 우리가 죄를 깨닫게 하고, 회개하여 주께 돌아오게 한다. 거듭나게 하고, 의롭게 하고, 거룩하게 하고, 영광스럽게 한다.

이를 증명하는 바울의 논증을 보면, 그는 엘리야 시대에 있었던 상황을 예로 들어 말한다. 엘리야가 갈멜 산에서 바알 선지자들과 '누가 참 신인가' 하는 내기에서 승리하는 쾌거를 거두었다. 그러나 왕비 이세벨의 위협이 있을 때에 낙심이 되어 하나님을 원망하며 탄원했다. 그 때 하나님께서 그를 위로하시며 말씀을 주셨다. 엘리야 자신만 하나님을 믿는 유일한 사람이라고 착각하고 있던 그에게 하나님께서는 바알에게 꿇지 않은 7천명이 있음을 알려 주셨다(왕상 19:18).

이것은 하나님께서 엘리야에게 베푼 은혜였다. 하나님께서는 이 사실을 엘리야에게 강조하여 말씀하시며 그 풍성하고 강력한 은혜를 다시 신뢰하고 맡겨준 사명을 잘 감당할 것을 격려하셨다. 바울은 이 사건을 통하여 하나님의 취소되지 않은 부르심임을 가르친다.

> 하나님이 그 미리 아신 자기 백성을 버리지 아니하셨나니 너희가 성경이 엘리야를 가리켜 말한 것을 알지 못하느냐 그가 이스라엘을 하나님께 고발하되, 주여 그들이 주의 선지자들을 죽였으며 주의 제단들을 헐어 버렸고 나만 남았는데 내 목숨도 찾나이다 하니, 그에게 하신 대답이 무엇이냐 내가 나를 위

하여 바알에게 무릎을 꿇지 아니한 사람 칠천 명을 남겨 두었다 하셨으니, 그런즉 이와 같이 지금도 은혜로 택하심을 따라 남은 자가 있느니라. 만일 은혜로 된 것이면 행위로 말미암지 않음이니 그렇지 않으면 은혜가 은혜 되지 못하느니라.(롬 11:2~6)

우리가 세상의 영을 받지 아니하고 오직 하나님으로부터 온 영을 받았으니 이는 우리로 하여금 하나님께서 우리에게 은혜로 주신 것들을 알게 하려 하심이라.(고전 2:12)

우리도 이 세상 속에서는 낙심과 좌절을 겪으며 살 수밖에 없지만, 그 속에서도 다시 극복하고 새롭게 일어설 수 있는 은혜가 있음을 기억하기 바란다. 성령의 역사로 거듭난 하나님의 백성이기에 그 은혜로 힘을 얻고 담대하게 세상을 이겨 나가기 바란다. 그리하여 예수 안에서 넉넉하게 영생을 얻는 은혜를 받아 누리는 성도들이 되기 바란다.

제63강

승리하게 하시는 은혜

율법이 들어온 것은 범죄를 더하게 하려 함이라 그러나 죄가 더한 곳에 은혜가 더욱 넘쳤나니 이는 죄가 사망 안에서 왕 노릇 한 것 같이 은혜도 또한 의로 말미암아 왕 노릇 하여 우리 주 예수 그리스도로 말미암아 영생에 이르게 하려 함이라(롬 5:20~21).

"은혜의 통치력"의 네 번째로 "승리하게 하시는 은혜의 능력"에 대하여 살펴보자. "죄가 사망 안에서 왕 노릇한 것 같이 은혜도 또한 의로 말미암아 왕 노릇 하여 우리 주 예수 그리스도로 말미암아 영생에 이르게 하려 함이라(롬 5:21)." 는 이 말씀은 강력한 죄의 세력보다 더 강한 은혜가 우리를 지배하여, 예수께서 십자가와 부활로 완성하신 의를 믿는 자들을 영생에 이르게 하신다는 것이다.

이 영생에 이르는 것은 성도의 목표이며 결과이다. 이 영생에 이르게 하는 토대가 바로 예수 그리스도의 의에 기반을 둔 믿음이다. 이 믿음은 바로 은혜로 인하여 주어진 것이다. 사도 바울은 이 믿음을 갖게 된 동력은 인간에게 있지 않고 하나님 편에서 거저 주시는 선물, 즉 은혜에 기원한다고 적시한다(엡 2:8~9). 이 점이 중요한 이유는 하나님께서 베푸시는 구원은 어떤 피조물의 조건이나 공력이나 도움이 필요치 않기 때문이다.

앞에서 성경의 구속 역사 전체가 은혜의 연속적인 흐름임을 살펴보았고 이어서 이러한 믿음을 허락하시는 은혜의 수단(The means of Grace)으로 세 가지가 있다고 말씀드렸다. 그것은 말씀과 기도 그리고 성찬이다. 이 가운데 가장 중요한 수단이 "말씀"이다.

하나님께서는 가장 확실한 방법인 성경 말씀을 통하여 인간의 죄 됨을 깨닫게 하셔서 예수 그리스도의 구속 진리를 믿게 하신다. 이것이 은혜다. 하나님은 이 은혜를 베푸셔서 죄의 지배를 받고 사망의 굴레 속에서 살아가는 절망적인 인간을 영생에 이르게 하신다. 바울은 이 구원의 과정을 롬 8장에서 다음 몇 단계로 정리해 주었다.

> 우리가 알거니와 하나님을 사랑하는 자 곧 그의 뜻대로 부르심을 입은 자들에게는 모든 것이 합력하여 선을 이루느니라. 하나님이 미리 아신 자들을 또한 그 아들의 형상을 본받게 하기 위하여 미리 정하셨으니 이는 그로 많은 형제 중에서 맏아들이 되게 하려 하심이니라. 또 미리 정하신 그들을 또한 부르시고 부르신 그들을 또한 의롭다 하시고 의롭다 하신 그들을 또한 영화롭게 하셨느니라.(롬 8:28~30)

이 구절에서 구원이 어떤 단계를 거쳐 주어지는가, 즉 "구원의 서정(Ordo Salutis, order of salvation)"을 볼 수 있다. 이 과정은 앞 장에서도 언급한 바와 같이 1) 예정(豫定, predestination) 2) 소명(召命, calling) 3) 중생(重生, regeneration) 4) 칭의(稱義, Justification), 5) 성화(聖化, sanctification) 그리고 6) 영화(榮化, glorification)의 단계로 구분된다.

이 모든 구원 과정을 주도적으로 이끌어 가시는 분이 성령 하나님이시다. 우리 인간이 아니다. 그 이유는 참된 구원의 역사는 성령의 역사 즉 하나님의 은혜를 통해서만 가능하기 때문이다. 즉 예수께서 마련하신, 의를 믿는 자에게 적용되는 구원의 진리는 이성적 논리와 인간의 사상으로는 절대 풀 수 없는 하나님의 지혜요 능력이기 때문이다(고전 1:24). 그리고 이것을 인간에게 밝히시고 적용하여 구원하시는 것이 은혜이다.

바울은 이 구원 진리가 이성적 추구나 종교적인 고행과 같은 수행을 통해서 얻어지는 것이 아님을 분명히 한다. 이것은 부패한 본성이나 이성으로는 도저히 이해할 수 없고 용인될 수 없는 구원의 진리이기 때문이다. 이것은 오직 성령의 역사 만으로만 알게 되고 믿게 되는 구원의 진리이다.

> 육에 속한 사람은 하나님의 성령의 일들을 받지 아니하나니 이는 그것들이 그에게는 어리석게 보임이요, 또 그는 그것들을 알 수도 없나니 그러한 일은 영적으로 분별되기 때문이라.(고전 2:14)

1. 저항할 수 없는 은혜

이렇게 성령께서 역사하셔서 구원을 이루어 가시는 전 과정을 인간이 거절하거나 거부할 수 있을까? 그 어느 누가 하나님께서 구원하시기 위하여 역사하시는 바에 대하여 저항하고, 대적하며 거부할 수 있을까? 성경은 도저히 불가능하다고 말한다. 이것을 "불가항력적 은혜(irresistible grace)"라 칭한다.

죄 가운데 헤매며 살던 자에게 주신 하나님의 은혜는 절대 취소되지 않는다. 왜냐하면, 하나님은 당신이 하신 일에 후회하지 않는 분이시기 때문이다(민 23:13~26). 하나님은 구원하기로 작정한 자에 대해서는 반드시 이루신다. 하나님의 열심이 이루시는 것이다. 우리는 이 점을 굳게 믿어야 한다.

> 하나님의 은사와 부르심에는 후회하심이 없느니라.(롬 11:29)

가장 대표적인 사례가 이 로마서를 기록한 사도 바울의 경우일 것이다. 핍박을 피해 다메섹으로 숨어들어 간 성도들을 체포하러 가던 사울을, 부활하신 예수께서 직접 부르셨다. 강력하게 그를 부르셔서 주께서는 사도로 삼으셨다(행 9:1~9).

그뿐 아니라, 바울은 열심히 주의 일을 하는 데도 육체적으로 건강하지 못하고 고통스러운 증상이 몸에 있어서 사역하는데 큰 지장이 있었다. 이러한 육체적인 가시 즉 불편에 대하여 하나님께서 제거해 주실 것을 간절히 기도한 적이 있었다. 어떤 성경학자는 이 바울의 육체적인 가시가 눈병, 혹은 간질이라고 말한다. 바울이 직접 정확하게 언급하지 않아 무엇인지를 잘 모르지만 분명한 사실은 그 증상이 사도 바울의 사역에 지장을 줄 만큼 고통스러운 것이었다. 그러기에 세 번씩이나 제거해 주시기를 기도했던 것이다. 그때 하나님의 답은 무엇이었나?

> 여러 계시를 받은 것이 지극히 크므로 너무 자만하지 않게 하시려고 내 육체에 가시 곧 사탄의 사자를 주셨으니 이는 나를 쳐서 너무 자만하지 않게 하려 하심이라. 이것이 내게서 떠나가게 하기 위하여 내가 세 번 주께 간구하였더니 나에게 이르시기를 내 은혜가 네게 족하도다. 이는 내 능력이 약한 데서 온전하여짐이라 하신 지라. 그러므로 도리어 크게 기뻐함으로 나의 여러 약한 것들에 대하여 자랑하리니 이는 그리스도의 능력이 내게 머물게 하려 함이라.(고후 12:7~9)

사도 바울이 간절하게 세 번씩이나 기도한 바에 대하여 하나님께서는 "내 은혜는 네게 충분하다(My grace is sufficient for you)"라고 하시며, 이는 "내 능력이 약한 데서 온전하여지기 때문이라"고 말씀하셨다. 무슨 의미인가? 하나님의 능력은 인간의 약함 즉 잘남과 능력 과시로 나타나는 것이 아니라 "은혜"로 나타난다는 것이다.

사실 바울의 헌신적인 수고는 타의 추종을 불허한다. 그것은 하나님께서 건강하고 능력이 있는 사울을 쓰시면서 이루신 것이 아니다. 자신이 거부할 수 없는 하나님의 강력하고 집요하고 끈질긴 은혜의 역사가 있었기에 가능했다. 바울은 이 은혜를 힘입어 끊임없이 여행하며 복음을 전했고 그 와중에서도 서신 서를 12권이나 쓰는 놀라운 일을 할 수 있었다. 그는 하나님의 은혜가 '바울을 바울 되게' 했음을 확신했다. 이처럼 우리에게 베푸신 하나님의 은혜는 거부할 수 없는 강력한 은혜임을 믿어야 한다.

> 나는 사도 중에 가장 작은 자라. 나는 하나님의 교회를 박해하였으므로 사도라 칭함 받기를 감당하지 못할 자니라. 그러나 내가 나 된 것은 하나님의 은혜로 된 것이니 내게 주신 그의 은혜가 헛되지 아니하여 내가 모든 사도보다 더 많이 수고하였으나 내가 한 것이 아니요 오직 나와 함께 하신 하나님의 은혜로라.(고전 15:9~10)

2. 승리하게 하는 은혜

하나님께서는 예수께서 마련하신 의를 믿는 자가 영생을 얻도록 성령의 역사를 이루어 가신다. 그 성령의 역사는 궁극적으로 구원이 이루어질 때까지 강력하게 계속될 것이다. 성령께서는 죄인이 구원의 완성에 이르도록 은혜를 베풀어 주신다. 이것은 은혜의 승리이다. 이것이 어떻게 가능할까?

1) 찾아오시는 은혜

타락한 인간에게 하나님께서 먼저 찾아오셨다. 만약 아담과 하와가 죄를 범한 후, 하나님께서 그들을 찾아오지 않고 명령하신 대로(창 2:17) 즉각 "죽이면" 어떻게 되었겠는가? 그러나 하나님은 그들을 찾아오셔서 그들의 행위를 따지시고 징계하셨으나 이것은 은혜였다. 그 찾아오심으로 인하여 구원의 길이 열리게 되었기 때문이다.

이처럼 죄 가운데 영원한 사망의 길에 놓여있던 우리에게 하나님께서는 찾아오셔서 우리를 부르신 것이다. 이것이 은혜가 아니고 무엇인가? 하나님은 친히 죄를 범한 아담을 찾으셨고, 노아를 찾으셨고, 아브라함을 찾으셨고, 모세를 찾으셨다. 그리고 다윗을 찾으셨다. 이렇게 하나님은 친히 죄로 얼룩진 이 세상에 구원의 복음을 전하러 오셨다. 그리고 마지막으로 예수로 친히 이 땅에 오셨다. 이를 하나님의 선교 (*Missio Dei*)라 칭한다. 주께서는 베드로를 찾아 부르시고 바울을 찾아 부르셨다. 그리고 놀랍게도 하나님께서 예수 안에서 죄인인 나를 찾아 부르셨다. 이것이 은혜가 아니고 무엇인가?

사도 요한은 이렇게 하나님의 선교를 받아 예수 안에서 구원받은 성도에게 주어진 구원의 진리를 설명한다.

> 참 빛 곧 세상에 와서 각 사람에게 비추는 빛이 있었나니, 그가 세상에 계셨으며 세상은 그로 말미암아 지은 바 되었으되 세상이 그를 알지 못하였고, 자기 땅에 오매 자기 백성이 영접하지 아니하였으나, 영접하는 자 곧 그 이름을 믿는 자들에게는 하나님의 자녀가 되는 권세를 주셨으니, 이는 혈통으로나 육정으로나 사람의 뜻으로 나지 아니하고 오직 하나님께로부터 난 자들이니라.(요 1:9~13)

2) 말씀을 깨닫게 하시는 은혜

찾아오신 하나님께서는 성령으로 우리 영혼에 역사하셔서 다양한 상황 속에서 말씀을 듣게 하시고, 믿게 하시고 그 말씀을 깨닫게 하신다.

> 그러면 무엇을 말하느냐 말씀이 네게 가까워 네 입에 있으며 네 마음에 있다 하였으니 곧 우리가 전파하는 믿음의 말씀이라.(롬 10:8)

이렇게 성령께서 성도의 심령 속에서 이 말씀을 듣고 믿게 하시며 근본적인 변화가 일어나게 하신다. 즉 들은 그 말씀을 통하여 죄에 대한 깊은 자각과 회개와 결단을 일으키시는 것이다. 좀 더 구체적으로 말하면, 말씀이 그런 역할을 하도록 성령께서 역사하신다. 이렇게 죄인의 심령 속에 근본적인 일을 일으키시는 것이 말씀을 통하여 주시는 성령의 은혜이다.

그들이 서로 말하되 길에서 우리에게 말씀하시고 우리에게 성경을 풀어 주실 때에 우리 속에서 마음이 뜨겁지 아니하더냐.(눅 24:32)

3) 죄를 깨닫게 하시는 은혜

2천여 년 전에 발생한 예수 십자가와 내가 무슨 관계가 있는가? 그런데 놀랍게도 우리가 이 예수 십자가와 예수 부활이 믿어지고, 죄 사함을 확신하게 된다(엡 2:1). 어찌 된 일일까? 바로 은혜가 아니고서는 있을 수 없는 일이며 설명이 불가능한 것이다. 바울은 이 점을 지적하면서, 예수 십자가와 부활이 어떻게 성도에게 적용됐는지를 말한다.

그리스도 예수 안에 있는 속량으로 말미암아 하나님의 은혜로 값없이 의롭다 하심을 얻은 자 되었느니라.(롬 3:24)

4) 거듭나게 하시는 은혜

예수께서는 니고데모에게 놀라운 말씀을 하셨다. 거듭남에 관한 말씀이었다. 주께서는 그에게 물과 성령으로 거듭나야 함을 강조하셨다(요 3:3, 5). 여기서 거듭난다는 말은 육적으로 다시 태어나는 과정이 아니라, "위로부터(gennothei hanothen)" 즉 영적으로 다시 태어나는 중생(regeneration)을 말한다. 이것이 무엇으로 가능하게 될까? 그것은 말씀과 성령이다. 말씀을 통하여 영적으로 다시 태어나는 중생의 역사를 경험케 하신다. 이것이 은혜이다. 사도 베드로도 이 점을 강조한다.

너희가 거듭난 것은 썩어질 씨로 된 것이 아니요 썩지 아니할 씨로 된 것이니 살아 있고 항상 있는 하나님의 말씀으로 되었느니라.(벧전 1:23)

사도 바울은 성도들이 말씀으로 거듭남을 사모하고, 그 놀라운 구원을 깊이 알고, 그 영광스러운 구원을 소망하기를 간절히 원했다.

우리 주 예수 그리스도의 하나님, 영광의 아버지께서 지혜와 계시의 영을 너희에게 주사 하나님을 알게 하시고, 너희 마음의 눈을 밝히사 그의 부르심의 소망이 무엇이며 성도 안에서 그 기업의 영광의 풍성함이 무엇이며, 그의 힘의 위력으로 역사하심을 따라 믿는 우리에게 베푸신 능력의 지극히 크심이 어떠한 것을 너희로 알게 하시기를 구하노라.(엡 1:17~19)

5) 구원을 확신하게 하시는 은혜

하나님께서는 우리가 말씀을 듣고, 믿게 하셔서 그를 통하여 이루시는 구원을 확신하게 하는 은혜를 베풀어 주신다. 에베소서에서 이 진리를 밝히 전하는 사도 바울의 말씀을 보면, 하나님께서는 "예수 그리스도 안에서 우리를 창세전에 예정하시고, 부르시고, 거듭나게 하셔서, 온전한 구원으로 이끌어 가시는 하나님의 강력한 은혜를 베풀어 주셨다. 그 이유는 우리가 하나님을 찬양하도록 하기 위함이라(엡 1:4~12)"라고 밝히고 있다). 그는 세 번씩이나 "하나님을 찬양하자"라고 외친다. 그것은 구원의 은혜를 받은 자가 당연히 해야 할 일이기 때문이다.

6) 절제하게 하시는 은혜

성도는 예수께서 이루신 의로 인하여 죄와 사망의 법에서 놓임을 받은 자들이다(롬 8:2). 베풀어 주시는 성령의 은혜는 풍성하여서 모든 것을 감당할 수 있게 하지만, 성도가 구원받았다고 해서 모든 것을 마음대로 할 수는 없다. 그렇다고 해서 모든 것을 다 할 수 있다는 말은 아니다. 성령의 역사로 거듭난 하나님의 자녀는 육체와 함께 그 정욕과 탐심을 십자가에 못 박아 버린 자(갈 5:24~25)이기 때문이다.

> 이는 그리스도 예수 안에 있는 생명의 성령의 법이 죄와 사망의 법에서 너를 해방하였음이라.(롬 8:2)

이렇게 성령의 역사로 거듭난 자에겐 하나님께서 풍성한 은사로 은혜를 베풀어 주신다.

> 오직 성령의 열매는 사랑과 희락과 화평과 오래 참음과 자비와 양선과 충성과 온유와 절제니 이 같은 것을 금지할 법이 없느니라.(갈 5:22~23)

이 말씀에서 보듯이, 성령의 열매 가운데 제일 마지막 열매가 "절제"이다. 우리가 이 땅에서 모든 것을 하고 싶은 대로, 정욕대로 다 하며 누릴 수는 없다. 절제가 필요한 것이다. 이를 통하여 영생에 이르게 하는 것이 성령의 역사이며 이것이 은혜이다. 하나님은 당신의 종, 바울이 온전한 구원에 이르기 위하여 절제하도록 하셨다.

> 내가 내 몸을 쳐 복종하게 함은 내가 남에게 전파한 후에 자신이 도리어 버림
> 을 당할까 두려워함이로다.(고전 9:27)

7) 보호하시는 은혜

하나님께서 거듭나게 하시고, 영생으로 이끌어 가시며, 항상 당신의 자녀를 보호하시는 것이 은혜이다. 우리 주께서는 의식주의 문제를 염려하는 자에게 하나님의 자녀로서 믿음 가운데 어떻게 기도할 지를 가르쳐 주셨다. 그것은 '먼저 하나님의 나라와 의를 구하는' 것이다. 그럴 때 하나님께서는 모든 것을 공급해 주신다고 약속하셨다.

> 그런즉 너희는 먼저 그의 나라와 그의 의를 구하라 그리하면 이 모든 것을 너
> 희에게 더하시리라.(마 6:33)

첫째, 죄의 유혹과 죄로부터 보호해 주신다.

성령의 은혜는 우리로 하여금 죄와 죄의 유혹으로 부터 우리를 보호해 주신다.

> 간음한 여인들아 세상과 벗된 것이 하나님과 원수 됨을 알지 못하느냐. 그런
> 즉 누구든지 세상과 벗이 되고자 하는 자는 스스로 하나님과 원수 되는 것이
> 니라. 너희는 하나님이 우리 속에 거하게 하신 성령이 시기하기까지 사모한다
> 하신 말씀을 헛된 줄로 생각하느냐. 그러나 더욱 큰 은혜를 주시나니 그러므
> 로 일렀으되 하나님이 교만한 자를 물리치시고 겸손한 자에게 은혜를 주신다
> 하였느니라.(약 4:4~5)

둘째, 마귀의 권세로부터 보호해 주신다.

> 너희 염려를 다 주께 맡기라 이는 그가 너희를 돌보심이라. 근신하라. 깨어라.

너희 대적 마귀가 우는 사자 같이 두루 다니며 삼킬 자를 찾나니, 너희는 믿음을 굳건하게 하여 그를 대적하라.(벧전 5:7~9a)

이렇게 성령께서는 마귀 유혹을 물리치도록 성도에게 은혜를 베풀어 주신다. 이를 굳게 믿고 마귀와의 영적 전쟁을 두려워하지 말아야 한다.

셋째, 환란과 시련을 극복하도록 해 주신다.

주께서는 제자들에게 이 점을 강조하시며 그들을 격려하셨다.

이것을 너희에게 이르는 것은 너희로 내 안에서 평안을 누리게 하려 함이라 세상에서는 너희가 환난을 당하나 담대하라. 내가 세상을 이기었노라.(요 16:33)

십자가와 부활의 복음을 전하는 사도 바울은 그의 선교 사역에 있어서 많은 시련과 환란이 있었으나 환난을 당연히 여기고 믿음으로 승리했다. 이처럼 믿음의 선배들은 이 은혜를 의지하여, 죽음을 각오하고 순교당하기까지 복음 전파에 힘썼다.

우리가 하나님의 나라에 들어가려면 많은 환난을 겪어야 할 것이라.(행 14:22b)

넷째, 세상으로부터 보호해 주신다.

세상의 힘은 돈과 권력으로부터 나온다고 한다. 그러나 하나님의 은혜는 이런 세상과 타협하지 않고 항상 주 안에서 살아가도록 도우시며, 기쁨으로 하나님의 뜻을 실천하도록 격려하시며 보호해 주신다.

돈을 사랑하지 말고 있는 바를 족한 줄로 알라. 그가 친히 말씀하시기를 내가 결코 너희를 버리지 아니하고 너희를 떠나지 아니하리라 하셨느니라.(히 13:5)

너희 안에서 착한 일을 시작하신 이가 그리스도 예수의 날까지 이루실 줄을 우리는 확신하노라.(빌 1:6)

8) 승리하게 하시는 은혜

이 성령 하나님의 은혜는 믿음으로 살아가는 자들에게 마침내 승리하게 하신다.

그러나 이 모든 일에 우리를 사랑하시는 이로 말미암아 우리가 넉넉히 이기느니라. 내가 확신하노니 사망이나 생명이나 천사들이나 권세 자들이나 현재 일이나 장래 일이나 능력이나, 높음이나 깊음이나 다른 어떤 피조물이라도 우리를 우리 주 그리스도 예수 안에 있는 하나님의 사랑에서 끊을 수 없으리라.(롬 8:37~39)

사도 바울은 이 진리를 깨닫고 베풀어 주시는 풍성한 은혜를 붙잡고, 한평생 복음 사역에 매진했다. 그 은혜가 바울로 하여금 사명을 감당하게 했고 승리하게 했다.

내가 달려갈 길과 주 예수께 받은 사명 곧 하나님의 은혜의 복음을 증언하는 일을 마치려 함에는 나의 생명조차 조금도 귀한 것으로 여기지 아니하노라.
(행 20:24)

이러한 바울의 승리의 삶은, 동일한 믿음과 담대함으로 세상을 살아가는 우리 모두에게도 영광스러운 승리를 확신케 하도록 은혜를 베풀어 주신다.

나는 선한 싸움을 싸우고 나의 달려갈 길을 마치고 믿음을 지켰으니, 이제 후로는 나를 위하여 의의 면류관이 예비되었으므로, 주 곧 의로우신 재판장이 그 날에 내게 주실 것이며 내게만 아니라, 주의 나타나심을 사모하는 모든 자에게도니라.(딤후 4:7~8)

결 론

하나님의 은혜는 예수 그리스도께서 마련하신 의를 믿음으로 우리가 신의 성품에 참여하도록 하신다(벧후 1:14). 이것은 놀라운 하나님의 은혜가 아닐 수 없다. 그렇기에 히브리서 기자 역시 "믿음의 주요 온전케 하신 예수 그리스도를 바라보자(히 12:2a)"라고 권면했으며, 베드로 역시 우리가 이 은혜로 승리할 것이기에 이 믿음에 굳게 설 것을 권했다.

> 모든 은혜의 하나님 곧 그리스도 안에서 너희를 부르사 자기의 영원한 영광
> 에 들어가게 하신 이가 잠깐 고난을 당한 너희를 친히 온전하게 하시며 굳건
> 하게 하시며 강하게 하시며 터를 견고하게 하시리라.(벧전 5:10)

예수 그리스도께서 이루신 의를 온전히 믿는 것이 하나님께서 우리에게 베푸신 은혜이다. 신실하신 하나님께서 주신 이 은혜를 더욱 확신하고 의지하여 마침내 영생에 이르기에 부족함이 없는 굳건한 주의 백성들이 되기를 바란다.

> 능히 너희를 보호하사 거침이 없게 하시고 너희로 그 영광 앞에 흠이 없이 기
> 쁨으로 서게 하실 이, 곧 우리 구주 홀로 하나이신 하나님께 우리 주 예수 그
> 리스도로 말미암아 영광과 위엄과 권력과 권세가 영원 전부터 이제와 영원토
> 록 있을지어다.(유 1:24~25)

그럴 수 없느니라

그런즉 우리가 무슨 말을 하리요 은혜를 더하게 하려고 죄에 거하겠느냐, 그
럴 수 없느니라. 죄에 대하여 죽은 우리가 어찌 그 가운데 더 살리요. 무릇 그
리스도 예수와 합하여 세례를 받은 우리는 그의 죽으심과 합하여 세례를 받은
줄을 알지 못하느냐(롬 6:1~3).

　　로마서에서 가장 심각하게 다루는 주제는 "죄의 문제를 어떻게 해결
하는가?" 하는 것이다. 예수를 믿을 때 가장 심각한 문제는 믿음의 불
안전성을 가지고 신앙생활을 하는 것이다. 어떤 때는 사죄를 확신하기
도 하고, 어떤 때는 여전히 죄 가운데 있는 자신의 모습에서 죄에 대한
심판을 걱정하기도 한다. 즉 믿음이 좋을 때의 확신과 믿음이 나쁠 때
의 좌절이 반복되는 것이다.

　　우리는 이렇게 신앙의 부침(up and down)으로 괴로워한다. 교회에
출석하긴 하지만, 여전히 이러한 죄의 문제를 해결하지 못한 채 무미건
조한 타성에 빠진 신앙, 세상과 쉽게 타협하는 신앙의 모습으로 괴로워
한다. 때에 따라서는 심각한 영적 갈등을 겪기도 한다.

　　종교개혁자 마틴 루터(Martin Luther 1483~1546)도 자신의 죄의 문제
를 깔끔하게 해결 받지 못했었다. 그래서 그는 항상 '하나님께서 나의
죄를 심판하시면 어떻게 하나!' 라는 두려움 속에서 괴로워했다. 그는

천주교의 가르침을 온전히 실천하지 못했다는 자책감에 심각하게 고민하며 죄에 대한 심판을 두려워했다. 당시 유행했던 대로 금식과 고행과 같은 금욕적 수행도 해보고 자기 스스로 자학하기도 하였으나 무서운 죄책으로부터 벗어 날 수가 없었다. 보다 못한 스승 폰 슈타우피츠(Von Stauoitz)가 그에게 조언했다. 그 조언에 따라 루터는 성경을 연구하여 십자가의 도리를 깨닫게 되었고, 죄와 죽음의 심판으로부터 구원받는 놀라운 이신칭의의 복음을 깨닫게 되었다.

1. 로마서 6장에 들어가며

5장 마지막에서 바울은 강력한 은혜의 지배력을 강조했다. 그는 "죄가 사망 안에서 왕 노릇을 한 것 같이 은혜도 또한 의로 말미암아 왕 노릇 하여 우리 주 예수 그리스도로 말미암아 영생에 이르게 하려 함이라(21절)."라고 하면서 은혜의 강력한 지배력을 주장한다. 즉 구원을 이루어 가시는 성령께서 나의 그 어떤 능력과 조건과 수준에 따른 대가가 아니라, 오직 하나님의 은혜가 지배한다는 말이다.

이는 성도됨의 주체는 성도 자신이 아니라, 하나님의 은혜임을 밝힌 것이다. 그런데 이러한 바울의 논조는 6장보다는 8장으로 이어지는 것이 자연스럽게 보인다. 8장은 이렇게 시작되고 있다.

> 그러므로 이제 그리스도 예수 안에 있는 자에게는 결코 정죄함이 없나니, 이는 그리스도 예수 안에 있는 생명의 성령의 법이 죄와 사망의 법에서 너를 해방하였음이라.(롬 8:1~2)

즉 5장 21절과 8장 1절을 이어서 읽어 볼 때, 논리적으로 아주 자연스럽다. 연결에 전혀 문제가 없다. 그래서 논리적으로 볼 때, 6장은 괄호에 해당한다고 할 수 있다(M. Lloyd-Jones). 그렇다면, 바울이 6장과

7장을 기록하는 목적은 무엇일까? 그것은 예수 그리스도의 의를 믿는 자에게 적용되는 은혜가 어떤 죄 가운데 있더라도 그를 절대 그냥 내버려 두지 않고 정죄하지 않는다는 엄청난 진리를 설명하기 위함이다. 다른 말로 하면 끝까지 성도를 이끌어 영생에 이르게 하신다는 말이다.

그렇다고 해서 이 말이 죄를 무조건 정죄하지 않고, 또한 이미 지은 죄를 죄라고 여기지 않는다는 말이 아니다. 이 말씀의 뜻은 그가 지은 죄를 문제 삼아 멸망에 이르도록 내버려 두지 않겠다는 의미이다.

결국 은혜가 경고하고 은혜가 성도를 보호하고 은혜가 온전함에 이르도록, 하나님은 다양한 방법으로 은혜를 베푸시며 인도하신다는 성도의 견인 교리 (doctrine of the perseverance of saint)에 대하여 설명하려 했던 것이다. 쉽게 말해서 성도가 딴 짓을 할 때에도 하나님은 그가 깨닫도록 반드시 경고하셔서, 그가 건실하게 영생에 이르도록 하시려는 것이다. 이것이 하나님께서 베푸시는 은혜이며, 하나님의 은혜가 지배하는 구원이다.

2. 세 가지 질문

5장에서 바로 8장으로 가도 연결이 자연스럽지만, 롬 6:1~7:13까지를 보면, 이 두 장이 같은 특징을 나타내고 있음을 본다.

바울은 이제까지 아담 안에서 죽은 자들이 예수 안에서 영생을 얻게 되는 복된 소식을 담아 전했다. 바울은 이스라엘 역사 속에서 모세를 통하여 주신 율법은 죄가 무엇인지를 알게 하고, 죄를 더 증가시키는 역할을 할 뿐이라고 했고(5:20a), 반면 상대적으로 하나님의 은혜는 새 생명을 얻게 하고(5:20b), 성도에게 은혜의 지배가 강력하게 역사하게 하신다(5:21). 라는 점을 강조했다.

바울은 은혜가 죄인들을 불러, 끝까지 인도하여 마침내 영생에 이르게 하신다고 주장하며, 강력한 은혜의 통치력을 강조했다. 이러한 설명은 한마디로, 칭의에서 영화로 이르게 되는 것을 설명하고 있다고 이해할 수 있다.

바울이 이러한 주장을 하자, 이 이신칭의의 복음에 반발하는 율법주의자 혹은 도덕 주의자들이 바울을 반 율법주의자, 반 도덕주의자라고 비판하며 그에게 도전했다. 그래서 바울이 제기한 아래의 세 가지 질문과 그에 대한 답을 통하여, 칭의에서 영화에 이르는 과정 즉 성화 과정을 누구나 반드시 거치게 된다고 주장한다. 또한, 바울은 이 세 질문을 통하여 이신칭의의 복음의 필연성을 증명한다.

바울이 제기한 3가지 질문은 다음과 같다.

첫째, 은혜를 더하기 위하여 죄를 계속하여 더 많이 지어야 하는가?(6:1~14)

둘째, 율법 아래 있지 않고 은혜 아래 있기에 죄를 지어야 하는가?(6:15~23)

셋째, 율법은 죄인가?(7:1~3)

위의 이 질문들은 율법주의자를 의식한 바울이 제기한 질문들이다. 즉 율법주의자, 혹은 도덕주의자들이 제기할 수 있는 도전과 비판에 대한 질문이다. 이들이 누구일까? 유다서에서 이들이 누구인지 잘 규명해 주었다.

> 이는 가만히 들어온 사람 몇이 있음이라 그들은 옛적부터 이 판결을 받기로 미리 기록된 자니 경건하지 아니하여 우리 하나님의 은혜를 도리어 방탕한 것으로 바꾸고 홀로 하나이신 주재 곧 우리 주 예수 그리스도를 부인하는 자니라.(유 1:4)

이들이 제기하는 냉소적인 비난으로 바울의 이신칭의의 복음이 과연 균형이 잡힌 교리인가를 깊이 생각하게 한다. 과연 칭의에서 영화에 이르는 과정, 즉 영생에 이르기 위해서 어떤 과정을 거쳐야 되는지를 점검할 수 있게 한다. 이렇게 볼 때 세 질문은 매우 중요하다. 은혜의 의미를 명확하게 이해하도록 해 주기 때문이다. 우리가 예수께서 완성하신 구속의 도리를 완벽하게 이해하고 받아드리게 될 때, 즉 은혜를 바르게 이해할 때, 그 어떤 세속의 세력과 영향에 흔들림이 없이, 건실하고 신실하게 믿음을 견지하며, 영적 자유와 해방 그리고 구원을 누릴 수 있다.

3. "성도"란 신분의 변화

하나님께서는 정말 많은 죄를 지어도 그런 행위를 묻지 않고 용서해 준다는 말인가? 이신칭의를 믿는 자에겐 죄의 문제가 정말로 상관없다는 말일까? 은혜를 더하게 하려고 죄를 더 많이 짓고, 그 많은 죄를 해결하는 더 큰 은혜를 요구할 수 있다는 말인가? 바울은 6장 1절에서 "그럴 수 없느니라(by no means)!"라고 단호하게 답한다. 그런데 이미 바울은 이 문제를 제기했다.

> 또는 그러면 선을 이루기 위하여 악을 행하자 하지 않겠느냐 어떤 이들이 이렇게 비방하여 우리가 이런 말을 한다고 하니 그들은 정죄 받는 것이 마땅하니라.(롬 3:8)

이 구절은 당시 교회 내에 바울의 가르침에 대하여 강하게 반발하는 세력이 있었다는 것을 나타낸다. 바울은 이러한 상황을 말할 뿐 그에 대한 설명 내지는 답을 하지 않는다. 그러나 그 질문들과 도전들에 대하여 답하고 논증하며 반박하는 시도를 6장과 7장에서 하고 있다. 여기서 생각하게 되는 주제는 "성도의 신분 변화와 능력"에 관한 것이다.

과연 성도란 어떤 자일까? 어떻게 성도가 되었나? 바울은 은혜로 이루어졌다고 주장한다(엡 2:8).

그런데 우리가 여기서 착각하는 부분이 있다. 은혜를 '하나님께서 거저 주시는 호의'라고 할 때, 받은 쪽에서는 그 어떤 기여나 노력이나 자격조건으로 받은 것이 아니다. 그래서 이 은혜를 받은 자들이 자신의 능력과 조건과 업적에 따른 기여 내지는 보상으로 받은 것이 아니기에 그 은혜를 쉽게 잊어버리게 될 수 있다는 것이다.

예를 들면, 복권에 당첨된 사람이 그 복권으로 얻게 된 돈의 귀함을 잊을 채 흥청망청 쓰다가 쉽게 파멸하게 되는 경우와 같다. 은혜로 구원받게 되었으나 그 은혜를 잊어버리고 일탈하여 다시 죄의 길로 쉽게 빠지는 경우들이 적지 않다는 것이다.

그 대표적인 예가 한국의 대도였던 조세형의 경우이다. 그가 비록 목사가 되고 선교를 한답시고 일본에 갔으나 생활의 궁핍으로 그곳에서 다시 도둑질을 하였다. 그는 또 죄의 유혹을 이기지 못하고 지난 2019년, 81세 때에도 2~3만 원을 훔치다가 3년 선고를 받아 감옥에 구금되어 있다가 출옥한 지 얼마 되지 않은 2022년 그의 나이 85세가 된 때도 또 도둑질을 하다가 걸려 투옥되었다. 얼마나 죄의 유혹이 강하며 이기기가 힘든 것인 지 잘 알 수 있는 사례다.

성도란 죄가 없는 자가 아니라, 하나님의 은혜로 예수께서 완성해 주신 의를 믿은 자로서 신분이 변한 자를 일컫는 말이다. 이 구별된 신분 상태와 그 사람의 능력은 같을 수 없음을 인정하는 것이 중요하다. 즉 아무리 믿음으로 거듭난 자라 할지라도 그의 수준과 능력이 여전히 세상 적이고, 여전히 정욕적인 연약한 존재임을 알지 못하면, 금방 은혜를 잊어버리게 되고 실패할 수밖에 없다.

바울은 이 과정에서 매우 중요한 점을 지적한다. 바로 내주하시는 성령을 깊이 의식하며 살라는 것이다.

성령을 소멸하지 말며(살전 5:19)

바울은 확실하게 그 은혜가 무엇인지를 알았고 그 은혜를 의지하여 살았던 성도였다.

그러나 내가 나 된 것은 하나님의 은혜로 된 것이니 내게 주신 그의 은혜가 헛되지 아니하여 내가 모든 사도보다 더 많이 수고하였으나 내가 한 것이 아니요 오직 나와 함께 하신 하나님의 은혜로라.(고전 15:10)

우리는 이 은혜가 어떻게 영향을 미치고, 어떻게 깨닫게 하며, 어떻게 바른 길로 가도록 지시하며, 어떻게 인도하는지를 깊이 인식하고 그 은혜를 항상 사모하고 온전히 의지하도록 힘써야 한다.

4. "성도"란 신분 이해

성도에게는 자기 신분에 대한 바른 이해가 절실하다. 성도란 예수 그리스도께서 십자가와 부활로 완성하신 구속의 진리를 믿어 죄인에서 의인이 된 자이다. 이 말은 죄를 짓지 않는 자가 되었다는 말이 결코 아니다. 우리가 성도가 되었어도 여전히 죄를 짓는다. 그래서 죄책감에 괴로워하고 또 자신이 지은 죄에 대한 책임에 괴로워하기도 한다. 그래서 다시 숱한 반성과 회개를 하지만 여전히 죄 가운데 빠지게 된다. 우리가 어떻게 이 부분을 이해하고 정리할 수 있을까?

주께서는 죄에 대하여 경각심을 갖고 적극적으로 대처하여 천국(구원)에 가는 것이 필요하다고 가르치셨다.

만일 네 손이나 네 발이 너를 범죄하게 하거든 찍어 내버리라 장애인이나 다리 저는 자로 영생에 들어가는 것이 두 손과 두 발을 가지고 영원한 불에 던져지는 것보다 나으니라. 만일 네 눈이 너를 범죄하게 하거든 빼어 내버리라 한 눈으로 영생에 들어가는 것이 두 눈을 가지고 지옥 불에 던져지는 것보다 나으니라.(마 18:8~9)

역사상 실제로 이런 예도 있었다. 초대 교회 교부 중에 한 분인 오리겐(Origenes, 185~254)은 예수님의 말씀 따라 문자 그대로 스스로 거세하여 고자가 되었다.

어머니의 태로부터 된 고자도 있고 사람이 만든 고자도 있고 천국을 위하여 스스로 된 고자도 있도다.(마 19:12)

그러나 아무리 수행과 고행을 한다고 하더라도 죄를 짓지 않는 사람은 없고 어떠한 종교적인 수행으로도 거룩하게 될 수는 없다. 여전히 인간은 쉽게 죄를 짓고, 죄 가운데 빠지는 죄의 노예가 될 수밖에 없기 때문이다.

본문에서 바울이 지적하는 것은 예수 그리스도의 의를 입은 자들이 결코 이전의 상태로 되돌아갈 수 없고 돌아가서도 안 된다는 것이다. 이미 아담의 족보 가운데 있던 죄인이 은혜로 예수의 족보로 옮겨져 기록되도록 허락받았기 때문이다. 이것은 아담 안에서 죽은 상태에서 예수 안에서 다시 살아난 상태로 이미 옮겨졌음을 의미한다.

내가 진실로 진실로 너희에게 이르노니 내 말을 듣고 또 나 보내신 이를 믿는 자는 영생을 얻었고 심판에 이르지 아니하나니 사망에서 생명으로 옮겼느니라. 진실로 진실로 너희에게 이르노니 죽은 자들이 하나님의 아들의 음성을 들을 때가 오나니 곧 이때라 듣는 자는 살아나리라.(요 5:24~25)

예수를 믿어 의로운 자가 된 자는 사망에서 생명으로 옮겨진바 되었기에 결코 정죄 받지 않는 존재가 되었다. 이는 우리가 하나님의 아들이신 예수를 믿음으로 그와 함께 다시 살아난 자가 되어 신분의 변화가 되었다는 것을 의미한다. 이것이 바로 은혜이다. 성도는 예수 그리스도와 함께 죽고 함께 살아난 자들이다. 우리는 모두 이 사실을 믿음으로 영적 신분의 변화를 겪은 자들이다. 그래서 이 놀라운 복음의 진리를 아는 것이 매우 중요하다고 바울은 강조한다.

> 무릇 그리스도 예수와 합하여 세례를 받은 우리는 그의 죽으심과 합하여 세례를 받은 줄을 알지 못하느냐.(롬 6:3)

성도가 깊이 깨우쳐야 할 것은 우리가 '예수와 함께 죽고 예수와 함께 다시 살아났다'는 점을 깊이 인식하는 것이다. 이 사실을 고백하게 하는 것이 은혜이다. 이것은 자신의 신분 변화를 실제로 느끼고, 알고, 선언하는 것이다. 그렇다고 해서 성도는 자신의 변화된 신분에 걸맞은 능력을 완전하게 갖춘 자가 된 것은 결코 아니다.

이 사실을 인정하고 깊이 인식하는 것이 이신칭의의 복음에 있어서 가장 중요하다. 즉 신분의 변화와 그 신분의 완성과는 결코 같을 수 없다. 대학교에 입학하였다고 해서 대학 학력을 가진 능력자로 인정받지 못하는 것과 같은 이치이다. 그는 열심히 공부하고 연구하여, 학위를 얻게 되는 실력을 갖출 때 능력자로 인정받게 될 것이다.

한편 아직 완성되지 못한 상태에서 '나는 하나님의 자녀가 아닌가 보다!' 하며 자괴감에 빠지고 좌절하여 구원의 도리에서 떠나서는 안 된다. 오히려 이미 주신 은혜를 더욱 사모하고 의지하고, 그 은혜를 붙잡고 나아가야 하지 않겠는가! 우리 모두 이미 주신 말씀을 통하여 더 깊이 깨닫고 그 은혜를 사모하며 나아가야 하겠다.

결 론

누가복음 5장에 예수께서 베드로를 두 번째 만나는 장면이 있다.

> 말씀을 마치시고 시몬에게 이르시되 깊은 데로 가서 그물을 내려 고기를 잡으라. 시몬이 대답하여 이르되 선생님 우리들이 밤이 새도록 수고하였으되 잡은 것이 없지마는 말씀에 의지하여 내가 그물을 내리리 이다 하고, 그렇게 하

니 고기를 잡은 것이 심히 많아 그물이 찢어지는지라. 이에 다른 배에 있는 동무들에게 손짓하여 와서 도와 달라 하니 그들이 와서 두 배에 채우매 잠기게 되었더라. 시몬 베드로가 이를 보고 예수의 무릎 아래에 엎드려 이르되 주여 나를 떠나소서. 나는 죄인이로소이다.(눅 5:4~8)

그 누구보다도 예수 그리스도를 극적으로 경험한 베드로도 스승과 3년 반 동안 동고동락하며 제자로 훈련받았으나 마지막에는 예수를 재판정에서 세 번씩이나 부인하고 심지어 저주까지 했다. 그는 여전히 죄 가운데 있었고 결국에는 결정적인 죄를 지은 것이다. 그러한 그에게 부활하신 주께서 찾아오셔서 그로부터 사랑의 고백을 받아내셨다(요 21:15~17). 그것이 주님께서 베풀어 주신 은혜였고, 결국에는 그 은혜에 붙잡혀서 베드로는 죽기까지 주님의 제자로 살았던 것이다.

이 은혜를 아는가? 죄 가운데로 다시 돌아가는 일이 없도록 그 은혜를 굳게 붙잡아야 한다. 언제든지 다시 죄로 돌아갈 수 있는 연약한 인간임을 한시도 잊어서는 안 된다.

그런즉 우리가 무슨 말을 하리요 은혜를 더하게 하려고 죄에 거하겠느냐. 그럴 수 없느니라. 죄에 대하여 죽은 우리가 어찌 그 가운데 더 살리요.(롬 6:1~2)

제65강

성도란 누구입니까

그런즉 우리가 무슨 말을 하리요 은혜를 더하게 하려고 죄에 거하겠느냐, 그럴 수 없느니라. 죄에 대하여 죽은 우리가 어찌 그 가운데 더 살리요. 무릇 그리스도 예수와 합하여 세례를 받은 우리는 그의 죽으심과 합하여 세례를 받은 줄을 알지 못하느냐(로마서 6:1~3).

미국에 살면서 자기 정체성의 혼란으로 어려움을 겪을 때가 적지 않다. 교포라면 누구나 겪는 문제일 것이다. 나는 미국 사람인가? 한국 사람인가? 오랫동안 살아도 생각, 언어, 그리고 풍습에 대한 이해 등 어느 것도 한국인에서 미국인이 되기란 정말 쉽지 않다.

미국사람이 되어야 하는 것은, 미국에 잘 적응하여 살기 위해서 필수적인 것이다. 그래서 상황에 따라, 자기 이익과 편리를 얻기 위해 미국적 혹은 한국적 카드를 각각 활용하는 순발력으로 살아가는 것을 쉽게 본다. 우리는 미국적 사고와 언어와 풍습에 대하여 얼마나 확실하게 알고, 그것에 익숙하게 사는가? 살면서 이질감을 느끼지는 않는가?

때때로 성도로서 자기 정체성을 생각해 본다. 예수를 믿기 전과 믿은 후의 자기 신분에 대하여 확실하게 차이를 느끼고 있는가? 그 차이점을 인식하지 못하고, 새로워진 신분과 상황에 대한 이해와 대처를 정확하게 하지 못한다면 얼마나 혼란스러움이 있을까? 이러한 교인에게서 드러나는 공통의 현상은 교회를 다니며 신앙생활을 하고 있지만, 여전히 세상 적이라는 점이다. 과연 이러한 교인을 신실한 성도라고 할 수 있을까? 신분과 실력은 사실 다른 개념이다. 이 둘이 일치하기란 정말로 쉽지 않다. 이것을 이해하는 것이 매우 중요하다. 성도란 신분에 대한 바른 이해가 절실하다. 그래서 성도란 어떤 신분인지를 생각해 보려한다. 본문에서 사도 바울은 세 가지로 성도의 신분을 규정하고 있다.

1. 죄에 대하여 죽은 자.

성도란 죄에 대하여 죽은 자이다. 2절에서 "죄에 대하여 죽은 우리가"라고 말하고 있다. 여기서 '죄에 대하여 죽었다(died to sin)'라는 말의 의미가 무엇일까?

"죄에 대하여(te hamartiai, to sin)"이란 말은 '죄에 관하여(reference about sin) 혹은 죄를 고려하여(respect to sin)'란 뜻이다. 성도란 '살아있는 것과 단절된 상태' 즉 '죽은 것과 같이, 더 이상 죄와 연결되지 않아 죄와 관계가 없는 상태에 있는 사람'이다.

외모는 한국인이지만, 미국시민권을 가진 사람은 한국의 법에 더 이상 적용받지 않는다. 그 사람에게는 더 이상 한국법이 적용되지 않고, 미국법이 적용된다. 성도도 이와 같다 하겠다. 어떻게 그럴까? 바울은 이렇게 설명한다.

> 그러므로 이제 그리스도 예수 안에 있는 자에게는 결코 정죄함이 없나니, 이는 그리스도 예수 안에 있는 생명의 성령의 법이 죄와 사망의 법에서 너를 해방하였음이라.(롬 8:1~2)

성도는 예수 그리스도 안에 있는 은혜 즉 생명의 성령의 법이 적용되어 죄와 사망의 법으로부터 자유로운 자가 되었다. 이처럼 예수를 믿는 성도는 죄와의 연결고리가 단절된 신분을 가진 사람이다. 이 사람에게는 죄의 법이 적용되는 것이 아니라 은혜의 법이 적용된다.

이때 주의해야 하는 점은, 여기서 말하는 은혜의 법이란 성도에게 죄를 짓지 않는 능력이 주어졌다는 의미가 아니라, 여전히 죄 가운데 있으나 자신이 지은 죄의 문제의 심각성을 깊이 깨닫고, 스스로 진심어린 회개를 하도록 한다는 것이다. 또한 죄의 사슬로부터 풀려나, 좌절과 절망으로부터 해방되어 참된 자유를 누리도록 해 주시는 것을 의미한다. 이는 죄인에서 의인이 되게 하는 것이 은혜의 법이 이루어 내는 결과다. 즉 신분의 변화를 이끄는 것이 은혜의 법이다.

그렇다면 은혜의 법이 적용된다는 말을 이렇게 정리해 볼 수가 있겠다.

첫째, 이 말은 죄의 상태로 되돌아갈 수 없는 확실하게 변화된 신분이 되었다는 것을 뜻한다. 마태복음 1장에서 밝히고 있듯이, 예수 그리스도의 족보에서 나타나는 중요한 진리는 아담의 족보가 예수 그리스도의 족보로 대체되었다는 것이다(마 1:1~17).

이 족보에 등재된 자들을 볼 때, 그 족보에는 거룩한 자만 기록되어 있지 않다. 이들 가운데는 인간사에 벌어질 수 있는 모든 종류의 죄를 지은 자들도 족보에 들어와 있는 것을 알 수 있다. 이것은 무엇을 의미하는가? 예수 안에 있는 자는 결코 다시는 아담의 죄의 상태로 되돌아갈 수 없는 신분임을 분명히 하고 있는 것이다.

우리를 다시는 죄를 지은 아담의 신분과 같은 상태로 살아갈 수 없도록 하신 것이다. 이것이 바로 은혜의 법이 적용된다는 의미이다.

둘째, 이 말은 이전의 죄의 상태로 회귀할 수 없게 한다는 뜻이다.

문제는 비록 우리가 예수를 믿는 자가 되었지만, 예수 믿기 전의 죄

가운데 놓여 있는 상태와 같이 여전히 죄를 지으며 산다. 그러나 우리가 예수를 믿는 은혜를 받았기에 결코 죄의 상태로 되돌아갈 수 없도록 능력으로 조치했다는 것이다.

예를 들어 한국인이 미국 시민이 되었더라도, 미국의 법에서 허용할 수 없는 죄를 지으면 다시 한국으로 추방할 수 있는 법이 있지만, 은혜로 적용되는 성령의 법은 예수를 믿는 자들이 여전히 죄를 짓고 또 죄 가운데 있다 할지라도 다시는 죄의 종이 되지 않도록 하신다. 이것이 은혜의 법이다.

2. 세례 받은 자

본문에는 "그리스도 예수와 합하여 세례를 받은 우리"(3절)라는 표현이 있다. 즉 성도란 세례 받은 자이다. 이 말은 신분 변화의 절차를 말하고 있다. 즉 세례를 받음으로 신분이 변한 것이다.

세례(*baptizo*, baptize)란 씻는 것, 즉 정결하게 물로 씻는 것을 의미한다. 그 절차에는 다양한 방법이 있지만, 초대 교회 당시에는 몸을 물에 완전히 담그는 세례와 물을 뿌리는 세례 방식이 함께 시행되고 있었다. 오늘날 침례교 계통의 교회에서는 말 그대로 침례 방식을 고집하고 있고, 장로교회에서는 관수방식(물을 머리에 뿌리는)의 세례 방식을 시행하고 있다.

성도가 되는 절차로서 "그리스도 예수와 함께 세례를 받는다."는 예수와 함께 신분이 변화되었음을 뜻한다. 세례를 받음으로 이제까지 소속되었던 세상에서 예수 안으로 신분이 옮겨온 것임을 뜻한다. 이것을 확실하게 인식하는 것이 예수를 믿기로 작정한 사람에게 절실하게 필요한 인식의 전환이다.

예를 들어, 결혼하여 시집온 새댁이 여전히 처녀 시절만을 생각하고, 또 친정만을 생각한다면, 부인으로서 그리고 시댁에서의 시집살이가 원만하고 온전하겠는가? 그녀에겐 자신이 남편에게 속해 있고, 또한 시집에 속한 신분임을 확실하게 인식하는 것이 절대 필요하지 않겠는가?

성도란 예수 그리스도께서 십자가와 부활로 완성하신 구속의 진리를 믿어 죄인에서 의인이 된 자이다. 이 말은 죄를 짓지 않는 자기 되었다는 말이 결코 아니다. 성도가 되었어도 여전히 죄를 짓는다. 그래서 자신이 지은 죄에 대한 책임 즉 죄책감에 괴로워하게 마련이다. 이렇게 죄에 대한 예민한 감각이 살아 죄에 대하여 예민하게 반응하는 자가 성도이다.

그래서 우리 주께서는 이 뿌리 깊은 죄에 대하여 경각심을 갖고, 적극적으로 대처하여 구원에 이르기를 힘쓰도록 가르치셨다.

> 만일 네 손이나 네 발이 너를 범죄하게 하거든 찍어 내버리라 장애인이나 다리 저는 자로 영생에 들어가는 것이 두 손과 두 발을 가지고 영원한 불에 던져지는 것보다 나으니라. 만일 네 눈이 너를 범죄하게 하거든 빼어 내버리라 한 눈으로 영생에 들어가는 것이 두 눈을 가지고 지옥 불에 던져지는 것보다 나으니라.(마 18:8~9)

이 말씀에 따라 많은 성도들이 숱한 고행을 하며 죄와 싸웠다. 일례로 초대 교회 교부인 오리겐(Origenes, 185~254) 같은 성인은 자신이 정욕을 이길 수 없음을 절감하면서 주님의 말씀을 따라 문자 그대로 스스로 거세하여 고자가 되기도 했다.

> 어머니의 태로부터 된 고자도 있고 사람이 만든 고자도 있고 천국을 위하여 스스로 된 고자도 있도다.(마 19:12)

그러나 아무리 수행과 고행을 한다고 하더라도 죄를 짓지 않는 사람은 없고, 어떤 사람도 종교적인 수행으로 거룩하게 될 수 없다. 인간은 여전히 쉽게 죄를 짓고 죄 가운데 빠져 죄의 노예가 될 수밖에 없기 때문이다. 사도 바울도 이 고질적인 죄의 굴레에서 도저히 벗어날 수 없음을 심각하게 고민했음을 보여준다.

> 그러므로 내가 한 법을 깨달았노니 곧 선을 행하기 원하는 나에게 악이 함께 있는 것이로다. 내 속사람으로는 하나님의 법을 즐거워하되, 내 지체 속에서 한 다른 법이 내 마음의 법과 싸워 내 지체 속에 있는 죄의 법으로 나를 사로잡는 것을 보는 도다. 오호라, 나는 곤고한 사람이로다. 이 사망의 몸에서 누가 나를 건져내랴.(롬 7:21~24)

감히 단언컨대, 우리가 이와 같은 차원의 심각한 자기점검은 하지는 못한다 할지라도, 자신의 한계와 무능력을 나름대로 고민하지 않고 단지 교회에 다닌다는 것으로 성도가 되리라는 생각은 잘못이다. 우리는 반드시 자신의 수준과 능력 아래서 심각하게 복음의 진리를 확인하고 자신에게 복음을 적용하여 점검해야 한다. 예수 그리스도의 구속 진리에 굴복할 때, 비로소 성도로 태어났다고 말할 수 있을 것이다.

> 우리 주 예수 그리스도로 말미암아 하나님께 감사하리로다. 그런즉 내 자신이 마음으로는 하나님의 법을 육신으로는 죄의 법을 섬기노라.(롬 7:25)

여러분은 예수 안에서 예수와 함께 세례를 받으셨는가? 주께서 말씀하셨다. 예수를 주로 고백한다는 말은 죄로 죽을 자리에서 다시 살아나 생명의 자리로 옮겨졌다는 의미이다.

> 내가 진실로 진실로 너희에게 이르노니 내 말을 듣고 또 나 보내신 이를 믿는 자는 영생을 얻었고 심판에 이르지 아니하나니 사망에서 생명으로 옮겼느니라. 진실로 진실로 너희에게 이르노니 죽은 자들이 하나님의 아들의 음성을 들을 때가 오나니 곧 이때라. 듣는 자는 살아나리라.(요 5:24~25)

이 말씀과 같이, 예수를 믿는 자는 사망에서 생명으로 옮겨진 것이 되었기에 결코 다시 정죄를 받지 않는다. 예수를 믿음으로, 주와 함께 다시 살아난 자가 되는 신분으로 변화되었기 때문이다.

3. 세례의 뜻을 확실하게 아는 자

세례를 받았다는 것은 엄청난 구원의 진리를 수용했다는 말과 같다. 사도 바울은 3절에서 이 점을 분명히 한다. 세례를 받은 자는 예수 그리스도와 함께 죽고 함께 살아난 자가 되는 것이다.

> 무릇 그리스도 예수와 합하여 세례를 받은 우리는 그의 죽으심과 합하여 세례를 받은 줄을 알지 못하느냐.(롬 6:3)

바울은 세례가 무슨 의미를 내포하고 있는지를 분명히 한다. 그는 이어지는 말씀에서도 반복적으로 강조하는 단어를 사용한다. 그것은 "함께, 합하여"라는 말이다. 바울은 반복적으로 이 개념을 사용하여 세례를 받은 자는 "예수 그리스도와의 연합관계에 들어갔음"을 강조한다.

바울 신학에 있어서 가장 중요한 개념 중에 하나가 바로 이 "예수 그리스도와의 연합(union with Christ)"이라는 것이다. 바울은 이 개념을 주장하고, 설명하고 그리고 동원하여 구원의 진리를 개진하고 있다. 이는 우리 역시 반복적으로 살펴봐야 할 중요한 주제이다. 우선 이러한 말씀이 어떻게 강조되고 반복되고 있는지를 살펴보자.

> 그러므로 우리가 그의 죽으심과 합하여 세례를 받음으로 그와 함께 장사되었나니 이는 아버지의 영광으로 말미암아 그리스도를 죽은 자 가운데서 살리심과 같이 우리로 또한 새 생명 가운데서 행하게 하려 함이라. 만일 우리가 그의 죽으심과 같은 모양으로 연합한 자가 되었으면 또한 그의 부활과 같은 모양으로 연합한 자도 되리라. 우리가 알거니와 우리의 옛사람이 예수와 함께 십자가에 못 박힌 것은 죄의 몸이 죽어 다시는 우리가 죄에게 종노릇하지 아니하려 함이니, 이는 죽은 자가 죄에서 벗어나 의롭다 하심을 얻었음이라. 만일 우리가 그리스도와 함께 죽었으면 또한 그와 함께 살줄을 믿노니, 이는 그리스도께서 죽은 자 가운데서 살아나셨으매 다시 죽지 아니하시고 사망이 다시 그를 주장하지 못할 줄을 앎이로라. 그가 죽으심은 죄에 대하여 단번에 죽으심이요 그가 살아 계심은 하나님께 대하여 살아 계심이니, 이와 같이 너희도 너희 자신을 죄에 대하여는 죽은 자요 그리스도 예수 안에서 하나님께 대

하여는 살아 있는 자로 여길지어다.(롬 6:4~11)

사도 바울은 세례를 받은 성도는 예수와 함께 죽고, 함께 다시 살아난 새로운 생명체로서 예수와 함께 예수 생명을 공유한 자, 그와 연합한 자란 인식을 분명히 해야 한다고 가르치고 있다. 참 성도는 이 복음의 진리를 믿고 고백해야 한다. 이것이 성도됨에 있어서 매우 중요하다.

무릇 그리스도 예수와 합하여 세례를 받은 우리는 그의 죽으심과 합하여 세례를 받은 줄을 알지 못하느냐.(롬 6:3)

성도가 기억해야 할 것은, 세례를 통하여 자신이 예수와 함께 죽고, 예수와 함께 다시 살아났다는 점을 깊이 고백하는 것이다. 이 점을 깊이 인식하며 살아가는 것이 중요하다. 이 사실을 고백하게 하는 것이 은혜이다. 이 점을 깊이 인식하는 것이 이신 칭의 복음의 핵심이다.

결 론

신앙인들 중에는 이 세례의 중요성을 잊고 신앙 생활하는 이들이 적지 않다. 그저 통과의례 정도로 세례를 생각하는 듯하다. 이것은 매우 잘못된 인식이며 오해이다. 비록 물을 뿌리고, 형식적으로 물속에 잠겼다가 나오는 절차이지만, 이 세례는 세상과 결별하여 새로운 신분으로 변화된 것임을 공포하는 절차이다. 사람과 하나님 앞에 자신의 새로운 신분을 인정받고 공개하는 것이다.

누가복음 5장에 보면 예수께서 베드로를 두 번째 만나는 장면이 있다(눅 5:4~8). 베드로가 처음 예수를 만났을 때 그는 "예수의 무릎 아래에 엎드려 이르되 주여 나를 떠나소서. 나는 죄인이로소이다"라고 고백했다. 그러나 그는 다시 예수를 통한 세상에서의 출세와 성공을 기대하며 3년 반이나 따라 다녔다. 심지어 그는 놀라운 고백 "주는 그리스도시오 살아계신 하나님의 아들이시니이다(마 16:16)."라고 고백했으나, 그렇게 존경하던 스승이 십자가에서 처참하게 죽자, 크게 낙심하여 낙향하여 다시 옛 직업인 고기잡이를 했다.

그러던 베드로에게 부활하신 주께서 다시 하신 말씀이 무엇인가? 주께서는 자신을 배신하고 저주까지 하며 달아난 그에게 비겁함과 정직하지 못함을 지적하거나 책망하지 않으셨다. 도리어 고기잡이의 피곤함을 달래주시며 떡과 고기를 구워 주시고 위로하셨다. 그 후에 주님은 베드로에게 사랑의 고백을 받아내신 후 그의 사명을 재 확인시켜 주셨다.

> 그들이 조반 먹은 후에 예수께서 시몬 베드로에게 이르시되 요한의 아들 시몬아 네가 이 사람들보다 나를 더 사랑하느냐 하시니, 이르되 주님 그러하나이다. 내가 주님을 사랑하는 줄 주님께서 아시나이다. 이르시되 내 어린 양을 먹이라 하시고, 또 두 번째 이르시되 요한의 아들 시몬아 네가 나를 사랑하느냐 하시니, 이르되 주님 그러하나이다. 내가 주님을 사랑하는 줄 주님께서 아시나이다. 이르시되 내 양을 치라 하시고, 세 번째 이르시되 요한의 아들 시몬아 네가 나를 사랑하느냐 하시니, 주께서 세 번째 네가 나를 사랑하느냐 하시므로 베드로가 근심하여 이르되 주님 모든 것을 아시오매, 내가 주님을 사랑하는 줄을 주님께서 아시나이다. 예수께서 이르시되 내 양을 먹이라.
> (요 21:15~17)

왜 세 번씩이나 그에게 물으셨을까? 자신의 한 일을 회상하게 하여, 철저하게 주님의 사랑을 고백하게 하려는 의도가 아니었을까! 이것이 바로 은혜이다. 이 은혜를 받아 사도가 된 그는 이렇게 그 은혜를 설명한다.

> 그의 신기한 능력으로 생명과 경건에 속한 모든 것을 우리에게 주셨으니 이는 자기의 영광과 덕으로써 우리를 부르신 이를 앎으로 말미암음이라. 이로써 그 보배롭고 지극히 큰 약속을 우리에게 주사 이 약속으로 말미암아 너희가 정욕 때문에 세상에서 썩어질 것을 피하여 신성한 성품에 참여하는 자가 되

게 하려 하셨느니라.(벧후 1:3~4)

주께서 베드로에게 놀라운 은혜를 베풀어 주셨다. 결국, 그는 그 은혜에 붙잡혀서 죽기까지 충성스러운 주님의 제자로 살았다. 이 은혜를 참으로 아는가? 결코, 죄 가운데로 다시 돌아가는 일이 없도록 그 은혜를 굳게 붙잡기 바란다.

제66강

세례는 예수와 연합의 의미

무릇 그리스도 예수와 합하여 세례를 받은 우리는 그의 죽으심과 합하여 세례를 받은 줄을 알지 못하느냐, 그러므로 우리가 그의 죽으심과 합하여 세례를 받음으로 그와 함께 장사되었나니 이는 아버지의 영광으로 말미암아 그리스도를 죽은 자 가운데서 살리심과 같이 우리로 또한 새 생명 가운데서 행하게 하려 함이라(로마서 6:3~4).

결혼 주례자는 신혼 부부에게 검은 머리가 흰 파뿌리 되는 날까지 한 몸이 되었음을 공포한다. 이때 "한 몸 됨"은 이 부부가 단순히 육체적으로 한 몸 되는 것을 의미하지 않는다. 몸과 마음이 하나 되는 것을 의미한다. 어떻게 몸과 마음이 하나 될 수 있을까? 정신적으로, 영적으로 나누는 교감이 하나가 될 때 하나가 될 수 있다.

로마서를 통하여 가르치는 바울 복음의 핵심 진리 혹은 핵심 교리는 "죄의 문제를 해결하고 구원에는 이르는 것"이다. 이제까지 죄와 사망에서 구원에 이르게 되는 진리를 설명하는 이신칭의 교리를 살펴 왔다. 예수 그리스도 안에서 주어지는 구원은 하나님의 은혜이지, 인간의 그 어떤 조건과 능력 그리고 업적과 공력에 대한 조건 내지는 보상에 의한 것이 아니다. 구원은 철저하게 하나님께서 죄인인 인간에게 베푸시는 선물 즉 은혜로 주어지는 것이다.

그러나 이 구원이 인간의 어떤 업적이나 공적에 의한 것이 아니기 때문에 어떤 노력도 필요 없다는 억지 주장도 있다. 그래서 죄를 가볍게 여기는 일도 있었다. 그래서 바울은 "은혜를 더하게 하려고 죄에 거하겠느냐(롬 6:1)?"라고 반문하면서, 강하게 "그럴 수 없다"라고 답한다. 그리고 "죄에 대하여 죽은 우리가 어찌 그 가운데 더 살 수 있겠느냐"라고 또 반문한다(롬 6:2). 이는 도저히 있을 수 없는, 말도 되지 않는 주장이라고 강하게 부정하는 반문이다.

구원의 진리를 설명하는 또 다른 하나의 주제는 "그리스도와의 연합(union with Christ)" 교리다. 사도 바울은 그의 서신 곳곳에서 이 교리를 진술하고 있다.

> 내가 그리스도와 함께 십자가에 못 박혔나니 그런즉 이제는 내가 사는 것이 아니요 오직 내 안에 그리스도께서 사시는 것이라 이제 내가 육체 가운데 사는 것은 나를 사랑하사 나를 위하여 자기 자신을 버리신 하나님의 아들을 믿는 믿음 안에서 사는 것이라.(갈 2:20)

> 그런즉 누구든지 그리스도 안에 있으면 새로운 피조물이라 이전 것은 지나갔으니 보라 새것이 되었도다.(고후 5:17)

> 너희가 세례로 그리스도와 함께 장사 되고 또 죽은 자들 가운데서 그를 일으키신 하나님의 역사를 믿음으로 말미암아 그 안에서 함께 일으키심을 받았느니라.(골 2:12)

> 너희가 세상의 초등학문에서 그리스도와 함께 죽었거든 어찌하여 세상에 사는 것과 같이 규례에 순종하느냐.(골 2:20)

> 그러므로 너희가 그리스도와 함께 다시 살리심을 받았으면 위의 것을 찾으라. 거기는 그리스도께서 하나님 우편에 앉아 계시느니라 / 이는 너희가 죽었고 너희 생명이 그리스도와 함께 하나님 안에 감추어졌음이라.(골 3:1, 3)

바울은 그의 서신에서 "그리스도와 함께"란 표현을 10회(롬 6:8,

8:17; 갈 2:20; 엡 2:5; 빌 1:23; 골 2:12, 20; 골 3:1, 3; 히 3:14), "예수 안에"란 표현은 53회, "그리스도 안에"는 44회나 사용하고 있다. 모두 107번이나 "그리스도와의 연합"을 진술하며 "예수 그리스도와 연합" 사상이 구원을 설명하는 핵심 개념임을 주장한다.

2. 그리스도 예수와 연합의 결과들

본문 3절 말씀을 읽어 보면,

> 무릇 그리스도 예수와 합하여 세례를 받은 우리는 그의 죽으심과 합하여 세례를 받은 줄을 알지 못하느냐.(롬 6:3)

성도는 "예수와 합하여 세례 받은 자(3절)"이다. 여기서 "합하여(eis)"의 의미는 "속으로 들어간다(enter inside)"라는 뜻이다. 즉 성도가 '예수 그리스도 속으로 들어가 연합함'을 의미한다(박윤선). 즉 세례를 받는다는 것은 예수 안으로 들어가 그와 연합한다는 것으로, 죄인을 예수 안에 있도록 하는 것이 세례라는 것이다. 우리가 예수 믿기 전에 아담 안에서 모든 자가 죽은 것과 같이 죽었고, 예수를 믿어 세례를 받을 때, 예수 안에서 다시 사는 구원을 얻는 자로서 확증된다. 이것이 세례의 의미이다.

1) 죄에 대하여 죽은 자가 되었다.

그리스도와 연합의 결과는 무엇일까? 2절을 설명하는 3절에서, 바울은 '우리가 죄에 대하여 죽은 자'라는 점이 매우 중요하기 때문에 "알지 못하느냐?"라고 반문하며, 이 점을 11절까지 이어서 적극적으로 설명한다.

이 본문(5:10) 이전에 바울은 이 교리의 핵심적 진리를 제시했음을 알아야 한다. 바울은 '하나님의 아들의 죽음과 부활'이 성도의 구원의 근거이며 핵심이라고 주장한다.

> 곧 우리가 원수 되었을 때에 그의 아들의 죽으심으로 말미암아 하나님과 화
> 목하게 되었은 즉 화목하게 된 자로서는 더욱 그의 살아나심으로 말미암아
> 구원을 받을 것이니라.(롬 5:10)

본문 6장 2절은 우리를 "죄에 대하여 죽은"자라고 규정한다. 어떻게 성도가 죄에 대하여 죽었을까? '예수 그리스도와 연합(the union with Christ)'하여 죽었다. 죄의 문제가 이 개념 아래에서 해결이 되는 것이다. 이 진리 즉 이 교리가 바울 구원론에 있어서 가장 핵심 개념이다.

2) 세례를 받은 자가 되었다.

또한 예수 그리스도와의 연합은 세례를 통하여 이루어지는 것을 의미한다. 여기서 말하는 세례란 무엇일까? 문자적인 의미는 '씻어 정결하게 한다.'(Cleansing)이다. 그런데 세례는 단순한 정결 의식이 아니다. 그러면 어떤 의미가 내포된 것일까?

3. 세례에 대한 설명과 이해

세례에 대하여 교회는 역사적으로 어떻게 이해했을까? 그리고 사도 바울이 세례를 통하여 설명하고자 하는 구원 도리의 내용은 무엇일까? 핵심적인 질문은 과연 세례를 받아야만 구원을 얻는 것일까? 하는 것이다.

1) 세례를 설명하는 주장들

세례에 대한 다섯 가지 설명을 간단히 살펴보고 바울의 주장을 보겠다.

첫째, 세례는 구원을 얻는 절대적인 예식; "성례 주의자"가 주장하는

것으로 천주교에서 베푸는 세례를 받아야만 구원에 이를 수 있다는 것.

둘째, 세례는 예수 그리스도의 영향권 내에 들어가는 것; 세례를 통하여 예수께서 완성한 구원의 영역에 들어가는 절차라는 것.

셋째, 세례는 예수와 영적 연합을 이루는 것; 세례가 영적으로 예수와 하나 되는 절차라는 것.

넷째, 세례는 예수께서 완성하신 구원을 믿는 믿음의 표식.

다섯째, 세례는 예수 그리스도의 죽음과 부활과 연합하는 상징적 의식.세례에 대한 다양한 설명들이 과연 바울이 전하는 세례의 정확한 의미일까? 그렇지 않다.

2) 바울이 전하는 세례의 뜻

그러면 바울이 전하려는 세례의 정확한 의미는 무엇일까? 그 뜻을 바울 서신과 사도행전에서 찾아볼 수 있다.

> 긍휼이 풍성하신 하나님이 우리를 사랑하신 그 큰 사랑을 인하여 허물로 죽은 우리를 그리스도와 함께 살리셨고(너희는 은혜로 구원을 받은 것이라), 또 함께 일으키사 그리스도 예수 안에서 함께 하늘에 앉히시니(엡 2:4~6)

이 구절에서 바울은 "함께"란 말을 세 차례나 사용하였다. 여기에 무슨 의미가 내포되어 있을까? 우리는 고린도전서에서 좀 더 분명한 세례의 의미를 찾아볼 수 있다.

> 우리가 유대인이나 헬라 인이나 종이나 자유인이나 다 한 성령으로 세례를 받아 한 몸이 되었고 또 다 한 성령을 마시게 하셨느니라.(고전 12:13)

즉 "함께"란 한 몸을 이루는 것이며 한 성령을 고백하는 것 즉 한 마음으로 성령의 역사하심을 경험하고 고백하는 것을 뜻한다.

3) 한 성령의 역사로 고백하는 신앙

우리는 이것이 역사적으로 어떻게 적용되었는지를 좀 더 살펴보는

것이 중요하다. 사도행전에서 그 사례를 찾아보면,

1) 오순절 때 성령 강림을 목격한 유대인들이 회개하며 세례를 받은 경우(행 :37~39)

2) 빌립이 에티오피아 내시에게 세례를 베푼 경우(행 8:12)

3) 바울이 부활하신 예수를 만난 후 세례를 받은 경우(행 9:18)

4) 베드로가 고넬료와 그 식구에게 세례를 베푼 경우(행 10:47)

5) 빌립보 감옥의 교도관에게 바울이 세례를 베푼 경우(행 16:37)

6) 에베소 교회 성도들에게 바울이 세례를 베푼 경우(행 19:3~6)

이 모든 경우가 예수 그리스도께서 이루신 구속사건, 즉 십자가와 부활의 복음을 듣고 회개하여 예수를 구주로 영접한 자에게 베푼 것이었다. 이렇게 세례를 받은 성도를 예수와 한 몸을 이루었다고 말한다. 이렇게 고백한 자들은 모두 예수와 연합한 자가 된 것이다.

어떻게 이것이 가능하게 되었을까? 같은 한 성령께서 예수 그리스도의 대속의 진리를 깨달아 고백하게 하셔서, 죄인을 예수 안으로 들어오게 하신 것이다. 그리고 주님과 한 몸을 이루게 하시어 그와 연합시키신 것이다. 이것을 사도 바울은 '성령께서 그리스도의 몸에 세례 받게 하셨다'라고 말한다.

그러면, 성령께서 "그리스도의 몸에 세례를 받게 하셨다"는 말이 무슨 뜻인가? 이는 성령세례(the Baptism of the Holy Spirit)를 의미하는 것이 아니라, 성령에 의한 세례(the Baptism by the Holy Spirit)를 의미한다. 즉 성령께서 죄인의 마음에 역사하셔서 그의 마음을 감화시키어 예수 그리스도의 품에 안기도록, 씻으시는 세례이다. 이것은 죄인의 마음속에서 벌어지는, 놀랍고 신비스러운 일이다. 이러한 일을 성령 하나님께서 하신다.

이것을 성령의 '거듭남(중생)사역'이라 할 수 있을 것이다. 즉 성령께서 죄인을 예수 그리스도의 몸에 붙여주셔서 그와 하나가 되도록 하신다. 성령께서 죄인을 예수 그리스도에게로 이끌어 그 안에 세례 시키시는(인-sealing 치시는) 것이다. 주님께서는 이 진리를 니고데모에게 자세하게 설명하시며, '물(말씀)과 성령'으로 거듭나지 아니하면 하나님 나라를 볼 수도 없고 그 천국에 들어갈 수도 없다고 말씀하셨다(요 3:3, 5).

그래서 본문 로마서 6장 3~4절은 물세례가 아니라, 성령에 의하여 베푸시는 세례를 뜻한다. 즉 추한 죄로 인하여 더러워진 죄인을 예수 안으로 들어가게 하시기 위하여, 그 마음을 씻는 세례를 통하여 예수와 하나가 되게 하시는 것이다.

이 점에서 고전 12:13의 말씀의 의미가 무엇인지 분명해진다. 즉 인종과 상관없이 성령을 통하여 예수와 함께 하나가 되는, 즉 예수와 연합되는 것이 세례인 것이다. 이는 종교의식으로서의 물세례가 아니라 성령께서 역사하시는 불세례이다.

바울은 로마서 6:5에서 다음과 같이 이 진리를 명백하게 진술하고 있다.

> 만일 우리가 그의 죽으심과 같은 모양으로 연합한 자가 되었으면 또한 그의 부활과 같은 모양으로 연합한 자도 되리라.(롬 6:5)

세례를 통하여 성도는 예수 그리스도의 죽음과 같은 모양으로(본받아) 연합하게 되고 부활과 같은 모양으로(본받아) 연합한 자가 되는 것이다. 그러면 이 진리를 어떻게 이해할 수 있을까? 우리는 주님께서 이미 말씀하신 것을 기억할 수 있다.

> 나는 포도나무요. 너희는 가지라. 그가 내 안에, 내가 그 안에 거하면 사람이 열매를 많이 맺나니 나를 떠나서는 너희가 아무것도 할 수 없음이라.(요 15:5)

세례를 통하여 우리가 예수와 연합하고 하나가 되어 '주님 안에 내가', '내 안에 주께서' 거하시는 놀라운 구원을 누리게 되는 것이다. 이것은 성령에 의한 세례를 통해서만 가능하다. 세례라는 어떤 예식과 행사에 참여하므로 구원을 얻게 되는 절차가 결코 아니다.

바울은 말한다.

> 그가 죽으심은 죄에 대하여 단번에 죽으심이요, 그가 살아 계심은 하나님께
> 대하여 살아 계심이니, 이와 같이 너희도 너희 자신을 죄에 대하여는 죽은 자
> 요, 그리스도 예수 안에서 하나님께 대하여는 살아 있는 자로 여길지어다.(롬
> 6:10~11)

세례를 통하여 성도가 누리게 되는 특권은, 성령의 역사로 예수와 연합하여 지금 예수 안에서 산 자로서 구원을 확신하고 당당하게 살아가는 것이다. 그렇다면, 성령의 역사로 세례를 받은 성도가 현재 누릴 구원은 무엇일까? 바울은 다음과 같이 말한다.

> 너희는 하나님으로부터 나서 그리스도 예수 안에 있고 예수는 하나님으로부
> 터 나와서 우리에게 지혜와 의로움과 거룩함과 구원함이 되셨으니(고전 1:30)

예수 안에 있는 성도가 누릴 구원의 진리는, 의와 지혜 그리고 거룩함과 구원이다. 세례가 단순히 장차 주어질 구원을 바라보도록 하는 것이 아니라, 지금 성령의 세례로서 의와 지혜 그리고 거룩함과 구원함을 누리도록 하는 것이다.

이 진리를 골로새서에서 성도는 "예수 안에서 충만해졌다"라고 밝히고 있다.

> 너희도 그 안에서 충만하여졌으니 그는 모든 통치자와 권세의 머리시라.
> (골 2:10)

세례를 받은 성도는 주님께서 통치하시는 그 나라 백성으로서, 의와 지혜와 거룩함과 구원의 충만을 지금 누리는 것이다. 이것은 성도가 이 세속 세상에서 그 어떤 권력자보다 더 막강한 능력을 가지고, 모든 정사와 권세 위에서 통치하시는 예수 그리스도의 백성으로서 주님과 함께 통치할 수 있는 특권을 갖는 것을 의미한다. 이러한 특권은 장차 주어질 것이 아니라, 현재에 누리게 되고 활용할 수 있는 복된 것이다.

이 놀라운 구원의 진리가 세례에 내포되어 있음을 우리는 기억해야

한다. 여기서 말하는 세례는 물로 시행하는 세례가 아니라, 성령께서 베푸시는 세례이다. 이것은 방언과 은사와 같은 "성령세례"를 뜻하는 것이 아니라, 죄인의 마음속에 역사하셔서 그를 예수 안으로 이끌어 그와 연합하게 하시는 "성령에 의한 세례"를 뜻한다.

이제 성도는 이전의 아담 안에 더 이상 있지 않고, 예수 안에 있는 자가 되어 예수와 함께 세례를 받은 자가 되었다.

> 그러므로 우리가 그의 죽으심과 합하여 세례를 받음으로 그와 함께 장사되었
> 나니 이는 아버지의 영광으로 말미암아 그리스도를 죽은 자 가운데서 살리심
> 과 같이 우리로 또한 새 생명 가운데서 행하게 하려 함이라.(롬 6:4)

성령에 의한 세례는 예수 그리스도께서 교회를 사랑하시고 그 교회를 위하여 자신을 주시는 것과 같다. 사도 바울은 "(주 예수께서) 물로 씻어 말씀으로 깨끗하게 하사 거룩하게 하시고. 자기 앞에 영광스러운 교회로 세우사 티나 주름 잡힌 것이나 이런 것들이 없이 거룩하고 흠이 없게 하셔서(엡 5:26~27)"라고 했다. 주께서 성도를 의와 지혜로 거룩함에 이르게 하셨고, 또 구원을 얻도록 하셨다고 강조하며 남편의 역할을 설명했다. 이것이 성령께서 하시는 사역이며 이를 '예수와 함께 받는 세례'라 부르게 되는 것이다.

결 론

우리는 성령께서 우리 마음속에 역사하시는 세례를 경험했는가? 이 진리를 주께서 니고데모에게 설명하셨다.

> 예수께서 대답하여 이르시되 진실로 진실로 네게 이르노니 사람이 거듭나지
> 아니하면 하나님의 나라를 볼 수 없느니라. 니고데모가 이르되 사람이 늙으
> 면 어떻게 날 수 있사옵나이까 두 번째 모태에 들어갔다가 날 수 있사옵나이
> 까. 예수께서 대답하시되 진실로 진실로 네게 이르노니 사람이 물과 성령으로
> 나지 아니하면 하나님의 나라에 들어갈 수 없느니라. 육으로 난 것은 육이요

영으로 난 것은 영이니, 내가 네게 거듭나야 하겠다 하는 말을 놀랍게 여기지 말라.(요 3:3~7)

성령께서는 지금도 우리 속에 놀랍고 신비스러운 일을 지속해서 시행하신다. 예수와의 연합은 성도가 현재 누리게 되는 특권이다. 성령께서는 예수를 주로 고백하는 누구에게나 예수의 죽으심과 부활하심에 동참시킨다.

이 놀라운 성령의 세례는 바른 신앙의 고백 위에 이루어지는 신비하고 놀라운 역사이다. 누구도 이러한 진리를, 이성적이 아니라고 의심하고 부정할 수 없다. 우리는 이 진리를 이상하게 여기지 말고, 더욱 사모하여 영광스럽고 신비한 구원을 누려야 할 것이다.

이것은 예수와 연합한 자만이 누리는 복이다. 이것은 의와 지혜와 거룩함과 구원함에 이르는 복이다. 이것은 오직 성령의 세례를 통하여만 주어진다. 바라기는 이 진리를 기억하고 사모하며 믿고 끝까지 나아가기를 바란다.

제67강

예수와 연합된 성도

무릇 그리스도 예수와 합하여 세례를 받은 우리는 그의 죽으심과 합하여 세례를 받은 줄을 알지 못하느냐. 그러므로 우리가 그의 죽으심과 합하여 세례를 받음으로 그와 함께 장사되었나니 이는 아버지의 영광으로 말미암아 그리스도를 죽은 자 가운데서 살리심과 같이 우리로 또한 새 생명 가운데서 행하게 하려 함이라(로마서 6:3~4).

"예수 그리스도와의 연합" 교리는 이신 칭의 교리와 함께 바울 신학에 있어서 매우 중요한 개념이기에 좀 더 살펴보려 한다. 오늘날 성도들이 이 귀한 교리에 대하여 확실하게 인식하고 있지 못하기 때문에 심각한 신앙적 혼란을 겪으며 신앙생활을 하는지 모른다.

본문 3~4절에서, 사도 바울은 성도의 신분에 관하여 분명하게 설명한다. 성도는 그리스도와 함께 세례를 받은 자들이라고 규정한다. 이 규정은 장차 일어날 일이 아니고, 현재에 일어나는 일도 아니라 이미 일어난 과거의 일이다. 이 말씀은 주관적으로 경험해야 할 말씀이 아니라 이미 과거에 발생하여 완성된 객관적인 말씀이다. 그러기에 성도는 이 말씀의 정확한 뜻을 감성적으로 풀 것이 아니라, 논리적으로 이성적으로 파악하여 이 말씀의 진리를 분명히 규명해서 알아야 한다.

1. 그리스도와 함께 죽은 연합

바울은 도전적으로 반문(反問)한다. "무릇 그리스도 예수와 합하여 세례를 받은 우리는 그의 죽으심과 합하여 세례를 받은 줄을 알지 못하느냐?(롬 6:3)" 이 질문은 예수의 죽음과 성도와의 관계를 분명히 알 것을 강력하게 요구하는 질타성 질문이다. 사도가 말하는 죽음은 나의 죽음이 아니라 당연히 예수의 죽음이다. 그는 성도가 예수의 죽음과 "합하여 세례를 받음"으로 그 덕을 봤다는 것을 알아야 한다는 것이다. 지난 시간에 여기서의 "합하여"란 의미는 "그 분 안으로(into him)" 들어가는 의미이다.

이 3절은 앞에서 공부한 롬 5:12에 대한 설명이다.

> 그러므로 한 사람으로 말미암아 죄가 세상에 들어오고 죄로 말미암아 사망이 들어왔나니 이와 같이 모든 사람이 죄를 지었으므로 사망이 모든 사람에게 이르렀느니라.(롬 5:12)

아담의 범죄로 인하여 이 세상은 죄악의 곳이 되었고 아담의 범죄에 모든 사람이 동참하여 그와 함께 죄를 지어 사망이 모든 사람에게 이르게 되었다. 아담 안에서 모두가 죄를 지은 것이다. 이같이 예수께서 죽으실 때 모든 성도도 그와 함께 죽었다. 바울은 이를 '그와 합하여 세례를 받았다'라고 표현한다. 예수께서 십자가에서 희생제물 되셔서 죽은 것과 같이 우리도 그와 함께 죽었고 이것은 '그와 함께 세례를 받은 것'이 되는 것이다.

아담과 함께 죄를 범한 우리가 예수와 함께 죽었다. 아담의 범죄가 과거 사건인 것과 같이, 예수의 골고다 언덕 십자가 사건 역시 2천 년 전에 일어났던 과거 사건이다. 그래서 아담 안에서, 모두가 죄를 지은 자가 된 것과 같이, 십자가에서 죽은 예수 안에서 모두가 함께 죽었다. 설령 이 십자가에 대하여 그 어떤 느낌을 느끼지 못한다고 하더라도 확실한 사실은 이 예수 십자가와 죽음이 역사적이고 객관적으로 발생한 분명한 사실(fact)이라는 점이다. 그래서 예수 그리스도와 연합된 성도는 죄에 대하여 죽은 예수와 함께 죽었다는 점을 확실히 알아야 한다.

그러면 이 연합에서 구체적으로 무엇을 알아야 한다는 것인가? 사도는 말한다.

> 이와 같이 너희도 너희 자신을 죄에 대하여는 죽은 자요, 그리스도 예수 안에서 하나님께 대하여는 살아 있는 자로 여길지어다.(롬 6:11)

예수와 연합된 성도가 알아야 할 점은 이 신분이 미래에 이루어질 것도, 지금 애쓸 것도 아니라, 과거에 이미 완성된 신분이라는 사실이다. 그 근거는 이미 예수께서 십자가에서 돌아가셨고, 죄로 인하여 사망의 권세 하에 있는 모두를 성도가 되게 하였다는 점이다. 하나님께서 성령으로 이 사실을 믿도록 역사하셨다. 그래서 우리가 예수를 주로 고백하고 주 안에서 구원받았음을 확신하고 있다.

이것은 예수와 연합하였기에 가능했다. 그러므로 성도는 죄에 대하여 죽은 자이다. 그래서 이런 은혜를 더 하기 위하여 죄를 더 짓는 일은 생각조차 할 수 없는 것이다(6:2). 예수께서 죄에 대하여 죽었고 그때 이미 우리가 죄에 대하여 예수와 함께 모두 죽었다. 이 진리를 고백하는 자는 죄 가운데 있는 자가 아니다. 그런데 이 은혜를 극대화하기 위하여 어떻게 죄를 더 지을 생각을 할 수 있겠는가! 이런 논리는 있을 수 없다.

바울은 이러한 신비한 자신의 변화된 신분에 대하여 다음과 같이 선언했다.

> 내가 그리스도와 함께 십자가에 못 박혔나니 그런즉 이제는 내가 사는 것이 아니요, 오직 내 안에 그리스도께서 사시는 것이라. 이제 내가 육체 가운데 사는 것은 나를 사랑하사 나를 위하여 자기 자신을 버리신 하나님의 아들을 믿는 믿음 안에서 사는 것이라.(갈 2:20)

이 선언은 믿음으로 살아가는 모든 성도가 외쳐야 할 고백이다. 여기에는 그 어떤 영적 체험이 요구되거나 충성과 헌신이 강요되지 않는다. 오직 자신을 향한 하나님의 신비롭고 놀라운 은혜의 역사를 깨닫고 고백할 뿐이다. 우리가 이러한 은혜를 받았음을 모두가 고백할 수 있기를 바란다.

사도는 "그가 죽으심은 죄에 대하여 단번에 죽으심(롬 6:10 a)!"이라고 말한다. 예수께서는 단 한 번의 기회를 놓치지 않으시고 죄와의 관계를 청산하신 것이다. 이 말은 죄를 지으신 적이 없는 주께서 자신의 죄로 인하여 죽은 것이 아니라, 죄에 대하여 또 죄와 연결된 관계에 대하여 죽은 것이다. 이것은 죄와 그리고 죄와 연결된 고리가 단절되었음을 의미한다. 구원자로 오신 주께서, 아담 안에서 죄를 범한 자에게 주어진 죄와 사망, 그리고 율법과 죄와 연결된 결과로 주어진 모든 관계가 종식되었다는 의미이다.

이 점은 매우 중요하다. 예수 그리스도의 죄에 대하여 죽은 것이 죄 자체와 죄의 영역과 세력 그리고 그 통치에 대하여 단번에 끝내는 죽음이었기 때문이다. 그러기에 그와 함께 세례를 받은 자는 이미 예수와 함께 죽은 것이다. 이것은 우리 역시 죄와 사망과의 관계가 단절되었음을 뜻한다. 그래서 우리는 죄와는 상관이 없는 자가 된 것이다.

바울은 이렇게 하나님의 은혜로 이 진리를 믿는 자인 성도의 신분이 어떻게 죄와 죄의 지배력에서 풀려나 그 죄의 세력과 단절되었는지를 논증하고 있다. 이것은 예수와 함께 죄에 대하여 세례를 받은 자에게 주어진 결과이다.

2. 그리스도와 함께 장사된 연합

본문에서 바울은 우리가 "그와 함께 장사 되었다(4절)"고 밝힌다. 장사란 죽은 자를 땅에 묻는 행위이다. 죽지 않은 자를 어떻게 땅에 묻을 수 있는가? 죽음 이전에는 결코 하관(下棺)을 먼저 할 수 없다. 장사를 치르는 것은 망자에 대한 최종 예우이다. 확실하게 죽었음을 확증하는 것이 장사이다. 주께서 십자가에서 돌아가신 것이 분명한 것은 그가 아리마대 요셉의 무덤에 묻혔다는 사실이다. 이것은 예수께서 십자가에서 완전히 숨을 거두신 것이며, 주께서 육체로 계시면서 겪으신 모든 상황이 종식되어 이 세상과의 관계가 완전히 단절되었음을 의미한다.

장례의 마지막 단계는 흙에 시신을 묻는 것으로 끝난다. 이처럼 예수께서 장사 되신 것은 율법 아래 살면서 그 영향을 받고 또 그 율법이 지배하는 죄의 체계와 세력 그리고 그 영향과의 관계가 단절된 것을 의미한다. 장례 절차의 마지막 단계인 하관식까지 다한 후 유족이 집에 와서 하는 일이란 고인의 유품을 다 정리하는 일이다. 이는 고인의 삶을 청산하는 마지막 예우이자 절차다. 이와 같이 예수의 장사됨은 우리 구원을 위하여, 이 세상과 연결된 죄와의 관계가 더 이상 유지되지 못하고 완벽하게 청산되었음을 보여주는 증거이다. 이것은 주님과 함께 연합된 성도 역시 주님의 장사와 함께 죄와 죄의 지배력과 죄의 세력으로부터 완전히 단절된 것을 하나님과 사람 앞에서 선언하는 것이다.

마틴 로이드(M. Lloyd-Jones)는 이 진리를 "죽어서 장사된 자는 이 세상의 체계와 삶에서 완전히 청산된 자가 된 것과 같이, 성도는 예수 그리스도와 연합하여 장사지낸바 된 자로 죄가 왕 노릇하는 그 체계와 힘 그리고 그 지배하는 법칙과 그 권세와의 관계를 확실하게 끊고 관계를 청산한 자가 되는 것이다."라고 말했다.

성도는 죄와 사망과의 관계가 끝난, 예수의 의로 영생에 이르게 되는 특권을 가진 자이다.

이는 죄가 사망 안에서 왕 노릇한 것 같이 은혜도 또한 의로 말미암아 왕 노릇 하여 우리 주 예수 그리스도로 말미암아 영생에 이르게 하려 함이라. (롬 5:21)

3. 그리스도의 부활에 연합

여기에 소망이 있다. 이러한 신분을 가진 성도에게는 놀라운 은혜가 주어진다.

이는 아버지의 영광으로 말미암아 그리스도를 죽은 자 가운데서 살리심과 같이 우리로 또한 새 생명 가운데서 행하게 하려 함이라.(롬 6:4b)

여기에서의 "죽은 자 가운데서 살리심"은 우리가 살아나는 것이 아니라, 예수께서 부활하시는 것을 뜻한다. 이 구절은 우리의 영적 생명이 부활할 것이라든지, 우리 육체가 예수를 믿어 죽은 후 부활할 것을 뜻하지 않는다. 그렇다면 그리스도의 부활이 어떻게 가능한 것일까?

1) 예수 부활의 원인과 동력

모든 성도가 고백하듯이, 예수께서는 무덤에 묻히신 후 사흘 만에 살아나셨다. 바울은 이러한 예수 그리스도의 부활에 대하여 "아버지의 영광으로 말미암아" 발생한 사건이라고 밝히고 있다. 여기에서 말하는 "아버지의 영광(through the glory of father)"이란 "하나님의 능력(the power of God)"을 뜻한다. 복음서 기자는 하나님께서 자신을 다양한 방식으로 당신의 영광을 나타내셨음을 기록하고 있다(요 12:28). 이 말은 하나님의 능력으로 예수를 죽은 자 가운데서 다시 살리신 것을 말한다.

구원의 진리를 믿는 모든 성도는 이 점을 분명하게 인식해야 한다. 그래서 바울은 에베소교회 성도를 위하여 이 점을 기도했던 것이다.

그의 힘의 위력으로 역사하심을 따라 믿는 우리에게 베푸신 능력의 지극히 크심이 어떠한 것을 너희로 알게 하시기를 구하노라.(엡 1:19)

하나님께서는 예수를 죽은 자 가운데서 부활시키시는 놀라운 능력을 발휘하심으로 온 세상에 자신의 영광을 증명하셨다.

2) 예수 부활이 미치는 영향

그러면 이 예수와 연합하여 세례를 받은 우리에게 주님의 부활은 어떠한 영향을 미칠까? 사도들은 이 신비스러운 예수의 부활 사건은 다음과 같은 영향을 나타낸다고 설명한다.

첫째, 죄와 사망의 권세의 완벽한 패배

베드로는 죄와 사망의 권세가 예수를 무덤에 붙잡아 둘 수 없었다고 설명한다.

> 하나님께서 그를 사망의 고통에서 풀어 살리셨으니 이는 그가 사망에 매여 있을 수 없었음이라.(행 2:24)

사도 베드로가 예수의 십자가와 부활에 대하여 설명한 말씀에서, 죄의 지배력은 강력해서 예수를 죽였는데, 놀랍게도 그 죽음의 세력은 예수를 사흘 이상 사망 가운데 묶어 둘 수 없었다. 이로써 주님의 부활은 하나님의 능력으로 죄와 사망의 세력이 패배한 결정적인 증거이다. 그래서 베드로는 이어서 다윗의 시편 16:9~11을 인용하여, "이는 내 영혼을 음부에 버리지 아니하시며 주의 거룩한 자로 썩음을 당하지 않게 하실 것임이로다. 주께서 생명의 길을 내게 보이셨으니 주 앞에서 내게 기쁨이 충만하게 하시리로다." 라고 설교했다(행 2:27).

둘째, 하나님의 완벽한 승리

예수께서 죄와 사망의 세력이 지배하는 죽음에서 부활하심으로 죄의 한계점이 노출되었고, 그 사망의 지배에서 벗어나 부활하심으로 죄와 싸워 승리를 쟁취하셨다. 이것은 하나님께서 작정하시고 이루신 구원 경륜의 성공이며 승리이다.

셋째, 새로운 영역으로의 진출

사도는 "이는 아버지의 영광으로 말미암아 그리스도를 죽은 자 가운데서 살리심과 같이 우리로 또한 새 생명 가운데서 행하게 하려 함이라 (4b)"라고 말한다. 이는 예수께서 부활 후에 새로운 삶을 사신 것과 같이 우리도 새로운 생명으로 새로운 차원의 삶을 살도록 해 주셨다는 것이다. 히브리서 기자는 부활 후에 활동하시는 예수의 새로운 영역에 대하여 말한다.

> 그를 잠시 동안 천사보다 못하게 하시며 영광과 존귀로 관을 씌우시며, 만물을 그 발아래에 복종하게 하셨느니라 하였으니 만물로 그에게 복종하게 하셨은 즉 복종하지 않은 것이 하나도 없어야 하겠으나 지금 우리가 만물이 아직 그에게 복종하고 있는 것을 보지 못하고, 오직 우리가 천사들보다 잠시 동안 못하게 하심을 입은 자 곧 죽음의 고난 받으심으로 말미암아 영광과 존귀로 관을 쓰신 예수를 보니 이를 행하심은 하나님의 은혜로 말미암아 모든 사람을 위하여 죽음을 맛보려 하심이라.(히 2:7~9)

이 말씀에 의하면 육신의 몸을 입으시고 이 땅에 오신 예수는 천사보다 조금 못한 신분으로 이 땅에서 사시며 죽음의 고난을 겪으신 후 영광과 존귀로 관을 쓰셨다. 바울의 말과 같이 주님은 율법의 지배 하에서 여자의 몸을 입으시고 육체로 이 땅에 오셨다.

> 때가 차매 하나님이 그 아들을 보내사 여자에게서 나게 하시고 율법 아래에 나게 하신 것은 율법 아래에 있는 자들을 속량하시고 우리로 아들의 명분을 얻게 하려 하심이라.(갈 4:4~5)

육신으로 오신 주께서는 십자가에서 죽임을 당하시고 사흘 만에 부활하셨다. 이것은 그가 죄 된 세상에 오시고, 율법의 지배를 받으신 관계를 종식하셔서 이제는 그 율법의 시대가 끝나고, 죄의 체계와 세력이 지배하는 때가 종식되고 새로운 영역의 시대 즉 구원의 시대, 하나님의 나라가 시작되었음을 뜻한다. 이는 죽음의 세력이 다시는 예수를 지배하지 못하는 새 시대가 열린 것이다.

> 이는 그리스도께서 죽은 자 가운데서 살아나셨으매 다시 죽지 아니하시고 사
> 망이 다시 그를 주장하지 못할 줄을 앎이로라.(롬 6:9)

넷째, 새 생명의 삶

이것은 또한 우리가 거듭나서 새로운 생명을 얻어 살아가는 자로 살
도록 하셨음을 뜻한다. 즉 부활하신 주님과 연합한 성도는 새로운 생명
을 얻고, 이미 승천하셔서 새로운 영역 속에서 새로운 차원의 삶을 영
위하시는 주님과 함께 영광스러운 삶을 살게 된 것이다.

> 그의 능력이 그리스도 안에서 역사하사 죽은 자들 가운데서 다시 살리시고
> 하늘에서 자기의 오른편에 앉히사, 모든 통치와 권세와 능력과 주권과 이 세
> 상뿐 아니라 오는 세상에 일컫는 모든 이름 위에 뛰어나게 하시고, 또 만물을
> 그의 발아래에 복종하게 하시고 그를 만물 위에 교회의 머리로 삼으셨느니
> 라.(엡 1:20~22)

이것은 예수와 함께 부활에 참여하여 세례를 받은 성도에게 주어진
놀라운 축복이다. 모든 성도에게는 죄의 세력(왕 노릇)에서 벗어나 예수
께서 누리시는 그 영광스러운 나라에서 은혜의 지배(왕 노릇)가운데 들
어가게 되는 특권이 주어진 것이다.

사도 바울은 이렇게 변화된 성도의 신분을 "그가 우리를 흑암의 권
세에서 건져내사 그의 사랑의 아들의 나라로 옮기셨으니(골 1:13)"라고
설명한다. 이는 성도가 스스로 노력해서 쟁취할 미래의 신분이 아니라,
이미 예수 안에서 마련된 복된 신분이다. 그래서 바울은 성도의 소속이
하나님 나라임을 분명히 한 것이다.

> 그러나 우리의 시민권은 하늘에 있는지라. 거기로부터 구원하는 자 곧 주 예
> 수 그리스도를 기다리노니, 그는 만물을 자기에게 복종하게 하실 수 있는 자
> 의 역사로 우리의 낮은 몸을 자기 영광의 몸의 형체와 같이 변하게 하시리
> 라.(빌 3:20~21)

결 론

예수를 믿는 성도는 죄에 대하여 죽은 자들이다. 성도는 예수와 함께 세례 받아 예수와 함께 죽고, 예수와 함께 다시 살아난 자들이다. 성도에게 죄의 세력이 더는 미치지 못하고, 죄의 체계가 적용되지 못하고, 죄의 능력이 좌지우지(左之右之)하지 못하는 특별한 신분을 가지도록 하나님께서 은혜로 역사하셨다. 이제 다시는 죄와는 관계가 없는 자가 되었다. 우리가 이 은혜의 지배 가운데 있다는 점을 분명히 알아야 한다.

이런 일이 어떻게 가능해졌을까? 예수를 죽음에서 다시 살리신 하나님의 강력한 능력이 우리에게도 같이 적용되어 예수와 함께 세례를 받게 하셨기 때문이다. 이는 "하나님의 열심"이 만들어 내신 결과이다. 바울은 이 은혜를 받은 우리에게 격려하며 축복한다.

> 너희 안에서 착한 일을 시작하신 이가 그리스도 예수의 날까지 이루실 줄을
> 우리는 확신하노라.(빌 1:6)

제68강

부활을 본받은 연합

만일 우리가 그의 죽으심과 같은 모양으로 연합한 자가 되었으면 또한 그의 부활과 같은 모양으로 연합한 자도 되리라. 우리가 알거니와 우리의 옛 사람이 예수와 함께 십자가에 못 박힌 것은 죄의 몸이 죽어 다시는 우리가 죄에게 종노릇 하지 아니하려 함이니, 이는 죽은 자가 죄에서 벗어나 의롭다 하심을 얻었음이라(로마서 6:5~7).

한미연합사의 구호가 무엇인지 아는가? "우리 함께 갑시다(we go together)."이다. 요즘 들어 이 구호가 자주 쓰이는 것 같다. 그 배경에는 동맹이 조금씩 이완되기에 그러는 것이 아닌가 싶다. 이 구호를 외치는 사람마다 두 나라는 더욱 굳건하게 뭉치고 성장하여 적을 반드시 물리치자고 강조한다.

바울은 6장의 반 이상을 할애하여 역사적으로 시행된 예수 십자가의 죽음, 장사 그리고 부활에 주를 믿는 자가 믿음으로 참여했다고 말한다. 이 사실은 세례로 시행되었고 이 세례는 구원에 이르는 과정을 담고 있다고 설명한다. 바울은 이 진리의 중요성을 강조하며 이를 반드시 알아야 한다고 도전한다.

무릇 그리스도 예수와 합하여 세례를 받은 우리는 그의 죽으심과 합하여 세례를 받은 줄을 알지 못하느냐. 그러므로 우리가 그의 죽으심과 합하여 세례

를 받음으로 그와 함께 장사되었나니, 이는 아버지의 영광으로 말미암아 그리
스도를 죽은 자 가운데서 살리심과 같이 우리로 또한 새 생명 가운데서 행하
게 하려 함이라.(롬 6:3~4)

5절에서 예수 그리스도의 죽음과 부활이 어떻게 성도와 연결되고,
함께 공유되며, 연합되는 지 설명한다. 이제 이 구절의 의미와 중요성
에 대하여 살피며, 예수 그리스도와의 연합의 핵심적인 진리를 살펴보
려 한다.

1. 살펴야 할 중요한 단어들

본문 5절은 많은 주석가를 혼란스럽게 하는 구절 중에 하나이다. 그
구절의 '예수의 죽음과 부활과 같은 모양으로 연합한 자'란 무슨 의미
일까 라는 것을 논의하고 있다. 여기서 중요한 개념은 "같은 모양"이다.
이것이 과연 무엇을 의미하는가? 5절을 읽어보자,

만일 우리가 그의 죽으심과 같은 모양으로 연합한 자가 되었으면 또한 그의
부활과 같은 모양으로 연합한 자도 되리라.(롬 6:5)

클랜필드(C. Cranfield)는 "만약 세례 안에서 우리가 그의 죽으심에
확증된 자가 된다면 우리는 분명히 도덕적인 삶에 있어서도 그의 부활
가운데서 확증된 자가 될 것이다."라고 말해 도덕적으로 변화된 모습이
라고 풀었다.

보다 확실한 의미를 찾기 위해서는 5절에서 사용된 네 단어를 살펴
보는 것이 의미가 있을 것이다. 그 네 단어는 "만일, 같은 모양, 연합, 되
리라"이다.

1) 만일

5절은 "만일(ei gar, for if)"이란 말로 시작한다. 이 단어는 가정법을 나

타낼 때 사용되는 단어이다. 흔히 이 단어를 사용한 문장은 의심과 의문을 나타낸다. 그런데 앞뒤 문맥의 흐름을 고려하면 이 문장은 의심과 의문의 차원이 아니라, "때문에(because of, for)" 즉 원인과 결과를 강조하는 것임을 알게 된다. 영어 번역본에서는 그 의미를 잘 나타내었다 (NIV). 즉 성도는 주님의 죽음을 본받아 연합한 자가 되었기 때문에, 그의 부활을 본받아 역시 연합한 자가 되었다는 것이다. 바울은 우리가 주님의 죽음, 장사, 그리고 부활을 의심해서가 아니라, 그의 죽음과 장사 그리고 부활이 성도에게 미칠 영향과 결과가 중요하기에 반드시 알아야 한다는 것이다.

2) 같은 모양

다음은 "같은 모양으로"이다. 개역 성경에서는 "본받아"로 번역되어 있다. 여기서 "같은 모양(homoiwmati, likeness)"이란 '닮은꼴'이란 뜻이다. 즉 성도는 주의 죽은 모양 그리고 부활과 같은 모양이라는 의미이다.

그런데 '같다'라고 하지 않고 '같은 모양'이라고 한 것은 왜일까? 무슨 의도가 있는 표현같이 보인다. 이것은 예수님과 사람을 구분 지어 설명하는 의도에서 고려된 표현이다. 다시 말하면, 예수님은 우리와 같은 모양으로 이 땅에 오신 인간이지만, 100% 같지는 않다는 것을 나타내는 표현이다. 이것은 예수 그리스도의 죽음과 장사 그리고 부활은 인간의 죽음과 장사 그리고 부활과는 같지 않고 다르다는 것을 뜻한다. 이러한 예는 히브리서에서도 나타난다.

모든 일에 우리와 똑같이 시험을 받으신 이로되 죄는 없으시니라.(히 4:15b)

또 사도 바울은 롬8:3에서 하나님께서 아들 예수를 이 땅에 보내실 때 '육신으로 보내신' 것이 아니라, '육신의 모양으로 보내셨다'고 강조한다. 이는 예수에게 실제로 발생한 죽음과 부활은 우리에게는 영적으로 일어난 사건이 된다는 점을 강조한 것이다.

> 율법이 육신으로 말미암아 연약하여서 할 수 없는 그것을 하나님은 하시나니
> 곧 죄로 말미암아 자기 아들을 죄 있는 육신의 모양으로 보내어 육신에 죄를
> 정하사(롬 8:3)

이 말씀은 인간이 못하는 것을 육신의 모양으로 오신 예수께서 해결하셨음을 강조한다. 5절은 주를 고백하는 자에겐 그와 함께 죽고, 그와 함께 살아나는 '영적 차원(spiritual dimension)'의 표현이지, 문자대로 죽고 살아나는 것이 아님을 분명히 하고 있다. 이 점을 깨닫지 못해서 '말씀대로 당장 부활할 것'을 믿기에 장례 치르지 않겠다고 억지 부리는 광신도들을 볼 때 안타깝고 어처구니가 없다.

여기에서 핵심은 성도란 주님과 영적으로 연결된 관계이기에 그의 죽음과 부활을 믿는 자는 지대한 영향을 받는다는 것이다. 이러한 논법은 비록 모든 사람이 아담의 죄에 가담하여 그와 함께 죄를 짓지 않았지만, 아담 안에서 함께 죄를 지은 것과 같이, 주를 믿는 자는 주 안에서 주님과 함께 죽고, 함께 부활한다는 논리이다. 그래서 예수 그리스도의 죽음과 그의 부활과 같은 모양으로(본받아) 나타난 결과와 그 혜택을 성도와 함께 공유한다고 바울은 주장한다.

3) 연합하다

"연합하다(*sunputoi*, planted)"의 의미는 "접붙이다(ingraft). 함께 자라다(grow together)"이다. 이를 보다 정확하게 이해하기 위해서는 주께서 말씀하신 포도나무 비유를 살펴보아야 한다.

> 내 안에 거하라 나도 너희 안에 거하리라 가지가 포도나무에 붙어 있지 아니
> 하면 스스로 열매를 맺을 수 없음 같이 너희도 내 안에 있지 아니하면 그러
> 하리라. 나는 포도나무요 너희는 가지라 그가 내 안에, 내가 그 안에 거하면
> 사람이 열매를 많이 맺나니 나를 떠나서는 너희가 아무것도 할 수 없음이라.
> (요 15:4~5)

주께서는 포도나무 가지와 줄기가 서로 "붙어 있음" 즉 연합 개념을 말씀하셨다. 줄기는 가지와 붙어 있을 때만 성장하고 열매를 맺을 수 있음을 강조하셨다.

이것은 주님과 제자 즉 주님과 성도와의 연합을 의미한다. 즉 가지가 접붙여져 연합되면 본줄기와 같은 성질의 가지가 되어, 자라고 아름다운 열매를 맺을 수 있다. 이와 같이 성도는 반드시 주님과 접붙임을 당해야만 한다는 점을 강조하신 것이다.

4) 되리라

마지막으로, "되리라(esometha, we shall be)"는 장차 이루어질 것을 나타내는 be 동사의 미래시제이다. 그런데 4절에서 이어지는 문맥을 볼 때, 미래가 아닌 현재를 말하고 있다고 보인다. 바울은 "~~이는 아버지의 영광으로 말미암아 그리스도를 죽은 자 가운데서 살리심과 같이 우리로 또한 새 생명 가운데서 행하게 하려 함이라"고 하여, 미래가 아닌, 즉 영화의 상태가 아닌 새 생명으로 행하는 현재의 삶 즉 성화의 상태를 말하고 있다.

이 해석이 옳다고 판단되는 것은 11절에서도 이 점을 말하기 때문이다.

> 이와 같이 너희도 너희 자신을 죄에 대하여는 죽은 자요, 그리스도 예수 안에서 하나님께 대하여는 살아 있는 자로 여길지어다.(롬 6:11)

성도가 중요하게 여겨야 할 것(count)은, 새 생명 가운데 행하는 것은 장차 완성될 삶이 아니라, 지금 예수 안에서 살아 있는 자로 생각하라는 것이다. 이는 예수께서 돌아가신 모양과 같이(본받아) 죄에 대하여 죽은 자로 여기고, 예수께서 다시 살아나신 모양과 같이(본받아) 죽은 가운데 다시 살아난 자로 여기고(판단하고) 살라는 것이다.

결국, 바울이 말하는 "그의 부활의 모양대로"란 새 생명을 의미하며,

이것은 우리가 예수와 함께 죽이고 예수와 함께 다시 살아난 새 생명을 가진 존재가 되었다고 판단하고 살라는 것이다. 이는 예수의 죽음과 사망과 같은 모양으로 죄와 사망의 영역에 빠졌던 우리가 예수 부활의 모양으로 새 생명의 영역 즉 구원의 영역으로 옮겼음을 확신하라는 권고이다. 이러한 인식은 성도가 예수와 함께(with Christ Jesus) 변화된 새 생명을 가진 자임을 아는, 근본적 변환을 의미한다. 우리가 이런 변환적 사고(paradigm shift)를 하며 신앙생활을 하고 있는지를 스스로 반문해 봐야 할 것이다.

2. 죄에 대한 변경된 인식

성도는 변화된 차원에서 죄의 문제를 인식하고 다뤄야 한다. 그 이유는 부활하신 예수 그리스도와 연합된 자에게는 죄에 대한 관계 역시 변경된 것이기 때문이다. 이러한 인식은 예수와 연합된 자가 갖게 되는 당연한 변화이다. 10절에서 이 점을 분명히 보여준다.

> 그가 죽으심은 죄에 대하여 단번에 죽으심이요. 그가 살아 계심은 하나님께
> 대하여 살아 계심이니(롬 6:10)

예수의 십자가 사건은 죄에 대한 단 한 번(once for all)의 처형된 사건이었다. 그로 인하여 인간의 모든 죄가 일시에 해결되었다. 예수께서 "단번에 죽으심"으로 인간의 죄의 문제가 청산된 것이다. 또한 이를 믿는 모두에게도 죄의 문제가 함께 청산된 것이다. 그 이유는 모두가 주와 연합되었기 때문이다. 그런데 이 대속의 진리는 과거에 머무르지만 않는다.

히브리서 기자는 말한다.

> 이와 같이 그리스도도 많은 사람의 죄를 담당하시려고 단번에 드리신바 되셨
> 고 구원에 이르게 하기 위하여 죄와 상관없이 자기를 바라는 자들에게 두 번

째 나타나시리라.(히 9:28)

주께서 지신 십자가 희생은 인간의 죄와 죄책의 문제를 완전히 해결하신 대속 사역이다. 또한 이 희생은 장차 완성될 구원의 최종단계에 이를 때까지 계속 영향을 미친다. 그래서 이 예수 그리스도의 대속의 진리를 믿어 고백하는 자는 죄 문제로 더 이상 괴로워할 필요가 없게 되었다. 성도는 비록 죽지 않고 현재를 신음하며 살지만 예수 안에서 누리는 부활의 확신으로 미래에 주어진 그 영광스러운 소망으로 살아간다. 이것이 성도가 이 세상을 살아가는 구원받은 삶의 모습이다. 사도 바울은 이러한 성도의 현재의 삶의 모습을 감동적으로 고백하며 소망했다.

그러나 우리의 시민권은 하늘에 있는지라. 거기로부터 구원하는 자 곧 주 예수 그리스도를 기다리노니, 그는 만물을 자기에게 복종하게 하실 수 있는 자의 역사로 우리의 낮은 몸을 자기 영광의 몸의 형체와 같이 변하게 하시리라. (빌 3:20~21)

우리 주께서 이미 인간의 낮은 몸 즉 죄 된 육체의 모습을 다 겪으셨기에, 주님이 부활 승천하셨을 때 확보하신 그 영광의 몸과 같은 모양으로 우리 모두를 변화시켜 주실 것이다. 이것이 영화(glorification)이다. 그래서 예수 그리스도의 죽음과 부활을 본받아, 같은 모양으로 연합된 자는 이제 영적으로 변화되어 주님의 완전한 모양과 같이 완벽한 구원에 이르게 될 것이다. 그래서 지금도 우리 주께서는 당신의 몸 된 교회, 즉 성도 모두를 티나 주름 잡힌 것이 없이, 흠이 없는 거룩하고 아름다운 영광스러운 지체로 만들어 가신다(엡 5:26~27).

바울은 그의 믿음의 아들 디모데에게 이 점을 가르치며 그를 격려했다. 이 구절은 복음을 전하는 모든 사역자가 깊이 마음에 담고 사역해야 할 말씀이 아닐 수 없다.

내가 전한 복음대로 다윗의 씨로 죽은 자 가운데서 다시 살아나신 예수 그리스도를 기억하라.(딤후 2:8)

우리는 모두 이러한 예수 그리스도의 죽음과 부활로 주어진 은혜의 지배 아래에 있는 자임을 깊이 인식해야 한다. 이 은혜의 통치 아래서 담대하고 적극적으로 말씀과 기도로 죄와 싸워 승리해야 할 것이다. 이 영적 전쟁은 결코 패배할 수 없는 승리의 전쟁이다. 성도는 이를 잊지 말고 담대하게 세상을 살아가야 한다.

> 우리의 씨름은 혈과 육을 상대하는 것이 아니요, 통치자들과 권세들과 이 어둠의 세상 주관자들과 하늘에 있는 악의 영들을 상대함이라. 그러므로 하나님의 전신 갑주를 취하라 이는 악한 날에 너희가 능히 대적하고 모든 일을 행한 후에 서기 위함이라.(엡 6:12~13)

이 전쟁은 이미 주께서 승리하신 전쟁이다. 이 승리하신 예수에 대하여 히브리서 기자는 "오직 우리가 천사들보다 잠시 동안 못하게 하심을 입은 자 곧 죽음의 고난 받으심으로 말미암아 영광과 존귀로 관을 쓰신 예수를 보니 이를 행하심은 하나님의 은혜로 말미암아 모든 사람을 위하여 죽음을 맛보려 하심이라. 그러므로 만물이 그를 위하고 또한 그로 말미암은 이가 많은 아들들을 이끌어 영광에 들어가게 하시는 일에 그들의 구원의 창시자를 고난을 통하여 온전하게 하심이 합당하도다(히 2:9~10)."라고 설명하고 있다.

예수께서 행하신 모든 구속 사역은, 죄의 지배에 빠져 죽음 가운데 살아가는 우리를 부활에 참여시켜 새 생명을 주시고, 그 은혜 속에 살도록 해 주셨다. 이렇게 성도란 예수와 함께 죽고, 예수와 함께 부활하여 획득된 영광스러운 신분을 소유한 자이고, 성경은 이것을 분명히 전하는 구원의 복음이다.

3. 알아야 할 진리

바울은 이 점을 분명하게 알아야 한다고 강조한다.

우리가 알거니와 우리의 옛사람이 예수와 함께 십자가에 못 박힌 것은 죄의

> 몸이 죽어 다시는 우리가 죄에게 종노릇하지 아니하려 함이니, 이는 죽은 자
> 가 죄에서 벗어나 의롭다 하심을 얻었음이라.(롬 6:6~7)

여기서 바울이 말하는 "안다(ginoskow, to know)"는 사람이 체험하여 얻게 되는 지식이 아니라(C. Hodge, 박윤선), 믿어 얻게 되는 지식으로 봐야 한다. 이 지식은 예수께서 하신 대속 사역으로 인하여 깨닫게 된 지식이다. 이는 경험하여 얻는 지식이 아닌, 믿음으로 받아드려 알게 되는 영적 지식이다. 즉 예수 십자가 사역을 믿는 자에게 주어지는 혜택 즉 사죄의 진리이다. 그래서 이 지식이 담고 있는 구체적 내용은 세 가지로 생각해 볼 수 있다.

첫째, 옛사람은 예수 십자가와 함께 못 박힌 존재라는 사실이다.

여기서 말하는 옛사람은 흔히 말하는 육체적인 죄의 본성, 중생하기 이전의 윤리적으로 타락한 모습, 정욕대로 살아가는 모습이 아니다. 문맥으로 볼 때, 바울이 말하는 옛사람은 아담 안에서 그와 함께 죄를 지은 옛사람을 말한다. 이 사람은 아담 안에 있던 옛사람이었으나 예수와 함께 십자가에서 못 박혀 죽은 자이다. 그래서 그는 더 이상 아담 안에 있지 않고 예수 안에서 주와 한 몸 된 새사람이다(마틴 로이드 존스). 그래서 바울은 이 점을 반드시 알고 살아야 한다고 강조한다.

> 그가 죽으심은 죄에 대하여 단번에 죽으심이요, 그가 살아 계심은 하나님께
> 대하여 살아 계심이니 이와 같이 너희도 너희 자신을 죄에 대하여는 죽은 자
> 요, 그리스도 예수 안에서 하나님께 대하여는 살아 있는 자로 여길지어다.(롬
> 6:10~11)

둘째, 옛사람은 벗어야 한다.

만일 예수와 함께 죽은 자임을 안다면, 더 이상 죄 가운데 머물러 있을 수 없다. 구원받은 자라면 그 은혜 가운데 지내며 죄를 멀리하고 성령의 지배를 받는 자가 되어야 한다.

그리스도 예수의 사람들은 육체와 함께 그 정욕과 탐심을 십자가에 못 박았
느니라. 만일 우리가 성령으로 살면 또한 성령으로 행할지니(갈 5:24~25)

그 성령의 삶의 모습은 "오직 성령의 열매는 사랑과 희락과 화평과 오래 참음
과 자비와 양선과 충성과 온유와 절제"이다(갈 5:22).

셋째, 새 생명을 소유한 자임을 잊지 말아야 한다.

하나님께서는 바울을 통하여 이 놀라운 구원의 비밀을 알려 주셨다.
그것은 세례를 통하여 주신 놀랍고 신비한 구원의 진리이다. 이것은 예
수와의 연합을 통하여 주어지는 세례의 비밀이 담겨있는 진리이다.

성도는 이 진리를 알아듣기 어렵고 이해되지 않는다 하더라도 이것
이 구원의 진리로 주어진 것임을 인정하고 받아들여야 한다. 사도 바울
은 아브라함과 사라의 예를 들어 이 구원의 진리를 받아드린 자에게 주
어진 복된 사례를 이미 보여주었다.

아브라함이 바랄 수 없는 중에 바라고 믿었으니 이는 네 후손이 이 같으리라
하신 말씀대로 많은 민족의 조상이 되게 하려 하심이라. 그가 백세나 되어 자
기 몸이 죽은 것 같고 사라의 태가 죽은 것 같음을 알고도 믿음이 약하여지지
아니하고, 믿음이 없어 하나님의 약속을 의심하지 않고 믿음으로 견고하여져
서 하나님께 영광을 돌리며, 약속하신 그것을 또한 능히 이루실 줄을 확신하
였으니, 그러므로 그것이 그에게 의로 여겨졌느니라.(롬 4:18~22)

결 론

우리는 모두 성령의 역사로 아담 안에서부터 예수 안으로 옮겨졌고
그와 연합하여 함께 하나님 앞으로 나가는 자가 되었다. 이것이 우리에
게 주신 복이 아니고 무엇인가! 예수와 함께 죽고, 예수와 함께 부활한
우리는 예수와 같은 모양으로 변화된 삶을 살도록 성령께서 역사하시
는 것을 믿어야 한다. 마치 아브라함을 비롯한 믿음의 선진들이 그랬던

것과 같이 말이다.

이러므로 우리에게 구름 같이 둘러싼 허다한 증인들이 있으니 모든 무거운
것과 얽매이기 쉬운 죄를 벗어 버리고 인내로써 우리 앞에 당한 경주를 하며
믿음의 주요 또 온전하게 하시는 이인 예수를 바라보자.(히 12:1~2a)

이미 주께서는 우리와 세상 끝날 까지 함께 계시겠다고 약속하셨고
(마 28:20; 요 14:16), 이미 승리를 보장해 주셨기에 우리는 이 죄악된 세
상에서 이 믿음으로 싸워 승리하여야 한다.

이것을 너희에게 이르는 것은 너희로 내 안에서 평안을 누리게 하려 함이라
세상에서는 너희가 환난을 당하나 담대하라. 내가 세상을 이기었노라.(요 16:33)

제69강

죄로부터의 자유

우리가 알거니와 우리의 옛사람이 예수와 함께 십자가에 못 박힌 것은 죄의 몸이 죽어 다시는 우리가 죄에게 종노릇 하지 아니하려 함이니 이는 죽은 자가 죄에서 벗어나 의롭다 하심을 얻었음이라(로마서 6:6~7).

인간에게 자유가 얼마나 중요한가? 탈북민이 이구동성으로 하는 말이 자유롭게 살고 싶어 목숨 걸고 탈북했다고 한다. 어떤 분은 3~4번씩 북송되었지만 결국 자유를 찾아 왔다고 울면서 고백하는 이도 있었다. 분명히 자유는 모두에게 가장 소중한 가치임에 틀림없다.

예수께서는 죄가 왕 노릇 하여 죽음의 두려움 속에 살아가는 비참한 우리를 죄악의 세력에서 벗어나 자유를 누리도록 구원해 주셨다. 성도는 죄의 지배에서 벗어나 자유를 누리게 되었다. 주님은 한평생 짊어지고 가야 할 죄의 멍에를 벗겨주셨다. 이렇게 예수 그리스도의 구속의 은혜를 받은 성도에게는 죄의 지배에서 벗어나 자유롭게 살아갈 수 있는 특권 즉 은혜가 주어졌다. 바울은 "그리스도께서 우리를 자유롭게 하려고 자유를 주셨기에 굳건하게 서서 다시는 종의 멍에를 메지 말라(갈 5:1)"고 명한다.

흔히, 성도는 과거의 죄, 현재의 죄, 그리고 미래의 죄까지 다 해결을 받아 더는 죄를 지을 수 없다고 말한다. 이러한 말을 할 수 있는 것은

"죄가 너희를 주장하지 못하리니 이는 너희가 법 아래에 있지 아니하고 은혜 아래에 있기 때문(롬 6:14)"이라고 말씀하기 때문이다. 바울은 본문 6절에서, 우리는 예수와 함께 십자가에서 죽고 예수와 함께 부활한 자가 되었다고 주장한다. 이때, 예수와 함께 십자가에서 죽은 것은 "죄의 몸"이 죽은 것이다. 이것은 우리가 다시는 죄의 지배를 받지 못하게 하려 십자가에서 희생하신 주님의 은혜요, 사랑이다. 그렇다면 과연 죄에서 벗어나 자유를 얻게 된다는 말은 어떤 의미일까? 이제 죄의 지배를 벗어나 "죄로부터 자유를 얻음"에 대하여 살피려 한다. 죄로부터의 자유란 어떤 의미일까?

1. 옛사람과 죄의 몸

사도 바울은 "우리가 알거니와 우리의 옛사람이 예수와 함께 십자가에 못 박힌 것은 죄의 몸이 죽어 다시는 우리가 죄에게 종노릇하지 아니하려 함이니(롬 6:6)," 라고 말한다. 이 구절에서 "예수와 함께 십자가에 못 박힌 옛사람"은 "죄의 몸이 죽은 것"이며 그 결과 다시는 죄의 종이 되지 않는다는 것이다.

그런데 이렇게 옛사람과 죄의 몸을 따로 구분한 이유가 있을까? 바울이 굳이 옛사람이란 말을 죄의 몸이라고 부언한 이유가 어디에 있을까? 그리고 그가 말하는 옛사람과 죄의 몸은 같은 것일까?

1) 몸에 대한 이해

먼저 몸에 대한 성경의 용례에 대하여 살펴볼 필요가 있다. 하나님께서 창조하신 아담은 선을 행할 수도 있었고 악을 행할 수도 있었다. 그래서 그의 몸을 일방적으로 선하다거나, 혹은 악하다고 말할 수 없다. 몸 자체는 선하다거나 악하다고 할 수 없는 중립적인 개념이다. 이는 몸 자체가 악한 몸이 아니란 의미다.

영지주의(Gnosticism)에서는 육체는 악하고 영은 선하다는 이원론으로 설명한다. 그런데, 인간의 욕망 즉 식욕, 성욕, 등을 악한 것이라 할 수 있겠는가? 문제는 우리 몸의 본성이 죄의 지배하에 놓여 있다는 점이다. 인간의 본성이 죄의 지배하에 있게 된 기원은 아담의 타락 순간부터다.

초대교회 교부인 어거스틴(St. Augustine)은 "타락 전 아담(prelapsarin Adam)은 '죄를 지을 수도 있고 죄를 짓지 않을 수도 있는(*posse peccare et posse non peccare*, able to sin or unable to sin)'상태였다. 그러나 그가 스스로 죄를 지었기 때문에 그의 몸이 죄의 세력 아래 놓였다."라고 주장했다. 그 결과 인간은 죄의 유혹을 받고, 죄에 이용당하고, 죄에 복종하는 죄의 종이 되어 죄를 짓게 된 것이다. 이것이 아담이 인류에게 물려준 "원죄(*peccatum originale*, origin sin)"라고 그는 설명한다.

6절에서 "죄의 몸"이라 할 때, 몸을 수식하는 죄를 말한 것은 "몸이 엄청나게 많은 죄를 지어 형성되는 죄들의 집합체"라는 차원에서 "죄의 몸"이라고 쓴 것으로 봐야 한다. 몸체 즉 죄가 큰 덩어리를 이뤄 어떤 유기체적인 생명력이 있는 몸이라는 것이다. 그래서 옛사람 즉 죄의 몸체가 예수께서 십자가에서 돌아가실 때 함께 그 몸체도 죽었다는 것이다. 그 결과 그 몸체가 죽어서 그의 막강한 힘이 소멸되고 무능해져 더 이상 영향력을 발휘하지 못하는 상황이 되었다는 것이다.

2) 옛사람의 죽음

그러면 "옛사람의 죽음"은 무슨 의미일까? 흔히 여기서 말하는 "옛사람"은 예수를 믿기 전의 옛 성품 즉 세상에서 죄를 지으며 살아온 악한 성품을 지녔던 자를 말한다고 주장하는 이들이 많이 있다. 이들은 "옛사람이 십자가에 못 박혔다"는 것은 그 옛날의 성품이 예수를 믿어 죽고, 다시는 죄를 짓지 않게 되었다는 말이라고 주장한다. 그런데 과연 이 설명이 맞을까? 우리는 예수를 믿은 후 죄를 짓지 않는가? 사실 지금도 여전히 죄를 지으며 살고 있지 않은가? 예수를 믿으면서도 말이다.

이 옛사람은 누굴까? 앞에서 살펴본 대로, 모든 사람은 아담과 함께 죄를 지었다. 아담의 범죄 때에 그와 함께 범죄에 참여했다. 그 결과 모든 사람은 죄의 세력 아래 놓여, 죄를 지으며 살다가 죄의 대가로 죽었다. 이 관점에서 볼 때 여기서 말하는 "옛사람"이란 예수를 믿기 전의 죄를 지으며 살던 사람이 아니라, 아담의 범죄 당시 그와 함께 죄를 지은 자를 지칭하는 말이라 하겠다.

3) 죄의 몸의 죽음

그러면 바울이 말하는 "죄의 몸(*soma tes hamartias*, the body of sin)"은 어떤 몸일까? 이것은 아담과 함께 지은 죄의 세력 아래에 놓인 몸을 말한다. 죄의 몸이 죽는다는 말은 아담과 함께 죄를 지어, 그 죄와 연결된 사슬로부터 죽어 살던 상황에서 풀려나는 것으로 봐야 한다. 이러한 이해가 옳은 것은 앞에서 말씀드린 대로, 몸은 그 자체로 윤리적으로 악하지 않기 때문이다. 문제는 이 무죄한 몸이 죄의 세력 아래에 놓여 그 죄의 지배를 받아, 죄를 짓는 '죄의 몸'이 된다는 것이다.

죄의 몸이 죽는다는 것은 이 몸이 예수 그리스도의 십자가에서 함께 죽음으로 완전히 소멸되었다는 것이다. 그 결과 사람은 아담의 죄 아래 지배받던 위치에서 벗어나 하나님의 은혜로우신 십자가의 은혜의 지배하에 들어가 죽음의 권세로부터 해방을 얻은 것이다. 죄의 지배하는 그 세력이 완전히 소멸되었다는 것이다. 그래서 예수를 믿는 성도는 "죄로부터 자유"를 누리게 되는 것이다. 이 진리를 6절의 말씀이 강조하고 있다.

2. 예수의 몸과 우리의 몸

예수 십자가 죽음에 함께 참여하여 죽은 우리 몸은, 우리의 죄의 몸이 죽은 것이며 다시는 죄의 종노릇하지 않게 되었다. 그렇다면, 예수의 몸과 우리의 몸과는 어떤 차이가 있는 것일까?

1) 예수의 몸

예수께서 마리아의 몸을 빌려 이 땅에 육신의 몸으로 오신 역사적 사실을 살펴보자.

> 천사가 이르되 마리아여 무서워하지 말라 네가 하나님께 은혜를 입었느니라. 보라. 네가 잉태하여 아들을 낳으리니 그 이름을 예수라 하라. 그가 큰 자가 되고 지극히 높으신 이의 아들이라 일컬어질 것이요, 주 하나님께서 그 조상 다윗의 왕위를 그에게 주시리니, 영원히 야곱의 집을 왕으로 다스리실 것이며 그 나라가 무궁하리라. 마리아가 천사에게 말하되 나는 남자를 알지 못하니 어찌 이 일이 있으리이까. 천사가 대답하여 이르되 성령이 네게 임하시고 지극히 높으신 이의 능력이 너를 덮으시리니, 이러므로 나실 바 거룩한 이는 하나님의 아들이라 일컬어지리라.(눅 1:31~35)

가브리엘 천사가 마리아에게 알린 수태고지는 남자를 알지 못하는 한 처녀의 몸에 예수께서 인간의 몸을 입고 오실 것이라는 것이었다. 아기 예수의 탄생은 죄 가운데 출생하는 모든 인간의 탄생 방식에서 벗어난 것이었으며, 놀랍고 신비스럽게도 죄와 접촉되지 않는 방식의 출생이었다. 그런데 예수님은 죄를 짓지 않았음에도 죄인으로 십자가에서 죽었다. 이사야 선지자는 이를 "산 자의 땅에서 끊어지는 것이라"고 예언했다(사 53:8).

히브리서 기자는 비록 예수는 육체로 사셨으나, 죄는 없으신 하나님의 아들이라고 말한다.

> 모든 일에 우리와 똑같이 시험을 받으신 이로되 죄는 없으시니라.(히 4:15b)

이러한 예수의 무죄성은 마귀가 그를 유혹하며 세 번이나 시험했으나 실패한데서 잘 증명된다(마 4:1~11). 예수님은 육체로 사셨으나 죄를 짓지 않으셨다. 이 말은 인간에게 작동하는 본성이 절제되고, 균형이 있게 작동했다는 의미이다. 예수님은 죄를 짓지 않았지만, 사람과 같은 인생을 33년 반이나 사시다가, 그 몸이 죄인 취급받으며 십자가에서 처참하게 돌아가셨다.

2) 우리의 몸

한편, 우리의 몸은 어떤가? 우리는 다윗의 고백에서 찾아볼 수 있다. 다윗은 자신이 죄 중에 출생한, 철저한 죄인임을 인식하고 하나님 앞에 고백하며 사죄를 구했다.

> 내가 죄악 중에서 출생하였음이여 어머니가 죄 중에서 나를 잉태하였나이다.(시 51:5)

우리 몸은 죄의 지배 가운데 출생 때부터 죄의 세력에 굴복하여 이 땅에 온다. 예외가 있을 수 없다. 이 사실이 말해 주는 것은 우리의 몸 자체가 죄스럽다는 것이 아니라, 우리의 몸이 죄의 세력 아래서 시작되고 유지된다는 의미다.

성경은 이렇게 예수의 몸과 우리의 몸은 근본적인 차이가 있음을 말한다. 주님은 우리와 같이 죄의 유혹을 받았으나 넘어가지 않으셨다. 그러나 우리는 여전히 죄 가운데서, 죄의 유혹을 받고 그 영향으로 죄를 계속하여 짓고 있다.

말씀드린 대로, 몸 자체는 죄가 없고 자연적인 본능 역시 죄 될 것이 없다. 사람들이 이러한 인간의 본능이 악하다고 해서 식욕, 물욕, 정욕, 각종 욕망을 악으로 몰았던 적이 있었다. 그래서 거세를 하고, 처녀를 악귀라고 몰아서 처형한 경우들도 많았다.

그러나 인간의 자연본능은 악한 것이 아니다. 문제는 절제하지 못하고 과도하게 추구하여 실행에 옮길 때, 그것이 죄가 되고 악이 되는 것이다. 몸은 본질에서 악하거나 몸 안에 죄가 있는 것이 아니다. 도리어 죄의 세력이 여전히 영향을 미쳐 성도에게도 죄를 짓도록 한다는데 문제가 있다. 이것을 잘 구분해야 한다.

6절에서 옛사람이 예수 십자가에서 함께 죽은 것은 이러한 죄의 세력 아래에 있는 몸이 죽은 것으로 그 목적은 다시는 죄의 몸에 지배받지 못하도록 하기 위함이라는 것이다. 이러한 지배력은 예수를 믿는 자에게도 여전히 영향을 미쳐 그들도 여전히 죄를 지으며 살아가게 된다.

이 말씀이 말하고자 하는 점은 옛사람의 죽음이란 죄의 세력 가운데 놓여 죄와 사망의 굴레에서 벗어나지 못하는 죄의 몸이 십자가에서 죽었다는 것이다. 그 결과 죄의 세력은 죽었다는 것이다. 그 죄의 세력은 사망했고 장사지낸바 되었다. 예수와 함께! 이는 윤리와 도덕적인 몸이 죽은 것이 아니라, 죄의 세력이 죽어 죄가 무능력해지고 소멸되었음을 뜻한다.

3. 구원의 목표를 향한 자유

이 대목에서 우리는 놀라운 구원의 의지를 보게 된다. 인간은 비록 죄 가운데 출생하고 죄와 더불어 살지만, 이렇게 죄를 지은 옛사람이 예수의 십자가에서 그와 함께 죽었으므로 우리에게 죄를 짓도록 하는 몸이 죽었다. 죄인의 몸이 죽은 결과, 죄를 짓게 하는 그 죄의 세력이 종식되고 소멸되었다.

로이드 존스(Martin Lloyd-Jones)는 6절을 "우리가 알거니와 우리 옛사람, 우리 옛 인간이 예수와 함께 십자가에 못 박혔나니 이는 우리를 붙잡고 있는 죄, 몸 안까지 들어와 있는 죄를 소멸하여 무력하게 하고 꼼작 못하게 하려 함이라." 라고 읽었다.

구원은 죄의 지배를 받아 나타나는 우리의 악한 모습이 우리에게서 완전히 떠나게 하는 것이다. 죄의 몸이 죽는 것은, 예수의 십자가에서 옛사람 즉 아담의 범죄에 참여하여 함께 죄를 지은 우리의 옛사람이 죽은 것이다. 타락 전 아담은 자기의 본성대로 자연적이고 정상적으로 하나님의 거룩하심을 드러내는 삶을 살았지만, 타락한 이후의 그의 삶의 모습은 부자연스럽고, 균형을 잃어버린 것이었다. 하나님의 형상을 가진 존재였지만, 허망한 생각을 하여 통제기능을 상실한 모습으로 사망의 지배 속에 죽었다. 그 후 이러한 죄의 지배력이 모든 사람에게 영향을 미쳐 모든 사람이 죄를 짓고, 죽음에 이르게 되어 모든 사람이 죽는다.

예수 안에서 죄의 몸이 죽음으로, 죄가 다시는 영향력을 발휘하지 못하게 되어 죄와 죽음으로부터 인간은 구원을 얻게 되었다. 이 구원은 죄로부터의 해방이며 그 결과로 자유가 주어진 것이다. 이것은 예수께서 십자가에서 죽으심으로 주어진 자유이다. 이것이 복음이며 이것은 십자가로 인하여 주어진 가장 귀한 자유이다. 이를 위하여 우리 주께서 이 땅에 죄인의 모습으로 오셨다. 그리고 말씀하셨다.

> 주의 성령이 내게 임하셨으니 이는 가난한 자에게 복음을 전하게 하시려고 내게 기름을 부으시고 나를 보내사 포로 된 자에게 자유를, 눈먼 자에게 다시 보게 함을 전파하며 눌린 자를 자유롭게 하고(눅 4:18)

> 진리를 알지니 진리가 너희를 자유롭게 하리라.(요 8:32)

사도 바울은 이 자유가 바로 예수 그리스도에게서 이루신 대속의 진리라고 강조한다(고후 3│17; 갈 5:1). 이렇게 십자가의 복음을 전달해 주시고 믿게 하시는 주의 영 즉 성령의 역사로 죄의 몸인 우리가 십자가의 복음을 통하여 죄의 지배력에서 벗어나 참 자유를 얻게 되었다.

4. 죄로부터 자유의 완성을 향하여

그런데 이 자유는 현 세상에서 완성되는 것이 아니다. 이유는 성도는 영적으로는 십자가의 복음으로 자유와 해방의 자리에 있지만, 육적으로는 아직 구원의 완성이 되지 못했기 때문이다. 그래서 사도 바울은 그 완성을 바라보라고 한다.

> 형제들아 너희는 함께 나를 본받으라. 그리고 너희가 우리를 본받은 것처럼 그와 같이 행하는 자들을 눈여겨 보라. / 그러나 우리의 시민권은 하늘에 있는지라. 거기로부터 구원하는 자 곧 주 예수 그리스도를 기다리노니, 그는 만물을 자기에게 복종하게 하실 수 있는 자의 역사로 우리의 낮은 몸을 자기 영광의 몸의 형체와 같이 변하게 하시리라.(빌 3:17, 20~21)

성도는 이러한 사도 바울을 본받아야 한다. 그는 이 진리를 확신하고 부활하신 예수의 부르심을 받아(행 9장) 한평생 충성스러운 일꾼으로 헌신했다. 우리도 그래야 하는 이유는 우리 역시 우리의 시민권이 하늘에 있기 때문이다. 하늘 시민권을 가지고 있는 우리는 그 나라로 우리를 인도하기 위하여 다시 오실 주 예수를 기다린다. 모든 성도는 이 말씀을 기억해야 한다. 주 예수께서는 다시 오셔서 자신을 기다리는 자에게 영원한 구원을 완성해 주실 것이다(요 14:1~3). 그 주님은 만물을 복종하게 하시고, 만물을 완벽하게 회복하시는 놀라운 능력을 발휘하실 것이다. 주님의 그 능력으로 죄로 인하여 더러워진 우리의 몸을 영광스러운 당신의 변화된 몸과 같이 변화시키실 것이다.

하이델베르크 요리 문답 제43번의 질문과 답을 보면,

제43문: 십자가를 통한 그리스도의 희생과 죽음으로부터 얻게 되는 또 다른 유익은 무엇입니까?

   답: 우리의 옛 자아가 그와 함께 십자가에 못 박히고 죽고 묻힘으

로써, 육신의 악한 욕망이 더 이상 우리를 지배하지 못하게 되고, 그 대신 우리 자신을 감사의 제물로 드리게 되는 것입니다.

옛사람의 죄스러움이 예수 그리스도의 십자가의 죽음과 부활과 함께 소멸됨으로, 그 죄의 세력이 더 이상 우리를 지배하지 못하고, 우리는 이제 십자가의 복음으로 그 은혜의 지배 속으로 들어가 영광스러운 구원에 이르게 된다.

결 론

우리의 몸 자체는 존재적으로 악하거나 죄스러운 것이 아니다. 문제는 죄의 세력이 우리의 연약한 몸을 충동하여 우리의 본능적인 욕망을 죄스러운 곳으로 이끌어 가는 것이다. 그러나 십자가의 복음은 우리를 구속의 은혜 속으로 이끈다. 우리는 이 십자가 복음으로 죄로부터 놓임을 받아 자유를 얻게 된다. 이 진리를 우리는 꼭 기억해야 한다.

설령 여전히 죄의 유혹을 받아 죄를 짓고 살아갈 수밖에 없는 연약한 우리지만, 이 은혜의 지배 아래에 있는 우리임을 확신하고 그 주님을 바라봐야 한다. 우리가 사도 바울의 처방(處方) 따라 "너희 자신을 죄에 대하여는 죽은 자요, 그리스도 예수 안에서 하나님께 대하여는 살아 있는 자로 여기고(11절)" 힘을 내어 그 명령을 준수해야 할 것이다.

> 그러므로 너희는 죄가 너희 죽을 몸을 지배하지 못하게 하여 몸의 사욕에 순종하지 말고 또한 너희 지체를 불의의 무기로 죄에게 내주지 말고 오직 너희 자신을 죽은 자 가운데서 다시 살아난 자 같이 하나님께 드리며 너희 지체를 의의 무기로 하나님께 드리라.(롬 6:12~13)

우리 모두가 이 말씀을 사모하고 신뢰하여 승리하신 주님을 따라가는 제자, 하나님의 나라 백성이 되기를 바란다.

제70강

예수의 부활과 우리의 믿음

만일 우리가 그리스도와 함께 죽었으면 또한 그와 함께 살 줄을 믿노니 이는
그리스도께서 죽은 자 가운데서 살아나셨으매 다시 죽지 아니하시고 사망이
다시 그를 주장하지 못할 줄을 앎이로라(로마서 6:8~9).

사람이 죽으면, 죽는 순간 그의 모든 행적은 과거로 묻혀 버리게 된
다. 당연하지만, 한국의 법체계에서는 죄를 지은 사람이 죽을 경우, 그
에게 죄를 더는 물을 수 없다. 전직 대통령 중의 한 사람의 경우가 그랬
고, 최근 서울 시장의 경우가 그랬다. 죽음으로써 그는 죄와는 상관이
없는 자가 되고 만다. 그래서 지금까지도 설왕설래 말이 많지만, 법조
계에서는 꿈적도 하지 않는다. 우리의 생각은 어떠한가? 아이러니하게
죽었다고 어떻게 지은 죄에서 자유로울 수 있을까?

예수는 죄에 대한 형벌로 십자가에서 돌아가셨다. 제자들이 그렇게
믿고 따랐지만 주께서 십자가에서 처형되어 죽어버리자 실망하여 낙향
하였고(눅 24) 베드로를 중심으로 한 제자들은 옛 직업으로 되돌아가
물고기를 잡기로 했다(요 21). 그들은 예수께서 십자가에서 비참하게
처형당하자 모든 것은 끝났다고 판단했다. 그들은 어떻게 죽은 사람이
구원을 주실 수 있을까 생각했고 낙담하여 낙향했다. 이렇게 한 것은
당연한 결정이었고 결과였다.

그런데 놀랍게도 예수께서 사흘 만에 다시 살아나셨다. 부활하신 것이다. 이 부활은 죄가 지배하는 영역에서 벗어나 새로운 영역에 들어가는 것이다. 사망이 죄에 대하여 부정적이고 소극적이라면, 부활은 구원에 대하여 긍정적이고 적극적인 것이다.

본문 8~9절은 5절을 해설하고 있다. 이제 이 구절을 중심으로 예수 그리스도의 부활과 이를 믿는 우리의 믿음에 대하여 살펴보려 한다.

1. 확신하는 믿음의 성격(8절)

기독교 신앙에 있어서 인식론(認識論, epistemology)은 매우 중요하다. 사도 바울은 성도들을 위하여 "믿는 것과 아는 것에 하나 됨"을 위하여 기도했다(엡 4:13~16). 이러한 신앙의 인식은 궁극적으로 예수 그리스도의 장성한 분량에 이르게 하는 중요한 핵심 사안이다.

모든 성도는 예수를 믿는다. 그런데 우리가 고백하는 이 믿음에는 어떤 내용이 담겨 있을까? "내가 예수를 믿는다(I believe in Jesus)."라고 말할 때, 그가 무엇을 믿는다는 말인가? 바울은 "만일 우리가 그리스도와 함께 죽었으면 또한 그와 함께 살줄을 믿노니 -- 그리스도와 함께 죽었으면 또한 그와 함께 부활할 것을 믿는다!"(8절) 라고 말한다. 이 말씀은 성도가 "그리스도와 함께 죽었음을 고백한다면 또한 그와 함께 부활할 것도 믿는 것"이라는 의미이다.

이것은 연합하여 죽고 연합하여 다시 살아남을 믿는다는 말이다. 이둘은 분리되지 않고 연결된 개념이다. 사람이 죽으면 그가 저지른 죄에 대하여서는 다시 물을 수가 없다. 이를 표현하여 '죄로부터 자유롭다'라고 말한다. 사람이 죽으면 더는 이 죄 된 세상에서 살지 않아도 되겠다고 말하며, 영원한 세상에서 병에 걸리지도 않고 근심과 걱정 없이 살게 되었다고 말한다. 죽은 자에겐 더이상 죄가 적용되지 않는다고 말하는 것이다.

그런데 그 죽음에서 다시 살아나면 어떻게 되는 것인가? 죽음에서 다시 살아난다는 것은 죄가 영향을 미칠 수 없는 새로운 영역으로 들어간 것을 의미한다.

우리는 흔히 본문에서 말하는 부활을 장차 천국에서 누릴 미래의 부활이라고 이해한다. 과연 그럴까? 9절을 읽어 보면 8절의 부활이 미래에 올 부활이 아니라, 현재 누리는 부활임을 알게 된다. 즉 예수의 십자가 사건과 이어지는 부활 사건은 앞에서 말씀드린 바와 같이 단절되지 않고 바로 이어진 과거 사건이다. 9절 핵심은 부활하신 예수님에게 죄가 그를 속박하여 다시 죽음으로 내모는 일은 없다는 것을 알게 되었다는 것이다.

> 이는 그리스도께서 죽은 자 가운데서 살아나셨으매 다시 죽지 아니하시고 사
> 망이 다시 그를 주장하지 못할 줄을 앎이로라.(롬 6:9)

그러니까, 바울이 알고 있는 바는 과거에 발생한 예수의 구속사건이며, 주와 연합을 고백하는 자는 그 역사적인 사건을 근거로 우리가 주와 연합하였기에 지금 '주와 함께 부활'을 확신한다는 것이다. 그런데 이러한 바울의 설명에는 어떤 의미가 담겨있으며 이 진리가 어떻게 적용될까?

첫째, 하나님의 강력한 능력이 작용하여 나타나는 것이다.

> 그러므로 우리가 그의 죽으심과 합하여 세례를 받음으로 그와 함께 장사 되
> 었나니 이는 아버지의 영광으로 말미암아 그리스도를 죽은 자 가운데서 살리
> 심과 같이 우리로 또한 새 생명 가운데서 행하게 하려 함이라.(롬 6:4)

이 말씀은 하나님의 영광 즉 하나님의 능력이 역사하여 예수를 죽은 자 가운데서 살리셨던 것처럼 그 하나님의 능력이 우리도 살려, 현재의 우리도 그렇게 얻은 새 생명으로 살아가도록 하신다는 것입니다.

둘째, 역사적인 사실에 근거한 확실한 진리이기 때문이다.

> 이와 같이 너희도 너희 자신을 죄에 대하여는 죽은 자요, 그리스도 예수 안에서 하나님께 대하여는 살아 있는 자로 여길지어다.(롬 6:11)

예수 십자가와 부활은 예수께서 죄에 대하여 죽고 하나님에 대하여 산 것이기 때문에 이 예수와 연합된 자는 역사적으로 있었던 그 구속사건을 믿고 확신할 수 있다. 이것은 역사적 사건에 대한 확고한 믿음을 나타내는 것이다.

셋째, 하나님의 긍휼을 입었기 때문이다.

이 확신은 하나님의 자비로우신 긍휼의 혜택으로 가능하게 되었다. 이 확신은 하나님께서 긍휼히 여겨주지 않으시면 알 수도 없고 믿을 수도 없는 고백이다.

> 전에는 우리도 다 그 가운데서 우리 육체의 욕심을 따라 지내며 육체와 마음의 원하는 것을 하여 다른 이들과 같이 본질상 진노의 자녀이었더니, 긍휼이 풍성하신 하나님이 우리를 사랑하신 그 큰 사랑을 인하여, 허물로 죽은 우리를 그리스도와 함께 살리셨고 (너희는 은혜로 구원을 받은 것이라).(엡 2:3~5)

넷째, 그리스도와의 연합으로 하나님 앞에서 사는 것을 고백하게 되기 때문이다.

마지막으로 이 확신은 예수 그리스도와 연합되어 혹은 예수의 구속사건을 믿음으로 얻게 된 새 생명으로 살아가도록 한다. 즉 새 생명으로 치환된 인생을 살도록 강력한 영향을 미친다. 그래서 바울은 이 점을 확신하며 고백했다.

> 내가 율법으로 말미암아 율법에 대하여 죽었나니 이는 하나님에 대하여 살려 함이라. 내가 그리스도와 함께 십자가에 못 박혔나니 그런즉 이제는 내가 사는 것이 아니요 오직 내 안에 그리스도께서 사시는 것이라 이제 내가 육체 가운데 사는 것은 나를 사랑하사 나를 위하여 자기 자신을 버리신 하나님의 아들을 믿는 믿음 안에서 사는 것이라.(갈 2:19~20)

우리는 어떤 확신으로 믿음생활을 하는가? 예수와 함께 죽고 예수와 함께 살아난 새 생명으로 과연 살아가고 있는가?

2. 확신의 근거(9절)

이제 이 확신에 대하여 좀 더 생각해 보겠다.

> 이는 그리스도께서 죽은 자 가운데서 살아나셨으매 다시 죽지 아니하시고 사
> 망이 다시 그를 주장하지 못할 줄을 앎이로라.(롬 6:9)

안다는 것이 무엇인가? 그 앎의 의미가 무엇인가?

첫째, 바울이 아는 것

바울이 분명히 안다고 주장하는 것은 부활하신 예수는 다시 죽는 일이 있을 수 없다는 것이다. 부활이란 죽지 않으면 일어날 수 없는 것이 아닌가! 이는 전가의 보도로 사용되는 무서운 죽음의 능력, 죄가 더 이상 예수를 공격하여 다시 예수를 죽이는 일은 일어날 수 없다는 것이다. 이는 사실이고 진리다. 바울이 확신하는 것은 실제로 역사적으로 일어난 사실에 근거한 믿음이다. 이는 결코 주관적인 경험이나 느낌이 아니다. 이유는 바울 자신이 십자가에서 죽은 것이 아니고 그가 다시 살아난 것이 아니기 때문이다. 이것이 예수께서 겪으신 십자가요 부활이다.

둘째, 바울의 앎의 의미

사도 베드로는 십자가 사건은 유대인 너희들이 하나님께서 보내신 구속 주를 죽인 것이라고 질책했다. 이 설교를 들은 유대인들 중에 어떤 사람들이 심한 자책을 느끼고 회개하고 예수를 믿게 되었다. 그래서 이것이 초대교회 탄생의 기원이다.

그런즉 이스라엘 온 집은 확실히 알지니 너희가 십자가에 못 박은 이 예수를

하나님이 주와 그리스도가 되게 하셨느니라 하니라. 그들이 이 말을 듣고 마음에 찔려 베드로와 다른 사도들에게 물어 이르되 형제들아 우리가 어찌할꼬 하거늘, 베드로가 이르되 너희가 회개하여 각각 예수 그리스도의 이름으로 세례를 받고 죄 사함을 받으라. 그리하면 성령의 선물을 받으리니, 이 약속은 너희와 너희 자녀와 모든 먼 데 사람 곧 주 우리 하나님이 얼마든지 부르시는 자들에게 하신 것이라.(행 2:36~39)

우리가 알듯이 율법에 정통한 바울은 처음에 '나무에 달린 자는 저주를 받은 자(신 21:22~23)'라는 율법 말씀을 근거로 예수 십자가를 거부하였다. 그러나 부활하신 예수의 부르심을 받은 후(행 9:1~11), 그는 이 부인할 수 없는 십자가와 부활의 사실성을 근거로 구원의 도리를 믿고 전하게 되었다. 그렇다면 과연 바울에게 이 예수의 돌아가심과 부활이 갖는 의미가 무엇인가?

바울은 두 가지로 설명한다.

먼저는 부활의 능력이다. 바울은 예수께서 사망의 권세를 깨뜨리시고 부활하신 능력을 보고 확신하게 되었다. 부활은 예수께서 이루신 죄와 사망의 권세로부터의 승리이다. 사도 바울은 고전 15장에서 바로 이 점을 강조하여 부활 신앙의 승리를 환호하며 이를 믿는 성도들을 격려한다.

우리 주 예수 그리스도로 말미암아 우리에게 승리를 주시는 하나님께 감사하노니, 그러므로 내 사랑하는 형제들아 견실하며 흔들리지 말고 항상 주의 일에 더욱 힘쓰는 자들이 되라 이는 너희 수고가 주 안에서 헛되지 않은 줄 앎이라.(고전 15:57)

다음은 예수께서 그의 돌아가심과 부활로 죄를 완벽하게 청산하셨다는 것을 바울은 확실하게 믿었다. 사탄은 집요하게 예수를 시험하고, 고소하여 급기야 십자가에 처형하는 것까지 성공하였다. 그러나 주께서 사흘 만에 사망 권세를 무너뜨리시고 다시 살아나심으로 다시는 죄의 세력이 그를 죽음으로 내모는 일이 없게 하셨다. 이것은 죄가 영향력을 미칠 근거를 청산하셨다는 것을 뜻한다.

> 자녀들은 혈과 육에 속하였으매 그도 또한 같은 모양으로 혈과 육을 함께 지니심은 죽음을 통하여 죽음의 세력을 잡은 자 곧 마귀를 멸하시며, 또 죽기를 무서워하므로 한평생 매여 종노릇하는 모든 자들을 놓아주려 하심이니(히 2:14~15)

예수께서 사람의 모양으로 이 땅에 오신 것은 죄로 인하여 한 평생 죽음의 세력에 짓눌려 살아가는 가련한 죄인들을 구원하시기 위해 오신 것이다.

> 인자가 온 것은 섬김을 받으려 함이 아니라. 도리어 섬기려 하고 자기 목숨을 많은 사람의 대속 물로 주려 함이니라.(마 20:28)

> 그가 우리를 대신하여 자신을 주심은 모든 불법에서 우리를 속량하시고 우리를 깨끗하게 하사 선한 일을 열심히 하는 자기 백성이 되게 하려 하심이라.
> (딛 2:14)

예수 그리스도께서는 이 목적을 성취하시기 위하여 십자가에 돌아가시고 부활로 사탄의 권세와 그 세력을 완벽하게 제거하셨다. 그 결과 예수와 연합한 모든 자는 죄의 결과 즉 죽음을 두려워할 필요가 없는 완벽한 구원의 근거를 갖게 되었다.

3. 확신의 동력

그렇다면 어떻게 이 확신을 할 수 있을까? 성도가 확신하도록 이끄는 동력이 무엇인가?

> 그가 죽으심은 죄에 대하여 단번에 죽으심이요, 그가 살아 계심은 하나님께 대하여 살아 계심이니, 이와 같이 너희도 너희 자신을 죄에 대하여는 죽은 자요, 그리스도 예수 안에서 하나님께 대하여는 살아 있는 자로 여길지어다.
> (롬 6:10~11)

바울이 강조하는 바는 십자가와 부활의 성격이다. 주님의 구속사건의 특징은 돌아가심과 부활이 분리되지 않고 연속적으로 발생한 사건이라는 데 있다. 이 죽음과 부활은 시간적으로, 특성적으로 그리고 질적으로 분명히 구분이 되지만 그러나 연속된 사건이다.

시간상으로 볼 때, 십자가의 돌아가심이 과거에 일어난 사망 사건이라면, 부활은 새 생명을 경험하게 하는 현재 사건이다. 특성적으로 볼 때, 돌아가심이 죄에 대한 형벌이라면, 부활은 영생을 보장한 새로운 시작이다. 마지막으로, 질적으로 볼 때 주의 돌아가심이 단번에(once for all) 발생한 사건이라면, 부활은 단절됨이 없이 영원으로 이어져 영생을 보장한다.

이러한 차이점은 예수 그리스도의 사역에서뿐만 아니라, '예수와 연합(union with Christ)'된 성도에게서도 명백하게 나타난다. 그래서 이 구원의 진리를 바르게 인식하는 것이 매우 중요하다. 이유는 성도는 이미 예수와 연합되었기 때문이다. 이 놀라운 구원의 도리에 대하여 사도 바울은 다음과 같이 강조한다.

> 또 그리스도께서 너희 안에 계시면 몸은 죄로 말미암아 죽은 것이나 영은 의로 말미암아 살아 있는 것이니라. 예수를 죽은 자 가운데서 살리신 이의 영이 너희 안에 거하시면 그리스도 예수를 죽은 자 가운데서 살리신 이가 너희 안에 거하시는 그의 영으로 말미암아 너희 죽을 몸도 살리시리라.(롬 8:10~11)

우리가 이 놀라운 구원의 진리를 알고 있는가? 그리고 믿고 확신하고 있는가?

결 론

우리가 믿는 도리가 무엇인가? 믿음은, 어느 날 갑자기 하늘에서 우리에게 뚝 떨어져, 좋아지고 강해지는 것이 아니다. 진리의 말씀에 대한 확실한 점검과 그 진리에 대하여 믿음을 갖게 될 때 믿는 바가 분명해져 그 진리를 확신하게 되는 것이다. 그래서 사도 바울이 11절을 말했다고 믿는다.

> 이와 같이 너희도 너희 자신을 죄에 대하여는 죽은 자요, 그리스도 예수 안에서 하나님께 대하여는 살아 있는 자로 여길지어다.(롬 6:11)

"여기라(consider)"는 말은 '그렇다고 간주하라(reckon)'라는 것이다. 성도가 비록 십자가 현장에 있지 않았고 주의 부활을 직접 목격하지 않았으나, 성령께서 성도의 심령에 이 놀라운 구속의 진리를 전달해 주시고 믿게 하심으로, 예수 그리스도와 연합된 자가 되게 하셨다. 그리고 죽을 우리의 몸을 다시 살아나게 하셨다.

우리는 이 심오하고 신비스러운 진리를 살펴 내 속에서 역사하시는 성령 하나님을 확신하고 의지하여야 한다. 그래서 '나는 죄에 대하여는 죽은 자요, 하나님께 대해서는 산 자'로 고백하고, 더욱 하나님의 나라의 백성답게 이 죄 많은 세상에서 당당하게 확실한 믿음으로 살아가야 할 것이다.

제71강

되돌아갈 수 없는 옛사람

그가 죽으심은 죄에 대하여 단번에 죽으심이요, 그가 살아 계심은 하나님께 대하여 살아 계심이니, 이와 같이 너희도 너희 자신을 죄에 대하여는 죽은 자요 그리스도 예수 안에서 하나님께 대하여는 살아 있는 자로 여길지어다(로마서 6:10~11).

최근에 북한에서 탈북을 했던 한 청년이 다시 북으로 돌아간 사건이 발생했다. 이 사건을 두고 지금도 말이 많다. 어떻게 생명을 걸고 자유 대한민국으로 온 자가 다시 지옥과 같은 그곳으로 되돌아갈 수가 있단 말인가?

계속하여 살피는 로마서 6장 말씀은 1절에서 질문하는 바에 대한 답변이며 해설이다. 이제 사도는 그 결론을 도출해 내고 있다. 그 질문은 이렇다. "은혜를 더하게 하려고 죄에 거하겠느냐(1절)." 이 질문에 대한 답은 "그럴 수 없다(2절)"이다. 그 이유는 죄에 대하여 죽은 자가 그 죄 가운데 다시 살 수 없기 때문이다.

사도는 그럴 수밖에 없는 근거를 제시한다. 이제 이 말씀을 생각해 보자.

그가 죽으심은 죄에 대하여 단번에 죽으심이요, 그가 살아 계심은 하나님께
대하여 살아 계심이니, 이와 같이 너희도 너희 자신을 죄에 대하여는 죽은 자

요. 그리스도 예수 안에서 하나님께 대하여는 살아 있는 자로 여길지어다. (롬 6:10~11)

사도가 제시하는 근거가 무엇인가? 그리고 어떤 차원에서 이런 근거에 따른 결론을 내고 있는가?

1. 변화된 신분에 대한 인정

11절은 "이와 같이(*outus, so*, in the same way)"라는 말로 시작한다. 이것은 10절을 근거로 한 말이다. 예수의 돌아가심은 '죄에 대한 단번에 (once for all) 죽으심이며, 예수의 살아나심은 하나님께 대하여 살아계시는 것과 같이' 라는 말이다.

그래서 예수 그리스도의 완성된 구속사건을 믿는다면, 주께서 이루신 바와 같이-"이와 같이!" 너희 자신도 죄에 대하여는 죽은 자로, 하나님께 대하여서는 살아 있는 자로 여겨야 한다는 것이다.

이 설명에서 전제하는 개념이 있다. "예수와 연합(union with Christ)" 개념이다. 이에 대하여 이미 주께서 포도나무 비유에서 설명하셨다.

> 내 안에 거하라. 나도 너희 안에 거하리라. 가지가 포도나무에 붙어 있지 아니하면 스스로 열매를 맺을 수 없음 같이 너희도 내 안에 있지 아니하면 그러하리라. 나는 포도나무요 너희는 가지라. 그가 내 안에, 내가 그 안에 거하면 사람이 열매를 많이 맺나니 나를 떠나서는 너희가 아무것도 할 수 없음이라.(요 15:4~5)

가지는 줄기에 붙어 있을 때에만 살 수 있고 또한 자라고 열매를 맺을 수 있듯이, 성도는 주 예수에게 붙어 있을 때에만 살 수 있고 그에 합당한 행위를 나타낼 수 있다. 성도란 예수와 함께 죽고(6~7절), 예수와 함께 산 자(8~9)이기 때문이다.

이를 좀 더 설명하면, 예수를 믿기 전, 죄 가운데 살던 옛사람은 예수를 믿는 순간, 하나님의 법적 차원에서 죽음이 선고되고, 종식된다. 이유는 예수께서 십자가에서 대신 죄인이 되셔서 돌아가셨기 때문이다. 그래서 예수를 믿는 성도는 확실하게 자신에게 적용된 구원의 진리에 대하여 인정해야만 한다. 이는 체험으로 얻게 되는 것이 아니라, 우리가 인지하지 못한 사이에 '이미' 이루어진 구원의 진리가 나에게 적용되어 주어진 혜택이다.

이것은 이렇게 정리하여 말할 수 있다. 만약 과거에 예수께서 죄에 대한 형벌로 십자가에 돌아가신 것이 사실이라면, 만약 과거에 예수께서 하나님에 대하여 부활하셔서 지금도 살아계심이 사실이라면, 만약 우리가 이를 믿어 예수 그리스도의 돌아가심과 부활로 그와 연합됨이 사실이라면, 당연히 우리는 죄에 대하여 죽은 자요, 하나님께 대하여는 산 자로 인정해야 한다는 것이다.

이렇게 성도의 신분이 변화된 것을 인정해야 함은 체험해서 얻어지는 결론이 아니고, 예수께서 나를 위하여 완성하신 과거의 역사적 사실에 근거한 것이고, 이 구원의 진리를 나에게까지 적용하셔서 믿게 하신 것이다. 성도는 예수 그리스도와 연합된 자이기에 이를 근거로 예수 안에서 죄에 대하여 죽고 하나님에 대하여 산 자로 인정받았음을 믿어야 한다.

정리하면, 성도는 예수와 연합된 자로, 그가 믿는 예수와 함께 죄에 대하여 죽은 자이며, 부활하신 예수와 같이 하나님께 대하여 살아가는 자임을 믿고 예수 안에서 살아가야 한다.

2. 자기 정체성에 대한 확고한 인식

바울 사도가 성도의 정체성을 확실하게 설명하는 중요한 세 단어가 있다. 그것은 "여기라, 예수 안에서, 너희 자신" 이다.

1) 여기라

여기서 "여길지니라."라는 표현이 매우 중요하다. 이 "여긴다(jogizomai)."라는 단어를 영어 성경에서는 다양하게 번역했다. to consider(AV), to reckon(RSV), to regard(NEB), look up(JBP), to count(NIV)

이 말의 뜻은 스스로 믿음을 만들어 내라가 아니다. 즉 믿어지지 않는 것을 쥐어짜서 믿도록 하라는 것이 아니다. 잘 알지 못하지만, 나의 옛사람이 죽었다고 취급하라는 것도 아니다. 여기서 말하는 "여기라"는 '옛사람이 예수와 함께 죽었음을 인식하고, 기억하며 그 옛사람의 경력이 끝났음을 인정하고 확증하라'는 말이다. 비록 내가 경험하고 체험하지 않았더라도 예수를 믿은 자는 이미 과거에 예수께서 십자가에 달리셔서 돌아가심으로 죄의 문제를 완벽하게 해결하신 사건임을 믿는 것이며, 그 결과 그와 연합된 자로 자신에게 적용되어진 영적 신분의 변화를 인정하는 것이다. 이는 논리적이며 합리적으로 추론된 결론이다.

이 결론을 믿는 자는 당연히 옛사람은 끝났고, 죄에 대한 하나님의 공의는 충족되었고 죄의 빚은 지불되었다. 그는 다시는 죄의 법에 지배당하는 비참한 신세가 아님을 알게 된다. 다시는 죄의 종이 될 수 없는 자유의 신분이 되었음을 알고 죄에 대하여 그 어떤 의무와 채무를 질 필요가 없는 자이다.

모든 성도는 이 감격과 기쁨을 "내 속죄함을 받은 후" 란 283장 찬송을 부르며 구속의 감격을 찬양하지 않을 수 없을 것이다.

1절, 나 속죄함을 받은 후 한없는 기쁨을 다 헤아릴 수 없어서 늘 찬송합니다
2절, 나 속죄함을 받은 후 내 맘이 새로워 주 뜻을 준행하면서 죄 길을 버리네
3절, 나 속죄함을 받은 후 성령이 오셔서 하나님 자녀 된 것을 곧 증언합니다
4절, 나 속죄함을 받은 후 보혈의 공로로 내 주의 은혜 입으니 늘 평안합니다

후렴, 나 속죄 받은 후 나 속죄 받은 후 주를 찬미하겠네

2) 예수 안에서

성도는 예수와 연합된 자이다. 마치 결혼한 남녀가 서로를 확실하게 알아야 하듯 성도는 자신이 주님과 연합된 것을 확실하게 알아야 한다. 이는 예수의 십자가와 부활의 성격을 확실하게 인식해야 가능하다.

호세아 선지자는 "여호와를 알자. 힘써 여호와를 알자(호 6:3, 6)"라고 했다. 사도 바울도 "아는 것과 믿는 것이 하나가 되어(엡 4:13)"라고 했고, 주 예수께서는 바로 "하나님과 그의 보내신 자를 아는 것이 영생이라(요 17:3)"라고 하셨다.

10절에서 예수께서 죽으심은 죄에 대하여 죽은 것이며, 그가 사신 것은 하나님께 대하여 사신 것이라고 했다. 시간상으로 십자가 사건은 이미 벌어진 과거이지만, 부활하신 예수께서는 지금도 하나님께 대하여 살아계신 현재 진행의 상황이다. 이 점에서 예수 그리스도의 구속사건은 시기적으로, 성격상, 질적으로 분명한 특징을 갖고 있다. 즉 주님의 죽으심과 부활은 시간적, 특징적 그리고 질적으로 분명하게 구분이 되는 연속사건이다.

시간상으로, 십자가 사건은 과거에 일어난 사망 사건이라면, 부활은 새 생명을 일으키는 현재 사건이다. 그러나 주의 돌아가심이 죄에 대한 형벌이라면, 부활은 영생을 보장한 새로운 시작이다. 이것으로 성도는 하나님의 영광을 추구하고 그 영광을 드러내는 동력을 얻는다. 그리고 질적으로 주의 돌아가심이 모든 인간의 죄를 단번의 죽음으로 해결한 사건이라면, 예수의 부활은 예수를 믿는 자에게 주어지는 새로운 생명이 지속적으로 이어져 영생이 지는 보장되는 사건이다.

이 차이점은 예수 그리스도의 사역에서뿐만 아니라, 예수를 믿어 예수와 연합된 성도에게서도 분명하게 나타나게 된다. 그래서 이 구원의 진리를 바르게 인식하는 것이 매우 중요하다. 그 이유는 성도는 예수와 연합(union with Christ)된 자이기 때문이다. 이것은 성령께서 역사하셔서 성도에게 적용되어 나타난 신앙고백이기에 그 과정과 효과에 대하여 분명 하게 인식하는 것이 중요하다.

이 놀라운 성령의 역사하심을 사도 바울은 다음과 같이 설명한다.

> 또 그리스도께서 너희 안에 계시면 몸은 죄로 말미암아 죽은 것이나 영은 의로 말미암아 살아 있는 것이니라. 예수를 죽은 자 가운데서 살리신 이의 영이 너희 안에 거하시면 그리스도 예수를 죽은 자 가운데서 살리신 이가 너희 안에 거하시는 그의 영으로 말미암아 너희 죽을 몸도 살리시리라.(롬 8:10~11)

모든 성도는 이 놀라운 진리를 알아야 하고, 믿어야 하고 그리고 이 구원의 진리를 확신해야만 한다.

3) 너희 자신

11절의 "너희도 너희 자신을 죄에 대하여는 죽은 자요. 그리스도 예수 안에서 하나님께 대하여는 살아 있는 자로 여길지어다."라는 권고는 이 놀라운 구원의 진리, 즉 예수 그리스도와 연합된 자임을 인정하는 자는 살아가는 생활 자체가 예수처럼(Jesus-like life) 살아야 한다는 것이다. 즉 구별된 삶을 살아가는 자가 되어야 한다는 것이다. 이는 죄에 대하여서는 죽고 즉 종식되었고, 하나님에 대하여 살아가는 자가 되는 것을 뜻한다.

성도의 이러한 구별된 거룩한 생활은 어떤 규정이 주어져서 수행하는 것과 같은 형식적 종교 행위가 아니다. 그의 마음속에 역사하신 성령 하나님의 작업으로 변화되어 나타나는 것이다. 그래서 성도의 마음속에는 이 고백이 확고하게 자리를 잡게 되는 것이다. 당연히 이러한 배경에는 그만이 갖게 되는 놀라운 영적 비밀이 담겨있게 마련이다.

첫째, 과거의 죄 된 삶은 예수와 함께 십자가에서 죽어 청산되었다.

둘째, 신앙은 세례를 받음으로 주와 함께 죽고 주와 함께 다시 산다는 것을 믿는 것이다.

셋째, 예수 안에서 죄에 대하여 이미 죽고 하나님에 대하여서는 살아가는 존재가 되었다.

넷째, 구속사건을 잊지 말고 예수와의 연합을 기뻐하며 이 진리를 굳게 붙잡고 의지하며 살아가야 한다.

다섯째, 다시는 죄의 상태로 되돌아갈 수 없는 자임을 깊이 인식하고 이 진리에 확고하게 붙잡아야 한다.

이렇게 확실하게 거듭난 성도는 결코 중생하기 이전 상태로 되돌아갈 수 없다. 그리고 절대 이전 상태를 회상하거나 그것에 기웃거려서는 안 될 것이다. 이는 마치 어른이 어린아이로 되돌아갈 수 없듯이, 유부녀가 처녀로 되돌아갈 수 없듯이, 방면된 죄수가 다시 감방에 가고 싶지 않듯이, 예수와 연합됨을 고백하는 성도는 도저히 세상으로 되돌아갈 수 없는 것이다.

결 론

예수와 연합한 자가 어떻게 그 추악한 죄의 삶에서 우리를 구원해 주신 주님을 배신하고, 옛 생활로 되돌아갈 수 있겠는가? 십자가에서 돌아가시고 사흘 만에 부활하셔서, 우리를 자기와 연합시켜 새 생명을 주신 주님을 어떻게 버리고 다시 세상으로 되돌아갈 수 있겠는가? 성도는 자신에게 벌어진 이 신비스럽고 놀라운 진리가 어떤 과정과 내용으로 주어졌는지를 살피고 절대 잊지 말아야 한다.

성도는 예수와 연합되어, 주님과 함께 십자가에서 죽고 예수와 함께 다시 살아나, 새 생명을 얻어 살아가게 되었다. 그래서 하나님의 영광을 추구하며 살아가게 하셨다. 이 점을 반드시 기억하는 자가 성도이다. 성도는 하나님께서 예수 안에서 어떻게 구원을 이루셨는지 기억해야 한다. 다시는 예수 믿기 전 과거의 삶을 동경하거나 되돌아가서는 안 될 것이다.

어떻게 생명을 걸고 탈북한 사람이, 아무리 힘들더라도 북한으로 되돌아갈 수가 있단 말인가? 모든 탈북자는 비교할 수 없는 자유의 세상에 왔는데 어떻게 다시 자유가 철저하게 제약받는 그 혹독한 세상으로 갈 수 있겠느냐고 단언한다. 서두에서 언급한 탈북 했다가 월북한 사람은 남한에서 맛본 자유를 기억하고 분명히 다시 탈북을 시도할 것이다.

이와 같이 어떻게 예수를 믿어 구원받은 사람이, 다시 죄로 멸망할 세상으로 되돌아갈 수가 있단 말인가? 어떻게 은혜를 더 하게 하려고 죄에 거할 수 있단 말인가? 도저히 그럴 수는 없다. 그런데 놀랍게도 그 은혜를 받았음에도 세상으로 간 사람도 있었다. 참으로 안타깝고 불쌍한 영혼이 아닐 수 없다. 바울은 동역자 중에 그런 자가 있었음을 밝혔다.

> 데마는 이 세상을 사랑하여 나를 버리고 데살로니가로 갔고(딤후 4:10a)

만일 성도가 신앙을 버리고 다시 세상으로 되돌아간다면 어떤 일이 벌어질까? 주님과 히브리서 기자가 경고한 말씀을 마음 깊이 새겨야 할 것이다.

> 더러운 귀신이 사람에게서 나갔을 때에 물 없는 곳으로 다니며 쉬기를 구하되 얻지 못하고 이에 이르되 내가 나온 내 집으로 돌아가리라 하고, 가서 보니 그 집이 청소되고 수리되었거늘, 이에 가서 저보다 더 악한 귀신 일곱을 데리고 들어가서 거하니 그 사람의 나중 형편이 전보다 더 심하게 되느니라.(눅 11:24~26)

> 한 번 빛을 받고 하늘의 은사를 맛보고 성령에 참여한 바 되고, 하나님의 선한 말씀과 내세의 능력을 맛보고도, 타락한 자들은 다시 새롭게 하여 회개하

게 할 수 없나니 이는 그들이 하나님의 아들을 다시 십자가에 못 박아 드러내
놓고 욕되게 함이라.(히 6:4~6)

철학자 니체는 목사 아들이면서도 "신은 죽었다"고 외치며, 초월의
존재가 바로 인간이라고 주장했으나 그의 최후는 미쳐서 자살하고 말
았다. 이러한 사례를 통하여 경고의 말씀을 심각하게 여기고 다시는 세
상으로 되돌아가는 일이 없도록 유념해야 할 것이다.

제72강

하나님에 대하여 사는 자

그가 죽으심은 죄에 대하여 단번에 죽으심이요, 그가 살아 계심은 하나님께 대하여 살아 계심이니, 이와 같이 너희도 너희 자신을 죄에 대하여는 죽은 자요, 그리스도 예수 안에서 하나님께 대하여는 살아있는 자로 여길지어다(로마서 6:10~11).

"앞으로 오는 시대는 BC(before covid)와 AC(after covid)로 나누어진다."라는 말이 있다. 그만큼 Covid-19로 인한 펜데믹의 영향이 크다는 말일 것이다. 이제까지 살아왔던 생활 방식과는 판이한 시대를 겪게 될 것을 예상한 말이다. 참으로 앞으로 다가오는 시대엔 한 번도 경험해 보지 못한 일들을 겪게 될 것인지 생각하게 된다.

예수를 믿는다는 것도 이런 맥락애서 볼 때 시대적 변환을 생각하게 된다. 본문은 1절 질문에 대한 결론이다. 예수 믿기 전과 후가, 다른 시점, 다른 신분, 그리고 상황이 다르다는 것이다. 이것은 매우 중요한 의미를 갖는다. 본문은 이미 살펴본 바와 같이, 1절에서 질문한 "은혜를 더하게 하려고 죄를 더 지을 수 있는가? 결코, 그럴 수 없느니라!"라고 강하게 단정한 바를 해설한 후에 내린 결론이다.

왜 성도는 더는 죄에 거하면 안 되는가? 성도는 예수와 함께 죄에 대하여 죽고, 하나님에 대하여 산 자가 되었기 때문이다. 성도는 예수를 믿게 된 순간, 그가 이제까지 살아오면서 지은 죄로부터 자유를 누리는 자가 되었다. 그는 죄의 세력에서 벗어났고, 그래서 죄의 지배력으로부터 자유롭고, 죄 자체와의 관계가 단절되었다. 그로 인하여 그는 동시에 하나님께 대하여 살아가는 자가 되었다.

이런 상황의 변화와 신분의 변화를 인지하고 살아가는 자는 반드시 죄 가운데 거할 수 없는 자가 된다. 성도는 이러한 자임을 고백하며 사는 자이다. 그는 반드시 이러한 구원의 진리를 굳게 붙잡고 사는 자이다. 이것이 성도의 삶의 원리이다.

그 원리의 배경은 이미 예수께서 이루셨다. 그래서 사도는 결론으로 '너희도 이렇게 여기고 살아가라'고 그 이유를 말씀하고 있다.

> 그가 죽으심은 죄에 대하여 단번에 죽으심이요, 그가 살아 계심은 하나님께 대하여 살아 계심이니, 이와 같이 너희도 너희 자신을 죄에 대하여는 죽은 자요, 그리스도 예수 안에서 하나님께 대하여는 살아 있는 자로 여길지어다.(롬 6:10~11)

이제 마지막 "하나님께 대하여 산 자"란 말씀을 생각해 보자.

1. 은혜의 지배 아래 놓여있는 성도

예수께서 대속의 진리를 이루신 목적이 무엇인가? 사도는 "이는 아버지의 영광으로 말미암아 그리스도를 죽은 자 가운데서 살리심과 같이 우리로 또한 새 생명 가운데서 행하게 하려 함이라(롬 6:4b)"고 설명한다.

이 말씀은 성도된 자에게는 이제까지 살아왔던 시대와 영역과는 완전히 다른 변화가 도래했다는 것을 뜻한다. 그는 예수 믿기 이전에 살아왔던 시대가 변하여 새로운 시대, 새로운 질서 가운데 놓이게 된 것이다. 즉 삶의 영역이 변했고, 신분이 변한 것이다. 그는 죄에 대해서 죽고, 하나님에 대하여 산 자가 되는 신분으로 변하였고, 그의 신분이 거룩하게 격상되었다. 그가 예수와 함께 세례를 받았기 때문이다. 이것이 성도의 변화된 신분이다. 그로 인하여, 그는 죄의 지배력에서 벗어나게 되었고 하나님께서 베풀어 주신 은혜의 지배를 받게 되었다.

이는 마치 우리가 미국사람이 된 것과 같은 것이다. 미국에 오기 전에는 한국인으로서 한국의 법이 적용되는 신분이었다면, 미국 시민권자가 되면 미국 법의 지배를 받는 자가 된 것과 같다. 이처럼 성도는 영적으로 육의 법에 따라 살았던 자에서 예수를 믿음으로 영의 법에 따라 사는 자가 된 것이다. 그래서 성도가 되는 것을 "새 생명"을 얻었다고 말한다.

이렇게 성도가 된 자들을 위하여 사도 바울은 다음과 같이 기도를 하나님께 드렸다.

> 내가 기도할 때에 기억하며 너희로 말미암아 감사하기를 그치지 아니하고, 우리 주 예수 그리스도의 하나님, 영광의 아버지께서 지혜와 계시의 영을 너희에게 주사 하나님을 알게 하시고, 너희 마음의 눈을 밝히사 그의 부르심의 소망이 무엇이며 성도 안에서 그 기업의 영광의 풍성함이 무엇이며, 그의 힘의 위력으로 역사하심을 따라 믿는 우리에게 베푸신 능력의 지극히 크심이 어떠한 것을 너희로 알게 하시기를 구하노라.(엡 1:16~19)

그가 에베소 교회 성도를 기억하며 기도한 것은 세 가지이다. 첫째는 하나님을 아는 것, 둘째는 하나님의 기대 즉 부르심의 소망을 아는 것, 셋째는 성도에게 주어질 기업의 풍성함이다. 그런데 이러한 세 가지는 예수 그리스도의 아버지이시며 영광의 아버지 하나님께서 주시는 지혜와 계시의 영을 통해서만 알 수 있다.

2. 하나님에 대하여 사는 성도

성도는 반드시 이 신령한 지혜와 지식을 사모하고 갖춰야 한다. 그들은 예수와 함께 죽고, 예수와 함께 산 자이다. 그로 인하여 새 생명을 얻는 자로 살아가는 자이다. 하나님께서는 성령의 역사로 그들에게 예수 그리스도의 십자가와 부활의 진리를 믿게 하시고 그 신령한 의미를 알게 하셔서 예수와 함께 사는 새 생명을 주셨다.

사도 바울은 이렇게 성도를 설명한다.

> 긍휼이 풍성하신 하나님이 우리를 사랑하신 그 큰 사랑을 인하여 허물로 죽은 우리를 그리스도와 함께 살리셨고 (너희는 은혜로 구원을 받은 것이라), 또 함께 일으키사 그리스도 예수 안에서 함께 하늘에 앉히시니, 이는 그리스도 예수 안에서 우리에게 자비하심으로써 그 은혜의 지극히 풍성함을 오는 여러 세대에 나타내려 하심이라. 너희는 그 은혜에 의하여 믿음으로 말미암아 구원을 받았으니 이것은 너희에게서 난 것이 아니요 하나님의 선물이라. 행위에서 난 것이 아니니 이는 누구든지 자랑하지 못하게 함이라. 우리는 그가 만드신 바라 그리스도 예수 안에서 선한 일을 위하여 지으심을 받은 자니 이 일은 하나님이 전에 예비하사 우리로 그 가운데서 행하게 하려 하심이니라.(엡 2:4~10)

이 말씀에서 깨닫게 되는 귀한 진리가 무엇인가?

첫째, 성도에게 하나님의 은혜로 구원받는 특권이 주어졌다

이것은 예수와 함께 죽고, 예수와 함께 살아났고, 예수와 함께 하늘에 앉혀지는 특혜가 주어진 것이다. 그렇게 하신 이유 내지는 목적이 무엇인가? "지극히 큰 은혜를 세상에 전하기 위함"이다. 이러한 놀라운 하나님의 은혜로 구원받았다. 하나님 아버지의 은혜는, 지금도 부활하시고 승천하셔서 하나님 보좌 우편에서 우리를 위하여 항상 기도하시는 아들의 기도를 들어주시는 것이다.

> 죽으실 뿐 아니라, 다시 살아나신 이는 그리스도 예수시니, 그는 하나님 우편에 계신 자요, 우리를 위하여 간구하시는 자시니라.(롬 8:34)

둘째, 성도에게 담대히 하나님께 기도드릴 수 있는 특권이 주어졌다.

그러므로 우리는 긍휼하심을 받고 때를 따라 돕는 은혜를 얻기 위하여 은혜

의 보좌 앞에 담대히 나아갈 것이니라.(히 4:16)

셋째, 예수와 하나 되는 은혜로 받은 하나님의 사랑을 전하게 되었다.

예수께서 공생애 마지막에 대제사장으로서의 기도를 제자들을 위하여 하셨다.

> 내게 주신 영광을 내가 그들에게 주었사오니 이는 우리가 하나가 된 것 같이 그들도 하나가 되게 하려 함이니이다. 곧 내가 그들 안에 있고 아버지께서 내 안에 계시어 그들로 온전함을 이루어 하나가 되게 하려 함은 아버지께서 나를 보내신 것과 또 나를 사랑하심 같이 그들도 사랑하신 것을 세상으로 알게 하려 함이로소이다.(요 17:22~23)

성도에겐 이러한 놀라운 영적 특권과 복이 주어져 있음을 알아야 한다. 이러한 복은 세상 적 관점에서 볼 때는, 알 수도 없고 깨달을 수도 없다. 세상에서는 인정받지도 못하고 무시되고 심지어 조롱까지 받는 영적인 복이다. 그러나 성도는 이러한 복을 받은 사실을 특권으로 여기고 자랑스럽게 여기고 즐거워해야 한다. 이것이 성도의 삶의 태도이며, 영적 특권을 누리는 성도의 모습이다.

> 그러므로 우리가 믿음으로 의롭다 하심을 받았으니 우리 주 예수 그리스도로 말미암아 하나님과 화평을 누리자. 또한, 그로 말미암아 우리가 믿음으로 서 있는 이 은혜에 들어감을 얻었으며 하나님의 영광을 바라고 즐거워하느니라.(롬 5:1~2)

사도 베드로는 성도에게 주어진 이 특권과 복됨이 예수 그리스도의 영광과 덕으로 주신 은혜라고 설명한다.

> 그의 신기한 능력으로 생명과 경건에 속한 모든 것을 우리에게 주셨으니 이는 자기의 영광과 덕으로써 우리를 부르신 이를 앎으로 말미암음이라.(벧후 1:3)

성도는 이러한 생명과 경건의 모든 것을 살피고, 추구하고, 마음껏 즐기도록 힘써야 한다. 이것이 성도의 삶의 가치이며 축복이다. 설령 세상에서 복이라고 하는 그 어떤 복, 예를 들어 부귀와 영화 같은 그러한 것을 소유하지 못하고 누리지 못하고 있다고 하더라도, 영원한 생명과 경건에 속한 신령한 것이 참된 복임을 알고, 이것을 즐겁게 누리는 것이 행복한 성도이다.

이렇게 성도는 하나님께서 창세전에 세우신 계획과 목적 안에 있는 자임을 고백하며 신령한 복을 추구한다.

> 찬송하리로다. 하나님 곧 우리 주 예수 그리스도의 아버지께서 그리스도 안에서 하늘에 속한 모든 신령한 복을 우리에게 주시되, 곧 창세전에 그리스도 안에서 우리를 택하사 우리로 사랑 안에서 그 앞에 거룩하고 흠이 없게 하시려고, 그 기쁘신 뜻대로 우리를 예정하사 예수 그리스도로 말미암아 자기의 아들들이 되게 하셨으니(엡 1:3~5)

3. 하나님의 구원 섭리의 목적

타락 이전에 아담에게 주어졌던 모든 복과 특혜는 둘째 아담이신 예수 그리스도께 주어졌고 이 신령한 복은 다시 성도에게 주어졌다. 그래서 예수 안에서 성도는 그 복을 누리는 것이다. 사례로, 아이작 왓슨 (Isaac Watts 1674~1748)은 "그리스도 안에서 아담의 후예들은 자기 조상 아담이 잃은 것보다 더 많은 축복을 자랑하네!"라는 찬송 시로 하나님께 신앙을 고백했던 것이다.

그러면, 이렇게 성도에게 회복되어 주어진 복은 무엇일까? 사도 바울은 이렇게 설명한다.

> 우리가 알거니와 하나님을 사랑하는 자 곧 그의 뜻대로 부르심을 입은 자들에게는 모든 것이 합력하여 선을 이루느니라. 하나님이 미리 아신 자들을 또한 그 아들의 형상을 본받게 하기 위하여 미리 정하셨으니 이는 그로 많은 형

제 중에서 맏아들이 되게 하려 하심이니라. 또 미리 정하신 그들을 또한 부르시고 부르신 그들을 또한 의롭다 하시고 의롭다 하신 그들을 또한 영화롭게 하셨느니라.(롬 8:28~30)

하나님께서 창세전부터 우리를 구원하시기 위하여 세우신 계획과 목적이 있었으며 이를 성취하는 방법이 있으셨다는 것이다.

곧 창세전에 그리스도 안에서 우리를 택하사 우리로 사랑 안에서 그 앞에 거룩하고 흠이 없게 하시려고, 그 기쁘신 뜻대로 우리를 예정하사 예수 그리스도로 말미암아 자기의 아들들이 되게 하셨으니, 이는 그가 사랑하시는 자 안에서 우리에게 거저 주시는 바, 그의 은혜의 영광을 찬송하게 하려는 것이라.(엡 1:4~6)

이 말씀에서 우리는 하나님의 선택과 예정과 목적을 알 수 있다. 그것은 우리를 예수 안에서 거룩하고 흠 없는 하나님의 자녀로 만들어 그 은혜를 찬양하며 살아가도록 하기 위함이었다. 이것이 바로 부활하신 예수 그리스도와의 연합으로 주어진, 새 생명으로 살아가는 여정이다.

하나님의 떡은 하늘에서 내려 세상에 생명을 주는 것이니라./ 예수께서 이르시되 나는 생명의 떡이니 내게 오는 자는 결코 주리지 아니할 터이요 나를 믿는 자는 영원히 목마르지 아니하리라.(요 6:33, 35)

이 말씀은 성찬식만을 위한 말씀이 아니라, 항상 예수 안에서 먹고 마심으로 즉, 교제함으로 누리게 되는 영생의 삶을 말씀하신 것이다. 예수께서는 우리를 말씀으로 구별하시고 양육하셔서, 우리가 흠 없는 자로서 부활하신 주님과 같은 모양으로 살아가도록 강력하게 역사하신다.

아버지의 영광으로 말미암아 그리스도를 죽은 자 가운데서 살리심과 같이 우리로 또한 새 생명 가운데서 행하게 하려 함이라. 만일 우리가 그의 죽으심과 같은 모양으로 연합한 자가 되었으면 또한 그의 부활과 같은 모양으로 연합한 자도 되리라.(롬 6:4b~5)

그래서 사도 바울은 주께서 그에게 맡기신 사역을 어떤 상황 속에서도 몰두할 수 있었다.

> 내가 궁핍하므로 말하는 것이 아니니라. 어떠한 형편에든지 나는 자족하기를 배웠노니, 나는 비천에 처할 줄도 알고 풍부에 처할 줄도 알아 모든 일 곧 배부름과 배고픔과 풍부와 궁핍에도 처할 줄 아는 일체의 비결을 배웠노라. 내게 능력 주시는 자 안에서 내가 모든 것을 할 수 있느니라.(빌 4:11~13)

이 세상의 상황과 무관한 성도로서 이 세상을 어떻게 살아갈 수 있을까? 그 배경에는 그가 예수와 연합을 확신하며 살 수 있도록 성령 하나님께서 역사하시기 때문이다. 이는 하나님께서 한없는 성령을 예수께 부어주셔서 십자가와 부활의 사역을 감당하도록 하시는 것에서도 증명된다.

> 하나님이 보내신 이는 하나님의 말씀을 하나니 이는 하나님이 성령을 한량 없이 주심이니라.(요 3:34)

이처럼 예수와 연합된 자에겐 동일한 성령의 능력이 임하여 그 능력으로 한평생 구원의 삶을 살도록 역사하신다. 이유는 성도의 몸은 그의 것이 아니라 성령의 전으로 삼으신 하나님의 소유물이기 때문이다.

> 너희 몸은 너희가 하나님께로부터 받은 바 너희 가운데 계신 성령의 전인 줄을 알지 못하느냐 너희는 너희 자신의 것이 아니라.(고전 6:19)

성령께서는 성도 안에 내주하셔서, 그를 통제하고, 지도하고, 인도하시며 사용하신다. 그래서 사도 바울은 다음과 같이 권면했다.

> 항상 복종하여 두렵고 떨림으로 너희 구원을 이루라. 너희 안에서 행하시는 이는 하나님이시니 자기의 기쁘신 뜻을 위하여 너희에게 소원을 두고 행하게 하시나니(빌 2:12b~13)

이렇게 하나님은 성령을 통하여 우리 속에 거주하시며, 예정하신대로 구원을 완성해 가신다. 이것이 예수와 연합시켜서 이루어 가시는 하나님의 구원방식이다. 하나님은 예수와 연합한 성도가 주를 사랑하고 주께 헌신하여 주어진 사명을 수행하게 하도록 역사하신다.

> 너희가 내 안에 거하고 내 말이 너희 안에 거하면 무엇이든지 원하는 대로 구하라 그리하면 이루리라. 너희가 열매를 많이 맺으면 내 아버지께서 영광을 받으실 것이요 너희는 내 제자가 되리라. 아버지께서 나를 사랑하신 것 같이 나도 너희를 사랑하였으니 나의 사랑 안에 거하라. 내가 아버지의 계명을 지켜 그의 사랑 안에 거하는 것 같이 너희도 내 계명을 지키면 내 사랑 안에 거하리라. 내가 이것을 너희에게 이름은 내 기쁨이 너희 안에 있어 너희 기쁨을 충만하게 하려 함이라.(요 15:7~11)

4. 성도의 반응

예수와 연합되게 하시는 성령의 역사로 성도는 놀라운 구원의 여정 속에 있는 자이기 때문에 사도는 "너희 자신을 죄에 대하여는 죽은 자요, 그리스도 예수 안에서 하나님께 대하여는 살아 있는 자로 여길지어다(롬 6:11)."라고 적극 권고했다.

여기서 "여긴다(jogizomai)."라는 개념은 우리가 직접 경험하고 체험하지 않았더라도, 예수 그리스도께서 십자가와 부활로 죄 문제를 완전하게 해결하시고 주와 연합시키셨다는 사실을 알고 그 결과 영적으로 신분의 변화가 있음을 인정하라는 의미다. 그런데 이것을 우리가 인정하면 어떤 반응을 하게 될까? 로이드 존스 목사는 다음과 같이 정리하여 설명한다.

첫째,   은혜 아래 있는 자이기에 죄를 짓더라도 하나님의 자녀임을 의심하지 않게 된다. 이유는 은혜로 주어진 하나님의 자녀 됨은 취소되지 않기 때문이다(요 6:35~37).

둘째,   하나님의 지배 체계가 얼마나 좋은지를 사모하게 된다(눅 15:17).

셋째, 강력한 죄의 정죄에서 벗어나게 된다(롬 6:11; 요일 4:4).

넷째, 소망과 기쁨을 갖고 살아가게 된다(눅 8:10).

다섯째, 하나님의 구원 계획은 반드시 성취된다는 확신 속에 살게 된다(사 49:16).

결 론

하나님께서는 성도를 당신의 손바닥에 새기셔서 잊지 않으시고(사 49:14~16), 예수 안에서 구원의 역사를 이루어 가신다. 하나님은 그를 예수와 연합시키시고 성령으로 끝까지 동행하시며 인도하시며 함께 하신다. 이것은 절대 취소되지 않는 구원의 여정이다.

> 우리가 알거니와 하나님을 사랑하는 자 곧 그의 뜻대로 부르심을 입은 자들에게는 모든 것이 합력하여 선을 이루느니라. 하나님이 미리 아신 자들을 또한 그 아들의 형상을 본받게 하기 위하여 미리 정하셨으니(롬 8:28~29)

성도가 놀라운 하나님의 구원 섭리와 구원의 방식을 신뢰하고 믿음으로 승리하여야 한다. 하나님과의 관계를 분명하게 인식하고 아들 예수 그리스도를 통하여 알게 된 진리로 아들의 형상이 나의 마음속에 온전히 회복될 수 있어야 한다.

제73강

기독교 윤리의 기본

그러므로 너희는 죄가 너희 죽을 몸을 지배하지 못하게 하여 몸의 사욕에 순종하지 말고 또한 너희 지체를 불의의 무기로 죄에게 내주지 말고 오직 너희 자신을 죽은 자 가운데서 다시 살아난 자 같이 하나님께 드리며 너희 지체를 의의 무기로 하나님께 드리라. 죄가 너희를 주장하지 못하리니 이는 너희가 법 아래에 있지 아니하고 은혜 아래에 있음이라(로마서 6:12~14).

"교회가 세상을 걱정하는 것이 아니라 세상이 교회를 걱정한다." 라는 말이 있다. 주께서는 성도는 세상의 빛과 소금으로서의 역할을 통하여 하나님께 영광 돌리라(마 5:13~16) 고 하셨다. 이렇게 주께서 교회와 성도가 세상의 소금 역할, 빛의 역할을 기대 하셨지만, 과연 오늘날 교회가 그 역할을 잘 감당하고 있는가? 오히려 세상의 걱정거리가 되어 버린 것이 오늘날 교회이며 교인의 모습이 아닐까? 참으로 안타까운 일이 아닐 수 없다. 그 원인이 어디에 있을까?

그동안 이신칭의로 구원받은 성도가 어떻게 자신이 성도임을 인식할 수 있는지 즉 성도로서의 정체성을 어떻게 인식할 수 있는지에 관하여 살펴봤다. 그 결론으로 11절은 이렇게 말씀한다.

이와 같이 너희도 너희 자신을 죄에 대하여는 죽은 자요, 그리스도 예수 안에서 하나님께 대하여는 살아있는 자로 여길지어다.(롬 6:11)

즉 예수께서 이루신 구속 사역에서 보여준 대로 성도는 죄에 대하여 죽은 자이며 하나님께 대하여서는 산 자임을 인식하라는 것이다. 그렇다면 성도로서 이 세상을 살아가는 기준과 기초 그리고 근거는 무엇일까?

우리는 이러한 주제를 '기독교 윤리'라 칭할 수 있겠다. 구절을 강해하기 전에 개괄적으로 기독교 윤리의 기본에 대하여 살펴보고자 한다. 한마디로 말하면 어떻게 성도로서 살아갈 것인가에 대한 내용을 살피려는 것이다.

1. 기독교 윤리의 근거와 목표

사도 바울은 로마서에서 구원의 교리(1장~11장)와 실천(12장~16장)을 진술하고 있다. 이제까지 이신 칭의의 교리를 통한 구원의 기초적인 말씀을 살펴보았다. 그리고 6장 전반부(1~11절)에서 예수와의 연합에 대한 진리를 통하여, 어떻게 구체적으로 구원을 얻었다고 고백하게 되는지, 또 구원을 누리게 되는지 등 구원에 대한 기본적인 진리를 설명했다. 바울은 이제 6장 후반부(12절~23절)에서 구원받은 자로서의 삶의 기초를 제시하며 7장까지 말씀한다.

주께서는 산상보훈에서 가르치셨다.

또 네 이웃을 사랑하고 네 원수를 미워하라 하였다는 것을 너희가 들었으나 나는 너희에게 이르노니 너희 원수를 사랑하며 너희를 박해하는 자를 위하여 기도하라. 이같이 한즉 하늘에 계신 너희 아버지의 아들이 되리니(마 5:43~45a)

누가복음에서 구체적인 제자로서의 삶의 방식을 말씀하셨다.

그러나 너희 듣는 자에게 내가 이르노니 너희 원수를 사랑하며 너희를 미워하는 자를 선대하며 너희를 저주하는 자를 위하여 축복하며 너희를 모욕하는 자를 위하여 기도하라. 너의 이 뺨을 치는 자에게 저 뺨도 돌려대며 네 겉 옷을 빼앗는 자에게 속옷도 거절하지 말라. 네게 구하는 자에게 주며 네 것을 가져가는 자에게 다시 달라 하지 말며, 남에게 대접을 받고자 하는 대로 너희도 남을 대접하라. 너희가 만일 너희를 사랑하는 자만을 사랑하면 칭찬받을 것이 무엇이냐 죄인들도 사랑하는 자는 사랑하느니라. 너희가 만일 선대하는 자만을 선대하면 칭찬받을 것이 무엇이냐 죄인들도 이렇게 하느니라. 너희가 받기를 바라고 사람들에게 꾸어주면 칭찬받을 것이 무엇이냐 죄인들도 그만큼 받고자 하여 죄인에게 꾸어주느니라. 오직 너희는 원수를 사랑하고 선대하며 아무것도 바라지 말고 꾸어주라 그리하면 너희 상이 클 것이요 또 지극히 높으신 이의 아들이 되리니 그는 은혜를 모르는 자와 악한 자에게도 인자하시니라. 너희 아버지의 자비로우심 같이 너희도 자비로운 자가 되라.(눅 6:27~36)

그런데, 과연 오늘을 살아가는 성도의 모습은 어떠한가? 혹시 성도들이 예수를 믿으면서 세상사람들보다 더 많이 갖고 싶고 더 높아지고 더 강해지려는 것은 아닌가? 성도가 봉사하고 섬기기보다는 군림하려 하고 세상 사람보다 더 많은 것을 갖고 누리고 세를 과시하고자 하지는 않는가? 그래서 세상으로부터 손가락질과 조롱과 무시를 당하며 세상의 걱정거리로 전락하고 있는 것이 아닌가?

만일 그렇다면 교회에 다닌다는 성도가 주님의 가르침을 외면하고 하나님의 부르심을 변질시키고 나아가 세상의 조롱과 걱정거리로 전락한 것이다. 이런 세속적인 교회와 교인의 모습은 어디서 기인한 것인가?

사도 베드로는 하나님은 택한 백성을 향하여 "내가 거룩하니 너희도 거룩하라(레 11:44~45; 벧전 1:6)."라는 율법을 근거로 "네 이웃 사랑하기를 네 자신과 같이 사랑하라. 나는 여호와이니라(레 19:18 b)."라고 명했다.

하나님께서 언약 백성에게 요구하는 윤리의 기준은 바로 하나님 자신이다. 그래서 개혁주의 조직신학자인 존 머레이(John Murry)는 "성경 윤리의 근거는 하나님의 완전성에 있다"라고 말했다.

사도 바울은 본문에서 다음과 같이 기독교 윤리의 기본을 설명한다.

> 그러므로 너희는 죄가 너희 죽을 몸을 지배하지 못하게 하여 몸의 사욕에 순
> 종하지 말고, 또한 너희 지체를 불의의 무기로 죄에게 내주지 말고 오직 너희
> 자신을 죽은 자 가운데서 다시 살아난 자 같이 하나님께 드리며 너희 지체를
> 의의 무기로 하나님께 드리라. 죄가 너희를 주장하지 못하리니 이는 너희가
> 법 아래에 있지 아니하고 은혜 아래에 있음이라.(롬 6:12~14)

이 구절을 통하여, 예수 그리스도의 대속 진리를 믿고 하나님의 자녀
가 된 성도는 윤리적 삶의 시작과 중심 그리고 목표에 대하여 생각하게
된다. 그리고 그 핵심은 예수 그리스도의 구속 사건이며 그 목표는 구
원의 복음이 지향하는 대로 살아가는 것이다.

2. 바울이 제시하는 성도의 윤리적 배경

바울 서신은 대략 앞부분에서는 교리를, 뒷부분에서는 실천을 가르
치고 있다. 바울이 실천 문제를 다루면서 취했던 강력한 입장은 교리
부분에서는 반 율법주의(Anti-legalism)이고, 실천 부분에서는 반영지주
의(Anti-Gnosticism)이다.

반 율법주의는 철저한 율법주의자이었던 바울이, 이제까지 율법으
로 의롭게 된다는 율법적 교훈이 하나님께서 율법을 주신 정신과 철저
하게 다르다는 것을 깨닫고, "구원은 오직 복음으로만 얻는다." 라는 자
각에서 나온 것이다. 그는 복음은 율법주의적 구원론을 철저하게 배격
하는 도리임을 깨달았다. 그래서 바울은, "그러므로 율법의 행위로 그의 앞에
의롭다 하심을 얻을 육체가 없나니 율법으로는 죄를 깨달음이니라(롬 3:20)." 라고 실
토하고 이 진리를 전하는 일에 전념했다.

그뿐 아니라, 바울은 당시 유행했던 영지주의, 즉 육은 악하고 헛된
것이며 영적인 것만이 선하고 옳다고 가르치는, 사변적이고 형이상학

적(metaphysic)인 영지주의를 철저하게 배격했다. 바울은 예수 그리스도의 십자가와 부활 사실(facts)에 근거하여 구원 복음을 전하는 일에 한평생을 투신했다.

> 누가 철학과 헛된 속임수로 너희를 사로잡을까 주의하라. 이것은 사람의 전통과 세상의 초등학문을 따름이요 그리스도를 따름이 아니니라. 그 안에는 신성의 모든 충만이 육체로 거하시고, 너희도 그 안에서 충만하여졌으니 그는 모든 통치자와 권세의 머리시라. 또 그 안에서 너희가 손으로 하지 아니한 할례를 받았으니 곧 육의 몸을 벗는 것이요 그리스도의 할례니라. 너희가 세례로 그리스도와 함께 장사 되고 또 죽은 자들 가운데서 그를 일으키신 하나님의 역사를 믿음으로 말미암아 그 안에서 함께 일으키심을 받았느니라.(골 2:8~12)

이러한 교훈은 사도 요한에게서도 발견된다. 그 역시 바울과 같이 영지주의적 가르침이 교회 내에 침투해 있던 초대교회 성도들에게 역사적 예수의 복음을 전하는 데 주력했다.

> 태초부터 있는 생명의 말씀에 관하여는 우리가 들은 바요 눈으로 본 바요 자세히 보고 우리의 손으로 만진 바라. 이 생명이 나타내신바 된 지라 이 영원한 생명을 우리가 보았고 증언하여 너희에게 전하노니 이는 아버지와 함께 계시다가 우리에게 나타내신 바 된 이시니라. 우리가 보고 들은 바를 너희에게도 전함은 너희로 우리와 사귐이 있게 하려 함이니 우리의 사귐은 아버지와 그의 아들 예수 그리스도와 더불어 누림이라.(요일 1:1~3)

3. 바울이 가르친 기독교 윤리의 기본 원리

바울의 윤리적 교훈이 기초하는 근거와 동력 그리고 목표는 무엇일까?

기초: 하나님의 전적인 은혜

> 그러므로 너희는 죄가 너희 죽을 몸을 지배하지 못하게 하여 몸의 사욕에 순종하지 말고, 또한 너희 지체를 불의의 무기로 죄에게 내주지 말고 오직 너희

자신을 죽은 자 가운데서 다시 살아난 자 같이 하나님께 드리며 너희 지체를 의의 무기로 하나님께 드리라. 죄가 너희를 주장하지 못하리니 이는 너희가 법 아래에 있지 아니하고 은혜 아래에 있음이라.(롬 6:12~14)

롬 6:1~11에서 살핀 대로, 성도의 성도됨은 하나님께서 예수를 통해 이루신 구속의 진리를 적용하며 역사하시는 은혜로 인한 것이다. 사도 바울은 자신의 자신됨은 '오직 하나님의 은혜라(고전 15:10 a)'고 했듯이, 모든 성도의 성도됨도 그 어떤 자격과 신분과 능력과 배경에 따른 것이 아니라, 오직 하나님의 풍성한 긍휼과 은혜로 인한 것임을 주장했다(요 1:12~13; 엡 2:5).

사도 바울은 이 모든 것이 하나님의 "은혜 아래에 있기 때문"이라고 말한다. 이는 성도가 성도답게 살 수 있는 것은 그를 지배하시는 하나님의 은혜가 있으므로 가능하다는 의미이다. 성도의 아름다운 삶은 그 성도가 하나님께서 자신에게 베풀어 주신 은혜가 절대적인 요소였음임을 고백할 때 가능하다. 이 점을 잊지 않고 고백하게 될 때 비로소 성도다운 삶을 살 수 있을 것이다.

지금도 생생하게 기억하는 감동적인 일이 있다. 지난 1986년 남서울교회당에서, '정암 박윤선 목사 성역 50년 감사예배'를 드렸다. 박윤선 목사님은 "여기 80년 묵은 죄인이 이 자리에 섰습니다. 오늘이 있게 된 것은 오직 하나님의 은혜입니다"라고 고백했다. 그렇다! 오직 하나님의 은혜로 살아가는 자임을 고백할 수 있다면 분명히 그에게서 신실한 성도로 사는 삶의 모습을 엿볼 수 있을 것이다.

근거: 예수께서 이루신 구속 사역

앞에서 살펴보았듯이, 바울은 성도가 자기 정체성을 찾게 되는 가장 핵심적인 요소로 예수께서 이루신 역사적인 구속 사역 즉 십자가와 부활을 지적한다. 그는 예수 그리스도의 구속 사역을 기독교 윤리의 근거로 제시한다.

> 무릇 그리스도 예수와 합하여 세례를 받은 우리는 그의 죽으심과 합하여 세
> 례를 받은 줄을 알지 못하느냐, 그러므로 우리가 그의 죽으심과 합하여 세례
> 를 받음으로 그와 함께 장사 되었나니 이는 아버지의 영광으로 말미암아 그
> 리스도를 죽은 자 가운데서 살리심과 같이 우리로 또한 새 생명 가운데서 행
> 하게 하려 함이라.(롬 6:3~4)

이 구절에서 사도가 요구하는 행동 두 가지를 본다. 먼저, 세례를 받은 것은 예수와 함께 죽고 예수와 함께 산자로서 고백을 하고, 성례에 참여한 것이며, 다음은 그것으로 인하여 얻게 된 생명으로 성결한 삶의 원동력이 된다는 것이다. 이것이 죄에 대하여 죽고 하나님께 대하여 사는 삶이 되게 한다.

핵심: 예수 그리스도와의 연합정신

이렇게 성례에 참여한 자는 단순한 종교의식에 참여한 것이 아니라, 그 예식에 참여하므로 그에게 적용된 "예수와의 연합(Union with Christ)"을 얻게 된 것이다. 참여자는 고백과 체험을 통하여 의무감과 책임성을 인식하고 자발적으로 순종하게 된다. 그리하여 이 세상에 살면서 예수다운 삶(the life of Jesus-like)을 살려고 힘쓰게 된다. 이런 삶의 원칙을 세운 바울은 주님께 받은 은혜로 주 예수를 본받아 전심전력하여 산 것처럼 성도들이 자신을 본받아 살 것을 권면했다.

> 내가 그리스도와 그 부활의 권능과 그 고난에 참여함을 알고자 하여 그의 죽
> 으심을 본받아 어떻게 해서든지 죽은 자 가운데서 부활에 이르려 하노니, 내
> 가 이미 얻었다 함도 아니요 온전히 이루었다 함도 아니라 오직 내가 그리스
> 도 예수께 잡힌바 된 그것을 잡으려고 달려가노라 …… 형제들아 너희는 함
> 께 나를 본받으라.(빌 3:10~12, 17a)

바울과 같이 성도는 자신이 깨닫고 고백한 것을 자신이 감당해야 할

책임과 의무로 생각하고 충성하여 전심전력으로 사역해야 한다. 사도 바울은 부활하신 예수 그리스도의 부르심을 받은 후 자신이 받은 은혜를 절감하면서 그 이후 사역의 모든 결과는 오직 주께서 주시는 은혜로 이루어진 것임을 고백했다.

> 그러나 내가 나 된 것은 하나님의 은혜로 된 것이니 내게 주신 그의 은혜가 헛되지 아니하여 내가 모든 사도보다 더 많이 수고하였으나 내가 한 것이 아니요 오직 나와 함께 하신 하나님의 은혜로라.(고전 15:10)

동력: 성령 하나님의 역사

성도답게 살아가는 모습은 세상 사람이 살아가는 양태와는 차이가 날 수밖에 없다. 이유는 성도를 지배하는 세력은 하나님의 은혜이기 때문이다. 세상 사람은 헛된 영광을 얻기 위하여 서로 경쟁하고 투기하지만(갈 5:26), 신실한 성도는 자신이 경험한 성령의 역사가 어떻게 자신을 변화시켜 새로운 삶을 살도록 하는지를 날마다 고백하게 된다.

> 형제들아 너희가 자유를 위하여 부르심을 입었으나 그러나 그 자유로 육체의 기회를 삼지 말고 오직 사랑으로 서로 종노릇하라. / 그리스도 예수의 사람들은 육체와 함께 그 정욕과 탐심을 십자가에 못 박았느니라. 만일 우리가 성령으로 살면 또한 성령으로 행할지니(갈 5:13, 24~25)

사도 바울은 이렇게 명했고 진정으로 성령의 지배를 받는 자가 나타내는 삶의 모습을 "오직 성령의 열매는 사랑과 희락과 화평과 오래 참음과 자비와 양선과 충성과 온유와 절제니 이 같은 것을 금지할 법이 없느니라.(갈 5:22~23)"라는 설명을 했다. 이렇게 성도가 성도다운 삶을 살아가게 하는 원동력은 다름 아닌 성령 하나님이시다.

목표: 장차 완성될 구원

마지막으로 성도는 세상에서 주어지는 평가와 보상에 연연하지 않는다는 것이다. 성도는 세상의 인정을 받기 위하여 살지 않는다. 바울은 사역하면서 숱한 사람들과 만나고 헤어졌다. 그들과 함께 사역하면서 겪은 고충은 이루 말로 다 할 수 없을 정도일 것이다.

> 형제들아 너희는 함께 나를 본받아라. 그리고 너희가 우리를 본받은 것처럼 그와 같이 행하는 자들을 눈여겨 보라. 내가 여러 번 너희에게 말하였거니와 이제도 눈물을 흘리며 말하노니 여러 사람들이 그리스도의 십자가의 원수로 행하느니라. 그들의 마침은 멸망이요 그들의 신은 배요, 그 영광은 그들의 부끄러움에 있고 땅의 일을 생각하는 자라.(빌 3:17~19)

바울은 자기와 동역했던 자들의 배반과 배신, 그리고 그들의 위선과 거짓된 행동으로 얼마나 상처를 받았는지 모른다. 그러나 그는 자신의 삶의 목적과 목표를 이 세상에 설정하지 않았다. 그의 목적과 목표는 장차 이루어질 구원에 있기 때문이다. 그래서 그는 이렇게 소망하며 끝까지 사역했다.

> 그러나 우리의 시민권은 하늘에 있는지라 거기로부터 구원하는 자 곧 주 예수 그리스도를 기다리노니 그는 만물을 자기에게 복종하게 하실 수 있는 자의 역사로 우리의 낮은 몸을 자기 영광의 몸의 형체와 같이 변하게 하시리라.(빌 3:20~21)

성도는 이런 종말론 의식을 가지고 미래 지향적인 믿음으로, 인내와 성실로 모든 난관을 극복하고 적극적으로 사는 자가 되어야 할 것이다.

결 론

오늘날 성도와 교회의 모습은 세상과 다를 바 없이 타락하였다. 교회가 세상을 염려하고 안타깝게 여기고 구원을 전하는 것이 아니라 오히려 세상이 교회를 걱정하고, 멸시하고, 백안시하는 계륵이 되고 말았다. 소금의 맛을 잃어가고 있고, 빛이 꺼져가고 있다. 빛은 연료가 공급

될 때 꺼지지 않고 빛을 발하게 되고, 소금은 소금 통에서 나와 뿌려져야만 소금 본연의 맛을 내고 부패를 방지할 수 있다.

빛과 소금의 기능은 희생 없이는 불가능하다. 교회 안에만 갇혀, 성도끼리만 교제한다면 어떻게 세상의 소금의 역할, 빛의 역할을 할 수 있겠는가? 자기희생 없는 교인, 십자가의 진리가 없는 교회는 있을 수 없고 있어서도 안 될 것이다. 교회가 세상보다 더 세상적이고, 성도가 불신자보다 더 세속적이라면 어찌 그런 집단이 교회이며 그런 자가 성도이겠는가?

사도 바울은 강력한 논리로 성도의 윤리 즉 기독교 윤리의 기초를 말한다.

> 그러므로 너희는 죄가 너희 죽을 몸을 지배하지 못하게 하여 몸의 사욕에 순종하지 말고, 또한 너희 지체를 불의의 무기로 죄에게 내주지 말고 오직 너희 자신을 죽은 자 가운데서 다시 살아난 자 같이 하나님께 드리며 너희 지체를 의의 무기로 하나님께 드리라. 죄가 너희를 주장하지 못하리니 이는 너희가 법 아래에 있지 아니하고 은혜 아래에 있음이라. 그런즉 어찌 하리요 우리가 법 아래에 있지 아니하고 은혜 아래에 있으니 죄를 지으리요. 그럴 수 없느니라.(롬 6:12~15)

하나님의 은혜를 이미 풍성하게 경험한 우리가 그 은혜의 지배를 받기 바란다. 그 은혜를 베풀어 주신 하나님께 항상 감사하며 그분의 영광을 위하여 사는 신실한 성도가 되어야 할 것이다.

하나님께 드리는 의의 병기

> 그러므로 너희는 죄가 너희 죽을 몸을 지배하지 못하게 하여 몸의 사욕에 순종하지 말고 또한 너희 지체를 불의의 무기로 죄에게 내주지 말고 오직 너희 자신을 죽은 자 가운데서 다시 살아난 자 같이 하나님께 드리며 너희 지체를 의의 무기로 하나님께 드리라. 죄가 너희를 주장하지 못하리니 이는 너희가 법 아래에 있지 아니하고 은혜 아래에 있음이라(로마서 6:12~14).

성도는 어떤 자들인가? 이들은 과연 무엇을 믿는 자이며 그들의 성격은 어떻게 규정될 수 있을까? 바울 사도는 이교도의 땅, 로마에서 예수를 믿는 로마교회에 성도의 본질과 성격, 그리고 사역에 대하여 특유의 논법으로 설명했다.

이신칭의의 진리를 믿는 자에 대하여 제기될 수 있는 질문(롬 6:1)에 대한 대답 (롬 6:14)에서 바울의 복음의 핵심을 알 수 있다. 그의 결론은 무엇인가?

예수를 믿는 자들이 반드시 알고 고백해야 할 것은 예수께서 죄에 대하여 죽고 하나님에 대하여 사심으로 성도의 구원을 완성하셨기에, 그 예수와 연합한 자들은 자신들 역시 예수와 같이 죄에 대하여 죽은 자요, 하나님에 대하여는 산 자로서 믿어야 한다는 것이다. 성도는 자신을 예수와 같이 된 자로 여겨야 한다는 것이다. 이 진리를 믿음으로 받아들인 자는 자신이 죄에 대하여 죽은 자이기에 죄에게 자신을 드리지 말고, 하나님의 영광을 드러내는 삶을 위하여 자신을 하나님께 드리며 사는 자가 되어야 한다.

1. 의의 병기로 사는 길

12절은 "그러므로(*ssun*, therefore)"로 시작한다. 이 접속사는 '은혜를 더하기 위하여 죄에 거하겠는가(1b)'라는 반문으로 시작된 논쟁을 마감하는 말이다. 이 변론은 14절로 끝난다.

> 죄가 너희를 주장하지 못하리니 이는 너희가 법 아래에 있지 아니하고 은혜 아래에 있음이라.(롬 6:14)

성도는 죄의 지배 아래 있지 않고 은혜의 지배 아래 있으므로 죄가 성도를 주장하지 못한다는 것이 바울의 결론이다. 이러한 인식이 확실할 때 어떤 행동이 나타나게 될까? 바울은 소극적 방식과 적극적 방식, 두 가지로 설명한다.

1) 소극적 방식

> 그러므로 너희는 죄가 너희 죽을 몸을 지배하지 못하게 하여 몸의 사욕에 순종하지 말고 또한 너희 지체를 불의의 무기로 죄에게 내주지 말고"(롬 6:12~13a)

이 말씀은 성도가 하지 말아야 할 행동 규범이다. 그것은 두 가지로 구분된다.

첫째, 죄의 지배를 허용하지 말라

몸에 관한 규정이다. 이 몸은 "죽을 몸(mortal body)"이다. 이 몸(*soma*, body)은 육체(몸)를 말한다. 이 육체는 언젠가 흙으로 돌아갈 몸이다. 사도는 이것을 "죽을 몸"이라 했다. 이 죽음은 죄의 대가이다. 하나님께서 타락한 아담에게 "너는 흙이니 흙으로 돌아갈지니라(창 3:19b)!"라고 저주하셨다. 그래서 모든 인간은 죽어 흙으로 돌아가는 것이다.

사람은 누구나 욕망(desire)이 있다. 식욕, 정욕, 물욕 등이다. 그러나 그 모든 욕망이 죄라는 말은 아니다. 문제는 사욕(evil desire)이다. 사욕이란 죄가 지배하여 그 죄의 세력에 억눌려서 죄를 짓는 것으로, 몸이 죄를 짓는 온상 혹은 교두보로서 역할을 하는 악한 욕망을 말한다. 바울은 몸이 죄의 도구가 되게 하지 말라고 강하게 명했다. 이것은 예수를 믿는 성도의 몸이 욕망으로 죄를 짓는 온상이 되지 않게 하라는 명령이다.

나이그렌(Nygren) 성도는 "예수를 믿는 성도는 예수와 함께 죄로부터 자유를 얻는 자이기 때문에, 집요하게 유혹하는 죄의 세력과 적극적으로 대응하여 싸워야만 한다. 그래야 참 자유를 누릴 수 있다."라고 말했다.

둘째, 몸의 지체를 불의의 도구가 되게 말라

13절은 "또한 너희 지체를 불의의 무기로 죄에게 내어주지 말라"로 시작한다. 여기서 말하는 "지체(*mele*, parts or members)"는 몸의 기관 즉 눈, 코, 입, 귀 그리고 손, 발과 같은 신체의 각 부분을 말한다. 이러한 각 지체를 죄를 짓는 도구로 사용하지 말라는 것이다. 여기서 말하는 도구(*oplon*, tools)란 전쟁 때 사용하는 칼, 화살, 창과 같은 무기(weapons)를 말한다. 즉 우리의 기관, 지체, 그리고 그 지체의 기능을 무기로 취급하여 전쟁할 때처럼 몸을 죄 짓는 무기로 사용하지 말라는 것이다.

그런데 문제는 죄의 세력은 사람이 제어할 수 없을 만큼 강력한 능력을 행사한다는 것이다. 사도 바울조차도 이 죄의 세력의 강력한 힘에 대하여 도저히 이길 수 없는 세력임을 실토하며 탄식했다.

그러므로 내가 한 법을 깨달았노니 곧 선을 행하기 원하는 나에게 악이 함께 있는 것이로다. 내 속사람으로는 하나님의 법을 즐거워하되, 내 지체 속에서 한 다른 법이 내 마음의 법과 싸워 내 지체 속에 있는 죄의 법으로 나를 사로잡는 것을 보는도다. 오호라 나는 곤고한 사람이로다. 이 사망의 몸에서 누가 나를 건져내랴.(롬 7:21~24)

바울은 자기 속에서 끊임없이 분출하는 죄의 욕망의 유혹을 받아, 그것이 잘못된 것인 줄을 알면서도 어쩔 수 없이 그 더러운 욕망에 빠지게 된다고 실토했다. 그는 자기 안에서 나오는 육신의 각종 더러운 욕망에서 도저히 빠져나올 수 없다고 토로한 것이다.

그런데 놀랍게도 그 육체의 욕망에서 빠져나올 수 있는 길이 있다. 그 유일한 길은 하나님의 은혜 즉 예수 그리스도를 믿는 것뿐이다. 종교개혁자 루터도 이러한 죄의 고민 속에서 소위 "탑 속의 경험"을 통하여 십자가의 신학을 발견하게 된다.

그렇다면 이 욕망은 어떤 것들인가? 바울은 15가지를 나열하며 만일 이 욕망들을 추구하며 살면 하나님 나라를 얻을 수 없다고 말했다.

육체의 일은 현저하니 곧 음행과 더러운 것과 호색과 우상 숭배와 술수와 원수를 맺는 것과 분쟁과 시기와 분 냄과 당 짓는 것과 분리함과 이단과 투기와 술 취함과 방탕함과 또 그와 같은 것들이라 전에 너희에게 경계한 것 같이 경계하노니 이런 일을 하는 자들은 하나님의 나라를 유업으로 받지 못할 것이요"(갈 5:19~21)

돼지를 도축장까지 운반하는 사람이 있었다. 도축장까지 돼지를 몰고 가는 일은 쉬운 일이 아니다. 그런데 돼지들을 도축장까지 쉽게 몰고 가는 사람에게 그 비결을 물었다. 그는 호주머니에서 콩 한 줌을 꺼내 보이며, "이것이 비결입니다. 내가 앞서가며 콩을 뿌리면 돼지는 그 콩을 주워 먹으면서 도축장까지 따라옵니다."

돼지는 끝없는 욕망인 강한 식욕으로 콩을 먹으며 따라가다 죽는 것이다. 이처럼 사람도 사욕을 따라 살면 결국 사망에 이르게 된다. 바울은 죄의 욕망에 사로잡혀 사는 사람은 하나님의 나라를 유업으로 받지 못한다고 경고한다. 죄의 능력을 막지 않았기 때문에 그 영향을 받아서 몸에 욕망이 가득 하게 되어 죄를 범하게 된다. 그리고 순결함과 거룩함을 잃게 되어 성도로서 어떤 정당성과 능력을 발휘할 수 없게 된다. 그렇게 되면 결국 구원에서 제외될 것이다.

2) 적극적인 방식

> 오직 너희 자신을 죽은 자 가운데서 다시 살아난 자 같이 하나님께 드리며 너희 지체를 의의 무기로 하나님께 드리라.(롬 6:13b)

그래서 13절 하반절에서 적극적인 행동 지침을 제시한다. 흥미로운 점은 부정적인 지침을 제시할 때는 현재형을 사용했지만, 긍정적인 지침을 제시할 때는 시제에 제한을 받지 않는 상존형(aorist)을 사용했다는 점이다.

이러한 설명을 한 의도는 항상 수행해야 하는 행동을 지시하기 위함이다. 한 번에 모든 것을 드림으로 해결되는 것이 아니라, 계속 드려야 함을 말하는 것이다. 또한 이 드림은 요구에 의해 마지못해 드리는 행위가 아니라, 자발적 헌신으로 드리는 것이다. 자신의 모든 지체를 의의 수단과 도구와 병기로 삼아 하나님께 드리는 것이다. 이것은 의무감이나 책임감으로 드리는 것이 아니라 자원하며 즐거움으로 드리는 것이다.

이러한 원칙은 봉사에서도 적용되고 헌금의 정신에도 적용된다. 예를 들면 아벨과 가인의 제사 사건(창 4:1~15)을 들 수 있을 것이다. 가인의 제사보다 아벨의 제사가 "더 나은 제사"로서 아벨의 믿음을 증거하는 예물이라고 평가를 받았다. 하나님께서는 아벨을 의로운 자라고 칭찬하시고 아벨의 믿음을 참되다고 평가했다.

믿음으로 아벨은 가인보다 더 나은 제사를 하나님께 드림으로 의로운 자라

하시는 증거를 얻었으니 하나님이 그 예물에 대하여 증언하심이라 그가 죽었으나 그 믿음으로써 지금도 말하느니라.(히 1:3)

2. 의의 병기로 사는 성도

이것이 어떻게 가능한가? 어떻게 성도가 죄의 지배를 받지 않고 의의 병기로 하나님께 드릴 수 있겠는가?

첫째, 죄가 더 이상 주인이 아님을 분명히 인식할 때 가능하다.

성도는 율법 아래 즉 율법의 지배를 받지 않고 은혜 아래 즉 은혜의 지배를 받는다(14절). 이것만이 죄의 세력과 지배로부터 해방시켜 줄 유일한 비밀이요 통로이다. 율법이 옛 질서였다면 은혜는 새 질서이며, 율법이 첫 아담에게 적용된 옛 질서였다면, 예수 그리스도의 원칙은 은혜가 적용된 새 질서이다.

역사적으로 완벽한 정치제도나 사회제도는 없다는 것이 역사적으로 증명되고 있다. 세상에 제시된 모든 새로운 체계와 질서는 제시될 당시에는 다수의 열렬한 찬사와 지지를 받지만, 얼마 지나지 않아 혼동과 무질서가 발생하여 이를 개선해야 한다. 이는 수정 자본주의, 수정 공산주의, 수정 사회주의와 같은 정치이론들이 나타나고 있는 것이다.

하지만 예수께서 완성하여 주신 이 새 질서는 완전하고, 완벽하고, 온전한 구원 질서다. 주님은 '새 포도주는 새 부대에 담아야 한다.' 라고 역설하셨다(마 9:16~17; 눅 5:36~39). 예수께서 완성하신 이 복음의 새 질서는 우리가 율법 아래에서 지켜야만 하는 의무와 책임에서 벗어나게 했다. 이 새 질서는 우리에게 참된 자유와 평안과 기쁨을 제공하는 새로운 체계이며 구원 원리이다.

사도 바울은 율법 아래에서는 저주와 정죄함이 있을 수밖에 없다는 사실을 설명한다.

무릇 율법 행위에 속한 자들은 저주 아래에 있나니 기록된 바 누구든지 율법 책에 기록된 대로 모든 일을 항상 행하지 아니하는 자는 저주 아래에 있는 자라 하였음이라. 또 하나님 앞에서 아무도 율법으로 말미암아 의롭게 되지 못할 것이 분명하니 이는 의인은 믿음으로 살리라 하였음이라. 율법은 믿음에서 난 것이 아니니 율법을 행하는 자는 그 가운데서 살리라 하였느니라.(갈 3:10~12)

'은혜 아래에 있다'는 것은, 예수 그리스도께서 완성하신 사역을 믿어 의로운 자가 되는 것이다. 이 이신칭의의 은혜는 죄로 인하여 갖게 되는 죄책과 그로 인하여 오는 정죄와 심판의 공포에서 벗어나 기쁨과 감사로 새로운 힘과 능력을 갖추게 한다. 뿐만 아니라 이 은혜는 끝없는 죄의 유혹을 거부하고 복음 안에서 참된 자유를 누리게 한다. 나아가 이 은혜는 거룩에 대한 의무감과 책임성을 갖게 하여 성결한 생활을 하게 한다.

둘째, 성령의 인도하심에 순종할 때 가능하다.

사도 바울은 의의 병기로 살아가는 구체적인 방법을 제시한다. 성령을 좇아 행할 때 의의 병기로 사는 것이 가능하다는 것이다. 성령의 인도하심만이 의의 병기가 되는 기준이 되는 것이다. 그러므로 우리는 성령의 인도에 순종해야 한다.

내가 이르노니 너희는 성령을 좇아 행하라 그리하면 육체의 욕심을 이루지 아니하리라.(갈 5:16)

3. 인생관이 바뀐 삶

이렇게 예수를 온전히 믿는 자는 죄와 하나님에 대한 사상 체계가 바뀌게 마련이다. 그의 인생관과 가치관과 세계관의 대전환(Paradigm Shift)이 이루어지는 것이다.

바울이 그 좋은 예이다. 그는 예수 믿기 전에는 예수를 믿는 자들을 핍박하는 자였다. 그러나 그가 예수를 믿은 후에는 그의 생각이 완전히 바뀌었다. 그는 자신의 과거 삶에 대하여 "내가 전에는 비방자요 박해자요 폭행자였으나 도리어 긍휼을 입은 것은 내가 믿지 아니할 때에 알지 못하고 행하였음이라(딤전 1:13)"라고 고백했다.

사실 모를 때는 용감하다. 자기주장이 강하게 된다. 그러나 잘 알고 나면 겸손해지고 순종하게 된다. 이러한 모습은 성 어거스틴(St. Augustine)에게서도 나타난다. 그는 예수를 인격적으로 만나기 전과 후가 완전히 달라졌다. 예수를 믿고 난 후 그의 인생은 전혀 다른 길을 가게 되었다. 그는 세상적인 학식과 영예 그리고 성공과 쾌락을 추구하며, 자기가 하고 싶은 대로 살았지만 만족을 얻지 못하고 몸에 병이 들어 고향으로 왔을 때에 그동안 아들의 회심을 위하여 간절하게 기도했던 어머니 모니카(Monica)의 기도는 응답되어 아들 어거스틴은 완전히 변화되었다. 그 후 어거스틴은 회심하여 바울 이후 최고의 신학자가 되었다.

미국 남북전쟁 때 연합군 장교가 한 사람 있었다. 그런데 그가 전쟁 중에 크게 다쳐 정신을 잃었다. 얼마 후 의식이 돌아온 장교는 기도를 했다. "하나님, 만일 저를 살려주신다면 남은 인생을 하나님을 위하여 봉사하며 살겠습니다." 그는 인생의 위기 속에서 하나님을 찾았다. 다음 날 위생병이 그 장교를 발견하고 병원으로 옮겼다. 기적적으로 살아난 그는 그리스도인이 되기로 작정하고 새로운 삶을 살았다. 그는 그 이후 필라델피아의 템플 대학교(Temple University)와 3개의 종합병원을 설립하여, 많은 사람에게 그리스도의 복음을 전하며 사랑을 실천한 러셀 콘웰(Russell H. Conwell, 1843~1925)이다. 예수를 만난 후 자신을 의의 병기로 하나님께 드리는 자가 된 것이다.

우리는 예수를 믿고 얼마나 달라졌는가? 우리 자신을 돌아보고 우리의 신앙상태를 점검하기를 바란다.

결 론

사도 바울은 다음과 같이 강력하게 권면한다.

> 너희는 이 세대를 본받지 말고 오직 마음을 새롭게 함으로 변화를 받아 하나
> 님의 선하시고 기뻐하시고 온전하신 뜻이 무엇인지 분별하도록 하라. 내게 주
> 신 은혜로 말미암아 너희 각 사람에게 말하노니 마땅히 생각할 그 이상의 생
> 각을 품지 말고 오직 하나님께서 각 사람에게 나누어 주신 믿음의 분량대로
> 지혜롭게 생각하라.(롬 12:2~3)

예수를 믿어 변화된 자는 받은 은혜를 잊지 않고 그 은혜에 대한 책
임과 의무가 무엇인지를 스스로 생각하고 신령한 예배의 삶을 살아야
한다. 하나님께서 우리에게 우리의 지체를 불의의 병기가 아니라 의의
병기로 드릴 수 있도록 성령을 한없이 부어주시기를 바래야 한다.

> 우리를 구원하시되 우리가 행한 바 의로운 행위로 말미암지 아니하고 오직
> 그의 긍휼하심을 따라 중생의 씻음과 성령의 새롭게 하심으로 하셨나니, 우리
> 구주 예수 그리스도로 말미암아 우리에게 그 성령을 풍성히 부어 주사 우리
> 로 그의 은혜를 힘입어 의롭다 하심을 얻어 영생의 소망을 따라 상속자가 되
> 게 하려 하심이라.(딛 3:5~7)

제75강

은혜의 지배

그러므로 너희는 죄가 너희 죽을 몸을 지배하지 못하게 하여 몸의 사욕에 순종하지 말고 또한 너희 지체를 불의의 무기로 죄에게 내주지 말고 오직 너희 자신을 죽은 자 가운데서 다시 살아난 자 같이 하나님께 드리며 너희 지체를 의의 무기로 하나님께 드리라. 죄가 너희를 주장하지 못하리니 이는 너희가 법 아래에 있지 아니하고 은혜 아래에 있음이라(로마서 6:12~14).

건강검진 진료소를 찾는 사람들 대부분이 의사에게 자신의 증상을 말한 후 필요한 것을 요구한다. 그리고 그것이 충족되면 언제 보았냐는 듯이 다시는 오지 않는다. 치료가 끝나면 오지 않는 것이다. 아니 올 필요가 없다. 이는 그들이 잘못된 것이 아니라 병원이나 진료소가 그런 곳이기 때문이다. 신앙과 교회를 그렇게 생각하는 경향이 있는 것 같다. 사람들은 교회를 진료소와 병원과 같이 생각하여 자신의 요구와 바람이 이루어지기를 바라고, 만약 그것이 충족되지 않으면 재미를 못 느끼고 신앙의 깊은 의미를 찾지 않고 떠나는 경향이 있는 것 같다.

그러나 교회를 진료소와 병원과 같은 곳으로 취급해서는 안 된다. 물론 그런 기능이 없는 것은 아니지만, 오히려 교회는 훈련소와 같고 체력을 단련하는 피트니스 센터(fitness center)와 같다. 그래서 좋은 훈련소에서 교육받고, 강한 훈련을 받을 때 유능한 인재가 될 수 있는 것과 같이, 영적 훈련을 잘 받은 성도가 마귀의 온갖 유혹과 시험을 물리치며 영적 전투에서 승리할 수 있다. 성도가 올바른 교육과 믿음으로 단련되어 성숙되는 것은 하나님의 은혜이다. 이 은혜에 순응하는 것이 영적 성숙에 있어서는 아주 중요한 요소이다.

사도 바울은 에베소교회 성도를 위하여 이렇게 기도했다.

> 우리의 씨름은 혈과 육을 상대하는 것이 아니요, 통치자들과 권세들과 이 어둠의 세상 주관자들과 하늘에 있는 악의 영들을 상대함이라. 그러므로 하나님의 전신 갑주를 취하라 이는 악한 날에 너희가 능히 대적하고 모든 일을 행한 후에 서기 위함이라.(엡 6:12~13)

이제 성도를 성도되게 하시는 하나님의 은혜에 대하여 살펴보자.

1. 성도의 행동 수칙

그러므로 너희는 죄가 너희 죽을 몸을 지배하지 못하게 하여 몸의 사욕에 순종하지 말고 또한 너희 지체를 불의의 무기로 죄에게 내주지 말고 오직 너희 자신을 죽은 자 가운데서 다시 살아난 자 같이 하나님께 드리며 너희 지체를 의의 무기로 하나님께 드리라 죄가 너희를 주장하지 못하리니 이는 너희가 법 아래 에 있지 아니하고 은혜 아래 에 있음이라(롬 6:12~14)

여기에 성도의 행동수칙이 제시되었다.

소극적 행동 수칙(12절):

첫째, 죄의 지배를 허용하지 말 것,

둘째, 몸의 사역에 순종하지 말 것

셋째, 나의 지체를 불의의 무기로 내어 주지 말 것

적극적 행동 수칙(13절):

첫째, 자신을 예수처럼 하나님께 드릴 것,

둘째, 지체를 의의 무기로 하나님께 드릴 것.

성도가 이 수칙들을 지켜야할 이유가 무엇인가? 이유와 근거가 무엇인가? 바울은 "죄가 너희를 주장하지 못하리니 이는 너희가 법 아래에 있지 아니하고 은혜 아래에 있음이라.(롬 6;14)"라고 성도의 행동 수칙의 근거를 다름 아닌 은혜라고 규정했다. 즉 성도가 성도다운 행동을 해야 하는 이유는 죄의 지배를 받지 않고 은혜의 지배를 받는 자이기 때문이다. 그렇다면, 은혜의 지배를 받는다는 말의 뜻은 무엇일까?

2. 은혜 아래에 있는 성도

14절은 하나님께서 성도에게는 율법을 엄격하게 적용하거나 율법이 요구하는 높은 기준으로 다루지 않으신다는 차원에서 한 말씀이다. 즉 성도는 율법의 지배를 받지 않고 은혜의 지배를 받는 자라는 것이다. 율법의 잣대로 엄격하게 성도의 행위를 재거나, 율법의 기준으로 판단하여 정죄하지 않고, 예수께서 이루신 속죄의 은혜를 적용하신다는 것이다. 그로 인하여 성도는 죄의 지배를 받지 않고 은혜 아래 놓인 자가 되는 것이다.

이처럼 성도는 법 아래에 있지 않다. 그리고 이제는 율법의 적용대상이 아니다. 이제는 예수 그리스도께서 완성하신 구속의 진리를 적용받는 자가 되어 하나님의 은혜 아래에 있는 자가 된 것이다. 이 진리가 얼마나 큰 축복인지를 아는 자는 이 은혜의 지배가 적용되는 진리를 믿고 그 진리를 신뢰하여 자신의 마음과 몸을 온전히 주께 드리게 된다.

그렇게 하면 주께서 우리를 의의 병기로 사용해 주신다. 의의 병기로 쓰임 받는 성도는 주의 능력으로 모든 죄를 물리칠 수 있다. 이런 사람이 은혜의 지배를 받는 자이며 은혜 아래에 있는 성도이다. 사도는 성도에게 주어진 은혜를 "율법 아래에 있는 자들을 속량하시고 우리로 아들의 명분을 얻게 하려 하심이라. 너희가 아들이므로 하나님이 그 아들의 영을 우리 마음 가운데 보내사 아빠 아버지라 부르게 하셨느니라(갈 4:5~6)."라고 설명한다.

예수께서 이 땅에 오신 이유가 바로 여기에 있다. 성령의 역사로 율법 아래에 있는 자들을 죄 가운데서 건져내시고 깨끗하게 씻으셔서 하나님을 '아빠 아버지!'라고 부르게 하셨다. 이렇게 볼 때, 14절 말씀은 믿음으로 살아가는 성도를 위로하고 격려하시는 말씀이라 하겠다.

이렇게 하신 목적은 성도가 자신의 추함과 연약함을 인식하고, 항상 겸손하게 예수 그리스도를 닮아 가려는 거룩함의 여정에 참여하여 온전함에 이르려는 노력을 하도록 하기 위함이다. 주께서는 이것이 구원이며 영생이라 하셨고(요 17:3), 사도 바울은 이것이 예수를 믿는 성도의 신앙의 목표라고 하셨다.

> 우리가 다 하나님의 아들을 믿는 것과 아는 일에 하나가 되어 온전한 사람을 이루어 그리스도의 장성한 분량이 충만한 데까지 이르리니(엡 4:13)

성령께서는 성도에게 지속적으로 먼저 하나님 나라와 그의 의(義)를 추구하고 거룩한 일에 열심을 내라고 요구하지만, 정작 우리의 육신은 연약하여 온전히 그 말씀을 수행할 수가 없다. 그래서 사도는 성도가 스스로 연약함을 깨닫고 의기소침해 하거나 낙담하지 않도록 위로와 격려를 한다. 우리는 이 말씀으로 마음을 추스르고 다잡아 다시 순종에 박차를 가하는 기회로 삼아야 한다. 이것이 은혜 아래의 삶이다.

사실 율법은 엄격하여 우리를 괴롭게 하고 심하게 압박한다. 그러나 주께서는 우리를 엄격한 율법의 잣대로 다루지 않고 은혜로 다루셔서 불순(不純)함을 용서하시고 관대하게 받아주시는 것이다. 주님은 죄인들이 겪는 죄의 고통을 벗겨 안식과 평안을 주시기 위해 초청하신다.

> 수고하고 무거운 짐 진 자들아 다 내게로 오라. 내가 너희를 쉬게 하리라. 나는 마음이 온유하고 겸손하니 나의 멍에를 메고 내게 배우라. 그리하면 너희 마음이 쉼을 얻으리니, 이는 내 멍에는 쉽고 내 짐은 가벼움이라 하시니라.
> (마 11:28~30)

그러므로 우리는 그리스도께로 피하여야 하고, 자유를 보장해 주시는 피난처요, 요새요, 구원자이신 주님께 간청해야만 한다. 이유는 예수께서 자신이 그 역할을 하시겠다고 하셨기 때문이다.

예수님 자신은 율법에 전혀 빚진 적이 없지만, 친히 율법의 속박을 감수하시고 십자가에서 죽어 주셨다. 이유는 바울의 말씀과 같이 '율법 아래에 있는 자들을 속량하시기 위함'이다(갈 4:5). 여기서 '너희가 법아래 있지 않다'라는 말씀은 사람이 율법의 요구를 다 수행할 수 있는 능력이 없기 때문에 아예 정죄하는 율법의 항목들이 작동하지 못하도록 사문화한 것이다. 그래서 이 말씀은 율법의 어떤 한 부분이라도 어기는 자는 예외 없이 사망을 선고하는 율법의 단호함에 더 이상 종속되지 않게 한다는 뜻이다.

이것이 가능하게 된 것은 예수 그리스도의 의를 전가시키시는 성령의 은혜로우신 사역이 성도에게 작동하기 때문이다. 성령께서는 죄인에게 은혜를 베푸셔서 사죄의 은혜를 고백하게 하시고 거룩하고 선한 행실을 하도록 이끌어 가신다. 이것이 성령의 성화 사역이며 은혜의 지배이다. 이는 비록 죄가 집요하게 우리를 괴롭힌다 하더라도 결코 우리를 패배시킬 수는 없음을 뜻한다. 성령께서 우리 속에 내주하시며 죄를 짓지 못하도록 인도해 주시기 때문이다.

바울이 가르치는 성령 하나님의 이 사역에 대하여 들어보자.

> 이와 같이 성령도 우리의 연약함을 도우시나니 우리는 마땅히 기도할 바를 알지 못하나 오직 성령이 말할 수 없는 탄식으로 우리를 위하여 친히 간구하시느니라. 마음을 살피시는 이가 성령의 생각을 아시나니 이는 성령이 하나님의 뜻대로 성도를 위하여 간구하심이니라.(롬 8:26~27)

3. 거룩하게 하시는 성령의 역사

바울은 성령 하나님께서 성도를 향하여 사역하시는 은혜에 대하여 말한다.

> 내가 이르노니 너희는 성령을 따라 행하라 그리하면 육체의 욕심을 이루지 아니하리라. 육체의 소욕은 성령을 거스르고 성령은 육체를 거스르나니 이 둘이 서로 대적함으로 너희가 원하는 것을 하지 못하게 하려 함이니라.(갈 5:16~17)

이제 성령께서 이끌어 가시는 성화의 과정을 살펴보자.

첫째, 성화는 철저한 영적 훈련을 통해 이루어진다.

바른 신앙은 하늘에서 떨어지듯 주어지는 것이 아니다. 앞에서도 언급했지만, 너무나도 많은 그리스도인이 교회를 진료소, 병원으로 여기고 있다. 그러나 성경은 신앙과 교회가 나의 요구를 들어주는 곳이 아니라, 군대의 훈련소와 같이, 운동선수의 훈련 캠프 같이, 체력단련장(Fitness Center)같이 생각해야 한다고 말한다. 하나님의 말씀은 단련과, 인내와 훈련과 같은 과정을 통해 강한 사람, 담대한 용사와 같은 성도가 될 것을 명한다. 깨어 믿음에 굳게 서서 남자답게 강건하라.(고전 16:13)

이러한 강한 군사는 그냥 될 수 없다. 고통스럽지만 강한 훈련을 통해 이루어질 수 있다. 바울은 이 점을 강조하며 "너는 그리스도 예수의 좋은 병사로 나와 함께 고난을 받으라(딤후 2:3)."라고 디모데에게 명했다.

둘째, 성화는 하나님을 섬기는 차원에서 보아야 한다.

오래전 돌아가신 제 처가의 할아버님이 목사인 저에게 "예수는 나 좋자고 믿는 것이지 하나님 좋자고 믿는 게 아니라"며 일장 훈계하신 것이 기억이 난다. 과연 그럴까? 사실 이런 생각으로 예수를 믿는 사람이 적지 않다고 생각한다. 지금도 세상에는 아니 교회 내에는 자기 주관에 따라 마음대로 진리를 재단하고, 평가하고, 신앙을 이해하는 비성경적인 모습이 만연해 있다.

이런 접근방식으로는 성화를 이룰 수 없고, 구원을 얻을 수 없는 것은 자명하다. 자신에게만 집중하고, 자신의 이익만을 따지며, 세상에서의 성공과 자랑만을 추구하는 상태로는 온전한 구원에 이를 수 없다. 우리는 하나님의 은혜로 택함을 받고, 부름 받은 자임을 인정하고 불러주신 하나님의 의도와 목적을 추구하는 성화를 통하여 구원에 이를 수 있는 것을 잊지 말아야 한다. 사도 바울은 예수를 믿는 성도를 위하여 기도했다.

> 우리 주 예수 그리스도의 하나님, 영광의 아버지께서 지혜와 계시의 영을 너희에게 주사 하나님을 알게 하시고, 너희 마음의 눈을 밝히사 그의 부르심의 소망이 무엇이며 성도 안에서 그 기업의 영광의 풍성함이 무엇이며, 그의 힘의 위력으로 역사하심을 따라 믿는 우리에게 베푸신 능력의 지극히 크심이 어떠한 것을 너희로 알게 하시기를 구하노라.(엡 1:17~19)

셋째, 믿기 전 영적 상태를 잊지 말아야 한다.

개구리가 올챙이 때를 기억하지 못한다는 말이 있듯이, 예수를 오래 믿을수록 나의 지난 날의 죄를 지은 때를 잊어버리고, 교만하여 만용을 부릴 때가 있다. 앞에서 살펴본 바와 같이 예수 그리스도께서 죄에 대하여 죽으셨기 때문에 그에게 속한 우리도 그와 함께 죄에 대하여 단번에 죽었다. 또한, 우리가 하나님께 대하여는 산 자이기 때문에 (롬 6:1~11), 새 생명으로 사는 자임을 잊지 말아야 한다.

> 그는 허물과 죄로 죽었던 너희를 살리셨도다. 그때에 너희는 그 가운데서 행하여 이 세상 풍조를 따르고 공중의 권세 잡은 자를 따랐으니 곧 지금 불순종의 아들들 가운데서 역사하는 영이라. 전에는 우리도 다 그 가운데서 우리 육체의 욕심을 따라 지내며 육체와 마음의 원하는 것을 하여 다른 이들과 같이 본질상 진노의 자녀이었더니, 긍휼이 풍성하신 하나님이 우리를 사랑하신 그 큰 사랑을 인하여, 허물로 죽은 우리를 그리스도와 함께 살리셨고 (너희는 은혜로 구원을 받은 것이라), 또 함께 일으키사 그리스도 예수 안에서 함께 하늘에 앉히시니, 이는 그리스도 예수 안에서 우리에게 자비하심으로써 그 은혜의 지극히 풍성함을 오는 여러 세대에 나타내려 하심이라.(엡 2:1~7)

성도 안에 예수의 영, 즉 성령이 거하신다. 이 성도는 새 생명을 얻은 자이다. 그 성령께서 새 생명을 주셔서 우리 속에 있는 죄와 밖에 있는 죄에 대하여 저항할 힘을 주시고 싸워 이기게 하신다. 그리고 받은 그 은혜를 오는 여러 세대에 나타내도록 역사하신다. 성도는 새 생명과 능력과 힘을 받았기에, 사도의 명령을 따라 "죄가 너희 죽을 몸에 왕 노릇 하지 못하게, 불의의 무기로 지체를 드리지 말고, 지체를 사욕에 순종하지 말고, 적극적으로 예수와 같이 하나님께 자신을 의의 무기로 드리라는(롬 6:12~13)" 명을 적극 순종해야 한다.

넷째, 무엇보다 하나님의 영광을 생각하고 행동해야 한다.

우리의 제일 큰 관심은 이 세상에서의 성공이나, 도덕적인 정당성을 확보하기 위한 성결이 아니다. 성도의 첫째 관심은 하나님의 영광이어야 한다. 처음부터 끝까지 성경의 메시지가 이것을 목표로 하고 있다.

> 그런즉 너희가 먹든지 마시든지 무엇을 하든지 다 하나님의 영광을 위하여 하라.(고전 10:31)

이 말씀에 근거하여 웨스트민스터신앙고백 소요리 문답 제1문은 질문한다.

질문: 사람의 제일 되는 목적은 무엇입니까?

답: 사람의 제일 되는 목적은 하나님을 영화롭게 하며 영원토록 그를 즐거워하는 것입니다.

이는 성도의 존재의미가 오직 예수 그리스도 안에서만 가능하기 때문이다. 그래서 바울은 "우리가 살아도 주를 위하여 살고 죽어도 주를 위하여 죽나니 그러므로 사나 죽으나 우리가 주의 것이로다(롬 14:8)." 라고 고백했다.

한편, 마틴 로이드 존스도 "성도가 거룩함을 추구해야 할 참된 이유는 세상적으로 비참하지 않기 위한 것도, 성공하고, 승리하기 위해서도 아니다. 거룩해짐의 유일한 이유는 우리가 거룩할 때만 하나님을 영화롭게 할 수 있기 때문이다."라고 주장했다.

거룩하신 성령께서 성도의 마음속에 거하시며 그를 성전으로 삼으시기 때문에 성도는 하나님의 성전이 된 자신을 거룩하게 관리해야 한다. 그래서 바울은 성도를 향하여 "누구든지 하나님의 성전을 더럽히면 하나님이 그 사람을 멸하시리라 하나님의 성전은 거룩하니 너희도 그러하니라(고전 3:17)."라고 강하게 경고했다. 이는 레위기의 말씀을 인용한 베드로 사도의 말씀과 같이, "내가 거룩하니 너희도 거룩하라(벧전 1:16)"고 그의 거룩하심에 성도를 초대하신다.

다섯째, 은혜만을 붙잡아야 한다.

"너희가 법아래 있지 아니하고 은혜 아래 있음이라(14절)"라고 할 때 이 "은혜"는 하나님과 주 예수 그리스도의 은혜를 말한다. 세속적인 잘됨과 성공을 보장하는 은혜가 아니다.

> 너희는 하나님으로부터 나서 그리스도 예수 안에 있고 예수는 하나님으로부터 나와서 우리에게 지혜와 의로움과 거룩함과 구원함이 되셨으니(고전 1:30)

성도에게 베푸시는 이 은혜는 성도가 거절하거나, 번복될 수 있는 것이 아니다. 이 은혜는 끝까지 가는 영원한 은혜이다. 한번 베풀어 주신 은혜는 취소됨이 없이 집요하게 역사하며, 온전한 구원을 이루는 원동력이다. 이유는 하나님의 열심이 이것을 이루어 가시기 때문이다. 비록 우리의 여정에 굴곡이 있고 더딘 것 같아도 이 은혜는 우리를 깨끗하고 흠이 없고 부끄러울 것이 없는 자로 성화시키시고 마침내 영화에 이르도록 해 주신다.

이 은혜를 "불가항력적 은혜(Irresistible Grace)"라 부른다. 택함을 받은 자가 거부할 수 없는 강력한 은혜로 주어지는 영광스러운 구원을 아는 것만큼 기쁜 일이 어디에 있겠는가 이 은혜는, 우리가 구별된 삶을 살도록 자극하고, 격려하고, 인내하게 하여 최종 승리를 쟁취하도록 할 것이다.

성도는 이 은혜 아래 있고, 이 은혜의 지배를 받는 자이기에 두려움이나 좌절에 빠지지 말고, 은혜를 받은 자로서 확신과 담대함을 가지고 더 이상 죄가 우리를 주장하지 못하게 해야 할 것이다.

결 론

예수의 사람들은 육체와 함께 그 정과 욕심을 십자가에 못 박아 죽인 자들이다(갈 5:24). 그러기에 그런 자들에게는 죄가 그들을 더 이상 주장하지 못한다. 우리가 율법 아래에 있지 않고 은혜 아래에 있기 때문이다(롬 6:14). 그래서 모든 성도는 이 성화를 열심히 이루어 영화에까지 가야 한다. 바울과 요한은 한결같이 이런 성화를 매우 강조하며 권면했다.

> 나의 사랑하는 자들아 너희가 나 있을 때뿐 아니라 더욱 지금 나 없을 때에도 항상 복종하여 두렵고 떨림으로 너희 구원을 이루라.(빌 2:12)
> 주를 향하여 이 소망을 가진 자마다 그의 깨끗하심과 같이 자기를 깨끗하게 하느니라.(요일 3:3)

이렇게 말씀은 성령의 역사를 구하면서 항상 자신을 돌보며 말씀에 복종하며 신중하고 진지하게 구원을 이루어가는 성실한 노력이 필요함을 가르친다.

제76강

변경된 소유권

그런즉 어찌 하리요. 우리가 법 아래에 있지 아니하고 은혜 아래에 있으니 죄를 지으리요, 그럴 수 없느니라. 너희 자신을 종으로 내주어 누구에게 순종하든지 그 순종함을 받는 자의 종이 되는 줄을 너희가 알지 못하느냐, 혹은 죄의 종으로 사망에 이르고 혹은 순종의 종으로 의에 이르느니라. 하나님께 감사하리로다. 너희가 본래 죄의 종이더니 너희에게 전하여 준바 교훈의 본을 마음으로 순종하여 죄로부터 해방되어 의에게 종이 되었느니라(로마서 6:15~18).

로마서가 신약성경에서 차지하는 중요성은 아무리 강조해도 모자람이 없다. 이유는 복음의 핵심 진리와 구원의 도리를 정확하게 다루고 있기 때문이다. 로마서에서는 복음에는 하나님의 의가 담겨있고, 구원의 가장 기초적인 도리인 이신칭의를 진술한다.

> 복음에는 하나님의 의가 나타나서 믿음으로 믿음에 이르게 하나니 기록된 바 오직 의인은 믿음으로 말미암아 살리라 함과 같으니라.(롬 1:17)

바울이 로마서 6장 첫 대목(1~14절)에서, 결정적인 질문으로 이신칭의의 교리를 '예수 그리스도와의 연합'의 개념으로 규정했다면, 15절 이하에서는 그리스도와의 연합으로 구원받은 성도가 실제 생활 속에서 '거룩함에 이르는 과정을 거쳐야 한다'는 점을 강조한다. 이 과정은 칭의와 성화로 이어지며 나아가 영화에 이르게 한다.

1. 죄 가운데 더 이상 있을 수 없음

우선 중요한 점은 6장 1절과 15절이 완벽하게 평행을 이루고 있음을 확인하는 것이다.

> 우리가 무슨 말을 하리요. 은혜를 더하게 하려고 죄에 거하겠느냐 그럴 수 없느니라.(롬 6:1~2a)

> 그런즉 어찌 하리요 우리가 법 아래에 있지 아니하고 은혜 아래에 있으니 죄를 지으리요 그럴 수 없느니라.(롬 6:15)

사실, 이 두 구절은 같은 말을 하고 있다. "은혜는 죄를 제재하고 있다(Grace sanctions sins)"는 것이다. 죄로부터 우리를 자유롭게 하는 것이 은혜인데, 이 은혜는 죄를 범하지 않게 하는 순기능이 있다. 이 은혜로 죄에서 벗어나면, 성도는 받은 그 은혜 때문에 죄를 억제하고 습관적으로 행하던 악한 행위에서 벗어나 선한 삶을 살려고 노력하게 된다. 즉 은혜의 지배를 받게 되므로 죄를 짓지 않게 된다.

이는 마치 탕자가 자신의 잘못된 행위의 결과를 처절하게 경험하면서, 자신의 죄를 후회하고 아버지가 베풀어 주는 풍성한 사랑이 그리워 아버지에게 되돌아갈 결심을 하고 실행에 옮긴 것과 같다(눅 15:11~32). 부모의 속을 아프게 했던 자식이 후에 부모의 사랑을 깨닫고, 다시는 부모가 실망하지 않도록 최선을 다하는 것과 같다. 이처럼 이신칭의를 깨달은 자 즉 은혜를 받은 자는 다시는 죄 가운데 거하지 않으려 노력한다.

먼저 우리는 15절의 '죄짓는다.' 라는 표현의 정확한 의미를 아는 것이 중요하다. 그것은 의도적으로 죄를 고의로 짓는 것을 뜻한다. 이것은 죄를 한 번만 저지르는 것이 아니라 죄의 상태에 머물러서 습관적으로 죄를 짓는 상황을 말한다. 즉 죄를 계속하여 짓는 것이 습관화되어서 죄의 세력에서 벗어나지 못하는 상황을 의미한다. 이것은 무의식적으로나 어쩌다가 실수로 짓는 것이 아니다.

한편, 죄를 짓는 것과 죄 가운데 계속하여 머무르는 것은 분명히 차이가 있다. 세상 법정에서도 처음으로 법을 어기면 초범임을 참작하여 판결한다. 그러나 다시 죄를 지으면 판사는 단호하게 심판한다. 본문에서 '죄를 짓는다.'라는 말은 '죄와 함께 가는', '죄 가운데 고정된', '죄에 계속 머무는' 등 반복적이고 습관적인 것을 의미한다.

> 죄를 짓는 자마다 불법을 행하나니 죄는 불법이라. 그가 우리 죄를 없애려고 나타나신 것을 너희가 아나니, 그에게는 죄가 없느니라. 그 안에 거하는 자마다 범죄하지 아니하나니 범죄하는 자마다 그를 보지도 못하였고 그를 알지도 못하였느니라.(요일 3:4~6)

여기서 주목해야 하는 것은 '예수를 아는 것'(요 17:3)과 '죄를 짓는다.'라는 말 모두 "지속적인 개념"의 차원에서 말하고 있다는 점이다.

2. 은혜 아래 있는 성도의 실체

6장 전체는 죄의 지배에서 벗어난 성도가 '은혜의 지배', '은혜의 권세'에 통치를 받는 것에 관한 진리를 진술한다. 이것은 은혜 받은 자가 그 은혜의 가치를 깨닫고, 그 은혜를 베풀어주신 분께 자신을 드려 종처럼 순종하게 된다는 것이다. 즉 법 아래에서의 복종과 은혜 아래에서의 순종이 대비된다. 그래서 성도는 법 아래에 있지 않고 은혜 아래에 있을 때, 크게 두 가지를 겪게 된다. 그것은 죄에 대한 자유와 급격한 신분 변화의 인식이다.

첫째, 죄에 대하여 자유로움

이것은 단적으로 성도의 기본적인 신분을 말한다. 성도는 예수와 연

합한 자로(3~14절), 죄에 대하여는 죽고 하나님에 대하여는 산 자(11절)
이다. 그래서 그는 죄의 종에서 벗어나 하나님께 헌신하여 자신을 하나
님의 종으로 드리는 자가 되었다(22절).

> 너희 자신을 종으로 내주어 누구에게 순종하든지 그 순종함을 받는 자의 종
> 이 되는 줄을 너희가 알지 못하느냐 혹은 죄의 종으로 사망에 이르고 혹은 순
> 종의 종으로 의에 이르느니라.(롬 6:16)

바울은 "죄의 종으로 사망에 이르고 순종의 종으로 의에 이르느니
라."에서, '죄'와 대칭하여 '순종'을 강조한다. 그는 이 대칭 비교법을 의
도적으로 사용하고 있다. 그 목적은 기독교 신앙에서 한순간이라도 죄
의 행위를 인정하고 용인하는 것이 얼마나 잘못된 것인지를 보여주려
하는 것이다.

여기서 '법아래 있지 않다'라는 말은 '무법이 용인 된다' 라든지, '법
의 저촉을 받지 않는다.' 라든지, 혹은 '우리 자신이 법을 판단하는 위치
에 있다.' 라는 뜻이 아니다. 오히려 '법아래 있지 않다.' 라는 것은 법의
지배가 아닌 하나님께 자발적인 순종을 한다는 것을 뜻한다. 이 말은
"순종 아래 있다."라는 의미이다.

이것은 그리스도인으로서 율법의 적용에서 자유로울 수 없는 것처
럼, '법아래 있지 않다'라는 말은 '율법무용론'을 의미하거나 '율법을
용인할 수 없다"는 것을 뜻하지 않는다. 예수를 믿는다고 해서 율법으
로부터 결코 자유로운 자가 될 수 없다. 성도 역시 율법 아래 있다는 의
미다. 또한 이는 자발적 순종으로 '법 아래에 있지 않다'라는 것을 '순
종'으로 대치하여 이해할 수 있다. 그래서 16절에서의 순종은 죄의 반
대 개념으로 쓰이고 있다.

여기에 흥미로운 점이 있다. 그것은 매우 중요한 개념인데, 원래 '사
망'의 반대는 '생명'인데 여기에서 사도 바울은 '생명'이 아니라, '의'를

말하고 있다는 점이다. 즉 "죄의 종 → 사망, 순종의 종 → 의"이다. 이 역시 의도적이다. 만약 바울이 '의' 대신 '사망'의 반대 개념으로 '생명'을 썼더라면 그것은 자신의 가르침과 충돌됐을 것이다. 순종의 종으로 마지막에 생명에 이른다고 말한다면, 순종이라는 행위로 의롭다 함을 받는다는 것이 되기 때문이다. 이것은 이제까지 그가 가르쳤던 이신 칭의의 교리에 위반된다. 그래서 그는 순종의 종은 의에 이른다고 말한 것이다. 이는 6장의 마지막 구절에서도 잘 드러난다.

> 죄의 삯은 사망이요 하나님의 은사는 그리스도 예수 우리 주 안에 있는 영생이니라.(롬 6:23)

영생은 순종의 결과가 아니다. 영생은 하나님의 은사로 주어진 것이다. 믿음으로 의에 이르고, 순종함으로 의로운 자로 살게 되는 것이다. 이렇게 순종은 그를 의로 인도하여 성화의 과정을 거치게 한다. 이 목적으로 하나님께서는 성도를 창세전부터 택하시고 구원하셨다.

> 우리는 그가 만드신 바라. 그리스도 예수 안에서 선한 일을 위하여 지으심을 받은 자니 이 일은 하나님이 전에 예비하사 우리로 그 가운데서 행하게 하려 하심이니라.(엡 2:10)

바울은 예수 안에서 택함 받은 성도에게 도전하기를 "너희가 죄의 종이 되었을 때에는 의에 대하여 자유로웠느니라. 너희가 그 때에 무슨 열매를 얻었느냐 이제는 너희가 그 일을 부끄러워하나니 이는 그 마지막이 사망임이라. 그러나 이제는 너희가 죄로부터 해방되고 하나님께 종이 되어 거룩함에 이르는 열매를 맺었으니 그 마지막은 영생이라(롬 6:20~22)"고 강조했다.

둘째, 급격하게 변화된 신분

예수께서 완수하신 구속 사역을 믿는 모든 자에게는 예수 그리스도와 연합된 자로서의 신분의 변화가 순간적으로 이루어진다. 신속하게 신분이 바뀌는 것이다. 이것을 분명하게 인식한 자는 예수께서 자기의 죄를 위하여 하나님 아버지께 순종하여 예수 자신을 드리신 것과 같이,

자기도 자신을 하나님께 드리는 자가 되어야 한다고 분명하게 인식하게 된다. 이것은 당연한 이치이다.

성령의 역사로 마음의 변화를 받아 예수께서 이루신 구속의 진리를 믿게 되면, 신앙을 고백하여 세례를 받게 되고, 성령의 역사로 인하여 받은 은혜를 깊이 깨닫게 된다. 그 결과 그는 죄에서 벗어난 기쁨과 감격, 그리고 감사로 하나님께 돌아가 자신을 기꺼이 드려 헌신을 하게 될 것이다.

이렇게 성도는 헌신을 하게 되는데, 헌신의 정도는 그 은혜가 얼마나 강력하게 그에게 역사했느냐에 따라서, 그 은혜의 풍성함에 얼마나 감사하느냐에 따라서 다르게 나타날 것이다. 그리하여 그는 자신을 하나님께 드려 스스로 하나님의 종이 되고, 자신의 모든 것을 드려 투신하여 구원의 진리에 전념하게 되는 것이다.

3. 순종으로 택한 소유권

이러한 결단은 하나님의 은혜를 깨닫고 선택하는 과정이다. 본문 16절은 이러한 결단의 요소로서 몇 가지 전제를 말한다.

첫째, 어떤 권세에 굴복한다면 그 세력의 노예가 된다.

어떤 이론과 세력, 예를 들면 사상과 권력 그리고 돈과 같은 것에 묶이게 되면 필연적으로 그것에 끌려 다니는 노예가 된다. 그것은 소유주의 권세에 눌려서 살게 된다는 것을 뜻한다. 소유주는 자신의 권력을 독재적으로 행사한다. 이것은 당연한 이치이다.

둘째, 모든 사람은 두 권세 중에 어느 하나에 속해 있게 마련이다.

바울이 말하는 권세는 두 가지밖에 없는데 하나는 죄, 다른 하나는 은혜이다. 이것이 로마서의 대주제이다. 그는 이미 앞의 5장에서 이렇게 언급했다.

> 한 사람의 범죄로 말미암아 사망이 그 한 사람을 통하여 왕 노릇 하였은즉 더
> 욱 은혜와 의의 선물을 넘치게 받는 자들은 한 분 예수 그리스도를 통하여 생
> 명 안에서 왕 노릇 하리로다.(롬 5:17)

죄가 지배하는 영역에서 은혜가 지배하는 영역으로 옮겨진 자에게
도 은혜의 지배력이 그의 삶 속에 강력하게 행사됨을 인정해야 한다.
모든 사람은 아담 안에 있든지, 그리스도 안에 있든지 둘 중 하나일 뿐
이다. 그래서 중간지대란 없다. 모든 사람은 죄의 노예든지 은혜의 노
예든지 둘 중 하나에 소속되어 있다. 모든 사람은 "죄의 왕 노릇 아래
있어 사망에 이르든지, 은혜의 왕 노릇에 속하여 의에 이르러 영생에
이르든지(롬 5:21)" 둘 중 하나이다.

셋째, 죄(불순종)와 순종은 완전 반대 개념이다

이 점은 16절에서 가장 중요하게 논증하는 부분이다. 둘 다 소유주
요 상전이다. 죄(불순종)와 순종의 차이점은 마귀와 하나님의 차이다. 그
리고 이것은 지옥과 천국의 차이다. 이편은 거짓과 위선의 무법천지이
며 혼돈이라면, 저 편은 의와 진리와 진실이다. 이 두 세력은 그 본질적
인 특성상 접근할 수 없는 완전한 대척점에 서 있다. 그 결과 불순종하
게 하는 죄는 사망을 산출하고, 순종은 하나님의 속성인 의를 산출하게
한다.

넷째, 동시에 둘의 종이 될 수는 절대 없다.

죄의 노예가 되는 동시에 은혜의 노예가 성립될 수 없다. 이 둘은 서
로 충돌하고 서로를 배척할 뿐이다. 주님께서는 이렇게 말씀하셨다.

> 한 사람이 두 주인을 섬기지 못할 것이니 혹 이를 미워하고 저를 사랑하거나
> 혹 이를 중히 여기고 저를 경히 여김이라 너희가 하나님과 재물을 겸하여 섬
> 기지 못하느니라.(마 6:24)

사실 교회에 다니는 신자이든, 아니면 불신자이든 막론하고 사람들이 돈의 세력 앞에 떨고 있고 철저하게 유물론 사상에 농락당하고 있다. 교회에서도 돈 있는 사람이 인정받고 지배하는 시대가 되었다. 그래서 믿음으로 순종하는 것을 보기가 얼마나 힘든지 모른다. 주님의 이 말씀을 깊이 마음에 담아야 한다. 그리고 스스로 물어야 한다. "과연 나의 인생의 주인은 누구신가"를.

다섯째, 행하는 바에 따라 실체가 드러나게 된다

실체는 말이 아니라 행함으로 드러나게 된다. 그의 행함으로 진정한 주인이 누구이며 내가 누구인지 그 실체가 증명된다. 주님께서는 이미 이러한 판별식을 가르쳐 주셨다.

> 거짓 선지자들을 삼가라 양의 옷을 입고 너희에게 나아오나 속에는 노략질하는 이리라. 그들의 열매로 그들을 알지니 가시나무에서 포도를, 또는 엉겅퀴에서 무화과를 따겠느냐. 이와 같이 좋은 나무마다 아름다운 열매를 맺고 못된 나무가 나쁜 열매를 맺나니, 좋은 나무가 나쁜 열매를 맺을 수 없고 못된 나무가 아름다운 열매를 맺을 수 없느니라.(마 7:15~18)

예수께서는 또 이런 교훈도 주셨다.

> 너희가 내 말에 거하면, 참 내 제자가 되고 진리를 알지니 진리가 너희를 자유케 하리라.(요 8:31b~32)

그리스도인이 된다는 것은 단순히 예수를 믿는다고 말하는 것을 뜻하지 않는다. 그것은 영적으로 거듭나 그리스도 안에 있다는 것을 뜻한다. 죄인의 자리에서 떠나, 성령의 역사하심으로 새 생명을 얻어 새로운 본성을 갖게 되는 것이다. 그리고 그는 내주하는 성령 하나님께 스스로 순종하여 세상 사람과 구별된 생활을 보여주는 것이다. 그 결과 그에게서 죄의 모습이 점차 사라져서, 진리 안에서 참된 자유를 누리는 성화를 이루게 된다. 사도 요한은 바른 성도를 판별하는 중요한 말씀을 해 주셨다.

> 그를 아노라 하고 그의 계명을 지키지 아니하는 자는 거짓말하는 자요. 진리
> 가 그 속에 있지 아니하되, 누구든지 그의 말씀을 지키는 자는 하나님의 사랑
> 이 참으로 그 속에서 온전하게 되었나니 이로써 우리가 그의 안에 있는 줄을
> 아노라.(요일 2:4~5)

이 말씀에서 성도의 구별된 삶의 모습과 성화되어 가는 모습을 제대
로 볼 수 있다.

4. 성화의 과정에 있는 성도

이신칭의로 시작된 구원은 성화로 이어지고 성화는 영화로 이어지
게 된다. 성화는 그 어떤 영적 체험을 추구하는 것이 아니라, 말씀이 요
구하며, 내주(內住)하시는 성령께서 속삭이는 권면을 삶 속에서 실행하
는 것이다. 이것은 세상 속에서 살아가며 겪는 모든 과정에서 죄에 대
한 자신의 대처 능력을 연마하고 훈련하여, 살아가는 동안 얻게 되는
역동적인 성숙의 과정이다. 다른 말로 표현하면 군인이 훈련소를 퇴소
한 후에 실제 전투 현장을 겪으며 경험을 쌓아 능숙한 전사가 되는 과
정과 같은 것이라고 하겠다.

이 과정을 통하여 성도는 스스로 점검하게 되는 것이 있다.

첫째, 말씀 속에서 깨닫는 바를 얼마나 실제 삶의 현장 속에서 적용
하고 있는지,

둘째, 예수를 믿기 전보다 얼마나 죄를 더 미워하고 싫어하게 되었
는지,

셋째, 세상의 죄와 마귀의 유혹을 당할 때 얼마나 능동적으로 대적
하며 싸워 승리하는지.

넷째, 모든 것이 자신의 지혜와 능력이 아니라 오직 하나님의 은혜
      만을 붙들려고 하는지.

다섯째, 은혜 안에서 주인이 되시는 하나님을 아는 영적 성장에 깊은
      사모함이 있는지.

이렇게 구원 진리를 사모하며 열심히 추구하는 과정을 성화 (Sanctification)라 한다. 이러한 영적으로 성장하는 과정은 오직 하나님의 말씀을 통하여 역사하는 성령 하나님의 사역으로 이루어진다.

성령께서는 성도에게 죄에 대하여 분명한 인식을 하게하고, 성도를 사탄의 간악하고 지속적인 공격의 위협 속에서도 강력하게 이끌어 가신다. 성도가 진리를 붙잡고 죄와 싸워 승리하게 이끄신다. 그 결과 성도는 죄에 대처하는 능력을 갖추게 되어 그 인생 전체가 예수의 형상을 닮아가게 된다.

이 모든 일을 하나님의 영이신 성령께서 하시기 때문에 우리는 이것을 은혜라고 부른다. 그래서 이 은혜를 받은 자는 절대로 죄 가운데 계속하여 거할 수는 없는 것이다.

우리가 법 아래에 있지 아니하고 은혜 아래에 있으니 죄를 지으리요. 그럴 수 없느니라.(롬 6:14)

한 가지 유념해야 할 중요한 요소는 이 성화의 과정에서 단련과 훈련은 당연하다는 점이다. 물론 이 과정이 편할 수 없다. 만일 편하기를 바란다면 그것은 훈련소에 가서 편한 것만을 구하는 것과 같은 어리석은 일이다.

결 론

성도는 모두 인생의 주인이 바뀐 자들이다. 만일 그렇다면, 당연히

바뀐 주인이신 하나님을 알려고 힘써야 한다. 주인의 뜻을 찾고 그 뜻에 순종하려는 노력을 부단히 해야 할 것이다. 이것은 조건이 아니라 필수이며 그의 소유된 백성인 성도의 의무이다. 히브리서 기자는 성도의 성숙에 대하여 말씀을 주셨다.

> 또 우리 육신의 아버지가 우리를 징계하여도 공경하였거든 하물며 모든 영의 아버지께 더욱 복종하며 살려 하지 않겠느냐. 그들은 잠시 자기의 뜻대로 우리를 징계하였거니와 오직 하나님은 우리의 유익을 위하여 그의 거룩하심에 참여하게 하시느니라.(히 12:9~10)

이 훈련 과정 즉 연단 과정을 통하여 우리는 영적으로 유익을 얻으며, 하나님의 거룩하심에 참여하게 되어 성화를 이루어가게 된다. 즉 성화는 성도가 스스로 과거에 자신이 어떤 상태의 사람이었으며 현재 자신의 영적 상태가 어떤지를 깨달아 가는 것이다. 그 뿐 아니라, 이 교리는 은혜의 지배 아래에 있을 때 그 은혜의 능력이 그에게 하는 일이 무엇인지를 깨닫게 해준다.

그래서 성화의 진리를 믿는 자는 스스로 성숙 되어가는 감사와 기쁨 그리고 승리를 순간 순간 맛보며 살아가는 즐거움을 누리게 된다. 그래서 그는 주님과의 동행의 즐거움 속에 찬송가 191장 "매일 기쁘게"를 힘차게 부를 수 있을 것이다.

> "내가 매일 기쁘게 순례의 길을 행함은 주의 팔이 나를 안보함이요.
> 내가 주의 큰 복을 받는 참된 비결은 주의 영이 함께 함이라
> 성령이 계시네 할렐루야 함께 하시네
> 좋은 길을 걸으며 밤낮 기뻐하는 것 주의 영이 함께 함이라(1절)!

제77강

의의 종이 되는 비결

하나님께 감사하리로다. 너희가 본래 죄의 종이더니 너희에게 전하여
준 바 교훈의 본을 마음으로 순종하여 죄로부터 해방되어 의에게 종이
되었느니라(로마서 6:17~18).

우리가 잘 아는 대로 미국 사회의 뿌리 깊은 갈등 중에 하나가 인종
차별이다. 이 문제는 노예제도에서 기인한다고 하겠다. 미국 사회는 18
세기 말에서 19세기 초 미국의 노예 상인들이 아프리카와 남미 등지
에서 흑인을 데려와 시장에서 거래했었다. 이 제도는 후에 미국 사회에
갖가지 갈등을 야기하였고 지금도 잠재되어 있는 시한폭탄과 같다.

이 노예제도의 역사는 의외로 길다. 사도 바울의 시대에도 시장에
서 노예를 거래했다. 이 당시 노예는 전쟁에서 승리한 후 끌어온 포로
였다. 이 포로들은 승리한 나라의 노예로 취급받았다. 그뿐 아니라, 가
난 때문에 그리고 가족을 먹이기 위하여 스스로 종이 되고 노예살이를
하는 경우도 적지 않았다. 이들이 팔려왔던지, 끌려왔던지 간에, 자신의
의사와 무관하게 노예가 되고, 종이 된 이들의 공통점이 무엇인가? 복
종이다. 노예에게는 오직 주인에 대한 절대복종이 있을 뿐이다. 그들에
게 자유란 없다. 어떤 경우에라도 주인에게 거역할 수 없고, 자기 생각

과 주장대로 행동할 수 있는 자유는 허락되지 않는다. 그들에게 있어서는 항상 순종 즉 "예(yes)"일 뿐이다.

1. 두 종류의 종

바울은 사람은 누구나 둘 중 하나를 섬기는 종이라고 말한다.

> 너희 자신을 종으로 내주어 누구에게 순종하든지 그 순종함을 받는 자의 종이 되는 줄을 너희가 알지 못하느냐 혹은 죄의 종으로 사망에 이르고 혹은 순종의 종으로 의에 이르느니라.(롬 6:16)

모든 사람은 죄의 종이거나 순종의 종이거나 둘 중에 하나에 속한다. 종은 순종하고 복종해야 하는 신분이다. 그러나 "어디에 순종"하느냐에 따라 결과가 달라진다. 죄에 순종하면 죄의 종으로 죽는다. 그러나 의에 종이 되면 순종하여 생명, 즉 영생에 이르게 된다. 이 점을 바울 사도는 분명히 적시했다.

> 죄의 삯은 사망이요 하나님의 은사는 그리스도 예수 우리 주 안에 있는 영생이니라.(롬 6:23)

바울의 논리에 주목할 필요가 있다. 그는 로마서 6장에서 죄를 지은 자가 자신이 지은 죄의 결과가 어떻게 나타나는 지를 논리적으로 진술한다. 그는 죄의 종이 되면 사망에 이르고, 순종의 종이 되면 의에 이른다고 말한다.

여기에 논리적으로 설명이 필요한 것이 있다. 사망이 죄의 종에게 주어진다면 생명이 순종의 종에게 주어진다고 하는 것이 평행논리에 맞는데, 왜 사도는 죄의 삯은 사망이고, 영생은 예수 안에서 주어진 하나님의 은사고 말할까? 그가 이런 논리로 말하는 것은 앞장에서 지적한 바와 같이 이신칭의의 교리에 맞지 않기 때문이다.

사람이 예수를 믿으면, 그에겐 예수께서 이루신 의가 전가되어 칭의가 선언되고, 그는 이를 근거로 의로운 삶을 살아가게 된다. 이것이 성화를 이루고 마침내 영화에 이르게 된다. 결과적으로 순종의 종으로 의에 이르고 영생은 하나님께서 예수 안에서 완성해 주어지는 것이다. 예수께서도 이 점을 분명히 밝히셨다. 생명은 예수 안에서만 주어진다.

> 아버지께서 자기 속에 생명이 있음같이 아들에게도 생명을 주어 그 속에 있게 하셨고 또 인자됨으로 말미암아 심판하는 권한을 주셨느니라.(요 5:26~27)

이 말씀에서 '영생은 순종의 결과가 아니라, 하나님의 은사로 주신 믿음으로 주어진다.'라는 것이 강조되고 있다. 그래서 성도는 믿음으로 의에 이르고, 순종함으로 의로운 자로 살게 되는 것이다. 이렇게 순종은 바로 그 의로 이끌며 성화의 과정을 거치게 한다.

2. 감사해야 하는 의의 종

이와 관련한 흥미로운 기록이 구약에 있다.

> 만일 종이 분명히 말하기를 내가 상전과 내 처자를 사랑하니 나가서 자유인이 되지 않겠노라 하면 상전이 그를 데리고 재판장에게로 갈 것이요 또 그를 문이나 문설주 앞으로 데리고 가서 그것에다가 송곳으로 그의 귀를 뚫을 것이라. 그는 종신토록 그 상전을 섬기리라.(출 21:5~6)

종살이 7년이 지나면 종의 신분에서 벗어나 자유인이 될 수 있었다. 그런데 이 종이 7년이 되어 방면될 때에, 자기의 주인이 좋은 주인이기 때문에 자유인이 되기를 거부하고 스스로 계속하여 종으로 일하겠다고 자원할 수가 있다. 그러면 주인은 그 종의 의사를 확인한 후, 다시 재판장의 확인을 받고 종의 귀를 송곳으로 뚫어 평생 그 주인을 섬기며 살게 허락해 준다. 만약 주인에게 상속자가 없을 경우에는 이 종이 상속도 받을 수 있었다. 아브라함도 이스마엘과 이삭을 얻기 전에 엘리에 셀이라는 종에게 상속하려 했었다(창 15:2). 이 예를 들어 사도 바울은 하나님께 감사를 드린다.

> 하나님께 감사하리로다. 너희가 본래 죄의 종이더니 너희에게 전하여 준바 교 훈의 본을 마음으로 순종하여 죄로부터 해방되어 의에게 종이 되었느니라.
> (롬 6:17~18)

그가 하나님께 감사를 드리는 이유는 죄의 종인 신분에서 의의 종의 신분으로 바뀌었기 때문이다. 어떻게 바뀌게 되었는가? 하나님의 큰 은혜를 받았기 때문이다. 그는 주인에게 받은 은혜가 너무 커서 자유인 이 되는 특권을 포기하고, 평생 주인의 종으로 살기로 결정한 귀를 뚫 은 노예와 같다 하겠다.

예수께 속한 종으로서, 그리스도인은 하나님의 특별한 은혜를 받아 영광스러운 의의 종의 신분을 갖게 된 자이다. 이것을 어떻게 감사하다 고 고백하지 않을 수가 있겠는가? 그러므로 18절은 명령도 아니고 권 면도 아니다. 이것은 고백이며 간증이다. 이 말씀은 우리 스스로의 노 력과 수고로 죄에서 벗어나라고 명령하지 않는다. 죄에서 벗어난 자유 로운 신분과 지위를 확인하고 감사하라고 말한다. 이것은 모든 그리스 도인에게 적용되는 진리이다.

여기서 '죄로부터 해방됐다'라는 말을 어떻게 볼 것인가? 이 말이 예 수를 믿는 성도에게 어떤 죄도 남아 있지 않다거나, 그가 죄와 관계를 완전히 단절했다는 뜻이 아니다. 또 성도가 죄의 본성에서 완전히 자유 롭게 되었다는 것을 의미하지도 않는다. 오히려 이 말은 '옛사람'과 '죄 의 본성'을 구분하여(5:12) 성도는 옛사람과 완전히 관계를 끊었으나 여전히 죄의 속성은 유지되고 있음을 말한다.

죄의 본성은 여전히 성도의 "죽을 몸에" 남아 있어서 온갖 시험과 유혹에서 우리를 자유롭지 못하게 하고 여전히 죄를 짓고 고통을 겪게 한다. 예수를 만나고 주를 온 마음으로 믿어 충성한 사도 바울도 이 굴레에서 벗어나질 못했다. 그는 다음과 같이 자신의 추함과 무능함을 절감하며 절규했다.

> 내 속사람으로는 하나님의 법을 즐거워하되, 내 지체 속에서 한 다른 법이 내 마음의 법과 싸워 내 지체 속에 있는 죄의 법으로 나를 사로잡는 것을 보는도다. 오호라 나는 곤고한 사람이로다 이 사망의 몸에서 누가 나를 건져내랴. 우리 주 예수 그리스도로 말미암아 하나님께 감사하리로다.(롬 7:22~25a)

이 바울의 절규가 느껴지는가? 죄의 세력은 이렇게 집요하고 끈질기게 우리 속에서 작동한다. 그래서 우리는 긴장해야 한다. 사도가 강하게 권고한 바와 같이 우리는 "죄가 너희 죽을 몸을 지배하지 못하게 하여 몸의 사욕에 순종하지 말아야"(롬 6:12) 한다.

그런데 이것이 어떻게 가능할까? 오직 내주 하시는 성령의 역사로만 가능하다. 성령께서는 우리가 예수 그리스도의 복음 진리를 굳게 붙잡을 수 있도록 하신다. 이것이 은혜의 역사요 지배이다.

성도는 '죄에서 해방되어' '의의 종'이 된 자이다. 우리는 죄의 굴레에 묶여 있던 노예 신분에서 벗어나 구원받았다. 이렇게 의의 노예가 된 자가 다시 죄의 노예로 되돌아갈 수 없다. 그래서 바울은 "하나님께 감사한다(17~18)."라며 감격한 것이다.

참된 그리스도인은 죄의 세력에 지배받는 죄의 노예가 아니다. 아니 그렇게 될 수 없다. 그는 더 큰 세력 즉 예수께서 완성하신 의가 적용되어, 죄에서 벗어나게 하는 은혜의 지배하에 놓이게 되었다. 이를 원문에서는 "의의 노예로 인정받았다(edoulothete te dikaiosuny, became slaves to righteousness)"라고 표현하고 있다. 한편 여기서 말하는 '의'는 단순히 도덕적 의가 아니다. 이 의는 하나님께서 아담을 만드실 주신 원래의 의(original righteousness), 아담이 유지했던 완전한 의(righteousness)와 성결(holiness)을 뜻한다.

성령께서는 성도를 의의 종으로 삼으셔서 순전한 의와 거룩함을 누리게 하신다. 이렇게 성령께서는 예수를 주로 고백하는 우리 속에서 역사하신다. 그래서 내주하시는 성령의 음성에 주의하고, 신중하게 순종하여야 한다. 야고보 사도는 말한다.

> 너희는 하나님이 우리 속에 거하게 하신 성령이 시기하기까지 사모한다 하신 말씀을 헛된 줄로 생각하느냐. 그러나 더욱 큰 은혜를 주시나니 그러므로 일렀으되 하나님이 교만한 자를 물리치시고 겸손한 자에게 은혜를 주신다 하였느니라. 그런즉 너희는 하나님께 복종할지어다. 마귀를 대적하라. 그리하면 너희를 피하리라. 하나님을 가까이하라. 그리하면 너희를 가까이 하시리라. 죄인들아 손을 깨끗이 하라 두 마음을 품은 자들아 마음을 성결하게 하라.(약 4:5~8)

하나님의 은혜가 죄의 지배를 받는 자를 건져서 그리스도의 영광스러운 의의 포로로 잡히게 하셨다. 성도는 이렇게 의의 종이 되었다. 이것이 은혜의 힘이요, 은혜의 지배 즉 은혜의 왕 노릇이다. 성도는 이 은혜의 강력함으로 완전한 구원의 도리에 붙들려 그 은혜의 종이 된다. 그는 이제까지 자기중심적으로 살아 죄의 충동가운데 부도덕하게 살았으나, 은혜의 종이 된 후에는 이 은혜의 지배 하에서 통제를 받아 거룩한 생활을 하게 된다.

이러한 개인의 변화는 나아가 사회와 민족과 국가가 변화되는 역사를 만들어낸다. 이러한 영적 변화의 흐름은 역사적으로 과거의 서구 사회를 변화시키는 원동력이 되었다. 프랑스 혁명(1789~1799), 영국의 복음 대각성운동(18세기), 미국의 영적 대각성운동(1842) 그리고 평양대각성운동(1907) 등이 그러한 역사적 사건이다. 이러한 변화는 복음을 믿은 성도가, 어리석고 야비하고 부도덕한 과거의 생활을 청산하고 변화된 인생을 산 것으로부터 출발한다.

이들 영적각성운동은 한 개인이 '복음으로 변화된 것(transformation

by the Gospel)'이 전 사회와 민족의 개혁 운동으로 확산되었던 것이다. 이러한 변화는 영적으로, 지적으로 그리고 더 나아가 학적으로 지대한 영향을 미쳤다. 그 결과 온 세상이 성경적 사상과 삶으로 변화되어 오늘에까지 이르게 된 것이다. 그리고 이것이 우리가 현재 살아가며 누리는 자유민주주의의 초석이 되었다는 것을 인정하지 않을 수 없다.

성도는 성경에서 가르쳐 주는 구원의 도리를 잘 알아야 한다. 이것은 하나님께서 죄인을 어떻게 구원하는지를 설명하는 교리이기 때문이다. 그 속에는 창조, 보존, 통치, 성육신, 성령께서 주도적으로 타락된 인간을 회복하고 구원하는 교리가 있다. 또한 그속에는 타락한 인간에게 이 모든 진리들을 가르쳐 하나님 나라를 세워가는 교회론이 있고 마지막 종말에 관한 진리가 담겨 있다.

3. 교훈의 본에 따른 역사

17절에서는 "너희가 본래 죄의 종이더니 너희에게 전하여 준바 교훈의 본을 마음으로 순종하여"라고 말한다. 이 말씀은 성도가 어떻게 바르게 성장해 살 수 있는지를 잘 보여준다. 그것은 전달받은 교훈의 본을 마음으로 순종하여 이루게 된다.

1) 교훈의 본
여기에 중요한 진리가 담겨져 있다. "교훈의 본"이란 무엇일까? 교훈은 사도가 전해주는 말씀이다. 문제는 "본(*tupos*)"란 말의 의미이다. 이 말은 '모형(type), 형식(form), 기준(standard), 모양(pattern)' 등의 뜻이 있다. 이것은 성경의 자구를 말하는 것이 아니라 말씀의 전체적인 형식과 기준, 그리고 전체적인 윤곽 즉 진리의 전체적 흐름을 의미한다. 성도는 사도가 전해준 진리의 전체적인 윤곽을 파악하고 그 진리의 핵심을 마음으로 받아 전적으로 순종했다는 의미이다. 바른 성도들은 '사도가 전달해 준 가르침의 전 구조(the total structure of apostolic instruction)'를 마음으로 받아 순종하는 자들이다. 사도 바울은 데살로니가 성도를 향하여 이렇게 말씀했다.

> 그러므로 형제들아 우리가 끝으로 주 예수 안에서 너희에게 구하고 권면하노니 너희가 마땅히 어떻게 행하며 하나님을 기쁘시게 할 수 있는지를 우리에게 배웠으니 곧 너희가 행하는 바라 더욱 많이 힘쓰라. 우리가 주 예수로 말미암아 너희에게 무슨 명령으로 준 것을 너희가 아느니라. 하나님의 뜻은 이것이니 너희의 거룩함이라. 곧 음란을 버리고 각각 거룩함과 존귀함으로 자기의 아내 대할 줄을 알고 하나님을 모르는 이방인과 같이 색욕을 따르지 말고 이 일에 분수를 넘어서 형제를 해하지 말라. 이는 우리가 너희에게 미리 말하고 증언한 것과 같이 이 모든 일에 주께서 신원하여 주심이라. 하나님이 우리를 부르심은 부정하게 하심이 아니요 거룩하게 하심이니"(살전 4:1~7)

여기서 볼 수 있듯이 바울은 우리가 단순하게 예수의 십자가를 믿기만 할 것이 아니라, 예수께서 이루신 구원의 진리를 믿고 아는 일에 힘써, 생활 속에서 의의 종으로 순종하며 살 것을 명하고 있다. 그리고 참고로 성숙한 성도를 위한 중요한 구절들이 있다. 1) 진리를 믿음(살후 2:1 딤전 4:3), 2) 진리를 앎(요 8:32, 딤전 2:4, 딤후 2:25, 딛 1:11), 3) 진리에 순종함(롬 2:8, 갈 5:7, 벧전 1:22)등이다.

2) 순종함

이 구절에서 중요한 개념은 "순종한다(paradidumi)."로 단순히 '따른다.' 라는 의미를 넘어 사도의 전승에 의하여 전달받은 말씀을 '신뢰하여 따른다(to follow with trust).'라는 의미이다. 즉 성도가, 사도의 정통 교훈 전체를 전적으로 신뢰하여 마음으로부터 순종하는 것을 말한다. 그 결과 우리는 죄로부터 해방되어 의에 종이 된 것이다(18절). 사도는 이 점을 강조하고 있다.

즉 이 말씀이 말하려는 것은 성경 말씀의 핵심 진리를 마음으로부터 받아들이지 않으면 의의 종이 될 수 없다는 것이다. 그저 교회를 다니며, 형식적인 종교 생활로는 의의 종이 될 수 없다는 의미이다.

3) 변화된 성도의 특징

의의 종으로 변화된 성도의 모습은 네 가지로 정리할 수 있다.

첫째, 큰 변화를 겪은 자

너희가 전에는 죄의 종의 신분을 가졌던 사람이었으나, 이제는 그렇지 아니하다는 말이다. 바울은 모든 사람이 아담의 본성을 물려받은 자라고 말한다.

> 이러므로 한 사람으로 말미암아 죄가 세상에 들어오고 죄로 말미암아 사망이 왔나니 이와 같이 모든 사람이 죄를 지었으므로 사망이 모든 사람에게 이르렀느니라.(롬 5:12)

성도는 거듭남으로 새 생명을 얻은 자이다.

> 예수께서 대답하시되 진실로 진실로 네게 이르노니 사람이 물과 성령으로 나지 아니하면 하나님의 나라에 들어갈 수 없느니라. 육으로 난 것은 육이요 영으로 난 것은 영이니, 내가 네게 거듭나야 하겠다 하는 말을 놀랍게 여기지 말라.(요 3:5~7)

거듭남이 구원에 있어서 가장 초보 단계이다. 사도 바울은 "누구든지 그리스도 안에 있으면 새로운 피조물이라(고후 5:17)"라고 선언했다. 이렇게 '영광스러운 하나님의 복음(딤전 1:11)'은 인격 전체를 변화시키는 능력이 있다. 성도는 이렇게 큰 변화를 경험한 자다.

둘째, 소유권이 이전된 자

바울은 그리스도인에게 "너희의 소유권은 완전한 변화를 가져왔다"라고 말한다. 그리스도인이 되기 전에는 본질상 죄의 종이었는데 이제

의의 종으로 변화되어 '소유권이 바뀌었다'라고 말한다.

> 그러나 이제는 너희가 죄에게서 해방되고 하나님께 종이 되어 거룩함에 이르
> 는 열매를 얻었으니 이 마지막은 영생이라.(롬 6:22)

셋째, 교훈의 본을 따라 순종한 자

큰 변화가 어떻게 이루어졌는가? 그것은 사도가 전해 준 '교훈의 본'
때문이다. '교훈의 본'은 '교리의 형태', '교리의 양식'을 말한다. 우리가
이 교리를 분명히 알지 못하기 때문에 신앙에 혼란이 있고 올바른 부흥
이 이루어지지 못하는 것이다. 이 교훈의 본은 단순히 죄 사함의 메시
지만은 아니다. 구원의 전 진리를 포괄적으로 말하는 것으로 우리가 전
하는 것을 순종해야 한다고 강조한다.

넷째, 믿어 구원을 누리며 사역하는 자

하나님께서는 복음을 믿게 하셔서 의의 종이 되게 하신 목적이 있다.
그것은 하나님께서 기뻐하시는 선한 일을 열심히 수행하며 살라는 것
이다.

> 우리는 그가 만드신 바라 그리스도 예수 안에서 선한 일을 위하여 지으심을
> 받은 자니 이 일은 하나님이 전에 예비하사 우리로 그 가운데서 행하게 하려
> 하심이니라.(엡 2:10)

결 론

의의 종이 되는 비결이 여기에 있다. 그것은 사도들이 전해준 정통
교리를 마음으로 믿어 순종하는 데 있다. 사도 바울이 말하기를,

> 모든 사람에게 구원을 주시는 하나님의 은혜가 나타나 우리를 양육하시되 경
> 건하지 않은 것과 이 세상 정욕을 다 버리고 신중함과 의로움과 경건함으로
> 이 세상에 살고 복스러운 소망과 우리의 크신 하나님 구주 예수 그리스도의
> 영광이 나타나심을 기다리게 하셨으니 그가 우리를 대신하여 자신을 주심은

모든 불법에서 우리를 속량하시고 우리를 깨끗하게 하사 선한 일을 열심히 하는 자기 백성이 되게 하려 하심이라. 너는 이것을 말하고 권면하며 모든 권위로 책망하여 누구에게서든지 업신여김을 받지 말라.(딛 2:11~15)라고 했다.

의의 종이 되어 복음을 믿는다는 것은 하나님께 순종한다는 말이다. 믿음은 순종이다. 마음을 닫은 채 형식적으로 마지못해서 따라가는 것은 진정한 순종이 아니다. 순종은 더디게 따라가거나 머뭇거리는 것이 아니다. 하나님의 말씀은 "마음으로 믿어 의에 이르게 하시고"(롬 10:10), "말씀에 순종하므로"(롬 16:26) 그 영혼이 깨끗하게 되어 온전한 구원에 이르게 하신다(벧전 1:22).

너희가 진리를 순종함으로 너희 영혼을 깨끗하게 하여 거짓이 없이 형제를 사랑하기에 이르렀으니 마음으로 뜨겁게 서로 사랑하라. 너희가 거듭난 것은 썩어질 씨로 된 것이 아니요 썩지 아니할 씨로 된 것이니 살아 있고 항상 있는 하나님의 말씀으로 되었느니라.(벧전 1:22~23)

제78강

의의 종으로 거룩함에 이르라

하나님께 감사하리로다. 너희가 본래 죄의 종이더니 너희에게 전하여 준바
교훈의 본을 마음으로 순종하여 죄로부터 해방되어 의에게 종이 되었느니라.
너희 육신이 연약하므로 내가 사람의 예대로 말하노니 전에 너희가 너희 지체
를 부정과 불법에 내주어 불법에 이른 것 같이 이제는 너희 지체를 의에게 종
으로 내주어 거룩함에 이르라. 너희가 죄의 종이 되었을 때에는 의에 대하여
자유로웠느니라. 너희가 그때에 무슨 열매를 얻었느냐 이제는 너희가 그 일을
부끄러워하나니 이는 그 마지막이 사망임이라(로마서 6:17~21).

사도 바울은 로마에 있는 성도들을 만나기 전에 편지부터 먼저 보냈
다. 이들은 오순절 성령 강림을 목격하고 사도들의 증언을 듣고 복음을
체험하여 예수를 믿었다. 이들은 로마 회당에 모인 유대인 성도들과 그
곳에서 복음을 듣고 예수를 믿는 이방인 성도들이다. 사도는 이들에게
영광스러운 구원의 진리를 기초부터 최종 단계에 이르기까지 잘 설명
하였다.

사도는 그들이 받은 복음의 본질과 특성 그리고 그 복음을 믿으면
주어지는 구원의 전 과정을 설명하였다. 사도는 예수 그리스도께서 이
루신 구속의 진리가 무엇이며 그 진리가 필요한 배경과 이유 그리고 내
용을 차근차근 설명하며 그 복음을 변증하였다.

바울 사도는 이 복음을 부끄러워하지 않고 자랑스럽다고 말하며 이 복음에는 유대인이나 헬라인이나 차별 없이, 믿는 자 모두에게 구원을 주시는 능력이 있고, 복음이 전달하고 있는 의는 믿는 자에게 칭의를 선언해주시는 구원이 있다고 주장한다.

> 내가 복음을 부끄러워하지 아니하노니 이 복음은 모든 믿는 자에게 구원을 주시는 하나님의 능력이 됨이라 먼저는 유대인에게요 그리고 헬라인에게로 다. 복음에는 하나님의 의가 나타나서 믿음으로 믿음에 이르게 하나니 기록된 바 오직 의인은 믿음으로 말미암아 살리라 함과 같으니라.(롬 1:16~17)

사도는 이신칭의로 구원받게 되는 구원은 오직 은혜로만 가능함을 강조한다. 이 은혜를 받은 성도는 결코 예수 믿기 이전으로 되돌아갈 수 없고, 죄를 더는 저지를 수 없음을 강조한다. 이유는 이미 영적 신분 변혁(transformation)이 이루어지고 있기 때문이다.

그래서 성도는 자신이 변화된 영적 신분임을 인정하여, 자신을 '죄에 대하여서는 죽고, 의에 대하여서는 살아 있는 자로 여기라(롬 6:11)'고 강조한다. 그 배경에는 은혜가 지배하는 영역에 있기에 결코 죄 가운데 있을 수 없다고 강조한다.

> 죄가 너희를 주장하지 못하리니 이는 너희가 법 아래에 있지 아니하고 은혜 아래에 있음이라. 그런즉 어찌하리요, 우리가 법 아래에 있지 아니하고 은혜 아래에 있으니 죄를 지으리요, 그럴 수 없느니라.(롬 6:14~15)

1. 의의 종이 된 성도

은혜로운 성령의 지배는 마치 노예 혹은 종의 지배구조와 비슷한 것으로 우리가 그 은혜를 진정으로 인식하고 있다면 그 받은 교훈의 본을 마음으로 순종하여야 한다고 강조한다.

> 하나님께 감사하리로다. 너희가 본래 죄의 종이더니 너희에게 전하여 준바 교

훈의 본을 마음으로 순종하여 죄로부터 해방되어 의에게 종이 되었느니라.(롬 6:17~18)

앞에서도 강조하였듯이, 종(*doulos*, slave)에게는 순종만이 요구된다. 결코, 개인의 자율권이 인정되지 않는다. 그에게는 주인이 있기 때문이다. 그에게 죄가 주인이다. 주인 된 죄는 그에게 명령한다. 죄의 종이 된 자는 죄가 이끄는 대로 따라가야 하고 그에 복종할 수밖에 없었다. 그러나 하나님의 은혜로 죄에서 벗어나 의의 종이 되었으면, 당연히 그 의가 이끌고 그 의가 명령하는 대로 순종한다.

문제는 죄의 종에게는 자율권은 인정되지 않으나, 은혜로 의의 종이 된 자에게는 자율권이 인정된다. 쉽게 말씀하면 공산주의는 당이 정해 주는 바에 따라 무조건 복종해야 하지만, 자유민주주의에서는 개개인의 자율권이 최대한 보장되는 것과 같다.

이 점은 펜데믹 상황 가운데서 잘 증명된다. 북한과 중공과 같은 공산주의, 사회주의 나라에서는 철저하게 개인의 자유를 제한하지만, 자유민주주의 국가에서는 개인의 자유와 자율권이 최대한 보장되기 때문에 질병이 더 많이 확산되는 경향을 보인다. 이때 자유민주주의하에서 사는 사람은 철저하게 스스로 대비하며 대책을 마련하여야 병에 걸리지 않는다.

성도도 은혜를 받아서 신앙생활을 한다고 하면서도 그 은혜의 역사를 온전히 인정하지 못하면 그는 여전히 죄가 충동에 순종하여 옛 습관대로 죄를 지으며 살아간다. 그러나 이미 받은 은혜를 깊이 인식하는 성도는 옛 습관을 버리고, 스스로 말씀으로 역사하시는 성령의 지배와 인도 따라 자발적으로 순종하고 또한 말씀에 따라 순종하게 된다. 이것이 의의 종이 된 자의 모습이다.

이것은 성도가 참으로 하나님께 감사해야 할 점이다. 우리는 선택받았고, 은혜를 받은 자임을 깊이 인식하며 "죄에서 해방되어 의에 종이 되었음"을 감사드려야 한다(8절). 우리가 예수를 믿게 된 것이 얼마나 감사한 일인가!

사도 바울은 이 진리를 이렇게 요약하여 전하고 있다.

> 우리를 구원하시되 우리가 행한 바 의로운 행위로 말미암지 아니하고 오직 그의 긍휼하심을 따라 중생의 씻음과 성령의 새롭게 하심으로 하셨나니, 우리 구주 예수 그리스도로 말미암아 우리에게 그 성령을 풍성히 부어 주사, 우리 로 그의 은혜를 힘입어 의롭다 하심을 얻어 영생의 소망을 따라 상속자가 되 게 하려 하심이라.(딛 3:5~7)

2. 연약한 존재를 인정하심

바울은 "너희 육신이 연약하므로 내가 사람의 예대로 말하노니 전에 너희가 너희 지체를 부정과 불법에 내주어 불법에 이른 것 같이 이제는 너희 지체를 의에게 종으로 내주어 거룩함에 이르라.(롬 6:19)"라고 말한다.

사도는 설령 은혜를 받은 자라 할지라도 인간의 한계를 인정해야 한다고 하면서 구원에 이르는 교리를 설명한다. 이는 우리에게 격려가 된다. 그래서 감사하지 않을 수 없다. 은혜를 받은 자에게 요구하는 것이 율법적 행위가 아니고 육신의 연약함과 한계를 인정해야 한다는 점에서 그렇다.

바울이 말하는 의는 무엇일까? 칼빈(John Calvin)은, "율법과 의로운 생활의 규칙"으로 보았다. 이 의는 성화로 이루어지는 것이며, 이것은 신자가 자신의 육신을 순결하게 하여 말씀으로 하나님을 섬기는 일에 헌신하도록 인도하는 성령의 의를 말한다.

그리고 여기서 말하는 "연약함(astheneia, weakness)"은 무슨 말일까? 어떤 학자는 윤리적이지 못한 것, 어떤 분은 지적으로 낮은 것, 혹은 불법을 저지르는 전 과정을 말한다.

니콜(Robertson Nicoll)은 이것을 그의 헬라어 주석에서 "증가하는 사악한 행위(increasing wickedness)"로 해석했다. 즉 이것은 '진리 지식을 이해하는 데 어려움을 겪고(difficulties of apprehension)' 있어서, 말씀을 순종하지 못하여 나타나는 여러 행태를 말한다. 즉 옛 생활을 청산하지 못하고 여전히 죄의 유혹에 넘어가는 연약함 즉 성격, 습관, 버릇, 생활의 연약한 태도 등을 말한다.

이러한 고질적인 죄의 잔재는 우리의 지체를 부정(akatheardia, unclean)과 불법(haomia, iniquity)에 내어주어 결과적으로 의로운 생활을 하지 못하게 하고 여전히 불법을 저지르며 살게 하는 것이다. 이것은 지체를 죄에 내어준 결과이며, 그래서 여전히 죄의 종으로 살아가게 되는 가련한 모습이다.

그래서 사도는 우리가 이렇게 죄에 자신을 내어줄 것이 아니라, 의의 종답게 의에게 우리 지체를 내어주어 의가 지배하도록 하라고 권고한다. 하나님께서는 우리의 연약함을 인정하고 배려하고 있는 것이다. 이것이 얼마나 감사한 일인가!

이렇게 예수 안에서 있는 자에게는 예수 안에서 놀라운 은혜가 주어지게 된다. 그것은 우리를 예수 안에서 지혜와 의로움과 거룩함으로 구원에 이르게 하시는 것이다.

> 너희는 하나님으로부터 나서 그리스도 예수 안에 있고 예수는 하나님으로부
> 터 나와서 우리에게 지혜와 의로움과 거룩함과 구원함이 되셨으니(고전 1:30)

사도가 말하는 '육신이 연약하다'는 것은 우리 속에 남아 있는 죄성을 가리킨다. 성도가 거룩하게 살아야 하는 것은 당연한 의무이지만, 그에게 여전히 죄성이 남아 있기에 거룩함에 이르라고 권면하고 있는 것이다. 이 과정이 성화(聖化, sanctification)이다.

히브리서 기자는 우리의 이러한 한계와 연약함을 지적하며 "우리에게 있는 대제사장은 우리의 연약함을 동정하지 못하실 이가 아니라"고 강조한다(히 4:15). 그렇기 때문에 우리는 이 사실을 인정하고 하나님

앞에 더 나아가야 한다.

> 그러므로 우리는 긍휼하심을 받고 때를 따라 돕는 은혜를 얻기 위하여 은혜
> 의 보좌 앞에 담대히 나아갈 것이니라.(히 4:16)

성도는 예수를 믿을 때, 주와 함께 자신의 육체와 정욕을 십자가에 못 박아 죽인 자임을 인식하고, 더욱 은혜를 사모하여야 할 것이다.

> 우리가 알거니와 우리의 옛 사람이 예수와 함께 십자가에 못 박힌 것은 죄의
> 몸이 죽어 다시는 우리가 죄에게 종노릇하지 아니하려 함이니(롬 6:6)

3. 비교되는 자유

순종과 복종의 원리는 내가 '누구에게 속해 있느냐'에 따라 결정된다. 죄의 종이었을 때는 죄에 이끌려 죄를 지었기 때문에, 의에 대하여 자유롭다(상관없다) 하겠다. 당연히 죄의 종이 되면 죄에 복종하게 마련이다. 그러나 그 결과는 부끄럽고 추하다. 그는 정당하지 못한 불법의 상태로 항상 불안함과 걱정으로 살아가는 인생이 된다. 그리고 마침내 그 상태 그대로 사망하게 된다.

미국 초대 대통령인 조지 워싱턴(George Washington, 1732~1799)의 어린 시절에 있었던 유명한 이야기가 있다. 그가 어린 시절 아버지가 애지중지하던 화병을 깨뜨렸다. 이것을 집안에서 일하던 하인이 목격했다. 어쩔 줄 모르는 워싱턴은 하인에게 아버지에게 절대 말하지 말라고 부탁을 했다.

하인은 자기의 말을 잘 들으면 절대 말하지 않겠다고 제안하며 어린 워싱턴의 동의를 받아낸다. 그 이후 아들은 하인의 말을 듣게 된다. 그런데 아버지는 아들이 아버지의 눈을 피하며 예전과 같지 않은 것을 느껴서 아들을 부른다. 모든 사실을 알게 된 아버지는 "아들이 골동품 화병보다 더 귀하다"고 하며 다음부터 조심하라고 부드럽게 용서하고 아

들 워싱턴을 따뜻하게 품어 주었다. 이를 모르는 하인은 예전과 같이 워싱턴을 불렀다. 아버지의 사랑을 확인한 워싱턴은 당연히 순종하지 않았다.

죄의 종이 되면 죄에 끌려 다닐 수밖에 없다. 그러나 의의 종이 되면 그에게 주어진 의가 너무나 감사해서 그 의에 자신을 드려 스스로 순종하게 된다.

> 너희가 죄의 종이 되었을 때에는 의에 대하여 자유로웠느니라. 너희가 그 때에 무슨 열매를 얻었느냐 이제는 너희가 그 일을 부끄러워하나니 이는 그 마지막이 사망임이라.(롬 6:20~21)

우리의 '육신이 연약하다'는 것은 우리가 예수를 믿으며 살아가나 여전히 우리 속에는 죄의 세력이 남아있음을 인정하는 말이다. 성도가 거룩하게 살아야 하다는 것은 당연한 의무이지만, 그가 여전히 죄의 세력 아래 있으므로 거룩함에 이르도록 노력해야 한다고 권면하는 것이다. 즉 성도에게는 성화(聖化)가 당연한 일이기에 이러한 권면과 격려를 받고 있는 것이다.

죄는 수치와 후회만을 남길 뿐이다. 이를 극복하는 길은 성도 스스로가 변화된(transformated) 자신의 영적 신분을 기억하고, 예수께서 이루신 사죄의 은총과 이를 믿게 하신 성령의 역사로 의롭다 하신 것을 깊이 인식하는 것이다. 이 모든 과정 가운데 성령 하나님은 말씀으로 은혜를 베푸시어 깨닫게 하신다.

성도는 그 기쁨과 확신으로 자신을 의가 지배하도록 해야 한다. 그럴 때 그는 이를 의무라 고 생각하지 않고 당연히 수행해야 할 걸로 여기며 기꺼이 말씀에 순종하게 될 것이다. 결국, 그는 하나님의 놀라운 은혜를 깨닫고 감사하게 된다. 예수께서는 죄로 인하여 힘들게 살아가는 우리를 초청하여서 안식으로 구원을 누리게 하신다.

수고하고 무거운 짐 진 자들아 다 내게로 오라 내가 너희를 쉬게 하리라. 나는 마음이 온유하고 겸손하니 나의 멍에를 메고 내게 배우라 그리하면 너희 마음이 쉼을 얻으리니, 이는 내 멍에는 쉽고 내 짐은 가벼움이라 하시니라.

(마 11:28~30)

4. 거룩함에 이르는 구원

본문은 두 종, 즉 죄의 종과 의의 종간의 차이점과 대비 점을 비교한다. 그리고 두 종 사이의 연관성을 강조한다. 그런데 이 둘 다 지속성을 나타내는 역동적인 특성이 있다. 다시 말해, 죄는 집요하고 끈질기고 매력적이며 저돌적이다. 또한 은혜로 주어진 의(義) 역시 매우 강력하다.

의의 종은 충격적인 대 전환을 겪어 지난날의 상태를 경멸하게 하고, 다시는 되돌아가지 못하는 강력함이 있다. 마치 탕자가 다시는 돼지우리에는 돌아가지 않듯이 말이다.

거듭난 성도는 그 강력한 은혜의 현장과 흥분과 회개하던 기쁨을 잊을 수가 없어서 결코 다시 죄의 상태로 되돌아갈 수 없다고 결단하게 된다. 문제는 안타깝게도 우리 육신의 연약함은 그 구원의 감격과 기쁨의 상태를 오래 지속하지 못하게 한다. 그러기에 성도는 자신의 이 연약함을 인식하고, 조심스럽고 진지하게 말씀을 사모하며 그 말씀을 순종하기에 힘써야 한다. 적극적으로 지난날의 자신의 영적 실태를 점검하고 분석하여 그 해결 방안을 나름대로 마련해야 하는 것이다.

사도의 말씀을 기억하자.

전에 너희가 너희 지체를 부정과 불법에 내주어 불법에 이른 것 같이 이제는 너희 지체를 의에 종으로 내주어 거룩함에 이르라(롬 6:19).

'어떻게 하면 거룩함에 이를 수 있는가'는 각자가 스스로의 능력과 상황에 따라 노력해야 할 부분이다. 각자 나름대로 전적으로 말씀을 사모하며 그 말씀에 순종하도록 힘써야 한다. 이 과정이 성화의 과정이다. 이를 '영광스러운 도덕 여정(glorious moral journey)'이라 하겠다.

결 론

성도는 예수 믿기 이전을 생각해야 한다. 그때는 죄의 종이었고 노예였다. 그러나 이제는 의와 연관되어 거룩함과 자유가 주어졌다. 성도는 "이전과 이제(Just as ~~ So now)" 이 둘 사이의 경계와 차이점을 분명히 인식하는 것이 중요하다.

성도는 항상 이런 확실한 인식 가운데서 받을 은혜를 간절히 사모해야 한다. 더욱 말씀을 사모하고 그 말씀에 순종하려고 노력해야 한다. 그것이 영생을 누리는 길이고 영생에 이르는 성화의 길이다.

제79강

사망과 영생

그러나 이제는 너희가 죄로부터 해방되고 하나님께 종이 되어 거룩함에 이르는 열매를 맺었으니 그 마지막은 영생이라. 죄의 삯은 사망이요, 하나님의 은사는 그리스도 예수 우리 주 안에 있는 영생이니라(로마서 6:22~23).

이제, 그동안 살펴보았던 예수와의 연합 개념으로 설명되는 구원 진리인 칭의와 성화에 대하여 정리하며 6장을 마치려 한다. 바울은 "그리스도와의 연합(union with Christ)"과 "노예(servant)" 개념으로 '죄의 결과인 사망'과 '순종의 결과인 영생'을 '죄의 지배와 은혜의 지배'로 설정하고 이 둘을 비교(comparison)하며 대조(antithesis)하여 구원의 진리를 논증했다. 이것은 이신칭의로 이루는 구원은 오직 하나님께서 택한 자를 은혜로 지배하셔서 완성해 가신다는 변증이다.

1. 반드시 알아야만 하는 사실

그동안 이신칭의 교리에 대하여 제기할 수 있는 질문 두 가지를 상정하고 그에 대한 답변으로 변증하는 사도 바울의 진술을 살펴보았다. 그 질문은 두 가지(1, 15절)이다.

그런즉 우리가 무슨 말을 하리요. 은혜를 더하게 하려고 죄에 거하겠느냐. 그럴 수 없느니라.(롬 6:1~2a)

그런즉 어찌하리요. 우리가 법 아래에 있지 아니하고 은혜 아래에 있으니 죄를 지으리요 그럴 수 없느니라.(롬 6:15)

이것은, 역설적인 부정으로 강한 긍정을 유도하면서 은혜를 받은 자는 결코 죄를 지을 수 없고 죄의 지배를 받을 수 없는 자임을 인정해야 한다는 주장이다. 노예는 주인에게 순종과 복종만이 요구될 뿐이라는 것이다.

한 사람 아담의 범죄로 인하여 그와 함께 죄를 지은 모든 사람은 죄와 사망의 지배 가운데 놓여 죄의 종이 되고 말았다. 우리 모두는 결국 불순종의 세력에 지배받으며 죄의 세력에 끌려 살아가는 자들이 되었다. 이 점은 누구나 다 아는 상식이기에 바울은 "너희가 알지 못하느냐(16)!"고 반문한다.

너희 자신을 종으로 내주어 누구에게 순종하든지 그 순종함을 받는 자의 종이 되는 줄을 너희가 알지 못하느냐.(롬 6:16a)

사도가 이 반문을 제기하면서 성도가 반드시 알아야만 하는 사실은 무엇일까?

첫째, 성도는 예수와 연합된 자임을 알아야 한다.

성도는 예수 그리스도와 함께 죽고, 믿음으로 함께 살았음을 고백하여 세례를 받았기 때문에 그렇게 생각해야 한다는 것이다. 그는 죄에 대하여 죽은 자요, 하나님께 대하여 다시 사는 자가 되었다. 이 진리를 우리는 1~14절에서 깨닫게 된다.

둘째, 성도는 순종이 요구됨을 알아야 한다.

성도는 자기 포기와 자기 양도를 통하여 하나님의 종이 되었으므로 오직 순종만이 요구된다는 점을 알아야 한다. 이것은 15~23절에서 알

수 있다. 일단 종이 되면 소속된 주인에게 반드시 순종하고 복종해야한다는 것은 상식이다. 이것 이외에 다른 행동의 선택권이 그에게 주어질 수 없다. 왜냐하면, 그는 주인에게 소속된 자이기 때문이다.

셋째, 성도는 순종의 결과 의로 인정됨을 알아야 한다.

그 결과 죄의 종은 지은 죄로 인하여 '사망'에 이르게 되고, 순종의 종에게는 그의 순종으로 하나님께 인정받아 의에 이르게 된다.

> 혹은 죄의 종으로 사망에 이르고 혹은 순종의 종으로 의에 이르느니라.(롬 6:16b)

이제 두 종류의 종을 비교하고 대조하면서 왜 사망과 영생의 결과가 죄의 종과 순종의 종에게 주어지게 되는지를 다시 점검하고 그 결론을 돌출해 보자.

2. 두 노예의 대조

> 그러나 이 은사는 그 범죄와 같지 아니하니 곧 한 사람의 범죄로 인하여 많은 사람이 죽었은즉 더욱 하나님의 은혜와 또한 한 사람 예수 그리스도의 은혜로 말미암은 선물은 많은 사람에게 넘쳤느니라. 또 이 선물은 범죄한 한 사람으로 말미암은 것과 같지 아니하니 심판은 한 사람으로 말미암아 정죄에 이르렀으나 은사는 많은 범죄로 말미암아 의롭다 하심에 이름이니라. 한 사람의 범죄로 말미암아 사망이 그 한 사람을 통하여 왕 노릇하였은 즉 더욱 은혜와 의의 선물을 넘치게 받는 자들은 한 분 예수 그리스도를 통하여 생명 안에서 왕 노릇 하리로다.(롬 5:15~17)

죄의 종은 아담과 연합하여 죄를 지은 결과이며, 순종의 종은 예수와 연합하여 얻게 된 결과다.

1) 두 노예의 상태

사도는 "너희가 본래 죄의 종이더니(미완료시제)"라고 지적하며 우리가 예수 믿기 전에 어떤 상태에 놓여있었던 자이며, 지금까지 어떠한 자로 있었는지를 점검하게 한다. 이것은 성도가 예수 믿기 전의 영적 상태에 대하여 분명하게 인식하고 인정해야 한다는 것을 지적한 것이다. 사람은 모두 죄 가운데서 출생하고 죄와 더불어 살면서 죄에 얽매였던 신분이었음을 분명하게 규명하고 있다.

바울 사도는 성도가 아담 안에서 죄를 지어 사망에 이르게 된 신분에서 벗어나 예수 그리스도께서 완성하신 의를 덧입어 순종의 종이 되었으므로, 성령의 역사로 전달받은 복음을 확인하며 이를 믿게 하신 "하나님께 감사하자!"라고 찬양한다.

> 하나님께 감사하리로다. 너희가 본래 죄의 종이더니 너희에게 전하여 준 바 교훈의 본을 마음으로 순종하여 죄로부터 해방되어 의에게 종이 되었느니라.(롬 6:17~18)

성도는 "너희에게 전하여 준 바 교훈의 본을 마음으로 순종하여 죄에서 해방된" 신분이 되었다. 이는 전적으로 하나님의 은혜로 이루어진 기적 같은 일이다. 성도는 믿음의 선조가 전해 준 복음을 듣고 마음으로 믿은 자이다. 그 결과 그는 죄의 종에서 순종의 종으로의 변환(transformation)된 자이다. 이것은 그의 노력에 의한 것이 아니라 전적으로 하나님의 은혜가 지배하여 이루어진 놀라운 일이다.

2) 두 노예 상태의 비교
두 노예는 어떤 같은 점과 차이점이 있을까?

첫째, 둘 다 자유롭다.
죄의 종은 의에 대하여 자유하고, 순종의 종은 죄에 대하여 자유롭다는 말이다. 죄의 종은 의롭지 못한 의식 속에서 마음껏 행동하기에 가짜 자유이며 겉치레 자유 가운데 있다. 그는 자기가 책임지지 못할 자유를 누리며 방종한다. 그는 무책임하게 죄를 짓고 위선적인 행위를 거침없이 행한다. 그 결과 그는 타인으로 부터 인정받지 못하고 오히려 멸시당하며 스스로의 위상을 떨어뜨리는(degrading) 추한 자유인이다. 바울은 이것을 스스로도 부끄러운 행위를 저지른 자라고 지칭한다.

> 너희가 죄의 종이 되었을 때에는 의에 대하여 자유로웠느니라. 너희가 그 때에 무슨 열매를 얻었느냐. 이제는 너희가 그 일을 부끄러워하나니 이는 그 마지막이 사망임이라.(롬 6:20~21)

반면에 순종의 종은 의의 지시를 받아 이것을 준수하며, 경건과 성실함으로 고상한 윤리적 삶을 살면서 주변으로부터 인정받는 자유인이다.

> 그러나 이제는 너희가 죄로부터 해방되고 하나님께 종이 되어 거룩함에 이르는 열매를 맺었으니 그 마지막은 영생이라.(롬 6:22)

둘째, 둘 다 발전적이다.

사도는 이 점을 강조한다. 그는 "전에(tote, then)와 이제는(non, now)"이란 부사를 사용하여 두 노예 간의 발전과 그 결과를 대조하며 설명한다.

> 너희 육신이 연약하므로 내가 사람의 예대로 말하노니 전에 너희가 너희 지체를 부정과 불법에 내주어 불법에 이른 것 같이 이제는 너희 지체를 의에게 종으로 내주어 거룩함에 이르라.(롬 6:19)

두 노예는 각각 경쟁적으로 발전하며 성장한다. 죄의 종은 죄의 지배 가운데 지속적으로 죄를 범한다. 어떤 결과를 초래할까?

바울은 "무슨 열매를 얻었는가?"(21절)라고 묻는다. 이것은 죄의 종이 되어 계속 죄를 지으면 어떤 결과를 얻게 되는가를 묻는 것이다. 순종의 종도 자기 지체를 의에 내어주어 거룩함에 이르게 된다. 그는 마음과 지식을 진리에 두고 지속적으로 시간을 투자하고 노력하여 발전해 나가는 과정, 즉 성화의 과정을 거치는 것이다. 이렇게 두 노예 모두가 발전적이고 지속적이며 성장을 보인다.

셋째, 결과는 엄청난 차이를 보인다.

과연 어떤 결과가 초래될까? 사도 바울은 이 엄청난 차이를 이렇게 설명하며 밝힌다.

> 너희가 그때에 무슨 열매를 얻었느냐 이제는 너희가 그 일을 부끄러워하나니 이는 그 마지막이 사망임이라. 그러나 이제는 너희가 죄로부터 해방되고 하나님께 종이 되어 거룩함에 이르는 열매를 맺었으니 그 마지막은 영생이라.(롬 6:21~22)

앞에서 강조한 바와 같이, 죄의 종이 만들어 낸 행위로 인하여 주어지게 되는 부정적 효과(negative benefits)는 자신도 부끄러워 창피스럽게 생각해야 하는 (shamed), 기억조차 하기 싫은 행실이다. 이를 예루살렘 성경은 "생각하면 얼굴이 화끈거리는 기억(blush to remember)"이라고 번역했다. 그리고 그에게 주어진 결과는 사망이다.

여기서 말하는 "사망"은 단순히 죽음을 의미하는 것이 아니라, 영원한 죽음 즉 '하나님에게서 영원히 분리되는 죽음'을 의미한다(John Stott). 이 죽음은 요한계시록에서 계시하는 둘째 사망이다.

> 사망과 음부도 불 못에 던져지니 이것은 둘째 사망 곧 불 못이라. 누구든지 생명책에 기록되지 못한 자는 불 못에 던져지더라.(계시록 20:14~15)

> 그러나 두려워하는 자들과 믿지 아니하는 자들과 흉악한 자들과 살인자들과 음행하는 자들과 점술가들과 우상 숭배자들과 거짓말하는 모든 자들은 불과 유황으로 타는 못에 던져지리니 이것이 둘째 사망이라.(계시록 21:8)

이렇게 사망에 이르게 되는 자의 공통점은 지속적이고 반복적으로 죄를 지으면서도, 구체적으로 자기에 대한 냉정한 평가와 분석이 없고, 자신의 과거 행위를 진지하게 뉘우치지 않고 그에 따른 진정한 회개가 없다는 것이다. 그는 단호한 결단으로 그 상황과의 결별을 시도하지 않는다(비교, 눅 15:17~19).

그는 여전히 죄 가운데 빠져 지속적이며 반복적으로 죄를 범하고, 죄를 죄인 줄 모르고 살면서 점점 죄의 깊은 수렁에 빠져 들어간다. 그 결과 비참한 둘째 사망인 영원한 형벌이 주어질 뿐이다. 이것이 죄의 종이 거두는 사망이란 열매이다.

반면에 순종의 종은 죄로부터 자유로운 자가 된다. 그 역시 지속적이고 발전적으로 순종의 삶을 살아가면서 그 혜택(benefits)을 얻게 된다. 그것은 세상과 구별되는 거룩함이며 그 최종 결과는 영생이다. 여기서 말하는 영생은 천국에서 영원히 하나님과 교제를 나눈다는 것이다.

예수께서는 당신이 겪었던 것처럼, 하나님의 말씀에 순종하는 삶을 살면서 겪게 마련인 모든 아픔과 고통, 그리고 그 슬픔을 아시고 위로하시며 격려해주신다(히 4:15~16). 이 얼마나 감사한 일이며 감격스러운 현장이 아닌가!

주께서는 사도 요한에게도 이 점을 계시하셨다.

이는 보좌 가운데에 계신 어린 양이 그들의 목자가 되사 생명수 샘으로 인도하시고 하나님께서 그들의 눈에서 모든 눈물을 씻어 주실 것임이라.(계 7:17)

모든 눈물을 그 눈에서 닦아 주시니 다시는 사망이 없고 애통하는 것이나 곡하는 것이나 아픈 것이 다시 있지 아니하리니 처음 것들이 다 지나갔음 이러라.(계 21:4)

3. 사망과 영생의 길

바울은 6장의 결론으로 앞에서 제기한 주제, "은혜를 더하기 위해 더 죄지을 수 없고(6:1~2a), 은혜의 지배 하에서 죄를 범할 수 없음(롬 6:15)"을 분명히 하며 마감한다.

죄의 삯은 사망이요, 하나님의 은사는 그리스도 예수 우리 주 안에 있는 영생이니라.(롬 6:23)

이 결론은 아담 안에서 죄의 종으로 살면서 지속적으로 죄를 지으며 쌓아온(deserved through sins) 결과(혜택, benefits)가 죽음임을 적시한다. 지속적인 죄의 최종 결과는 영원한 영벌(永罰, eternal punishment)을 받게 되는 것이다. 이것은 그가 죄의 종으로 죄에서 벗어나지 못하고, 죄의 지배를 받게 된 결과로 비참한 심판을 받게 되는 것이다.

여기서 흥미로운 점은 죄의 '삯'이란 말이다. 여기서 말하는 '삯(opsonia, wages)'은 왕이나 장군이 신년이나 신하의 생일에 하사하는 선물 혹은 나라를 위하여 전쟁에 나가 싸워 승리한 부하 군인에게 보상 차원에서 주는 것이다. 그래서 어떤 주석가는 '주인이 노예가 일한 대가를 주머니에 찔러 넣어주는 것(pocket money)'이라 설명했다(Ziesler). 여기서 알 수 있는 것은 그 삯은 노예가 벌어놓은(deserve) 바를 지급하는 것이라는 점이다.

이러한 의미로 '삯'이 쓰이기에 '죄의 삯'이란 죄를 지으며 쌓아놓은 바의 결과로서 선언되는 사망이라는 의미가 된다. 즉 쌓아놓은 죄에 대한 보상으로 사망이 선언되는 것이다.

반면에 예수 안에서 순종의 종으로 살아가는 자에게는 영생이 '하나님의 은사'로 주어지게 된다. 이 하나님의 '은사(karisma, gift)'는 순종의 종이 쌓은(deserve) 바에 대한 보상 차원의 선물이 아니다. 이 영생은 "그리스도 예수 우리 주 안에 있는" 은사라고 사도는 설명한다. 이것이 순종의 종에게 주신 선물로서의 영생이다. 초대 교부 터툴리안(Tertullian)은 이를 "하나님께 드리는 헌신의 결과는 빚이 아니라 은혜로 주어지는 선물이다."라고 규정했다.

성도가 꼭 기억해야 할 것은 영생의 유일한 조건은 순종이 아니라, 예수 그리스도의 대속 사역이다. 예수와 함께 죽고 예수와 함께 살아, 하나님의 종이며 의의 종인 자에게 주어지는 영생의 유일한 조건은 선한 행위가 아니라 신실한 고백이다. 그가 주 예수 그리스도 안에 있으면(in Christ) 그에게 영생이 주어지는 것이다.

이 대목에서 매우 중요한 점이 있다. 그것은 이 영생이 단체적으로 주어지는 것이 아니라, 극히 개인적으로 주어진다는 점이다. 그리고 그 조건은 개개인이 '예수 그리스도와의 연합(union with Jesus Christ)'이 되어야 한다는 것이다. 주께서는 이렇게 말씀하셨다.

> 나는 포도나무요 너희는 가지라 그가 내 안에, 내가 그 안에 거하면 사람이 열매를 많이 맺나니 나를 떠나서는 너희가 아무것도 할 수 없음이라.(요 15:5)

> 내 양은 내 음성을 들으며 나는 그들을 알며 그들은 나를 따르느니라. 내가 그들에게 영생을 주노니 영원히 멸망하지 아니할 것이요(요 10:27~28a)

결 론

이 세상에는 두 종류의 종이 있다. 아담 안에서 출생하여 죄 가운데 살아가는 자는 죄의 종으로 죄의 지배를 받게 된다. 그리고 그 삶은 부끄러운 삶을 살아갈 수밖에 없다. 그는 그동안 죄를 지으며 쌓아놓은 바에 따른 결과로 사망에 이르게 된다. 그는 영원한 형벌에 처하게 된다. 그러나 순종의 종의 삶은, 점진적이고 성숙하게 살아가는 삶으로 거룩함으로 열매를 맺어 결국 영생을 얻게 된다. 그에게는 주 예수께서 마련하신 '의의 결과를 적용하시는 은혜의 지배'가 끝까지 작동하여 영생에 도달하게 된다.

6장을 마감하면서, 결론적으로 사망과 영생이 어떻게 선언되는 지를 확인할 수 있다. 이제 우리는 주께서 말씀하신 바를 마음 깊이 새겨 착실하게 성화의 길을 누가 뭐라고 하던지 뚜벅뚜벅 걸어가야 한다.

> 좁은 문으로 들어가라. 멸망으로 인도하는 문은 크고 그 길이 넓어 그리로 들어가는 자가 많고 생명으로 인도하는 문은 좁고 길이 협착하여 찾는 자가 적음이라.(마 7:13~14)

세상사람 대부분이 넓은 길을 선호한다. 길이 넓어 가기 쉽고 많은 사람이 가기에 편안하다. 그러나 그 길은 멸망의 길로서 우리를 사망으로 인도하는 길이다. 오늘 진실하게 바르고 좁은 길을 제시하며 인도하는 곳을 찾기 힘들다. 왜 그럴까? 그러한 작업이 외롭고 피곤하고 힘들기 때문이다. 그 길은 인기도 없고, 누구도 사모하지도 않기 때문이다. 그러나 주께서 말씀하신 바와 같이 이 좁은 길이 영생으로 인도하는 길이다. 비록 길이 좁고 협착하여 찾는 이가 적어 외로운 길이라 할지라도 이 길을 택하여 가야 한다. 그래야 영생에 이르게 된다.

PART 2.

구원의 확실성

(롬 7:1~8:39)

제80강

하나님께 열매를 드리기 위하여

형제들아 내가 법 아는 자들에게 말하노니 너희는 그 법이 사람이 살 동안만 그를 주관하는 줄 알지 못하느냐. 남편 있는 여인이 그 남편 생전에는 법으로 그에게 매인 바 되나 만일 그 남편이 죽으면 남편의 법에서 벗어나느니라. 그 러므로 만일 그 남편 생전에 다른 남자에게 가면 음녀라. 그러나 만일 남편이 죽으면 그 법에서 자유롭게 되나니 다른 남자에게 갈지라도 음녀가 되지 아니 하느니라. 그러므로 내 형제들아 너희도 그리스도의 몸으로 말미암아 율법에 대하여 죽임을 당하였으니 이는 다른 이 곧 죽은 자 가운데서 살아나신 이에 게 가서 우리가 하나님을 위하여 열매를 맺게 하려 함이라(로마서 7:1~4).

로마서는 로마교회 성도인 유대인 기독교도와 헬라인 기독교도를 수신자로 보낸 서신서이다. 이들은 바울이 한 번도 만난 적이 없는 성도 들이었으나, 먼저 글로 자신이 전하는 복음에 대하여 전달하고 싶었던 바울은 유대교의 핵심인 율법과 죄에 대한 규율을 예수 그리스도의 복음 과 비교하여 구원의 도리를 전한다. 그는 이 서신에서 복음이 무엇인지 를 정확하게 정의하고 해설한다. 그뿐 아니라, 그는 성도의 실제 생활 에 있어서 확실하고 역동적으로 복음적인 삶을 살도록 격려한다.

그동안 우리가 살펴온 바는 복음의 정의와 필요성 그리고 이 복음을 믿으면 어떠한 결과가 나타나는지에 관한 것이었다. 또한 이 과정에서 복음과 믿음의 연관성, 이신칭의와 예수 그리스도와 연합의 비밀과 결과 그리고 그 효과와 같은 주제들을 다루었다. 이 복음을 믿어 이신칭의로 거듭난 성도는 예수와 연합되어 불순종의 종에서 순종의 종으로, 죄의 종에서 의의 종으로 변하게 되었다.

성도는 이제부터 순종의 성도이며 예수와 연합한 자로서 변화된 신분과 자격을 가진 하나님 나라 백성이다. 이것을 잊지 말아야 한다. 항상 이 변화된 신분 속에 담겨있는 구원의 비밀을 잘 숙지하고 그에 합당한 삶을 살아가야한다. 바울은 로마서 7장에서 이 변화된 신분 즉 순종의 종으로 살아가는 삶의 원리를 다룬다.

1. 로마서 7장 서론적 이해

로마서 7장을 강해하기 전에 서론적으로 다루어야 할 주제들이 있다.

첫째, 전하는 메시지의 핵심

바울은 7장에서 율법의 특성과 한계 그리고 영향을 깊이 있게 다룬다. 그는 이미 1장 7절에서 강조하였던 "복음에는 하나님의 의가 나타난다." 라는 복음의 핵심적인 진리를 율법과 비교한다. 그 비교에서 복음을 믿는 자가 마땅히 알아야 할 주제를 구체적으로 전하고 있다. 우리는 이 주제를 다루면서 바울의 율법관을 추적할 수 있다.

둘째, 예수께서 완성하신 구원의 도리를 온전히 믿어야 할 이유

성경 전체에서 전하는 구원의 도리를 확실하게 이해하는 것은 매우 중요하다. 사도는 율법의 지배 아래에 있는 인간이 어떻게 그 율법의 지배에서 벗어나 참된 자유인으로 구원의 삶을 영위할 수 있을 것인지를 깊이 다루고 있다. 이 주제를 다루면서 바울의 구원론을 살피게 된다.

셋째, 믿음의 역동성

성도가 믿음의 역동성을 실제로 알게 되면 율법적 인식의 한계와 그로부터 해방될 수 있는 원리를 알게 된다. 이 주제를 바울이 가르치는 성화 교리(Doctrine of sanctification)를 통하여 알 수 있다.

흥미로운 점은 바울은 이 주제를 전통적인 율법 준수 여부를 따지는 단순한 이론이나 논리적 접근으로 성화 교리를 다루지 않고, 실생활 속에서 겪게 되는 성도의 영적 갈등과 번민 그리고 환란 속에서 겪게 되는 고난 속에서의 믿음의 문제로 성화 교리를 다룬 점이다. 그의 이런 접근은 믿음 생활에서 나타나는 실제적인 문제를 깊이 생각하게 한다.

바울은 율법의 장악력과 한계 그리고 그 결과를 치밀하게 다루었고, 스스로 경험한 바에 근거하여 율법의 지배에서 벗어날 수 없는 인간의 죄성과 연약함을 인정하고 성령의 강력한 은혜로 예수를 믿게 하여 구원하시는 은혜를 격정적인 언사로 고백한다.

> 그러므로 내가 한 법을 깨달았노니 곧 선을 행하기 원하는 나에게 악이 함께 있는 것이로다. 내 속사람으로는 하나님의 법을 즐거워하되, 내 지체 속에서 한 다른 법이 내 마음의 법과 싸워 내 지체 속에 있는 죄의 법으로 나를 사로잡는 것을 보는도다. 오호라, 나는 곤고한 사람이로다. 이 사망의 몸에서 누가 나를 건져내랴. 우리 주 예수 그리스도로 말미암아 하나님께 감사하리로다 그런즉 내 자신이 마음으로는 하나님의 법을 육신으로는 죄의 법을 섬기노라.(롬 7:21~25)

2. 율법으로부터의 자유

7장에서 다루고 있는 주제는 "율법으로부터의 자유(The freedom from the law)"이다.

1) 바울의 율법 이해

율법은 430년 동안 애굽에서 노예로 살았던 야곱의 12지파로 형성된 이스라엘 백성에게 모세를 통하여 시내 산에서 주신 하나님의 법이다. 바울은 이 율법은 하나님께서 그들에게 주신 특혜였음을 강조했다.

> 그들은 이스라엘 사람이라. 그들에게는 양자됨과 영광과 언약들과 율법을 세우신 것과 예배와 약속들이 있고(롬 9:4)

유대인들은 이 율법을 소유한 민족이기에 세상에서 가장 복을 받은 민족이라는 자부심이 있었다. 만일 사람들이 이 율법을 비판하거나 거부하면 신성 모독죄를 짓는 것이라며 그들을 정죄했다. 예수께서 복음서에 나오는 바리새인들과 많은 논쟁을 하셨는데 그 기록을 보면 바리새인들은 예수가 율법을 파괴하는 불경죄를 지었다고 심하게 비난했다. 그러나 예수께서는 그들의 위선과 거짓을 간파하시고 "회칠한 무덤!, 독사의 자식!"이라고 심하게 질책하셨다.

그런데 정작 예수께서는 율법에 대해서 다음과 같이 말씀하셨다.

> 내가 율법이나 선지자를 폐하러 온 줄로 생각하지 말라 폐하러 온 것이 아니요 완전하게 하려 함이라.(마 5:17)

간교하고 우매한 당시 종교지도자들은 이 예수를 십자가에 못 박아 버렸다. 예수께서 승천하신 후 예루살렘에서는 제자와 많은 무리가 놀라운 성령강림을 목격하는 하나님의 일을 경험하였고, 사람들은 오순절 성령강림의 놀라운 사건에 대한 사도의 설교를 듣고 회개하여 예루살렘 교회가 시작되게 되었다.

이러한 와중에 바리새인들은 계속하여 예수를 따르는 무리를 심하게 핍박했다. 그들은 이 예수의 무리가 율법을 버리고, 율법의 저주를 받아 십자가에서 죽은 예수 믿는 것을 정죄하고 박멸하기 위하여 온갖 수단을 다 동원하여 제자들을 핍박했다.

이 때 이 핍박에 앞장 선 자가 사울이다. 그는 스데반 순교 사건에 책임자로 나섰고 다메섹으로 피신한 성도들을 잡아 예루살렘으로 호송해 오기 위한 책임을 스스로 지고 체포 작전에 나섰다. 그는 예수의 제자들과 성도를 자신이 핍박했다고 솔직히 고백했다(행 22:3~4). 그러나 후에 바울은 그때의 행위는 알지 못하고 벌린 무지의 소치였다고 실토했다.

> 내가 전에는 비방자요 박해자요 폭행자였으나 도리어 긍휼을 입은 것은 내가 믿지 아니할 때에 알지 못하고 행하였음이라.(딤전 1:13)

부활하신 예수를 만난 후, 바울은 이 예수의 복음을 전하기 위하여 온 생애를 바쳐 충성했다. 그 과정에서 오히려 자신이 율법을 파괴하는 자가 되었다는 오해와 핍박을 받아 예루살렘 성전에서 강력한 유대인의 저항을 받기도 했다.

> 그 이레가 거의 차매 아시아로부터 온 유대인들이 성전에서 바울을 보고 모든 무리를 충동하여 그를 붙들고, 외치되 이스라엘 사람들아 도우라. 이 사람은 각처에서 우리 백성과 율법과 이곳을 비방하여 모든 사람을 가르치는 그 자인데 또 헬라인을 데리고 성전에 들어가서 이 거룩한 곳을 더럽혔다 하니"(행 21:27~28)

바울은 부활하신 주님의 부르심을 받은 후에 하나님의 구원 섭리를 깊이 연구했을 것이다.

> 내가 이전에 유대교에 있을 때에 행한 일을 너희가 들었거니와 하나님의 교회를 심히 박해하여 멸하고, 내가 내 동족 중 여러 연갑자보다 유대교를 지나치게 믿어 내 조상의 전통에 대하여 더욱 열심이 있었으나, 그러나 내 어머니의 태로부터 나를 택정하시고 그의 은혜로 나를 부르신 이가 그의 아들을 이방에 전하기 위하여 그를 내 속에 나타내시기를 기뻐하셨을 때에 내가 곧 혈육과 의논하지 아니하고 또 나보다 먼저 사도 된 자들을 만나려고 예루살렘으로 가지 아니하고 아라비아로 갔다가 다시 다메섹으로 돌아갔노라.(갈 1:13~17)

바울은 회심 3년 후에 예루살렘에서 사도 베드로를 만났다(갈 1:18). 이 말은 바울이 3년 동안 아라비아 광야에서 하나님의 구원 섭리가 율법과 예수 그리스도의 인격과 사역 속에서 어떻게 구현되었는지를 깊이 연구했다는 의미이다.

그 결과 바울은 로마서 6장에서 그리스도인은 "율법 아래 있지 않고 은혜 아래에 있는 자(롬 6:14~15)"라 규정했다. 이 규정은 과연 어떤 의미일까? 단순하게 예수를 믿는 자가 그리스도인이라는 의미로 한 말일까? 이 규정은 유대인 그리스도인에게는 결코 간단한 말이 될 수 없다. 바울은 당시 로마교회를 비롯한 초대 교회 내에 회자되었던 율법과 복음에 대한 깊은 정리가 필요했기 때문에 이렇게 말했을 것이다.

이 주제는 우리에게도 매우 중요하고 의미 있는 주제이다. 하나님의 구원 섭리 가운데 주어진 율법과 율법을 완성하시는 예수 그리스도의 복음 사역 간의 관계를 어떻게 규정하는가 하는 것은 구원의 도리를 이해하는 데 매우 중요한 문제가 되기 때문이다.

2) 율법을 대하는 다양한 입장들

율법을 대하는 입장에는 대개 세 부류가 있다.

첫째, 율법주의자(legalists)의 입장

예수를 믿어도 철저하게 율법을 지켜야 한다고 믿고 주장하는 자들이다. 오늘날 제7일 안식일 예수 재림교회(SDA)와 같은 이들이다. 이들은 최후에 '조사심판'이라는 것을 통과해야 구원을 얻게 된다고 가르친다. 구원은 오직 예수 그리스도를 믿어 의롭게 된 자가 얻는다. 행위 여부가 결코 구원의 절대 기준이 될 수 없다. SDA는 그래서 사이비라는 평을 듣는다.

둘째, 율법반대론자(antinomians)의 입장

이들은 예수를 믿는 자는 어떤 율법 조항의 저촉도 받지 않고 자유로운 자라고 주장한다. 이들을 율법폐기론자 혹은 도덕폐기론자 라고 부른다. 이들은 율법을 완전히 반대하고 배척하는 자들이다. 오늘에도 교회 내에 동성애자들과 낙태를 지지하는 무책임한 자들이 없지 않다. 이들이 바로 율법과 율법이 요구하는 모든 도덕을 무시하는 자들이다.

셋째, 예수를 믿는 신앙을 잘 간직한 채 율법을 준수하는 자(Christian)의 입장

이들은 자신들의 연약함을 인정하고 율법의 요구를 성령의 역사로 충족시킬 수 있다고 믿는다.

> 율법이 육신으로 말미암아 연약하여 할 수 없는 그것을 하나님은 하시나니 곧 죄로 말미암아 자기 아들을 죄 있는 육신의 모양으로 보내어 육신에 죄를 정하사 육신을 따르지 않고 그 영을 따라 행하는 우리에게 율법의 요구가 이루어지게 하려 하심이니라.(롬 8:3~4)

정리하면, 율법주의자들은 율법을 두려워하고 그 율법의 지배 아래 얽매여 살아가는 자들이다. 반 율법주의자들은 율법을 혐오하고 거부하며 자신들의 마음대로 살아가면서 도덕적이고 윤리적인 행위를 배척한다. 그러나 바른 믿음을 가진 성도는 오히려 믿음으로 율법을 존중하여 성령의 인도하심에 따라 율법의 요구에 순응한다.

바울은 로마서 7장에서 이 세 부류를 직간접적으로 다루면서, 이들의 율법에 대한 입장에 대해서, 진단과 점검 그리고 비판을 한다. 이 작업을 통하여 바른 신앙인이 율법과 복음의 사이에서, 하나님의 계시로서의 율법과 복음을 어떻게 믿음으로 실천에 옮길 수 있을지를 다룬다. 이 과정에서 바울은 율법주의자들과 도덕폐기론자들의 헛된 논리와 문제점을 지적한다. 그리고 복음과 율법의 요구 사이에 발생하게 마련인 믿음의 갈등과 믿음의 승리를 확실하게 제시한다.

7장의 구조는 다음과 같이 정리할 수 있다.
1) 율법에 얽매인 율법주의자(legalist)(1~6절)

2) 반 율법주의자(anti-legalist)에 대한 논박(7~13절)

3) 복음으로 율법의 지배에서 벗어나 하나님의 법 즉 복음으로 자유로운 자(freedom in fulfilling with the law, 14~25절)

3. 세 부류에 전하는 교훈

1) 율법주의자에게 전하는 메시지(1~6절)

바울은 율법의 한계점을 쉬운 예로 부부간의 법적 구속력을 들어 설명한다.

> 형제들아 내가 법 아는 자들에게 말하노니 너희는 그 법이 사람이 살 동안만 그를 주관하는 줄 알지 못하느냐. 남편 있는 여인이 그 남편 생전에는 법으로 그에게 매인 바 되나 만일 그 남편이 죽으면 남편의 법에서 벗어나느니라.
> (롬 7:1~2)

바울은 이 비유를 통하여, 성도는 예수께서 완성하신 구속의 진리를 믿음으로, 율법의 지배에서 해방된 자라는 점을 적시한다. 그리스도인이란 신분은 율법의 종이 아니라, 성령의 능력으로 예수 안에서 거듭난 새 생명을 얻은 의의 종이기에, 그는 옛 신분인 율법의 종으로 율법의 지배를 더 이상 받을 필요가 없다는 것이다. 이것은 율법주의자에 대한 비판인 동시에 그들에게 전하는 구원의 메시지이다.

2) 율법폐기론자에게 주는 교훈(7~13절)

사도는 율법의 한계점과 제한성을 지적하면서 실제로 율법이 잘못된 것이 아니라, 육신의 연약함과 제한성 그리고 죄된 본성의 간교함과 사악함이 문제라고 지적한다. 바울은 율법은 하나님께서 주신 구원의 한 방책이기 때문에 그 자체는 악한 것이 아니라 선한 것이라고 주장한다. 그리고 그는 율법을 비난하고 거부하는 율법 폐기론자의 주장은 잘

못되었으며 받아들일 수 없다고 주장한다.

> 이로 보건대 율법은 거룩하고 계명도 거룩하고 의로우며 선하도다. 그런즉 선
> 한 것이 내게 사망이 되었느냐. 그럴 수 없느니라. 오직 죄가 죄로 드러나기
> 위하여 선한 그것으로 말미암아 나를 죽게 만들었으니, 이는 계명으로 말미암
> 아 죄로 심히 죄 되게 하려 함이라.(롬 7:12~13)

3) 믿음으로 승리하는 성도에게 주는 교훈(7:14~8:4)

바울은 성도가 믿음으로 살면서 겪게 마련인 내적 갈등과 혼란스러
움을 인정한다. 그리고 이를 겪는 과정에서 승리하게 하시는 성령의 역
사를 다룬다. 이것이 바울의 성화 교리이다. 바울이 사용하는 '영과 육',
'마음과 육신', '마음의 법과 지체 속의 다른 한 법', '성령의 생명의 법
과 죄와 사망의 법' 등의 표현은 자신의 경험을 근거로 하여 인간의 죄
성과 연약함으로 겪게 되는 심각한 영적 갈등을 분석하는 표현이다.

> 만일 내가 원하지 아니하는 그것을 행하면 내가 이로써 율법이 선한 것을 시
> 인하노니, 이제는 그것을 행하는 자가 내가 아니요, 내 속에 거하는 죄니라.
> 내 속 곧 내 육신에 선한 것이 거하지 아니하는 줄을 아노니 원함은 내게 있
> 으나 선을 행하는 것은 없노라. 내가 원하는 바 선은 행하지 아니하고 도리어
> 원하지 아니하는바 악을 행하는도다. 만일 내가 원하지 아니하는 그것을 하면
> 이를 행하는 자는 내가 아니요, 내 속에 거하는 죄니라.(롬 7:16~20)

이렇게 바울은 심각한 갈등 속에서도 성령께서 포기하지 않으시고
마침내 승리하게 하시는 강력한 역사를 전적으로 의지한다고 선언한
다. 그 성령께서는 죄의 유혹과 시험을 물리치고 승리하도록 성도에게
은혜를 베풀어 주시고 구원에 온전히 이르도록 이끄신다. 이는 진실한
믿음을 가진 성도에게 주시는 격려의 말씀이다.

> 내가 이르노니 너희는 성령을 따라 행하라 그리하면 육체의 욕심을 이루지
> 아니하리라. 육체의 소욕은 성령을 거스르고 성령은 육체를 거스르나니 이 둘
> 이 서로 대적함으로 너희가 원하는 것을 하지 못하게 하려 함이니라. 너희가

만일 성령의 인도하시는 바가 되면 율법 아래에 있지 아니하리라.(갈 5:16~18)

바울은 자신이 겪은 바 대로, 인간의 연약함과 율법의 한계 가운데 겪는 갈등은 성령의 능력 가운데서 해결될 수 있음을 확신하며 고백한다.

> 그러므로 내가 한 법을 깨달았노니 곧 선을 행하기 원하는 나에게 악이 함께 있는 것이로다. 내 속사람으로는 하나님의 법을 즐거워하되, 내 지체 속에서 한 다른 법이 내 마음의 법과 싸워 내 지체 속에 있는 죄의 법으로 나를 사로잡는 것을 보는 도다. 오호라, 나는 곤고한 사람이로다. 이 사망의 몸에서 누가 나를 건져내랴.(롬 7:21~24)

그는 이 승리는 오직 성령의 역사로 쟁취할 수 있음을 선언한다.

> 그러므로 이제 그리스도 예수 안에 있는 자에게는 결코 정죄함이 없나니, 이는 그리스도 예수 안에 있는 생명의 성령의 법이 죄와 사망의 법에서 너를 해방하였음이라.(롬 8:1~2)

이 말씀은 육신의 몸을 가지고는 도저히 말씀에 순종할 수 없는 성도의 연약함을 고려하신 성령께서 성도의 마음속에 역사하셔서 죄와 사망의 법이 지배하는 세력을 물리치게 하신다는 것이다. 성도가 생명의 성령의 법의 지배를 받으며 살아가게 하시는 구원의 진리가 바로 참된 복음인 것이다. 이는 거듭나 새 생명을 얻어 성령의 지배를 사모하는 신실한 성도에게 주시는 은혜이며 복이다.

결 론

로마서 7장은 교회 내에 이 세 부류가 있음을 알게 한다. 율법주의자, 율법폐기론자, 예수를 온전히 믿는 성도이다. 거듭난 성도는 구원의 기쁨과 감격 속에 구원에 온전히 이르도록 이끄시는 성령 하나님의 인도하심을 받아 살아간다. 성령의 깨닫게 하시는 바에 따라 순종하여 율법의 요구를 따르며 살아가도록 힘쓴다.

우리는 연약한 인간의 지혜와 노력으로 구원을 온전히 이룰 수 없음을 알고 성령께서 말씀하시고 인도해 주시기를 사모해야 한다. 그리고 그 성령께서 깨우치시는 말씀과 인도하심에 순종하도록 힘써야 한다. 오히려 율법을 사랑하고 순종하여 내주하시는 성령 하나님께서 주시는 풍성한 평안을 누리기 원해야 한다.

내가 이르노니 너희는 성령을 따라 행하라 그리하면 육체의 욕심을 이루지 아니하리라. 육체의 소욕은 성령을 거스르고 성령은 육체를 거스르나니 이 둘이 서로 대적함으로 너희가 원하는 것을 하지 못하게 하려 함이니라. 너희가 만일 성령의 인도하시는 바가 되면 율법 아래에 있지 아니하리라.(갈 5:16~18)

제81강

거룩한 열매를 맺기 위한 자유

형제들아 내가 법 아는 자들에게 말하노니 너희는 그 법이 사람이 살 동안만 그를 주관하는 줄 알지 못하느냐. 남편 있는 여인이 그 남편생전에는 법으로 그에게 매인 바 되나 만일 그 남편이 죽으면 남편의 법에서 벗어나느니라. 그러므로 만일 그 남편 생전에 다른 남자에게 가면 음녀라. 그러나 만일 남편이 죽으면 그 법에서 자유롭게 되나니 다른 남자에게 갈지라도 음녀가 되지 아니하느니라. 그러므로 내 형제들아 너희도 그리스도의 몸으로 말미암아 율법에 대하여 죽임을 당하였으니 이는 다른 이 곧 죽은 자 가운데서 살아나신 이에게 가서 우리가 하나님을 위하여 열매를 맺게 하려 함이라(로마서 7:1~4).

바울은 "죄가 사망 안에서 왕 노릇을 한 것 같이 은혜도 또한 의로 말미암아 왕 노릇 하여 우리 주 예수 그리스도로 말미암아 영생에 이르게 하려 함이라(5:21)"라고 은혜의 강력한 지배력을 말했다. 이것은 영생은 인간의 그 어떤 수준이나 능력, 그리고 조건과 업적의 대가가 아니라 오직 강력한 하나님의 은혜로 주어진다는 의미이다. 이 논조는 6장과 7장을 넘어 8장으로 바로 연결되어도 큰 하자가 없어 보인다. 왜냐하면 8장은 이렇게 시작되기 때문이다.

> 그러므로 이제 그리스도 예수 안에 있는 자에게는 결코 정죄함이 없나니, 이는 그리스도 예수 안에 있는 생명의 성령의 법이 죄와 사망의 법에서 너를 해방하였음이라.(롬 8:1~2)

그래서 5장 21절과 8장 1절은 논리적으로 아주 자연스럽게 연결된다. 혹자는 6장은 괄호에 해당한다고 주장하기도 한다(M. Lloyd-Jones).

그렇다면, 바울이 6장과 7장을 기록하는 목적은 무엇일까? 그 이유는 예수 그리스도께서 이루신 의를 믿는 자에게 적용하시는 하나님의 강력한 은혜는 우리가 어떤 죄 가운데 있더라도 절대로 정죄하지 않고 우리를 영생으로 이끄신다는 엄청난 진리, 즉 성화 교리에 대한 설명이 필요했기 때문일 것이라고 앞에서 설명했다.

이것은 '하나님의 강력하신 은혜의 지배력(6장)', '율법에서의 자유로운 신분(7장)'을 설명하며 성화 교리(The doctrine of Sanctification), 즉 '영생에 이르기까지 이끌어 가신다는 교리'를 가르치기 위함이다.

여기서 말하는 성화는 '죄를 정죄하지 않고 또한 이미 지은 죄를 죄라고 여기지 않고 무조건 끌고 가겠다'라는 의미가 아니라, 이미 지은 죄를 문제 삼아 '멸망에 이르도록 내버려 두지 않고 계속 다듬어 끌고 가시겠다'라는 의미이다.

바울은 거듭난 성도가 비록 죄 가운데 있더라도, 하나님의 은혜는 강력하게 그를 보호하고, 경고하고, 끝까지 이르도록 다양한 방법으로 인도하시고, 그를 완전한 구원에 이르도록 역사하신다고 말한다. 성도는 이 성령 하나님의 역사하심을 신뢰하고 끝까지 인내하여 아름답고 거룩한 열매를 맺는 삶을 살아야 한다고 가르친다. 이것을 6장과 7장에서 가르치고 있다.

이를 신학적 용어로 "성화(Sanctification)", "성도의 견인 교리(The Doctrine of perseverance of Saints)"라 한다. 이제 이 진리에 대하여 자세히 살펴보려 한다.

1. 상식적 반문들

사도 바울은 7장을 이렇게 시작한다.

형제들아 내가 법 아는 자들에게 말하노니(롬 7:1a)

바울은 이미 6장에서 두 번이나 같은 방식으로 질문하고 답했다. 이런 바울의 논법에 익숙한 로마교회 성도들을 바울은 "형제!"라 부르면서 그들이 쉽게 자신이 설명하려는 진리에 친숙하게 접근하도록 한다.

그는 세례를 통한 그리스도와의 연합 진리를 다루고(6:3), 종이 주인에게 복종해야 하는 원칙을 다루면서 순종의 교리를 강조하고(6:13) 동일하게 이 간단한 원칙을 "알지 못하느냐(he agnoeite, don't you knew)?"라고 반문한다.

이것은 구원의 도리가 난해한 학설이나 이론이 아니라, 극히 상식적이고 합리적인 진리라는 점임을 강조하고 있다. 구원의 도리는 얼마든지 상식선에서도 쉽게 이해하고 받아들일 수 있는 진리라는 것이다. 7장에서도 같은 차원에서 구원 진리를 설명한다. 이것은 어디에서나 이해되고 통용되는 구원의 진리로, 이것이 '예수 안에 있는 성도에게 주어진 자유'임을 말한다.

바울은 여기에서 "벗어난다(katergetai)"라는 단어를 세 번이나 사용하며(2, 3, 6절), '성도가 예수 안에서 누리는 자유'란 주제를 다룬다. 그리고 "벗어난다"는 말은 '법적 구속에서 놓임(released)', '의무와 책임해제(discharged from duty and responsibility)', '자유와 해방(freedom and liberty)'을 뜻한다. 사도 바울은 결혼을 예로 들어 '예수 안에서 주어진 성도의 자유'에 대하여 설명한다.

남편 있는 여인이 그 남편 생전에는 법으로 그에게 매인 바 되나 만일 그 남편이 죽으면 남편의 법에서 벗어나느니라. 그러므로 만일 그 남편 생전에 다른 남자에게 가면 음녀라. 그러나 만일 남편이 죽으면 그 법에서 자유롭게 되

나니 다른 남자에게 갈지라도 음녀가 되지 아니하느니라.(롬 7:2~3)

1) 결혼에 대한 명언들

설교 주제와 관련하여 결혼에 대한 명언을 몇 가지 찾아보았다. 이 명언은 모두 결혼제도가 갖는 법적 구속력을 내포하고 있다.

- "마누라가 죽었다, 나는 자유다!" – 샤를 보들레르
- "나의 행복한 결혼생활을 방해하는 유일한 존재는 내 남편이다."– Andra Douglas,
- "다투는 여인과 함께 큰 집에서 사는 것보다 움막에서 혼자 사는 것이 낫다(잠 21:9)."

2) 결혼의 구속력

사도 바울 역시 결혼법의 구속적 성격을 부각하여 구원 진리와 '벗어남'을 설명한다. 이 결혼법이란 무엇인가? 그것은 결혼식에서 부부간의 맺은 서약을 말한다. 그들은 하나님과 사람 앞에서 서로간의 순결을 지키며 한평생 사랑하며 살겠다고 맹세한다. 부부는 반드시 이 언약을 한평생 준수해야 한다. 이것이 상식이다. 이것은 결코 어려운 학설과 이론이 아니다. 이 법은 바울 당시 로마법에서나 유대 율법에서나 같이 적용되는 법이고 지금도 누구나 알고 있고 통용되는 합리적 상식법이다.

2. 율법으로부터의 자유

7장에서 다루고 있는 주제는 "율법으로부터의 자유(The freedom from the law)"이다. 사도는 이 주제를 구속력이 있는 결혼을 예로 든다. 사도는 1절에서 "사람이 살 동안만 그를 주관하는 줄 알지 못하느냐?"라고 반문한다.

남편 있는 여인이 그 남편 생전에는 법으로 그에게 매인 바 되나 만일 그 남편이 죽으면 남편의 법에서 벗어나느니라. 그러므로 만일 그 남편 생전에 다른 남자에게 가면 음녀라. 그러나 만일 남편이 죽으면 그 법에서 자유롭게 되나니 다른 남자에게 갈지라도 음녀가 되지 아니하느니라.(롬 7:2~3)

결혼제도의 법적 효력은 살아있는 동안만 유효하다. 즉 부부간에 살아 있는 동안 지켜야 한다. 이것이 결혼계약이다. 여성들은 "왜 여자의 경우만 예를 들어 말씀하는가?"라고 질문할 수도 있을 것이다. 그러나 이 점에 대하여는 이 당시만 해도 남성 위주 사회였음을 전제해야 할 것이다. 아내의 경우만 예로 들고 있으나 사실 남편에게도 적용되는 것은 당연하다. 이 계약에는 특징이 있다.

1) 결혼 법은 제한적 유효성을 갖고 있다(2절).

남편이 살아 있을 때까지만 유효하고 그리고 강력한 구속력을 가진다는 말에는 두 가지 배경이 있다.

첫째, 부부간에 남편에게 주어진 권위 때문이다.

사도는 남편의 권위를 "주관한다(kyurieuei)"라는 단어로 표현한다. 이 말은 '주인 행세하다(lord it over)'라는 뜻이다. 부부가 함께 세우는 가정에서 대표의 권위가 남편에게 주어졌기에 남편에게 주어진 이 권위에 대하여 아내는 남편에게 순종하고 복종할 것을 사도들은 강하게 명령했다(엡 5:22, 24; 딛 2:5; 벧전 3:1, 5).

아내들아 남편에게 복종하라 이는 주안에서 마땅하니라.(골 3:18)

아내들아 이와 같이 자기 남편에게 순종하라.(벧전 3:1a)

그런데 여기서 '주관하다'는 말은 남편이 억압적으로 아내를 지배하여 억누르는 통치 개념이 아니다. 그것 보다는 가정 내에서 남편의 법적 효력, 예를 들면 가정의 대표자, 혹은 부부간의 대표성을 강조한 것이다. 이는 부부가 이루는 가정에 있어서 남편의 위치를 규정한 표현이라 하겠다.

둘째, 남편에게 묶인 아내의 신분 때문이다.

2절에서, 아내는 "남편 생전에는 법으로 그에게 매인" 신분을 지적한다. 여기서 "매인다(*dedetai*)"는 말은 '묶여있다(is bound to)'란 의미이다. 즉 아내는 남편과 연결되어 묶인(binded to husband) 신분이라는 말이다. 아내는 남편이 살아 있는 동안에는 그와 떨어질 수 없이 연결된 신분이다.

2) 결혼 법은 바뀔 수 있다(2절).

그런데 부부간의 관계는 결혼식장에서 서약한 것처럼 영원한 서약이 아니다. 변할 수 있는 서약이다. 둘 간의 연결고리가 완전히 끊어질 때가 있다. 남편이 죽을 때 아내로서의 신분은 변하게 된다.

2절의 "벗어난다(*katargeo*)"란 단어는 매우 강한 말이다. 이 '벗어난다'는 뜻은 "완전히 풀리다, 완전히 파괴되다(released completely, or destroyed perfectly)"이다. 즉 남편이 죽으면 아내는 남편에 대한 책임과 의무에서 완전히 벗어나, 자유인 신분으로 변하게 된다. 남편이 죽으면 아내의 지위가 해제되어 결혼 서약에 더는 얽매이지 않게 된다. 그녀에게 아내란 신분은 소멸하고 더는 아내로서 존재하지 않는다. 이렇게 남편의 죽음은 아내란 신분에 변화를 일으키는 결정적인 원인이 된다.

3) 발생할 수 있는 문제

문제는 남편이 살아 있을 때 발생할 수 있다. 그것은 그녀가 외도할 경우이다.

그러므로 만일 그 남편 생전에 다른 남자에게 가면 음녀라. 그러나 만일 남편
이 죽으면 그 법에서 자유롭게 되나니 다른 남자에게 갈지라도 음녀가 되지
아니하느니라.(롬 7:3)

만약 남편이 살아 있는 때 아내가 다른 남자를 만나 외도를 하면 간
음죄로 처벌받게 된다. 결혼 서약을 파괴하는 행위를 누가 용납할 수
있겠는가? 그런데 대한민국에서는 지난 2015년 2월 26일, 헌법재판
소에서 간통죄는 위헌이라는 어처구니없는 판결을 했다. 타락된 세상
임을 확인하는 판결이 아닐 수 없다. 이것은 헌법재판관이 개인의 자기
결정권을 인정하면서, 개인의 잘못된 결정 행위를 합법이라고 오판(誤
判)한 것이다.

남편의 사망 후에 아내가 재혼을 하면 그녀는 죄를 짓는 것이 아니
다. 그 경우 그녀는 간음죄를 지은 것이 아니다. 남편이 죽으면 얼마든
지 다른 남자와 재혼할 수 있다. 옛날에는 재혼이 큰 흠이 되었으나, 오
늘 재혼은 부끄러운 일이 아닐 정도가 되었다. 문제는 불륜을 저지르면
서 재혼을 미화한다는 데 있다. 그러나 남편이 사망한 아내는 법의 구
속에서 벗어나 자유를 얻을 기회가 된다.

사도는 누구나 아는 이 결혼 법을 확대 적용하여 구원 진리를 설명
한다. 그는 남편의 사망으로 아내에게 신분의 급격한 변화가 생겼다는
점을 강조한다. 아내의 의무는 남편이 살아 있을 때까지이고, 남편 사
망 후에는 아내의 의무와 책임은 해지되어 자유인이 되는 것이다.

만일 그 남편이 죽으면 남편의 법에서 벗어나느니라—그러나 만일 남편이
죽으면 그 법에서 자유롭게 되나니(롬 7:2b, 3b)

3. 제기되는 두 가지 의문

사도 바울은 이제 4절에서, 구원의 도리를 인간의 법질서에서 하나
님의 법으로 옮겨서 설명한다. 그는 결혼 법을 예로 들어 남편 사망의

경우에 아내에게 주어지는 자유와 같이 성도는 율법에서 벗어나 예수 안에서 자유인이 되는 구원의 진리를 설명한다.

> 그러므로 내 형제들아 너희도 그리스도의 몸으로 말미암아 율법에 대하여 죽임을 당하였으니, 이는 다른 이, 곧 죽은 자 가운데서 살아나신 이에게 가서 우리가 하나님을 위하여 열매를 맺게 하려 함이라.(롬 7:4)

사도가 밝히 말하고 있지는 않지만, 우리는 예수 믿기 전에 율법과 결혼한 자가 되어 율법의 지배 아래 있었지만, 율법이 죽음으로 율법과의 결혼 관계가 끝나고 재혼의 길이 열렸다는 것으로 이해할 수 있다. 그것은 예수 그리스도께서 율법이 정죄하는 죄로 인한 사망 문제를 십자가에서 해결하심으로 율법은 더 이상 작동할 기능을 잃었다는 것이다. 이를 믿는 것은 '우리에게 새롭게 예수와 결혼할 수 있는 자격이 주어지게 되었다(7:4a)'라고 이해할 수 있다.

그러나 조금 더 깊이 생각하면 이러한 이해는 잘못된 생각이라는 것을 알게 된다. 예로 든 아내의 경우를 볼 때 성도의 남편이 율법이 아니라는 점이다. 율법이 죽은 것이 아니라 율법에 대하여 성도가 죽은 것이기 때문이다. 이것은 단순하게 사도가 예로 든 바를 그대로 대입시켜 적용한 오류에서 발생한 것이다. 다드(C. H. Dodd)와 같은 신학자는 "바울이 이 부분에서는 인지 부조화 증상을 나타내어 지혜롭지 못했다"라고 혹평을 내리기도 했다.

그러나 여기서 사도가 말하려는 것은 아주 단순하게, 법적인 적용 즉 남편이 죽으면 아내에게는 남편에 대하여 갖게 되는 책임과 의무에서 벗어난다는 것이지, 남편이 무엇이며 아내가 무엇인지를 풍유적으로 해석(allegorical interpretation)한 것이 아니라는 것이다.

이 바울의 예를 풍유적으로 해석해서는 4절을 바르게 이해할 수 없다. 사도는 "내 형제들아 너희도 그리스도의 몸으로 말미암아 율법에 대하여 죽임을 당하였으니(4a)"라 말한다. 여기서 제시되는 죽음에 대한 의문이 두 가지가 있다. 하나는 이 죽음이 어떻게 발생했는가? 하는 질문이고, 다음은 율법에 대하여 죽었다는 죽음의 의미가 무엇인가? 라는 질문이다. 이 두 의문 중에 첫째 의문을 살피고 다음 시간에 둘째 의문을 살피도록 한다.

1) 어떻게 죽음이 발생했는가?

"내 형제들아 너희도 그리스도의 몸으로 말미암아 율법에 대하여 죽임을 당하였으니(4a)"에서 죽은 자가 누구인가? 바울이 말하는 형제, 즉 예수를 믿는 로마교회의 성도이다. 이들은 예수를 믿는 우리와 같은 성도들이다. 성도는 예수 그리스도의 몸을 통하여 죽은 자로 그의 죽음은 결국 율법과 관련하여 죽은 것이다.

이것은 율법과의 관계가 단절되었음을 의미한다. 바울은 이미 6장에서 성도의 신분에 대하여 다음과 같이 규정했다.

> 우리가 그의 죽으심과 합하여 세례를 받음으로 그와 함께 장사 되었나니(롬 6:4a)

성도는 십자가에서 돌아가신 예수 그리스도의 몸과 연합하여 주와 함께 죽은 자다. 이것은 그가 개인적으로 예수 그리스도와 연합된 자임을 고백하므로, 주의 몸과 함께 구원의 영역을 함께 나눈 자가 된 것을 의미한다. 사도는 이 점을 롬 6:1~11에서 밝히 설명했다.

이 죽음은 나의 죽음이기 이전에 십자가에 달리신 예수 그리스도의 죽음을 말한다. 돌아가신 예수의 몸은 주께서 돌아가신 이유를 깊이 생각하게 한다. 죄를 짓지 않은 주께서 돌아가신 것은 율법의 요구 즉 죄에 대한 형벌을 우리를 대신하여 치르시기 위함이다. 예수 그리스도의 돌아가심에 대하여 바울은 이렇게 이해했다.

> 율법이 육신으로 말미암아 연약하여 할 수 없는 그것을 하나님은 하시나니 곧 죄로 말미암아 자기 아들을 죄 있는 육신의 모양으로 보내어 육신에 죄를

정하사 육신을 따르지 않고 그 영을 따라 행하는 우리에게 율법의 요구가 이루어지게 하려 하심이니라.(롬 8:3~4)

즉 예수께서는 나대신 죄인이 되셔서 돌아가신 것이다. 이 진리를 믿는 자는 예수와 연합되어 함께 죽고 함께 산다. 그에게 영생이 주어지게 된다. 바울은 "그가 모든 사람을 대신하여 죽으심은 살아 있는 자들로 하여금 다시는 그들 자신을 위하여 살지 않고 오직 그들을 대신하여 죽었다가 다시 살아나신 이를 위하여 살게 하려 함이라(고후 5:15)." 라고 말했다.

결 론

성도는 예수 그리스도와 연합된 몸으로 그와 함께 죽고 그와 함께 산 자들이다. 이러한 놀라운 은혜를 성도가 받은 이유가 무엇일까? 그 배경에는 어떤 이유와 원인 그리고 목적이 내포되어 있을까? 성도는 반드시 이 점을 깊이 생각해 보아야 한다. 사도 바울은 이를 위하여 기도한다고 말했다.

너희 마음의 눈을 밝히사 그의 부르심의 소망이 무엇이며 성도 안에서 그 기업의 영광의 풍성함이 무엇이며, 그의 힘의 위력으로 역사하심을 따라 믿는 우리에게 베푸신 능력의 지극히 크심이 어떠한 것을 너희로 알게 하시기를 구하노라.(엡 1:18~19)

우리도 이런 기도를 하면서 하나님께서 믿음을 주신 그 크신 능력의 역사가 어떻게 나에게까지 역사하게 되었는지를 살펴야 한다. 사도 바울은 그 이유를 다음과 같이 밝히고 있다.

그러므로 내 형제들아 너희도 그리스도의 몸으로 말미암아 율법에 대하여 죽임을 당하였으니 이는 다른 이, 곧 죽은 자 가운데서 살아나신 이에게 가서 우리가 하나님을 위하여 열매를 맺게 하려 함이라.(롬 7:4)

제82강

자발적 순종으로 맺을 거룩한 열매

그러므로 내 형제들아 너희도 그리스도의 몸으로 말미암아 율법에 대하여 죽임을 당하였으니 이는 다른 이 곧 죽은 자 가운데서 살아나신 이에게 가서 우리가 하나님을 위하여 열매를 맺게 하려 함이라. 우리가 육신에 있을 때에는 율법으로 말미암는 죄의 정욕이 우리 지체 중에 역사하여 우리로 사망을 위하여 열매를 맺게 하였더니 이제는 우리가 얽매였던 것에 대하여 죽었으므로 율법에서 벗어났으니 이러므로 우리가 영의 새로운 것으로 섬길 것이요 율법 조문의 묵은 것으로 아니 할지니라(로마서 7:4~6).

사도 바울은 4절에서 구원의 도리를 인간의 법질서에서 하나님의 법질서로 옮겨 그 도리를 설명한다. 그는 남편이 사망하면, 아내에게 합법적으로 다른 남자와 결혼할 수 있는 자율권이 주어지는 것과 같이, 율법에 얽여있던 성도에게도 율법에 대하여 죽임을 당한 예수와 연합(재혼)한 자가 되었기에 새로운 신랑인 예수와 친밀한 관계를 맺게 됨을 강조한다. 바울의 이 설명에 대하여 좀 더 살펴보자.

1. 자유를 얻게 한 시점

그러므로 내 형제들아 너희도 그리스도의 몸으로 말미암아 율법에 대하여 죽임을 당하였으니, 이는 다른 이, 곧 죽은 자 가운데서 살아나신 이에게 가서

우리가 하나님을 위하여 열매를 맺게 하려 함이라.(롬 7:4)

우선, 해석적인 문제를 생각해 본다. 흔히 결혼의 문제를 다루고 있기에 이 4절을 풍유적으로 해석하려는 경향이 있다. 남편이 무엇이며, 아내가 무엇인지를 밝히려는 시도가 풍유적 해석(allegorical interpretation)이다. 그러나 그렇게 해석할 필요는 없다고 여겨진다. 이유는 바울은 아주 단순하게 남편이 죽으면 아내는 전남편에 대한 그 어떤 책임과 의무를 지지 않고 자유롭게 된다는 점을 언급할 뿐이기 때문이다. 우선 이 점을 이해하는 것이 중요하다.

중요한 점은 남편의 사망이 아내에게는 그동안 남편에게 얽매인 데서 벗어나 자율권을 갖게 되는 기회가 주어지게 된다는 것이다. 아내의 재혼은 오직 남편 사망 경우에만 허용되기 때문이다. 사도는 결혼과 재혼의 원칙(1절)과 실례(2~3절)를 제시하고, 이어서 결론(4~6절)으로 남편의 사망이 아내에게는 결혼 관계가 끝나게 하듯이, 율법에 얽매어 죄로 인한 죽음이라는 결과는 예수 십자가 죽음으로 율법의 속박에서 벗어나게 된 것을 강조한다. 사도는 이 점을 "내 형제들아 너희도 그리스도의 몸으로 말미암아 율법에 대하여 죽임을 당하였으니(4a)"라고 설명했다.

2. 제기되는 질문들

이때, 이 구절(4a)에서 "죽음"에 대하여 몇 가지 의문을 제기할 수 있다. 첫째 죽은 자가 누구인가? 둘째, 왜 죽었으며 어떻게 죽었는가? 셋째, 율법에 대하여 죽었다는 말이 무슨 뜻인가?

첫째, 누가 죽었는가
이 구절에서 죽은 자가 누구인가? "너희도 ~~ 율법에 대하여 죽임을 당하였으니"라고 말한다. 이들은 바울이 형제라고 부르는 로마교회의 성도들이다. 예수를 믿는다고 고백하는 우리와 같은 성도이다. 즉 성도는 '예수의 몸으로 말미암아(4절)', 그와 '연합하여 함께 십자가에서 죽었고(6:3, 6)', '함께 장사 되었고(4, 5절)', '함께 주님의 죽으심과 같은 모양으로 연합한 자'가 되었다. 이는 율법이 죄에 대하여 요구하는 바 곧 죽음이다.

> 그러므로 우리가 그의 죽으심과 합하여 세례를 받음으로 그와 함께 장사 되었나니, 이는 아버지의 영광으로 말미암아 그리스도를 죽은 자 가운데서 살리심과 같이 우리로 또한 새 생명 가운데서 행하게 하려 함이라. 만일 우리가 그의 죽으심과 같은 모양으로 연합한 자가 되었으면 또한 그의 부활과 같은 모양으로 연합한 자도 되리라.(롬 6:4~6)

그 결과, 성도는 예수 믿기 전, 율법의 종 즉 죄의 종 된 신분에서, 율법이 요구하는 대로 십자가에 돌아가신 예수와 함께 죽었으므로 더 이상 죄의 종으로서 살아가지 않는 자가 되었다. 그래서 죄로 인하여 죽은 자의 신분에서 벗어나 의로운 자라는 새로운 신분을 가진 자유인이 된 것이다(롬 6:7).

여기서 강조하는 바는 성도가 그리스도의 몸과 연합된 자로서 죽었다는 점이다. 이것은 율법의 규정에 따라 죄인으로 죽음의 형을 받으신 예수와 연합된 성도 역시 율법의 규정에 따라 주와 함께 죽은 자가 되었다는 것을 뜻한다. 그래서 이 본문의 죽은 자는 성도이다. 성도 역시 율법에 따라 심판받아 죽었다. 이로써 성도는 율법과 단절되었고 새로운 남편인 예수와 연합된 신분이 되었다.

이제 다음으로 생각해야 할 중요한 것은 "그리스도의 몸"이 무엇을 가리키는가 하는 점이다. 바울은 교회를 그리스도의 몸이라고 말한 적이 있다(참고, 골 1:24). 그러나 여기서 말하는 그리스도의 몸은 교회가 아니다. 바울은 그리스도의 몸이 교회를 뜻한다고 말하지 않는다. 그가 말하는 "그리스도의 몸"은 실제로 십자가에 매달려, 머리에 가시 면류관을 쓰고, 손과 발에 못이 박히고, 창에 허리를 찔려 물과 피를 흘리며 돌아가신 그리스도 예수의 몸, 바로 예수 그리스도의 육체를 가리킨다.

바울은 이미 6장에서 성도는 "그의 죽으심과 합하여 세례를 받음으로 그와 함께 장사 되었다"라고 성도의 신분을 규정하고 있다. 앞에서 말한 대로, 성도는 십자가에서 돌아가신 예수 그리스도의 바로 그 육체와 함께 죽었다. 이렇게 말할 수 있는 것은 성도가 예수 그리스도와 연합된 자임을 고백하고 세례를 받았기 때문이다.

그는 예수의 몸과 함께 연합되고 구원을 함께 나눈 자가 되었다. 이 점을 롬 6:1~11은 밝히 설명하고 있다.

둘째, 성도는 어떻게 죽은 자가 되었는가

이 질문은 먼저 예수께서 돌아가신 이유와 목적을 점검하게 한다. 예수 그리스도의 십자가에서의 죽음은 율법이 정하는 형벌로 죽으신 죽음이다. 이 구절은 십자가에 달려 돌아가신 예수 그리스도의 죽음이다. 그리고 이 죽음은 죄가 없으신 주께서 돌아가신 이유와 그 죽음이 무엇을 의미하는지를 생각하게 한다. 십자가에서의 예수의 죽음은 다름 아닌 율법의 철저한 요구 즉 죄에 대한 형벌이었다. 그의 죽음은 내가 지은 죄로 죽을 죽음을 나를 대신하여 치르신 죽음이다. 예수 그리스도의 십자가 희생에 대하여 바울은 이렇게 이해했다.

> 율법이 육신으로 말미암아 연약하여 할 수 없는 그것을 하나님은 하시나니 곧 죄로 말미암아 자기 아들을 죄 있는 육신의 모양으로 보내어 육신에 죄를 정하사 육신을 따르지 않고 그 영을 따라 행하는 우리에게 율법의 요구가 이루어지게 하려 하심이니라.(롬 8:3~4)

즉 예수께서 나 대신 죄인 취급받으셔서 돌아가신 것이다. 이 진리를 믿는 자는 예수와 연합된 자로 그와 함께 연합하여 죽고 함께 연합하여 산 자인 것이다. 즉 성도는 예수와 연합하여 죽은 자이다. 그리고 이 성도에게 주어지는 것이 영생이다. 바울은 "그가 모든 사람을 대신하여 죽으심은 살아 있는 자들로 하여금 다시는 그들 자신을 위하여 살지 않고 오직 그들을 대신하여 죽었다가 다시 살아나신 이를 위하여 살게 하려 함이라.(고후 5:15)"라고 진술했다.

성도는 단순하게 나를 위하여 돌아가신 예수를 기념하고 감사만 해서는 안 될 것이다. 한 걸음 더 나아가 주님의 희생은 성도가 "사망과 부활로 구원을 완성하신 그 주님"을 위하여 살아가도록 하려는 목적 있는 죽음임을 깨닫게 한다.

셋째, 율법에 대하여 죽었다는 말의 의미는 무엇인가

바울은 이 질문의 답을 4절에서 명확히 설명한다.

> 그러므로 내 형제들아 너희도 그리스도의 몸으로 말미암아 율법에 대하여 죽임을 당하였으니 이는 다른 이, 곧 죽은 자 가운데서 살아나신 이에게 가서 우리가 하나님을 위하여 열매를 맺게 하려 함이라.(롬 7:4)

이제까지 율법의 종이 되어, 율법이 요구하는 바에 얽매어 살아왔던 자가 예수께서 율법의 요구에 따라 돌아가시고 부활하셨다. 그러므로 이를 믿음으로 고백하는 성도는 이제부터 예수와 연합된 자로 살아가는 것이다. 이것은 법을 어기는 것이 아니라, 율법과 결별한 후에 새로운 남편 예수 그리스도를 위하여 살아가는 새 신부가 되는 합법이다.

사도는 갈라디아에서 밝히 말한다.

> 우리가 육신에 있을 때에는 율법으로 말미암는 죄의 정욕이 우리 지체 중에 역사하여 우리로 사망을 위하여 열매를 맺게 하였더니, 이제는 우리가 얽매였던 것에 대하여 죽었으므로 율법에서 벗어났으니 이러므로 우리가 영의 새로운 것으로 섬길 것이요 율법 조문의 묵은 것으로 아니 할지니라.(롬 7:5~6)

이 진리를 믿는 자는 율법의 조문 즉 십계명과 같은 문자적 명령에 따르는 것이 아니라, 마음으로부터 우러나오는 자발적인 순종으로 새 남편이신 예수 그리스도를 섬기는 것이다.

3. 제시되는 새로운 삶의 절차와 방식

바울은 그리스도의 몸으로 인하여 자유롭게 된 성도에겐 주께서 의도하신 바 특별한 목적이 있다고 말한다. 그것은 다음의 절차를 통하여 확인할 수 있다.

1) 과거의 삶에 대한 점검

> 우리가 육신에 있을 때에는 율법으로 말미암는 죄의 정욕이 우리 지체 중에 역사하여 우리로 사망을 위하여 열매를 맺게 하였더니(롬 7:5)

과거 예수를 믿기 전에 생활에서 맺은 열매를 생각해 보라는 것이다. 그 열매들은 정욕적이고 집요하고 간교한 삶의 방식으로 살면서 거둔 사망을 위한 것이었다고 진단한다. 여기서 말하는 사망의 열매가 무엇일까? 사도 바울은 갈라디아에서 밝히 말한다.

> 육체의 소욕은 성령을 거스르고 성령은 육체를 거스르나니 이 둘이 서로 대적함으로 너희가 원하는 것을 하지 못하게 하려 함이니라. ― 육체의 일은 분명하니 곧 음행과 더러운 것과 호색과 우상 숭배와 주술과 원수 맺는 것과 분쟁과 시기와 분냄과 당 짓는 것과 분열함과 이단과 투기와 술 취함과 방탕함과 또 그와 같은 것들이라 전에 너희에게 경계한 것 같이 경계하노니 이런 일을 하는 자들은 하나님의 나라를 유업으로 받지 못할 것이요.(갈 5:17, 19~21)

이 말씀은 예수를 믿기 전의 나의 모습을 돌아 볼 것을 요구한다. 거듭나지 못했을 때의 나와 거듭난 후의 나의 삶을 비교 점검할 것을 요구한다. 예수를 믿은 이후의 열매와 율법에 얽매여 살 때의 열매를 비교하고 점검하라는 것이다.

2) 전환된 삶에 대한 점검

이제는 우리가 얽매였던 것에 대하여 죽었으므로 율법에서 벗어났으니(롬 7:6a)

이 말씀은 예수 안에서 거듭남으로 죄에 대하여 죽었음을 점검하라는 교훈이다. 즉 율법과 결혼한 신분에서 십자가에서 돌아가시고 부활하신 예수와 연합한 자가 되어, 율법의 지배에서 벗어난 자가 된 것을 철저하게 점검하라는 것이다. 이는 성령께서 역사하셔서 신분이 바뀐 성도가 된 것을 깨달을 것을 우리에게 요구한다. 그래서 바울은 "너희가 만일 성령의 인도하시는 바가 되면 율법 아래에 있지 아니하리라(갈 5:18)." 라고 교훈한다.

이제 분명히 해야 할 점은 성령의 역사로 거듭난 성도는 그 성령의 인도하심을 예민하게 인지하고 그 인도하심에 자발적으로 순종해야 한다는 것이다.

3) 새로운 삶의 방식

사도는 6절 하반 절에서 다음과 같이 결론적으로 말씀한다.

이러므로 우리가 영의 새로운 것으로 섬길 것이요 율법 조문의 묵은 그것으로 아니 할지니라.(롬 7:6b)

남편이 사망하는 순간 아내가 자유인이 되는 것과 같이, 거듭난 성도는 예수 믿기 전 세상의 영과 단절하고, 새로운 영 즉 성령의 영으로 예수와 연합한 자가 되었다. 그는 이제 율법의 문자에 얽매여 살 것이 아니라, 새로운 영의 인도하심을 받아 성령을 의지하고 섬기며 살아야 한다. 그는 옛 남편(율법)에게 복종했듯이 새 남편인 그리스도께 순종하고 섬기는 자가 되는 것이다.

4. 맺을 열매

이제 살펴볼 것은 "열매를 맺어야 한다.는 부분이다. 사도는 이 점을 강조한다(4, 5절). 일부 성경학자들은 이 열매를 '결혼의 은유법(marriage metaphor)'의 연장 개념으로 이해해야 한다고 주장한다. 이런 주장을 하는 분들은 "의문의 여지가 없이 문맥적으로 볼 때, 결혼하면 반드시 자식을 얻게 되듯이 하나님께 구체적인 어떤 결과물을 생산해야 한다고 주장한다(C. K. Barret). 한편 로이드 존스(M. Lloyd-Jones)와 존 스토트(John Stott)와 같은 분은 에베소서 5:25을 인용하여 설명한다.

> 남편들아 아내 사랑하기를 그리스도께서 교회를 사랑하시고 그 교회를 위하여 자신을 주심같이 하라. 이는 곧 물로 씻어 말씀으로 깨끗하게 하사 거룩하게 하시고, 자기 앞에 영광스러운 교회로 세우사 티나 주름 잡힌 것이나 이런 것들이 없이 거룩하고 흠이 없게 하려 하심이라.(엡 5:25~27)

바울은 신비로운 언약의 준수와 상호 간의 존경 그리고 인격적이고 신실한 언약과 친밀성으로 형성되는 그리스도와 교회와의 관계를 통하여 남편과 아내와의 관계성을 이해해야 한다고 강조한다.

로이드 존스는 이 구절을 다음과 같이 설명한다. "마치 결혼하면 자식이 생기는 것이 당연하듯, 율법의 열매 즉 행위적인 결과가 나타나게 마련인데, 성령의 능력으로 예수와 연합된 자에게 성령께서는 새로운 힘을 주시고 풍성한 생산을 하도록 능력으로 역사하셔서 당연히 열매를 맺게 하신다. 그것은 그 어떤 행위적인 열매를 맺도록 요구하는 것이라기보다는 '하나님께 찬양과 영광을 돌려드리는 거룩한 삶'을 살도록 하시는 것이다."

이것이 성경이 언약 백성에게 요구하시는 바라고 믿는다. 구약에서 하나님께서 하나님의 신부로 불린 이스라엘에 요구하시는 것이 무엇인가?

> 나는 인애를 원하고 제사를 원하지 아니하며 번제보다 하나님을 아는 것을 원하노라.(호 6:6)

> 그런즉 너의 하나님께로 돌아와서 인애와 정의를 지키며 항상 너의 하나님을 바랄지니라.(호 12:6)

신약에서 그리스도의 신부가 된 교회, 성도에게 주께서 요구하시는 바가 무엇인가?

> 아내들이여 자기 남편에게 복종하기를 주께 하듯 하라. 이는 남편이 아내의 머리됨이 그리스도께서 교회의 머리 됨과 같음이니 그가 바로 몸의 구주시니라. 그러므로 교회가 그리스도에게 하듯 아내들도 범사에 자기 남편에게 복종할지니라.(엡 5:22~24)

이렇게 구약의 성도나 신약의 성도 모두에게 하나님께서 요구하시는 바는 형식과 행위가 아니라, 공의와 정의, 순결과 사랑 그리고 사모함과 순종이다.

결 론

바울은 6장의 끝에서 죄의 종과 의의 종을 비교하며 각각의 종이 맺는 열매를 언급한다.

> 너희가 죄의 종이 되었을 때에는 의에 대하여 자유로웠느니라. 너희가 그때에 무슨 열매를 얻었느냐 이제는 너희가 그 일을 부끄러워하나니 이는 그 마지막이 사망임이라. 그러나 이제는 너희가 죄로부터 해방되고 하나님께 종이 되어 거룩함에 이르는 열매를 맺었으니 그 마지막은 영생이라.(롬 6:20~22)

죄의 종의 열매는 사망이요, 의의 종의 열매는 영생이다.

죄의 삯은 사망이요 하나님의 은사는 그리스도 예수 우리 주 안에 있는 영생이니라.(롬 6:23)

7장에서 바울은 두 결혼 비유를 통하여 같은 논리로 열매를 언급한다.

그러므로 내 형제들아 너희도 그리스도의 몸으로 말미암아 율법에 대하여 죽임을 당하였으니 이는 다른 이, 곧 죽은 자 가운데서 살아나신 이에게 가서 우리가 하나님을 위하여 열매를 맺게 하려 함이라 우리가 육신에 있을 때에는 율법으로 말미암는 죄의 정욕이 우리 지체 중에 역사하여 우리로 사망을 위하여 열매를 맺게 하였더니(롬 7:4~5)

율법과 결혼한 자에겐 사망을 위한 열매가, 예수와 합한 자에겐 하나님을 위한 열매 즉 성령의 인도하심에 순종하여 맺는 아름다운 열매가 있다. 성도는 이를 통하여 감사와 찬양 그리고 영광을 하나님께 돌리는 삶을 살게 된다.

오직 성령의 열매는 사랑과 희락과 화평과 오래 참음과 자비와 양선과 충성과 온유와 절제니 이 같은 것을 금지할 법이 없느니라.(갈 5:22~23)

거듭난 하나님의 사람들이 맺을 열매가 바로 이러한 덕목들이다. 이것은 그 어떤 문자적인 율법의 준수를 강요하여 맺는 열매가 아니라, 성령의 인도하심에 순종하여 맺는 열매라는 교훈이다.

이제는 우리가 얽매였던 것에 대하여 죽었으므로 율법에서 벗어났으니 이러므로 우리가 영의 새로운 것으로 섬길 것이요 율법 조문의 묵은 것으로 아니 할지니라.(롬 7:6)

이렇게 거듭난 성도는 율법의 문자적 요구에 따르기보다는 성령의 역사로 급격하게 변화된 자로서 내주하시는 성령의 인도하심에 자발적으로 순종하여 하나님의 뜻을 이루는 삶을 살아가야 한다. 이유는 "육체와 함께 그 정욕과 탐심을 십자가에 못 박아 죽은 자"가 되었기 때문이다(갈 5:24).

제83강

거룩하고 의롭고 선한 계명

그런즉 우리가 무슨 말을 하리요. 율법이 죄냐. 그럴 수 없느니라. 율법으로 말미암지 않고는 내가 죄를 알지 못하였으니 곧 율법이 탐내지 말라 하지 아니하였더라면 내가 탐심을 알지 못하였으리라. 그러나 죄가 기회를 타서 계명으로 말미암아 내 속에서 온갖 탐심을 이루었나니 이는 율법이 없으면 죄가 죽은 것임이라. 전에 율법을 깨닫지 못했을 때에는 내가 살았더니 계명이 이르매 죄는 살아나고 나는 죽었도다. 생명에 이르게 할 그 계명이 내게 대하여 도리어 사망에 이르게 하는 것이 되었도다. 죄가 기회를 타서 계명으로 말미암아 나를 속이고 그것으로 나를 죽였는지라. 이로 보건대 율법은 거룩하고 계명도 거룩하고 의로우며 선하도다(로마서 7:7~12).

로마서 7장은 논리적으로 6장 14절의 연장선상에 있다.

> 죄가 너희를 주장하지 못하리니, 이는 너희가 법 아래 있지 아니하고 은혜 아래 있음이라.(롬 6:14)

사도 바울은, 성도는 법 아래에 있지 않고 법의 지배를 받는 자가 아니라, 은혜 아래 즉 은혜의 지배 아래 있는 자라고 주장한다. 이 과정은 어떻게 성도가 그리스도 안에서 죽고 또 그와 함께 다시 살아 새 생명을 얻게 되는지를 세례의 진리 속에 담겨 있는 구원의 진리로 설명한다. 로마서 6장에서 "죄로부터의 해방"을 배우고 7장에서 "율법으로부터 자유"를 배우게 된다. 이 두 진리를 점검하므로 칭의와 성화의 진리를 습득할 수 있게 된다. 바울은 로마서 7장에서 두 주제를 다룬다.

첫째 주제(7:1~6)는 '율법으로부터의 해방'이다. 이 부분에서, 바울은 결혼 비유를 들어 율법이 얽어매는 구속력이 그리스도인에게는 더는 효과를 발휘하지 못한다는 사실을 강조한다.

둘째 주제(7:7~25)는 율법에서 벗어난 그리스도인들이 겪게 마련인 영적 갈등 문제다. 이 부분에서 바울은 모세 율법에 대한 부정적인 오해를 불식시키고, 그 율법을 변호하면서 율법의 선한 기능을 강조한다. 그리고 율법의 잣대로 측정할 때 겪게 마련인 그리스도인의 영적 갈등을 심각하게 다룬다.

1. 죄의 지배에서 벗어난 성도

바울은 7장 앞부분에서 성도의 신분이 율법의 지배 가운데 있었던 것을 지적하였고, 이제는 하나님의 은혜로 예수 그리스도 안에서 연합된 자가 되어 더 이상 율법의 지배를 받지 않고, 새로운 관계를 맺은 예수 안에서 자유로운 신분을 갖게 되었음을 강조했다.

이것은 마치 남편이 죽으면 아내에게 재혼할 수 있는 자유가 주어지게 되는 것과 같다. 그러나 바울은 옛 남편에 해당하는 율법이 마냥 나쁘고 잘못된 것이 아님을 지적하면서 하나님께서 주신 율법의 원래 목적과 기능에 대하여 적극적이고 긍정적인 면을 설명한다.

예수께서는 어느 계명이 가장 큰 계명인가를 묻는 율법사에게 '하나님과 이웃을 사랑' 하는 것이 율법과 선지자의 대강령이라 답하셨다. 이것은 율법의 순기능 즉 하나님과 이웃을 사랑하는 것임을 말씀하신 것이다.

예수께서 이르시되 네 마음을 다하고 목숨을 다하고 뜻을 다하여 주 너의 하나님을 사랑하라 하셨으니, 이것이 크고 첫째 되는 계명이요, 둘째도 그와 같으니 네 이웃을 네 자신 같이 사랑하라 하셨으니, 이 두 계명이 온 율법과 선지자의 강령이니라.(마 22:37~40)

문제는 이 율법을 지키려고 노력하면 할수록, 이 율법을 지킬 수 없는 인간의 연약과 한계를 보게 되는 것에 있다. 왜냐하면 타락한 인간은 '그 죄의 본성으로 하나님과 이웃을 미워하는 경향'이 있기 때문이다. 이는 인간의 타락으로 무력함과 연약함 그리고 제한성을 절감하게 되기 때문이다.

그래서 종교 개혁자들은 개혁교회의 신앙교육 문서 중 하나인 하이델베르크 요리 문답을 통하여 '죄와 인간의 비참함(sin and our misery)에서의 구원'을 가르친다.

바울이 말한, "우리가 육신에 있을 때에는 율법으로 말미암는 죄의 정욕이 우리 지체 중에 역사하여 우리로 사망을 위하여 열매를 맺게 하였더니(롬 7:5)" 말씀은 '그리스도 밖에 있는' 사람의 비참한 영적 현실을 분명하게 요약해 준다.

반대로, 예수 그리스도 안에 있는 사람, 곧 하나님의 은혜로 죄의 세력에서 벗어나 예수 그리스도의 통치 아래로 들어온 성도에게는 '율법 조문을 다 지켜 의롭게 되는 옛 방식'에서 벗어나, 그리스도의 영이신 성령 하나님의 능력과 인도에 따라 적용되는 '하나님을 위하여 열매를 맺는 새롭고 신령한 방식'으로 살게 된다.

이제는 우리가 얽매였던 것에 대하여 죽었으므로 율법에서 벗어났으니 이러므로 우리가 영의 새로운 것으로 섬길 것이요 율법 조문의 묵은 것으로 아니할지니라.(롬 7:6)

이제 성도는 율법 조문을 다 지켜야만 구원에 이르게 된다는 율법의 지배에서 벗어나 하나님께서 주시는 은혜의 지배를 받아 자유와 기쁨으로 구원을 누리게 되었다. 이것은 죄의 지배를 받는 상태에서는 불가능한 구원을 완전한 순종과 희생으로 이루신 예수 그리스도의 속죄 사역을 통하여 얻게 되고, 이것이 믿는 자에게 선물로 주시는 하나님의 은혜이다. 이렇게 그리스도 예수의 이 속죄 사역을 믿는 자에게는 강력한 계명의 속박으로부터 해방이 주어지게 된다. 이것이 사도 바울이 전하려 한 칭의의 진리이다.

2. 율법의 기능

로마서는 5장에서 바로 8장으로 이어져도 문제가 없다고 말씀드렸다. 그런데 사도는 6장에서 세례가 담고 있는 "그리스도와의 연합(union with Christ)" 진리를 설명하고 7장에서 율법의 지배에서 벗어나 새로운 남편인 예수와 연합된 구원을 설명한다.

바울은 7장에서 율법에는 순기능과 역기능, 긍정적인 기능과 부정적인 기능이 함께 있음을 분명히 한다. 그는 자신이 예수 그리스도의 부르심을 통하여 복음을 받아들일 때 또한 율법주의자로서 자신의 경험에 비추어 볼 때, '율법으로부터의 자유'를 준 이 그리스도의 복음이 유대인 성도로부터 상당한 오해와 비판 그리고 거부와 반발을 일으킬 수 있음을 충분히 인지했다. 그래서 바울은 적극적으로 율법의 순기능에 대하여 변호한다. 그는 긍정적인 면이 더 강조되어야 함을 명확히 하며 율법을 옹호한다. 그리고 그 율법을 지키지 못하는 이유와 배경을 설명하며 복음의 필요성과 의미를 강력하게 전하려했다.

바울은 결혼제도를 예를 들어 설명하는 과정에서 옛 남편 즉 율법이 부정적으로 이해될 수 있음을 의식하고 이에 대한 설명을 부언한다.

그런즉 우리가 무슨 말을 하리요 율법이 죄냐 그럴 수 없느니라.(롬 7:7a)

바울은 경건한 유대인들이 '십계명'을 핵심으로 한 계명과 율법을 준수하는 데 대하여 "무슨 말을 하리요!"라고 반문한다. 이 반문은 혹시 있을 수 있는 율법에 대한 부정적인 시각을 의식하고 묻는 질문이다. 그는 만약 율법이 없다면 하나님 앞에서 죄인인 자신의 모습을 깨닫지 못하고 살아갔을 것이라고 주장한다. 그는 율법을 주신 원래의 목적이 '생명으로 이끌어 주기 위하여' 임을 강조하며, 율법은 "생명에 이르게 할 계명"(10절)으로 "율법도 거룩하고 계명도 거룩하고 의로우며 선한 것(12절)"임을 강조한다.

3. 두 가지 질문

그는 두 질문을 통하여 율법에 대하여 적극적으로 옹호한다.

먼저 '율법이 죄인가?' 다음은 '율법이 사망을 가져왔는가?'라고 질문한다. 이 두 질문에 대한 답변은 둘 다 '아니다!'이다. 이제 첫째 질문에 대하여, 다음에 둘째 질문을 다루겠다.

첫째 질문; 율법이 죄인가?

그는 "율법으로 말미암지 않고는 내가 죄를 알지 못하였으니 곧 율법이 탐내지 말라 하지 아니하였더라면 내가 탐심을 알지 못하였으리라(7절)."고 지적하면서, 율법 그 자체는 죄가 아님을 세 가지 측면에서 설명한다.

1) 율법은 죄를 폭로한다.

마지막 계명인 "탐내지 말라(출 20:17)"라는 율법을 통하여 십계명 자체가 죄가 될 수 없음을 분명히 한다. 이것은 이미 롬 3:20에서 분명히 한 바 있다.

> 그러므로 율법의 행위로 그의 앞에 의롭다 하심을 얻을 육체가 없나니 율법으로는 죄를 깨달음이니라.(롬 3:20)

계명은 그 계명을 지키지 못할 때 죄가 되는 것이지 계명 자체가 죄는 아니란 주장이다. 사실, 남의 재산, 아내, 종, 재물 등 그 어떤 것도 탐내지 말라는 열 번째 계명이 있기에 어떤 행위가 죄에 해당하는 지를 율법이 가르쳐 주고 있다.

2) 율법은 죄를 일으킨다.

바울은 "우리가 육신에 있을 때는 율법으로 말미암는 죄의 정욕이 우리 지체 중에 역사하여 우리로 사망을 위하여 열매를 맺게 하였더니(5절)," 라고 말한다. 율법은 죄가 무엇인지를 분명히 한다. 인간의 타락한 죄성이 계명에 대한 호기심과 유혹으로 계명을 어기게 한다.

이 사실은 최초 인간의 타락 과정에서 분명하게 나타나고 있는 바이다. 하와가 선과 악을 구별하는 나무를 보았을 때 그녀에게 선악과는 "먹음직도 하고 보암직도 하고 지혜롭게 할 만큼 탐스럽기도 한 나무(창 3:6)"였다. 이처럼 금하신 명령은 어기고 싶은 아주 매력적이고 자극적이고, 도전하고 싶은 유혹적인 규율이 되었다. 사도 바울은 이 점을 설명한다.

> 그러나 죄가 기회를 타서 계명으로 말미암아 내 속에서 온갖 탐심을 이루었나니(롬 7:8)

여기에서 "기회를 타서(seizing the opportunity)"란 표현은 적을 공격하기 위하여 먼저 진지를 구축하듯이, 승리를 쟁취하기 위하여 확실한 기회를 선택하는 것을 말한다. 이를 이렇게 설명해 보자. "교통 표지"에는 속도 제한이 표시되어 있다. 그것을 보고 그 제한 속도대로 운전하는 사람이 있지만, 많은 사람들이 왜 내가 그 속도대로 가야 하나? 라고 생각하며 자기가 원하는 대로 운전하는 때도 적지 않다.

이렇게 자유를 제한받고 침해받는 것을 용납하지 못하고 자기 마음대로 행동하는 것이 인간의 죄스러운 습성이다. 그 단적인 예가 최근 온 세계에 무섭게 번지는 Covid-19 Pandemic 현상이 아닐까 싶다. '마스크를 써라!, 거리를 유지해라!' 등 제한하는 수칙에 대하여, 사람들은 펜더믹으로 죽을 수도 있음에도 불구하고 잘 지키려 하지 않는다.

바로 이러한 현상이, 본문이 말씀하고 있는 대로, 경고가 자극이 되어 도리어 그 규율을 거부하는 행위로 이어지는 것이다. 이것이 바울이 탐심을 금하는 계명을 예로 들어 설명하는 의도이다. 이는 계명과 자율성 간의 상관관계가 어떻게 설정되어야 하는지를 생각하게 한다.

3) 율법은 죄를 정죄한다.

사도는 이렇게 율법의 기능을 지적한다.

> 이는 율법이 없으면 죄가 죽은 것임이라. 전에 율법을 깨닫지 못했을 때에는 내가 살았더니 계명이 이르매 죄는 살아나고 나는 죽었도다. 생명에 이르게 할 그 계명이 내게 대하여 도리어 사망에 이르게 하는 것이 되었도다.(롬 7:8b~10)

사도는 율법에 대하여 무지했을 때의 경우를 회상하며 말한다. 그는 자신이 율법의 요구에 얼마나 무지했었는지를 실토한다. 유대인의 전통에 의하면, 남자가 13세 되면 율법에 대한 책임을 지게 된 때가 된다. 바울은 이 점을 기억하고 자신이 율법을 깨닫지 못한 13세 이전에는 율법에 구애받지 않고 자유롭게 살았었는데, 계명을 지켜야 하는 13세가 되니 죄가 살아나고, 그 결과 율법의 정죄를 받게 되었다고 회상한다. 사도 바울은 율법주의자로서 율법의 규례에 대하여 철저하게 배웠다.

> 너희는 내 법도를 따르며 내 규례를 지켜 그대로 행하라. 나는 너희의 하나님 여호와이니라. 너희는 내 규례와 법도를 지키라. 사람이 이를 행하면 그로 말

미암아 살리라 나는 여호와이니라.(레 18:4~5)

하나님께서는 갖가지 규정, 예식법, 시민법, 형법 등 다양한 율법을 명하시며 그 율례들을 지키면 살도록 가르치셨다. 그런데 이 계명들을 지키려고 노력하면 할수록, 생명을 약속한 그 율법이 도리어 그에게 영적인 죽음을 주게 되었다. 생명을 보장하는 그 계명은 도리어 그를 자극하고, 속이고, 죽음에 이르게 한 것이다. 그래서 율법이 비록 죄는 아님에도 불구하고 무서운 결과를 초래하고 말았던 것이다.

정리하면, 율법은 죄가 아님에도 불구하고 죄를 짓게 하고, 죄를 일으키고, 죄 지은 자를 정죄한다. 또 율법 자체가 죄를 짓도록 그 어떤 행사를 하는 것도 아니지만 죄에 오염된 사람을 죄를 범하게 하고 그로 인하여 사망에 이르게 하는 임무를 수행하는 셈이 된다.

그렇다고 해서, 바울은 이 죄에 대한 책임을 율법에 돌릴 수는 없었다. 이유는 율법 역시 하나님께서 주신 법이기 때문이다. 그래서 그는 죄와 관련하여 율법에 대한 분명한 정의를 내려야만 율법에 대한 태도를 분명히 밝힐 수 있고, 하나님께서 주신 율법의 본연의 뜻을 구현할 수 있으리라 판단했다. 사도 바울은 이렇게 율법의 순기능과 역기능을 점검한 후에 율법에 대하여 12절에서 결론적으로 정의한다. 이것은 7절에서 제기한 반문에 대한 답변이다.

이로 보건대 율법은 거룩하고 계명도 거룩하고 의로우며 선하도다.(롬 7:12)

결 론

예수를 찾아온 한 청년 관원이 있었다(비교, 눅 18).

예수께서 길에 나가실 새 한 사람이 달려와서 꿇어앉아 묻자오되 선한 선생님이여 내가 무엇을 하여야 영생을 얻으리이까. 예수께서 이르시되 네가 어찌하여 나를 선하다 일컫느냐 하나님 한 분 외에는 선한 이가 없느니라. 네가 계명을 아나니 살인하지 말라, 간음하지 말라, 도둑질하지 말라, 거짓 증언하지 말라, 속여 빼앗지 말라, 네 부모를 공경하라 하였느니라. 그가 여짜오되 선생님이여 이것은 내가 어려서부터 다 지켰나이다. 예수께서 그를 보시고 사랑하사 이르시되 네게 아직도 한 가지 부족한 것이 있으니 가서 네게 있는 것을 다 팔아 가난한 자들에게 주라 그리하면 하늘에서 보화가 네게 있으리라 그리고 와서 나를 따르라 하시니, 그 사람은 재물이 많은 고로 이 말씀으로 인하여 슬픈 기색을 띠고 근심하며 가니라.(막 10:17~22)

이 청년이 과연 주님의 명령에 순종하여 예수께 나와 제자가 되었을까? 그 청년에겐 계명이 도리어 올무가 된 것이 아닐까? 주께서는 근심 중에 되돌아가는 그에게 말씀하셨다.

예수께서 그를 보시고 이르시되 재물이 있는 자는 하나님의 나라에 들어가기가 얼마나 어려운지 낙타가 바늘귀로 들어가는 것이 부자가 하나님의 나라에 들어가는 것보다 쉬우니라.(막 10:24~25)

율법은 생명을 약속한 계명이다. 율법 이 목적을 이루려 주 예수 그리스도께서 오셨다.

내가 율법이나 선지자를 폐하러 온 줄로 생각하지 말라 폐하러 온 것이 아니요 완전하게 하려 함이라.(마 5:17)

주께서는 율법의 본래 의미와 주신 목적을 당시 유대인들이 전통적으로 가르쳐 오던 바와는 아주 다르게 가르치셨다. 그 모습은 산상보훈의 말씀에서 잘 나타나 있다. 그것은 '하나님과 이웃을 사랑하는 원리'를 계명으로 주신 분으로서 확실한 해설이었다.

옛 사람에게 말한바 살인하지 말라. 누구든지 살인하면 심판을 받게 되리라 하였다는 것을 너희가 들었으나, 나는 너희에게 이르노니 형제에게 노하는 자마다 심판을 받게 되고 형제를 대하여 라가라 하는 자는 공회에 잡혀가게 되고 미련한 놈이라 하는 자는 지옥 불에 들어가게 되리라.(마 5:21~22)

바라기는 계명을 문자적으로 준수하는 일에만 집중할 것이 아니라 그 계명의 핵심이 무엇인지를 깨닫고 그 진리를 구현하는 일에 힘써야 한다는 것이다. 우리 모두 예수 안에서 자발적인 순종과 적극적인 헌신으로 주의 뜻을 성취하기를 바란다. 율법은 거룩하고 의롭고 선한 것으로 하나님께서 우리에게 주신 영광스러운 구원의 도리이기 때문이다. 우리 주께서 이 율법을 완성하시기 위하여 오셔서 모범을 보이셨고 우리에게 주를 믿는 믿음으로 따를 것을 명하셨다.

> 내 아버지께서 모든 것을 내게 주셨으니 아버지 외에는 아들을 아는 자가 없고 아들과 또 아들의 소원대로 계시를 받는 자 외에는 아버지를 아는 자가 없느니라. 수고하고 무거운 짐 진 자들아 다 내게로 오라 내가 너희를 쉬게 하리라. 나는 마음이 온유하고 겸손하니 나의 멍에를 메고 내게 배우라.
> (마 11:27~29)

제84강

삼각관계: 율법, 죄 그리고 나

전에 율법을 깨닫지 못했을 때에는 내가 살았더니 계명이 이르매 죄는 살아나고 나는 죽었도다. 생명에 이르게 할 그 계명이 내게 대하여 도리어 사망에 이르게 하는 것이 되었도다. 죄가 기회를 타서 계명으로 말미암아 나를 속이고 그것으로 나를 죽였는지라. 이로 보건대 율법은 거룩하고 계명도 거룩하고 의로우며 선하도다. 그런즉 선한 것이 내게 사망이 되었느냐 그럴 수 없느니라. 오직 죄가 죄로 드러나기 위하여 선한 그것으로 말미암아 나를 죽게 만들었으니 이는 계명으로 말미암아 죄로 심히 죄 되게 하려 함이라. 우리가 율법은 신령한 줄 알거니와 나는 육신에 속하여 죄 아래에 팔렸도다(로마서7:9~14)

교회에서 자주 듣게 되는 말 중에 하나가 "죄" 다. 이 "죄"란 말을 사람에게 적용하여 그들을 죄인이라 부른다. 그런데 대부분 사람은 이 말 듣기를 싫어한다. 무슨 죄를 저지르지도 않았는데 죄인이라고 하니까 기분이 좋을 리가 없다. 도대체 어떤 배경에서 이런 무지막지한 결례의 말을 강단에서 한단 말인가?

본문은 죄라는 말이 어떻게 성립하게 되는지, 왜 죄를 죄라고 규정하는지, 그 근거와 죄와 죄인과의 관계 등을 다루고 있다. 이 과정을 통하여 우리는 구원의 의미와 필요성을 심각하게 느끼며 구원을 일으키는 복음의 능력을 깨닫게 된다. 그래서 이러한 의미를 추적하여 깨닫고 구원의 복음을 진심으로 믿는 사람이 참 성도라 할 것이다. 이런 자들을 "예수를 믿고 따르는 무리(follower of Jesus)"라 하여 크리스천(Christian)이라 부른다(행 11:26).

이에 관하여 세 가지 주제를 다루려 한다. 첫째, 본문에서 말하는 나란 누구인가? 둘째, 율법과 죄와의 관계. 셋째, 강력하게 영향을 미치는 죄의 세력이다.

1. 본문에서 말하는 "나"는 누구인가

먼저 살펴보아야 할 것은 본문에서 말하는 "나"는 누구를 가리키는가.

> 전에 율법을 깨닫지 못했을 때에는 내가 살았더니 계명이 이르매 죄는 살아나고 나는 죽었도다. 생명에 이르게 할 그 계명이 내게 대하여 도리어 사망에 이르게 하는 것이 되었도다. 죄가 기회를 타서 계명으로 말미암아 나를 속이고 그것으로 나를 죽였는지라.(롬 7:9~11)

여기서 말하는 '나는 누구인가' 라는 주제는 성경을 해석하는 많은 주석가에게 약간의 문제를 안겨 주었다. 그것은 크게 두 부류로 나누어진다. 첫째는 당연히 저자 바울을 지칭한 것으로 본다. 그렇다면, 이 바울은 예수 믿기 전의 사울인가? 아니면 예수 믿은 후의 바울인가? 둘째는 죄를 짓고 살아가는 일반적인 사람을 지칭하는 것으로 본다.

존 스토트(John Stott)의 견해: 죄인인 바울 자신을 묘사

'나'는 바울 자신을 말한다고 주장하는 대표적인 분은 존 스토트 (영국 성공회 감독)이다. 그의 로마서 강해 집에서 다음과 같이 설명한다.

첫째, 7~13절에서 사용된 동사가 과거시제(부정과거)로 되어있는데 이는 바울 자신의 과거 경험과 관련된 것이라 판단된다. 즉 "죄는 살아나고 나는 죽었도다(9절)", "죄가 나를 죽였는지라(11절)", "그런즉 선한 것이 내게 사망이 되었느뇨. 그럴 수 없느니라. 오직 죄가 --- 나를 죽게 만들었으니..." (13절) 등에서 사용된 동사가 모두 과거시제로 되어 있다. 그러나 14절부터는 현재시제로 되어 바울이 현재 경험하는 바를 말하는 것 같다.

> 우리가 율법은 신령한 줄 알거니와 나는 육신에 속하여 죄 아래에 팔렸도다.
> 내가 행하는 것을 내가 알지 못하노니 곧 내가 원하는 것은 행하지 아니하고
> 도리어 미워하는 것을 행함이라.(롬 7:14~15)

둘째, 바울은 자신의 영적 상태의 변화를 선명하게 설명하고 있음에 주목할 필요가 있다. 즉 죄가 어떻게 율법으로 인하여 살아나서 자기를 죽였는가를 설명하고 있다. 그리고 그는 죄로 인하여 죽은 자신이 어떻게 다시 살아나게 되었는가를 설명한다. 이를 롬 7:7~13에서는 과거 예수 믿기 이전의 자신, 14절에서 마지막 구절까지는 그리스도 예수를 믿는 자신을 묘사하고 있다.

셋째, 그런데 14절 이후에 묘사되고 있는 바는 그리스도 안에서 나타나는 바울 자신의 모습을 두 가지의 자화상으로 묘사하고 있다. 하나는 죄인 된 인간으로서 자화상이라면, 다른 하나는 그리스도를 믿는 성도로서 자화상이다. 전자가 죄로 얼룩진 자화상이라면 후자는 율법에 대한 자화상이다.

존 스토트는 이렇게 두 단계의 신분을 묘사하고 있다. 즉 여기에서 "나"는 바울 자신을 가리킨다고 본 것이다.

헤르만 리더보스(Herman Ridderbos)의 견해: 모든 인간

이 견해는 '나'를 바울 자신으로 보기보다는 죄를 짓고 사는 보편적인 모든 인간이라고 이해한다. 이런 주장을 하는 분들은 바울 서신에서 많이 사용하는 사례를 고려하여 주장하는 것이다. 이들은 죄로 인하여 하나님의 심판을 받을 수밖에 없는 모든 사람을 의식하면서 바울 자신

도 그 속에 포함된 묘사라고 주장한다.

대표적인 분은 유명한 개혁주의 신약 신학자 헤르만 리더보스(Herman Ridderbos)다. 그는 유명한 "바울신학(Paul: An Outline of His Theology)"이란 책에서 다음과 같이 설명했다. "육의 죄와 부패 가운데 있는 인간에 대한 바울의 묘사는 죄와 육은 서로 동일시하여 표현되고 있다. 이들은 '육신 안에 있는 것, 육신적인 것'은 바로 '죄를 짓는 것, 곧 죄의 권세 아래에 있는 것'을 뜻한다. 죄와 육의 이 동일관계는 바울 인간론에서 가장 눈에 띄는 점이다."

참고로 이러한 설명을 하게 되는 관련 구절은 다음과 같다.

> 우리가 육신에 있을 때에는 율법으로 말미암는 죄의 정욕이 우리 지체 중에 역사하여 우리로 사망을 위하여 열매를 맺게 하였더니(롬 7:5)

> 우리가 율법은 신령한 줄 알거니와 나는 육신에 속하여 죄 아래에 팔렸도다.(롬 7:14)

> 육신의 생각은 사망이요 영의 생각은 생명과 평안이니라.(롬 8:6)

> 육체의 일은 분명하니 곧 음행과 더러운 것과 호색과 우상 숭배와 주술과 원수 맺는 것과 분쟁과 시기와 분 냄과 당 짓는 것과 분열함과 이단과 투기와 술 취함과 방탕함과 또 그와 같은 것들이라 전에 너희에게 경계한 것 같이 경계하노니 이런 일을 하는 자들은 하나님의 나라를 유업으로 받지 못할 것이요.(갈 5:19~21)

> 자기의 육체를 위하여 심는 자는 육체로부터 썩어질 것을 거두고(갈 6:8a)

> 전에는 우리도 다 그 가운데서 우리 육체의 욕심을 따라 지내며 육체와 마음의 원하는 것을 하여 다른 이들과 같이 본질상 진노의 자녀이었더니(엡 2:3)

그러므로 본문에서 말하는 '나'는 바울을 포함한 모든 인간이 '죄인인 나'로 받아들여도 무방할 것이다. 이것은 죄와 율법과의 관계 속에서 행동하는 인간이, 죄를 짓게 되는 배경과 원인 그리고 그 과정의 주체가 바로 '나'임을 나타내는 것이라 하겠다. 왜냐하면, 우리 역시 바울의 경험과 같은 실제를 경험하면서 살고 있기 때문이다.

2. 나와 율법 그리고 죄

다음은 인간이 행동하는 것이 어떻게 죄가 되며 그것이 죄임을 입증하는 근거가 무엇인지에 대하여 살펴보겠다.

> 그런즉 우리가 무슨 말을 하리요. 율법이 죄냐 그럴 수 없느니라. 율법으로 말미암지 않고는 내가 죄를 알지 못하였으니 곧 율법이 탐내지 말라 하지 아니하였더라면 내가 탐심을 알지 못하였으리라. 그러나 죄가 기회를 타서 계명으로 말미암아 내 속에서 온갖 탐심을 이루었나니 이는 율법이 없으면 죄가 죽은 것임이라. 전에 율법을 깨닫지 못했을 때에는 내가 살았더니 계명이 이르매 죄는 살아나고 나는 죽었도다.(롬 7:7~9)

여기서 바울은 흥미로운 설명을 한다. 그는 단도직입적으로 "율법이 죄인가?"라고 질문한다. 그의 논리를 쉽게 설명하면, 교통법규가 있다고 할 때, 사람은 이 교통법규를 배워 안다. 그런데 그 법 자체가 죄일까? 죄일 수 없다. 문제는 그 법을 어길 때 발생한다. 예를 들어 규정된 제한 속도를 벗어나 달릴 때 경찰은 법을 어겼다고 판정한다. 이것이 규정된 절차이며 법이다. 만일 이 법을 미처 알지 못하고 빨리 달리면 죄를 지었는지 알 수 없다. 그러나 그 법을 알 때 자신의 행동이 법을 어기고 죄를 지은 것을 인정하게 된다.

본문에서 바울은 십계명의 마지막 계명, "탐내지 말라(출 20:17)"를 예로 삼아 설명한다. 그는 만약 이 계명이 없었다면 탐심이 무엇인지를 알 수 없다고 주장한다. 이 규정이 있기에 탐심을 행동에 옮기면 계명을 어긴 것이 되어 죄를 지었다는 의미이다. 이것을 "죄가 기회를 타서 계명으로 말미암아 죄를 지었다"고 바울은 표현한다.

계속하여, 그는 '율법을 몰랐을 때는 나란 존재는 살았으나, 율법을 알게 되었을 때는 죄가 살아나고, 나란 존재는 그 율법에 저촉이 되어 심판받을 수밖에 없는 자가 되었다'고 말한다. 즉 법 자체는 죄가 아니다. 문제는 그 법에 저촉되는 행위를 저지르면 나는 죄를 지은 것이 된다.

여기서 알 수 있는 것은 율법은 타락한 인간의 죄를 규정하고 자극하며 죄가 무엇인지를 알려주고, 사람은 자극을 받아 죄를 짓는 상호관계 즉 삼각관계가 형성된다.

3. 죄의 원인과 한계점

여기서 좀 더 죄를 짓게 하는 근본적인 원인과 죄가 작동하는 근거, 그리고 죄를 짓는 과정과 그 한계 혹은 종착점에 대하여 생각해 본다.

첫째, 죄를 짓게 되는 원인과 근거

앞에서 말씀드린 바와 같이 율법 자체를 죄라고 할 수 없다. 그러나 그 율법은 죄를 불러일으키는 능력이 있다. 인간의 타락 기사에서 볼 때, 이 점은 분명해진다.

> 그런데 뱀은 여호와 하나님이 지으신 들짐승 중에 가장 간교하니라 뱀이 여자에게 물어 이르되 하나님이 참으로 너희에게 동산 모든 나무의 열매를 먹지 말라 하시더냐. 여자가 뱀에게 말하되 동산 나무의 열매를 우리가 먹을 수 있으나, 동산 중앙에 있는 나무의 열매는 하나님의 말씀에 너희는 먹지도 말고 만지지도 말라 너희가 죽을까 하노라 하셨느니라. 뱀이 여자에게 이르되 너희가 결코 죽지 아니하리라. 너희가 그것을 먹는 날에는 너희 눈이 밝아져 하나님과 같이 되어 선악을 알 줄 하나님이 아심이니라. 여자가 그 나무를 본 즉 먹음직도 하고 보암직도 하고 지혜롭게 할 만큼 탐스럽기도 한 나무인지라. 여자가 그 열매를 따 먹고 자기와 함께 있는 남편에게도 주매 그도 먹은지라.(창 3:1~6)

하와는 그 선과 악을 구별하는 나무를 보고 "유혹"을 느꼈다. 그런데 그 나무 자체가 유혹하는 힘이 있는 것이 아니라, 금단 명령이 하와에게 죄를 억제하기보다는 오히려 반대로 죄를 불러일으키는 영향력이 있음을 보여준다. 죄를 감소시키지 않고 오히려 죄를 증가시키는 특징이 있었던 것이다. 인간은 자율적으로 판단하고 행동할 수 있는 놀라운 지혜 즉 자유의지를 가진 존재로 창조되었는데, 하나님께서 창조하신 그 인간에게 사탄이 다가와 유혹하였고, 사람은 사탄의 간교한 유혹에 넘어가 금단의 명령을 어기는 죄를 짓게 된 것이다.

사도 바울은 이런 율법의 특징을 지적한다.

> 율법이 들어온 것은 범죄를 더하게 하려 함이라.(롬 5:20a)

율법은 이렇게 역설적으로 죄에 대해 매력을 느끼고 그것을 저지르려는 욕망 즉 죄를 계속하여 짓게 만드는 힘을 갖고 있다. 이것이 율법의 능력이다. 타락한 인간은 신기하게도 율법의 규정을 파괴하는데 미묘한 매력을 느끼어 계속 법을 어기려 하고 죄를 짓는다. 이런 점에서 죄는 율법 자체를 출발점으로 삼고 있다 하겠다.

성경은 이러한 점에서 죄를 힘을 가진 '인격적 세력'으로 묘사한다. 역설적으로, 이러한 죄의 습성은 율법을 통하여 힘을 더 얻어 죄를 더 짓게 한다. 사람은 이렇게 율법이 금하는 것을 반역하여 죄를 짓는다. 이런 현상에 대하여 바울은 "율법으로 말미암아 죄를 지었다"라 말한다.

> 그런즉 선한 것이 내게 사망이 되었느냐 그럴 수 없느니라. 오직 죄가 죄로 드러나기 위하여 선한 그것으로 말미암아 나를 죽게 만들었으니 이는 계명으로 말미암아 죄로 심히 죄 되게 하려 함이라.(롬 7:13)

둘째, 죄를 짓는 과정과 한계 혹은 종착점

죄의 원인에 대한 이 역설은 율법이 죄를 짓게 되는 동기라는 점이다. 정말 역설이 아닐 수 없다. 그러면 그렇게 짓는 죄의 과정은 어떠할까?

우리가 육신에 있을 때에는 율법으로 말미암는 죄의 정욕이 우리 지체 중에 역사하여 우리로 사망을 위하여 열매를 맺게 하였더니, 이제는 우리가 얽매였던 것에 대하여 죽었으므로 율법에서 벗어났으니 이러므로 우리가 영의 새로운 것으로 섬길 것이요 율법 조문의 묵은 것으로 아니 할지니라.(롬 7:5~6)

이 구절에서 율법으로 말미암는 죄의 정욕이 '우리 지체(마음) 속'에서 역사하여 결국 사망이란 열매를 맺게 된다고 말한다. 여기에 주목하게 되는 점은 율법을 떠나면 죄가 죄 되지 않는다는 점이다. 이유는 율법으로 인하여 죄를 범하기 때문이다. 죄는 오직 율법이 적용될 때 더욱 죄를 범하게 하는 특징이 있다. 결국, 죄가 살아나 작동하는 것은 율법이 적용될 때이다. 그때 죄는 깨어 살아난다. 그리고 그 죄는 율법에 저항하여 활발하게 운동하며 죄를 짓는다. 이는 마치 "여자가 열매를 보니 보암직하고, 먹음직하고 지혜롭게 할 만큼 탐스럽게 보여" 남편과 의논도 하지 않고 그 열매를 따서 먹는 것(창 3:6)과 같다.

이처럼,'탐심을 품지 말라'는 명령 속에서 인간은 더욱 탐심을 갖게 되고, 결국 실행에 옮겨 탐심의 죄를 짓게 된다. 이렇게 타락한 인간은 운명적으로 죄의 세력에 넘어가 율법을 어길 수밖에 없어서 죽는 존재가 되었다. 이것이 죄의 한계이며 종착점이다. 이유는 죄의 삯은 사망이기 때문이다(롬 6:23).

만약 율법이 없었다면, 죄는 사람을 죄인, 범법자, 반역자, 그리고 무법자로 만들 수 없었다. 그러나 율법이 있었기에 죄는 그 율법을 기반으로 삼아 죄를 짓는 출발점이 되었다. 이는 타락한 인간 그 누구에게서나 나타나는 현상이다. 그래서 사도 바울은 "모든 사람이 죄를 범하였으매 하나님의 영광에 이르지 못하더니" 라고 말한다(롬 3:23).

그런데, 이 죽음의 운명에서 벗어날 길이 있다. '죄의 삯은 사망'이지만, "하나님의 은사는 그리스도 예수 우리 주 안에 있는 영생"이기 때문이다(롬 6:23b). 이것이 바로 예수 그리스도께서 완성하신 구원의 복음이요, 십자가와 부활의 복음이다. 그래서 사도 바울은 이렇게 외쳤다.

> 사망아, 너의 승리가 어디 있느냐. 사망아, 네가 쏘는 것이 어디 있느냐. 사망이 쏘는 것은 죄요 죄의 권능은 율법이라. 우리 주 예수 그리스도로 말미암아 우리에게 승리를 주시는 하나님께 감사하노니, 그러므로 내 사랑하는 형제들아 견실하며 흔들리지 말고 항상 주의 일에 더욱 힘쓰는 자들이 되라.(고전 15:55~58a)

결 론

사도 바울이 주장하는 바가 무엇인가? 율법은, 12절에서 말한 바와 같이, "거룩하고 의롭고 선한 것"이다. 그래서 그 선한 것이 죄가 무엇인지를 규정하고 정죄한다. 그렇지만 그 율법은 단지 죄가 무엇인지를 규정할 뿐이지, 그 율법적인 규정에 따라 행동하고 판단하더라도 그 속에는 구원이 있을 수가 없다는 것이다. 그 속에는 단지 불평과 불만만 있을 뿐이고 결국 인간은 정죄와 비난과 저주 속에 죽을 뿐이다. 사도는 말씀한다.

> 그런즉 선한 것이 내게 사망이 되었느냐 그럴 수 없느니라. 오직 죄가 죄로 드러나기 위하여 선한 그것으로 말미암아 나를 죽게 만들었으니 이는 계명으로 말미암아 죄로 심히 죄 되게 하려 함이라. 우리가 율법은 신령한 줄 알거니와 나는 육신에 속하여 죄 아래에 팔렸도다.(롬 7:13~14)

인간은 선한 율법을 가지고 있음에도 불구하고 육신에 속하였기 때문에, 계속해서 죄의 지배를 받는 운명 속에 살아가야 하는 가련한 존재이다. 그래서 이러한 율법적 인식이 팽배한 시대 속에서 인간은 참된 평안을 누리지 못하고 살아가고 있다. 도저히 율법의 요구를 다 충족시킬 수 없고 도리어 율법을 범하기만 하는 우리 인간에게는 죽음이 주어질 수밖에 없다.

그런데 주 예수께서 오셔서 인간의 이 절망스러운 죽음의 숙명을 몸소 다 지시고 십자가에서 돌아가셨다. 그는 율법이 요구하는 바를 다 충족시키셨다. 하나님의 법을 어긴 죄의 대가를 몸소 다 치르시고 십자가에서 돌아가셨다. 그리고 주께서는 이 사망의 권세를 깨트리시고 사흘 만에 부활하셨다. 이것이 구원의 복음이다. 이 복음을 믿는 그 누구든지 그에게는 참된 자유와 기쁨과 평화가 주어지게 된다.

주님은 "이 율법을 폐하는 것이 아니라, 도리어 완전케 하시기 위하여 오셨다(마 5:17)"라는 말씀과 함께 다음과 같이 놀라운 말씀을 하셨다.

> 평안을 너희에게 끼치노니 곧 나의 평안을 너희에게 주노라. 내가 너희에게 주는 것은 세상이 주는 것과 같지 아니하니라. 너희는 마음에 근심하지도 말고 두려워하지도 말라. ─ 이것을 너희에게 이르는 것은 너희로 내 안에서 평안을 누리게 하려 함이라 세상에서는 너희가 환난을 당하나 담대하라. 내가 세상을 이기었노라.(요 14:27, 16:33)

죄로 죽은 우리를 강력한 죄의 세력으로부터 해방해 주신 주님께 감사하며, 주 안에서 참된 자유와 평안을 누리며 감사와 찬송을 하나님께 올려드려야 할 것이다. 이것이 하늘 영광을 버리시고 이 땅에 오신 예수 그리스도께 올려 드리는 진정한 감사와 찬양이다.

성도의 영적 갈등

> 우리가 율법은 신령한 줄 알거니와 나는 육신에 속하여 죄 아래에 팔렸도다. 내가 행하는 것을 내가 알지 못하노니 곧 내가 원하는 것은 행하지 아니하고 도리어 미워하는 것을 행함이라. 만일 내가 원하지 아니하는 그것을 행하면 내가 이로써 율법이 선한 것을 시인하노니, 이제는 그것을 행하는 자가 내가 아니요 내 속에 거하는 죄니라. 내 속 곧 내 육신에 선한 것이 거하지 아니하는 줄을 아노니 원함은 내게 있으나 선을 행하는 것은 없노라. 내가 원하는 바 선은 행하지 아니하고 도리어 원하지 아니하는 바 악을 행하는 도다. 만일 내가 원하지 아니하는 그것을 하면 이를 행하는 자는 내가 아니요 내 속에 거하는 죄니라(로마서 7:14~20).

누구나 자기 자신에 대하여 그리고 다른 사람 앞에서 당당하고 싶은 것은 자연스러운 일이다. 잘하고 싶고, 잘 보이고 싶고, 칭찬을 듣고 싶은 것은 인지상정(人之常情)이다. 그런데 그런 것이 잘되질 않는다. 자신과의 약속도 잘 지켜지지 않는다. 새해에 가졌던 마음과 세웠던 계획들이 지금에 와서 보니 어떤가? 작심삼일이 아니었던가? 누구나 이러한 생각을 할 때마다 자신에 대하여 실망하고 남 앞에서 부끄러운 것이 사실일 것이다.

1. 영적 갈등에 대한 진솔한 인정

사도 바울도 자신에 대하여 낙심하고 그래서 실망하고 있다. 다음 말씀은 바울이 겪고 있는 자괴감을 잘 보여준다.

> 내가 행하는 것을 내가 알지 못하노니 곧 내가 원하는 것은 행하지 아니하고
> 도리어 미워하는 것을 행함이라. 만일 내가 원하지 아니하는 그것을 행하면
> 내가 이로써 율법이 선한 것을 시인하노니(롬 7:15~16)

이 말씀에서 바울은 일이 마음먹은 대로 잘되지 않더라고 고백한다. 그리고 자신이 행동하고 있는 것이 잘 이해되지 않고, 또한 자신도 받아들일 수 없을 정도로 한심한 행위가 벌어지게 되더라는 것이다. 우리도 이런 경험을 해 본 적이 있지 않은가?

사도 바울은 14~17절과 18~20절에서 같은 말을 반복하고 있다. 이러한 바울의 자기에 대한 평가는 우리도 같지 않을까 싶다. 14절은 "우리가 율법은 신령한 줄 알거니와 나는 육신에 속하여 죄 아래에 팔렸도다."라고 번역되었는데, NIV에서는 "율법은 영적인 것이지만, 나는 영적인 것이 아닌 육신에 속했고, 육이 여전히 내 안에 거하여 내게 영향을 미치므로 나는 죄의 노예다"(The Law is spiritual but I am unspiritual sold as a slave to sin)라고 번역되었다.

바울은 이것이 바로 '성도이지만 본질적인 나 자신의 모습'이라고 말한다. 그는 죄가 자기 속에 거하여 자신을 공격하지만, 자신은 이에 맞설 상태가 되어있지 않고 오히려 자신의 본질이 그대로 방치되어 있기에 그 죄의 노예로 살아갈 뿐이라고 말한다. 이것이 무슨 의미일까? '나'라는 존재는 여전히 죄에 엮어져 있는 죄의 노예라는 말이다.

그리고 바울은 "내 속 곧 내 육신에 선한 것이 거하지 아니하는 줄을 아노니 원함은 내게 있으나 선을 행하는 것은 없노라(18절)." 라고 솔직하게 말한다. 결론적으로, '자신에게는 선을 행할 능력이 전혀 없다'고 고백한다.

사도 바울이 어떻게 적나라하게 자신의 영적 상태와 능력을 이렇게 진단할 수 있었을까? 본문에서는 밝히고 있지 않지만, 8장에서 분명하게 그 이유를 밝히고 있다. 바울이 이렇게 자신의 영적 상태를 심도 있게 해부하며 자신의 무능력을 밝히 알 수 있게 된 것은 다름 아닌 성령 하나님 때문이었다. 다음 구절들이 이것을 잘 말해준다.

> 이는 그리스도 예수 안에 있는 생명의 성령의 법이 죄와 사망의 법에서 너를 해방하였음이라.(롬 8:2)

> 만일 너희 속에 하나님의 영이 거하시면 너희가 육신에 있지 아니하고 영에 있나니 누구든지 그리스도의 영이 없으면 그리스도의 사람이 아니라. 또 그리스도께서 너희 안에 계시면 몸은 죄로 말미암아 죽은 것이나 영은 의로 말미암아 살아 있는 것이니라.(롬 8:9~10)

성령께서는 그를 거듭나게 하시고, 진리 가운데 스스로를 돌아보게 하셔서 자신의 영적 본질에 대하여 철저하게 분석하게 하신 것이다. 이것은 철저하고 확실하게 거듭난 하나님의 백성에게만 주어지는 놀라운 변화이다. 바울은 비록 거듭났다고 하더라도 여전히 육신을 가지고 살아가기에 자신에게는 전혀 선한 것이 없고 또한 육에 사로잡혀 살아갈 수밖에 없는 죄의 노예라는 것을 인정했다. 즉 두 영적 정체성 가운데 일치되지 않는 한계와 연약함을 절실하게 깨닫게 된 것이다.

이것이 거듭난 성도의 실체이다. 그러나 소위 구원 파에서는 이 점에 동의하지 않는다. 그들은 거듭난 사람은 죄를 짓지 않게 되고 또한 회개하지도 않는다고 주장한다. 그러나 이 가르침은 거짓된 교훈이다. 이유는 본문 말씀이 분명하게 말하고 있기 때문이다.

바울은 이 점을 매우 심도 있고, 철저하게 자신을 돌아보며 고백했다. 본문에서 거듭난 성도에게서 나타나는 솔직한 고백을 들을 수 있다. 우리의 영적 경험은 어떠한가? 자기 자신에 대한 솔직한 분석과 진단, 그리고 인정과 고백은 거듭난 하나님의 백성에게 있어서 공통으로 나타나는 현상이다. 우리는 이러한 영적 경험이 있으며 이 점에 대하여 인정하는가?

예를 들면, 한국 초대 교회에서 아주 유명한 김익두 목사님이라는 분이 있었다. 이 목사님은 예수를 믿고 회개한 다음 맨 처음으로 사람들에게 자신의 부고장을 돌렸다. "김익두는 죽었다." 사람들은 깡패 김익두가 죽었다는 부고장을 받고는 모두 기뻐했다. 평소에 그분이 얼마나 잔인하고 못된 일을 많이 저질렀으면 사람들이 그렇게 좋아했겠는가? 그런데, 어느 날 사람들이 많은 시장 한복판에 죽었다던 김익두가 나타났다. 목사가 된 그의 손에는 성경책이 들려 있었다. 그의 등장에 사람들은 놀라기도 했지만, 어떤 사람은 변화된 그를 시험해 보려고 김익두 목사님에게 물 한 통을 뒤집어씌웠다. 그는 아무렇지도 않다는 듯이 물을 툭툭 털고는 물을 끼얹은 사람을 쳐다보면서 이렇게 말했다. "너는 옛 김익두가 죽었다는 사실을 기뻐해라. 만일 그가 살았다면 너는 요절이 났을 것이다."라고 말했다. 이 모습은 그가 여전히 육적 요소는 살아 있는 모습이다. 다만 성령의 역사로 절제되고 있을 뿐이다.

2. 원하지 않는 일을 하는 자의 고민

> 내가 행하는 것을 내가 알지 못하노니 곧 내가 원하는 것은 행하지 아니하고 도리어 미워하는 것을 행함이라.(롬 7:15)

이 말은 "나는 내가 하는 행위를 이해할 수가 없다. 이유는 내가 행하기를 원하는 그것을 실행에 옮기지 않고 도리어 내가 증오하는 것을 하기 때문이다(NASB 번역)."라는 뜻이다.

바울은 자신이 원하는 것을 하기보다는, 원하지 않는 것, 싫어하고 혐오하는 것을 행하는 자신을 보았다. 그러한 자신이 미워지고 싫어 좌절하며 낙담했다. 18~19절에서 그는 적나라하게 실토한다.

> 내 속 곧 내 육신에 선한 것이 거하지 아니하는 줄을 아노니 원함은 내게 있으나 선을 행하는 것은 없노라. 내가 원하는 바 선은 행하지 아니하고 도리어 원하지 아니하는바 악을 행하는 도다.(롬 7:18~19)

사실 성도라면 성경 말씀을 읽어 알고 있는 바가 있다. 그러나 실제 삶의 현장에서 실행하는 모습은 어떠한가? 바울 역시, 그러한 상황 속에서 자신이 어떤 반응을 보이며 실천하고 있는지를 심각하게 생각하고 "나는 옳은 것을 바라고 있고 또 바라지만, 그것을 혼자서는 할 수 없는데, 그 이유는 내가 원하는 바 선은 행하지 않고 원하지 않는 악을 행하기 때문이다"라고 실토했다.

바로 이러한 점에 있어서 우리 모두가 절실하게 그리고 매일의 삶의 현장 속에서 매순간 느끼고 있지 않은가! 우리가 하나님의 뜻을 알고, 그것을 사랑하며, 그것을 행하기를 열망하지만, 스스로는 도저히 그렇게 행할 수 없는 자임을 고백하게 된다. 이것이 우리의 현주소이다. 이 점을 솔직하게 인정하는 것이 옳다. 이 지점에서 성도의 영적 전쟁이 전개된다. 그래서 사도 바울은 이러한 영적 전쟁이 우리의 삶의 현장에서 벌어지기에 우리가 적극적으로 대처해야 한다고 말한다.

> 우리의 씨름은 혈과 육을 상대하는 것이 아니요, 통치자들과 권세들과 이 어둠의 세상 주관자들과 하늘에 있는 악의 영들을 상대함이라. 그러므로 하나님의 전신 갑주를 취하라. 이는 악한 날에 너희가 능히 대적하고 모든 일을 행한 후에 서기 위함이라. 그런즉 서서 진리로 너희 허리띠를 띠고 의의 호심경을 붙이고, 평안의 복음이 준비한 것으로 신을 신고, 모든 것 위에 믿음의 방패를 가지고 이로써 능히 악한 자의 모든 불화살을 소멸하고, 구원의 투구와 성령의 검 곧 하나님의 말씀을 가지라.(엡 6:12~17)

전투에 나가는 군인에게 완벽한 무장은 꼭 필요하다. 그 이유는 자신의 생명과 직결되기 때문이고 전투에서 승리하기 위함이다. 그리고 전투에 나가는 군사는 반드시 적이 어떤 존재인지를 알아야 한다. 영적 전투(spiritual warfare)에서도 마찬가지이다. 적을 알아야 하고 전투를 위해 완전무장을 해야 한다. 방어 무장(허리띠, 호심경, 군화, 방패)과 공격 무장(말씀)을 철저하게 갖추어야 한다. 그래야 잘 싸울 수 있고 승리할 수 있다.

원수 사탄은 매우 간교하여 다양한 방법과 전술로 싸움을 걸어온다. 이때 어떻게 무장하고 그 싸움에 대처하는가는 전적으로 성도의 몫이다. 사도 베드로는 이렇게 권면한다.

> 근신하라. 깨어라. 너희 대적 마귀가 우는 사자 같이 두루 다니며 삼킬 자를 찾나니(벧전 5:8)

그러나 현실 상황에서 거듭난 성도가 취하게 되는 모습은 그리 간단하지가 않다. 그는 실제로 선을 행하기를 원하고 진리를 따라 순종하기를 원한다. 그는 악을 싫어하고 혐오한다. 그러나 삶의 현장에서 벌어지는 치열한 영적 전투 현장 속에서는 이러한 마음과 각오와 다르게 말하고 행동하기 일쑤다. 이것은 마치 훈련이 제대로 되지 않은 군인이 전장에서 실수하고 실패하는 것과 같다. 영적 훈련이 모자란 성도는 이 영적 전쟁에서 실패하기가 쉽다. 예수의 제자들도 그러했다. 주님은 그 원인을 우리 육신의 연약함 때문이라고 진단하셨다.

> 돌아오사 제자들이 자는 것을 보시고 베드로에게 말씀하시되 시몬아 자느냐 네가 한 시간도 깨어 있을 수 없더냐. 시험에 들지 않게 깨어 있어 기도하라. 마음에는 원이로되 육신이 약하도다.(막 14:37~38)

이렇게 우리 육신은 약하고, 미련하고, 어리석고, 이기적이기 때문에 올바른 행동을 제때에 제대로 할 수가 없는 것이다. 여기에 그리스도인의 영적 갈등이 있다.

신학자 폴 틸리히(Paul Tillich, 1886~1965)는 "옛날 고대인에게는 죽음의 문제가 심각했고 중세인에게는 죄의 문제가 심각했다. 그런데 현대인에게는 의미의 문제가 가장 심각하다."라고 말했다.

죄의 문제와 죽음의 문제는 심각하고 중요하다. 그런데 무엇보다도 우리 인생의 목표가 무엇이며 삶의 중심이 어디에 있느냐에 따라 우리 인생의 질과 가치가 결정된다. 인간이 죽음과 죄의 문제가 해결되지 않고는 제대로 된 인생을 살 수가 없다.

여기에 복음의 능력이 있다. 성탄절은 바로 이 문제를 해결해 주시기 위하여 우리에게 오신 예수 그리스도의 탄생을 기리고 축하하며 기뻐하는 절기이다. 주께서는 "내가 길이요 진리요 생명이라(요 14:16)", "나는 부활이요 생명이라(요 11:25)"라고 말씀하셨다. 이 예수 안에서 비로소 우리의 인생의 목표와 가치, 그리고 중심이 제대로 잡힐 수 있다.

돈이 삶의 목표인 사람은 언제나 이해타산에 따라 움직이고, 권력과 명예를 탐하는 사람은 그 권력과 명예를 추구하기 위하여 수단과 방법을 가리지 않기 때문에 문제가 되는 것이다. 그들은 철저하게 돈과 권력에 얽매어 그 돈과 권력의 노예로 살고, 향락을 중심으로 사는 사람은 향락의 노예가 되어 인생을 망치게 된다. 일례로, 며칠 전 유명한 한국의 한 영화감독이 성추행범으로 몰려 해외 도피 중에 Covid-19로 사망한 일이 있었다. 이를 두고 한국의 영화계에서는 그의 추모 여부를 놓고 논란에 빠졌다고 한다.

'하나님 중심의 사람'은 먼저 하나님을 앞세우고 하나님 영광을 앞세우는 생활을 한다. 그의 삶의 목표는 예수께서 말씀하신 '하나님나라와 그 의를 위하여' 사는 것이다. 아무리 하고 싶은 것이 있어도 하나님 영광을 가리는 짓은 하지 않으며, 아무리 하기 싫은 것이 있어도 하나님의 영광이라면 반드시 행하는 것이 하나님 중심의 삶이다.

3. 성령으로 이루어질 중생과 영적 승리

이렇게 살아가는 사람이 바로 거듭난 성도이다. 그런데 거듭난 증거가 무엇인가? 거듭났다는 말은 성격의 변화, 또 능력의 변화가 아니다. 근본적으로 자기중심에서 하나님 중심으로 그 중심이 바뀌어 삶 자체가 변화(transformation)되는 것을 말한다. 이전과 같은 성격의 사람이지만 그리고 이전과 같은 능력의 사람이지만, 목표가 변하여 자기 영광을 추구하는 데서 하나님의 영광을 추구하는 사람이 되는 것이다. 이렇게 하나님 중심의 삶을 살면 우리의 삶은 분명한 목표를 갖게 되어 질서와 인정을 찾아 살게 된다.

이러한 놀라운 거듭남의 역사가 어떻게 일어날 수 있을까. 다음 구절들을 살펴보자.

> 내가 여호와인 줄 아는 마음을 그들에게 주어서 그들이 전심으로 내게 돌아오게 하리니 그들은 내 백성이 되겠고 나는 그들의 하나님이 되리라.(렘 24:7)

> 그의 신기한 능력으로 생명과 경건에 속한 모든 것을 우리에게 주셨으니 이는 자기의 영광과 덕으로써 우리를 부르신 이를 앎으로 말미암음이라. 이로써 그 보배롭고 지극히 큰 약속을 우리에게 주사 이 약속으로 말미암아 너희가 정욕 때문에 세상에서 썩어질 것을 피하여 신성한 성품에 참여하는 자가 되게 하려 하셨느니라.(벧후 1:3~4)

하나님께서는 성도의 마음속에 하나님을 아는 마음을 주시고 신의 성품에 참여시키셔서 전적으로 하나님만을 의식하며 살도록 하신다. 이러한 놀라운 영적 변화가 어떻게 가능하게 되는가? 바로 베드로 사도의 말씀, "너희가 거듭난 것은 썩어질 씨로 된 것이 아니요 썩지 아니할 씨로 된 것이니 살아 있고 항상 있는 하나님의 말씀으로 되었느니라(벧전 1:23)."라는 말씀이 그러한 삶을 가능하게 한다. 즉 예수께서 니고데모에게 말씀하신 것처럼 성령께서 이 모든 거듭남의 역사를 이루신다.

예수께서 대답하여 이르시되 진실로 진실로 네게 이르노니 사람이 거듭나지 아니하면 하나님의 나라를 볼 수 없느니라. / 예수께서 대답하시되 진실로 진실로 네게 이르노니 사람이 물과 성령으로 나지 아니하면 하나님의 나라에 들어갈 수 없느니라.(요 3:3, 5)

성령 하나님께서 떠나는 순간, 설령 그가 교회에 출석한다 하더라도, 그는 영적으로 무능해져서 매사를 세상적으로 생각하게 되고, 낙심하고 실족하여 형편없는 윤리성을 여지없이 드러내고 만다. 바울은 이 상황을 이렇게 말한다.

만일 내가 원하지 아니하는 그것을 행하면 내가 이로써 율법이 선한 것을 시인하노니, 이제는 그것을 행하는 자가 내가 아니요, 내 속에 거하는 죄니라.(롬 7:16~17)

이 말은 이러한 뜻이다. "만일 내가 원하지 않는 부정한 일을 행한다면, 그것은 명백하게 율법의 허물(잘못된 율법)때문이 아니다. 이유는 내가 이미 율법은 선한 것이라 인정하기 때문이다. 문제는 내가 비록 원하지 않는 것을 행하긴 하지만, 그것은 내 자의에 따른 행위가 아니라, 내 속에 있는 곧 내 속에 거하는 죄가 행하는 것이다. 내 속에 있는 죄의 세력이 나보다 강하기에 나는 자의에 따를 수가 없고 그 죄의 부추김에 넘어가서 내가 저지르는 것이다."

바울은 이와 같은 결론을 자세하게 설명한다.

내 속 곧 내 육신에 선한 것이 거하지 아니하는 줄을 아노니 원함은 내게 있으나 선을 행하는 것은 없노라. 내가 원하는 바 선은 행하지 아니하고 도리어 원하지 아니하는바 악을 행하는도다. 만일 내가 원하지 아니하는 그것을 하면 이를 행하는 자는 내가 아니요. 내 속에 거하는 죄니라.(롬 7:18~20)

이것은 놀라운 분석이 아닐 수 없다. 바울의 이 진술은 다음과 같이 요약해 볼 수 있다. "나는 나 자신이 선한 것을 내포하고 있지 않고 내 속에 나를 잡고 있는 것이 있음을 인정한다. 그것은 내가 원하는 바를 행하지 못하게 하고 도리어 내가 혐오하는 것을 하게 한다. 내가 결론적으로 말할 수 있는 바는 만일 내 행위가 내 의지와 반대되는 것이라면, 그 원인은 내 속에 거하는 죄이지 내가 아니다."

여기서 '거듭난 나'와 '내 속에서 여전히 역사하는 죄의 세력에 따라 죄를 짓고 있는 나'에 대한 분명한 구분을 볼 수 있다. 사도 바울은 우리가 이렇게 거듭난 하나님의 자녀라고 하더라도 여전히 죄의 세력 아래에서 노예로 살 수밖에 없는 운명적 실존이라는 점을 분명히 한다.

이러한 심각한 영적 갈등을 겪으신 적이 있는가? 어떻게 하면 이 비참한 영적 갈등에서 해방될 수 있을까? 바울은 철저하게 이 영적 갈등을 겪었다. 그는 그 문제 속에서 엄청난 영적 시련을 겪었다. 그리고 절규했다.

오호라. 나는 곤고한 사람이로다. 이 사망의 몸에서 누가 나를 건져내랴.(롬 7:24)

결 론

우리는 어쩔 수 없이 죄 가운데서 태어났고, 죄의 종이 되어, 죄 가운데 살아가는 죄인들이다. 아무리 예수 안에서 거듭났다고 하더라도 육신에 거하는 한, 우리는 여전히 죄의 지배를 받고 살아갈 수밖에 없다. 이러한 상황 속에서 겪게 마련인 영적 갈등을 성도는 어떻게 해결할 수 있을까?

이것이 바울이 가졌던 관심사였으며 신실한 성도라면 누구나 갖게 마련인 문제이다. 이러한 갈등 속에서 우리는 참된 구원을 사모하게 되고, 구원의 기쁨과 감격을 맛보게 된다. 그래서 우리는 25절의 말씀과 같이 이 문제를 정리할 수 있다.

> 우리 주 예수 그리스도로 말미암아 하나님께 감사하리로다. 그런즉 내 자신이
> 마음으로는 하나님의 법을 육신으로는 죄의 법을 섬기노라.(롬 7:25)

과연 누가 우리를 죄의 강력한 세력으로부터 구해 줄 수 있을까? 바울은 이것을 심각하게 느끼고 고통스러워하는 사람들에게, 이 영적 갈등을 극복하는 길을 제시한다. 이것이 로마서의 구원론에 있어서 구체적인 구원의 길을 제시하는 바울 복음의 진수라 하겠다.

'구슬이 서 말이라도 꿰어야 보배'라고 하듯이 바울이 이러한 구원의 진리를 설파한다 하더라도 정작 성령의 역사하심을 경험하지 못한다면 아무런 의미가 없을 것이다. 바울은 자신의 경험을 예로 들어 영적 갈등의 진수를 보여주며, 이 서신을 읽고 공감하는 모든 성도에게 구원의 주도적인 역사를 일으키시는 성령 하나님의 역사하심을 깊이 인식하도록 요구한다. 이 성령께서 우리를 예수 그리스도 안에서 연합시키시고 구원으로 이끌어 가신다.

제86강

누가 이 사망의 몸에서 건져내랴

> 그러므로 내가 한 법을 깨달았노니 곧 선을 행하기 원하는 나에게 악이 함께
> 있는 것이로다. 내 속사람으로는 하나님의 법을 즐거워하되 내 지체 속에서
> 한 다른 법이 내 마음의 법과 싸워 내 지체 속에 있는 죄의 법으로 나를 사로
> 잡는 것을 보는도다. 오호라, 나는 곤고한 사람이로다. 이 사망의 몸에서 누
> 가 나를 건져내랴(로마서 7:21~24).

지난 주간에 멀리 휴스턴에 있는 알지 못하는 한 목사님에게서 메시
지 하나를 받았다. 자신이 섬기는 교회의 한 성도 가정이 덴버로 가니
돌봐주십사 라는 부탁이었다. 다음 날 수요일 아침 그 댁에 전화 드렸
다. 그리고 두 시간이 지난 후에 그 가정을 방문하여 고국영 성도의 영
혼을 하나님께 의탁하는 임종 기도를 드리고 귀가했다. 다음날 목요일
오후 3시경 부인으로부터 남편이 소천 했다는 연락을 받았다. 즉시 가
서 예배를 드리며 유가족을 위로했다.

이 일을 겪으면서 놀라운 사실을 충격적으로 깨닫게 되었다. 일찍이
하나님께서는 고인을 믿음의 가정에서 부르셔서 어머님의 신앙고백
가운데서 유아세례를 받았다. 이 한 영혼을 하나님께서는 잊지 않으시
고 그 인생 마지막 순간에 부르신 것이다. 그로부터 하나님께서는 그의
인생 마지막 순간에 스스로 예수와 함께 죽고 예수와 함께 부활했음(롬

6:1~11)을 믿음으로 고백하게 하신 후 영원한 하나님 나라로 불러올리셨다.

1. 사망의 권세의 지배받는 인간

어떤 이유에서건 인간은 반드시 죽는다. 그는 죄로 인하여 여지없이 가장 소중한 목숨을 내 것이라 말 한마디 못한 채 사망에 내어주고 만다. 충격적인 일이 아닐 수 없다. 이렇게 모든 인간은 죽을 수밖에 없는 운명 속에서 살아간다. 그리고 생명의 주인이신 하나님께서 부르시면 여지없이 모두 갈 수밖에 없는 것이 우리네 인생이다. 모두 사망의 몸에 묶여있는 존재다. 그런데 감사하고 놀라운 일은 한번 부르신 영혼을 절대 취소하지 않으시고 그를 구원하시는 하나님의 사랑과 능력이다.

여기 한 사람이 있다. 그는 심한 고민과 번민 속에서 자기 인생에 대한 깊은 좌절에 빠져있다. 그는 위대한 사도 바울이다. 놀랍게도 그렇게 위대한 사도가 자신이 절망적인 죽음의 운명 속에 빠져 엄청난 내적 갈등을 겪으며 깊은 신음을 하고 있는 것이다. 그는 "오호라 나는 곤고한 사람이로다. 이 사망의 몸에서 누가 나를 건져내랴(롬 7:24)." 라고 절규한다. 이런 절규를 해 보신 적이 있는가?
바울은 이미 죽음이 무엇인지를 규명했다. 그는 죽음은 죄에 대한 대가이며 그로부터의 구원은 오직 예수 그리스도로 인하여 주어지는 하나님의 은혜로운 선물인 영생이라고 선언했다(롬 6:23).

성탄절의 핵심 메시지가 무엇인가? 예수 그리스도 안에서만 영생 즉 죽음을 넘어선 영광스러운 삶으로의 보장이 주어진다는 사실이다. 이 구원을 완성하시기 위하여 예수께서 이 땅에 오셨다. 예수께서 "내가 온 것은 양으로 생명을 얻게 하고 더 풍성히 얻게 하려는 것이라(요 10:10b)." 라고 말씀하시며 성탄의 의미를 밝히셨다.

2. 한 성도의 경험 철학

1) 발견한 한 원리

> 그러므로 내가 한 법을 깨달았노니 곧 선을 행하기 원하는 나에게 악이 함께 있는 것이로다.(롬 7:21)

이 사람은 바울 사도이다. 그는 한 법(law), 한 원리(principle)를 발견했다고 말한다. 이것은 그가 경험한 것이며 그가 깊이 깨달은 법칙이다. 그가 깨달은 것은 "선을 행하기를 원하는 자신 속에 악이 함께 있다!"라는 사실이다. 바울은 새삼스럽게 이 사실을 습득했다. 이것은 경험적으로 알게 된 철학이다. 영국의 경험론 철학과 같이 말이다. 그런데 문제는 이 원리가 그에게 깊은 내적 갈등을 일으켰다는 것이다. 그로 밤잠을 자지 못하게 하고 깊은 고민에 빠뜨려 괴로워하게 했다.

대부분의 사람들은 이런 내면의 갈등을 고민하지 않는 것 같다. 그냥 무시하고 지나간다. 자기 속에서 일어나는 내적 번민에 대하여 깊이 고통스러워하지 않는다. 아니 그렇게 못하는 것 같다.

그 이유가 무엇일까? 그저 시류 따라 살기에 급급하기 때문일 것이다. 그래서 많은 현대인은 이 점을 외면하고, 잊어버리고 고민하지 않는다. 현실을 바라보면, 정의가 어디에 있고 진실이 어디에 있는지 모르겠다.

2) 갈등의 배경과 원인

바울은 견딜 수 없는 고민과 갈등에 빠졌다. 그것은 마음 깊숙한 곳에서 벌어지는 갈등이다. 이 갈등은 도저히 스스로 극복하지 못하는 한계 속에 반복되는 것이다. 이것은 자신도 이해할 수 없고 받아드릴 수 없는 자기 내면의 모습이다. 이 갈등은 격렬한 심리적인 내적 전쟁이다. 그래서 바울은 자신의 한계와 무력감과 헛됨을 발견하고 자신은 "사망에 묶인 자"라고 절규했다(24절). 어떻게 그가 이런 갈등에 빠진 것일까? 앞에서 살펴본 18~20절에 잘 나타나 있다.

> 내 속 곧 내 육신에 선한 것이 거하지 아니하는 줄을 아노니, 원함은 내게 있으나 선을 행하는 것은 없노라. 내가 원하는 바 선은 행하지 아니하고 도리어 원하지 아니하는바 악을 행하는도다. 만일 내가 원하지 아니하는 그것을 하면 이를 행하는 자는 내가 아니요, 내 속에 거하는 죄니라.(롬 7:18~20)

무슨 말인가? 자신의 마음속에 원하는 바와 원하지 않는 것이 있는데 의도적으로 원하는 선은 행하지 못하고 원하지 않는 행위를 하더라는 것이다. 한마디로 마음먹은 대로 행해지지 않는다는 말이다. 이것이 바울의 고민이요, 자신의 이중적인 행위 때문에 스스로에 대하여 크게 실망하는 것이다. 우리는 이러한 이중적이고 위선적인 모습을 발견하고 괴로워한 적은 없는가?

우리가 잘 알듯이 바울은 철저한 율법주의자이다. 그는 자신의 율법적 지식과 확신에 큰 자부심을 가지고 있었다. 그는 자신의 경력을 다음과 같이 자랑한 적이 있다.

> 나는 팔 일만에 할례를 받고 이스라엘 족속이요 베냐민 지파요 히브리인 중의 히브리인이요 율법으로는 바리새인이요, 열심으로는 교회를 박해하고 율법의 의로는 흠이 없는 자라.(빌 3:5~6)

바울은 당대 최고의 율법 스승인 가말리아의 제자로 철저한 율법 교육을 받았다. 그는 이러한 자신의 이력에 대하여 강한 자부심이 있었다. 그런데 그가 예수를 만나고 난 후에 이러한 자신의 특권적 지식과 지위와 특권을 다 포기했다.

그러나 무엇이든지 내게 유익하던 것을 내가 그리스도를 위하여 다 해로 여길뿐더러 또한 모든 것을 해로 여김은 내 주 그리스도 예수를 아는 지식이 가장 고상하기 때문이라 내가 그를 위하여 모든 것을 잃어버리고 배설물로 여김은 그리스도를 얻고 그 안에서 발견되려 함이니 내가 가진 의는 율법에서 난 것이 아니요 오직 그리스도를 믿음으로 말미암은 것이니 곧 믿음으로 하나님께로부터 난 의라(빌 3:7~9).

바울은 예수를 만난 의미와 목적을 분명하고 철저하게 밝혔다. 그는 예수 안에서 참된 가치와 진리와 진정한 인생의 의미를 마침내 찾게 되었다. 그리고 자신 죄가 무엇인지 알았다. 그 순간부터 그는 자신의 이율배반적인 위선과 거짓을 보게 되었던 것이다. 그는 자신의 연약하고 비참한 인생에 대하여 깊은 좌절감을 느끼며 괴로워했다.

3) 갈등의 내용

바울은 자기 내면의 문제를 두 가지로 분석했다.

내 속사람으로는 하나님의 법을 즐거워하되 내 지체 속에서 한 다른 법이 내 마음의 법과 싸워 내 지체 속에 있는 죄의 법으로 나를 사로잡는 것을 보는도다.(롬 7:22~23)

하나는 자신이 즐거워하는 것으로, 하나님의 법을 즐거워하는 속사람이다. 다음은 이 마음의 법에 도전하는 내 속에 있는 죄의 법이다. 하나님의 법과 죄의 법이다. 사도 바울 내면에서 갈등을 일으키고 있다. 즉 이 두 원칙이 바울의 내면에서 싸우고 있는 것이다. 그는 "내 속사람은 하나님의 법을 즐거워하는데, 내 안의 한 다른 법, 즉 죄의 법이 하나님의 법을 즐거워하는 내 마음의 법과 싸워 나를 사로잡는다." 라고 실토했다.

"하나님의 법을 즐거워하는 속사람"과 이에 대항하는 "지체 속의 다른 한 법 즉 죄의 법"이 대치하는 두 법 간의 전투가 바울 속에서 치열하게 벌어지고 있는 것이다. 이 전투의 결과는 어떻게 되었나? 바울은 실토하기를, "지체 속에 있는 다른 한 법 즉 죄의 법"이 "하나님의 법을 즐거워하여 지키려는 속사람의 법"을 이기더라는 것이다. 그것도 항상 이기더라는 것이다.

4) 절규와 소망

그래서 바울은 절규하고 낙심하고 좌절한다. "오호라! 나를 곤고한 자로다! 이것이야말로 사망이구나!"라고 부르짖는다. 바울의 이 고민과 고통 그리고 좌절이 느껴지는가?

제가 존경하는 스승 중에 손봉호 교수님이 계신다. 그분께서 강의 시간에 자신의 신앙고백을 한 것을 기억한다. 철저한 유교 집안에서 자란 자신이 예수를 믿게 된 결정적인 이유로 "자신이 단 하루도 거짓말을 하지 않고는 못 살겠더라! 그래서 예수를 믿게 되었다"라고 하셨다. 인간 모두가 거짓말을 하지 않고는 하루도 못 살 것이라고 생각한다. 우리는 실로 말과 마음이 다른 이율배반적인 인생을 살아간다.

하나님께서는 이스라엘의 멸망 원인을 다음과 같이 지적하셨다.
그들의 혀는 죽이는 화살이라 거짓을 말하며 입으로는 그 이웃에게 평화를 말하나 마음으로는 해를 꾸미는도다.(렘 9:8)

바울도 이 점을 깊이 인식하고 절망했다. "아! 나는 망할 자로구나! 쓰레기와 같은 형편없는 자로구나!"라는 깊은 자괴감에 빠졌고 스스로에 대하여 크게 실망했다. 그래서 "누가 이 사망의 몸에서 구해 줄 수 있겠는가!", "어떻게 하면 이 사망의 굴레에서 벗어날 수 있단 말인가!"라고 그는 절규했다.

공자의 제자들이 스승에게 질문했다. "선생님, 선생님께서는 이 땅에서 살아갈 도리를 잘 가르쳐 주시는데 죽은 이후에는 어떻게 되겠습니까?" 그때 공자의 답이 무엇인 줄 아는가? "이 땅에서 살아가는 것도 다 모르는데 어떻게 죽음 이후의 것을 알 수가 있단 말인가!" 답했다고 한다.

그런데 우리 주께서 "예수께서 이르시되 내가 곧 길이요 진리요 생명이니 나로 말미암지 않고는 아버지께로 올 자가 없느니라(요 14:6)"라고 말씀하셨고 또 말씀하셨다.

> 예수께서 이르시되 나는 부활이요 생명이니 나를 믿는 자는 죽어도 살겠고, 무릇 살아서 나를 믿는 자는 영원히 죽지 아니하리니 이것을 네가 믿느냐.
> (요 11:25~26)

그렇다. 세상의 스승은 죽음 이후를 모르나, 우리 주께서 아버지 하나님께로 가는 그 길이요(The way), 그 진리요(The truth), 그 생명(The life)이시다. 예수는 죄로 영원히 죽을 우리 인생을 구원하시기 위하여 이 땅에 오신 생명이시고 부활이시다. 모든 사람은 이 예수를 믿어야 하고, 무서운 죄 가운데 죽은 인생을 구원하러 오신 예수를 온전히 신뢰하여야 한다.

4. 예수 탄생 메시지

예수께서 우리와 똑같은 모습으로 이 땅에 오셨다. 아니. 사실 우리보다 더 비참한 상황 속에 오셨다. 하나님이시고 왕이신 그 영광스러운 주께서 왕궁도 아니고 고관대작의 호화로운 안방이 아니고, 안전한 병원도 아니고, 추하고 냄새나는 말구유에 오셨다. 그런데 주께서는 "너희는 가서 내가 긍휼을 원하고 제사를 원하지 아니하노라 하신 뜻이 무엇인지 배우라. 나는 의인을 부르러 온 것이 아니요, 죄인을 부르러 왔노라 하시니라(마 9:13)." 세상에 오신 목적을 자세히 말씀하셨다.

성도는 주님이 오신 이유 즉 죄인을 부르러 오신 이유를 반드시 기억해야 한다. 주께서는 우리에게 종교적 형식과 윤리적이고 도덕적인 정당성을 요구하지 않으신다. 우리가 스스로 의인이라고 생각한다면 그것은 자신을 속이고 남들 앞에서 위선을 떠는 죄를 짓는 것이다.

결 론

이 성탄절에 과연 어떤 생각과 고백으로 주님을 맞이해야 하는가? 온 세상이 Covid-19으로 죽음의 공포 속에서 두려워하고 있다. 일상의 모든 것이 왜곡되어 어떻게 하루하루를 지내는지 정신이 없을 지경이다.

그런데 여기에 복음이 있다. 이미 우리 주께서는 온갖 고민과 갈등 속에서 죽음의 골짜기를 가고 있는 우리를 이 구원의 진리인 안식으로 초대해 주셨다.

> 내 아버지께서 모든 것을 내게 주셨으니 아버지 외에는 아들을 아는 자가 없고 아들과 또 아들의 소원대로 계시를 받는 자 외에는 아버지를 아는 자가 없느니라. 수고하고 무거운 짐 진 자들아 다 내게로 오라 내가 너희를 쉬게 하리라. 나는 마음이 온유하고 겸손하니 나의 멍에를 메고 내게 배우라 그리하면 너희 마음이 쉼을 얻으리니, 이는 내 멍에는 쉽고 내 짐은 가벼움이라 하시니라.(마 11:27~30)

바라기는 이번 성탄절에, 낙심과 번민 그리고 좌절과 절망 속에서 유일한 구원의 길을 발견하고 바울이 외친 소망의 절규를 깊이 묵상하시기 바란다. 우리의 사망의 몸에서 건져낼 자는 오직 예수뿐임을 스스로 깊이 깨닫고 주님을 나의 주, 나의 하나님으로 고백하시기 바란다. 온 세상의 구주로 오신 예수 그리스도께 경배 드리며 주님을 찬양하며 이 일을 이루신 하나님께 영광을 돌리고 복음을 널리 전하기 바란다.

> 지극히 높은 곳에서는 하나님께 영광이요 땅에서는 하나님이 기뻐하신 사람들 중에 평화로다.(눅 2:14)

제87강

하나님께 감사하리로다

오호라 나는 곤고한 사람이로다. 이 사망의 몸에서 누가 나를 건져내랴. 우리
주 예수 그리스도로 말미암아 하나님께 감사하리로다. 그런즉 내 자신이 마음
으로는 하나님의 법을 육신으로는 죄의 법을 섬기노라(로마서 7:24~25).

인간이 눈에 보이지도 않는 작디작은 바이러스에 의하여 이렇게 무
력해질 수 있다는 것을 상상이나 했는가? 계속되는 COVID-19으로
마스크를 쓰는 것이 일상이 되었다. 사람을 만나고, 필요한 것들을 구
매하고, 여행을 다니는 등 일상의 모든 것이 심하게 영향을 받아 모두
망가져 버리고, 모두 변했다. 이러한 모습은 비록 백신이 개발되더라도
한동안 지속될 것이라 예상된다.

1. 한계를 인정할 수밖에 없는 무능력을 인식하기 때문에

본문에서 바울은 "하나님께 감사"를 고백했다. 바울이 드리는 감사
는 어떤 차원일까? 확실한 점은 그의 감사는 우리의 감사와는 차원이
다른 것 같다. 우리는 생명의 위협을 느끼는 상황 속에서 살아남고, 또
건강하게 생활하고 있음에 감사하고 있지만, 그의 감사는 이런 차원의

감사가 아니다. 그가 "하나님께 감사하리로다(Thanks be to God)."라고 고백하는 것은 다른 차원의 감사이다. 그의 감사의 고백은 어떤 차원의 것일까?

본문에서 바울은 "내 지체 속에서 한 다른 법이 내 마음의 법과 싸워 내 지체 속에 있는 죄의 법으로 나를 사로잡는 것을 보는 도다(롬 7:23)." 라고 절규하며 자기 마음 상태를 철저히 점검했다. 그는 "'내 마음의 법과 지체 속의 다른 한 법'이 갈등(conflict)을 벌이고 있다"라고 말한다. 그는 이 갈등의 상황이 자신이 마음먹은 대로 전개되는 것이 아니라, 자기 지체 속에 있는 다른 한 법이 마음의 법과 싸워 이겨서 그 마음의 법을 체포하더라는 것이다.

이것이 무슨 뜻인가? 여기서 말하는 "지체 속에 있는 한 다른 법"은 앞에 있는 15절에서 설명하는 것이다. 사도는 18절에서 이를 반복하고 있다.

> 내 속 곧 내 육신에 선한 것이 거하지 아니하는 줄을 아노니 원함은 내게 있으나 선을 행하는 것은 없노라. 내가 원하는 바 선은 행하지 아니하고 도리어 원하지 아니하는바 악을 행하는도다. 만일 내가 원하지 아니하는 그것을 하면 이를 행하는 자는 내가 아니요. 내 속에 거하는 죄니라. 그러므로 내가 한 법을 깨달았노니 곧 선을 행하기 원하는 나에게 악이 함께 있는 것이로다.
> (롬 7:18~21)

바울의 마음속에는 두 가지 법, 즉 두 원리(principle)가 작동하고 있다는 것이다. 이 두 가지 원리는 선을 행하기를 원하는 원리와 악을 행하려는 원리이다. 선을 행하려는 마음은 하나님의 뜻을 행하려는 원리이고, 악을 행하려는 원리는 자신이 원하지 않는 악을 짓게 하는 죄의 원리이다. 이 두 가지가 한 마음속에 동시에 작동하고 있는 것을 바울이 의식하게 된 것이다. 그런데 불행하게도 악을 행하게 하는 죄의 원리가 하나님의 뜻에 순종하려는 선한 마음 즉 선의 원리보다 더 강해서 자신의 의도와는 다르게 죄를 짓게 되더라는 것이다. 바울이 이 점이 그의 마음속에서 항상 작동하고 있다는 것을 깊이 인식하며 고민했다.

바울의 감사는 이러한 불치의 마음을 고쳐주시고 구원해 주신 하나님께 드리는 감사다. 즉 그의 감사는 단순히 어떤 이익과 혜택으로 인하여 드리는 감사가 아니라, 자신의 근본적인 모습 즉 도덕적이고 윤리적인 무능력함을 깨닫는 차원에서 고백한 것이며, 이런 처지에서 구원받게 된 감사이다.

예수께서 말씀하신 사례를 생각해 보자.

> 그때에 예수께서 제자들에게 이르시되 오늘 밤에 너희가 다 나를 버리리라. 기록된바 내가 목자를 치리니 양의 떼가 흩어지리라 하였느니라. 그러나 내가 살아난 후에 너희보다 먼저 갈릴리로 가리라. 베드로가 대답하여 이르되 모두 주를 버릴지라도 나는 결코 버리지 않겠나이다. 예수께서 이르시되 내가 진실로 네게 이르노니 오늘 밤 닭 울기 전에 네가 세 번 나를 부인하리라. 베드로가 이르되 내가 주와 함께 죽을지언정 주를 부인하지 않겠나이다 하고, 모든 제자도 그와 같이 말하니라.(마 26:31~35)

제자들은 주 앞에서 주님을 목숨 바쳐 사수하겠다고 장담했지만(마 26:31~35), 실제로는 어떻게 되었는가? 다 주를 버리고 떠나고 말았다. 심지어 베드로는 재판정에서 세 번씩이나 주를 모른다고 부인했고 더 나아가 주를 저주까지 했다(막 14:30~72). 이런 연약한 존재가 인간이다. 모든 사람은 마음과 행동이 일치하지 못하는 자신을 경험한다. 사실이다. 베드로와 같이 비겁한 인간이 우리다.

> 닭이 곧 두 번째 울더라. 이에 베드로가 예수께서 자기에게 하신 말씀 곧 닭이 두 번 울기 전에 네가 세 번 나를 부인하리라 하심이 기억되어 그 일을 생각하고 울었더라.(막 14:72)

예수님은 이렇게 믿을 수 없고 연약한 베드로를 다시 찾아오셔서 그에게 사명을 맡기셨다. 사도 베드로는 한 평생 예수의 제자로서 순교하기까지 충성했다(참고: 요 21:15~18, 벧전 4:13). 놀라운 예수 그리스도의 사랑이며 하나님의 은혜가 아닐 수 없다.

바울 역시 스스로 의로운 일을 행하려 다짐하더라도 자신 안에 내재해 있는 죄의 세력이 실제 행동에서는 전혀 다른 모양으로 나타나 여전히 죄를 짓게 된다는 것을 깊이 느끼며 좌절했다. 그는 어떻게 이런 일이 발생하게 되었는지를 진술한다. "죄가 기회를 타서 계명으로 말미암아 나를 속이고 그것으로 나를 죽였는지라(롬 7:11)." 즉, 계명이 '무엇이 죄 인지'를 가르쳐 주었는데, 타락한 인간의 죄성은 그 계명을 어기려는 유혹 가운데 빠져 오히려 계명을 어기고 죄를 짓게 되더라는 것이다.

이것은 마치 하와가 사탄의 유혹을 받아 금단의 명령을 어기는 과정과 같다. 그녀가 본 것은 무엇인가? "선과 악을 구별하는 나무의 열매를 보니 먹음직하고, 지혜롭게 할 만큼 탐스러운 열매였다(창 3:6)!" 항상 죄의 유혹은 달콤하고 매력적이다.

그것은 마치 독충식물에 먹히는 곤충과 같다. 독충식물은 벌레를 잡아먹는 능력이 있는 식물이다. 그런데 이러한 식물의 특징이 무엇인지 아는가? 화려하고 향기가 좋고 매력적이다. 그래서 파리, 개미, 벌, 심지어 지렁이와 같은 것들이 그 식물이 벌린 잎사귀 혹은 꽃잎 사이로 들어가 빠지게 되는 것이다. 향기와 색깔과 맛과 모양의 유혹을 뿌리치지 못한 결과 많은 곤충이 이 식물에 먹히고 만다.

이처럼 아무리 지혜가 있고 선을 행하는 능력이 있는 인간이라 하더라도 강력한 죄의 유혹을 스스로 이길 수 있는 자연인은 없다. 이들 역시 죄에 빠지게 된다. 사도 바울도 자신이 그렇기에 자신은 참으로 가련하고 헛된 인간이라 절규했다.

오호라 나는 곤고한 사람이로다. 이 사망의 몸에서 누가 나를 건져내랴.

(롬 7:24)

결국, 이 점을 깊이 인식하고 절망한 그는 죄로 인한 사망의 몸인 자신을 구원해 주실 그분을 간절히 원했고, 예수 안에서 구원을 받은 자가 되었다. 그래서 그는 자신에게 이 놀라운 역사를 이루어주신 하나님께 감사한다고 고백한다.

2. 무력함에도 불구하고 베풀어 주신 하나님의 은혜 때문에

바울은 하나님께서 자신에게 베풀어 주신 은혜 때문에 감사했다. 성도는 하나님께서 베풀어 주신 은혜로 예수 그리스도의 구속 진리를 믿게 된다. 이미 바울은 이 복음에 대하여 로마서 시작부터 선명하게 말하고 있다.

> 복음에는 하나님의 의가 나타나서 믿음으로 믿음에 이르게 하나니 기록된바
> 오직 의인은 믿음으로 말미암아 살리라 함과 같으니라.(롬 1:17)

이 믿음은 오직 은혜로 주어진다(엡 2:10). 하나님께서는 이 복음을 알게 하시고 믿게 하셨다. 바울은 예수 그리스도의 십자가와 부활로 완성된 복음을 알고 믿으므로 자신의 무력함과 위선과 거짓과 죄 가운데서 구원을 얻게 되었음에 감사한다.

그 결과 그는 자신의 죄악 됨과 한계와 위선과 거짓을 철저하게 인식하게 된다. 그는 자신의 존재와 자아의 한계를 선명하게 인식하고 도저히 스스로 구원할 수 없음을 절감하게 된다. 이 모든 것이 복음으로 얻게 되는 구원이며 이것이 하나님의 은혜이다. 그래서 바울은 이 은혜의 역사를 이루어주시는 하나님께 감사드리는 것이다.

바울은 "내가 하나님의 은혜를 폐하지 아니하노니 만일 의롭게 되는 것이 율법으로 말미암으면 그리스도께서 헛되이 죽으셨느니라(갈 2:21)."라고 율법과 예수 그리스도의 복음과의 관계를 규명하며, 자신 정체성은 오직 하나님의 은

혜로 인한 것이기에 이제까지 자신이 이룬 업적은 자랑이 아니라 감사해야 하는 것이며, 명하신 바를 순종하는 일에 힘썼을 뿐이라고 겸손히 고백한다.

> 그러나 내가 나 된 것은 하나님의 은혜로 된 것이니 내게 주신 그의 은혜가 헛되지 아니하여 내가 모든 사도보다 더 많이 수고하였으나 내가 한 것이 아니요 오직 나와 함께 하신 하나님의 은혜로라.(고전 15:10)

우리에게 베푸신 하나님의 은혜는 나의 연약함과 거짓과 위선과 무능력 가운데서도 사랑으로 주신 것이다. 우리가 이렇게 말할 수 있는 것은 25절 고백 때문이다.

> 내 자신이 마음으로는 하나님의 법을 육신으로는 죄의 법을 섬기노라.(롬 7:25b)

이 원리와 원칙 즉, 마음으로는 하나님의 법을, 육신으로는 죄의 법을 섬길 수밖에 없는 실존의 한계가 있음에도 불구하고 우리를 구원하시는 하나님! 그 하나님께 감사드리지 않을 수 없었던 것이다. 그는 하나님의 은혜가 지금의 그를 있게 한 실체이며 능력임을 실토한다. "나의 나 된 것은 오직 하나님의 은혜로다!" 이 점을 인정하는가? 신실한 성도라면 누구나 이 사실을 인정하고 감사해야 할 것이다.

3. 그리스도의 사역으로 주어진 구원이기 때문에

여기에 놀라운 구원의 비밀이 전제되어 있다. 바울이 하나님께 감사를 드리는 배경에는 예수 그리스도의 사역이 있었다. 그래서 그에게 감사는 필수조건이다.

> 우리 주 예수 그리스도로 말미암아 하나님께 감사하리로다.(롬 7:25a)

사도 바울이 감사하는 근거와 기초는 예수 그리스도이다. 왜 그럴까? 우리는 빌립보서에 있는 그의 고백 속에서 발견할 수 있다.

그러나 무엇이든지 내게 유익하던 것을 내가 그리스도를 위하여 다 해로 여길뿐더러 또한 모든 것을 해로 여김은 내 주 그리스도 예수를 아는 지식이 가장 고상하기 때문이라 내가 그를 위하여 모든 것을 잃어버리고 배설물로 여김은 그리스도를 얻고 그 안에서 발견되려 함이니 내가 가진 의는 율법에서 난 것이 아니요 오직 그리스도를 믿음으로 말미암은 것이니 곧 믿음으로 하나님께로부터 난 의라.(빌 3:7~9)

우리 자신을 보면 죄인인데, 예수 그리스도를 믿음으로 그분 안에서 우리의 정체성을 확인하게 되고 그것을 믿음으로 하나님으로부터 의가 주어졌다. 이제까지 바울이 육신 가운데 있을 때에, 즉 예수를 믿기 전에, 바울은 비록 율법적으로 완전하여 흠이 없는 바리새인이었음에도 불구하고 여전히 죄의 지배 가운데 있었다.

그러나 그는 예수 그리스도께서 완성하신 구속의 진리를 알고, 믿게 되어 모든 것을 포기했다. 예수께서 완성하신 구원을 믿어, 참된 자유와 기쁨 그리고 구원을 확신하게 되었고, 그동안 율법을 지킴으로 인하여 의롭다고 생각했던 것이 변하여, 예수 안에서 의로워진 영적 정체성을 찾게 되었다. 바울은 예수를 통하여 주어진 이 놀라운 구원을 하나님께 감사드리게 된 것이다.

그런데 놀라운 반전의 진리가 여기에 있다. 바울은 이러한 자기의 영적 체험과 고백이 자신에게만 주어지는 것이 아님을 분명히 말한다. 디도서의 말씀이다.

모든 사람에게 구원을 주시는 하나님의 은혜가 나타나 우리를 양육하시되 경건하지 않은 것과 이 세상 정욕을 다 버리고 신중함과 의로움과 경건함으로 이 세상에 살고, 복스러운 소망과 우리의 크신 하나님 구주 예수 그리스도의 영광이 나타나심을 기다리게 하셨으니, 그가 우리를 대신하여 자신을 주심은 모든 불법에서 우리를 속량하시고 우리를 깨끗하게 하사 선한 일을 열심히 하는 자기 백성이 되게 하려 하심이라.(딛 2:11~14)

이것이 어떻게 가능하게 될까? 본문 25절에,

내 자신이 마음으로는 하나님의 법을 육신으로는 죄의 법을 섬기노라.(롬 7:25b)

이 구절을 NIV에서는 "그래서 나 자신이 마음으로는 하나님의 법의 종으로, 그러나 죄 된 성품으로는 죄의 법의 종으로 (So then, I myself in my mind am a slave to God's law, but in the sinful nature a slave to the law of sin.)" 라고 번역했다.

무슨 말인가? 성령의 역사로 예수를 믿음으로 하나님께 감사하는 자가 되면 모든 것이 바뀌어 즉시 거룩하게 되는 것이 아니라, 마음으로는 하나님의 법에 지배를 받는 종으로 살려 하지만, 아직 완전히 구원받은 자가 아니기에 죄의 성품이 여전히 살아 있어서, 육체로 살아가는 동안에는 여전히 죄의 종으로 살아가게 되는 한계가 있음을 고백하게 된다는 것이다.

우리는 이 점에 주목할 필요가 있다. 이유는 일부 사이비 종파에서 이 점을 인정하지 않고 잘못 가르치고 있기 때문이다. 이 점은 다음과 같이 추적할 때 쉽게 증명된다. 사도 바울은 예수를 주로 고백한 이후에 이 로마서를 써서 로마교회에 보냈다. 즉 예수를 믿은 후에 쓴 말씀이 로마서란 말이다.

문제는 그가 고백하듯이 "우리의 주 예수 그리스도를 말미암아(통하여, through Jesus Christ Our Lord)" 하나님께 감사하지만, 여전히 '마음으로는 하나님의 법에 복종하는 하나님의 법의 종(slave to God's law)로, 죄로 얼룩진 육의 본성으로는 죄의 법에 복종하게 되는 죄의 종(slave to the law of sin)'이란 사실에 있다.

이러한 고백과 선언은 결국 하나님께서 예수 그리스도 안에서 이루신 복음 즉 십자가와 부활의 진리를 믿게 하시는 성령의 역사로만 가능한 것이다. 성령께서 인간 본성 속에서 역사하셔서 자신을 되돌아보게 하시고, 회개하며 성령 하나님을 의지하게 하신다. 바울은 이 점을 8장에서 세밀하게 풀어내고 있다.

한편 여기에서 주의해야 할 점은, 이 말씀의 흐름을 보면 성령 역사로 모든 것이 다 해결되는 것이 아니라는 사실이다. 무슨 말인가 하면, 바울이 7장에서 죄의 세력 즉 죄의 지배에서 벗어난 성도이더라도 그에겐 여전히 죄와의 갈등으로 인하여 지속해서 영적 전쟁(spiritual warfare)이란 문제가 발생한다. 그래서 이 때문에 단순하게 구원받았다고 해서 그가 모든 죄의 세력에서 벗어나 해방과 구원을 선언하며 자유와 승리를 지속해서 맛보며 외칠 수 없다는 것이다. 이 점에서 성경은 아주 냉정하게 구원의 문제를 다루고 있다.

8장에서는 간단히 구원받았음을 가르치지 않고 성령 하나님의 역사를 사모하고 그 성령의 역사하심에 순종할 것을 가르치고 있다. 흔히 오순절주의자들은 한번 성령의 역사하심을 받으면 모든 죄가 사해지고 자유로워져서 언제나 성령 충만하게 산다고 주장하는 데, 어느 한순간 혹은 일정 기간은 그 감격과 기쁨이 유지될 수는 있지만, 시간이 흘러가면서 경험하게 되는 것은 성령을 체험했음에도 여전히 죄를 짓는 존재라는 것을 알게 되는 것이다.

그러기에 히브리서 기자는 경고한다.

> 한 번 빛을 받고 하늘의 은사를 맛보고 성령에 참여한바 되고, 하나님의 선한 말씀과 내세의 능력을 맛보고도 타락한 자들은 다시 새롭게 하여 회개하게 할 수 없나니 이는 그들이 하나님의 아들을 다시 십자가에 못 박아 드러내 놓고 욕되게 함이라.(히 6:4~6)

개혁주의 성도는 차분하고 진지하게 자신을 점검하며 내주하시는 성령 하나님의 역사하심을 깊이 사모한다. 그리고 주신 말씀을 통하여 역사하시는 성령 하나님의 세밀한 인도에 예민하게 반응하며 적극적으로 순종하려고 노력한다. 그들은 '항상 복종하며 두렵고 떨림으로 구원을 이루라(빌2:12b)'는 사도의 말씀을 마음 깊이 새기며 신앙생활을 하는 자들이다.

로마서 8:5~9을 다시 묵상하여 마음 깊이 담자.

> 육신을 따르는 자는 육신의 일을, 영을 따르는 자는 영의 일을 생각하나니, 육
> 신의 생각은 사망이요 영의 생각은 생명과 평안이니라. 육신의 생각은 하나님
> 과 원수가 되나니 이는 하나님의 법에 굴복하지 아니할 뿐 아니라 할 수도 없
> 음이라. 육신에 있는 자들은 하나님을 기쁘시게 할 수 없느니라. 만일 너희 속
> 에 하나님의 영이 거하시면 너희가 육신에 있지 아니하고 영에 있나니 누구
> 든지 그리스도의 영이 없으면 그리스도의 사람이 아니라.(롬 8:5~9)

결 론

이제까지 로마서 7장을 살피면서 옛사람에게 죄의 지배가 얼마나
강력하게 역사하는지 그리고 그 죄의 지배를 받는 죄의 종이 어떻게 새
사람 즉 예수 그리스도를 주로 고백하여 새롭게 되는지를 살펴보았다.
그 과정에서는 성도라고 하더라도 그의 마음속에는 여전히 영적 갈등
이 있고 때로는 영적 전투가 벌어지게 된다는 것이다.

우리의 구원을 작정하신 하나님은 여전히 우리를 살피시고 보호하
시고 인도하시는 신실하신 하나님이시다. 비록 우리가 연약하여 온전
히 사모하고, 순종하지 못하더라도 주께서는 이 구원을 결코 취소하시
거나 변경하지 않으신다. 이러한 것의 근거는 우리 곁에 계신 예수의
영께서 우리와 함께 하시며 구원을 온전히 성취해 가실 것이기 때문
이다.

> 그러므로 자기를 힘입어 하나님께 나아가는 자들을 온전히 구원하실 수 있으
> 니 이는 그가 항상 살아 계셔서 그들을 위하여 간구하심이라.(히 7:25)

생명의 법이신 예수 그리스도의 영

그러므로 이제 그리스도 예수 안에 있는 자에게는 결코 정죄함이 없나니, 이는 그리스도 예수 안에 있는 생명의 성령의 법이 죄와 사망의 법에서 너를 해방하였음이라. 율법이 육신으로 말미암아 연약하여 할 수 없는 그것을 하나님은 하시나니 곧 죄로 말미암아 자기 아들을 죄 있는 육신의 모양으로 보내어 육신에 죄를 정하사 육신을 따르지 않고 그 영을 따라 행하는 우리에게 율법의 요구가 이루어지게 하려 하심이니라(로마서 8:1~4).

이제 드디어 로마서 8장에 도달했다. 그동안 살펴본 말씀을 장별로 정리하면 다음과 같다. 1) 바울이 전하는 복음 진리(1:1~17), 2) 하나님의 심판과 복음(1:18~3:20), 3) 구원의 도리인 이신칭의(3:21~4:25), 4) 예수 그리스도와 화평(5:1~21), 5) 예수 그리스도와 연합(6:1~23), 6) 율법으로부터의 자유(7:1~25).

1. 주옥과 같은 복된 말씀

8장에 들어와서 다루게 되는 주제는 "성령 안에서의 생활(The life of the Holy Spirit)"이다. 8장은 성경에서 가장 복된 말씀 중에 하나이다. 구원의 원리와 복음을 성도의 삶 속에 적용할 것을 자세히 설명하고 있기 때문이다. 이는 성령 하나님께서 성도의 삶 속에서 구원이 어떻게 이뤄지고 적용되는지를 잘 설명한다. 이 주옥과 같은 진리를 믿는 자는 큰 감격과 기쁨을 경험하게 되고 구원을 확신하게 된다. 8장에서 진술되는 바울의 말씀은 종교개혁자 루터에 의하면 결혼반지의 다이아몬드와 같다고 했다. 그의 강력한 논리와 합리적인 진술로 읽는 모두에게 감격과 기쁨을 맛보게 한다.

이러한 엄청난 진리들은 8장 곳곳에서 발견된다. 아래 구절들을 읽어 보자.

> 예수를 죽은 자 가운데서 살리신 이의 영이 너희 안에 거하시면 그리스도 예수를 죽은 자 가운데서 살리신 이가 너희 안에 거하시는 그의 영으로 말미암아 너희 죽을 몸도 살리시리라.(롬 8:11)

또한 성령 하나님께서 역사하시는 구원이 어떻게 믿는 자에게 작동하는지를 설명해 준다.

> 이와 같이 성령도 우리의 연약함을 도우시나니 우리는 마땅히 기도할 바를 알지 못하나 오직 성령이 말할 수 없는 탄식으로 우리를 위하여 친히 간구하시느니라. 마음을 살피시는 이가 성령의 생각을 아시나니 이는 성령이 하나님의 뜻대로 성도를 위하여 간구하심이니라.(롬 8:26~27)

뿐만 아니라, 믿는 자의 구원이 어떻게 진행되는지 논리적으로 잘 설명해 준다.

> 우리가 알거니와 하나님을 사랑하는 자 곧 그의 뜻대로 부르심을 입은 자들에게는 모든 것이 합력하여 선을 이루느니라. 하나님이 미리 아신 자들을 또한 그 아들의 형상을 본받게 하기 위하여 미리 정하셨으니 이는 그로 많은 형제 중에서 맏아들이 되게 하려 하심이니라. 또 미리 정하신 그들을 또한 부르시고 부르신 그들을 또한 의롭다 하시고 의롭다 하신 그들을 또한 영화롭게 하셨느니라.(롬 8:28~30)

무엇보다도 8장은 구원의 확실성을 단호하게 선언하는 복된 말씀으로 시작된다.

> 그러므로 이제 그리스도 예수 안에 있는 자에게는 결코 정죄함이 없나니, 이
> 는 그리스도 예수 안에 있는 생명의 성령의 법이 죄와 사망의 법에서 너를 해
> 방하였음이라.(롬 8:1~2)

이 얼마나 귀하고 복된 말씀들인가? 너무나 마음에 큰 확신을 주시는 복된 말씀이다. 구원을 사모하고 확신하는 성도는 이 귀하고 복된 말씀을 마음 깊이 간직하고 묵상하며 살아간다. 이 말씀들을 온전히 알고 묵상하며 구원을 확신할 수 있기를 바란다.

2. 삼위일체 하나님

> 그러므로 이제 그리스도 예수 안에 있는 자에게는 결코 정죄함이 없나니 이
> 는 그리스도 예수 안에 있는 생명의 성령의 법이 죄와 사망의 법에서 너를 해
> 방하였음이라.(롬 8:1~2)

성령께서 예수 그리스도 안에 계셔서 우리를 죄와 사망의 법에서 해방하시기 때문에 예수 안에서 있는 자에게는 결코 정죄함이 없다는 선언이다. 얼마나 고맙고 놀라운 말씀인가!

바울은 7장에서 법이 강제하는 강력한 법의 체계를 설명했다. 그것을 결혼법의 예를 들어 설명했고, 이러한 설명은 율법의 강제성에 묶여 있는 옛 사람이 어떻게 예수를 믿어 새사람이 되고 구원에 이르게 되는지 설명한다. 그래서 본문 1~2절에서 7장의 연장선상에서 선언적 주장을 하고 있다. "성령의 법이 죄와 사망의 법에서 (너를) 해방하는 것이다!"

그런데 이 진리를 살피기 전에, 이 말씀을 잘 이해하기 위해 먼저 공부해야 할 주제가 있다. 그것은 "성령론"이다. 이유는 바울이 구원의 도리를 진술하면서 이 주제를 다루고 있기 때문이다. 그런데 이 성령 하

나님을 살피기 위해서는 먼저 삼위일체 교리의 형성 과정을 살펴보아야 한다.

우선 먼저 생각하게 되는 것은 하나님의 신격이다. 우리는 흔히 하나님을 삼위일체 하나님이라 말한다. 삼위일체(Trinity)란 성부 하나님과 성자 하나님 그리고 성령 하나님이 한 분(triune)이란 말이다. 즉 한 분 하나님에게 세 신격이 존재한다는 말이다. 그러나 사실, 결론부터 말하자면 이 교리를 완전히 이해하기에는 한계가 있다는 점을 인정하지 않을 수 없다. 이단 중에서 여호와의 증인과 같은 집단에선 이 진리를 부인하지만, 정통 기독교에서는 이 진리를 모두 고백한다.

역사 신학적 이해

물론 이 진리를 확증하고 믿음의 진리로 교회가 천명하기까지에는 참으로 길고도 치열한 논의 과정이 있었다. 간단하게 그 역사를 정리해 보면, 삼위일체 교리가 성립되기까지는 모두 세 차례의 공의회(Council)가 소집되었다. 니케아, 콘스탄티노플, 칼케돈 회의이다.

니케아 회의(The Council of Nicaea, 325)

로마의 심한 핍박 속에 있던 초대 교회가 콘스탄티누스 황제(Constantine the Great, 272-337)의 주도로 성사된 밀라노 칙령(Edict of Milan, 313)에 따라 종교의 자유를 누리게 되었다. 황제는 기독교를 자유화하고, 교회 재산을 반환하고, 성직자에게는 국비를 보조하고, 일요일을 안식과 예배의 날로 선포했다. 그런데 정작 자유를 얻게 된 교회는 지난 300여 년 동안 잠재되어 있던 이단 사상으로 내분에 휩싸이게 되었다.

예수가 하나님의 아들이며 하나님을 그의 아버지로 믿는, 분명한 삼위일체 교리가 아직 정리되어 있지 못했기 때문이다. 그런데 뜻하지 않은 이단의 출현으로 교회에 내분이 발생하자, 콘스탄티누스 황제는 325년 5월 20일에 세계 최초의 기독교 공회를 니케아에서 소집했다. 지중해를 중심으로 각 지역의 대표 감독 318명이 참석한 이 회의는 2개월간 계속되었다. 그리고 이들의 경비는 모두 국가가 부담했다고 알려진다.

<니케아 회의 논쟁>

이 회의에서 다룬 교리는 성부와 성자의 본질에 관한 논쟁이다. 아타나시우스(Athanasius of Alexandria, 296-373)의 완전한 '동질본질(homo ousious)' 즉 성부와 성자는 같은 본질이라는 주장과 아리우스(Arius, 256-336)의 '유사본질(homoi ausios)' 즉 성부와 성자는 비슷한 본질이라는 주장이 맞섰다. 아리우스는 예수는 성부 하나님의 첫 피조물이라고 주장하며 예수의 신성을 부인했다. 니케아 회의에서 유세비우스(Eusebius, 263-339)의 '동질본질' 주장이 성경에 부합한다고 결정하고 이 '동일본질(homo ousious)'이란 용어를 넣어 '니케아 신조'를 작성했다. 이때의 니케아 신조에 따라 사도신경이 작성되었다.

사도신경은 신약 성경의 정경(正經) 확정(카르타고 제3차 교회회의, 397)과 때를 같이하여 정해졌다. 사도신경이란 12 사도들이 지은 신경(信經)이란 뜻이 아니고 사도들이 교회에 물려준 신앙을 의미한다.

그러나 337년 콘스탄티누스 황제가 죽자, 아리우스(Arius 256~336)는 예수는 성부 하나님의 첫 피조물인 인간이라고 주장하며 예수의 신성을 부인했다. 그는 성부와 성자의 본질은 다르다는 유사본질(homoi ausios)을 계속 주장하여 기독교 정통파 황제 테오도시우스 1세(Theodosius I, 347-395)가 '공동신앙령'(Cunctos populos, 380년)을 반포하고 381년에 콘스탄티노플회의에서 아리우스파(Arianism)를 이단으로 영구 추방했다.

<니케아 신조 내용>

우리는 눈에 보이거나 보이지 않는 일체의 사물들의 창조주이신 전능하신 성부 한 하나님을 믿는다. 또한, 우리는 주 예수 그리스도를 믿으니 그는 하나님의 아들이시오, 성부의 본질로서 비롯된 하나님의 독생자이며 하나님의 하나님이시요, 빛 중의 빛이 시요, 진정한 하나님 중의 하나님이시니, 그는 창조되지 않고 성부와 동일 본질로서 잉태되셨으니 그를 통하여 천상과 지상의 만물이 창조되었다. 그는 우리 인간들과 우리들의 구원을 위해 이 땅에 내려오셔서 성육신하시고 인간이 되심으로 고난을 받으시고 제 삼일에 부활하시어 승천하셨으니 산 자와 죽은 자를 심판하러 오실 것이다. 우리는 또한 성령을 믿는다. 그러나 그가 존재하지 않을 때가 있었다고 말하는 자들, 잉태하기 이전에는 존재하지 않았다고 주장하는 자들, 혹은 무에서 그가 비롯되었다는 자들, 혹은 하나님의 아들이 서로 다른 본질 혹은 정수라고 주장하는 자들, 혹은 그가 창조되었다거나 변화될 수 있다고 주장하는 자들을 보면 교회는 저주하는 바이다. 아멘

콘스탄티노플 회의(The Council of Constantinople, 381)

니케아 회의에서 예수 그리스도의 신성(神性) 교리는 확정 되었으나 성령(聖靈)의 신성(神性)에 대해서는 언급이 없었다. 이 문제를 논의하기 위해 381년에 제2차 세계 기독교 총회의가 콘스탄티노플에서 열려 '니케아 신경(Symbolum Nicaenum)'을 재확인하고 성령의 신성에 관하여 선포하였다. 그리하여 삼위일체(三位一體) 교리가 정리되고 기독교 신앙의 근본 고백이 되었다. '성부, 성자, 성령은 한 하나님이시다. 다만 위(位)로 구분하는 것은 하나님이 역사 하시는 직임을 나타내는 것이다.'라고 선언했다. 이렇게 하여 삼위일체 교리가 콘스탄티노플회의에서 완전히 정립되었다.

칼케돈 공의회(The Council of Chalcedon, 451)

325년 니케아 공의회의 핵심은 삼위일체의 본질에 관한 것으로 성자와 성부는 어떠한 관계가 있는가를 규명하는 것이었다. 이 논쟁에서, 서방기독교 신학자였던 아타나시우스의 신조를 정통 교리로 채택하였다.

그러나 동방교회에서는 삼위일체의 제2격인 그리스도의 인성(人性)과 신성(神性)의 관계에 대한 새로운 문제를 제기하였다. "그리스도의 신성이 어떻게 그의 인성과 관계될 수 있는가? 진실로 하나님이신 그가 어떻게 동시에 인간이 될 수 있는가? 또한, 그가 어떻게 인간적 조건 하에 살 수 있으며 사람의 형체로 나타났는가?"라고 질문하며 예수 그리스도에 대한 기독론의 문제를 제기했다.

이 문제로 인하여 451년 제3차 세계 종교회의가 니케아 근처의 칼케돈(Chalcedon)에서 약 600여 명의 교회 감독들이 모였다. 그리고 예수 그리스도는 완전한 신성(神性)의 하나님이시며, 완전한 인성(人性)을 가진 참사람이시기에 교회가 이를 신앙할 것을 결의했다.

이렇게 삼위일체 교리 논쟁은 니케아 공의회(325년)에서부터 시작되어 칼케돈 공의회(451년)에서 결정되어 126년 만에 끝났다. 그러나 이 삼위일체 교리는 여호와의 증인 등 이단들로부터 끊임없이 공격을 받아온 교리이다. 그들은 모든 출판물을 통하여 삼위일체 교리를 '이단 교리', '비성경적 거짓 교리'로 단정하고 있다(Make Sure of All Things, p.386).

2) 성경 신학적 이해

구약에서는 하나님을 복수로 언급하여 삼위 하나님임을 암시적으로 계시한다. 모세는 하나님께서 인간을 창조하실 때, "우리의 형상을 따라 우리의 모양대로 우리가 사람을 만들고(창 1:26)"라고 하셨고, 타락한 인간을 추방할 때(창 3:22), 바벨탑을 쌓은 인간을 흩으실 때(창 11:7) 모두 "우리"라는 복수를 나타내는 표현을 사용하여 엄위로우신 삼위

하나님이심을 암시했다. 또한, 하나님께서는 천사로, 능력으로, 자신의 존재를 다양한 방법으로 계시하셨다(히 1:1).

신약의 많은 구절에서 한 하나님의 신격 안에 세 분이 존재하신다는 사실을 분명하게 보여주고 있다. 그 대표적인 예로, 예수께서 세례요한에게 세례를 받으실 때 "성부 하나님, 성자 하나님, 성령 하나님"께서 독자적인 계시 활동을 하심을 볼 수 있다.

> 예수께서 세례를 받으시고 곧 물에서 올라오실 새 하늘이 열리고 하나님의 성령이 비둘기같이 내려 자기 위에 임하심을 보시더니, 하늘로부터 소리가 있어 말씀하시되 이는 내 사랑하는 아들이요 내 기뻐하는 자라 하시니라.
> (마 3:16~17)

또 예수께서 제자들에게 성령 하나님에 대하여 말씀하신 것에서도 세 분 하나님은 엄격하게 구분되는 것을 알 수 있다.

> 내가 아버지께 구하겠으니 그가 또 다른 보혜사를 너희에게 주사 영원토록 너희와 함께 있게 하리니(요 14:16)

이렇듯 하나님은 한 분이시면서 각각의 영역에서 구원 사역을 이루어 가시고, 계시하시는 것을 성경은 보여주고 있다. 만일 삼위일체 교리가 인간 이성(理性)으로 이해되고 설명될 수 있다면 이러한 하나님은 인간의 머리와 이성으로 정리되는 분이라 할 수 있다. 그러나 인간이 이 교리를 완전하게 이해할 수 없기에 이 삼위일체 교리는 신비일 수밖에 없다. 이 삼위일체 교리는 믿음의 대상이지 이성적으로 정리되는 교리가 아님을 우리는 인정해야 한다.

3) 구원론적 이해

그렇다면 성경은 어떻게 '세 분이 한 분이 된다는 진리를 받아들이라고 계시할까? 사람들은 전통적으로 삼위일체 교리를 양태론(樣態論)으로 설명하곤 했다. 즉 전기에 빛이 있고 열이 있고 힘이 함께 있다는 것으로 설명하는 식이다. 또 사과 한 알을 보면 껍질 부분이 있고 과육 부분이 있고 씨 부분이 있는데 그것이 한 알의 사과인 것과 같이 삼위 하나님도 그렇다는 것이다. 그러나 이 설명은 사과의 각 부분만 말한 것으로 여전히 한 개의 사과일 뿐이어서 삼위 하나님에 대한 온전한 설명이라고 할 수 없다.

보다 실제적인 방법으로 삼위일체 하나님을 설명하는 방법은 구원론적 접근을 통하여 살피는 것이다. 물론, 이 역시 완벽하다고는 할 수 없는 부족한 설명이지만 더 나은 설명이라고 할 수 있다. 여기에 어떤 무리한 요구를 엄마에게 하는 어린아이가 있다. 그가 엄마에게 무엇인가를 요구했는데 들어주지 않자, 아이는 아빠에게 가서 다시 요구했다. 하지만 아빠도 거절하여 두 사람 모두 한결같이 거절했다. 그때, 아이는 "아빠와 엄마는 하나야! 모두 나에게 거절하잖아!"라고 반응할 것이다. 이때 아이는 엄마와 아빠를 "하나의 존재"로 인식하게 될 것이다.

성도의 구원을 위해 삼위 하나님께서는 한 가지 주제 즉 구원이라는 주제로 일하신다. 즉 성부 하나님께서는 나의 구원을 총지휘하시고, 성자 하나님은 역사 속에서 성육신하셔서 구속 사역을 완수하시고, 성령 하나님께서는 이 완성된 구원의 진리를 각 성도에게 적용하시는 일을 수행하신다. 이렇게 삼위 하나님께서는 구원을 위하여 한 하나님으로 나에게 계시하시며 역사하시는 한 하나님이시다.

바울 사도는 에베소 교회 성도를 위하여 삼위 일체적 기도를 드렸다.

> 내가 기도할 때에 기억하며 너희로 말미암아 감사하기를 그치지 아니하고, 우리 주 예수 그리스도의 하나님, 영광의 아버지께서 지혜와 계시의 영을 너희에게 주사 하나님을 알게 하시고, 너희 마음의 눈을 밝히사 그의 부르심의 소망이 무엇이며 성도 안에서 그 기업의 영광의 풍성함이 무엇이며, 그의 힘의 위력으로 역사하심을 따라 믿는 우리에게 베푸신 능력의 지극히 크심이 어떠한 것을 너희로 알게 하시기를 구하노라.(엡 1:16~19)

3. 생명의 법이신 예수 그리스도의 영

본문은 사도 바울이 삼위 하나님께서 역사하시는 구원의 진리를 진술한 것이다.

> 율법이 육신으로 말미암아 연약하여 할 수 없는 그것을 하나님은 하시나니 곧 죄로 말미암아 자기 아들을 죄 있는 육신의 모양으로 보내어 육신에 죄를 정하사, 육신을 따르지 않고 그 영을 따라 행하는 우리에게 율법의 요구가 이루어지게 하려 하심이니라.(롬 8:3~4)

이렇게 삼위 하나님께서는 일체(一體)로 일하시며 우리의 구원을 완수해 가신다. 성부 하나님께서는 구원 사역 전체의 권한을 가지시고 일하시며, 성자 하나님께서는 십자가와 부활 사역으로 구원의 토대인 구속 진리를 완성하시고, 성령께서는 이렇게 완성된 구원의 진리를 전하게 하시고, 믿게 하시고, 구원을 이루신다. 예수께서는 이 성령께서 하시는 일들을 제자들에게 구체적으로 말씀하셨다.

> 보혜사 곧 아버지께서 내 이름으로 보내실 성령 그가 너희에게 모든 것을 가르치고 내가 너희에게 말한 모든 것을 생각나게 하리라.(요 14:26)

> 내가 아버지께로부터 너희에게 보낼 보혜사 곧 아버지께로부터 나오시는 진리의 성령이 오실 때에 그가 나를 증언하실 것이요(요 15:26)

> 그러나 진리의 성령이 오시면 그가 너희를 모든 진리 가운데로 인도하시리니 그가 스스로 말하지 않고 오직 들은 것을 말하며 장래 일을 너희에게 알리시리라.(요 16:13)

> 이 말씀을 하시고 그들을 향하사 숨을 내쉬며 이르시되 성령을 받으라. (요 20:22)

사도 요한이 전하는 이 구체적인 말씀들은 "생명의 성령의 법인 예수 그리스도의 영(롬 8:2)"으로서 구원의 진리를 전하고 믿도록 역사하시는 성령 하나님이신 것이다.

결 론

이 시간엔 삼위일체 하나님에 대하여 역사적 성경적으로 구원론과 관련하여 개괄적인 말씀을 나누었다. 다음 장에서는 새로운 생명을 창출하시는 성령 하나님에 대한 진리를 바울 사도가 전하는 말씀 따라 구체적으로 살펴보도록 하겠다.

제89강

생명의 영으로 얻은 새 생명

그러므로 이제 그리스도 예수 안에 있는 자에게는 결코 정죄함이 없나니, 이는 그리스도 예수 안에 있는 생명의 성령의 법이 죄와 사망의 법에서 너를 해방하였음이라. 율법이 육신으로 말미암아 연약하여 할 수 없는 그것을 하나님은 하시나니 곧 죄로 말미암아 자기 아들을 죄 있는 육신의 모양으로 보내어 육신에 죄를 정하사 육신을 따르지 않고 그 영을 따라 행하는 우리에게 율법의 요구가 이루어지게 하려 하심이니라(로마서 8:1~4).

사도 바울은 "예수 그리스도 안에 있는 자에겐 결코 정죄함이 없다!"고 선언한다. 참으로 놀라운 말씀이 아닐 수 없다. 과연 어떤 의미로 이런 말씀을 하신 것일까? 흔히 이 말씀을 액면 그대로 받아, 어떤 사이비 집단에서 주장하는 바와 같이 '예수를 믿으면 어떤 행위도 죄가 되지 않는다!'라는 뜻일까? 그렇지 않다면 어떤 의미로 말씀한 것일까?

1. 예수 안에 있는 자

그러므로 이제 그리스도 예수 안에 있는 자에게는 결코 정죄함이 없나니, 이는 그리스도 예수 안에 있는 생명의 성령의 법이 죄와 사망의 법에서 너를 해방하였음이라.(롬 8:1~2)

1절은 "그러므로"라는 말로 시작한다. 이것은 앞에서 즉 7장에서 논의한 바의 결론이다. 이 정죄함이 없는 자가 누구일까? 롬 7:24~25에서 바울은 자신의 곤고함을 고백하며 그 곤고함 가운데서 벗어날 수 있는 유일한 길은 "그리스도 예수 안에 있는 자"가 되는 것이라고 고백한다. 그래서 그는 예수 믿는 자이다. 그는 예수를 그리스도 즉 구주로 고백한 자이다. 그에게는 정죄함이 없다.

바울은 성도가 주로 고백하는 두 가지에 주목한다. 먼저, 성도는 예수께서 이루신 십자가와 부활을, 그리고, 성령의 역사로 고백하게 된다는 점에 주목하여 설명한다.

> 그러므로 우리가 그의 죽으심과 합하여 세례를 받음으로 그와 함께 장사 되었나니, 이는 아버지의 영광으로 말미암아 그리스도를 죽은 자 가운데서 살리심과 같이 우리로 또한 새 생명 가운데서 행하게 히려 함이라. 만일 우리가 그의 죽으심과 같은 모양으로 연합한 자가 되었으면 또한 그의 부활과 같은 모양으로 연합한 자도 되리라.(롬 6:4~5)

성도는 이렇게 자신이 예수와 함께 죽고 예수와 함께 산 자임을 고백하는 자이다. 또한, 이 고백으로 예수께서 얻으신 부활의 새 생명을 함께 공유하는 자이다.

이 고백을 하게 하는 분이 누구신가? 바로 예수를 죽은 자 가운데서 살리신 그의 영 즉 성령이시다. 1절에서 성도는 '예수의 생명에 참여하고 함께 나누어 가진 자(partaker with the life of Jesus Christ)'라는 점을 강조한다. 다른 말로, 예수 안에 있는 성도는 예수 십자가와 부활을 믿고 그와 함께 생명을 나누어 가진 자이다. 그러므로 "결코 정죄함이 없다"는 말은 성도가 어떤 행위를 해도 죄가 되지 않는다는 말이 아니라, 예수를 고백하는 자는 예수의 생명을 나누어 가지고 살아가는 자이기에 정죄 되지 않는다는 의미이다.

그렇다면, 새 생명을 가진다는 것은 어떤 의미일까? 바울은 그의 서신에서 이 점을 매우 강조하며 성도의 성도됨의 의미가 무엇일지를 분명히 알아야 한다고 요구한다.

2. 성도의 새 생명

성도가 얻게 된 새 생명이란 어떤 것일까? 화란의 유명한 신약 신학자 헤르만 리더보스는 (H. Ridderbos) "성도의 새 생명은 개개인의 영적 생활에서 오는 것이 아니라, 오직 예수 그리스도의 죽음과 부활 안에서 발생한 것임을 인식할 때 주어지는 것이다. 그는 예수와 함께 죽고 함께 살아 그의 생명을 함께 나누는 것을 고백하고 받은 세례로 자신은 이제 죄에 대하여 죽고 하나님에 대하여 산 자임을 새롭게 인식하는 자이다." 라고 설명했다.

사도 바울은 그의 서신에서 이 점을 세밀하게 설명하고 있다. 그는 성도의 새 생명은 마치 단번에 이 세상에 태어나는 육신의 생명과 같은 것이 아니며, 성인이 되어 스스로 결정하여 새롭게 자각하여 다시 태어나는 독립적 생명도 아니다.

그렇다면 어떤 과정으로 새 생명을 얻게 되는 것일까? 바울이 설명하는 바는 이렇다. 새 생명은 성령의 역사로 자신의 생명은 연약하여 죽으나 예수 생명으로 다시 살아난 자이며(롬 6:11), 자신은 예수와 함께 죽고, 함께 살아난 생명의 공유자로서(롬 6:4~11), 예수와 함께 하늘에 올리어졌으며(엡 2:6; 빌 3:20), 그와 함께 하나님 안에 숨겨진 자이며(골 3:3), 장차 그와 함께 다시 나타나게 될 영광스러운 신분(벧전 5:1)을 가진 자로서 그날을 간절히 고대하는 자이다.

이렇게 믿고 고백하는 것이 성도가 얻게 된 새 생명의 특징이다. 바울은 "이는 너희가 죽었고 너희 생명이 그리스도와 함께 하나님 안에 감추어졌음이라. 우리 생명이신 그리스도께서 나타나실 그 때에 너희도 그와 함께 영광중에 나타나리라(골 3:3~4) 라고 말한다. 그래서 성도는 예수와 함께 나눈 생명으로 주께서 겪으신 그 십자가의 길을 따라가면서 그날의 영광을 사모하며 고통스러운 세상을 묵묵히 순종하고 사모하며 살아가는 자이다.

> 내가 그리스도와 그 부활의 권능과 그 고난에 참여함을 알고자 하여 그의 죽으심을 본받아 어떻게 해서든지 죽은 자 가운데서 부활에 이르려 하노니, 내가 이미 얻었다 함도 아니요 온전히 이루었다 함도 아니라, 오직 내가 그리스도 예수께 잡힌 바 된 그것을 잡으려고 달려가노라.(빌 3:10~12)

이런 고백을 하며 사는 성도는 아직은(not yet) 완성되지는 못했고 아직은 얻지 못했으나, 장래에 그 생명이 완성될 것을 믿고 바라보면서 이미(already) 하나님 우편에 계신 예수의 생명에 참여한 자이다. 그 새 창조의 세계에 이미 소속된 자이나 아직 드러나지 않은 그 생명으로 이 세상에서 육체를 갖고 살아가는 자이다.

바울은 이 믿음으로 그의 고단한 인생의 길에서 사명을 감당하며 하루하루를 살았던 것이다. 바울은 이것을 그에게 베풀어 주신 하나님의 은혜였다고 고백한다. 그래서 그는 그 은혜를 회피하거나 폐기하지 않고 끝까지 주어진 사명을 경주하며 승리하였다고 고백한다. 이 얼마나 강력한 확신과 놀라운 고백인가!

> 내가 그리스도와 함께 십자가에 못 박혔나니 그런즉 이제는 내가 사는 것이 아니요 오직 내 안에 그리스도께서 사시는 것이라 이제 내가 육체 가운데 사는 것은 나를 사랑하사 나를 위하여 자기 자신을 버리신 하나님의 아들을 믿는 믿음 안에서 사는 것이라. 내가 하나님의 은혜를 폐하지 아니하노니 (갈 2:20~21a)

이렇게 참된 성도는 험한 세상 속에서 성령을 의지하여 자기 마음속에 새겨진 분명한 믿음과 소명으로 살아간다. 그래서 성도가 부르는 찬송가 357장, "주 믿는 사람 일어나" 2절과 후렴 가사는 특히 마음에 감동으로 와 닿는다.

> "온 인류 마귀 궤휼로 큰 죄에 빠지니 진리로 띠를 띠고서 늘 기도드리세
> 믿고 의지하면서 겁 없이 나갈 때 주 예수 믿는 힘으로 온 세상 이기네
> 믿음이 이기네 믿음이 이기네 주 예수를 믿음이 온 세상 이기네"

3. 성령을 따라 난 자

2절에서 성도에게 정죄가 되지 않는 두 번째 배경을 살펴보자.
> 이는 그리스도 예수 안에 있는 생명의 성령의 법이 죄와 사망의 법에서 너를
> 해방하였음이라.(롬 8:2)

이 구절에서 성도는 예수 안에 있는 생명의 성령의 법이 작동하기 때문에 죄와 사망의 세력에서 벗어나게 된다고 말한다. NIV에서는 예수 안에 있는 생명의 성령의 법을 "생명의 영의 법인 그리스도 예수(the law of the Spirit of life)" 즉 예수께서 "생명의 영(the Spirit of Life)"이라고 번역했다. 예수의 영은 생명을 주시는 영이시다.

바울은 이것을 아브라함 가정에서 일어났던 한 사건을 예로 설명한다. 우리가 잘 아는 대로 이스마엘은 육신의 자녀이고 이삭은 성령으로 태어난 자녀이다.

> 형제들아 너희는 이삭과 같이 약속의 자녀라. 그러나 그때에 육체를 따라 난
> 자가 성령을 따라 난 자를 박해한 것 같이 이제도 그러하도다. 그러나 성경이
> 무엇을 말하느냐 여종과 그 아들을 내쫓으라. 여종의 아들이 자유 있는 여자
> 의 아들과 더불어 유업을 얻지 못하리라 하였느니라. 그런즉 형제들아 우리는
> 여종의 자녀가 아니요, 자유 있는 여자의 자녀니라.(갈 4:28~31)

이 말씀은 이삭을 조롱하는 이스마엘을 보고 사라가 하갈과 그녀가 낳은 아들 이스마엘을 쫓아내는 사건(창 21:10)을 예로 들고 있다. 바울

은 이 사례에서 율법은 육체의 힘에 의존하기 때문에 할 수 없지만(갈 3:21, 아브라함이 친자식을 낳는 것), 하나님께서 하신 약속은 율법이 할 수 없는 것을 하실 수 있다고 말한다. 그 이유는 하나님의 약속은 '살리시는 영'에 의하여 실현되기 때문이다. 그들은 이삭과 같은 약속의 자녀이며 이는 성령의 역사로 탄생한 존재이다. 이는 성령께서 새롭고 자유로운 생명을 부어 주시는 일을 하신 것을 의미한다(갈 4:29).

여기서 성령은 언약(Covenant, 약속)과 같은 의미이다. 즉 성령은 육신의 법(율법)을 초월하여, 하나님의 약속을 성취하는 역할을 하는 하나님의 영이시며, 또한 예수의 영으로서, 율법의 세력을 쫓아내시고 하나님의 백성을 그 세력에서 벗어나도록 자유롭게 해주시는 일, 즉 구원을 이루신다.

이처럼 예수를 주로 고백하고, 그의 함께 죽고 그와 함께 산 자임을 고백하며 약속하신 언약을 믿고 태어난 새 생명을 가진 자는 이삭과 같은 약속의 자녀로 자유로운 자이다.

> 형제들아 너희는 이삭과 같이 약속의 자녀라. / 그런즉 형제들아 우리는 여종의 자녀가 아니요, 자유 있는 여자의 자녀니라.(갈 4:28, 31)

사도 바울은 성령으로 태어난 자는 성령을 좇아 행하라고 강력하게 권고한다. 이유는 육체의 욕심은 성령과 대치 상태에서 작동하기 때문이다. 신실한 성도는 마음으로 고백하는 바를 이루기 위해 욕심과 욕망을 따르지 말고 성령의 능력과 통치에 순응하고 참여하며 생활하게 된다.

> 내가 이르노니 너희는 성령을 따라 행하라 그리하면 육체의 욕심을 이루지 아니하리라. 육체의 소욕은 성령을 거스르고 성령은 육체를 거스르나니 이 둘이 서로 대적함으로 너희가 원하는 것을 하지 못하게 하려 함이니라. 너희가 만일 성령의 인도하시는 바가 되면 율법 아래에 있지 아니하리라.(갈 5:16~18)

이렇게 고백하며 순종하며 살아가는 성도는 욕망에 굴복하지 않게 되고 또한 죄에 대하여 무력하지도 않고, 율법의 지배를 받으며 살아가는 비참한 자가 되지 않을 것이다. 그래서 성도에게는 정죄가 되지 않는 것이다.

4. 정죄 받지 않는 자

1~2절에서 말하는 바는 예수 그리스도 안에 있는 성도에게 두 가지 차원에서 구원을 생각하게 한다. 이미 살펴본 바와 같이, 예수 그리스도 안에서는 결코 정죄가 없다는 것이며, 예수의 영 즉 생명의 영께서 죄와 사망에서 우리를 해방하신다는 것이다.

이것은 성도에게 구원의 한계와 확증을 명확하게 인식할 것을 요구한다. 우리 주께서는 구원은 오직 예수 안에서 그와 믿음으로 연합한 자에게만 주어진다는 진리를 분명히 하셨다.

> 하나님이 세상을 이처럼 사랑하사 독생자를 주셨으니 이는 그를 믿는 자마다 멸망하지 않고 영생을 얻게 하려 하심이라. 하나님이 그 아들을 세상에 보내신 것은 세상을 심판하려 하심이 아니요, 그로 말미암아 세상이 구원을 받게 하려 하심이라.(요 3:16~17)

즉 예수를 믿는 믿음을 가진 자에게는 구원이 있지만, 예수 밖에 있는 자에게는 정죄요 심판이 있을 뿐이다.

> 그를 믿는 자는 심판을 받지 아니하는 것이요 믿지 아니하는 자는 하나님의 독생자의 이름을 믿지 아니하므로 벌써 심판을 받은 것이니라. 그를 믿는 자는 심판을 받지 아니하는 것이요, 믿지 아니하는 자는 하나님의 독생자의 이름을 믿지 아니하므로 벌써 심판을 받은 것이니라. 그 정죄는 이것이니 곧 빛이 세상에 왔으되 사람들이 자기 행위가 악하므로 빛보다 어둠을 더 사랑한 것이니라.(요 3:18~19)

이 말씀은 예수 그리스도 안에 있는 자는 성령께서 율법의 정죄에서 해방시키셔서 죄에 이르지 않게 하신다는 뜻이다. 이 점에 대하여 리더 보스(H. Ridderbos)는 칭의와 성화와의 관계를 공식처럼 설명했다. "성화는 칭의의 근거와 원인이 아니라, 칭의의 필연적 결과이다."

결 론

성도는 예수 그리스도의 구속을 믿음으로 죄에서 해방되었기 때문에, 예수 그리스도 안에서는 결코 정죄함을 받지 않는다. 이유는 이것이 성도의 행위 문제가 아니라 존재의 문제로 다루어지기 때문이다. 결국, 주 안에서 의롭다 하심을 얻은 자는 칭의를 선언하신 성령 하나님의 인도하심과 능력을 의지하며 살아가는 자이며 또한 살아가야만 하는 자이다.

예수와 연합된 자는 성령의 역사 가운데 살아갈 수밖에 없다. 이는 칭의와 성화가 결코 분리될 수 없는 개념이라는 것을 가르쳐 준다. 마치 나무줄기에 붙어 있는 가지는 저절로 꽃을 피우고 열매를 맺는 것처럼 주님과 연합하여 연결된 자는 저절로 열매를 맺게 되는 것과 같은 이치이다.

> 나는 포도나무요 너희는 가지라 그가 내 안에, 내가 그 안에 거하면 사람이 열매를 많이 맺나니 나를 떠나서는 너희가 아무것도 할 수 없음이라.(요 15:5)

그래서 주께서는 이 점을 분명히 하시며 구원의 진리를 정리해 주셨다. 우리가 이 점을 꼭 기억해야 한다.

> 내가 진실로 진실로 너희에게 이르노니 내 말을 듣고 또 나 보내신 이를 믿는 자는 영생을 얻었고 심판에 이르지 아니하나니 사망에서 생명으로 옮겼느니라. 진실로 진실로 너희에게 이르노니 죽은 자들이 하나님의 아들의 음성을 들을 때가 오나니 곧 이때라 듣는 자는 살아나리라. 아버지께서 자기 속에 생

명이 있음같이 아들에게도 생명을 주어 그 속에 있게 하셨고, 또 인자됨으로 말미암아 심판하는 권한을 주셨느니라. 이를 놀랍게 여기지 말라 무덤 속에 있는 자가 다 그의 음성을 들을 때가 오나니, 선한 일을 행한 자는 생명의 부활로, 악한 일을 행한 자는 심판의 부활로 나오리라.(요 5:24~29)

제90강

하나님의 구원 방식

율법이 육신으로 말미암아 연약하여 할 수 없는 그것을 하나님은 하시나니 곧 죄로 말미암아 자기 아들을 죄 있는 육신의 모양으로 보내어 육신에 죄를 정하사 육신을 따르지 않고 그 영을 따라 행하는 우리에게 율법의 요구가 이루어지게 하려 하심이니라(로마서 8:3~4).

흔히 말하는 '구원'이란 어떤 의미일까? 국어사전을 보면, '곤란한 처지에 놓인 사람을 건져냄' 이라고 설명한다. 즉, 구원이란 치명적인 상황에서 벗어나는 것, 억압과 제한으로 인한 절망적인 상황에서 벗어나 자유를 얻게 되는 것이라 하겠다. 그런데 같은 국어사전에서 이어서 부언하기를 '특히 죄로 인하여 사망과 지옥에 처해 있는 자를 천국으로 인도하는 것'이라고 설명했다. 흥미롭다. 그 이유는 구원이란 말을 특히 영적 개념의 차원에서 사용되는 말로 보고 있기 때문이다.

이제 사도 바울이 설명하는 구원의 의미와 차원을 심층적으로 살펴보겠다.

1. 이중 구원에 대한 인식과 이해 그리고 인정

성경에서의 구원은 반드시 예수 그리스도 안에 있는 자 즉 믿음으로 예수와 연합된 자에게만 주어지는 것으로, 그는 정죄와 심판에서 벗어나 구해지는 것(delivered)이라고 규정한다. 바울은 이 구원의 진리를 "그러므로 이제 그리스도 예수 안에 있는 자에게는 결코 정죄함이 없나니, 이는 그리스도 예수 안에 있는 생명의 성령의 법이 죄와 사망의 법에서 너를 해방하였음이라(롬 8:1~2)"고 말한다.

이 말씀에서 볼 수 있듯이, 이 구원을 이루는 주체는 그리스도 예수 안에 있는 "생명의 성령의 법" 즉 '예수의 영'이시다. 이 예수의 영은 성령이시다. 이 예수의 영께서 우리에게 칭의를 얻게 하시고 나아가 성화에 이르도록 이끄시는 주체이시다. 그리고 성화는 칭의의 결과로 이루어지는 구원의 한 여정이다.

핵심은 구원을 믿는 성도는 반드시 이 구원을 이루어 가시는 성령께서 칭의에서 시작하여 성화를 거쳐 영화에 이르기까지 온전하고 완전하게 이루어 가신다는 믿음을 가져야 한다는 것이다.

그러므로 1~2절을 중심으로 이중적인 차원에서 구원을 정리해 볼 수 있다. "성도는 그리스도 예수 안에서 죄의 세력에서 해방되었기 때문에 더 이상 정죄를 받지 않고 의롭다 하심을 얻는다는 사실을 알고 믿는 자이다." 이 말씀은 구원을 이중적 차원(double salvational dimension)으로 설명하고 있다. 먼저는 죄의 세력에서 해방되는 차원이고, 다음은 정죄에서 벗어나 의롭다고 선언되는 차원이다.

이 점을 이해하는 것이 매우 중요하다. 문제는 이 이중적인 구원이 어떻게 성도에게 유효하게 되는가 하는 점이다. 이것에 대하여 본문은 답을 준다.

> 율법이 육신으로 말미암아 연약하여 할 수 없는 그것을 하나님은 하시나니
> 곧 죄로 말미암아 자기 아들을 죄 있는 육신의 모양으로 보내어 육신에 죄를
> 정하사 육신을 따르지 않고 그 영을 따라 행하는 우리에게 율법의 요구가 이

루어지게 하려 하심이니라.(롬 8:3~4)

이 말씀은 성도에게 적용되는 구원의 범위와 방법을 제시하고 있다. 구원의 범위는 예수 그리스도 안에 있는 자에게만 주어지는 것으로 그에게만 정죄가 없고 속박이 제거되는 것이다. 구원의 방법은 하나님의 주도적인 섭리 가운데서 이루어진다. 이것은 인간이 연약하여 도저히 율법의 요구를 충족시킬 능력이 자기에게 전혀 없음을 뜻한다. 그리고 인간 스스로가 자기를 구원할 수 있는 능력이 전혀 없음을 의미한다. 이것을 '전적 타락으로 인한 전적 무능력(total inability by total depravity)'이라고 규정할 수 있다. 이것은 인류의 조상이 타락함으로 모든 인간에게 선고된 공의로운 하나님의 심판 결과다.

2. 율법의 무력함

문제는 이러한 운명에 처한 인간을 구원하시기 위하여 창조주 하나님께서 세우신 구원의 도리이다. 그것을 이 본문에서 밝히고 있다. 바울은 연약한 육신이 할 수 없는 율법의 요구가 있었는데, 하나님은 그 율법의 요구를 무력화시켰다고 설명한다.

이것은 율법을 하나님께서 주신 이유가 무엇이었으며 그 율법이 어떤 기능과 목적으로 주신 것인가를 생각하게 한다. 하나님은 이 율법을 주시면서 다음과 같이 말씀하셨다.

나는 너희의 하나님이 되려고 너희를 애굽 땅에서 인도하여 낸 여호와라 내가 거룩하니 너희도 거룩할지어다.(레 11:45)

이 말씀은 율법을 주신 이유가 구별된 하나님의 백성으로 살도록 하시기 위함이었다. 바울은 이미 이 점에 대하여 3장에서 설명한 바가 있다. 그는 '율법은 율법 아래에 있는 자들에게 온 세상이 하나님의 심판 아래에 있음을 알도록 하시는 것'이라고 말했다.

> 우리가 알거니와 무릇 율법이 말하는 바는 율법 아래에 있는 자들에게 말하
> 는 것이니 이는 모든 입을 막고 온 세상으로 하나님의 심판 아래에 있게 하려
> 함이라. 그러므로 율법의 행위로 그의 앞에 의롭다 하심을 얻을 육체가 없나
> 니 율법으로는 죄를 깨달음이니라.(롬 3:19~20)

그래서 바울은 이를 "율법의 무력함"이라고 말했다(3절). 그것은 율
법 자체의 결함이 있어서가 아니라 그 율법을 온전히 준수하지 못하는
인간의 연약함 때문이다. 강력한 율법의 요구가 있음에도 불구하고 인
간은 그 강력한 율법을 지킬 수 없었기에 그 강력한 율법이 무력화 되
었다. 모세를 통하여 시내 산에서 주신 그 율법을 유대인은 당연히 지
켜야 하고 그것이 언약 백성의 위신과 특권을 누리게 하는 유일한 요소
였다. 모세는 이 점을 다음과 같이 강조하였다.

> 내가 나의 하나님 여호와께서 명령하신 대로 규례와 법도를 너희에게 가르쳤
> 나니 이는 너희가 들어가서 기업으로 차지할 땅에서 그대로 행하게 하려 함
> 인즉, 너희는 지켜 행하라. 이것이 여러 민족 앞에서 너희의 지혜요 너희의 지
> 식이라. 그들이 이 모든 규례를 듣고 이르기를 이 큰 나라 사람은 과연 지혜
> 와 지식이 있는 백성이로다 하리라. 우리 하나님 여호와께서 우리가 그에게
> 기도할 때마다 우리에게 가까이하심과 같이 그 신이 가까이함을 얻은 큰 나
> 라가 어디 있느냐.(신 4:5~7)

이렇게 하나님의 언약 백성은 율법을 온전히 지키지 못했다. 그 이유
가 무엇이었을까? 바울이 본문에서 지적한 이유는 죄로 인하여 부패한
연약함 때문이다(3절). 그 결과 어떻게 되었는가? 인간의 연약성은 율법
을 어겼고 그 결과 인간은 구원을 얻지 못하게 되었다. 당연히 그들은
의롭지 못하고 불의한 자로 판정이 나서 온전한 구원에 이르지 못하게
된 것이다. 이 모두가 율법을 받았음에도 불구하고 지키지 못하여 이루
지 못한 것이며 그 구원에서 배제될 수밖에 없는 운명에 처한 것이다.

이런 상황을 타파하고 구원 문제를 해결해 주신 분이 하나님이시다.
그런데 과연 하나님께서 이것을 이루시기 위해 하신 일이 무엇일까? 곧

독생자 예수를 이 땅에 육신의 몸으로 보내셔서 죽이신 것이다. 이는 하나님께서 죄인을 구원하러 베푸신 최고의 사랑 행위다(요 3:16~17). 그래서 바울 사도는 이렇게 설득력 있게 하나님의 사랑을 설명한다.

> 우리가 아직 죄인 되었을 때에 그리스도께서 우리를 위하여 죽으심으로 하나님께서 우리에 대한 자기의 사랑을 확증하셨느니라.(롬 5:8)

그는 본문에서 이 모든 과정을 자세하게 진술한다.

> 율법이 육신으로 말미암아 연약하여 할 수 없는 그것을 하나님은 하시나니 곧 죄로 말미암아 자기 아들을 죄 있는 육신의 모양으로 보내어 육신에 죄를 정하사 육신을 따르지 않고 그 영을 따라 행하는 우리에게 율법의 요구가 이루어지게 하려 하심이니라.(롬 8:3~4)

3. 구원하시는 하나님의 방식

이 말씀에서 보듯이 하나님께서 취하신 구원의 방식은 두 가지이다. 먼저 '아들을 통하여' 그리고 '그의 영을 통하여'이다. 즉, 3절은 율법의 요구를 충족시키지 못하여 멸망에 빠진 인간을 구원하시기 위하여 하나님께서 취하신 첫째 방식은 당신의 아들을 이 땅에 보내시는 것이다. 그 아들은 어떤 아들인가? 어떤 모습의 아들인가?

1) 아들을 육신의 모양으로 보내심.

여기서 주목해야 할 표현이 있다. "아들을 죄 있는 육신의 모양으로 보내셨다."이다. 여기에 기독론의 중요한 핵심 교리 세 가지가 담겨있다.

첫째, 예수의 무죄성(The infallibility of Jesus).

예수는 죄가 없으신 분이시다. 히브리서 기자는 "우리에게 있는 대제사장은 우리의 연약함을 동정하지 못하실 이가 아니요, 모든 일에 우리와 똑같이 시험을 받으신 이로되 죄는 없으시니라(히 4:15)."라고 했다.

둘째, 성육신하신 예수(incarnation)

예수 탄생 이야기는 이 점을 분명하게 보여준다(마 1:18~25; 눅 2:1~7). 예수는 우리와 같은 육신을 입으신 신생아(infant)로 이 세상에 탄생하셨다. 그 분은 "육신의 모양"이 아니라 실제로 '육신'을 입고 오셨다. 이 예수를 사도 요한은 이렇게 묘사했다.

> 말씀이 육신이 되어 우리 가운데 거하시매 우리가 그의 영광을 보니 아버지의 독생자의 영광이요 은혜와 진리가 충만하더라.(요 1:14)

우리가 믿는 대로, 예수의 육체는 죄가 없는 실체였다. 이것은 삼위일체 하나님의 신비이다. 아버지 하나님께서 아들 하나님을 이 세상에 보내셨는데, 신의 모양이 아니라, '죄 있는 육신의 모양(in the likeness of sinful flesh)'으로 보내셨다. 그리고 그 분은 '죄가 없으신 결백하신 분(the sinlessness innocent)'이셨다. 그래서 히브리서 기자는 "그러므로 우리에게 큰 대제사장이 계시니 승천하신 이, 곧 하나님의 아들 예수시라 우리가 믿는 도리를 굳게 잡을지어다(히 4:14)" 그리고 "그러므로 우리는 긍휼하심을 받고 때를 따라 돕는 은혜를 얻기 위하여 은혜의 보좌 앞에 담대히 나아갈 것이니라(히 4:16)"라고 두 번씩이나 강력하게 권했다.

셋째, 죄의 문제를 해결하심

바울은 "죄로 인하여" 아들을 보내셨다고 강조한다. 여기 "보내다(pempo)"라는 말은 의도를 가지고 보냈다는 뜻이 있다. 즉 하나님께서 죄의 문제를 확실히 해결하시기 위하여 아들을 이 땅에 보내신 것이다. 실제로 우리 주께서는 이 점을 스스로 분명히 하시며 자신이 이 땅에 오신 목적을 밝히셨다.

> 인자가 온 것은 섬김을 받으려 함이 아니라 도리어 섬기려 하고 자기 목숨을 많은 사람의 대속물로 주려 함이니라.)For even the Son of Man did not come to be served, but to serve, and to give his life as a ransom for many.(마 20:28(막 10:45))

여기서 말하는 대속물(ransom)이란, '죄의 대가에 상당한 제물'로 영어 번역(NIV)에서는 '속죄 제물(as a sin offering)'로 번역하였다. 즉 예수께서는 이 세상을 구속하시기 위하여, 죽기 위해 오셨던 것이다. 이것이 그가 이 땅에 오신 목적이다.

사람이 죽는 것은 기정사실이지만, 그러나 다른 사람을 위하여 죽어주기 위하여 이 세상에 태어나는 사람이 있을까? 바울은 이 점을 지적하며 우리를 구원하시기 위하여 아들을 보내신 하나님의 깊은 사랑을 강조하였다.

> 의인을 위하여 죽는 자가 쉽지 않고 선인을 위하여 용감히 죽는 자가 혹 있거니와, 우리가 아직 죄인 되었을 때에 그리스도께서 우리를 위하여 죽으심으로 하나님께서 우리에 대한 자기의 사랑을 확증하셨느니라.(롬 5:7~8)

예수께서는 저와 여러분을 구원하시기 위하여 친히 십자가에 자신의 죄 없는 육신을 내어주시고 십자가에서 우리의 죄의 값을 치르시고 처형되셨다. 이렇게 하나님은 우리(나)의 죄를 그에게 전가하셔서 그를 십자가에서 처형하신 것이다. 이것은 우리(나)의 죄 때문에 벌어진 일이었다.

넷째, 아들을 보내신 목적
그렇다면, 하나님께서 그렇게 하신 이유가 무엇일까? 사도 바울은 그의 서신에서 세 가지 목적이 있음을 밝히고 있다.

a. 우리를 하나님과 화목 시키시기 위함 (엡 2:14; 골 1:22a)
그는 우리의 화평이신지라 둘로 하나를 만드사 원수 된 것 곧 중간에 막힌 담을 자기 육체로 허시고(엡 2:14)

b. 우리를 하나님 앞에 인도하기 위함
그리스도께서도 단번에 죄를 위하여 죽으사 의인으로서 불의한 자를 대신하셨으니 이는 우리를 하나님 앞으로 인도하려 하심이라 육체로는 죽임을 당하시고 영으로는 살리심을 받으셨으니(벧전 3:18)

c. 우리를 하나님 앞에 세우시기 위함

이제는 그의 육체의 죽음으로 말미암아 화목하게 하사 너희를 거룩하고 흠 없고 책망할 것이 없는 자로 그 앞에 세우고자 하셨으니(골 1:22)

결 론

하나님은 당신의 사랑하는 아들을 이 땅에 보내셨다. 그것은 오직 하나의 목적이 있었기 때문이다. 그것은 단순히 우리에게 죄가 없다고 하시며 의로운 자로 만드시기 위함뿐이 아니다. 놀랍게도 4절의 말씀과 같이 그 목적은 다름 아닌 율법의 요구를 충족시키기 위함이다.

육신을 따르지 않고 그 영을 따라 행하는 우리에게 율법의 요구가 이루어지게 하려 하심이니라.(롬 8:4)

우리는 이 놀라운 하나님의 사랑과 긍휼하심 그리고 목적하심을 깊이 인식하여야 한다. 이것은 "그리스도 예수 안에 있는 생명의 성령의 법이 죄와 사망의 법에서 너를 해방하였음"을 통하여 구원을 이루시려는 하나님의 섭리하심이며 구원하시는 방식이었다. 그리고 인간을 구원하시려고 주신 율법의 요구 즉 거룩한 하나님의 백성으로 사는 삶을 살도록 하시려는 하나님의 불변의 구원 원리이다. 이 모든 것은 십자가 사건으로써 우리 모두를 극진히 사랑하신 하나님의 열심히 이루신 구원 도리이다.

제91강

율법을 충족시키는 성령

율법이 육신으로 말미암아 연약하여 할 수 없는 그것을 하나님은 하시나니 곧 죄로 말미암아 자기 아들을 죄 있는 육신의 모양으로 보내어 육신에 죄를 정하사 육신을 따르지 않고 그 영을 따라 행하는 우리에게 율법의 요구가 이루어지게 하려 하심이니라(로마서 8:3~4).

사도 바울은 성도에게는 결코 정죄함이 없다고 선언한다. 그 근거와 이유가 무엇일까? 죄와 사망에 매여 죽은 우리를 생명과 성령의 법이 살려주셨기 때문이다. 죄와 사망의 법은 죄를 지은 자에게는 오직 죽음이 선고되는 죄의 지배력이다. 그런데 이 사슬을 끊어버린 법이 그리스도 예수 안에서 작용한다고 선언한다. 그것이 예수의 생명과 성령의 법이다. 사도는 이 점을 2절에서 명확하게 진술하며, 이는 11절까지 선언 내용이 이어진다.

> 이는 그리스도 예수 안에 있는 생명의 성령의 법이 죄와 사망의 법에서 너를 해방하였음이라.(롬 8:2)

1. 율법의 요구를 충족시키지 못한 인간

하나님께서 모세를 통하여 이스라엘 백성에게 율법을 주셨다. 하나님은 놀라운 능력과 이적으로 430년이나 종살이하던 이스라엘 백성을 출애굽 시키셨다. 그때 하나님께서는 이 사역을 맡기를 거부하는 모세에게 그를 처음 부른 그 산으로 백성을 무사히 인도하면, 그 사실이 그를 택한 증거가 될 것이라고 설득하셨다.

> 하나님이 이르시되 내가 반드시 너와 함께 있으리라 네가 그 백성을 애굽에서 인도하여 낸 후에 너희가 이 산에서 하나님을 섬기리니 이것이 내가 너를 보낸 증거니라.(출 3:12)

하나님은 이 약속을 성취하셔서 출애굽한 이스라엘 백성을 시내산 밑으로 안전하게 인도하셨다. 백성을 향하여 말씀하셨다.

> 이스라엘 자손이 애굽 땅을 떠난 지 삼 개월이 되던 날 그들이 시내 광야에 이르니라. 그들이 르비딤을 떠나 시내 광야에 이르러 그 광야에 장막을 치되 이스라엘이 거기 산 앞에 장막을 치니라. 모세가 하나님 앞에 올라가니 여호와께서 산에서 그를 불러 말씀하시되 너는 이같이 야곱의 집에 말하고 이스라엘 자손들에게 말하라. 내가 애굽 사람에게 어떻게 행하였음과 내가 어떻게 독수리 날개로 너희를 업어 내게로 인도하였음을 너희가 보았느니라. 세계가 다 내게 속하였나니 너희가 내 말을 잘 듣고 내 언약을 지키면 너희는 모든 민족 중에서 내 소유가 되겠고, 너희가 내게 대하여 제사장 나라가 되며 거룩한 백성이 되리라. 너는 이 말을 이스라엘 자손에게 전할지니라.(출 19:1~6)

하나님께서는 이스라엘 자손을 언약 백성 삼기 위하여 그들과 언약을 맺으시며 제사장 나라, 거룩한 백성이 되도록 출애굽을 시행하셨던 것이다. 그리고 그들에게 십계명 즉 율법을 주셨다(출 20:1~17). 모세는 하나님으로부터 돌비에 새긴 십계명을 받아 산 밑에 있는 백성에게로 왔다. 그 때 그들은 모세를 보고 심히 두려워하며 이렇게 말한다.

> 뭇 백성이 우레와 번개와 나팔 소리와 산의 연기를 본지라. 그들이 볼 때에 떨며 멀리 서서 모세에게 이르되 당신이 우리에게 말씀하소서. 우리가 들으리이다. 하나님이 우리에게 말씀하시지 말게 하소서. 우리가 죽을까 하나이다. 모세가 백성에게 이르되 두려워하지 말라. 하나님이 임하심은 너희를 시험하고 너희로 경외하여 범죄하지 않게 하려 하심이니라. 백성은 멀리 서 있고 모세는 하나님이 계신 흑암으로 가까이 가니라. 여호와께서 모세에게 이르시되

너는 이스라엘 자손에게 이같이 이르라. 내가 하늘로부터 너희에게 말하는 것을 너희 스스로 보았으니, 너희는 나를 비겨서 은으로나 금으로나 너희를 위하여 신상을 만들지 말고, 내게 토단을 쌓고 그 위에 네 양과 소로 네 번제와 화목제를 드리라. 내가 내 이름을 기념하게 하는 모든 곳에서 네게 임하여 복을 주리라.(출 20:18~24)

예수께서는 모세가 받은 십계명의 핵심을 한마디로 요약해 주셨다. 그것은 예수께 와서 "최고의 율법이 무엇이냐"라고 묻는 부자 청년의 질문에 답하시며 주신 말씀이다.

예수께서 이르시되 네 마음을 다하고 목숨을 다하고 뜻을 다하여 주 너의 하나님을 사랑하라 하셨으니, 이것이 크고 첫째 되는 계명이요, 둘째도 그와 같으니 네 이웃을 네 자신 같이 사랑하라 하셨으니, 이 두 계명이 온 율법과 선지자의 강령이니라.(마 22:37~40)

그러면, 율법의 목적이 무엇일까? 그것은 '하나님의 언약백성 다움' 즉 '거룩함'에 있다.

나는 너희의 하나님이 되려고 너희를 애굽 땅에서 인도하여 낸 여호와라. 내가 거룩하니 너희도 거룩할지어다.(레 11:45)

하나님께서는 시내산 아래 모인 출애굽한 이스라엘 백성에게 '하나님과 언약을 맺은 백성으로서의 거룩함'을 요구하셨다. 이것은 언약 당사자로서의 수준과 능력을 요구하시는 것이며, 언약의 주체이신 하나님께서 요구하시는 조건이다. 이것은 거룩하신 하나님과 대면하는 상대자가 마땅히 갖춰야 할 신분이며 수준이다. 그것은 한 마디로 거룩함이다. 하나님과 예수를 구세주로 믿는 성도는 반드시 이 점을 잊지 말아야 한다. 그래서 사도 베드로도 이 점을 분명히 인식하고 '성도의 거룩함'을 강조했다.

기록되었으되 내가 거룩하니 너희도 거룩할지어다 하셨느니라.(벧전 1:16)

오늘 하나님을 믿고 예수를 믿는다고 공언하는 사람들이 얼마나 이

율배반적인 삶의 모습을 보이는가? 미국 전직 대통령 오바마가 서명한 행정명령을 보면 참으로 끔찍하다. 동성애를 지지하고, 성 평등을 내세워 화장실을 남녀 구분 없이 출입할 수 있게 하고, 낙태를 위한 비용을 세금으로 지불할 수 있게 하는 등 하나님의 창조질서를 교란하고 허무는 일을 주저하지 않고 시행했다. 어떻게 그런 정강 정책을 내세우면서 자신이 하나님을 믿는 자라고 공언할 수 있단 말인가! 이것은 있을 수 없는 일이고 참으로 가증한 일이 아닐 수 없다. 설령 그가 가보로 내려오는 성경에 손을 얹고 선서를 했다고 하더라도 그는 참 성도라 할 수 없다. 그의 이 행정명령으로 미국은 얼마나 도덕적으로 해이해졌는지 모른다.

2. 율법의 요구를 충족시키시는 하나님

죄 된 인간은 거룩함을 요구하시는 율법의 요구를 전혀 충족시키지 못했다. 그 결과 그들에게는 받은 그 율법이 오히려 올무가 되었다. 바울 사도는 롬 1:18~3:19까지 이 점을 자세하게 설명한 후 다음과 같이 결론을 내렸다.

> 그러므로 율법의 행위로 그의 앞에 의롭다 하심을 얻을 육체가 없나니 율법
> 으로는 죄를 깨달음이니라.(롬 3:20)

인간에게 주어진 이 거룩한 율법은 도저히 죄인된 인간으로서는 충족시킬 수 없는 것이었다. 어처구니없게도 이 율법은 오히려 인간을 정죄하는 잣대가 되고 말았다. 거룩하고 복된 율법이 죄를 규명하는 무서운 잣대가 되었고 이 율법의 잣대에 모든 인간이 걸려 정죄를 받게 되었고 그 결과 모든 사람이 죽게 되었다.

그래서 거룩하시고 신실하시며 사랑이신 하나님께서는 이 올무에 빠진 인간의 거룩함을 회복할 방안을 제시하셨다. 그것이 성경이 말하

는 구원의 복음이다.

그런데 하나님께서 제시하시며 시행하신 구원 방안은 구체적으로 무엇일까? 첫째 아들을 보내심, 둘째 아들을 죽게 하심, 셋째 아들을 믿게 하심이다.

첫째, 아들을 보내심

성부 하나님께서는 성자 하나님을 동정녀 마리아의 몸을 통하여 인간의 몸으로 이 땅에 보내셨다. 성육신하게 하신 것이다(요 1:14). 이것은 세상을 구원하시려는 하나님의 사랑의 실체다.

> 하나님이 그 아들을 세상에 보내신 것은 세상을 심판하려 하심이 아니요, 그
> 로 말미암아 세상이 구원을 받게 하려 하심이라.(요 3:17)

이렇게 예수는 인간의 몸으로 오셨다. 한 가지 인간과 차이가 있다면, 성자 하나님은 인간과 같은 육체이셨지만 죄가 없는 육신으로 이 땅에서 사셨다는 것이다.

히브리서 기자는 이 점을 강조하며 구원의 진리를 진술한다.

> 우리에게 있는 대제사장은 우리의 연약함을 동정하지 못하실 이가 아니요, 모
> 든 일에 우리와 똑같이 시험을 받으신 이로되 죄는 없으시니라.(히 4:15)

전능하신 하나님께서는 그 어떤 방식으로도 사랑하는 인간을 구원하실 수 있었겠지만, 하나님께서 취하신 최선의 방식은 바로 자신이 이 땅에 직접 육신의 몸을 입으시고 오는 방식이었다. 이렇게 성자 하나님을 죄 있는 육신의 몸으로 이 땅에 보내신 것은 하나님께서 죄의 문제를 해결하기 위하여 취하신 유일한 방식이다. 이것을 이해하고 믿는 것이 구원의 핵심진리를 이해하는 결정적인 길이다.

둘째, 아들을 죽게 하심

성자 하나님이신 예수께서는 이 땅에 오셔서 성부께서 자신에게 맡겨 주신 구속 사역을 완벽하게 성취하셨다. 그것은 자신이 직접 죄인이

되어 십자가에서 돌아가신 것이다. 예수께서는 이미 이러한 사역이 이 땅에 오신 목적임을 분명하게 밝히셨다.

> 내가 의인을 부르러 온 것이 아니요, 죄인을 불러 회개시키러 왔노라.(눅 5:32)

> 인자가 온 것은 섬김을 받으려 함이 아니라, 도리어 섬기려 하고 자기 목숨을 많은 사람의 대속물로 주려 함이니라.(막 10:45(마 20:28))

예수께서는 전적으로 하나님의 뜻에 순종하여 자신의 몸을 십자가에 못 박게 내어 주시고 피를 흘려 이를 믿는 자에게 생명을 주셨다. 하나님은 아들의 희생을 통하여 죄 된 인간을 구원하시는 토대를 마련하셨다(빌 2:6~8).

성부 하나님은 무죄한 아들의 육체를 정죄하여 죄인으로서 십자가에 처형하게 하셨다. 그때 성자께서는 십자가 위에서 이렇게 외치시며 죽어갔다. "엘리 엘리 라마 사박다니!" 그 뜻은 "나의 하나님 나의 하나님 어찌하여 나를 버리십니까(마 27:46, 비교 시 22:1)!"이다.

예수께서 외치신 이 질문은 '자신은 율법을 어긴 적이 없는데 왜 자신을 죽도록 내버리시는가?' 하는 항의성 외침이다. 성자는 자신을 철저하게 외면하시는 성부에게 버림받으시고 처형되셨다. 이 순간 만큼은 삼위일체가 깨어지는 때다. 공의로운 성부께서 아들에게 긍휼을 베풀지 않으신 것이고 죄와 타협하지 않으시고 공의로 죄를 그에게 철저하게 물어 응징하신 것이다.

이것은 혹자가 말하는 것처럼, 하나님께서 사탄에게 죄의 값으로 아들로 지불한 것이 아니다. 그 이유는 하나님께서는 인간이 저지른 죄를 놓고 사탄과 거래를 하신 적이 없으시기 때문이다. 하나님께서는 율법에 따른 공의로운 심판을 철저하게 죄인 취급하셔서 아들에게 시행하신 것이다. 하나님의 이 조처는 우리의 죄를 응징하는 공의로운 율법의 단호함을 통하여 죄의 문제를 해결하신 것이다.

그리고 전능하신 하나님께서는 아들 예수를 사흘 만에 부활시키고 40일 후 하늘로 올리셔서 그에게 성자 하나님으로서의 통치권을 부여하시며 교회의 머리로 세우셨다(행 2:33; 엡 1:20~23).

하나님은 이러한 구원의 도를 믿는 자에게 영생을 주시기로 작정하셨다. 이 점에 대하여 예수께서는 밝히 말씀하셨다.

> 내가 진실로 진실로 너희에게 이르노니 내 말을 듣고 또 나 보내신 이를 믿는 자는 영생을 얻었고 심판에 이르지 아니하나니 사망에서 생명으로 옮겼느니라. 진실로 진실로 너희에게 이르노니 죽은 자들이 하나님의 아들의 음성을 들을 때가 오나니 곧 이때라 듣는 자는 살아나리라. 아버지께서 자기 속에 생명이 있음같이 아들에게도 생명을 주어 그 속에 있게 하셨고, 또 인자됨으로 말미암아 심판하는 권한을 주셨느니라.(요 5:24~26)

이렇게 예수를 믿는 자에게 영원한 생명이 주어진다. 그 근거는 하나님께서 아들에게 주신 놀라운 생명의 통치권 때문이다. 예수께서는 이 사실을 "아버지께서 아들에게 주신 모든 사람에게 영생을 주게 하시려고 만민을 다스리는 권세를 아들에게 주셨다(요 17:2)."라고 기도하시며 분명하게 말씀하셨다.

이러한 구원의 방식에 대하여 시편 기자는 이미 예언하였다.

> 내가 여호와의 명령을 전하노라. 여호와께서 내게 이르시되 너는 내 아들이라 오늘 내가 너를 낳았도다. 내게 구하라. 내가 이방 나라를 네 유업으로 주리니 네 소유가 땅 끝까지 이르리로다.(시 2:7~8)

율법이 지배하는 법은 그 율법을 어긴 자에게 사형을 시행한다. 성부 하나님께서는 자신이 제정하신 그 율법을 훼손하지 않으시고 충족시키셨다. 바울 사도는 이것을 "율법이 육신으로 말미암아 연약하여 할 수 없는 그것을 하나님은 하시나니 곧 죄로 말미암아 자기 아들을 죄 있는 육신의 모양으로 보내어 육신에 죄를 정하사, 육신을 따르지 않고 그 영을 따라 행하는 우리에게 율법의 요구가 이루어지게 하려 하심이니라(롬 8:3~4)."라고 설명한다.

하나님께서는 율법의 요구를 이루실 뿐만 아니라, 인간이 지은 죄의 문제를 해결하시기 위하여 성자 하나님에게 구속 사역을 시행하게 하셨다. 이러한 방법과 과정을 통하여 율법의 요구인 거룩함을 이루려 하신 것이다.

셋째, 아들의 성취한 구속의 도리를 믿게 하심.

율법의 요구가 무엇인가? 거룩함에 이르는 것이다. 이것을 분명히 살피기 위하여 이 구절을 확인해야 한다.

> 육신을 따르지 않고 그 영을 따라 행하는 우리에게 율법의 요구가 이루어지게 하려 하심이니라.(롬 8:4)

우리 육신은 죄의 지배를 받아 죄를 지어 의로운 자가 되지 못해 죽을 수밖에 없지만, 죄 없는 예수께서 우리를 대신하여 스스로 죄인이 되어서 십자가에 처형되었다. 하나님께서는 이 구원의 도리 즉 예수께서 성취하신 구속의 진리를 우리에게 믿게 하셨다. 이로써 율법이 요구하는 거룩함을 우리가 이룰 수 있도록 하신 것이다.

3. 거룩함을 이루시는 성령 하나님

이것이 바로 성령 하나님께서 이루시는 구원의 역사이다. 사도가 간단하게 진술하지만, 이 4절은 8장 전체를 이해하는 핵심이다.

성령께서는 예수께서 완수하신 십자가와 부활의 진리를 믿도록 우리 속에서 역사하신다. 이렇게 사도가 말하는 성령에 대한 진술은 율법이 요구하는 거룩함에 이르게 하는 핵심이다.

> 만일 너희 속에 하나님의 영이 거하시면 너희가 육신에 있지 아니하고 영에 있나니 누구든지 그리스도의 영이 없으면 그리스도의 사람이 아니라.(롬 8:9)

성령 하나님의 확실한 인식과 고백은 성도를 성도 되게 하는 근거요, 핵심이요, 그리고 능력이다. 이것은 어떤 성령의 능력, 예를 들면 방언, 투시, 축사, 치유의 능력과 같은 은사를 체험하는 것을 뜻하지 않는다. 내 속에서 역사하시는 성령 하나님은 성부 하나님을 그리고 성자 예수를 온전히 고백하게 하신다. 즉 성령의 존재하심과 임재하심 그리고 그분을 확신하는 것이 성도를 성도되게 한다.

예수께서는 이 점을 변화 산에서 신앙을 고백하는 베드로에게 분명하게 설명하셨다.

> 이르시되 너희는 나를 누구라 하느냐. 시몬 베드로가 대답하여 이르되 주는 그리스도시요, 살아 계신 하나님의 아들이시니 이다. 예수께서 대답하여 이르시되, 바요나 시몬아 네가 복이 있도다. 이를 네게 알게 한 이는 혈육이 아니요, 하늘에 계신 내 아버지시니라.(마 16:15~17)

이렇게 성령 하나님께서는 죄인의 마음속에 역사하셔서 예수 그리스도의 구속 진리를 믿게 하시고 "나의 주 나의 하나님이십니다!"라고 고백하게 하신다.

이 점에서 존 스토트(John Stott)가 한 말은 참으로 옳다. 그는 "하나님은 성자께서 완성하신 의가 우리에게 적용되게 하시려고 그를 율법의 지배에 순종하게 하시고 이 구속의 진리를 믿는 죄인을 의롭다 하시는 칭의의 근거를 마련하셨다." 라고 말했다.

구속의 진리를 믿게 하시는 성령의 역사는 우리에게 칭의 즉 거룩하신 하나님과 만날 수 있는 자격을 획득하게 하고, 그것을 근거로 구원에 이르게 하는 출발 선상에 서게 한다. 그것은 율법이 요구하는 거룩함에 도달하도록 하시는 성부 하나님의 집요하시고 끈질긴 사랑의 역사이며 구원하시는 능력이다.

베드로는 오순절 성령 강림을 목격한 초대 교회 성도들을 향하여 다음과 같이 증언한다.

> 이 예수를 하나님이 살리신지라. 우리가 다 이 일에 증인이로다. 하나님이 오
> 른손으로 예수를 높이시매 그가 약속하신 성령을 아버지께 받아서 너희가 보
> 고 듣는 이것을 부어 주셨느니라.(행 2:32~33)

이렇게 오신 성령 하나님께서 지금도 우리 속에서 구원의 역사를 계
속하여 이루어 가신다. 사도 요한은 이것은 거룩한 생활이라고 강조한
다. 그는 이 사랑을 실천하는 거룩한 삶을 살아가도록 성도를 격려하시
는 성령이시다. 성령께서 율법의 요구를 충족시키는 구원의 삶을 살아
가도록 역사하시는 것이다.

사도 요한은 설명하기를, "하나님의 사랑이 우리에게 이렇게 나타난바 되었
으니, 하나님이 자기의 독생자를 세상에 보내심은 그로 말미암아 우리를 살리려 하심
이라. 사랑은 여기 있으니 우리가 하나님을 사랑한 것이 아니요, 하나님이 우리를 사랑
하사 우리 죄를 속하기 위하여 화목 제물로 그 아들을 보내셨음이라. 사랑하는 자들아
하나님이 이같이 우리를 사랑하셨은 즉 우리도 서로 사랑하는 것이 마땅하도다.(요일
4:9~11)."라고 강하게 설득했다.

결 론

주 예수께서 산상수훈에서 당신이 이 땅에 오셔서 수행하는 사역을
이렇게 말씀하셨다.

> 내가 율법이나 선지자를 폐하러 온 줄로 생각하지 말라 폐하러 온 것이 아니
> 요 완전하게 하려 함이라.(마 5:17)

예수께서는 율법을 완전하게 성취하기 위하여 이 땅에 죄 있는 육신
의 모양으로 오셔서 자신에게 주어진 구속 사역을 완벽하게 완수하셨
다. 그리고 주께서는 승천하셔서 이 진리를 믿도록 성령 하나님을 보내
주셨다. 성령님은 부활 승천하신 성자께서 성부 하나님께 받아 오순절
때 보내주신 하나님이시다. 이 사실을 베드로는 자신이 이 일에 증인이

라고 강조했다.

한편, 주님은 생전에 이 성령의 역할과 사역에 대하여 자세하게 제자에게 설명하셨다.

> 그러나 내가 너희에게 실상을 말하노니 내가 떠나가는 것이 너희에게 유익이
> 라. 내가 떠나가지 아니하면 보혜사가 너희에게로 오시지 아니할 것이요, 가
> 면 내가 그를 너희에게로 보내리니 그가 와서 죄에 대하여, 의에 대하여, 심판
> 에 대하여 세상을 책망하시리라.(요 16:7~8)
>
> 그러나 진리의 성령이 오시면 그가 너희를 모든 진리 가운데로 인도하시리니
> 그가 스스로 말하지 않고 오직 들은 것을 말하며 장래 일을 너희에게 알리시
> 리라.(요 16:13)

성도는 성령 하나님께서 역사하심을 믿어야 한다. 성령께서는 우리 속에서 역사하셔서 우리가 육신의 영을 따르지 않고 진리에 순종하도록 놀라운 역사를 이루어 가신다. 성도는 죄된 육신으로는 절대로 이룰 수 없는 율법의 요구인 거룩함을 성령께서 이루어주실 줄 믿고 기대해야 한다. 모두가 거룩한 이 영적 여행(sacred spiritual journey) 가운데 성령의 역사로 온전한 성화를 이루기 바란다.

제92강

운명을 결정짓는 생각

육신을 따르는 자는 육신의 일을, 영을 따르는 자는 영의 일을 생각하나니 육신의 생각은 사망이요 영의 생각은 생명과 평안이니라. 육신의 생각은 하나님과 원수가 되나니 이는 하나님의 법에 굴복하지 아니할 뿐 아니라 할 수도 없음이라. 육신에 있는 자들은 하나님을 기쁘시게 할 수 없느니라(로마서 8:5~8).

"호모사피언스(*homo sapiens*)"이란 말이 있다. "매우 인지가 발달한 영장류(highly intelligent primates)"란 뜻으로 인간을 지칭하는 말이다. 만물 중에 가장 똑똑한 피조물이 인간이라는 것이다. 창조주께서는 만물을 다스리는 영장으로 인간을 세우셨다(창 1:28). 그런데 어떻게 인간이 모든 동물보다 탁월하여 그것들을 다스릴 수 있는 존재가 되었을까? 여러 가지 요소가 있겠으나 다른 동물에게서는 볼 수 없는 독특한 점이 인간에게 있다. 그는 생각하고 말을 한다. 이러한 인간의 인지능력은 다른 피조물과는 비교가 되지 않을 정도로 창의적이며 탁월하다.

근대 철학자의 아버지라 불리는 데카르트(Rene Descartes)는 "나는 생각한다. 고로 존재한다(*Cogito ergo sum*)."라는 유명한 철학적 명제를 남겼다. 그는 이 명제에서 자기 철학의 출발점을 찾았다. 그는 인간의 사고 능력에 존재의식을 갖고 있다고 생각했다. 사람이 생각한다는 것은 참으로 중요하다. 생각이 그 사람의 인격을 형성하고 나아가 그 생각이 그의 운명을 결정한다. 어떤 생각을 하며 사느냐가 그 사람의 인생을 결정하는 것이다. 그래서 오늘 본문은 이에 관련하여 매우 중요한 교훈을 주고 있다.

1. 두 부류의 사람

성경은 이 땅에 사는 모든 사람이 두 부류로 나누어진다고 말한다. 그것은 하나님을 믿는 자와 믿지 않는 자이다. 두 부류를 구분하는 기준은 그가 성령의 역사하심을 경험했느냐 아니냐에 달려 있다. 즉 성령의 역사로 거듭난 사람이 있는가 아니면 그렇지 못한 사람이 있다는 것이다.

본문에서 바울은 이렇게 말한다.

> 육신을 따르는 자는 육신의 일을, 영을 따르는 자는 영의 일을 생각하나니, 육신의 생각은 사망이요 영의 생각은 생명과 평안이니라. 육신의 생각은 하나님과 원수가 되나니 이는 하나님의 법에 굴복하지 아니할 뿐 아니라 할 수도 없음이라. 육신에 있는 자들은 하나님을 기쁘시게 할 수 없느니라.(롬 8:5~8)

이 말씀에서 두 부류의 사람을 언급한다. 육신의 일을 생각하는 자가 있고 영의 일을 생각하는 사람이 있다. 이들은 각각 사물을 보는 관점이 다르고 사고하는 방법이 다르다. 이는 생각하는 관점과 방법의 차이로 결과 되는 것도 완전히 다르다.

왜 그럴까? 우리말에 "콩 심은 데 콩 나고 팥 심은 데 팥 난다"라는 유명한 속담이 있다. 무엇을 심는가에 따라 결과가 그대로 나타난다는 뜻일 것이다. 이것을 인생에 비유하자면, 어떤 생각을 하느냐에 따라 그 인생이 결정된다는 의미일 것이다. 왜 그럴까? 앞에서 말씀드린 바와 같이 인간은 생각하는 관점에 따라 결정되기 때문이다. 어떤 생각을 하는가? 어떤 내용을, 어떤 방식으로 어떻게 행동에 옮기는가? 에 따라 그의 인생이 결정되고 운명이 결정된다. 그뿐 아니라, 한 걸음 더 나아가 그의 영원한 신분(eternal status)도 결정된다.

사도 바울은 본문에서 매우 중요한 이 개념을 전하고 있다. 그는 두 종류의 사람의 예를 들어 설명한다.

육신의 일을 생각하는 사람

첫 사람은 "육신을 따르는 자"이다. 여기서 말하는 '육신(sarx, flesh)'이란 단어는 "죄로 가득 찬 본성에 의하여 조정되는 자(The controlled by sinful nature)"란 의미이다. 이 육신이란 피부, 살, 그리고 뼈 등으로 구성된 몸(body)을 의미한다기보다는, 의식에 있어서나 정서에 있어서 죄로 부패한 전인(全人, totally corrupted personality)을 뜻한다. 이것은 영적으로는 거듭나지 못하여 구속받지 못한 자연인(spiritually un-regeneration sinful man)을 뜻한다.

이 부류의 사람은 자기중심적 본성(ego-centric human nature)을 가지고 타락한 인생을 살아간다. 이런 사람을 가리켜 종교개혁자 마틴 루터(M. Luther)는 "자신이 죄의 지배를 받아 자아가 죄로 깊이 패어있는 사람(deeply curved in ourself briefly the sin dominated self)"이라 규정했다.

영의 일을 생각하는 사람

두 번째 사람은 영의 일을 생각하는 사람으로, 여기서 말하는 '영(pnuema)'란 일반적으로 말하는 마음(mind), 생각(thought)보다는 혼(spirit)을 뜻하고 특히 이 문맥에서는 15절의 성령(The Holy Spirit)을 의미한다.

> 너희는 다시 무서워하는 종의 영을 받지 아니하고 양자의 영을 받았으므로 우리가 아빠 아버지라고 부르짖느니라.(롬 8:15)

이렇게 사도 바울은 죄인이 성령으로 거듭나, 하나님을 "아빠, 아버지!"라 부를 수 있는 사람을 "영의 일을 생각하는 사람"이라 말한다. 이 사람은 성령 하나님을 경험한 사람으로서 그 사람 마음속에는 성령께서 내주하신다. 이 사람이 영의 일을 생각할 수 있는 사람이며, 이 사람이 진정한 신자이다.

2. 두 부류의 차이점

그렇다면, 이 두 부류는 어떤 차이가 있을까? 갈라디아서 5장에서 잘 나타난다.

> 내가 이르노니 너희는 성령을 따라 행하라 그리하면 육체의 욕심을 이루지 아니하리라. 육체의 소욕은 성령을 거스르고 성령은 육체를 거스르나니 이 둘이 서로 대적함으로 너희가 원하는 것을 하지 못하게 하려 함이니라. 너희가 만일 성령의 인도하시는 바가 되면 율법 아래에 있지 아니하리라. 육체의 일은 분명하니 곧 음행과 더러운 것과 호색과 우상 숭배와 주술과 원수 맺는 것과 분쟁과 시기와 분 냄과 당 짓는 것과 분열함과 이단과 투기와 술 취함과 방탕함과 또 그와 같은 것들이라 전에 너희에게 경계한 것 같이 경계하노니 이런 일을 하는 자들은 하나님의 나라를 유업으로 받지 못할 것이요. 오직 성령의 열매는 사랑과 희락과 화평과 오래 참음과 자비와 양선과 충성과 온유와 절제니 이같은 것을 금지할 법이 없느니라. 그리스도 예수의 사람들은 육체와 함께 그 정욕과 탐심을 십자가에 못 박았느니라. 만일 우리가 성령으로 살면 또한 성령으로 행할지니, 헛된 영광을 구하여 서로 노엽게 하거나 서로 투기하지 말지니라.(갈 5:16~26)

바울은 이 구절에서도 사람을 두 부류로 나눈다. 성령의 지배를 받는 사람과 육체의 소욕에 따라 사는 사람이다. 성령의 지배를 받는 사람은 성령의 인도하심에 따라 순종하는 사람이고, 육체의 소욕을 따라 사는 사람은 육체의 욕심 즉 자신의 욕망에 따라 사는 사람이다. 이 말씀에서 이 두 부류는 삶의 방식과 추구하는 바와 그 결과가 완전히 다르게 나타난다는 것을 명백하게 보여준다.

정리해 보면 다음과 같다.

육체의 일: 음행, 더러운 것, 호색, 우상 숭배, 주술, 원수 맺는 것, 분쟁, 시기, 분 냄. 당 짓는 것, 분열, 이단, 투기, 술 취함, 방탕함.

성령의 일: 사랑, 희락, 화평, 오래 참음, 자비, 양선, 충성, 온유, 절제.

바울은 이 두 부류 간의 화해는 절대 불가하다고 주장한다. 그 이유는 "육체의 소욕은 성령을 거스르고 성령은 육체를 거스르기 때문"이다. 그는 계속하여 '이 둘은 서로 대적한다'라고 지적하며, "그리스도 예수의 사람들은 육체와 함께 그 정욕과 탐심을 십자가에 못 박았느니라. 만일 우리가 성령으로 살면 또한 성령으로 행할지니, 헛된 영광을 구하여 서로 노엽게 하거나 서로 투기하지 말라(갈 5:25~26)."고 강하게 명한다.

바울은 설령 교회에 다니는 사람이라 할지라도, 성령으로 살지 못할 때 그는 헛된 영광을 구하는 사람이 되어 그 둘 사이에 시기와 투기 그리고 분쟁이 발생하게 되어 함께 망하게 된다고 경고한다.

이러한 현상은 인간이 에덴동산에서 추방된 이후 가장 처음 지은 죄가 살인 사건인 것에서 잘 나타난다. 가인은 아벨을 시기하여 그를 죽였다(창 4장).

바울은 본문에서 두 생각의 특징적인 구분을 다음과 같이 설명한다.

육신의 생각은 하나님과 원수가 되나니 이는 하나님의 법에 굴복하지 아니할 뿐 아니라 할 수도 없음이라. 육신에 있는 자들은 하나님을 기쁘시게 할 수 없느니라.(롬 8:7~8)

결국, 두 부류의 차이점은 생각에 있어서나 행위에 있어서 완전히 다른 양상을 보인다. 육신의 생각은 하나님과 원수지간이 되어 하나님의 법을 지키지 않을 뿐 아니라, 지킬 수도 없고 도리어 그 법에 반항하고 저항하며 거부한다. 이유는 육신의 생각을 하는 사람은 하나님을 기쁘시게 할 능력이 없기 때문이다. 이들은 그 마음 깊은 곳에 하나님에 대한 극도의 거부 심과 증오심이 있어서 성경이 사용하는 모든 언어와 개념 즉 하나님, 예수님, 하나님 나라, 교회, 복음, 천국 지옥 그리고 구원과 영생 등과 같은 용어와 개념을 전부 거부하며 나아가 이에 대하여 적대적인 태도를 나타낸다.

이것은 타락한 자에게서 나타나는 일관된 영적 현상이다. 그래서 그들은 진리에 대하여 깊은 관심을 두지 않고 그에 대하여 알려는 노력을 거부할 뿐 아니라, 도리어 배척하고 부인한다.

3. 두 부류의 결과

흥미로운 것은 이렇게 성령의 지배를 받으며 살아가는 자와 자기의 욕망에 따라 살아가는 자는 그들의 운명이 판이하게 다르게 나타난다는 것이다. 각자가 살아가는 의식과 방식이 판이하게 다르기 때문에 다른 결과로 나타나는 것이다.

　육신의 생각은 사망이요 영의 생각은 생명과 평안이니라.(롬 8:6)

놀라운 말씀이 아닐 수 없다. 육신의 생각을 하는 자에게는 사망이 결론일 수밖에 없다. 그의 생각이 마음을 결정하는 행위(to set the mind)가 되어 예정된 결과를 가져온다.

육신의 생각을 하는 자는 그 마음이 '타락한 죄의 욕망(failed sinful desire)'의 지배를 받아 모든 관심을 그것에 두고, 흥미와 재미를 느껴 숱한 시간과 물질을 허비하며 욕망을 불태운다. 각종 마약, 술과 도박 그리고 불륜과 동성애 등이 바로 그러한 것들이다. 그 결과 자기의 욕망에 빠져들어 파멸의 길을 걷게 되고 마침내 사망에 이르게 된다.

한편 성령을 따라 살아가는 사람의 생각은 생명과 평안이다. 이유는 내주하시는 성령께서 말씀하시는 바를 사모하고 그에게 집중하여 하나님의 이름을 높이는 일에 깊은 관심을 가지고 행하기를 좋아하기 때문이다. 이러한 삶을 사는 자는 하나님을 기쁘시게 하는 자라 표현된다.

이러한 성도를 구약의 에녹과 노아와 같은 인생을 사는 사람이라 할 수 있다(창 5:24, 6:9). 시편의 기자들도 그러한 사람들이었다. 그들은 하나님의 말씀을 '금 곧 많은 순금보다 더 사모했고 그래서 꿀과 송이꿀보다 더 좋아했으며(시 19:10)', '평생에 여호와의 집에 살면서 여호와의 아름다움을 바라보며 그의 성전에서 하나님을 사모했고(시 27:4), 마음이 상할 정도로 주의 규례들을 항상 사모했으며(시 119:20), 사슴이 시냇물을 찾기에 갈급함 같이 내 영혼이 주를 찾기에 갈급해 했다(시 42:1). 이렇게 그들은 주의 구원을 사모하여 주의 율법을 즐거워했던 것이다(시 119:174).

이 모든 말씀을 종합하면, 거듭난 성도는 항상 하나님의 말씀을 사모하고 즐거워하며 세상의 그 어떤 것보다도 그 말씀을 자신의 생명과 같이 소중하고 귀하게 여겼다. 이들은 하나님의 말씀을 사모하며 그 말씀에 순종하기를 힘썼기 때문에 하나님을 기쁘시게 하는 삶을 살 수 있었다. 하나님께서는 이러한 성도를 귀하게 보셔서 영생에 이르게 하신다.

그의 경건한 자들의 죽음은 여호와께서 보시기에 귀중한 것이로다.(시 116:15)

기록하라. 지금 이후로 주 안에서 죽는 자들은 복이 있도다. 하시매, 성령이 이르시되 그러하다. 그들이 수고를 그치고 쉬리니 이는 그들의 행한 일이 따름이라.(계 14:13)

그래서 사도들은 초대 교회 성도들에게 어떻게 하면 하나님을 기쁘시게 할 수 있는지를 생각하며 말씀의 교훈에 힘써 순종하라고 명령했다.

우리는 몸으로 있든지 떠나든지 주를 기쁘시게 하는 자가 되기를 힘쓰노라. (고후 5:9)

주를 기쁘시게 할 것이 무엇인가 시험하여 보라.(엡 5:10)

에바브로 디도 편에 너희가 준 것을 받으므로 ──이는 받으실만한 향기로운 제물이요 하나님을 기쁘시게 한 것이라.(빌 4:18)

너희가 마땅히 어떻게 행하며 하나님을 기쁘시게 할 수 있는지를 우리에게 배웠으니 곧 너희가 행하는 바라 더욱 많이 힘쓰라.(살전 4:1)

이 말씀들에서 보듯이, 성경은 삶의 현장에서 우리가 어떻게 행동하여 하나님을 기쁘시게 할 것인지를 생각하며 그 말씀을 사모하고 그 교훈에 적극 순종할 것을 명한다. 이렇게 사는 자들에게 생명과 평안함이 주어지게 되는 것은 당연하다. 바로 이것이 구원을 얻게 하는 생명이며 영생에 이르게 하는 길이다.

이 길은 곧 예수 그리스도를 믿고 따르는 길이다. 주께서는 "내가 곧 길이요 진리요 생명이니 나로 말미암지 않고는 아버지께로 올 자가 없느니라."(요 14:6)고 말씀하셨다.

4. 네 가지 교훈

이 모든 것은 성령 하나님께서 당신의 백성을 구원하시며 행하시는 일들이다. 성령 하나님께서는 죄인을 불러 회개시키셔서 그를 의롭다 칭하시고 그를 거듭나게 하셔서 거룩한 삶(성화의 삶)을 살아가도록 인도하신다. 인생에 있어서 가장 중요한 것이 '누구에게 조정 받는가(by whom controlled self)'하는 것이다. 육신의 정욕에 지배를 받는가 아니면 성령의 지배를 받는가 하는 것이다.

이제까지 살펴본 것을 정리하면,

첫째, 성령으로 변화된 마음의 생각이 성품으로 나타난다.

인간은 모두 죄로 오염된 존재이기에 죄로 가득 찬 본성을 따라 살 수밖에 없음을 인식하고, 거듭나게 하시는 성령의 역사하심을 사모하며 말씀으로 교훈하는 바에 적극적으로 순종할 때 아름다운 성품이 형성될 것이다. 이는 그 어떤 종교적인 행위를 하므로 얻어지는 혜택이 아니다. 하나님의 은혜에 대한 생각과 감사로 성령의 인도하심에 순종함으로 이루어진다.

둘째, 생각은 기본적으로 장차 맞게 될 영원을 결정한다.

육신의 생각은 죽음이며 영의 생각은 생명과 평안이다. 육체의 생각으로 사는 자는 이미 타락한 욕망의 지배를 받고 사는 자이기에, 영적으로 죽은 인생을 살아가고 있고, 결과는 영원한 죽음으로 이어지게 마련이다. 이유는 그가 하나님과 격리된 채 인생을 살고 있기 때문이다. 그 결과 그는 이 세상에서도 죽음의 길을 가고, 저 세상으로의 구원도 얻지 못할 것이다. 그 좋은 예가 부자와 나사로 비유다.

> 그가 음부에서 고통 중에 눈을 들어 멀리 아브라함과 그의 품에 있는 나사로를 보고 불러 이르되 아버지 아브라함이여 나를 긍휼히 여기사 나사로를 보내어 그 손가락 끝에 물을 찍어 내 혀를 서늘하게 하소서. 내가 이 불꽃 가운데서 괴로워하나이다. 아브라함이 이르되 얘 너는 살았을 때에 좋은 것을 받았고 나사로는 고난을 받았으니 이것을 기억하라. 이제 그는 여기서 위로를 받고 너는 괴로움을 받느니라.(눅 16:23~25)

셋째, 사고방식은 하나님께 대한 근본적인 태도를 결정한다.

성령의 역사로 거듭난 성도는 죄 된 자신의 근본을 이미 확인한 상황 속에서 복음을 확신하며 항상 감사함으로 하나님을 "아빠, 아버지!"로 부른다. 그러나 육신의 생각을 따르는 자는 이미 죄에 오염되어 탈락하므로 하나님과 원수가 됐기 때문에, 그는 하나님을 대적하고 하나님과 떨어진 죽음의 길을 가서 최종에는 사망에 이르게 된다.

넷째, 육신의 생각으로는 전혀 하나님을 기쁘시게 못한다.

육신의 생각에 조종 받는 자는 성령을 깨닫지도 또 순종하지도 못하여, 전혀 하나님을 기쁘시게 할 수 없다. 이유는 그가 욕망에 따라 살아가는 생각으로 가득 차 있기 때문이다. 한편 성령 안에 있는 자는 내주하시는 성령의 인도하심을 사모하고 기뻐하며 그에게 순종하여 하나님을 더욱 기쁘게 하려고 노력한다.

결 론

인간에게 두 부류가 있다. 거듭난 사람과 거듭나지 못한 사람, 육신의 생각으로 사는 사람과 영의 생각을 하며 사는 사람이다. 이들의 사고의 틀(the paradigm of thought, the perspective of life)이 그들의 운명을 결정짓고 영원을 결정짓는다. 우리의 생각과 사고의 체계를 어디에 둘 것인가? 어떤 기준으로 사고의 체계를 설정할 것인가? 어떤 행동을 하고 어떤 미래가 결정될 것을 기대하는가?

이런 질문에 대한 답변으로 주신 주님의 말씀에 주목해야 한다.

좁은 문으로 들어가라. 멸망으로 인도하는 문은 크고 그 길이 넓어 그리로 들어가는 자가 많고 생명으로 인도하는 문은 좁고 길이 협착하여 찾는 자가 적음이라.(마 7:13~14)

주께서는 모든 사람은 두 종류의 집을 짓는다고 비유하시며 산상보훈의 결론을 삼으셨다. 이 귀한 비유를 마음 깊이 새겨야 할 것이다.

그러므로 누구든지 나의 이 말을 듣고 행하는 자는 그 집을 반석 위에 지은 지혜로운 사람 같으리니 비가 내리고 창수가 나고 바람이 불어 그 집에 부딪히되 무너지지 아니하나니 이는 주초를 반석 위에 놓은 까닭이요, 나의 이 말을 듣고 행하지 아니하는 자는 그 집을 모래 위에 지은 어리석은 사람 같으리니 비가 내리고 창수가 나고 바람이 불어 그 집에 부딪히매 무너져 그 무너짐이 심하니라.(마 7:24~27)

그리스도의 영

만일 너희 속에 하나님의 영이 거하시면 너희가 육신에 있지 아니하고 영에 있나니 누구든지 그리스도의 영이 없으면 그리스도의 사람이 아니라. 또 그리스도께서 너희 안에 계시면 몸은 죄로 말미암아 죽은 것이나 영은 의로 말미암아 살아 있는 것이니라. 예수를 죽은 자 가운데서 살리신 이의 영이 너희 안에 거하시면 그리스도 예수를 죽은 자 가운데서 살리신 이가 너희 안에 거하시는 그의 영으로 말미암아 너희 죽을 몸도 살리시리라(로마서 8:9~11).

로마서는 복음의 핵심적인 진리를 전달한다. 이를 통하여 의로우신 하나님께서 어떻게 당신의 의를 죄 된 인간에게 부여하고 또 그 의로 인하여 그들이 어떻게 구원에 이르게 되는지를 설명한다. 이 모든 구원의 비밀은 선지자와 사도들에 의해 전달되었다. 이것은 삼위 하나님 가운데 특별히 실제적인 적용을 담당한 성령 하나님의 역사로 이뤄진다.

바울은 이 놀라운 복음에 대하여 "자신은 결코 복음을 부끄러워하지 않는다(롬 1:16a)."라고 외치며 그 복음은 "하나님의 능력(the Gospel is the Power of God)"이라고 말한다(롬 1:16b). 이렇게 그가 확신에 차서 복음을 자랑할 수 있는 것은 복음이 담고 있는 강력하고 논리적이며 풍성한 구원이기 때문이다. 우리는 로마서를 읽으면서 이 점을 깊이 깨닫게 된다. 이제 8장이 담고 있는 성령 하나님의 사역에 대하여 계속하여 살펴보자.

1. 성령께서 일하시는 수단

복음 속에 담겨있는 하나님의 능력은 어떻게 나타날까? 우선 하나님의 영이 죄인의 마음속에 부은 바 되어 그의 마음에 흥미와 호기심 그리고 사모함을 갖게 하신다. 바울은 이것을 '구원의 소망을 갖게 하신다'라고 말한다(롬 5:5). 이 순간이 성령께서 관여하시는 첫 단계라 하겠다.

이어서 성령께서는 죄에 묶여 살던 자가 복음을 믿고 고백하게 하여 그 모든 굴레를 벗겨주시고, 그 심령 속에 거주하는 예수의 영의 노예가 되게 하셔서 참된 자유를 누리게 하신다. 이것은 오직 성령께서 성도의 마음속에 내주하시며 일하고 계시기 때문에 가능하다.

바울은 5장과 8장에서 이 진리를 이렇게 진술한다.

그러므로 우리가 믿음으로 의롭다 하심을 받았으니 우리 주 예수 그리스도로 말미암아 하나님과 화평을 누리자.(롬 5:1)

그러므로 이제 그리스도 예수 안에 있는 자에게는 결코 정죄함이 없나니, 이는 그리스도 예수 안에 있는 생명의 성령의 법이 죄와 사망의 법에서 너를 해방하였음이라.(롬 8:1~2)

이 두 구절에서 복음으로 역사하시는 성령 하나님의 역사의 두 단계를 발견하게 된다. 먼저 소극적인 단계로 성령께서는 예수께서 이루신 십자가의 의를 그에게 적용하셔서 죄의 굴레에서 해방시키신다. 사람이 이를 믿으면 그를 정죄하지 않으시고 죄를 묻지 않으신다. 이어서 적극적인 단계로 예수께서 이루신 구속의 진리를 믿어 의롭게 된 그에게 그동안 죄로 인하여 단절되었던 하나님과 화해하게 하시고 그와 화평을 누리게 하신다.

바울은 8장에서 이 사실을 다시 언급하며 이를 실행하시는 성령 하나님에 대하여 세밀하게 다루고 있다. 정리하면, 이렇게 일하시는 성령께서 네 영역에서 구원을 이루어 가시는 것을 알 수 있다;

첫째, 타락된 몸과 관련하여(5~13절),

둘째, 양자됨과 관련하여(14~17절),

셋째, 몸의 구속과 관련하여(18~25절),

넷째, 연약함 속에서 드리는 기도와 관련하여(26~27절)이다.

결론으로 구원의 안전성과 완전성(28~39절)을 말한다.

2. 타락한 몸과 관련한 성령의 사역

예수께서 성령을 자신이 보내주겠다고 분명히 밝히셨다.

> 내가 아버지께 구하겠으니 그가 또 다른 보혜사를 너희에게 주사 영원토록 너희와 함께 있게 하리니, 그는 진리의 영이라. 세상은 능히 그를 받지 못하나니 이는 그를 보지도 못하고 알지도 못함이라. 그러나 너희는 그를 아나니, 그는 너희와 함께 거하심이요 또 너희 속에 계시겠음이라.(요 14:16~17)

예수께서 제자들에게 십자가를 지기 전에 자신이 하나님 아버지께 구하여 다른 보혜사 즉 진리의 영을 보내주겠다고 약속하셨다. 주님은 이 영은 세상이 받을 수 없는 영이며(요 1:10), 보지도 못하고 알지도 못한 영이라고 설명하셨다(요 14:16).

주께서 이 말씀을 하신 배경으로 세 가지를 생각해 볼 수 있다.

먼저 고려해야 할 것은 이때는 아직 성령 강림 사건이 일어나기 전이라는 점이다. 그리고 공생애 중에 숱한 사역을 통하여 주님의 능력을 보여주신 적이 있었기 때문에 제자들은 성령님을 경험적으로 알 수 있었다. 또 앞으로 성령께서 임하시면 그 성령께서는 주님처럼 떠나지 않으시고 그들과 함께하실 것이라는 점이다.

첫째, 내주하심

성령 하나님께서는 복음을 믿는 죄인의 마음속에 거하시며 일하신다. 성령께서는 성도의 생각과 감정과 의지를 주관하신다. 그 결과 성도는 말씀에 대하여 반응하게 되고, 자신을 되돌아보아 회개하여 예수를 주로 고백하게 된다. 이 모든 일련의 영적 변화가 바로 성령 하나님께서 수행하시는 구원 사역이다.

그래서 바울은 "예수 안에 있는 생명의 성령의 법이 죄와 사망의 법에서 너를 해방했다"고 확정적으로 말한다.

> 그러므로 이제 그리스도 예수 안에 있는 자에게는 결코 정죄함이 없나니, 이는 그리스도 예수 안에 있는 생명의 성령의 법이 죄와 사망의 법에서 너를 해방하였음이라.(롬 8:1~2)

여기서 말하는 "생명의 성령의 법"은 바로 "생명이신 예수의 영이 작동하는 원리"를 말한다. 예수의 영이 작동하는 원리와 법과 능력은 그 영이 믿는 자의 마음속에 계시면서 그가 육신의 생각을 따르지 않게 하고 영을 따라 영의 일을 생각하게 하신다(4~5절). 만일 그가 육신의 생각을 하면 사망으로 가고, 영의 생각을 하면 생명과 평안을 얻게 된다(6절). 그러기에 거듭난 모든 성도는 성령 하나님 안에서, 그를 의지하고 생각하며, 그를 소중히 여기고 사모하며 살아가게 된다.

이어서 9절을 생각해 보자.

> 만일 너희 속에 하나님의 영이 거하시면 너희가 육신에 있지 아니하고 영에 있나니 누구든지 그리스도의 영이 없으면 그리스도의 사람이 아니라. 또 그리스도께서 너희 안에 계시면 몸은 죄로 말미암아 죽은 것이나 영은 의로 말미암아 살아 있는 것이니라.(롬 8:9~10)

이 말씀에서 놀라운 진리를 찾게 된다. 그것은 성령께서 성도의 심령 속에 내주하시면서 이루어 가시는 또 하나의 영적 진리이다. 그것은 성도를 거듭나게 하셔서 예수께서 주신 말씀 속에 담겨있는 약속을 온전히 믿게 만드신다는 점이다.

이것은 율법의 항목을 지켰느냐 아니냐의 문제가 아니다. 법적으로 저촉이 되느냐 아니냐의 문제도 아니다. 하나님의 영이 우리 속에 거하시면 전인격적으로 변화된 자신을 돌아보게 되며 자발적으로 자신을 구원해 주신 하나님께 대한 바른 믿음과 고백 그리고 온전한 신뢰로 순종과 헌신 그리고 충성을 하게 된다. 바울은 이 점을 성도에게 도전하며 명령한다.

> 너희 몸은 너희가 하나님께로부터 받은 바 너희 가운데 계신 성령의 전인 줄을 알지 못하느냐 너희는 너희 자신의 것이 아니라. 값으로 산 것이 되었으니 그런즉 너희 몸으로 하나님께 영광을 돌리라.(고전 6:19~20)

바울이 제시하는 이 원리는 어떤 법 조항을 지키라는 요구가 아니다. 그가 이것을 권면하는 이유는 구원받은 감격과 기쁨을 간직하고, 받은 바 은혜에 대한 순전하고 적극적인 반응을 나타내라는 것이다. 그리하여 성도의 모든 행위는 오직 하나님의 영광을 나타내는 것이어야 한다는 것이다. 이것은 모든 성도가 이미 알고 있는 바이고 하나님 나라 백성이 마음속 깊이 담고 살아가야 할 행동수칙과 같다.

> 그러므로 염려하여 이르기를 무엇을 먹을까 무엇을 마실까, 무엇을 입을까, 하지 말라. 이는 다 이방인들이 구하는 것이라. 너희 하늘 아버지께서 이 모든 것이 너희에게 있어야 할 줄을 아시느니라. 그런즉 너희는 먼저 그의 나라와 그의 의를 구하라. 그리하면 이 모든 것을 너희에게 더하시리라.(마 6:31~33)

이는 예수의 영께서 내주하심으로 이루어가시는 역사이다. 성령의 내주하심은 모든 성도가 누리는 특권이다. 이 진리를 예수께서 '포도나무와 가지의 비유'에서 잘 말씀해 주셨다.

내 안에 거하라 나도 너희 안에 거하리라. 가지가 포도나무에 붙어 있지 아니하면 스스로 열매를 맺을 수 없음 같이 너희도 내 안에 있지 아니하면 그러하리라. 나는 포도나무요 너희는 가지라. 그가 내 안에, 내가 그 안에 거하면 사람이 열매를 많이 맺나니 나를 떠나서는 너희가 아무것도 할 수 없음이라. 사람이 내 안에 거하지 아니하면 가지처럼 밖에 버려져 마르나니 사람들이 그것을 모아다가 불에 던져 사르느니라. 너희가 내 안에 거하고 내 말이 너희 안에 거하면 무엇이든지 원하는 대로 구하라 그리하면 이루리라.(요 15:4~7)

'예수와의 연합(the union with Christ Jesus)'이 구원을 얻게 하는 핵심적인 진리임을 알게 한다. 이것은 결코 종교적인 행사와 업적을 요구하시는 것이 아니다. 성도는 "예수 안에서(in Jesus), 예수와 함께(with Christ), 예수를 통하여(through Christ)" 모든 생활을 해가야 하는 것임을 잊지 말아야 한다.

대제사장으로서 주님은 지상에서 마지막 기도를 하나님께 드리셨다.

아버지여, 아버지께서 내 안에, 내가 아버지 안에 있는 것 같이 그들도 다 하나가 되어 우리 안에 있게 하사 세상으로 아버지께서 나를 보내신 것을 믿게 하옵소서.(요 17:21)

곧 내가 그들 안에 있고 아버지께서 내 안에 계시어 그들로 온전함을 이루어 하나가 되게 하려 함은 아버지께서 나를 보내신 것과 또 나를 사랑하심 같이 그들도 사랑하신 것을 세상으로 알게 하려 함이로소이다.(요 17:23)

예수께서는 제자들과 함께 하나님께 기도하시며 "연합"을 강조하셨고, 또 "하나 됨"을 간절히 구하셨다. 연합과 하나 됨에 대한 주님의 간절한 소망은 또한 바울의 소망이기도 했다. 그도 이 점을 항상 강조하고 권면했다.

평안의 매는 줄로 성령이 하나 되게 하신 것을 힘써 지키라. 몸이 하나요. 성령도 한 분이시니 이와같이 너희가 부르심의 한 소망 안에서 부르심을 받았느니라. 주도 한 분이시요 믿음도 하나요. 세례도 하나요, 하나님도 한 분이시니, 곧 만유의 아버지시라 만유 위에 계시고 만유를 통일하시고 만유 가운데 계시도다.(엡 4:3~6)

초대 교회 역시 이 하나 됨을 유지하기 위하여 예수께서 제정하시고 명하신(눅 22:19) 성찬식을 항상 모일 때마다 가졌던 것이다.

> 우리가 축복하는바 축복의 잔은 그리스도의 피에 참여함이 아니며 우리가 떼는 떡은 그리스도의 몸에 참여함이 아니냐, 떡이 하나요, 많은 우리가 한 몸이니 이는 우리가 다 한 떡에 참여함이라.(고전 10:16~17)

이로써 구약 에스겔 선지자를 통하여 예언하신 말씀이 성취되었다.

> 맑은 물을 너희에게 뿌려서 너희로 정결하게 하되 곧 너희 모든 더러운 것에서와 모든 우상 숭배에서 너희를 정결하게 할 것이며, 또 새 영을 너희 속에 두고 새 마음을 너희에게 주되 너희 육신에서 굳은 마음을 제거하고 부드러운 마음을 줄 것이며, 또 내 영을 너희 속에 두어 너희로 내 율례를 행하게 하리니 너희가 내 규례를 지켜 행할지라.(겔 36:25~27)

이렇게 의롭게 된 성도는 성화의 길로 들어가게 된다. 모울 감독 (Bishop Handley Moule)은 "성령의 내주하심을 확신하는 성도는 어떤 한순간을 위하여 행하는 행동이 아니라, 주 예수 그리스도 안에서 더 높고 더 깊고, 더 풍성한 영역으로 들어가도록 성령의 지배를 받아 전진하게 된다."라고 강조했다.

둘째, 소유하게 하심

9절에 놀라운 축복이 담겨있다. 그것은 예수의 영의 소유 여부에 따라 성도 즉 그리스도의 사람인지 아닌지가 판명된다는 점이다.

> 만일 너희 속에 하나님의 영이 거하시면 너희가 육신에 있지 아니하고 영에 있나니 누구든지 그리스도의 영이 없으면 그리스도의 사람이 아니라.(롬 8:9)

이 구절에는 우선 살펴야 하는 중요한 교리적 문제가 있다. 그것은 삼위일체 교리(The Doctrine of Trinity)에 대한 것으로, 바울은 이 구절에서 교차적으로 비슷한 용어를 사용하며 설명한다. "하나님의 영(the Spirit of God), 그리스도의 영(The Spirit of Christ)" 그리고 '하나님의 영이 거하시는 영'으로 사람에게 그리스도의 영이 없으면 그리스도의 사람이 아니라는 것이다.

이것을 어떤 의미로 받아들여야 할까? 하나님의 영과 그리스도의 영 그리고 성령, 이 세 영은 같은 영일까? 다른 영일까? 같은 영이라면 어떻게 이해해야 할까? 삼위의 신격에 있어서 혼란을 가져올 미묘한 문제로 보인다.

요약하면, '아들과 같은 아버지, 아버지의 영을 가진 아들 그리고 성령!' 이것을 어떻게 이해할 수 있을까?

이것에 대한 이해를 위하여 스토트(John Stott)의 설명은 유용하다고 생각된다. 그는 "아버지는 당신이 하시려는 것을 아들을 통하여서 하시고, 아들은 자신이 하는 것을 성령을 통하여서 하신다."라고 설명하며, 삼위일체 교리를 훼손하지 않고 쉽게 이해할 수 있게 말했다. 스토트 설명을 수용할 근거는 이 구절들에서 잘 확인된다.

먼저 사도 바울의 설명을 보자.

> 그러므로 내가 너희에게 알리노니 하나님의 영으로 말하는 자는 누구든지 예수를 저주할 자라 하지 아니하고 또 성령으로 아니 하고는 누구든지 예수를 주시라 할 수 없느니라.(고전 12:3)

사도 요한 또한 당시 초대 교회 안에 상당히 들어와 있는 영지주의 교훈을 의식하면서 다음과 같이 삼위일체 교리 가운데 성령 하나님의 역사에 대하여 중요한 변증을 했다.

> 나의 계명을 지키는 자라야 나를 사랑하는 자니 나를 사랑하는 자는 내 아버지께 사랑을 받을 것이요, 나도 그를 사랑하여 그에게 나를 나타내리라. (요 14:21)

> 아들을 부인하는 자에게는 또한 아버지가 없으되 아들을 시인하는 자에게는 아버지도 있느니라.(요일 2:23)

> 이로써 너희가 하나님의 영을 알지니 곧 예수 그리스도께서 육체로 오신 것

을 시인하는 영마다 하나님께 속한 것이요.)예수를 시인하지 아니하는 영마다 하나님께 속한 것이 아니니 이것이 곧 적그리스도의 영이니라 오리라 한 말을 너희가 들었거니와 지금 벌써 세상에 있느니라.(요일 4:2~3)

누구든지 예수를 하나님의 아들이라 시인하면 하나님이 그의 안에 거하시고 그도 하나님 안에 거하느니라.(요일 4:15)

이렇게 삼위 하나님께서는 성도의 구원을 완성하시기 위하여 각각 독립적 존재 양식의 독특성을 유지하시면서 일하고 계신다.

3. 성도를 부활시키시는 성령

10절은 설명하기 매우 어려운 구절 중에 하나이다.

또 그리스도께서 너희 안에 계시면 몸은 죄로 말미암아 죽은 것이나 영은 의로 말미암아 살아 있는 것이니라. 예수를 죽은 자 가운데서 살리신 이의 영이 너희 안에 거하시면 그리스도 예수를 죽은 자 가운데서 살리신 이가 너희 안에 거하시는 그의 영으로 말미암아 너희 죽을 몸도 살리시리라.(롬 8:10~11)

그러나 이 말씀에서 놀라운 진리를 발견한다. 기독교는 단지 예수의 십자가와 부활을 기념하고 십자가를 숭배하는 종교가 아니다. 이 말씀에서 알 수 있듯이 성도는 예수의 돌아가심과 부활을 믿을 뿐 아니라, 놀랍게도 성도의 몸의 부활을 고백한다. 10절은 바로 그 부활의 고백과 소망이 어떻게 이루어질 것을 잘 설명하고 있다. 바울은 두 단계로 설명한다.

첫째, 의를 믿는 영으로 부활

성도는 비록 육신은 죄로 죽어 흙으로 되돌아가지만, 이미 예수께서 십자가의 구속 사역으로 이루신 의로 인하여 다시 살게 된다는 것이다. 즉 칭의를 선언 받아 거듭난 성도는 비록 몸은 죽어 흙으로 되돌아가지만, 그의 영은 예수께서 완성하신 구속의 진리를 믿었기 때문에, 주께서 이루신 의로 그의 육체가 부활하게 된다는 것이다.

둘째, 성도의 부활 원리

이 때 예수를 죽은 자 가운데서 살리신 이의 영이 성도 안에 거하셔서 그리스도 예수를 죽은 자 가운데서 살리신 이, 즉 성도 안에 거하시는 하나님의 영 즉 성령을 통하여 성도의 죽은 육체도 다시 살리신다.

이 점에 대하여 로이드 존스(Martin Lloyd Jones)는 "이 세상에 출생하여 숨을 쉬며 살아가기 시작하는 순간부터 인간은 죽기 시작한다. 영아가 내쉬는 첫 호흡은 그가 마지막 내쉴 호흡 중에 하나와 같다 --- 이것은 우리 몸의 부패와 죽음에 이르는 길이다. 이 호흡은 일상의 하나이다. 그러나 우리 몸의 궁극적인 운명은 죽음으로 끝나는 것이 아니라 부활로 이어진다." 라고 말했다.

결 론

성령 하나님의 역사는 단순히 방언과 같은 은사만이 아니다. 삼위 하나님께서는 이 놀라운 구원의 서정(Credo Salutis) 전체를 이미 이루신 예수 그리스도의 구속 사역을 적용하시며, 중차대하고 결정적인 임무 즉 구원을 수행하신다. 이미 주께서는 성령께서 하시는 이 일의 범위를 규정하여 말씀하셨다.

> 그러나 내가 너희에게 실상을 말하노니 내가 떠나가는 것이 너희에게 유익이라 내가 떠나가지 아니하면 보혜사가 너희에게로 오시지 아니할 것이요 가면 내가 그를 너희에게로 보내리니, 그가 와서 죄에 대하여, 의에 대하여, 심판에 대하여 세상을 책망하시리라 / 그러나 진리의 성령이 오시면 그가 너희를 모든 진리 가운데로 인도하시리니 그가 스스로 말하지 않고 오직 들은 것을 말하며 장래 일을 너희에게 알리시리라.(요 16:7~8, 13)

그러기에 성도는 이미 내 마음속에 계시는 성령 하나님을 깊이 인식해야 한다. 그리고 그를 사모하며 인도해 주시기를 간절히 구해야 한다. 이유는 그 성령을 통해 하나님은 우리의 구원을 이루시기 때문이다.

제94강

내 주하시는 성령

만일 너희 속에 하나님의 영이 거하시면 너희가 육신에 있지 아니하고 영에
있나니 누구든지 그리스도의 영이 없으면 그리스도의 사람이 아니라. 또 그리
스도께서 너희 안에 계시면 몸은 죄로 말미암아 죽은 것이나 영은 의로 말미
암아 살아 있는 것이니라. 예수를 죽은 자 가운데서 살리신 이의 영이 너희안
에 거하시면 그리스도 예수를 죽은 자 가운데서 살리신 이가 너희 안에 거하
시는 그의 영으로 말미암아 너희 죽을 몸도 살리시리라(로마서 8:9~11).

성도는 예수 안에서 새 생명을 얻게 되고 또한 장차 완성될 부활이
어떻게 성령의 놀라운 사역에 의하여 이루어짐에 대하여 살펴보도록
한다.

성도(교회)가 "그리스도와 연합함(the Union with Christ)"은 성령의 역
사 없이는 불가능하다. 이 연합은 오직 성령에 의해서만 가능하다. 이
유는 "성령으로 아니 하고는 누구든지 예수를 주시라 할 수 없다(고전
12:3b)"라고 말씀하셨기 때문이다. 이 단정은 예수께서 제자들에게 말
씀하신 바에 근거한 것이다. 주께서는 베드로의 신앙고백이 바로 '하
늘에 내 아버지께서 역사하신' 성령에 의한 고백임을 확증하셨다(마
16:16~17).

그리스도와 연합한 성도는 분명히 그리스도께 속한 존재이므로, 예

수의 돌아가심과 부활하심에 참여하는 존재이다. 성도는 자신이 죄에 대하여 죽고 하나님께 대하여 살았음을 깊이 인식하고, 이것을 믿으므로 하나님과 사람 앞에서 고백하고 세례를 받아 그 믿음을 확증한다. 이렇게 성도가 그리스도와 연합함으로 교회는 성령 안에 동참하게 된다.

1. 성령을 소유한 그리스도의 사람

성령은 주 예수의 영이시며, 이 영은 하나님의 영이다. 이 성령은 우리를 위해 간절히 구하시고 구원에 이르게 하신다(빌 1:19). 그리고 이 성령은 하나님의 아들의 영을 성도의 마음 가운데 보내셔서 하나님을 '아빠 아버지'라 부르게 하신다(갈 4:6). 그 뿐만 아니라, 이 성령은 영광스러운 구원에 이르게 하신다.

> 주는 영이시니 주의 영이 계신 곳에는 자유가 있느니라. 우리가 다 수건을 벗은 얼굴로 거울을 보는 것 같이 주의 영광을 보매 그와 같은 형상으로 변화하여 영광에서 영광에 이르니 곧 주의 영으로 말미암음이니라.(고후 3:17~18)

이렇게 모든 거듭난 성도는 성령의 역사 가운데 그리스도의 소유물이 되는 동시에, 아들의 영 즉 그리스도의 영을 소유하게 되어 아버지 하나님을 아빠라 부르며 그 분께 기도하고 장차 완성될 구원의 영광스러움을 바라보고 소망 가운데 구원에 동참하게 된다.

이 모든 구원의 역사가 삼위 하나님께서 공동으로 함께 이루시는 사역이라는 점을 알 수 있다. 이 차원에서 사도 바울은 9절에서 다음과 같이 단정적으로 선언한다.

> 만일 너희 속에 하나님의 영이 거하시면 너희가 육신에 있지 아니하고 영에 있나니 누구든지 그리스도의 영이 없으면 그리스도의 사람이 아니라.(롬 8:9)

앞 장에서, 성도가 주를 고백하도록 하시는 것이 하나님의 영, 그리스도의 영, 성령이라는 것을 살펴보았고, 성도는 또한 이 고백을 하게 하시는 성령을 모신 성전으로서 구별된 삶을 살아야 하는 영적 존재임을 살펴보았다.

> 너희는 너희가 하나님의 성전인 것과 하나님의 성령이 너희 안에 계시는 것을 알지 못하느냐 누구든지 하나님의 성전을 더럽히면 하나님이 그 사람을 멸하시리라 하나님의 성전은 거룩하니 너희도 그러하니라.(고전 3:16~17)

즉, 신앙을 고백하고 세례를 받은 성도는 하나님과의 교제가 회복된 자요, 예수 그리스도와 연합된 자로서 "그리스도 안에서(in Christ Jesus), 그리스도와 함께(with Christ), 그리스도에 의해서(by Christ), 그리스도를 통하여(through Christ)" 자기 인생의 모든 영역에서 성도로 활동하는 자이다.

성숙한 성도가 살아가면서 그가 속한 공동체에 참여하여 교육, 문화, 정치, 경제, 사회의 모든 영역에 신앙 고백적 차원의 영향력을 미치게 되면, 이 영향력은 우리 삶의 모든 영역에서 다방면으로 미치게 된다. 이것은 하나님께서 예수와 한 몸 된 성도를 통하여 죄로 인하여 오염된 이 세상을 정화하고 회복시켜 하나님의 거룩한 몸으로서의 교회를 만들어 가시는 "회복과 변화의 구원과정(The Progress of Recover and transformation for salvation)"이다.

이것은 성령께서 죄로 인하여 부서진 그리스도의 몸을 세우시고 이루어 가시는 거룩한 구원 역사이다. 그리스도와 연합된 자는 시대와 지역, 성별과 직위, 인종과 관계없이 예수와 한 영이 되며(고전 6:17), 주와 한 지체가 되어 한 몸을 이루는 공동체이다.

> 우리가 유대인이나 헬라인이나 종이나 자유인이나 다 한 성령으로 세례를 받아 한 몸이 되었고 또 다 한 성령을 마시게 하셨느니라.(고전 12:13)

예수를 주로 고백하는 모든 성도는 그리스도와 연합된 자로서 그에게 속한 자이며, 예수의 영 즉 성령에 동참한 자이다. 이런 의미에서 거듭난 모든 성도는 소위 오순절파에서 주장하는 성령을 이미 받은 자이다. 설령, 그가 방언하지 못하고 어떤 치유의 능력 내지는 은사를 행사하지 못한다 할지라도, 그는 성령을 받은 자요, 성령을 체험한 자요, 하나님의 능력을 기도로 획득한 자요, 또한 하나님의 능력을 경험하는 자이다. 성령을 받는다는 것이 오순절파들만의 독점적인 것이 아니고, 또한 이를 위해서 그 집단에만 들어가야만 하는 것도 결코 아니다.

이렇게 성령께서는 죄로 타락한 우리 속에서 역사하신다. 성령 하나님께서는 믿음을 고백하는 성도의 심령 속에 내주하신다(롬 8:1~2). 그리고 역사하셔서 그가 "예수 안에서(in Jesus), 예수와 함께(with Christ), 예수를 통하여 (through Christ)" 모든 활동을 하도록 인도하신다. 이렇게 성도는 성령을 마음속에 모시고 살아간다. 그래서 바울 사도는 이러한 말씀을 한 것이다.

> 만일 너희 속에 하나님의 영이 거하시면 너희가 육신에 있지 아니하고 영에
> 있나니 누구든지 그리스도의 영이 없으면 그리스도의 사람이 아니라.(롬 8:9)

2. 성도를 부활시키시는 성령

로마서 8:10에서 사도 바울은 성도가 고백하는 부활과 소망이 어떻게 이루어질 것을 잘 설명하고 있다.

> 또 그리스도께서 너희 안에 계시면 몸은 죄로 말미암아 죽은 것이나 영은 의
> 로 말미암아 살아 있는 것이니라. 예수를 죽은 자 가운데서 살리신 이의 영이
> 너희 안에 거하시면 그리스도 예수를 죽은 자 가운데서 살리신 이가 너희 안
> 에 거하시는 그의 영으로 말미암아 너희 죽을 몸도 살리시리라.(롬 8:10~11)

이 말씀에서 놀라운 진리를 발견한다. 기독교는 단지 예수 십자가와

부활을 기념하고 십자가를 숭배하는 종교가 아니다. 우리가 믿는 것은 예수의 십자가와 부활뿐 아니라, 놀랍게도 우리 자신의 몸의 부활을 믿는다. 그런데 어떻게 이 고백이 가능한가? 이를 위해서 우리는 이 고백을 하게 하시는 삼위 하나님의 공동 사역에 대하여 주목해야 한다.

1) 삼위 하나님의 공동 사역

예수 그리스도를 죽은 자 가운데서 살리신 하나님께서 우리의 죽을 몸도 살리실 것이다. 그 이유와 근거가 무엇인가? 그 이유는 성령 하나님께서 성도 안에 거하시므로 죄로 더렵혀있는 몸을 거룩하게 하기 위함이다. 그런데 어떻게 거룩하게 하시는가? 성령께서는 성령의 능력으로 죄인 가운데 거하셔서 그가 거룩한 생활을 하도록 이끌어 가신다. 하나님께서는 이렇게 하여 이미 우리 영혼에 생명을 주신 성령을 통하여 마지막 날에 우리의 몸도 살려 주실 것이다.

이 설명에서 확인되는 것이 무엇인가? 삼위 하나님께서 나를 구원하시기 위하여 적극적으로 그리고 공동으로 내 속에서 일하고 계신다는 것이다. 이것은 놀랍고 신비한 일이다. 성부께서는 성자 하나님을 죽은 자 가운데서 부활하게 하시고 그를 승천하게 하셔서 하나님 보좌 우편에 앉히시고 그에게 온 세상을 다스릴 권세를 주셨다.

> 그의 능력이 그리스도 안에서 역사하사 죽은 자들 가운데서 다시 살리시고 하늘에서 자기의 오른편에 앉히사, 모든 통치와 권세와 능력과 주권과 이 세상뿐 아니라 오는 세상에 일컫는 모든 이름 위에 뛰어나게 하시고, 또 만물을 그의 발아래에 복종하게 하시고 그를 만물 위에 교회의 머리로 삼으셨느니라.(엡 1:20~22)

성자 하나님께서는 성부 하나님께 간절히 구하여 성령 하나님께서 이 땅에 오셨다. 주님은 살아생전에 제자에게 이 점을 분명히 하셨다.

내가 아버지께 구하겠으니 그가 또 다른 보혜사를 너희에게 주사 영원토록

너희와 함께 있게 하리니(요 14:16)

그러나 내가 너희에게 실상을 말하노니 내가 떠나가는 것이 너희에게 유익이
라 내가 떠나가지 아니하면 보혜사가 너희에게로 오시지 아니할 것이요 가면
내가 그를 너희에게로 보내리니(요 16:7)

오순절 성령 강림으로 이 땅에 오신 성령께서는 예수께서 말씀하
신 구속의 진리와 십자가와 부활의 복음을 듣게 하시고 이를 믿게 하
신다. 성령께서는 이 예수의 복음을 들은 자가 믿도록 그 심령 속에
역사하신다.

그러나 진리의 성령이 오시면 그가 너희를 모든 진리 가운데로 인도하시리니
그가 스스로 말하지 않고 오직 들은 것을 말하며 장래 일을 너희에게 알리시
리라.(요 16:13)

그러므로 믿음은 들음에서 나며 들음은 그리스도의 말씀으로 말미암았느니
라.(롬 10:17)

이렇게 성령의 역사로 죄인은 회개하고 또한 예수께서 십자가의 죽
음으로 완성된 의의 진리를 믿어 의에 이르게 된다. 이것이 복음이다(롬
1:17~18).

성도는 성령께서 이끌어 주신 결과로 하나님과 화평을 누리게 되고
(롬 5:1~2), 의로운 자가 되어 영광스러운 구원을 확신하고 그 나라에 들
어갈 소망 가운데 살아가게 된다.

이러한 점에서 성도의 신앙은 종말론적(eschatological faith)이라 하
겠다. 이것이 무슨 뜻인가 하면, 온전한 신앙을 고백한 자에게는 성령
께서 역사하셔서 그 삶의 마지막 순간까지 그가 하나님의 나라에 들어
갈 수 있도록 인도하신다는 것이다. 그래서 지금 당장 죽어도 성도는
예수와 연합한 자이기에 하나님 보좌 우편에 계신 주와 함께 천국에 갈
수 있음을 확신하며 산다는 것이다.

초대 교회 성도들은 이러한 구원의 진리인 복음을 믿었다. 그래서 서로 격려하며 끝까지 이 신앙을 지켜나가 최종 승리할 것을 가르쳤다.

> 미쁘다 이 말이여 우리가 주와 함께 죽었으면 또한 함께 살 것이요(딤후 2:11)

> 그 후에 우리 살아남은 자들도 그들과 함께 구름 속으로 끌어 올려 공중에서 주를 영접하게 하시리니 그리하여 우리가 항상 주와 함께 있으리라.(살전 4:17)

2) 부활의 영이신 성령

11절에서 바울은 성도의 부활 신앙을 두 단계로 설명한다.

> 예수를 죽은 자 가운데서 살리신 이의 영이 너희 안에 거하시면 그리스도 예수를 죽은 자 가운데서 살리신 이가 너희 안에 거하시는 그의 영으로 말미암아 너희 죽을 몸도 살리시리라.(롬 8:11)

첫째, 의를 믿는 영으로 부활

하나님의 영은 예수를 죽은 자 가운데서 살리셨다. 성도가 내주하시는 성령의 역사로 예수 십자가와 부활을 믿은 성도가 죽어 흙으로 돌아간다고 하더라도, 그는 예수께서 십자가 구속사역으로 이루신 그리스도의 의로 인하여 다시 살게 될 것이다. 이것은 놀라운 신비의 말씀이다. 부언하자면, 예수를 믿어 거듭나 의롭다고 선언 받은 성도는 비록 몸은 죽어 흙으로 되돌아가지만, 그의 영은 예수께서 십자가에서 이루신 의를 믿었기 때문에 그 의(義)로 말미암아 그 육체가 흙으로 돌아간다 해도 장차 부활하게 된다는 것이다. 이 부활의 신앙을 갖게 하시는 성령 하나님이시다.

> 무릇 흙에 속한 자들은 저 흙에 속한 자와 같고 무릇 하늘에 속한 자들은 저 하늘에 속한 이와 같으니, 우리가 흙에 속한 자의 형상을 입은 것 같이 또한 하늘에 속한 이의 형상을 입으리라. 형제들아 내가 이것을 말하노니 혈과 육은 하나님 나라를 이어받을 수 없고 또한 썩는 것은 썩지 아니하는 것을 유업으로 받지 못하느니라. 보라, 내가 너희에게 비밀을 말하노니 우리가 다 잠잘

것이 아니요, 마지막 나팔에 순식간에 홀연히 다 변화되리니, 나팔 소리가 나매 죽은 자들이 썩지 아니할 것으로 다시 살아나고 우리도 변화되리라.(고전 15:48~52)

둘째, 부활을 믿게 하는 영적 원리

그러면, 어떻게 이 부활의 역사가 발생하게 될까? 예수를 죽은 자 가운데서 살리신 이의 영 즉 하나님의 영은, 이미 그리스도 예수를 죽은 자 가운데서 살리시고 이를 믿게 하신 영이시기에 같은 성령 하나님은 죽은 성도의 몸도 다시 살리실 것이다. 이것은 완벽한 삼위 하나님의 공동 사역이다. 이 점에서 스토트의 설명은 매우 적절하다. 그는 "아버지는 당신이 하시려는 것을 아들을 통하여서 하시고, 아들은 자신이 하는 것을 성령을 통하여서 하신다."라고 말했다.

우리 몸은 죄 가운데 출생하여 죄와 더불어 살아가고, 타락한 세상의 수렁 가운데에서 살아간다. 그래서 우리가 소망을 갖기 힘들지만, 예수 안에서 살아가는 우리는 주께서 이루신 구원의 진리를 확신하며 살아간다. 그래서 죽음이 닥친다 하더라도 우리가 하나님 우편에 앉아 계신 예수와 연합된 자로서의 확신과 담대함 그리고 영광스러운 구원에 참여할 소망을 가진 자로서 살아야 할 것이다. 이것이 성도의 진정한 삶의 자세이다.

결 론

성령 하나님은 은사와 능력만을 주시는 체험적 신앙의 단순한 대상이 아니다. 오순절 강림으로 이 땅에 오신 성령께서는 믿는 성도의 마음속에 내주하시면서 예수 그리스도의 말씀을 듣게 하시고, 믿게 하시고, 그 말씀대로 살아가도록 하신다. 이 믿음은 '예수 믿고 천국 갑시다.'라는 단순한 복음을 넘어서, 영원한 하나님 나라를 바라보고, 우리가 예수와 함께 이미 그 나라에 가 있음을 온전히 믿는 것이다.

이 세상에서 비록 타락하고 부패된 고통스러운 생활을 하지만, 성령 께서는 성도로 하여금 구별된 하나님 나라 백성으로서 믿음과 긍지, 그리고 확신과 담대함으로 이 세상을 당당하게 살아가게 하신다. 사도 바울은 이 점을 확신하고 신앙의 경주를 힘차게 달려갔다.

> 나는 선한 싸움을 싸우고 나의 달려갈 길을 마치고 믿음을 지켰으니, 이제 후 로는 나를 위하여 의의 면류관이 예비되었으므로 주 곧 의로우신 재판장이 그 날에 내게 주실 것이며 내게만 아니라 주의 나타나심을 사모하는 모든 자 에게도니라.(딤후 4:7~8)

바울은 자신에게만 아니라 놀랍게도, 그 길을 따라가는 모든 성도에 게도 이 구원이 동일하게 주어지는 것임을 확신하고 강력하게 권했다. 그는 이 사명을 후임 전도자인 디도에게도 가르쳤다.

> 모든 사람에게 구원을 주시는 하나님의 은혜가 나타나 우리를 양육하시되 경 건하지 않은 것과 이 세상 정욕을 다 버리고 신중함과 의로움과 경건함으로 이 세상에 살고 복스러운 소망과 우리의 크신 하나님 구주 예수 그리스도의 영광이 나타나심을 기다리게 하셨으니 그가 우리를 대신하여 자신을 주심은 모든 불법에서 우리를 속량하시고 우리를 깨끗하게 하사 선한 일을 열심히 하는 자기 백성이 되게 하려 하심이라.(딛 2:11~14)

모두가 복된 이 11절 말씀을 마음 깊이 담고 내주하시는 성령 하나 님을 깊이 의식하고 사모하기 바란다. 성령님을 예민하게 느끼며 그분 의 인도를 잘 따라가는 은혜가 풍성하시기 바란다.

> 예수를 죽은 자 가운데서 살리신 이의 영이 너희 안에 거하시면 그리스도 예 수를 죽은 자 가운데서 살리신 이가 너희 안에 거하시는 그의 영으로 말미암 아 너희 죽을 몸도 살리시리라.(롬 8:11)

제95강

죽을 몸을 살리시는 성령

예수를 죽은 자 가운데서 살리신 이의 영이 너희 안에 거하시면 그리스도 예수를 죽은 자 가운데서 살리신 이가 너희 안에 거하시는 그의 영으로 말미암아 너희 죽을 몸도 살리시리라(로마서 8:11).

로마서는 구원의 도리 즉 구원론(Soteriology)에서 예수 부활의 의미를 매우 강조한다. 바울은 하나님께서 주신 복음은 죄로 타락한 인간을 구원하시는 하나님의 의라 규정했다(롬 1:17). 그는 구원은 죄를 지어 하나님의 영광에 이르지 못하는 인간을 예수의 십자가의 구속으로 하나님의 영광된 자리로 이끌어가는 여정이라 규정하고 이것을 칭의와 성화 그리고 영화 교리로 설명한다.

이 구원의 도리를 함축적으로 설명한 구절이 있다.

하나님이 미리 아신 자들을 또한 그 아들의 형상을 본받게 하기 위하여 미리 정하셨으니 이는 그로 많은 형제 중에서 맏아들이 되게 하려 하심이니라. 또 미리 정하신 그들을 또한 부르시고 부르신 그들을 또한 의롭다 하시고 의롭다 하신 그들을 또한 영화롭게 하셨느니라.(롬 8:29~30)

삼위 하나님께서는 이 놀라운 구원의 여정을 주도적으로 이끌어 가신다. 로마서 8장 11절의 말씀 속에는 삼위 하나님께서 이루어 가시는 구원의 과정과 내용이 담겨있다. 이러한 점에서 11절은 바울 구원론의 핵심 구절이라 하겠다.

> 예수를 죽은 자 가운데서 살리신 이의 영이 너희 안에 거하시면 그리스도 예수를 죽은 자 가운데서 살리신 이가 너희 안에 거하시는 그의 영으로 말미암아 너희 죽을 몸도 살리시리라.(롬 8:11)

1. 중요한 11절

11절이 중요한 이유가 무엇인가? 네 가지 요소로 생각해 보자.

첫째, 예수 그리스도의 몸이 죽은 자 가운데서 부활했다.

둘째, 하나님의 영이신 성령이 죽은 자 가운데서 살리시는 주체다.

셋째, 핵심 주제는 '몸의 부활'로 이는 영화의 상태이다.

넷째, 성화와 영화의 교리를 함께 다루고 있다.

이제 이 구절에 담겨있는 네 개념을 다루어 보자. 사실, 예수를 믿는다는 말 속에는 이 진리가 담겨있음을 알고 믿는 것이다. 즉, 성경은 단순하게 '예수 믿으면 천국에 보내주마!'라는 간단한 공식과 같은 복음을 전하는 것이 결코 아니다.

그래서 거듭난 성도는 '구원을 사모한다!'라는 의미를 명확하게 인식하고 확신해야 하고 반드시 자신의 구원이 어떤 과정과 구조 속에서 이루어지는지를 알아야 한다. 이 차원에서 바울은 에베소 교회 성도들에게 강력하게 권고했다.

> 우리가 다 하나님의 아들을 믿는 것과 아는 일에 하나가 되어 온전한 사람을 이루어 그리스도의 장성한 분량이 충만한 데까지 이르리니, 이는 우리가 이제부터 어린아이가 되지 아니하여 사람의 속임수와 간사한 유혹에 빠져 온갖 교훈의 풍조에 밀려 요동하지 않게 하려 함이라.(엡 4:13~14)

성도가 이단 사설에 빠지는 이유가 무엇인가? 바로 믿는 것과 아는 것을 확실하게 점검하고 또 그 진리를 확증하지 못했기 때문이다.

2. 중요한 두 단어

11절에서는 반복적으로 사용되는 중요한 두 단어가 있다. '살린다 (egero, to raise)'와 '거한다(zopoieo, to make alive)'라는 단어이다. 이 구절에서 이 두 단어를 반복적으로 사용하며 그 의미를 강조하고 있다.

1) 살린다

이 구절에서 "살리다"라는 말과 상반절에서의 "예수를 죽은 자 가운데서 살리신 이"가 반복적으로 사용되고 있다. 그리고 하반절에 "너희 죽을 몸도 살리시리라"라고 또 사용되고 있다. 여기서 '살린다(egeiro)'라는 단어는 매우 강력한 동사이다. 그런데 먼저 사용된 '살린다'와 뒤에서 말하는 '살린다'라는 단어의 한글 번역은 같지만, 원문의 의미는 사뭇 다르다.

먼저 "살리신 이의 영(to pneuma tou egairantos)"과 그 다음의 "살리신 이(ho egeiron)"는 같은 뜻이다. 앞의 '살리다(egeiro)'는 '소생케 하다, 일으키다, 부활시키다(to quick, to raise, to resurrect)'의 뜻이다. 그러나 후자 즉 '너희 죽을 몸도 살리시리라'에서 '살리다(Juopoieo)'는 '생명을 부여하다, 살게 하다(to give life, to make alive)'라는 뜻이다. 설명하자면, 이 구절은 예수를 죽은 사람들 가운데서 살리신 분의 영이 우리 안에 살아 계시면, 그리스도를 죽은 사람들 가운데서 살리신 그 분께서, 성도 안에 계신 자기의 영으로 우리의 죽을 몸도 살리실 것이라는 뜻이다.

죄가 관영한 세상을 살아가는 우리 몸은 죄로 약하여지고, 죄로 인하여 부패하게 되어 온갖 고통으로 신음하며 병들어 간다. 종국에 가서는 심히 약해져 죽음에 이르게 되기 때문에 우리 몸은 정말로 살릴 필요가 있다. 그런데 놀랍게도 하나님의 말씀은 예수 안에서 우리 몸이 장차 부활하여 살게 될 때가 있다고 설명한다. 즉 성령께서는 부활의 영으로 예수를 살리셨고, 그 사실을 믿게 하신 그 영께서 우리 속에 계셔서 우리도 살리신다는 것이다. 이것은 놀라운 구원의 진리가 아닐 수 없다.

이것은 영겁의 세월이 지나면 착하게 산 사람은 사람으로, 악하게 산 사람은 동물로 다시 태어난다는 불교의 환생 교리와 같은 허무맹랑한 것이 아니다. 기독교의 구원 진리는 아주 구체적이고 치밀하게 짜인 구원론을 제시한다.

2) 거하다

다음은 '거하다(*enoikeo*)'라는 단어인데, '거주하다, 산다(to dwell in, to live in)'라는 의미이다. 즉 성령께서 성도가 살 수 있도록 우리 안에 거하신다는 뜻이다. 우리의 죽을 몸 안에 내주하시는 성령께서 예수를 죽은 자 가운데서 살리셨기에 하나님의 영께서는 우리의 죽을 몸을 살려 예수의 영 안에서 살아갈 수 있게 하신다는 뜻이다.

3. 삼위 하나님의 공동사역인 성화와 영화

먼저 생각할 점은 성도의 구원이 삼위일체 하나님의 공동사역임을 말하고 있다는 것이다. "예수를 죽은 자 가운데서 살리신 이(11a)"는 성부 하나님을 말한다. 그리고 "너희 안에 거하시는 그의 영(11b)"은 "하나님의 영" 즉 "성령"을 칭한다. 이것은 같은 사역 즉 부활 사역을 한 번은 성부께서, 한 번은 성령께서 일하고 계시는 셈이다. 성부의 부활 사역은 예수에게, 성령의 부활 사역은 성도에게 하시는 것이다.

이 점에서 매우 흥미로운 사실은 예수께서 이렇게 말씀하신 점이다.

내 아버지의 뜻은 아들을 보고 믿는 자마다 영생을 얻는 이것이니 마지막 날
에 내가 이를 다시 살리리라 하시니라.(요 6:40)

이 말씀이 무슨 뜻인가? 예수께서 하나님의 아들을 믿는 자를 마지
막 날에 살리시겠다는 것이다. 성부께서도 예수를 살리신 것같이 성자
께서 성령을 통하여 우리를 살리시겠다는 것이다. 예수의 부활은 예수
께서 십자가에서 돌아가셔야만 이루어질 수 있었다. 그런데 흥미로운
점은 성부 하나님께서 무조건 성자를 죽이신 것이 아니라, 아들이 자발
적으로 자신의 목숨을 내어주어 십자가를 지셨다는 것이다.(예수 그리스
도의 긍정적 순종) 이에 대하여 예수께서는 이러한 자발적 권한은 성부께
받은 특권적 권세라고 말씀하셨다.

내가 내 목숨을 버리는 것은 그것을 내가 다시 얻기 위함이니 이로 말미암아
아버지께서 나를 사랑하시느니라. 이를 내게서 빼앗는 자가 있는 것이 아니
라, 내가 스스로 버리노라. 나는 버릴 권세도 있고 다시 얻을 권세도 있으니
이 계명은 내 아버지에게서 받았노라 하시니라.(요 10:17~18)

그런데 이러한 말씀을 통하여 성도는 혼란을 겪기도 한다. 어떻게 삼
위 하나님께서 하시는 이 구원을 이해할 것인가? 성부, 성자 그리고 성
령께서 공동으로 우리를 다시 살리신다는 것이다. 이 말씀을 어떻게 받
아드려야 할 것인가?

바울 사도는 "만일 너희 속에 하나님의 영이 거하시면 너희가 육신에 있지 아
니하고 영에 있나니 누구든지 그리스도의 영이 없으면 그리스도의 사람이 아니라(롬
8:9)"라고 하면서, 이 진리는 그리스도의 영 즉 예수의 영, 즉 하나님
의 영, 즉 성령이 있어야만 알 수 있고 받아드릴 수 있는 진리라고 말
한다.

그러므로 우리는 성령의 역사를 의지하고 따지지 말고 믿어야 한다.
왜냐하면 이것은 인간이 도저히 이해할 수 없는 영역에서 이루어지는
삼위 하나님의 공동 구원 사역이기 때문이다. 삼위일체 하나님께서는

우리의 구원을 위하여 협력적으로 함께 일하셔서 성도가 거듭나도록 역사하신다.

1) 성화의 과정

삼위 하나님의 구원 계획과 진행 과정은 성도의 성화의 과정에서 잘 나타난다. 이것을 위해 삼위 하나님은 분리되지 않고 동시적이며 포괄적으로 성도의 구원을 위해 강력하고 완벽하게 협동하여 이루신다. 이 강력하고 완벽한 하나님의 구원에는 결코 후회나 취소가 없으며 또한 소멸되지도 않는다.

실제로 예수께서는 제자 중에 택함을 받지 못한 가룟 유다(막 14:21)를 제외한 11명의 제자를 온전히 구원하시어 하나님께서 그에게 맡기신 모든 제자들을 온전하게 하셨음을 확신하셨다. 그래서 주님은 "이는 아버지께서 내게 주신 자 중에서 하나도 잃지 아니하였사옵나이다 하신 말씀을 응하게 하려 함일러라(요 18:9)."이라고 기도하셨고 사도 바울 역시 하나님의 구원은 결코 취소될 수는 것임을 강조했다.

하나님의 은사와 부르심에는 후회하심이 없느니라.(롬 11:29)

본문 11절은 성도의 몸은 죄로 죽지만, 영은 영원히 산다는 진리를 담고 있다. 그런데, 사도는 "예수를 믿으면 천국에서 영원히 삽니다!"라고 간단히 선언하면 될 것을, 왜 "예수를 죽은 자 가운데서 살리신 이의 영이 너희 안에 거하시면 그리스도 예수를 죽은 자 가운데서 살리신 이가 너희 안에 거하시는 그의 영으로 말미암아 너희 죽을 몸도 살리시리라!"라고 장황하게 말했을까?

여기에는 바울 사도 나름대로 특별한 의도가 있었을 것이라고 여겨진다. 그의 의도는 "성령 하나님의 내주하심(the indwelling of the Holy Spirit)"을 강조하려는 것이다. 이유는 성령의 내주하심이 구원을 이루어가는 즉 성도의 성화의 과정에 있어서 절대적인 역할을 하기 때문이다. 우리의 죽을 몸이 부활하게 되고 성화를 거쳐 종국에 가서는 존귀하신 하나님 앞에 이르게 하시는 영화의 주체가 우리 안에 내주하시는 성령이라는 사실을 강조하기 위함이다.

성도는 이 점을 반드시 기억해야 한다. 비록 여전히 이 죄된 세상에서 더럽혀진 육체를 갖고 살아가지만, 성령께서 성도의 마음속에 계시면 모든 악에서 그를 보호하시고 구원으로 이끄시고 마침내 구원까지 안전하게 도달하게 하신다는 사실이다. 이것이 사도 바울이 말하는 복음이요, 성경이 밝히는 구원의 도리이다. 그러기에 성도는 이 "성령의 내주하심의 교리(the doctrine of indwelling of the Holy Spirit)"를 숙지하고 사모해야 한다.

2) 성령의 성화와 영화 사역

이러한 구원의 맥락 속에서 내주하시는 성령께서는 성도가 구원을 확신하게 하신다. 이 진리 속에는 몇 가지 특징이 담겨있다.

첫째, 내주하시는 성령께서는 성도의 최종 구원을 보증하신다.

> 그 안에서 너희도 진리의 말씀 곧 너희의 구원의 복음을 듣고 그 안에서 또한 믿어 약속의 성령으로 인치심을 받았으니 이는 우리 기업의 보증이 되사 그 얻으신 것을 속량하시고 그의 영광을 찬송하게 하려 하심이라.(엡 1:13~14)

이 구절에서 특이한 개념 즉 인치심(*epragizow*, sealed)과 보증하심(*barrabon*, guaranteeing)은 마치 이것은 계약서에 도장을 찍고 반드시 지불하겠다는 인증을 하는 것과 같은 개념이다. 이것은 보험 증서와 같이 성령께서 하나님이 이루어 가시는 구원의 과정 즉 성화와 영화를 보증하신다는 의미다.

둘째, 하나님의 영의 사역은 절대 취소되지 않는다.

바울은 비록 자신이 감옥에 갇혀서 사역할 수 없는 가운데서도 이 점을 확신하고 빌립보 교회 성도들에게 이 점을 강조하며 그들을 격려했다.

> 너희 안에서 착한 일을 시작하신 이가 그리스도 예수의 날까지 이루실 줄을 우리는 확신하노라.(빌 1:6)

셋째, 성령께서는 실제로 성도 마음속에 내주하시며 일하신다.

바울은 이 점을 고린도교회 성도들이 확실하게 인식하도록 도전하며 경고했다.

> 너희 몸은 너희가 하나님께로부터 받은바 너희 가운데 계신 성령의 전인 줄을 알지 못하느냐 너희는 너희 자신의 것이 아니라(고전 6:19)

넷째, 우리 안에 계신 성령은 예수 그리스도 안에 계신 영과 같다.

바울은 로마서 6장에서 그리고 고린도전서 15장에서 예수의 영은 성령이심을 분명히 밝히며 교차적으로 사용하고 있다. 즉 율법의 요구를 다 이루어 죄의 형벌을 받아 십자가에서 돌아가시고 부활하셔서 구속의 진리를 완성하신 예수를 믿게 하시는 성령은 예수의 영으로서 성도가 구원의 도리를 믿게 하신다. 사도는 이 점을 분명히 한다 (롬 8:11).

다섯째, 몸의 부활로 완성하시는 성령의 영화 사역이다.

서두에서도 말씀드린 바와 같이, 기독교의 구원은 성도의 몸의 부활로 완성된다. 이것은 구원의 최종 단계이다. "몸의 부활, 육체의 부활"을 기독교 구원론은 말한다. 이것은 이 세상 그 어떤 종교에서도 말하고 있지 않는 기독교만의 독점적 구원론(the exclusive soteriology)이다.

모든 인간은 범죄하여 아담의 죄와 함께 타락하였고 저주받아 사망에 처하게 되었다. 바울 사도는 모든 사람은 죄를 지어 하나님의 영광에 이르지 못하였고(롬 3:23 a), 결국 사망에 이르렀다고 단정한다(롬 6:23

a). 그래서 모든 인간은 죽은 자이고 그들은 전적으로 타락하여(total depravity) 구원의 여지가 전혀 없는 자들이다. 그런데 소망 없는 자들을 구하기 위하여 예수께서 이 땅에 육신의 몸을 입고 오신 것이다. 이것이 성도에게 주어진 진리이고 은혜인 것이다.

> 말씀이 육신이 되어 우리 가운데 거하시매 우리가 그의 영광을 보니 아버지의 독생자의 영광이요 은혜와 진리가 충만하더라.(요 1:14)

그 분은 우리와 같은 성정을 가진 몸으로 33년 반을 우리와 같은 방식으로 사셨다. 그 분은 인간의 온갖 경험을 우리와 같이 하시며 사셨으나 죄는 없으셨다. 주님은 우리와 같은 삶을 사셨기 때문에 우리의 연약함을 이해하시고 긍휼히 여기실 수 있으시다. 이 점에 대하여 히브리서 기자는 다음과 같이 말한다.

> 우리에게 있는 대제사장은 우리의 연약함을 동정하지 못하실 이가 아니요, 모든 일에 우리와 똑같이 시험을 받으신 이로되 죄는 없으시니라.(히 4:15)

주 예수께서 이 땅에 오신 이유가 무엇인가? 죄로 타락하여 저주받은 인간을 구원하시기 위함이다(막 10:45). 이 구속의 진리를 예수의 영 즉 성령께서 성도가 믿게 하시고, 믿는 자속에 거주하시며, 비록 그가 지은 죄로 인하여 죽지만, 마침내 그 몸을 부활시키셔서 구원을 완성하신다. 이는 성도의 마음속에 거주하시며 집요하게 역사하셔서 마침내 영화에 이르도록 이끄시는 성령 하나님의 사역이다.

결 론

지난 1984년 12월에 54세 일기로 하나님의 부르심을 받은 어머님의 시신 앞에서 오열했었다. 저는 어머님의 차디찬 얼굴을 내 얼굴로 비비며, "만약 부활이 없다면, 그래서 사랑하는 어머님을 천국에서 다시 얼굴과 얼굴을 대면하여 만나지 못한다면 저는 하나님을 믿지 않겠습니다. 확신하건대 어머님이 믿으며 가신 그 영광스러운 자리에 저도 가서 먼저 가신 어머님을 얼굴과 얼굴로 대면하겠습니다. 저는 이것을 믿습니다!"라고 고백하며 울부짖었었다.

진정 몸의 부활을 믿는가? 내주 하시는 성령의 역사하심을 믿는가? 이 놀라운 구원을 이루신다는 사실을 믿는가? 진정으로 거듭난 성도는 막연하게 구원을 기대하지 않는다. 그는 온전한 구원, 몸의 부활, 몸의 구원을 확신하고 믿는다.

이것은 아담의 범죄에 함께 참여한 대가로 저주를 받아 모든 인간이 죽는 것 같이, 예수의 십자가와 함께 죽고, 예수와 함께 부활한 성도는 반드시 예수와 함께, 예수를 통하여, 그리고 예수 안에서 부활에 참여하여 완성된 구원에 이르는 것을 믿는 것이다. 즉 예수께서 몸의 부활 즉 육체의 부활을 하신 것과 같이, 성도는 모두 예수 안에서 몸의 부활을 경험하게 되는 구원 진리를 믿는 것이다.

몸의 부활을 믿습니다

예수를 죽은 자 가운데서 살리신 이의 영이 너희 안에 거하시면 그리스도
예수를 죽은 자 가운데서 살리신 이가 너희 안에 거하시는 그의 영으로 말
미암아 너희 죽을 몸도 살리시리라(로마서 8:11).

'팥 없는 찐빵'이란 말이 있다. 무슨 말인가? 핵심이 빠진 것을 빗대
어 하는 말이다. 기독교에서 부활이 없다면 이는 '팥 없는 찐빵'과 같
다. 부활을 믿지 않는 신앙은 핵심이 빠진 신앙이며, 공허한 신앙이고,
한 마디로 헛된 신앙이다. 그런데 과연 오늘날 우리가 몸의 부활을 믿
기는 하는지 우려스럽다. 요즈음 여기 저기 몸을 더럽히는 동성애가 만
연하고 있다. 이젠 교회와 교단도 동성애(LGBTQ) 문제로 심각한 내홍
을 겪고 있다. 참으로 안타까운 일이 아닐 수 없다.

오늘 기독교는 세속화 물결에 휩쓸려 한없이 세상과 타협하며 추락
하고 있다. 과연 기독교가 세속화의 물결에 이렇게 무기력하고 한심한
모습으로 추락한 적이 역사적으로 있었는가 생각하게 된다. 오늘 기독
교는 세속적 기독교(Secular Christianity)라 칭하지 않을 수 없다. 이것은
비겁한 기독교이다. 그래서 기독교이기를 포기하는 형국으로 보여 세

상의 조롱거리가 되고 있다. 교회가 세상의 사업체와 같고, 목사는 기업체의 CEO와 같고, 교인들은 회사의 직원과 같아 보인다. 관심은 '얼마나 모이는가?', '어떤 사업을 하는가?' '얼마나 헌금이 걷히는가?' 이런 질문들은 장마당에서 회자되는 관심거리와 다르지 않다. 과연 우리 신앙이 십자가 대속의 진리와 몸의 부활과 내세에 완성될 영광스러운 구원을 소망하는 믿음으로 살고 있는가?

예수께서 이 땅에 오신 것은 죄로 인하여 타락하여 죽게 된 자들을 구속하고 구원하기 위함이다. 주께서는 이 땅에 오신 목적을 "인자가 온 것은 잃어버린 자를 찾아 구원하려 함이니라(눅 19:10)"라고 분명하게 밝히셨다. 주께서 말씀하시는 구원은 결코 추상적이지 않다. 성경에서 말하는 구원은 아주 구체적인 내용을 담고 있다. 예수께서 말씀하시는 구원은 나의 죽은 몸을 일으키셔서 이루시는 구원이다. 이 말은 내 몸이 부활하여 완성된 구원에 이르기 전까지는 구원이 완전하게 성취되었다고 말할 수 없다는 뜻이다.

본문은 "예수를 죽은 자 가운데서 살리신 이의 영이 너희 안에 거하시면 그리스도 예수를 죽은 자 가운데서 살리신 이가 너희 안에 거하시는 그의 영으로 말미암아 너희 죽을 몸도 살리시리라(롬 8:11)."라고 말한다.

이 말씀을 믿는가? 우리 몸은 첫째 아담의 불순종으로 죄를 범한 결과 아담과 함께 죽은 존재이다. 이는 아담의 죄와 죽음에 동참한 자라는 뜻이다. 그런데, 우리는 장차 둘째 아담이신 예수 그리스도의 재림과 심판 때에 예수와 연합된 자로 구원을 얻게 될 것이다. 성도는 이 사실을 분명하게 인식하고 확신해야 한다.

이 놀랍고 신비한 구원의 진리를 과연 진실하게 믿고 있는가? 신실한 하나님의 자녀들은 둘째 아담이신 예수께서, 아버지 하나님께 순종하여 이루신 십자가와 부활에 함께 참여하여 마침내 완성될 그 영광스러운 구원에 이르게 될 것을 믿는다. 그러기에 모든 성도는 모두 "몸의 부활"을 확신해야 한다.

1. 몸의 부활

예수께서 아버지 하나님의 요구와 명령에 순종하심은 십자가의 수난과 죽음 그리고 부활로 이어져 사탄이 지배하는 사망의 세력을 완전히 물리치셨다. 주께서는 마치 전투에서 승리한 장군이 전리품을 쓸어 모으듯이, 사망의 권세를 깨뜨리시고 부활로 승리하신 후, 죄 가운데 죽은 영혼들을 모아 그들에게 믿음의 선물을 주시고 구원에 이르게 하신다(참고, 시편 68: 골 2:15).

바울 사도는 이 진리를 "우리 각 사람에게 그리스도의 선물의 분량대로 은혜를 주셨나니, 그러므로 이르기를 그가 위로 올라가실 때에 사로잡혔던 자들을 사로잡으시고 사람들에게 선물을 주셨다 하였도다(엡 4:7~8)."라고 설명한다.

이 구원 진리를 믿어 예수와 연합한 성도는 그와 함께 육체의 부활을 얻게 된다. 만약 육체의 부활을 믿지 못한다면, 그는 예수 그리스도를 믿지 않는 것이며, 성경의 진리를 불신하는 것이다. 그리고 그는 예수께서 이루신 가장 영광스러운 구속 사역 가운데 핵심을 놓치는 우를 범하는 것이다. 그러한 자는 성경이 말하는 구원에 결코 이르지 못할 것이다.

만일 우리 몸이 땅에 묻혀 그대로 흙이 된다면, 한 줌의 흙으로 영원히 있게 된다면, 그리고 내 몸이 썩어 흔적도 없이 소멸해 버린다면, 내 몸뚱이가 구속되지 않고 영화롭게 변하지 않고 그저 한 줌의 흙과 먼지로 방치되어 없어져 버린다고 생각한다. 우리의 믿는 믿음은 헛된 것이 되고, 예수 그리스도의 구속 사역은 실패한 것이 되고 말 것이다. 그것은 결과적으로 그렇게 예수 믿는 자들은 다 어리석은 자들이며 최종적으로 모두 망하는 자가 되고 말 것이다. 사도 바울은 이 점을 분명히 밝히고 있다.

> 그리스도께서 만일 다시 살아나지 못하셨으면 우리가 전파하는 것도 헛것이요 또 너희 믿음도 헛것이며, 또 우리가 하나님의 거짓 증인으로 발견되리니 우리가 하나님이 그리스도를 다시 살리셨다고 증언하였음이라 만일 죽은 자가 다시 살아나는 일이 없으면 하나님이 그리스도를 다시 살리지 아니하셨으리라. 만일 죽은 자가 다시 살아나는 일이 없으면 그리스도도 다시 살아나신 일이 없었을 터이요, 그리스도께서 다시 살아나신 일이 없으면 너희의 믿음도 헛되고 너희가 여전히 죄 가운데 있을 것이요, 또한 그리스도 안에서 잠자는 자도 망하였으리니, 만일 그리스도 안에서 우리가 바라는 것이 다만 이 세상의 삶뿐이면 모든 사람 가운데 우리가 더욱 불쌍한 자이리라.(고전 15:14~19)

그렇기에 성도는 몸의 실체를 분명히 알아야 한다. 성경이 말하는 사람의 몸은 흙으로 지음 받은 존재이다. 하나님께서 흙으로 몸을 만드시고 그 코에 생기를 불어 생령이 되게 하셨다(창 2:7). 그런데 아담은 하나님의 금단 명령을 어기는 죄로 하나님의 저주를 받아 다시 흙으로 돌아가게 되었다. 인간은 온갖 질병과 고통에 시달리며 종국에 가서는 사망에 이르게 된다.

모든 인간은 이렇게 죄의 세력에 사로잡혀 그 종이 되고 말았다. 이것이 인간이 이제까지 살아가는 현실이며 현주소이다. 지금도 악한 마귀는 지속해서 인간을 괴롭히고 있다. 이 모든 죄의 현상이 바르게 처리되지 못한 채 방치되고 또 인간이 죄의 대가인 죽음으로 끝이 나고 다시 흙으로 되돌아가 버리고 만다면, 성경이 기록하고 있는 복음 즉 예수 그리스도의 십자가와 부활의 복음이 무슨 의미가 있겠는가?

그런데 사도 바울은 놀랍게도 그리고 감사하게도 "인간이 죽는 것은 죄 때문이고(롬 6:23 a), 그 죄의 문제를 몸소 십자가에서 해결하신 예수께서 부활하심으로 이를 믿는 자들은 예수의 십자가와 부활하심과 연합하여 함께 죽고 함께 산자로 스스로 인정해야 한다."(롬 6:5~11) 라고 가르친다.

> 그가 죽으심은 죄에 대하여 단번에 죽으심이요, 그가 살아 계심은 하나님께 대하여 살아 계심이니, 이와 같이 너희도 너희 자신을 죄에 대하여는 죽은 자요, 그리스도 예수 안에서 하나님께 대하여는 살아 있는 자로 여길지어다. (롬 6:10~11)

모든 인간은 죄로 죽는다. 이것은 변할 수 없는 진리이다. 그리고 또 하나의 진리가 있다. 죽은 우리의 몸은 영원히 그 죽은 상태로 있지 않고 반드시 부활한다는 것이다. 예수께서 우리의 몸이 반드시 부활한다고 말씀하셨기 때문이다. 우리 주께서는 분명히 이를 말씀하셨다. 거듭난 성도는 이 진리를 확실하게 믿어야 한다.

> 선한 일을 행한 자는 생명의 부활로, 악한 일을 행한 자는 심판의 부활로 나오리라.(요 5:29)

여기서 말하는 선한 일(빌 1:7)이란 단순히 착한 행위를 의미하지 않고 예수를 믿는 것을 뜻한다. 어떻게 이런 일이 있을 수 있을까? 사도 바울이 그 해답을 제공하고 있다. 그는 "예수를 죽은 자 가운데서 살리신 이의 영이 너희 안에 거하시면 그리스도 예수를 죽은 자 가운데서 살리신 이가 너희 안에 거하시는 그의 영으로 말미암아 너희 죽을 몸도 살리시리라(롬 8:11)." 라고 확신했다.

이것이 우리 몸이 부활하는 이유요 원동력이고 죽음의 해결책이다. 우리의 죽을 이 육신은 영원히 없어지는 몸이 아니라, 다시 살아날 몸이다. 죄로 타락하여 죽을 이 몸은 죽음으로 끝나는 것이 아니라, 다시 살아난다.

2. "몸의 부활"의 의미

그렇다면 '부활한 몸'에는 어떤 의미가 담겨있을까? 사도가 설명하는 이 비밀스러운 부활체의 내막은 어떠한 신비롭고 풍성한 진리를 담고 있을까?

첫째, 양자의 영을 부여받음

부활한 몸에 대해 사도 바울은 "그뿐 아니라 또한 우리 곧 성령의 처음 익은 열매를 받은 우리까지도 속으로 탄식하여 양자 될 것 곧 우리 몸의 속량을 기다리느니라(롬 8:23)." 라고 설명한다.

하나님은 죄 가운데 빠져 고아와 같은 자들을 예수 안에서 부르셔서 양자 삼으신다. 성령의 역사로 양자가 된 성도는 간절하게 몸의 속량(redemption, 구속)을 사모한다. 이 구속이 이루어질 때는 하나님의 "양자"로서의 신분이 완성될 이 때 하나님은 입양절차를 완료하시고 죄인인 우리를 하나님의 양자로서 완벽하게 신분을 바꾸어 주실 것이다. 그 때가 될 때까지 인간은 마치 장막에 갇힌 것과 같이 육체에 사로잡혀, 죽음이란 짐을 지고 고통의 굴레 속을 헤매며 탄식하며 살아가게 될 것이다. 이는 인생 나그네로서 순례자의 길을 가는 것이다. 그 뿐 아니라, 이 때는 모든 만물이 함께 신음하고 탄식하는 시기이며 고통하는 때이다.

그러나 이 상황은 영원히 지속되지 않는다. 반드시 만물이 구속되고 또 이 몸이 구속될 때가 온다. 모든 인간이 탄식과 고통의 상황이 종식되기를 간절히 기다리며 사모할 때 결국 부활과 심판의 때가 도래할 것이다. 신실한 거듭난 성도는 누구나 그 날이 속히 도래하기를 간절히 바라고 있다.

그러나 우리의 시민권은 하늘에 있는지라. 거기로부터 구원하는 자 곧 주 예수 그리스도를 기다리노니, 그는 만물을 자기에게 복종하게 하실 수 있는 자

의 역사로 우리의 낮은 몸을 자기 영광의 몸의 형체와 같이 변하게 하시리
라.(빌 3:20~21)

그 때가 언제일까? 예수께서 재림하실 때이다. 그 때가 되면, 주께서
는 만물을 자기에게 복종하게 하실 수 있는 권한을 아버지 하나님으로
부터 부여받으시고(참고 엡 1:20~21), 당신의 영광스러운 몸의 형체와 같
은 몸으로 성도들의 몸을 변화시키실 것이다.

이러한 구원의 진리를 사도 요한도 같은 고백을 하며 선언했다.

사랑하는 자들아 우리가 지금은 하나님의 자녀라 장래에 어떻게 될지는 아
직 나타나지 아니하였으나 그가 나타나시면 우리가 그와 같을 줄을 아는 것
(we shall be like Him)은 그의 참모습 그대로 볼 것이기 때문이니, 주를 향하여
이 소망을 가진 자마다 그의 깨끗하심과 같이 자기를 깨끗하게 하느니라.(요일
3:2~3)

이 구절은 거듭난 성도들이 예수 안에서 완전한 구속을 얻어 구원
을 받을 것을 말한다. 거듭난 성도는 영적으로 이미(already) 예수와 함
께 하나님 우편에 앉아 있는 자이나, 육체는 아직(not yet) 그 자리에 도
달하지 못했다. 장차 성도는 완전한 구속과 완성된 구원을 받아 주님과
같은 몸의 변화를 받아 영원한 영광가운데 살게 될 것이다. 그렇기에
성도는 이 소망을 갖고 이 땅에서 구별된 생활을 하면서 그 날을 사모
하는 믿음으로 신실하게 살아가야 한다. 이것이 참된 성도가 살아가는
모습이다.

이 변화는 주 예수께서 재림하실 때 분명히 드러날 것이다. 주께서
다시 오실 때, 이 몸은 변화되어 놀랍고 신비스러운 구원이 최종 완성
될 것이다. 비록 질병, 사고, 전쟁들 어떤 이유로 우리의 생명이 끊어져
매장 혹은 화장, 그리고 시신이 바다, 강, 산에 흩어지고 심지어 사고와
사건으로 살덩어리가 흩어지고 흔적도 없이 사라진다 하더라도, 전혀
문제가 되지 않는다. 우리의 육체가 어떠한 죽음을 겪더라도 "만물을

자기에게 복종하게 하실 수 있는 자의 역사"로 성도의 죽은 몸은 영화롭게 변화될 것이다.

3. 부활 영성체

그렇다면 부활한 몸은 어떤 특징을 보일까?

첫째, 단순한 혼 또는 영이 아닌 인지하고 인식할 수 있는 영성체

복음서 저자는 예수 그리스도에게서 이러한 모습의 예를 분명하게 보여주며 설명하고 있다. 부활하신 주께서는 닫혀 있는 문을 열지 않으시고 출입하셨으며(요 20:19), 양손과 양발, 그리고 못 자국과 창 자국을 보이시며 제자 도마에게 "만져보고 의심하지 말고 믿는 자가 되라"고 하셨다(요 20:27).

이처럼 부활의 영성체는 그저 영혼만 있는 것이 아니라, 인식과 생각, 그리고 논리적으로 말하는 분명한 인지능력을 발휘한다. 요한계시록에서는, 이렇게 변화되어 구원받은 성도는 거룩하신 하나님과 그의 어린양을 온 마음과 몸으로 찬양하고 경배하며 영생을 누리게 될 것이라고 말한다(계 5:9~14, 19:4~8).

둘째, 하나님 나라를 유업으로 받을 수 있는 영성체

장차 우리 몸은 변할 것이다. 이 변화된 몸은 현재의 몸과는 다른 차원의 몸일 것이다. 이유는 우리의 현재 혈과 육은 하나님의 나라를 유업으로 받을 수 없기 때문이다.

> 형제들아 내가 이것을 말하노니 혈과 육은 하나님 나라를 이어받을 수 없고 또한 썩는 것은 썩지 아니하는 것을 유업으로 받지 못하느니라.(고전 15:50)

셋째, 부활하신 예수와 같은 몸의 영성체

부활한 인간의 몸은 예수 그리스도께서 부활하신 것과 같은 몸으로 변화될 것이다. 이러한 몸은 거듭난 성도가 장차 받을 유업이고, 변화된 몸으로 장차 우리가 얻게 될 구원의 완성된 모습이다. 그렇기에 성도는 결코 이생이 힘들고 고통스럽고, 또 낙심되고 좌절된다 하더라도 결코 포기해서는 안된다. 참된 성도는 이 말씀을 반드시 믿어야 한다.

> 예수를 죽은 자 가운데서 살리신 이의 영이 너희 안에 거하시면 그리스도 예수를 죽은 자 가운데서 살리신 이가 너희 안에 거하시는 그의 영으로 말미암아 너희 죽을 몸도 살리시리라.(롬 8:11)

> 그는 만물을 자기에게 복종하게 하실 수 있는 자의 역사로 우리의 낮은 몸을 자기 영광의 몸의 형체와 같이 변하게 하시리라.(빌 3:21)

이렇게 변화된 영성체는 부활하신 예수의 모습에서 잘 나타난다. 부활하신 주께서는 홀연히 베드로를 비롯한 열한 제자와 500여 성도에게 그리고 사도 바울에게 나타나셨다(고전 15:5~8). 부활하신 주님은 제자들과 함께 먹고 마시며 40일 동안 합숙하시며 공생애 동안 그들이 듣고 보았던 모든 말씀과 이적과 기사 그리고 천국의 도리들을 집중적으로 다시 가르치시고 점검하는 시간을 가졌다(행 1:3). 그리고 그들을 축복하시고 그들이 감당해야 할 사명을 주시고 승천하셨다(마 28:18~20). 이렇게 변화된 주님의 몸과 같이, 우리 거듭난 성도들의 몸도 장차 영화된 몸으로 변화될 줄을 믿는다.

결 론

과연 몸의 부활을 믿을 수 있는가? 성도는 성경이 강력하게 논증하며 설득하는 이 부활의 진리를 믿어야 할 것이다. 사도 바울이 전하는 강력한 부활의 논증은 몸의 부활을 심각하게 생각하게 한다.

> 누가 묻기를 죽은 자들이 어떻게 다시 살아나며 어떠한 몸으로 오느냐 하리니, 어리석은 자여 네가 뿌리는 씨가 죽지 않으면 살아나지 못하겠고, 또 네가

뿌리는 것은 장래의 형체를 뿌리는 것이 아니요, 다만 밀이나 다른 것의 알 맹이뿐이로되, 하나님이 그 뜻대로 그에게 형체를 주시되 각 종자에게 그 형체를 주시느니라. 육체는 다 같은 육체가 아니니 하나는 사람의 육체요 하나는 짐승의 육체요 하나는 새의 육체요 하나는 물고기의 육체라. 하늘에 속한 형체도 있고 땅에 속한 형체도 있으나 하늘에 속한 것의 영광이 따로 있고 땅에 속한 것의 영광이 따로 있으니, 해의 영광이 다르고 달의 영광이 다르며 별의 영광도 다른데 별과 별의 영광이 다르도다. 죽은 자의 부활도 그와 같으니 썩을 것으로 심고 썩지 아니할 것으로 다시 살아나며, 욕된 것으로 심고 영광스러운 것으로 다시 살아나며 약한 것으로 심고 강한 것으로 다시 살아나며, 육의 몸으로 심고 신령한 몸으로 다시 살아나나니 육의 몸이 있은즉 또 영의 몸도 있느니라.(고전 15:35~44)

이 놀랍고 반박할 수 없는 부활의 몸에 대한 논증을 깊이 생각해야 한다. 그리고 도저히 우리의 인지 능력으로는 이해할 수 없는 영성체의 부활이 반드시 일어나게 된다는 것을 굳게 믿고 소망해야 한다. 또한 이러한 과정을 통하여 구원에 이르게 하시는 하나님의 집요하고 치밀한 섭리를 점검하고 확신하여 인정해야 한다. 이것보다 더 귀한 구원의 진리는 세상 그 어디에도 없다.

이 놀라운 복음을 확신하게 하시는 분께서 감사하게도 이미 내 안에 내주하신다. 그 성령께서 이 일이 반드시 이루어질 것을 보증하시기 때문에 신실한 성도는 확신할 수 있다. 예수 그리스도를 살리신 이의 영께서 이 사실을 확신하게 하시고 우리 몸의 부활이 반드시 이루어질 것을 보증하신다. 이것이 성령께서 이루어 가시는 구원의 최종 단계 즉 영화로 완성될 몸의 부활 교리다.

제97강

성령에 빚진 자

그러므로 형제들아 우리가 빚진 자로되 육신에게 져서 육신대로 살 것이 아니니라. 너희가 육신대로 살면 반드시 죽을 것이로되 영으로써 몸의 행실을 죽이면 살리니 무릇 하나님의 영으로 인도함을 받는 사람은 곧 하나님의 아들이라(로마서 8:12~14).

성도는 하나님의 영이 거하는 자다. 이 하나님의 영은 그리스도의 영이시며 곧 성령이시다. 바울은 그리스도의 영이 없으면 그리스도의 사람이 아니라고 말한다(롬 8:9). 바울은 그리스도의 사람은 그리스도의 영의 사람이며 하나님의 영에 인도하심을 받는 자라고 규정한다(롬 8:14). 성도를 이렇게 규정하는 까닭이 무엇일까? 성령이 아니고서는 예수 그리스도를 주라고 고백할 수 없고(고전 12:3b), 성령께서 인간에게 양자의 영으로 역사하셔야만 하나님을 아빠 아버지라 부를 수 있기 때문이다(롬 8:15).

이렇게 성도는 자신 속에 거하시는 성령께서 역사하심으로 새로운 생명을 얻어 새로운 가치관과 세계관을 가지고 새로운 인생으로 살아가는 자란 정체성을 갖게 된다. 하나님의 자녀로서의 가치관과 정체성에 대하여 베드로 사도는 다음과 같이 설명한다.

그러나 너희는 택하신 족속이요 왕 같은 제사장들이요 거룩한 나라요 그의
소유가 된 백성이니 이는 너희를 어두운데서 불러내어 그의 기이한 빛에 들
어가게 하신 이의 아름다운 덕을 선포하게 하려 하심이라.(벧전 2:9)

이렇게 극적으로 변화된 성도의 모습을 전 세계 성도들이 즐겨 부
르는 찬송 가운데 하나인 찬송가 305장을 통하여 확인해 볼 수 있다.
"나 같은 죄인 살리신(A mazing Grace)"이다. 이 찬송은 존 뉴튼(John
Newton, 1725~1807)이란 분이 해군 장교로 근무 중 탈영하여 노예선에
서 일하며 노예 파는 일을 하다가, 자신이 인간으로서 해서는 안 될 흉
악한 죄를 지은 죄인임을 자각하고, 예수를 믿고 회개하여 구원을 얻은
후에, 그 감격과 확신 속에서 지은 찬송이 "나 같은 죄인 살리신"이다.
이 얼마나 놀라운 고백이며 찬양인가! 자신이 하나님의 영, 그리스도의
영, 성령의 인도하심을 받았음을 고백하실 수 있겠는가? 또 지금도 성령
의 역사로 사는 그리스도의 사람임을 확신하는가?

이 시간에는 하나님의 영, 그리스도의 영 즉 성령께서 우리 속에 계시
면 어떤 의식이 생기게 되고, 그 성령의 은혜를 받은 자는 어떠한 행동
을 하게 되는지를 살펴본다.

1. 성령의 빚을 진 성도

그러므로 형제들아 우리가 빚진 자로되 육신에게 져서 육신대로 살 것이 아
니니라.(롬 8:12)

"그러므로"로 시작되는 이 말씀은 앞에서 언급한 바 결론이다. 지은
죄 때문에 하나님과 관계가 끊어져 죽었던 영이 성령의 역사로 새로운
생명으로 살아나 그리스도의 사람, 하나님의 사람이 되었다는 것이다.
이렇게 변화된 성도는 놀라운 변화를 이루신 성령께 빚을 진 자라고 사
도는 말한다. 만일 우리가 그렇게 되었다면 어떠한 모습으로 바뀌게 되

며 어떠한 의식을 가지고 살아가야 할까?

학생이 학교에 입학하게 되면 학교가 요구하는 규율과 복장 그리고 규제하고 명하는 행동 양식을 따라야 한다. 성도도 마찬가지로 예수 안에서 변화된 자신의 영적 신분에 걸맞은 모습을 갖추어야 하고 행동해야 한다. 그는 내주하시는 생명의 성령의 법을 따라야 하며 그것이 실제로 그의 생활로 나타나야 한다. 성도가 성령의 인도하심에 순응하여 성령의 가르치심과 인도하심에 일치된 생활을 해 나갈 때, 그 성도는 성숙하게 되어 온전한 구원에 이르게 될 것이다. 이러한 과정을 교리적인 용어로는 "성화"라 부른다.

이 성화는 모든 성도에게 요구되는 과정으로서 모두에게 주어진 엄숙한 의무이며 책임이다. 이것이 성령에 빚진 자의 부채의식이다. 그렇다면, 성령의 역사하심으로 신앙을 고백한 자에게 어떠한 삶의 모습이 나타나게 될까?

두 가지의 현상이 나타난다고 말한다.

첫째, 성령의 역사로 새 생명이 주어져 다시 살아나게 된다.

죄로 죽었던 영이 예수를 죽은 자 가운데서 살려내신 하나님의 영 즉 성령의 역사로 다시 살아나 새로운 생명을 얻게 되는 것이다. 이것은 내주하시는 성령께서 일하신 결과로 얻게 된 새 생명이다. 이 생명을 성령께서는 지속적으로 성장하여 장차 영광된 부활에 이르도록 이끌어 가신다.

> 또 그리스도께서 너희 안에 계시면 몸은 죄로 말미암아 죽은 것이나 영은 의로 말미암아 살아 있는 것이니라. 예수를 죽은 자 가운데서 살리신 이의 영이 너희 안에 거하시면 그리스도 예수를 죽은 자 가운데서 살리신 이가 너희 안에 거하시는 그의 영으로 말미암아 너희 죽을 몸도 살리시리라.(롬 8:10~11)

둘째, 새 생명을 얻은 자는 책임과 의무 즉 부채의식을 갖게 된다.

구원받았다는 놀라운 사실을 깊이 인식한 자는 나 같은 죄인을 예수 안에서 살려 주시고 구원해 주셨다는 성령의 은혜에 대한 깊은 감격과 감사를 고백하게 된다.

이는 바울의 고백을 들어 보면 즉시 알 수 있다. 바울은, 자신이 교회와 성도들을 심히 핍박했던 자이며 율법적 완벽을 추구하는 철저한 바리새인으로 율법적 정당성과 당당함으로 살아왔던 자라고 고백한다. 그래서 그는 대제사장에게 허락을 받아 예수를 믿는 성도들을 체포하는 권한을 가지고 다메섹에서 신앙생활을 하던 성도들을 체포하러 가던 중 부활하신 예수를 만났다.

그후 바울은 예수께서 자신을 부르셨음을 잊지 않고 기회가 있을 때마다 이 소명 사건을 고백하며 증언한다. 사도행전에서는 이러한 사도 바울의 소명 기사를 세 번이나 찾을 수 있다(행 9:1~22; 22:3~16; 26:9~18). 바울 사도는 이러한 자신의 행적을 잊지 않고 항상 기회가 있을 때마다 죄책감과 함께 부채의식을 가지고 겸손하고 신실하게 사역했다.

> 나는 팔 일만에 할례를 받고 이스라엘 족속이요 베냐민 지파요 히브리인 중의 히브리인이요 율법으로는 바리새인이요, 열심으로는 교회를 박해하고 율법의 의로는 흠이 없는 자라. 그러나 무엇이든지 내게 유익하던 것을 내가 그리스도를 위하여 다 해로 여길뿐더러, 또한 모든 것을 해로 여김은 내 주 그리스도 예수를 아는 지식이 가장 고상하기 때문이라 내가 그를 위하여 모든 것을 잃어버리고 배설물로 여김은 그리스도를 얻고, 그 안에서 발견되려 함이니(빌 3:5~9a)

바울의 고백은, 부활하신 주님께서 자신을 부르시고 사도로 세워주신 것이 전적으로 하나님의 은혜로 이루어진 놀라운 섭리임을 깨달았기에 가능했다. 그는 자신이 예수 안에서 구원받고, 사도란 신분을 가진 것은 그 어떤 조건과 자격에 의하여 주어진 것이 아니라, 전적으로 하나님의 은혜로 된 것이라고 주장한다.

그가 이렇게 깊이 하나님의 은혜를 자각한 것은 무슨 이유일까? 그것은 예수를 믿는 성도들을 핍박하고, 교회를 박해했던 자신을 부활의 주께서 사도로 불러주심에 대한 고마움과 죄스러움이 한평생 그의 마음 중심에 자리 잡고 있었기 때문이다. 그래서 그는 그 어떤 사도보다도 더욱 수고하고 헌신했다고 고백했다.

> 나는 사도 중에 가장 작은 자라 나는 하나님의 교회를 박해하였으므로 사도라 칭함 받기를 감당하지 못할 자니라. 그러나 내가 나 된 것은 하나님의 은혜로 된 것이니 내게 주신 그의 은혜가 헛되지 아니하여 내가 모든 사도보다 더 많이 수고하였으나 내가 한 것이 아니요 오직 나와 함께 하신 하나님의 은혜로라.(고전 15:9~10)

바울은 이미 로마서 서두에서 밝혔듯이, 자신은 복음을 부끄럽게 여기지 않고 매우 자랑하기에 이 복음을 전하려는 강한 사명감을 가졌다. 그래서 자신은 유대인이나 야만인이나 그리고 지혜가 있다는 모든 사람에게 복음을 전해야 할 책임을 진 빚진 자라고 실토했다(롬 1:14). 이러한 고백을 한 바울이 자신은 또한 "성령에 빚진 자"라고 규정한다.

> 그러므로 형제들아 우리가 빚진 자로되 육신에게 져서 육신대로 살 것이 아니니라.(롬 8:12)

"우리가 빚진 자로되 육신에게 져서"라는 한글 번역은 분명한 의미를 알기 쉽지 않다. 이 구절을 NIV에서는 "we have an obligation-but it is not to the sinful nature"라고, RSV에서는 "we are the debtors" 성도는 빚쟁이라고 번역했다. 이것이 무슨 의미일까? 우리가 가진 책임은 죄가 가득한 본성에 대한 것이 아니라, 성령에 대한 의무요 책임이라는 것이다. 그래서 그는 "자신은 빚쟁이"라고 말했던 것이다.

그렇다면 누구에게 빚을 진 것일까. 다름 아닌 성령 하나님께 빚을 진 것이다. 그런데 성령께서 어떻게 우리에게 빚을 지게 하셨나. 죄의 지배를 받아 죄의 종이었던 우리를 예수 안에서 구하여 주셔서 하나님을 아버지로 예수 그리스도를 주라고 고백하게 하셨다.

> 무릇 하나님의 영으로 인도함을 받는 사람은 곧 하나님의 아들이라. 너희는 다시 무서워하는 종의 영을 받지 아니하고 양자의 영을 받았으므로 우리가 아빠 아버지라고 부르짖느니라.(롬 8:14~15)

바울이 어떻게 이 고백을 하게 되었나? 다름 아닌, 성령의 역사 때문이다. 그래서 바울은 같은 성령으로 예수를 주로 고백한 성도와 함께 "우리가 빚진 자"라고 말한 것이다. 그렇다면, 빚 진자는 당연히 그 빚을 갚아야 하듯이 성령의 역사로 자신이 새 생명을 얻게 되었음을 인식한 자는 당연히 자신을 구원해 주시고 새로운 생명을 주신 그 은혜를 갚아야 한다는 생각을 하게 마련이다. 그래서 인생의 목표가 생기고, 살만한 가치를 찾은 자로 만들어 주신 그 성령께 이제 진 빚을 갚아야겠다! 그 은혜를 보답해야겠다! 라는 의식을 갖고 확실한 의무감과 부채의식을 가지고 헌신할 것이다.

우리는 이러한 의식을 가지고 예수를 믿는가? 우리 각자가 겪어 온 인생의 여정을 생각해 보고, 그동안 함께 해 주신 하나님의 은혜를 생각해 보면 어떠한 생각이 드는가?

사도 바울은 자신의 인생을 반추하여 그 모든 것이 하나님의 은혜임을 고백했다.

내게 주신 그의 은혜가 헛되지 아니하여 내가 모든 사도보다 더 많이 수고하였으나 내가 한 것이 아니요 오직 나와 함께 하신 하나님의 은혜로라(고전 15:10)!라고 고백했다. 우리 역시 그동안 내 속에서 역사하신 하나님의 은혜를 깊이 인식하고 그 은혜에 대한 부채의식을 가지고 더욱 신실하게 주를 섬기며 말씀을 따라 살아가도록 힘써야 할 것이다.

2. 성령의 빚을 갚아가는 과정

하나님의 은혜로 구원받은 성도, 성령의 역사로 하나님을 아버지로 예수 그리스도를 구주로 고백한 성도는 자신에게 은혜를 베풀어 주신 그 빚을 갚기 위하여 어떤 일을 해야 할까? 그 은혜를 깊이 깨달은 자는 자신이 받은 은혜를 기억하고 그 받은 은혜의 빚을 갚기 위하여 구체적인 행위를 하려 할 것이다.

바울은 이것을 두 가지 즉 극기(mortification)와 열망(aspiration)이란 개념으로 설명한다. 그는 다음과 같이 말했다.

> 그러므로 형제들아 우리가 빚진 자로되 육신에게 져서 육신대로 살 것이 아니니라. 너희가 육신대로 살면 반드시 죽을 것이로되 영으로써 몸의 행실을 죽이면 살리니(롬 8:12~13)

첫째, 극기의 과정

극기란 몸의 행실을 죽이는 것을 말한다. "육신대로 살면 반드시 죽고, 몸의 행실을 죽이면 산다"라는 말씀은 예수 믿기 전의 삶의 가치관과 방식을 믿음을 가진 후에도 여전히 유지하고 변화되지 않은 채로 살아간다면, 그의 영은 반드시 죽게 된다는 것이다. 이것은 강력한 경고이다. 그러나 이전의 세상의 방식대로 살았던 몸의 행실을 버리면 그의 영은 살게 된다고 권면한다.

이 말씀의 정확한 의미를 주님의 말씀 중에서도 확인할 수 있다. 주께서는 매우 흥미로운 비유를 들어 말씀하셨다.

> 더러운 귀신이 사람에게서 나갔을 때에 물 없는 곳으로 다니며 쉬기를 구하되 쉴 곳을 얻지 못하고, 이에 이르되 내가 나온 내 집으로 돌아가리라 하고 와 보니 그 집이 비고 청소되고 수리되었거늘, 이에 가서 저보다 더 악한 귀신 일곱을 데리고 들어가서 거하니 그 사람의 나중 형편이 전보다 더욱 심하게 되느니라. 이 악한 세대가 또한 이렇게 되리라.(마 12:43~45)

세상적으로 살던 사람이 성령의 역사로 죄의 지배 가운데서 벗어나 새 생명을 얻은 거듭난 영이 되었지만, 그렇게 역사하신 성령의 영이 충만하게 채워져 있지 않으면, 즉 성령의 지배하심에 온전히 순종하려 하지 않고 그저 빈 채로 내버려 둔다면, 죄를 지배하는 악한 영이 더 많은 귀신들을 그 사람 속으로 끌어와 이전보다 더 형편없는 상태가 될 수 있다고 경고하신다.

이러한 현상은 지금도 목격되고 있다. 성령의 역사로 "하나님의 나라를 세우겠다!"라는 일념으로 세운 나라, 청교도 정신에 기반을 둔 미국이 지난 250여 년을 지내오는 동안 이 정신을 많이 잃어버렸다. 이제는 극도의 개인주의 실용주의를 중심으로 기독교의 가치관과 세계관 그리고 복음인 하나님의 말씀에 집중하지 못하고 있다. 물질문명의 발전에 심취하여 세속적 번영만을 추구하고 있다.

그 결과, 마약과 살인, 동성애와 낙태와 같은 타락의 길을 가고, 또 성 정체성의 문제로 혼란까지 겪고 있다. 학교와 교회에서도 이런 세속의 물결에 함몰되어 성경의 권위를 부인하고, 심지어 하나님을 대적하며 신성한 창조질서를 가차 없이 파괴하는 일을 저지르고 있다. 교회는 더 이상 하나님의 말씀에 집중하지 않고 번영신학과 기복신앙에 취하여 경건성을 잃어버렸다. 정말로 육신대로 살아 모두 죽게 되었다.

본문이 경고하는 것이 무엇인가? "너희가 육신대로 살면 반드시 죽을 것(13절)"이다. 이 말씀이 무엇을 가르치는가? 우리는 이 경고를 심각하게 들어야 한다. 그리고 살기 위해서는 "영으로써 몸의 행실을 죽여야(13b)"할 것이다. 우리가 살기 위해서는 몸의 행실을 죽이는 구체적인 행동을 해야 한다.

그것은 하나님 중심의 신본주의 교훈에 반하는 온갖 인본주의 사상과 관습, 유행병처럼 번지고 있는 반성경적이고 반기독교적 문화를 배격하고 그러한 것과 냉정하고 단호하게 결별하려는 결단을 해야 한다.

성도는 주 예수께서 경고하시며 명하신 말씀을 기억해야 한다.

> 만일 네 오른 눈이 너로 실족하게 하거든 빼어 내버리라. 네 백 체 중 하나가 없어지고 온몸이 지옥에 던져지지 않는 것이 유익하며, 또한 만일 네 오른손 이 너로 실족하게 하거든 찍어 내버리라. 네 백 체 중 하나가 없어지고 온몸 이 지옥에 던져지지 않는 것이 유익하니라.(마 5:29~30)

이 얼마나 단호한 결단을 요구하시는 말씀인가! 실족하게 하는 눈, 실족하게 하는 손을 제거하는 단호한 결단력을 발휘하여 멸망 받는 자리 즉 지옥으로 가는 어리석은 자가 되지 말라는 주님의 경고이다. 이것이 세상과 결별하지 못하고 살아가는 육적 그리스도인을 향하신 구원의 처방전이다. 그리고 주께서는 구체적으로 주님의 제자로서 살아갈 원칙을 주셨다.

> 이에 예수께서 제자들에게 이르시되 누구든지 나를 따라오려거든 자기를 부 인하고 자기 십자가를 지고 나를 따를 것이니라.(마 16:24)

성도는 내주하시는 성령의 내밀한 가르치심과 인도하심에 철저하게 순종하여야 할 것이다. 만약 고질적인 생각과 습관으로 그리고 추구하는 바가 말씀의 원리와 성령의 강력한 명령에 따르지 않으면, 영이 살지 못하고 종국에 가서는 죽게 된다는 것이다.

이 과정은 자기 부정(self-denial)의 여정이며, 죄인된 의식으로 주께서 가신 십자가의 길을 자기 십자가를 지고 따라가는 삶이다. 바울 역시 이러한 의식과 각오로 주께서 가신 길을 충실하게 따라갔던 것이다.

그런데 놀라운 것은 만일 우리도 바울과 같은 믿음과 의식으로 주의 말씀 따라 살아간다면 바울이 확신했던 영광된 자리에 우리도 있게 될 것이라는 사실이다.

> 나는 선한 싸움을 싸우고 나의 달려갈 길을 마치고 믿음을 지켰으니, 이제 후 로는 나를 위하여 의의 면류관이 예비되었으므로 주 곧 의로우신 재판장이

그 날에 내게 주실 것이며 내게만 아니라 주의 나타나심을 사모하는 모든 자
에게도니라.(딤후 4:7~8)

둘째, 열망을 가져야 한다.

극기를 수행하는 과정은 강력한 열정과 열망이 없으면 불가능할 것
이다. 반드시 살아남아 온전한 구원에 이르고야 말겠다는 간절한 바람,
즉 구원의 열망(Passion for Salvation)이 있을 때 모든 난관을 극복하고
온전함에 이르게 될 것이다.

성도에게 세속적이고 육적 그리고 물질적인 것보다는 더 거듭나며
새로워지고 온전해지려는 간절함이 있어야 한다. 이것은 마음이 "영"
에 더 관심을 두는 열정을 말한다. 이것은 신실한 말씀 사모, 간절한 기
도, 온전한 예배, 성실한 봉사와 섬김 등 주께서 요구하시는 성도의 거
룩한 삶을 추구하며 영적으로 성장하고 성숙해 가는 것을 의미한다.

형제들아 무엇에든지 참되며 무엇에든지 경건하며 무엇에든지 옳으며 무엇에
든지 정결하며 무엇에든지 사랑받을 만하며 무엇에든지 칭찬받을 만하며 무
슨 덕이 있든지 무슨 기림이 있든지 이것들을 생각하라.(빌 4:8)

이렇게 극기와 열정을 가지고 성령의 역사하심을 간절하게 사모하
며, 말씀을 순종하며, 먼저 주의 나라와 주의 의를 구하며 살아갈 때(마
6:33), 그는 진정으로 하나님의 아들이라 불릴 것이다.

무릇 하나님의 영으로 인도함을 받는 사람은 곧 하나님의 아들이라(롬 8:14)

결 론

루터교 신학자이자 경건주의를 주창하여 경건주의 아버지로 불린
슈페너(Philipp Jacob Spener, 1635년~1705년)라는 신실한 성도가 있었다.
그는 독일의 할레대학(Halle University)을 창립하는 데 많은 영향을 끼
쳤다. 슈페너는 "경건의 열망(*via desideria*)"이란 책을 통하여 당시 독일뿐

만 아니라, 전 유럽에 엄청난 영향을 미쳤다. 그는 이 책에서 신앙과 신학 교육에 관한 6가지의 중요성을 강조했다.

1) 기독교인들의 성경공부 필요성.

2) 교회 안에서 평신도의 책임성 강조.

3) 교리적 배움보다 실천을 강조.

4) 교리 논쟁은 겸손함으로 해야 함.

5) 목회자의 신학 교육의 필요성과 함께 경건한 생활을 강조.

6) 설교내용 중 성도들의 내적 양육의 필요성을 강조.

우리가 이러한 열정과 열심 그리고 성실함으로 말씀과 신앙에 집중할 때 우리의 영은 살아나고, 성장하고, 성숙하여 온전한 구원에 이를 줄 믿는다.

> 항상 복종하여 두렵고 떨림으로 너희 구원을 이루라.(빌 2:12 b)

제98강

하나님의 양자임을 증언하시는 성령

무릇 하나님의 영으로 인도함을 받는 사람은 곧 하나님의 아들이라. 너희는 다시 무서워하는 종의 영을 받지 아니하고 양자의 영을 받았으므로 우리가 아빠 아버지라고 부르짖느니라. 성령이 친히 우리의 영과 더불어 우리가 하나님의 자녀인 것을 증언하시나니, 자녀이면 또한 상속자 곧 하나님의 상속자요 그리스도와 함께 한 상속자니 우리가 그와 함께 영광을 받기 위하여 고난도 함께 받아야 할 것이니라(로마서 8:14~ 17).

　　예수 믿는 자를 "교인, 신자, 성도"로 부른다. 그런데 사도 바울은 예수 믿는 자를 매우 독특하고 특별하게 규정한다. 이것은 매우 정확하고 구체적이다. 그는 "그리스도의 영이 있는 자가 될 때 그리스도의 사람이라(롬 8:9)", "하나님의 영으로 인도함을 받는 자가 될 때 하나님의 아들이라(롬 8:14)"고 규정한다. 그리고 "너희가 육신대로 살면 반드시 죽을 것이로되 영으로써 몸의 행실을 죽이면 살리라(13절)", "하나님의 영으로 인도받는 하나님의 아들(14절)"이라고 말한다.

　　이 두 구절의 차이가 무엇일까? 13절에서는 생명과 연결된 성도의 신분을, 14절에서는 양자됨과 연결된 성도의 특권을 말한다. 성도의 이러한 신분과 특권은 어떤 과정으로 형성된 것일까?

1. 하나님의 자녀가 되는 과정

죄인이 어떻게 하나님의 자녀가 될 수 있을까? 이에 대해 네 요소를 제시한다.

첫째, '하나님의 영으로 인도받아야' 하나님의 자녀가 될 수 있다(14절).

'인도받는다(*argontai*, to lead)'라는 말은 '지속하여 인도한다(continually to lead)'는 의미한다. 하나님의 영께서 우리를 지속해서 인도하시며 하나님의 자녀로 만들어 가시는 것이다. 그러면 하나님의 영의 인도란 무엇일까? 이것은 성령의 역사하심으로 이루어진다. 성령께서는 개개인 구원의 전 과정을 주도적으로 관장하신다.

둘째, '성령께서 증언하셔야' 하나님의 자녀가 될 수 있다.

사도 바울은 이 점을 갈라디아에서 이렇게 설명한다.

> 너희가 아들이므로 하나님이 그 아들의 영을 우리 마음 가운데 보내사 아빠 아버지라 부르게 하셨느니라.(갈 4:6)

하나님께서는 하나님의 아들의 영 즉 예수 그리스도의 영을 성도 각자의 마음속에 보내셔서 주를 믿게 하시고 하나님의 자녀가 되게 하셔서 "아빠 아버지"라 고백하게 하신다. 이것을 성령께서 하시는 것이다.

> 성령으로 아니 하고는 누구든지 예수를 주시라 할 수 없느니라.(고전 12:3b)

셋째, '양자의 영을 받아야' 하나님의 자녀가 될 수 있다.

사도는 "양자의 영을 받아서, 아빠 아버지라 부르게 된다(15절)"라고 말한다. 자녀가 되면 아버지를 아빠라고 부르는 것은 당연하다. 양자의 영께서 죄의 종으로 살던 우리를 양자로 삼으신다. 이로써 우리가 하나님을 아버지라 부를 수 있게 되었다.

중요한 점은 죄인이 하나님의 양자임을 확신하게 하는 성령의 역사는 하나님께서 주도적으로 이끄시는 구원의 전체역사 즉 구속사 전 과정과 밀접한 관련이 있다는 것이다. 이 점은 갈라디아에서 잘 드러난다.

> 때가 차매 하나님이 그 아들을 보내사 여자에게서 나게 하시고 율법 아래에 나게 하신 것은 율법 아래에 있는 자들을 속량하시고 우리로 아들의 명분을 얻게 하려 하심이라. 너희가 아들이므로 하나님이 그 아들의 영을 우리 마음 가운데 보내사 아빠 아버지라 부르게 하셨느니라.(갈 4:4~6)

하나님께서 독생자 예수를 이 땅에 보내시는 구속역사의 전 과정은 율법에 얽매어 죄 가운데 빠져 죽을 수밖에 없는 우리를 구원하시기 위함이다. 주께서는 자신이 이 땅에 오신 목적을 "죄인을 불러 회개시키시기 위함(눅 5:32)"이라고 분명히 밝히셨다. 그래서 이 진리를 믿는 자는 죄의 종이란 신분에서 벗어나 하나님의 자녀가 된다.

이것은 예수께서 친히 십자가에 달려, 죄의 대가에 대한 율법의 요구인 죽음을 지불하심으로 이루어진 구원 진리이다. 이 구속 진리를 믿게 하셔서 우리가 하나님의 아들이란 명분을 얻게 하시는 사역, 양자의 영을 받는 사역을 성령께서 주도적으로 감당하신다. 이러한 과정을 사도는 잘 요약하여 설명해 주고 있다.

> 우리가 알거니와 하나님을 사랑하는 자 곧 그의 뜻대로 부르심을 입은 자들에게는 모든 것이 합력하여 선을 이루느니라. 하나님이 미리 아신 자들을 또한 그 아들의 형상을 본받게 하기 위하여 미리 정하셨으니(롬 8:28~29a)

성령께서 이렇게 주도적으로 이루어 가시는 구원의 과정은 참으로 신비스럽고 세밀하고 매우 구체적이다. 참으로 신비하고 오묘한 은혜가 넘치는 말씀이라 하지 않을 수 없다.

한편, 이 구절에서 "모든 것이 합력하여 선을 이룬다"라는 말씀은 우리가 일상에서 겪는 모든 일이 종국에는 선을 이루게 될 것이라고 이해하는 경향이 있다. 물론 그런 의미가 전혀 아니라고 할 수는 없겠으나,

여기에서 사도 바울이 말하고자 하는 것은, 성령 하나님께서 주도적으로 이루어 가시는 구원 사역은 하나님께서 섭리하신다는 차원에서 볼 때, 구체적이고 신실하게 역사하시기 때문에 그 뜻은 반드시 성취될 것이라는 것이다.

사도 바울은 자신이 로마 감옥에 갇혀 죽음을 직감할 정도로 심각한 상황 속에서도(빌 1:21~22) 빌립보교회 성도들에게 이 점을 확고하게 믿으라고 구원의 확신을 전했다.

> 너희 안에서 착한 일을 시작하신 이가 그리스도 예수의 날까지 이루실 줄을 우리는 확신하노라.(빌 1:6)

이렇게 볼 때, 양자의 영께서 이루어 가시는 구원 사역은 하나님께서 세우신 구원의 섭리에 있어서 필수불가결이다. 양자의 영의 역사는 하나님과 죄인 사이에 절대로 취소될 수 없는 황금 연결고리(Golden chain)이다. 하나님께서는 우리의 구원을 이루시기 위하여 예정하시고(예정), 부르시고(소명), 거듭나게 하시고(중생), 거룩하게 하시고(성화), 마침내 영광스럽게(영화)하신다.

구원의 최종 단계에 이른 성도에게는 예수께서 현재 천상에서 누리시는 그 영광의 수준과 상태에 동참하는 복이 주어진다. 이렇게 성령께서는 치밀하게 성도가 누릴 구원의 서정(*Credo salutis*)을 차질 없이 진행하신다.

넷째, 우리를 위한 끊임없는 성령님의 기도로 될 수 있다.

> 이와 같이 성령도 우리의 연약함을 도우시나니 우리는 마땅히 기도할 바를 알지 못하나 오직 성령이 말할 수 없는 탄식으로 우리를 위하여 친히 간구하시느니라. 마음을 살피시는 이가 성령의 생각을 아시나니 이는 성령이 하나님의 뜻대로 성도를 위하여 간구하심이니라.(롬 8:26~27)

성령께서 우리 속에서 역사하심으로 이미 우리의 영은 예수와 연합하여 그의 영광 가운데 함께 있다(즉 교회, 엡 1:20~23). 그러나 우리 육신은 아직 이 땅에 거하기 때문에 완전한 구원에 이르지 못한 상태에 놓여 있다. 그래서 성령께서는 우리 구원이 완성되도록 끊임없이 기도하신다. 이 얼마나 감사한 일인가! 우리가 이 성령의 역사하심을 믿고 성령과 함께 기도하기에 힘써야 한다.

> 그의 능력이 그리스도 안에서 역사하사 죽은 자들 가운데서 다시 살리시고 하늘에서 자기의 오른편에 앉히사, 모든 통치와 권세와 능력과 주권과 이 세상뿐 아니라 오는 세상에 일컫는 모든 이름 위에 뛰어나게 하시고, 또 만물을 그의 발아래에 복종하게 하시고 그를 만물 위에 교회의 머리로 삼으셨느니라. 교회는 그의 몸이니 만물 안에서 만물을 충만하게 하시는 이의 충만함이니라.(엡 1:20~23)

2. "하나님의 자녀 됨"에 대한 말씀들

앞에서 양자의 영 즉 성령께서 역사하셔서 우리를 하나님의 자녀가 되게 하시는 일은 구속사 전체와 연관되어 있다고 말씀드렸다. 이 점을 이해하는 것이 매우 중요하다. 그리고 예수를 믿어 하나님을 반복적으로 "아버지!"라 부르며 열심히 기도하는 것이 중요하다.

화란 신약신학자인 헤르만 리더보스(H. Ridderbos)은 "양자의 영은 하나님께서 이루어 가시는 구원의 역사 전 과정과 밀접하게 연결되어 '종말에 구원의 완성을 이루시는 역할을 하는 분(The divine bringer of eschatological salvation)이십니다." 라고 설명했다.

예수께서 이 땅에 육신의 몸을 입으시고 오셔서, 십자가에서 돌아가시고, 사흘 만에 부활하심으로 구속의 근거를 마련하셨다. 그리고 주님은 승천하셔서 지금 하나님 우편에 계신다. 그리고 성령께서는 우리의 구원이 완성되기까지 연약한 우리를 위하여 탄식하시며 계속 기도하고 계신다.

여기서 중요한 점은, 우리가 이 놀라운 구원의 진리를 성령의 역사로 믿었다는 점이다. 우리는 이미(already) 주를 믿어 구원받았다. 그러나 아직(not yet) 그 구원은 완성되지 않았다. 이것은 아직 예수께서 재림하시지 않은 상태이기 때문이다. 이렇게 성경은 하나님께서 죄 가운데 빠져 영원히 죽은 자를 택하고 부르셔서 하나님의 자녀로 삼으시고 구원을 이루신다고 설명한다. 이는 곧 전능하신 하나님의 말씀으로 이루어지는 역사이다(롬 9:26, 고후 6:18).

이렇게 삼위 하나님은 구속역사 속에서 유대인뿐 아니라 이방인까지 택하신 자들을 불러 자녀로 삼아 구원을 이루어 가신다. 그리고 그 주도적인 일을 성령 하나님께서 담당하신다.

3. 하나님 자녀의 특권

하나님의 자녀들에게는 어떤 특징이 나타나게 될까?

첫째, 성부 하나님의 아들 예수와 함께 밀접한 신분이 형성된다.

하나님의 자녀라는 말은 예수의 하나님과의 관계 속에서 설정된 개념이다. 사도 요한은 "영접하는 자 곧 그 이름을 믿는 자들에게는 하나님의 자녀가 되는 권세를 주셨으니, 이는 혈통으로나 육정으로나 사람의 뜻으로 나지 아니하고 오직 하나님께로부터 난 자들이니라. 말씀이 육신이 되어 우리 가운데 거하시매 우리가 그의 영광을 보니 아버지의 독생자의 영광이요 은혜와 진리가 충만하더라.(요 1:12~14)"라고 설명하며 하나님의 자녀로서의 신분은 오직 예수를 믿어야만 되는 것임을 확실하게 밝혔다.

즉 하나님의 자녀가 되는 권세는 인위적인 그 어떤 시도와 자격에 의한 것이 아니라, 하나님으로부터 주어지는 것이다. 이것은 오직 성령의 역사로 되는 것으로 그 전형과 모형은 바로 하나님의 독생자이신 예수이시며 이 아들을 믿음으로 하나님의 자녀의 신분이 주어진다.

둘째, "하나님의 자녀"란 말은 법정적 용어다.

양자임이 결정되는 것은 법정에서 확인되어야 가능하다. "죄의 종(요 8:34; 롬 6:20)"이었던 자를 하나님의 양자가 되게 하는 것은 예수를 믿고 그 예수 안에서 구원받음으로 하나님께서 법적 차원에서 선언하시는 것이다. 그렇게 해서 죄인의 신분에 새로운 변화가 발생하게 된다. 즉 죄의 종이란 신분에서 하나님과 새로운 관계를 맺을 수 있는 양자의 신분으로 변경되는 것이다.

이후 양자로 입양된 자에게는 엄청난 특권이 법적으로 보장된다. 다음 말씀에서 양자의 특권과 또 그가 감당해야 할 것이 있음을 알게 된다.

> 너희는 다시 무서워하는 종의 영을 받지 아니하고 양자의 영을 받았으므로 우리가 아빠 아버지라고 부르짖느니라. 성령이 친히 우리의 영과 더불어 우리가 하나님의 자녀인 것을 증언하시나니, 자녀이면 또한 상속자 곧 하나님의 상속자요 그리스도와 함께 한 상속자니 우리가 그와 함께 영광을 받기 위하여 고난도 함께 받아야 할 것이니라.(롬 8:15~17)

셋째, 양자에게는 엄청난 특권이 주어져 있다.

1) 하나님을 '아빠 아버지'라 부를 수 있다: 이것은 그가 비록 양자이지만 아들로서 인정받아 아버지를 "아빠"라 부를 수 있게 되는 것이고, 그에겐 아버지와 친밀하게 교제를 나눌 수 있는 자격과 권한이 생긴다.

2) 아들로서의 자율권이 보장된다: 죄의 종의 신분에서 벗어나 하나님의 양자가 되었기에 더 이상 죄의 세력에 얽매이지 않고 양자로서의 풍성한 자유를 마음껏 누릴 수 있다.

3) 그에겐 상속권이 보장된다: 아들로서 아버지의 재산을 상속할 자격이 주어지는 것은 법적으로 보장된 권한이다.

너희가 아들이므로 하나님이 그 아들의 영을 우리 마음 가운데 보내사 아빠 아버지라 부르게 하셨느니라. 그러므로 네가 이후로는 종이 아니요 아들이니 아들이면 하나님으로 말미암아 유업을 받을 자니라.(갈 4:6~7)

4) 그리스도와 함께 영광을 누릴 수 있다: 예수께서 고난을 받으시며 십자가를 지셨고 하나님의 영은 그를 죽은 자 가운데서 살리셔서 하나님 보좌 우편에 앉히시고 그에게 천지 만물을 다스릴 수 있는 영광스러운 권세를 주셨다. 그런데 놀랍게도 예수 안에서 구원받은 성도는 주와 함께 영광스러운 자리에 함께 이미 가 있다(엡 1:20~23). 하나님의 양자가 된 성도는 이 영광을 이미 누리고 있는 것이다.

5) 그러기 위해서는 주 예수께서 받으신 고난을 성도도 받아야 한다: 사도 바울은 이러한 논리 속에서 성도도 당연히 예수께서 영광을 얻기 위하여 받으신 고난에 동참하여야 한다고 강조한다.

자녀이면 또한 상속자 곧 하나님의 상속자요 그리스도와 함께한 상속자니 우리가 그와 함께 영광을 받기 위하여 고난도 함께 받아야 할 것이니라.(롬 8:17)

베드로 사도도 예수 그리스도께서 십자가를 지시는 고난의 길을 가신 것은 우리에게 따르라는 모범으로 우리에게 주신 것이라고 말한다.

이를 위하여 너희가 부르심을 받았으니 그리스도도 너희를 위하여 고난을 받으사 너희에게 본을 끼쳐 그 자취를 따라오게 하려 하셨느니라.(벧전 2:21)

실제로 주께서는 주님의 제자가 되려는 자는 반드시 "자기를 부인하고 자기 십자가를 지고 주를 따라야 한다(마 16:24; 막 8:34; 눅 9:23)."고 말씀하셨다.

그뿐 아니라, 사도 바울은 죄로 인하여 저주받은 피조 세계는 고통을 겪을 수밖에 없기에 온 만물이 하나님 아들이 출현하기만을 간절히 사모한다고 밝힌다. 성경이 말하고 있는 구원의 체계는 단순히 개개인의 구원을 말하는 것이 아니라 개인을 포함한 창조세계에서 완성되는 구조이다.

> 생각하건대 현재의 고난은 장차 우리에게 나타날 영광과 비교할 수 없도다.
> 피조물이 고대하는 바는 하나님의 아들들이 나타나는 것이니(롬 8:18~19)

그래서 히브리서 기자는 하나님께서 택하신 수많은 성도 즉 당신의 아들들이 이 영광에 들어가도록 하기 위해서 당신의 아들 예수께서 반드시 고난을 거쳐야 한다는 이 방식이 가장 적절하고 합당한 조처라고 강조한다.

> 그러므로 만물이 그를 위하고 또한 그로 말미암은 이가 많은 아들들을 이끌어 영광에 들어가게 하시는 일에 그들의 구원의 창시자를 고난을 통하여 온전하게 하심이 합당하도다.(히 2:10)

그리고 바울은 빌립보 성도에게도 그들이 가진 믿음 때문에 겪는 고난의 원인과 이유를 설명했다.

> 그리스도를 위하여 너희에게 은혜를 주신 것은 다만 그를 믿을 뿐 아니라 또한 그를 위하여 고난도 받게 하려 하심이라.(빌 1:29)

이러한 말씀들을 볼 때, 성도가 영광 가운데 구원의 완성을 얻기 위해서는 반드시 고난을 거쳐야 한다는 것을 알게 된다.

결 론

성도는 모두 하나님의 은혜로 양자의 영을 받았다. 그 결과 모든 성도는 하나님을 "아빠 아버지!"라 부를 수 있게 되었다. 이것은 참으로 놀라운 일이다. 그저 기도가 잘 안 될 때 아무런 생각 없이 탄식조로 "아버지!"를 부르는 것이 아니다. 성도가 하나님을 아버지라 부를 수 있는 감격과 기쁨 그리고 그 의미를 깊이 인식하고 성도에게 주어진 놀라운 신분인 하나님의 양자의 특권을 마음껏 누려야 할 것이다. 그리고 아버지 하나님과 깊은 교제를 나누며 아버지 하나님께서 허락하시는 각종 진리와 은혜 그리고 영적 특권과 권세를 마음껏 사모해야 할 것이다.

> 영접하는 자 곧 그 이름을 믿는 자들에게는 하나님의 자녀가 되는 권세를 주
> 셨으니, 이는 혈통으로나 육정으로나 사람의 뜻으로 나지 아니하고 오직 하나
> 님께로부터 난 자들이니라. 말씀이 육신이 되어 우리 가운데 거하시매 우리가
> 그의 영광을 보니 아버지의 독생자의 영광이요 은혜와 진리가 충만하더라. /
> 우리가 다 그의 충만한 데서 받으니 은혜 위에 은혜러라.(요 1:12~14, 16)

제99강

영광을 얻기 위한 필수과정

성령이 친히 우리의 영과 더불어 우리가 하나님의 자녀인 것을 증언하시나니 자녀이면 또한 상속자 곧 하나님의 상속이요 그리스도와 함께한 상속자니 우리가 그와 함께 영광을 받기 위하여 고난도 함께 받아야 할 것이니라(로마서 8:16~17).

예수께서 어린 나귀새끼를 타시고 예루살렘 성전에 입성하신 것을 기념하는 것이 종려주일이다. 이 사건은 세상의 주관자이시며 통치자이신 하나님께서 당신의 아들을 이 땅에 보내셔서 만왕의 왕으로 선포하시는 상징적인 사건이라 하겠다. 복음서 기자들은 이 사건을 모두 중요하게 다루었다(마21:1~9; 막11:1~10; 눅 19:29~38; 요 12:12~19).

어린 나귀새끼를 타시고 입성하시는 예수에 대하여 "무리의 대부분은 그 겉옷을 길에 펴며 다른 이는 나무 가지를 베어 길에 펴고 앞에서 가고 뒤에서 따르는 무리가 소리 질러 가로되 호산나 다윗의 자손이여 찬송하리로다 주의 이름으로 오시는 이여 가장 높은 곳에서 호산나 하더라(마 21:8~9)." 군중은 열정적으로 종려나무가지를 흔들며 마치 왕의 입성을 환영하듯이 예수를 열렬히 맞았다.

성전에 들어가신 예수님은 분노하셨다. 성전에서 온갖 상행위가 벌어지고 있었기 때문이다. 당시 성전에서는 성전 세를 받았다. 참고로, 성전 세는 20세 이상의 성인 남자이면 반 세겔을 내야 했다. 반 세겔의 가치는 노동자 한 사람이 2일을 일하고 받는 품삯에 해당한다고 한다 (출 30:13~14). 성전세는 성전에서만 통용되는 것으로 환전해서 내야 했다. 그리고 유월절 제사를 드리기 위해 준비하는 제물은 각자가 집에서 가지고 오는 것이 아니라, 성전 뜰에서 사서 준비하는 것이 관행이었다.

이 광경을 목격한 예수께서는 "내 집은 만민이 기도하는 집(사 56:7)인데 너희들이 강도의 소굴로 만들었다"라고 신랄하게 비판하시며 성전에서의 상행위를 하는 자들을 숙청하셨다.

> 예수께서 성전에 들어가사 성전 안에서 매매하는 모든 사람들을 내쫓으시며 돈 바꾸는 사람들의 상과 비둘기파는 사람들의 의자를 둘러엎으시고, 그들에게 이르시되 기록된 바 내 집은 기도하는 집이라 일컬음을 받으리라 하였거늘 너희는 강도의 소굴을 만드는도다 하시니라.(마 21:12~13)

이 사건으로 예수께서는 당시 종교지도자들에게 결정적인 미움을 받는 계기가 되었다. 이 사건은 이들이 반드시 예수를 제거해야겠다는 결심을 하게 하는 사건이었다. 복음서 기자 모두가 이 기록했는데 (마 21:12~17; 막 11:15~19; 눅 19:45~48; 요 2:13~22), 결국 예수님은 이 일로 결정적인 미움을 받아 수난을 당하고 결국 십자가 처형을 받게 되었다. 예수는 이들의 증오와 선동에 의하여 십자가 처형으로 돌아가신 후 사흘 만에 부활하시고 40일 후에 승천으로 영광에 들어가셨다. 이 사건을 그동안 생각했던 바울의 말씀의 예로 삼아 다시 생각해 보자.

> 성령이 친히 우리의 영과 더불어 우리가 하나님의 자녀인 것을 증언하시나니, 자녀이면 또한 상속자 곧 하나님의 상속자요 그리스도와 함께한 상속자니 우리가 그와 함께 영광을 받기 위하여 고난도 함께 받아야 할 것이니라.
>
> (롬 8:16~17)

1. 성령의 인도를 받는 하나님의 자녀

성도가 예수 그리스도의 대속의 진리를 믿음으로 받아드리고 고백하는 것은 바로 성령께서 역사 하신 것이다. 그 결과로 성도는 하나님의 자녀가 된다. 바울은 "무릇 하나님의 영으로 인도함을 받는 사람은 곧 하나님의 아들이라(14절)!"라고 말했다. 이렇게 하나님의 자녀는 하나님의 영 즉 성령의 인도함을 받아서 된다.

여기에서 하나님의 영의 인도하심은 어떻게 이루어지는 것일까? 그리고 성령의 역사와 성도의 하나님의 양자됨의 관계는 어떤 것일까?

> 너희가 아들이므로 하나님이 그 아들의 영을 우리 마음 가운데 보내사 아빠 아버지라 부르게 하셨느니라.(갈 4:6)

이 말씀에서 보듯이 하나님께서는 그 아들의 영을 보내셔서 성도의 마음속에서 반응하게 하신다. 갈 4:6은 이 점을 분명히 하고 있다. 그뿐 아니라, 이러한 성령의 역사는 성도가 하나님의 아들 됨을 보증하는 역할을 하신다. 바울은 이 점을 "그가 또한 우리에게 인치시고 보증으로 우리 마음에 성령을 주셨느니라(고후 1:22)."라고 확실하게 설명했다.

이렇게 볼 때, 성도를 하나님의 양자가 되게 하는 성령 하나님의 역사는 예정과 중생과 성화로 이어지는 구원의 전 과정에 개입하는 것이므로, 현재뿐 아니라 미래에 이르기까지 보증하시는 역할이라 하겠다. 바로 이 점에서 하나님의 인도를 받는 자는 하나님의 자녀라고 규정한 것이다.

2. 하나님의 영의 증언으로 확증되는 하나님의 자녀

또한, 하나님의 영께서는 이미 성도 속에 내주하는 영과 함께 그가 하나님의 자녀임을 증언하신다. 본문에서 바울은 이 점을 강조한다.

성령이 친히 우리의 영과 더불어 우리가 하나님의 자녀인 것을 증언하시나니
(롬 8:16)

이 말씀에서 성도가 하나님을 아버지로 고백하는 것은 단순한 종교적인 수사가 아니다. 성도가 하나님을 아버지로, 자신을 하나님의 자녀로 고백하는 것은 성도의 마음속에 있는 성령께서 역사한다는 명백한 증거다. 이 점이 분명하게 나타난 것은 거듭난 하나님의 자녀가 하나님을 '아버지!'로 부르며 기도할 때다. 그가 이렇게 기도할 수 있는 것은 주 예수께서 그렇게 기도하라고 하셨기 때문이다.

그 날에는 너희가 아무것도 내게 묻지 아니하리라 내가 진실로 진실로 너희에게 이르노니 너희가 무엇이든지 아버지께 구하는 것을 내 이름으로 주시리라.(요 16:23)

한편, 예수께서 "하늘에 계신 우리 아버지!"로 시작되는 그 유명한 "주께서 가르치신 기도(주기도문)"를 가르치셨다(마 6:5~13). 또 주께서는 성령 강림 이후에 예수의 이름으로 기도하는 자에게는 아버지 하나님께서 능력으로 응답해 주실 것을 증언하셨고 이 점을 믿고 기도하도록 명령하셨다.

사도와 함께 모이사 그들에게 분부하여 이르시되 예루살렘을 떠나지 말고 내게서 들은 바 아버지께서 약속하신 것을 기다리라 요한은 물로 세례를 베풀었으나 너희는 몇 날이 못 되어 성령으로 세례를 받으리라.(행 1:4~5)

이렇게 성도의 심령 속에 내주하시는 성령께서는 성도의 영과 함께 역사하여 성도 스스로가 하나님의 자녀임을 확신하고 담대히 하나님 앞에 나가 아버지께 기도하고 그 아버지와 친밀한 영적 교제를 하게 하신다(히 4:16).

3. 하나님 자녀의 특권과 통과 의례인 고난

지난 1959년에 개봉된 루 윌리스(Lew Wallace) 원작, 윌리엄 와일러(W. Wyler) 감독의 "벤허(Ben-Hur: A Tale of the Christ)"라는 영화를 기억할 것이다. 십계, 쿠오바디스와 함께 삼대 성화로 불리는 이 영화에서, 주인공 유다 벤허(Charlton Heston)는 반역 죄인으로 몰려 3년간 갤리선의 노예로 노를 젓게 된다. 어느 날 벤허가 탄 노예선이 마케도니아 해적과의 해상 전투에서 침몰하게 된다. 그 때 벤허는 극적으로 살아나 사령관인 퀴투스 아리우스(Quietus Arius)를 구해주고 그의 양자가 되어 로마 시민권을 획득하게 된다. 후에 양부가 죽자, 그는 모든 재산을 물려받고 귀향한다. 그 곳에서 친구 마살라(Steven Boyd)를 만나 모두가 기억하는 극적인 마차 경주를 한다.

양자는 양부의 모든 재산을 상속받는 특권을 갖는다. 본문은 "자녀이면 또한 상속자 곧 하나님의 상속자요 그리스도와 함께한 상속자니 우리가 그와 함께 영광을 받기 위하여 고난도 함께 받아야 할 것이니라(롬 8:17)." 라고 말한다. 이 경우에서 보듯이 양자가 되면 그는 아버지의 권한과 신분 그리고 재산을 물려받게 된다. 즉 상속자가 되는 것이다.

성도는 죄의 종에서, 하나님의 은혜 가운데 성령의 역사로 하나님의 양자라는 신분을 획득한 존재이다. 그래서 그는 하나님의 양자 즉 아들로서(son-ship) 인정을 받을 뿐만 아니라, 그에 따른 특권 즉 상속권리를 갖게 된다. 이 얼마나 영광스러운 신분인가! 양자는 고귀한 신분과 함께 상속권을 획득하게 된다.

그런데 이 모든 과정은 그냥 "믿습니다!"라는 한 마디로 주어지는 것이 아니다. 우리는 이 영광스러운 신분과 특권을 유지하기 위해서 당연히 거쳐야 할 과정이 있음을 알아야 한다. 그것이 바로 고난이라는 훈련과정이다.

4. 하나님의 자녀는 주님의 고난을 함께 나누어야

예수께서는 성전 숙청사건을 통하여 종교지도자에게 극한 미움을 받게 되어 죄가 없으신 분임에도 불구하고 십자가에서 희생당하셨다. 그러나 하나님께서는 그를 부활시키시고 하나님의 아들로서의 영광된 자리에 세우셨다. 이러한 하나님의 구원 방식에 대하여 히브리서 기자는 놀라운 평가를 했다.

> 그러므로 만물이 그를 위하고 또한 그로 말미암은 이가 많은 아들들을 이끌어 영광에 들어가게 하시는 일에 그들의 구원의 창시자를 고난을 통하여 온전하게 하심이 합당하도다.(히 2:10)

히브리서 기자가 강조하는 바는 하나님께서 구원의 창시자 곧 아들 예수를 고난을 통하여, 즉 십자가 희생을 통하여 구원을 온전하게 이루도록 하신 것은 합당한 조처였다는 것이다. 또한 하나님의 양자 된 모든 성도 역시 예수의 고난에 동참해야 하며 그와 함께 고난받는 것을 당연하게 여겨야 한다고 교훈한다. 바울도 이 점을 강조하며, 예수 그리스도를 통하여 하나님의 양자가 된 자는 주 예수께서 겪으셔야만 했던 고난을 따라 그 역시 고난을 거쳐야 한다고 말한다.

세상의 모든 일이 그렇듯이 고난과 징계는 성숙과 완성을 위한 필수 단계이다. 이것은 마치 예수께서 십자가의 고난을 통하여 부활 승천 후에 영광에 이르게 된 것과 같이 하나님의 양자 된 성도도 각자가 영적 고난의 과정인 성화 과정을 통하여 영화에 이르게 된다는 것을 교훈한다.

이러한 거룩한 고난에 참여하는 것은 오직 성도에게만 요구되는 성화의 한 과정이다. 그러나 고난의 과정은 하나님께서 보장하시는 영광의 자리에 온전히 참여하게 되는 훈장과 같은 것이다. 이로써 성도에게는 고난 중에도 큰 위로가 주어지게 된다.

> 너희를 위한 우리의 소망이 견고함은 너희가 고난에 참여하는 자가 된 것 같
> 이 위로에도 그러할 줄을 앎이라.(고후 1:7)

이러한 차원에서 사도 베드로는 당시 교회를 섬기는 신실한 교회지도자 즉 장로들을 향하여 "너희 중 장로들에게 권하노니 나는 함께 장로 된 자요, 그리스도의 고난의 증인이요 나타날 영광에 참여할 자니라(벧전 5:1)." 라고 격려했다. 그리고 그는 핍박과 고난의 시대에 고난에 참여하게 된 것을 오히려 '기뻐하라'고까지 격려했다. 이유는 장차 예수께서 영광 가운데 재림하실 때, 고난을 겪은 성도들이 환호성을 지르며 기뻐하도록 하게 하시려는 것이라고 밝혔다. 그래서 어느 목사님은 "고난은 변장된 축복"이라고 까지 설교했다.

> 오히려 너희가 그리스도의 고난에 참여하는 것으로 즐거워하라. 이는 그의 영
> 광을 나타내실 때에 너희로 즐거워하고 기뻐하게 하려 함이라.(벧전 4:13)

결 론

구원받는 하나님의 언약 백성은 당연히 주께서 경험하신 바와 같이 이 땅에서 죄의 세력과 싸우는 고난의 과정을 겪어야만 한다. 성도가 겪는 고통스러운 고난의 과정은 아버지께서 택하신 아들 즉 성도를 사랑하셔서 그의 성숙을 위해 행하시는 훈련의 과정임을 잊지 말아야 한다.

> 그들은 잠시 자기의 뜻대로 우리를 징계하였거니와 오직 하나님은 우리의 유
> 익을 위하여 그의 거룩하심에 참여하게 하시느니라. 무릇 징계가 당시에는 즐
> 거워 보이지 않고 슬퍼 보이나 후에 그로 말미암아 연단 받은 자들은 의와 평
> 강의 열매를 맺느니라.(히 12:10~11)

예수께서는 십자가를 앞두고 제자들이 언약 공동체임을 확인시키시며 성찬 예식을 제정하셨다. 그리고 주께서 다시 오실 때까지 이 거룩한 예식을 모일 때마다 시행할 것을 당부하셨다. 우리도 주님의 고난에 참여하므로 언약의 백성이며, 하나님의 양자임을 고백하시길 바란다.

현재의 고난, 우리의 소망

생각하건대 현재의 고난은 장차 우리에게 나타날 영광과 비교할 수 없도다. 피조물이 고대하는 바는 하나님의 아들들이 나타나는 것이니 피조물이 허무한데 굴복하는 것은 자기 뜻이 아니요 오직 굴복하게 하시는 이로 말미암음이라. 그 바라는 것은 피조물도 썩어짐의 종노릇 한 데서 해방되어 하나님의 자녀들의 영광의 자유에 이르는 것이니라. 피조물이 다 이제까지 함께 탄식하며 함께 고통을 겪고 있는 것을 우리가 아느니라. 그뿐 아니라, 또한 우리 곧 성령의 처음 익은 열매를 받은 우리까지도 속으로 탄식하여 양자 될 것 곧 우리 몸의 속량을 기다리느니라. 우리가 소망으로 구원을 얻었으매 보이는 소망이 소망이 아니니 보는 것을 누가 바라리요, 만일 우리가 보지 못하는 것을 바라면 참음으로 기다릴지니라(로마서 8:18~25).

해가 바뀔 때 마다 과연 무엇이 달라지는가? 한 가지 분명한 것이 있다. 시간은 내 것이 아니라는 사실이다. 내가 마음대로 할 수 있는 것이 아니라는 것이다. 이것이 진리이다. 시간의 흐름은 인간이 어떻게 할 수 없다. 그래서 이 시간대 안에서 살기도 하고 죽기도 한다. 만약 시간을 인간이 조절할 수만 있다면 얼마나 좋겠는가? 인간은 시간을 지배할 수 없다.

인간은 참으로 놀랍게도 파도를 없애거나 조절할 수는 없지만, 그 파도에서 놀 수는 있다. 서핑(Surfing)이란 운동이 그것이다. 서퍼(Surfer)

는 그 파도를 타고 노는 사람이다. 인간은 자기 앞에 전개되는 어떤 불가항력적인(不可抗力的인) 것을 오히려 즐기며 자기 유익을 위해 사용하는 재능과 지혜가 있다. 이 또한 놀라운 일이 아닐 수 없다. 이처럼 우리는 시간을 주관하지는 못하지만, 그 시간을 잘 활용할 수 있는 지혜를 발휘해야 하겠다.

1. 고난 속에 살아가는 인생

지금 우리가 살아가는 세상은 이제까지 인류가 살아온 그 어떤 시대보다 훨씬 고통스러운 세상이 되어가고 있다. 지진과 홍수, 기근과 전염병 등 엄청난 자연재해를 겪고 있다. 이 모든 현상은 인간이 하나님의 창조질서를 교란하고 반역하는 행위를 한 결과라고 해도 과언이 아니다. 지구온난화(Global Warming)와 같은 예가 바로 그것이다. 동성애와 같은 부도덕한 행위로 이 세상은 혼란과 무질서, 상식과 관습이 파괴되는 미증유의 상황을 겪으며 말로 다 할 수 없는 고통을 겪고 있다. 이 모습이 21세기를 살아가는 우리 현실이다. 이렇게 우리가 사는 이 세상은 참으로 살기 힘든 세상이다.

1) 저주받은 피조물

그런데 인간이 겪는 고난은 언제부터 시작된 것일까? 성경은 창조된 첫 인간에게 세상은 하나님께서도 보시기에 좋은 상황이었다고 말한다. 그러나 인간의 범죄로 인하여 인간이 살아가는 환경은 저주받았다고 설명한다.

> 아담에게 이르시되 네가 네 아내의 말을 듣고 내가 네게 먹지 말라 한 나무의 열매를 먹었은 즉 땅은 너로 말미암아 저주를 받고 너는 네 평생에 수고하여야 그 소산을 먹으리라.(창 3:17)

땅이 하나님으로부터 저주를 받았다. 아담의 범죄로 인하여 자연이 저주받은 것이다. 이로써 인간은 살기 위해서 저주받은 이 땅에서 한평생 고생하며 살아야 한다. 이 시점이 인간을 비롯한 모든 피조물 즉 하나님께서 창조하신 만물이 고난을 겪게 된 시점이다.

2) 회복을 고대하는 피조물

이 세상을 사는 모든 피조물을 구원하시기 위하여 하나님의 아들 예수께서 이 땅에 오셨다. 그리고 그를 믿는 자에게 구원을 전한다.

> 자녀이면 또한 상속자 곧 하나님의 상속자요, 그리스도와 함께한 상속자니 우리가 그와 함께 영광을 받기 위하여 고난도 함께 받아야 할 것이니라.(롬 8:17)

바울은 성도를 예수 그리스도와 함께 한 자녀 즉 상속자라고 정의하고 있다. 그리스도와 함께 누릴 영광됨에 동참한 자들이 성도란 의미이다. 이미 우리가 살펴본 바와 같이 성도는 예수와 함께 죽고, 예수와 함께 살아났고(롬 6:1~11), 또 그와 함께 영광스러운 하나님 보좌 우편에 앉혀진 자(엡 1:20~23)이다. 이러한 신분을 소유한 자가 성도이다. 이것은 매우 영광스러운 신분을 가진 자들이다.

그런데 단순히 예수를 믿는다고 고백만 해서 이러한 신분을 소유하게 되는 것은 결코 아니다. "함께"라는 표현 즉 "예수 그리스도와의 연합(union with Jesus Christ)" 개념은 단순히 이러한 고상한 신분만을 누리는 수준과 상태가 아니라 그러한 수준에 이르기 위하여 당연한 과정을 반드시 거쳐야만 한다는 것이다. 그것은 주님과 함께 죽고 함께 산 자는 그의 영광을 함께 나누는 자가 되기 위해서 반드시 고난을 받아야만 하는 것이다. 그래서 어떤 성도는 이렇게 말했다. "성도의 모든 삶은 그리스도와 일치되는 삶이다(The whole Christian life is identification with Christ)."

한편, 사도 바울은 이 세상의 모든 피조물은 "하나님의 아들들이 나타나기만을 고대한다!"라고 주장한다. 무슨 뜻일까?

> 피조물이 고대하는 바는 하나님의 아들들이 나타나는 것이니 피조물이 허무한 데 굴복하는 것은 자기 뜻이 아니요 오직 굴복하게 하시는 이로 말미암음이라. 그 바라는 것은 피조물도 썩어짐의 종노릇한 데서 해방되어 하나님의 자녀들의 영광의 자유에 이르는 것이니라. 피조물이 다 이제까지 함께 탄식하며 함께 고통을 겪고 있는 것을 우리가 아느니라.(롬 8:19~22)

피조물이 허무한 데 굴복하면서 고통을 겪는 이유가 무엇일까? 여기서 말하는 '허무'란 개념은 전도서에서 말하는 헛된 것, 공허한 것(vanity)을 말한다. 그런데 이 허무한 것에 굴복하는 피조물의 원인에 대하여 바울은 피조물이 스스로 원하여 선택하여 겪게 된 것이 아니라, 그렇게 굴복하도록 하신 분, 즉 하나님께서 굴복시켜서 겪게 되는 것이라고 설명한다.

다시 말하면, 조상 아담의 범죄로 인하여 자연도 인간이 받은 저주를 함께 받았고, 또한 인간이 저주받은 자연 속에서 고난을 받고 있듯이 자연도 고난을 받고 있다는 말이다.

그래서 장차 예수 안에서 성도가 영광을 받듯이 자연도 장차 성도가 받을 영광을 함께 받게 될 것이기에 "하나님 아들의 출현"을 고대한다는 설명이다. 그런데 그 배경에는 장차 "하나님의 자녀가 누릴 영광의 자유"를 함께 누릴 그때를 저주받은 땅과 피조물이 구속함을 받을 것을 전제하고 있다.

이 과정에서 겪게 마련인 피조물의 고난은 허무, 공허, 탄식으로 묘사되고 있다. 이것은 전도서에서 말씀하고 있는바 "헛되고 헛되고 헛된 인생"의 모습이다(전 1:2). 이에 대하여 보그한(C. J. Vaughan)은 "전도서 전체는 본 절에 관한 주석이다(The Ecclesiastes is a commentary upon the verses)."라고 설명했다.

이 땅에서 사는 모두는 이 헛되고 공허한 인생을 겪고 있다. 이런 상황이 고난 중에서 탄식하며 살아가는 우리네 모습이다. 우리 인생은 본문 21절에서 보듯이 '썩어짐의 종노릇'하며 살아간다. 모두가 출생과 성장, 그리고 늙어 병들어 죽는다. 결국 우리 몸은 썩어져 흙으로 돌아간다. 이 생로병사의 과정을 예외 없이 겪으며 살고 죽는다. 이 죽음에 이르는 과정에서 고독과 좌절, 고통과 고난을 겪는다. 이 과정에서 고통은 필연적이다.

그런데 피조물로서 겪는 이 고통스러운 과정은 일시적이고 제한적이다. 죽는다고 다 끝나는 것이 아니라, 믿는 자에게는 영원한 영광으로, 불신자에게는 또 다른 차원의 영원한 고통으로 이어지게 된다. 그들은 영원한 심판을 받아 영원한 불 못에 처해지게 되는 것이다.

> 누구든지 생명책에 기록되지 못한 자는 불 못에 던져지더라.(계 20:15)

> 피조물이 다 이제까지 함께 탄식하며 함께 고통을 겪고 있는 것을 우리가 아느니라(22절).

이 말씀은 산모가 새 생명을 얻는 과정에서 필연적으로 해산의 고통을 감내해야 하듯이, 피조물의 고통은 당연하고 필연적인 과정이라는 말이다. 이처럼 피조물이 겪는 현재의 고난은 피조물 모두가 겪는 것이며 일시적이고, 잠정적이고, 유한하다. 왜 그럴까? 이 피조물이 겪는 현재의 고난은 장차 완성될 영광으로 이어질 것이기 때문이다.

> 그뿐 아니라 또한 우리 곧 성령의 처음 익은 열매를 받은 우리까지도 속으로 탄식하여 양자 될 것 곧 우리 몸의 속량을 기다리느니라. 우리가 소망으로 구원을 얻었으매 보이는 소망이 소망이 아니니 보는 것을 누가 바라리요.
>
> (롬 7:23~24)

2. 영광스러운 구원을 소망하는 인생

제가 아는 한 자매가 고국을 떠나 미국에 살면서 항상 부친의 건강을 염려했다. 부친이 오랫동안 병치레를 하면서 살아왔기 때문이다. 그래서 코비드 상황 속에서도 무리해서 한국에 나갔다. 한국에 가서 격리 과정을 다 마치고 아버님을 뵌 다음 날 아버님은 하나님의 부르심을 받았다. 자매는 "아버님이 자기를 보시기 위하여 마지막까지 계시다가 자기를 만난 후 눈을 감으셨다. 천국에서 다시 아버님을 만날 것을 소망한다"라고 말했다.

이 사례에서 보듯이 고난 후에 소망이 존재하는 것을 보게 된다.

비록 그 과정이 고통스럽더라도 소망이 이루어지면 그동안의 고난은 끝이 나는 것이다. 하나님은 "피조물이 허무함 즉 헛된 것에 굴복하는 이유는 소망하는 것이 있기 때문"이라고 말씀한다. 피조물이 헛된 것에 종노릇하는 것은 참된 자유를 소망하기 위한 것이며, 썩어짐에 굴복하는 것은 영원한 영광의 자리를 소망하기 때문이다.

진정으로 성도가 예수 그리스도와 연합한 자로서 장차 그와 함께 누릴 영광을 믿는다면, 이 피조세계에서의 고통으로 끝나는 인생만 있지 않고 그 후에 영광이 있으므로 영광을 소망하며 담대하게 살아가게 될 것이다. 비록 고통스러운 고난을 겪는 어려운 삶이라 할 찌라도 그는 장차 예수와 함께 주어질 그 영광을 바라봄으로, 고난을 소망으로 이기며 사는 지혜와 능력으로 승리하게 될 것이다. 또한 이 과정에서 성도는 신음하며 고통을 겪게 마련이지만, 장차 누릴 그 영광은 현재 당하는 고난과는 비교도 되지 않을 것이기에 능히 감당할 만 할 것이다.

생각하건대 현재의 고난은 장차 우리에게 나타날 영광과 비교할 수 없도다.
(롬 8:18)

1) 성도의 고난의 실체

그런데 성도가 이 땅에서 겪는 고난의 실체가 무엇일까? 단순히 돈벌이가 시원치 않아서 살기 어렵고, 나이가 들어가면서 몸이 쇠약해져 병들어 고통스러운 생활을 하는 것과 같은 것을 말하는 것일까?

바울이 말하는 고난이란 구원받은 성도가 세상을 살면서 겪는 모든 연약, 부족, 죄 가운데 사는 전반적인 상태를 말한다. 돈이 많든 적든, 건강하든 병약하든 상관없이, 죄 가운데 살아가는 연약한 상황을 의미한다. 이를 성경 신학적으로 표현하면 성도는 이미 구원받은 자이지만 (already), 아직 완성된 구원의 단계에 이르지 못한 고난의 상태(not yet)라는 것이다. 바울은 이 상황을 이렇게 설명한다.

> 참으로 우리가 여기 있어 탄식하며 하늘로부터 오는 우리 처소로 덧입기를 간절히 사모하노라. 이렇게 입음은 우리가 벗은 자들로 발견되지 않으려 함이라. 참으로 이 장막에 있는 우리가 짐진 것 같이 탄식하는 것은 벗고자 함이 아니요 오히려 덧입고자 함이니 죽을 것이 생명에 삼킨바 되게 하려 함이라.(고후 5:2~4)

우리가 이 땅에서 살아가면서 신음하고 고통스러워하게 하는 실체는 다름 아닌 우리 속에 있는 "죄의 영향" 때문이다. 바울은 이미 7장 마지막 부분에서 이 점을 분명히 했다. 인간은 죄의 강력한 세력 아래에서 죄를 지으며 근심과 걱정, 질병과 죽음의 공포 가운데 신음하며 산다. 그래서 바울은 이러한 자신의 인생을 한탄스러워 하며 "오호라 나는 곤고한 사람이로다. 이 사망의 몸에서 누가 나를 건져내랴(롬 7:24)."라고 절규했다.

우리 역시 이 사망의 몸에서 벗어나기를 간절히 바라고 있다. 그러나

이 고난은 제한적이고 일시적이다. 그래서 이 고난에서 벗어날 소망을 갖게 되는 것이다.

2) 장래의 소망으로 살아가는 성도

그런데 과연 누가 이 사망의 몸에서 우리를 건져낼 수 있을까?

> 그뿐 아니라 또한 우리 곧 성령의 처음 익은 열매를 받은 우리까지도 속으로 탄식하여 양자 될 것 곧 우리 몸의 속량을 기다리느니라. 우리가 소망으로 구원을 얻었으매 보이는 소망이 소망이 아니니 보는 것을 누가 바라리요.(롬 8:23~24)

고난 중에 사는 성도는 영적 신분으로 예수께서 누리고 계신 그 영광의 자리에 이미 가 있음을 믿기에 예수와 함께 한다는 소망으로 살아갈 수 있다. 그런데 이 소망에는 몇 가지 특징이 있다.

3) 소망의 특징

첫째, 구속의 완성을 소망한다.

성도는 두 가지의 측면에서 구속을 간절히 바란다. 하나는 몸의 속량 즉 구속(redemption)이다. 연약하여 병들어 죽어 흙으로 되돌아가는 물질적 몸이 부활로 다시 영원한 생명으로 변화되는 것이다. 다음은 죄로 타락한 본성이 예수와 함께 죽고 다시 함께 부활함으로 영원한 생명으로 변화되는 구속이다.

둘째, 구속받은 자는 하나님의 양자로 불린다.

23절에서 보듯이 구속받은 성도의 명칭이 하나님의 양자로 바뀐다. 이유는 하나님의 아들, 예수와 함께 연합한 자가 되었기 때문이다. 성도는 이미 예수를 믿음으로 의롭다 인정을 받고 하나님의 자녀가 되었다. 이것은 예수와 연합한 자에게만 주어지는 특권이다.

셋째, 양자에게 주어지는 특권이 있다.

이때의 양자는 완전한 양자가 아니다. 아직 구원이 완성되지 못했기 때문이다. 그러나 이 양자에겐 영원한 영광이 보장되어 있다. 사도 바울은 보증(pledge)이란 말을 즐겨 사용했다. 예수와 연합된 자에게 주어지는 양자는 영원한 영광이 보증된 양자권(pledged sonship)이 있다. 이들에게는 장차 주어질 유업이 기다리고 있다. 이는 마치 은행에서 발행하는 수표가 지급을 보증하는 문서이듯이 성도란 명칭은 장차 주어질 영광을 미리 맛보는(foretaste) 차원에서 양자라 불린다(롬 8:19). 이양자에게는 장차 하나님으로부터 완전하게 얻는 특권 즉 상속권이 주어질 것이다.

> 사랑하는 자들아 우리가 지금은 하나님의 자녀라. 장래에 어떻게 될지는 아직 나타나지 아니하였으나 그가 나타나시면 우리가 그와 같을 줄을 아는 것은 그의 참모습 그대로 볼 것이기 때문이니(요일 3:2)

3. 고난 중에 소망으로 사는 성도

이 소망 가운데 성도는 고난을 극복하며 살아간다. 그러면 어떤 방식으로 고난의 삶을 살아가야 할까? 사도는 그 방안을 제시한다.

> 우리가 소망으로 구원을 얻었으매 보이는 소망이 소망이 아니니 보는 것을 누가 바라리요. 만일 우리가 보지 못하는 것을 바라면 참음으로 기다릴지니라.(롬 8:24~25)

거듭난 성도는 고난을 겪으면서도 자폭하지 않고 인내하며 장차 주어질 영광 즉 예수와 함께 누릴 영광을 소망하며 살아간다. 비록 아직 그에게 그 영광이 눈에 보이지 않고 손이 잡히지 않더라도 이미 보장된 양자의 영을 받았음으로 그 날에 주어질 그 영광된 순간과 자리를 바라보고 이 절망적인 세상을 긍정적 마인드로 인내하며 살아간다.

결 론

현재 여전히 Covid-19으로 불편하고 고통스러운 세상을 살고 있지만, 주께서 말씀하시며 격려하셨음을 기억하고 이 말씀 붙잡고 참고 기다리며 그 영광스러운 날을 소망하며 살길 바란다.

이것을 너희에게 이르는 것은 너희로 내 안에서 평안을 누리게 하려 함이라

세상에서는 너희가 환난을 당하나 담대하라 내가 세상을 이기었노라.(요 16:33)

제101강

부활하신 주께서 하신 일들

생각하건대 현재의 고난은 장차 우리에게 나타날 영광과 비교할 수 없도다. 피조물이 고대하는 바는 하나님의 아들들이 나타나는 것이니, 피조물이 허무한데 굴복하는 것은 자기 뜻이 아니요 오직 굴복하게 하시는 이로 말미암음이라. 그 바라는 것은 피조물도 썩어짐의 종노릇한 데서 해방되어 하나님의 자녀들의 영광의 자유에 이르는 것이니라(로마서 8:18~21).

주 예수께서 부활하셨다. 사망의 권세를 이기시고 부활로 승리하셨다. 모든 사람이 싫어하고 두려워하는 사망을 정복하시고 부활하셨다.

기독교는 세상의 모든 종교와 다른 교리가 바로 부활을 믿고 전하는 것이다. 예수의 탄생도 귀한 진리이지만, 예수의 부활은 구원의 핵심진리요, 모든 성도가 고백해야 하는 신앙의 기초이다. 모든 성도는 예수의 부활을 믿는다. 또 주와 함께 부활할 것을 믿는다. 부활을 믿지 않고 믿지 못하는 교인은 성도라 할 수 없고, 부활을 전하지 않는 교회는 바른 교회라 할 수 없다.

1. 부활은 전 피조물 구원의 핵심

하나님께서는 예수를 죽음의 세력에 갇혀 있지 않도록 부활시키셨다. 사도 베드로는 이 점을 분명하게 증언했다.

> 그가 하나님께서 정하신 뜻과 미리 아신 대로 내준 바 되었거늘 너희가 법 없
> 는 자들의 손을 빌려 못 박아 죽였으나, 하나님께서 그를 사망의 고통에서 풀
> 어 살리셨으니 이는 그가 사망에 매여 있을 수 없었음이라.(행 2:23~24)

만약 부활이 없다면 기독교의 다른 모든 진리는 헛된 것이 되고 이
러한 기독교를 믿는 자들은 어리석은 자요, 가장 불쌍한 자가 될 것이
다(고전 15:16~19). 문제는 예수의 육체적 부활을 믿지 않고 주님의 육체
적 부활을 전하지 않는 이들이 적지 않다는 데 있다. 이들은 예수의 희
생정신, 봉사정신, 불의에 항거하는 정의로운 정신, 나아가 사랑의 정
신을 이어받는 것이 예수의 부활 신앙이라고 가르친다. 과연 이런 것이
부활 신앙일까?

성경이 가르치는 부활 신앙은 그러한 것이 아니다. 성경은 예수의 육
체적 부활을 증언하며, 모든 성도는 장차 예수와 함께 다시 몸의 부활
로 변화될 것을 믿어야 한다고 가르친다.

> 보라, 내가 너희에게 비밀을 말하노니, 우리가 다 잠잘 것이 아니요, 마지막
> 나팔에 순식간에 홀연히 다 변화되리니, 나팔 소리가 나매 죽은 자들이 썩지
> 아니할 것으로 다시 살아나고 우리도 변화되리라.(고전 15:51~52)

이 놀라운 부활 진리는 죄로 인하여 죽은 우리의 영혼이 예수 안에
서 다시 살아나 새로운 생명으로 살게 하는 원동력이다. 사도 바울은
인간의 죄로 인하여 하나님의 창조질서가 얼마나 광범위하게 붕괴되
고 파괴되었는지 모든 피조물도 이 부활을 믿는 하나님의 자녀들이 나
타나기를 사모한다고 말한다. 본문에서 사도 바울은 말한다.

> 생각하건대 현재의 고난은 장차 우리에게 나타날 영광과 비교할 수 없도다
> 피조물이 고대하는 바는 하나님의 아들들이 나타나는 것이니, 피조물이 허무
> 한 데 굴복하는 것은 자기 뜻이 아니요 오직 굴복하게 하시는 이로 말미암음

이라. 그 바라는 것은 피조물도 썩어짐의 종노릇한 네서 해방되어 하나님의 자녀들의 영광의 자유에 이르는 것이니라.(롬 8:18~21)

이 구절이 의미하는 바가 무엇일까? 인간이 죄를 지으므로 하나님께서 창조하신 피조물이 저주받았다. 아담의 범죄가 피조물 전체에 영향을 끼친 것이다. 그런데 저주를 받은 이 피조 세계는 이 죄의 형벌에서 벗어나기를 간절히 소원한다. 이것은 죄를 지은 인간이 회복되어야만 가능한 것이다. 죄의 저주 가운데 놓여있는 피조물은 죄의 결과인 사망으로 썩어버리는 세력에서 해방되기를 간절히 바란다. 그것은 죄의 문제가 해결된 하나님의 자녀들이 나타나야 가능해지기에 피조세계는 하나님의 자녀들이 나타나기를 간절하게 고대한다.

그런데 어떻게 하면 하나님의 자녀들이 나타날 수가 있을까? 하나님의 자녀로 다시 태어나는 유일한 길은 죄의 종인 인간이 십자가와 부활로 구원을 완성하신 예수 그리스도의 구속 진리를 믿을 때에만 가능하다. 사도 바울이 전하고자 하는 바는 모든 피조물은 하나님의 자녀가 구속의 진리를 믿어 영광의 자유를 얻어야 피조물들도 사망의 굴레에서 벗어나게 된다는 것이다. 그래서 죄로 저주받은 피조물은 썩은 사망의 굴레에서 벗어나 영광스러운 자유를 얻을 부활 신앙인의 출현을 간절히 고대하는 것이다.

이 얼마나 신비스럽고 놀라운 진리인가? 여기서 기독교의 부활 신앙이 단순히 부활하신 예수를 찬양하고 경배하는 것만이 아니고 성도가 장차 부활할 것을 믿는다고 고백하는 것 그 이상의 진리가 내포되어 있다는 사실을 알게 된다.

2. 부활하신 주께서 하신 일들

이제 부활하신 예수께서 과연 무엇을 하셨기에 부활의 신앙을 가진 자에게 놀라운 영광의 자유가 주어지고 모든 피조물이 하나님의 자녀를 고대하는지 좀 더 살펴보자.

1) 부활하신 주께서 사망에 대한 승리자임을 확증하셨다.

> 사망아, 너의 승리가 어디 있느냐, 사망아, 네가 쏘는 것이 어디 있느냐, 사망이 쏘는 것은 죄요 죄의 권능은 율법이라. 우리 주 예수 그리스도로 말미암아 우리에게 승리를 주시는 하나님께 감사하노니(고전 15:55~57)

예수의 육체는 강력한 죄의 세력 때문에 십자가에 달려 숨을 거두셨다. 그러나 주께서는 사흘 만에 다시 살아나셨다. 그리고 자신의 부활을 수도 없이 증명하셨다. 주님의 죽음을 당연히 생각했고 부활을 전혀 믿지 않았던 사울은 부활하신 예수의 부르심은 받은 후 부활을 증언하는 바울이 되어 다음과 같이 부활을 변증했다.

> 내가 받은 것을 먼저 너희에게 전하였노니, 이는 성경대로 그리스도께서 우리 죄를 위하여 죽으시고 장사 지낸 바 되셨다가 성경대로 사흘 만에 다시 살아나사 게바에게 보이시고 후에 열두 제자에게 와 그 후에 오백여 형제에게 일시에 보이셨나니, 그중에 지금까지 대다수는 살아 있고 어떤 사람은 잠들었으며, 그 후에 야고보에게 보이셨으며, 그 후에 모든 사도에게와 맨 나중에 만삭되지 못하여 난 자 같은 내게도 보이셨느니라.(고전 15:3~8)

참으로 놀라운 일이 아닐 수 없다. 주 예수께서는 자신의 부활하심을 스스로 증명해 보이시고 널리 전하셨다. 주께는 모든 제자와 성도에게 당신의 부활이 믿음의 토대임을 실제로 증명해 보이셨다.

2) 지옥에 있는 영들에 예수께서 승리하셨음을 선언하셨다.

사도 베드로는 십자가에서 돌아가신 예수께서 사흘 만에 부활하신 후, 예수의 영이 어떤 일을 하셨는지 놀라운 사실을 전했다.

그리스도께서도 단번에 죄를 위하여 죽으사 의인으로서 불의한 자를 대신하셨으니 이는 우리를 하나님 앞으로 인도하려 하심이라. 육체로는 죽임을 당하시고 영으로는 살리심을 받으셨으니, 그가 또한 영으로 가서 옥에 있는 영들에게 선포하시니라. 그들은 전에 노아의 날 방주를 준비할 동안 하나님이 오래 참고 기다리실 때에 복종하지 아니하던 자들이라. 방주에서 물로 말미암아 구원을 얻은 자가 몇 명뿐이니 겨우 여덟 명이라. 물은 예수 그리스도께서 부활하심으로 말미암아 이제 너희를 구원하는 표니 곧 세례라. 이는 육체의 더러운 것을 제하여 버림이 아니요, 하나님을 향한 선한 양심의 간구니라. 그는 하늘에 오르사 하나님 우편에 계시니 천사들과 권세들과 능력들이 그에게 복종하느니라.(벧전 3:18~22)

'영으로 가서 옥에 있는 영들에게 선포하시니라'라는 이 말씀은 이해하기 어렵다. 사도신경의 원문에선, "지옥에 내려가셔서 옥에 있는 영들에 선포하셨다(went and proclamation to the spirits now in prison)"라는 구절을 적시하며 고백하지만, 우리의 신앙고백에서는 뺐다. 그러나 이 구절은 예수의 구속 사역이 땅 아래에 있는 것까지 영향을 미치고 있음을 선언하고 있다(요한 칼빈).

예수께서는 십자가에서 돌아가시고 영으로 다시 살아나셔서 죄인인 우리를 하나님께로 인도하셨다. 그리고 부활하신 예수의 영께서는, 홍수로 온 세상을 심판하신다는 하나님의 경고를 믿지 않아 홍수심판을 받고 지옥에 가 있는 영들에게 예수께서 사망의 권세를 무찌르고 승리하셨음을 선언하신 것이다. 이 신비스럽고 놀라운 진리는 사망 권세를 깨부수고 부활로 승리하신 예수 그리스도의 영광된 신분을 계시한다. 하나님께서는 부활하신 예수를 하나님 보좌 우편에 앉히시고 그에게 놀라운 권세를 주셨다.

다음 구절들은 이 놀라운 예수 그리스도의 신분에 대하여 밝히고 있다. 바울은 하나님께서 "하늘에 있는 것이나 땅에 있는 것이 다 그리스도 안에서 통일되게(엡 1:10)" 하시려고 아들 예수를 죽음에서 부활시키셨다고 설명한다.

> 그의 능력이 그리스도 안에서 역사하사 죽은 자들 가운데서 다시 살리시고 하늘에서 자기의 오른편에 앉히사, 모든 통치와 권세와 능력과 주권과 이 세상뿐 아니라 오는 세상에 일컫는 모든 이름 위에 뛰어나게 하시고, 또 만물을 그의 발아래에 복종하게 하시고 그를 만물 위에 교회의 머리로 삼으셨느니라.(엡 1:20~22)

빌립보서에서 사도 바울은 이 진리를 더욱 분명하게 전하고 있다.

> 이러므로 하나님이 그를 지극히 높여 모든 이름 위에 뛰어난 이름을 주사, 하늘에 있는 자들과 땅에 있는 자들과 땅 아래에 있는 자들로 모든 무릎을 예수의 이름에 꿇게 하시고, 모든 입으로 예수 그리스도를 주라 시인하여 하나님 아버지께 영광을 돌리게 하셨느니라.(빌 2:9~11)

이 말씀에서 보듯이 부활하신 예수의 권세는 하늘에, 땅에, 그리고 땅 아래까지 미쳐서 모든 피조물이 예수의 이름 앞에 무릎을 꿇어 항복하게 하는 강력한 권세이다. 예수께서는 부활의 권세를 선언하셨는데 이 선언이 목적하는 바를 골로새서에서 "그의 십자가의 피로 화평을 이루사 만물 곧 땅에 있는 것들이나 하늘에 있는 것들이 그로 말미암아 자기와 화목하게 되기를 기뻐하심이라(골 1:20)." 말한다.

이러한 말씀들을 통하여 알게 되는 것은 '모든 피조물이 하나님의 아들들의 출현을 고대하는 이유'가 무엇인지이다. 그것은 죄로 파괴된 인간을 포함한 전 피조물과 창조주 하나님과의 "화해(reconciliation)"를 이루기 위함이다. 부활하시고 승천하신 예수께서는 이것을 위하여 다시 이 땅에 오셔서 주를 믿는 모든 이들을 모아 아버지 하나님께 되돌려 드리심으로 하나님 나라의 구원은 완성된다. 사도 바울은 이 모든 과정이 바로 예수의 부활로 시작되고 완성된다고 말한다.

> 아담 안에서 모든 사람이 죽은 것 같이 그리스도 안에서 모든 사람이 삶을 얻으리라. 그러나 각각 자기 차례대로 되리니 먼저는 첫 열매인 그리스도요 다

음에는 그가 강림하실 때에 그리스도에게 속한 자요, 그 후에는 마지막이니 그가 모든 통치와 모든 권세와 능력을 멸하시고 나라를 아버지 하나님께 바칠 때라. 그가 모든 원수를 그 발아래에 둘 때까지 반드시 왕 노릇 하시리니, 맨 나중에 멸망 받을 원수는 사망이니라.(고전 15:22~26)

3) 부활하신 후 제자들을 40일간 재교육시키셨다.

이 구원의 진리가 어떻게 전파되었을까? 우리는 부활하신 예수께서 부활 후에 하신 일에서 유추할 수 있다. 사도행전을 기록한 '누가'는 부활하신 예수께서 부활하신 후 즉시 승천하지 않으시고(참고, 요 20:17), 제자들과 40일 동안 계시며 그들에게 하나님 나라의 일을 말씀하셨다고 밝히고 있다.

> 그가 고난 받으신 후에 또한 그들에게 확실한 많은 증거로 친히 살아 계심을 나타내사 사십 일 동안 그들에게 보이시며 하나님 나라의 일을 말씀 하시니라.(행 1:3)

이 말씀이 무슨 뜻일까? 부활하신 주께서 40일 동안 제자들에게 전하신 "하나님 나라의 일"이란 무엇일까? 예수께서 공생애 사역을 시작하시면서 하신 일은 마가는 이렇게 전한다.

> 요한이 잡힌 후 예수께서 갈릴리에 오셔서 하나님의 복음을 전파하여, 이르시되 때가 찼고 하나님의 나라가 가까이 왔으니 회개하고 복음을 믿으라 하시더라.(막 1:14~15)

예수께서는 세례요한이 잡혀 활동하지 못하게 되자 사역을 시작하셨다. 이는 구약시대가 끝나고 신약시대 즉 예수의 시대가 도래했음을 의미한다. 예수께서는 하나님의 복음 즉 하나님 나라의 진리를 선포하시는 것으로 공생애 사역을 시작하셨다. 주께서는 회개를 촉구하셨고 천국 복음을 전하셨다.

한편 사도행전 저자 '누가'는 데오빌로 각하에게 예수 그리스도의 사역을 사실대로 전하려는 목적으로 누가복음과 사도행전을 썼다. 그런데 그는 사도행전에서 예수의 사역을 압축하여 이렇게 전한다.

> 데오빌로여 내가 먼저 쓴 글에는 무릇 예수께서 행하시며 가르치시기를 시작하심부터 그가 택하신 사도들에게 성령으로 명하시고 승천하신 날까지의 일을 기록하였노라.(행 1:1~2)

이 기록에서 예수께서 하신 "하나님 나라의 일"을 행하시고 가르치신 일 즉 "말씀과 행위"로 압축하고 있다. 이것을 하나님이신 예수 그리스도의 "말씀 계시(Words revelation), 행위 계시(Acts revelation)"라고 할 수 있겠다. 사실 복음서에서 예수께서는 하나님의 나라를 많은 비유와 산상보훈과 같은 말씀으로 가르치시며 설명하셨고, 각종 이적과 기사로 하나님 나라의 능력을 나타내셨다. 그리고 종국에는 부활하심으로 하나님 나라의 능력을 확실하게 증명해 보이셨다.

이렇게 볼 때, 부활하신 후 40일 동안 예수께서는 공생애 동안 12제자와 함께 생활하시며 말씀하신 하나님 나라와 능력에 대하여 다시 설명하시며 그들에게 확신시키셨던 것이다. '누가'는 이를 부활하신 예수께서 "하나님 나라의 일"을 가르치셨다고 말한 것이다.

그렇다면, 부활하신 예수께서 제자들에게 "하나님 나라의 일"을 가르치신 이유가 무엇일까? 그것은 그들이 예수의 제자로서 증언자의 역할을 하길 원하셨기 때문이다.

> 요한은 물로 세례를 베풀었으나 너희는 몇 날이 못 되어 성령으로 세례를 받으리라 하셨느니라. 그들이 모였을 때에 예수께 여쭈어 이르되 주께서 이스라엘 나라를 회복하심이 이때니이까 하니, 이르시되 때와 시기는 아버지께서 자기의 권한에 두셨으니 너희가 알 바 아니요, 오직 성령이 너희에게 임하시면 너희가 권능을 받고 예루살렘과 온 유대와 사마리아와 땅끝까지 이르러 내 증인이 되리라 하시니라.(행 1:5~8)

당시 제자들의 관심은 여전히 세상의 성공과 명예에 있었다. 그들은 부활하신 예수께서 다윗의 후손으로서 이스라엘 나라를 회복하기를 기대했던 것 같다. 그들은 예수께서 이스라엘 나라를 회복하면 그의 제자로서 막강하고 영광스러운 권세와 명예를 가질 수 있다고 기대했던 것 같다.

그러나 부활하신 주님의 기대는 제자들의 기대와 달랐다. 주님의 의도는 하나님 나라의 복음을 온 세상에 전하는 일이었다. 부활하신 예수는 승천하시면서 제자들이 수행해야 할 일을 지시하셨다.

> 예수께서 나아와 말씀하여 이르시되 하늘과 땅의 모든 권세를 내게 주셨으니, 그러므로 너희는 가서 모든 민족을 제자로 삼아 아버지와 아들과 성령의 이름으로 세례를 베풀고, 내가 너희에게 분부한 모든 것을 가르쳐 지키게 하라 볼지어다 내가 세상 끝 날까지 너희와 항상 함께 있으리라 하시니라.(마 28:18~20)

부활하신 예수의 부름을 받은 사도 바울도 주님의 이 명령에 따라 끝까지 "하나님 나라"를 전하는 일에 주력했다. '누가'는 사도행전 시작(행 1:3)과 마지막 부분에 이 사실을 적시했다.

> 바울이 온 이태를 자기 셋집에 머물면서 자기에게 오는 사람을 다 영접하고 하나님의 나라를 전파하며 주 예수 그리스도에 관한 모든 것을 담대하게 거침없이 가르치더라.(행 28:30~31)

4) 성령 하나님을 보내시고 우리를 위하여 기도하신다.

예수께서는 제자들에게 "성령이 임하시면 권능을 받아 땅 끝까지 예수의 증인이 될 것"을 기대하시며 명령하셨다. 그리고 예수께서는 제자들이 이 사역을 완수할 수 있도록 승천하셔서 성령 하나님을 보내셨다. 예수께서 공생애 기간에 하나님께 요청하여 성령을 보내실 것을 약속하셨다.

> 내가 아버지께 구하겠으니 그가 또 다른 보혜사를 너희에게 주사 영원토록 너희와 함께 있게 하리니(요 14:16)

그런데 성령께서 오셔서 하시는 일이 무엇인가? 성령께서는 말씀을 통하여 죄를 회개하게 하시고 진리의 말씀을 믿어 하나님의 자녀가 되게 하신다. 성령께서는 구원의 복음을 전하게 하여 부활의 복음을 널리 전하는 사명을 감당하게 하신다. 성령께서 제자들을 통하여 주님의 명령을 수행하도록 역사하신다.

한편 예수를 믿어 하나님의 자녀가 된 자가 누리는 것은 자유이다. 그는 더 이상 죄의 종이 아니다. 그들은 영광스러운 생명을 소유하고 자유를 마음껏 누리는 하나님의 자녀이다. 바울은 "그리스도께서 우리를 자유롭게 하려고 자유를 주셨으니 그러므로 굳건하게 서서 다시는 종의 멍에를 메지 말라(갈 5:1)." 라고 강하게 성도에게 명했다.

3. 부활 신앙으로 끝까지

우리 주께서 사망 권세를 깨뜨리시고 부활하셨다. 이 부활을 믿는 것이 바른 신앙이다. 단순히 부활절을 맞아 기념하고 찬양하는 것으로 끝날 것이 아니라, 부활하신 예수께서 우리의 구원을 완성하시기 위하여 제자들에게 명하시고 우리에게 요구하시는 바가 무엇인지를 점검하며 깊이 생각해야 한다.

참된 구원은 부활 신앙을 통하여 이루어진다. 바울은 이를 확실하게 증언한다.

> 형제들아 내가 너희에게 전한 복음을 너희에게 알게 하노니 이는 너희가 받은 것이요 또 그 가운데 선 것이라. 너희가 만일 내가 전한 그 말을 굳게 지키고 헛되이 믿지 아니하였으면 그로 말미암아 구원을 받으리라.(고전 15:1~2)

바울은, 인간의 죄로 인하여 심판받은 피조 세계는 부활 신앙으로 하나님의 자녀가 된 성도들이 더 많아져서 하나님의 구원이 그들에게도 적용되기를 간절히 사모한다고 말한다. 이것은 창조주 하나님께서 창조하셨으나 인간의 죄로 훼손되었던 창조의 회복이요, 구원의 완성을 의미한다. 예수께서는 지금도 이 부활 신앙을 가질 것을 물으신다.

> 예수께서 이르시되 나는 부활이요 생명이니 나를 믿는 자는 죽어도 살겠고,
> 무릇 살아서 나를 믿는 자는 영원히 죽지 아니하리니 이것을 네가 믿느냐.(요
> 11:25~26)

부활하신 주를 믿을 때 구원이 주어지고, 죄로 인하여 창조의 질서가
훼손된 피조세계는 부활하신 주 예수 안에서 통합되고 완성된다. 그래
서 바울은 부활로 구원받는 하나님 자녀의 출현을 온 피조계가 고대한
다고 지적한 것이다.

> 피조물이 고대하는 바는 하나님의 아들들이 나타나는 것이니, 피조물이 허무
> 한 데 굴복하는 것은 자기 뜻이 아니요 오직 굴복하게 하시는 이로 말미암음
> 이라. 그 바라는 것은 피조물도 썩어짐의 종노릇한 데서 해방되어 하나님의
> 자녀의 영광의 자유에 이르는 것이니라.(롬 8:19~21)

부활하신 예수께서는 성령을 보내셔서 지금도 이를 믿는 자를 예수
와 함께 죽고 예수와 함께 부활하게 하심을 믿는 죄인들을 변화시켜 주
와 함께 영광스러운 하나님의 자녀가 되게 하신다. 하나님께서는 이들
을 통하여 죄로 심판받아 창조 질서가 파괴된 피조 세계를 회복시키신
다. 이렇게 예수의 부활은 온 세상과 우주를 회복시키는 결정적인 구원
사건이다. 얼마나 놀라운 진리인가!

모든 성도는 사망의 권세를 깨뜨리신 예수 안에서 영광스러운 부활
을 확신하고 더욱 주의 일에 힘써야 한다. 주께서 결코 잊지 않으실 것
이기 때문이다.

> 우리 주 예수 그리스도로 말미암아 우리에게 승리를 주시는 하나님께 감사하
> 노니 그러므로 내 사랑하는 형제들아 견실하며 흔들리지 말고 항상 주의 일
> 에 더욱 힘쓰는 자들이 되라 이는 너희 수고가 주 안에서 헛되지 않은 줄 앎
> 이라.(고전 15:57~58)

제102강

피조물의 탄식과기대

피조물이 고대하는 바는 하나님의 아들들이 나타나는 것이니, 피조물이 허무한 데 굴복하는 것은 자기 뜻이 아니요 오직 굴복하게 하시는 이로 말미암음이라. 그 바라는 것은 피조물도 썩어짐의 종노릇한 데서 해방되어 하나님의 자녀들의 영광의 자유에 이르는 것이니라. 피조물이 다 이제까지 함께 탄식하며 함께 고통을 겪고 있는 것을 우리가 아느니라(로마서 8:19~22).

요즈음 전 세계는 더 이상 화석연료를 사용하지 않기 위해 과학계와 산업계가 엄청난 연구를 하며 놀라운 성과를 내고 있다. 우리 조국도 이러한 변화에 발맞추어 그 어떤 나라보다도 더욱 발전적인 진보를 나타내 보이고 있음을 각종 매체를 통하여 듣고 있다.

로마서 8장에서는 성령께서 어떠한 은혜로운 사역을 하는지 말하고 있다. 그것을 네 가지로 나누어 생각할 수 있다.

첫째, 성령은 성도가 육신의 생각을 제어하고 영의 생각을 하게 하신다(5~13절).

둘째, 성령은 성도가 스스로 자신이 하나님의 양자됨을 증언하신다(14~17절).

셋째, 성령은 하나님의 양자에게 하나님의 유업을 받도록 보증하신다(18~25절).

넷째, 성령은 성도의 연약함을 도우시며 위해서 항상 기도하신다

(26~27절).

　이러한 성령의 역사는 하나님의 구원 진리를 성도 개개인에게 적용하여 그 진리를 믿게 하고, 고백하게 한다. 그리고 구원의 확신 가운데 진리를 믿는 믿음으로 완전하고 영원한 구원을 누리게 하신다. 사도 바울은 이러한 성령의 구원 사역을 이렇게 정리했다.

> 우리가 알거니와 하나님을 사랑하는 자 곧 그의 뜻대로 부르심을 입은 자들에게는 모든 것이 합력하여 선을 이루느니라. 하나님이 미리 아신 자들을 또한 그 아들의 형상을 본받게 하기 위하여 미리 정하셨으니 이는 그로 많은 형제 중에서 맏아들이 되게 하려 하심이니라.(롬 8:28~29)

　구원의 도리는 장차 누릴 영광을 보장하는 진리이기에, 이 진리를 믿는 하나님의 자녀는 인생을 살면서 겪는 고난을 능히 극복하게 될 것이다. 이것은 로마서 수신자인 로마 가정교회 성도들이 정치, 사회적으로 온갖 비난과 따돌림 그리고 극심한 핍박을 견뎌야 하는 상황을 믿음 가운데 장차 완성될 영광스러운 구원을 바라보고 능히 감당할 수 있다고 격려한다.

　장차 얻게 될 영광은 부활하신 예수께서 우리에게 다시 오셔서 환란과 고통 속에서도 굳게 믿는 성도들에게 주실 영광이다. 이러한 것을 생각할 때 바울은 "생각하건대 현재의 고난은 장차 우리에게 나타날 영광과 비교할 수 없도다(롬 8:18)"라고 말하며, 그 영광을 확신하고 고난을 극복할 것을 격려한다.

1. 탄식하는 세 부류

　19절은 장차 주어질 영광을 위하여 고난을 극복하고 승리하게 되는 내용과 근거 그리고 이유를 한글판에는 없는 "왜냐하면(for)"으로 시작한다. 바르게 신앙을 갖고 살아갈 때 성도는 세상과의 갈등은 불가피하다. 그 갈등은 환란과 핍박으로 이어져서 심각한 고난을 겪게 한다.

사실, 신앙생활을 하면서 전혀 고통을 겪지 않고 모든 상황에 잘 적응한다면 문제가 있다. 말씀대로 올곧게 믿음을 유지한다면 비난과 핍박 그리고 그에 따른 고통은 당연히 따르게 마련이다. 이러한 바른 믿음의 성격을 아시는 예수께서는 산상보훈에서 이렇게 말씀하셨다.

> 나로 말미암아 너희를 욕하고 박해하고 거짓으로 너희를 거슬러 모든 악한 말을 할 때에는 너희에게 복이 있나니, 기뻐하고 즐거워하라. 하늘에서 너희의 상이 큼이라. 너희 전에 있던 선지자들도 이같이 박해하였느니라.
> (마 5:11~12)

신실한 성도는 능히 현재의 고난을 감당할 수 있다. 이유는 장차 누릴 영광이 현재 겪는 고난을 상쇄하고도 남을 만큼 충분하고 풍성한 보상으로 주어질 것이기 때문이다. 이것은 마치 산모가 해산의 고통을 감당할 수 있는 것은 아기를 얻은 후에 누리게 되는 기쁨이 해산하는 동안 겪었던 고통을 잊을 만큼 값진 것이기 때문이다. 이처럼 성도가 겪는 현재의 고난은 장차 누릴 영광을 생각하면 충분히 가치가 있고 감당할 만하다.

바울은 장차 주어질 영광된 구원이 완성되기까지 고난으로 탄식하는 세 부류가 있다고 말한다. 첫째는 피조물(19~22절)이요, 둘째는 성도(23~25절)요, 셋째는 성령(26~27절)이다. 먼저 첫 대상인 피조물의 탄식에 대하여 살펴본다.

2. 피조물의 탄식

> 피조물이 고대하는 바는 하나님의 아들들이 나타나는 것이니, 피조물이 허무한 데 굴복하는 것은 자기 뜻이 아니요 오직 굴복하게 하시는 이로 말미암음

이라. 그 바라는 것은 피조물도 썩어짐의 종노릇한 데서 해방되어 하나님의 자녀들의 영광의 자유에 이르는 것이니라. 피조물이 다 이제까지 함께 탄식하며 함께 고통을 겪고 있는 것을 우리가 아느니라.(롬 8:19~22)

사도 바울은 본문에서 4번씩이나 피조물이란 말을 반복적으로 사용하여(19, 20, 21, 22절), 피조물의 고통을 강조하고 있다. 그런데 여기서 말하는 "피조물(krisis, creation, creature)"은 무엇일까?

보수적인 학자들은 이 피조물은 인간을 제외한 전 피조물을 가리킨다고 해석한다(dominate interpretation). 그런데 22절에 보면, "함께"란 말이 두 번씩이나 사용되어 있어서, 이것은 인간을 포함한 모든 피조물(creatures)로 봐야 한다(inclusive interpretation). 그래서 피조물이 탄식하고, 그 피조물의 고통을 함께 겪는 인간도 탄식하고, 이러한 연약한 인간의 구원을 위하여 성령께서도 탄식하신다(26~27절).

1) 피조물의 탄식 내용

피조물이 고통을 겪게 된 이유와 그 고통이 탄식으로 이어지는 이유는 무엇일까?

"피조물이 허무한 데 굴복하는 것은 자기 뜻이 아니요 오직 굴복하게 하시는 이로 말미암음이라(20절)." 이것이 무슨 뜻인가? 허무한 것(vanity)이란 죽어 없어지는 것을 의미한다. 헛된 것이다. 그런데 피조물의 죽고 없어지는 비참한 상황은 피조물이 저지른 것 잘못 때문에 일어난 결과가 아니다. 피조물의 잘못으로 발생한 상황이 아니다.

이 피조물이 피할 수 없는 "썩어짐에 굴복하는" 불행한 결과는 "굴복하게 하시는 이"께서 시행하신 결과이다. 이 분이 누구인가? 창조주 하나님이시다. 창조주 하나님께서 시행하신 것을 피조물은 꼼짝없이 따를 수밖에 없었다는 말이다.

그런데 어떤 일이 있었기에 피조물이 "허무함에 굴복하게" 되었는가? 다름 아닌 한 인간의 행위 때문에 일어난 결과이다. 즉 인류의 조상인 아담이 저지른 죄 때문이다. 하나님께서는 아담에게 이렇게 저주하셨다.

> 아담에게 이르시되 네가 네 아내의 말을 듣고 내가 네게 먹지 말라 한 나무의 열매를 먹었은즉 땅은 너로 말미암아 저주를 받고 너는 네 평생에 수고하여야 그 소산을 먹으리라. 땅이 네게 가시덤불과 엉겅퀴를 낼 것이라. 네가 먹을 것은 밭의 채소인즉, 네가 흙으로 돌아갈 때까지 얼굴에 땀을 흘려야 먹을 것을 먹으리니 네가 그것에서 취함을 입었음이라. 너는 흙이니 흙으로 돌아갈 것이니라 하시니라.(창 3:17~19)

하나님께서는 아담에게만 저주하시지 않고 왜 피조물인 땅도 저주하셨을까? 이것은 아주 흥미로운 일이다. 왜 하나님은 땅도 저주하신 것일까? 그것은 아담의 근본 때문이다. 하나님은 아담의 범죄 즉 "내가 네게 먹지 말라 한 나무의 열매를 먹었기 때문"이라고 지적하시고 즉각 먼저 "땅이 너로 인하여 저주받는다"라고 선고하셨다.

땅이 먼저 저주받은 배경으로 아담이 흙으로 지음을 받은 존재라는 점이 강조되었다. 하나님께서는 아담에게 "너는 흙이다! 그러니 흙으로 돌아가라!"라고 아담의 근본을 지적하시고, 그를 저주하셨다. 이것은 그가 "흙(soil), 혹은 티끌(dust)"이란 뜻의 히브리어 '아다마(adama)'에서 유래한 '아담(Adam)'이기 때문이다. 이것은 아담의 본질, 즉 흙으로의 회귀를 명한 저주요 심판이다.

이런 배경 속에서 하나님의 저주는 아담은 물론 아담의 원천 재료인 땅에까지 내려졌고, 결국 피조물 전체에까지 그 영향이 미쳤던 것이다. 그래서 전 피조물은 하나님의 저주 가운데 고통하고 탄식하게 된 것이다.

즉 피조 생태계에 하나님의 창조질서와의 부조화와 갈등이 발생하게 되어 피조물이 고통을 받게 된 것이다. 그 고통과 탄식은 하나님의 구속 진리를 믿는 하나님의 자녀들이 나타나서 하나님의 창조질서가 회복될 때까지 계속될 수밖에 없다. 결국, 피조물이 썩어짐에 종노릇한다는 것은 피조물이 사망의 지배를 받는 것을 의미한다. 그래서 온 피조물이 모두 이 사망에서 벗어나기를 갈망한다는 것이다.

2) 피조물이 기대하고 바라는 것

바울은 피조물이 바라고 기대하는 것은 '하나님 아들들의 출현'이라고 밝힌다. 여기에서 말하는 "하나님 아들들"은 누구이며 그들의 출현"은 무슨 뜻일까? 그리고 피조물이 현재 당하고 있는 고통과 탄식에서 벗어날 수 있는 길이 하나님의 아들들의 출현인 이유는 무엇인가?

하나님께서 하신 저주과정을 되돌아볼 때, 현재의 고통과 탄식에서 벗어날 수 있는 핵심은 아담이 받은 하나님의 저주 즉 죽음에서 벗어나는 것이다. 이것은 죽음에서 벗어나 영생에 이르는 것으로 사망의 반대인 부활을 통하여 영생에 이르는 것이다.

죄로 인하여 사망의 지배를 받는 인간이 예수와 함께 부활하여 하나님의 자녀가 되어 영광스러운 영생을 얻는 것을 피조물이 소망한다. 그렇게 해야 아담에게 내려졌던 저주에서 벗어나 창조 때에 누렸던 영생을 피조물도 누릴 수 있기 때문이다.

이 회복을 바라는 이사야 선지자도 예언하였다.

> 그때에 이리가 어린 양과 함께 살며 표범이 어린 염소와 함께 누우며 송아지와 어린 사자와 살진 짐승이 함께 있어 어린아이에게 끌리며, 암소와 곰이 함께 먹으며 그것들의 새끼가 함께 엎드리며 사자가 소처럼 풀을 먹을 것이며, 젖 먹는 아이가 독사의 구멍에서 장난하며 젖 뗀 어린아이가 독사의 굴에 손을 넣을 것이라. 내 거룩한 산 모든 곳에서 해 됨도 없고 상함도 없을 것이니 이는 물이 바다를 덮음같이 여호와를 아는 지식이 세상에 충만할 것임이니"(사 11:6~9)

거기에 대로가 있어 그 길을 거룩한 길이라 일컫는 바 되리니 깨끗하지 못한 자는 지나가지 못하겠고 오직 구속함을 입은 자들을 위하여 있게 될 것이라. 우매한 행인은 그 길로 다니지 못할 것이며, 거기에는 사자가 없고 사나운 짐 승이 그리로 올라가지 아니하므로 그것을 만나지 못하겠고 오직 구속함을 받은 자만 그리로 행할 것이며 여호와의 속량함을 받은 자들이 돌아오되 노래하며 시온에 이르러 그들의 머리 위에 영영한 희락을 띠고 기쁨과 즐거움을 얻으리니 슬픔과 탄식이 사라지리로다.(사 35:8~10)

이것은 피조물의 회복을 통하여 하나님의 창조세계가 다시 복구되고 회복되어 구원이 완성될 것을 의미한다.

3) 해산의 고통을 통한 소망

피조물이 다 이제까지 함께 탄식하며 함께 고통을 겪고 있는 것을 우리가 아느니라.(롬 8:22)

그런데 피조물의 고통과 탄식은 어느 정도이며 그로 인하여 주어질 결과는 무엇일까? 이 구절에서 사용된 "고통(groaning)"이란 여인이 해산하는 고통(*sunodino*, the pain of childbirth)를 의미한다. 앞에서 말씀드린 바와 같이 산모가 해산의 고통을 심하게 겪지만, 그 고통은 자녀를 얻은 기쁨으로 다 잊게 된다.

여자가 해산하게 되면 그 때가 이르렀으므로 근심하나 아기를 낳으면 세상에 사람 난 기쁨으로 말미암아 그 고통을 다시 기억하지 아니하느니라.(요 16:21)

즉 이 말씀은 피조물의 고통이 일시적이란 것을 의미한다. 온 피조계가 함께 탄식하고 고통을 당하고 있는 것은 사망으로 인하여 썩어짐에 종노릇하고 있기 때문이지만, 그 고통은 일시적이고 제한적이다. 흔히 임신을 "안음 병"이라 하지 않는가? 아기를 낳으면 그 병은 사라지게 마련이다. 산모가 아기를 해산할 때 산고를 겪듯이 현재 피조물이 겪는, 또 인간이 겪는 고난과 고통은 제한적이고 일시적인 것이다. 이것은 주께서 재림하시기 전까지만 겪는 고통이고 고난이다.

그러므로 성도들과 피조물이 겪고 있는 현재의 고통은 마치 산모가 아기의 출산만을 고대하듯이 장차 주어질 구원의 완성을 바라보게 한다. 비록 현재의 고난이 일시적이고 제한적인 고통이요 고난이지만, 이 고난은 종말론적인 구원의 완성과 연결되는 고난이며 고통이다. 그렇기 때문에 성도 역시 피조물의 회복을 위하여 힘써야 하고 하나님께서 완성하실 그 구원을 확신해야 한다.

3. 생태 신학, 환경 신학의 대두

요즈음 모두가 생활 속에서 듣고 보듯이, 산업화와 도시화 그리고 과학의 발전으로 삶이 편리해 지기는 했지만, 이와 함께 자연의 파괴, 환경의 파괴가 심각해 이를 개선하기 위한 노력이 전 세계적으로 이루어지고 있다. 화석연료를 더 이상 사용하지 말고 원자력, 전기차, 수소차 등의 개발 그리고 생태계의 회복, 자연치유 등 다양한 방법으로 환경문제를 해결하려 노력하고 있다.

한편 교회와 신학계에서도 문제의 심각성을 인지하고 성경적으로 이 문제를 해결하려는 노력하고 있다. 그 한 추세로 최근 신학계에서는 '생태신학(the theology of ecology)', '환경신학(The theology of environment)'이 대두되고 있다. 주제는 "신음하고 고통스러워하는 피조물에 대한 회복 운동을 해야 한다"는 상황 신학이다. 이런 생태신학 혹은 환경신학은 자연 회복을 위한 성경적 해법을 찾아보자는 노력의 일환인 셈이다.

생태학(ecology)이란 집(oikos)과 논리(logos)의 합성어이다. 이는 사람이 사는 자연을 집과 같은 개념으로 설정하고, 인간과 자연과의 관계를 다루는 학문이다. 교회와 신학계에서는 지난 1975년 제5차 WCC 총회에서부터 이 문제를 다루기 시작했다. 교회가 생태학적인 위기의식을 가지고 신학과 교회가 성경적 창조신앙에 근거한 생태 신학적 해결책을 마련해 보자는 시도였다.

참고로 이와 관련한 유명한 저서가 있다. 신학자 몰트만(J. Moltmann)이 쓴 "창조의 하나님(God in the creation)"이다. 이 저서에서 그는 '생태학적 입장에서의 창조론'을 다뤘다.

이 분야를 다룰 때 세 부류가 있다. 첫째 인간중심주의(anthropo-centrism), 둘째 생태중심주의(bio-centrism), 셋째, 하나님중심주의(theo-centrism)다.

간략하게 설명하자면, 인간중심주의란 생태계를 인간을 중심으로 해서 다루어야 한다는 주장이다. 즉 사람이 살기 위해서 자연은 파괴해도 무방하다는 견해이다. 이것은 문제가 있는 주장이라 여겨진다.

생태 중심주의란 자연을 중심으로 해서 생태계를 다루어야 한다는 견해이다. 자연을 보존하고 사람이 불편하더라도 자연보전과 회복을 위주로 해야 한다는 주장이다. 이것은 좋은 이론이기는 하지만 인간의 삶이 원시시대와 같이 될 여지가 있다. 그래서 현실성이 떨어지는 주장이라 할 수 있다.

그리고 하나님 중심주의란 하나님이 모든 가치의 중심이며 만물이 하나님과의 바른 관계에서만 바른 가치를 갖게 된다고 믿고, 자연과 인간이 모두 하나님을 위해 존재하며 모든 목표가 하나님을 섬김에 있어야 한다고 주장한다.

빈센트 로치(Vincent Rocci,)는 "성도는 인간중심주의에 대한 대비책으로 생태중심주의를 택할 것이 아니라, 하나님중심주의를 택해야 합니다. 하나님중심주의는 인간에게 자연을 파괴할 수 있는 자격이 주어진 것이 아님을 믿고, 하나님의 형상을 가진 자로서 자연을 경작하고 다스리며 자연을 보전하는 피조물로서의 고유한 역할과 사명을 온전히 수행하려고 노력하는 것이다."라고 말했다.

한편 창조 당시 하나님은 말씀하시며 사람 중심으로 피조 세계가 이뤄지게 될 것을 명하셨다.

> "우리의 형상을 따라 우리의 모양대로 우리가 사람을 만들고 그들로 바다의 물고기와 하늘의 새와 가축과 온 땅과 땅에 기는 모든 것을 다스리게 하자 하시고, 하나님이 자기 형상 곧 하나님의 형상대로 사람을 창조하시되 남자와 여자를 창조하시고, 하나님이 그들에게 복을 주시며 하나님이 그들에게 이르시되 생육하고 번성하여 땅에 충만하라, 땅을 정복하라, 바다의 물고기와 하늘의 새와 땅에 움직이는 모든 생물을 다스리라 하시니라(창 1:26~28)."

그러나 안타깝게도 인간의 범죄로 인하여 인간은 물론 피조계까지 하나님의 저주를 받았다. 그러므로 예수 안에서 회복된 하나님의 백성은 인간의 죄로 저주받은 이 땅을 회복할 책임이 있다는 사실을 알아야 한다. 이유는 오직 성도만이 진정한 자연계의 회복을 시도할 수 있기 때문이다. 이것은 단순히 질서와 정책의 변화를 통하여 이루어지는 것이 아니라, 영적 변화 즉 하나님의 은혜 가운데 이루어지는 구원을 통하여 회복될 수 있다.

이렇게 볼 때, 성도로서의 성숙한 윤리의식은 매우 중요하다. 성도 각자가 이 땅의 회복을 위해 삶의 현장에서 진지한 노력이 있어야 한다.

결 론

이 세상은 인간이 지은 죄로 인하여 온 세상이 함께 고통당하고 신음하고 있다. 이러한 고통의 신음과 탄식은 죽음을 초래한 죄의 세력에 대한 저항이며 또한 그로부터의 구원을 원하는 열망의 탄식이다. 이러한 고통스러운 탄식과 신음은 마치 산모가 해산 과정에서 부르짖는 고통과 같은 고난이지만 이 역시 장차 완성될 구원의 완성을 바라보는 종말론적 신음이며, 장차 완성될 그 날에 대한 소망의 외침이다.

종말론적 구원은 바울이 현재의 고난을 해석하는 핵심 가치요 구원의 도리이다. 그래서 그는 다음의 말씀으로 성도를 위로하고 격려한다.

> 생각하건대 현재의 고난은 장차 우리에게 나타날 영광과 비교할 수 없도다.(롬 8:18)

바울은 이러한 믿음으로 자신에게 주어진 사명을 충성스럽게 수행했다. 그는 이러한 인내와 수고를 장차 주어질 영광을 바라보고 한 것이다. 이제 우리에게도 같은 소망이 있음을 알고 고통스러운 탄식가운데서도 끝까지 이 소망을 놓지 말아야 한다.

제103강

성도의 탄식과 소망

그뿐 아니라 또한 우리 곧 성령의 처음 익은 열매를 받은 우리까지도 속으로 탄식하여 양자 될 것 곧 우리 몸의 속량을 기다리느니라. 우리가 소망으로 구원을 얻었으매 보이는 소망이 소망이 아니니 보는 것을 누가 바라리요, 만일 우리가 보지 못하는 것을 바라면 참음으로 기다릴지니라(로마서 8:23~25).

로마서를 통하여 성도의 구원이 완성되려면 절대적으로 성령께서 개입하시고 일하셔야 된다는 점을 인정하게 된다. 바울은 피조물의 구원이 완성되기까지는 타락으로 인한 고통과 고난이 숙명이라고 전제한다. 그런데 모든 피조물은 그 전제된 고난 속에서 장차 주어질 영광된 구원을 바라보며 탄식하게 된다고 말한다.

그러나 이 탄식은 영원한 탄식이 아니다. 이 피조물의 탄식은 일시적이다. 이 사실을 알고 있는 피조물들은 그 고난에서 벗어날 날을 사모하며 그 날을 소망한다. 이것은 마치 산모가 해산하기까지 산고로 신음하고 탄식하지만, 해산하면 그 모든 고통과 탄식은 사라져 버리는 것과 같이, 피조물의 탄식은 하나님의 아들들이 나타나면 사라질 탄식이다.

이 탄식을 하는 부류에는 세 가지가 있는데, 첫째는 피조물(19~22)이요, 둘째는 성도(23~25)요, 셋째는 성령(26~27)이라고 말씀드렸다. 앞에서 첫 부류인 피조물의 탄식과 기대에 대하여 살펴보았다. 하나님의 창조물은 조상 아담의 범죄로 인하여 창조주에게 저주를 받아 고통스러운 탄식을 하게 되고, 속히 그 고통에서 해방되기를 기대하고 있다. 이 기대란 하나님의 아들들이 나타나기를 바라는 것이다. 왜 그럴까? 그 이유는 그들의 저주가 아담에게서 기인했기 때문이다.

1. "성령의 처음 익은 열매"의 탄식

이제 두 번째, 탄식하는 성도에 대하여 살펴보자.

> 그뿐 아니라, 또한 우리 곧 성령의 처음 익은 열매를 받은 우리까지도 속으로 탄식하여 양자 될 것 곧 우리 몸의 속량을 기다리느니라.(롬 8:23)

이 구절에서도 피조물의 경우와 같이 탄식과 소망이 있다. 그것은 성령의 처음 열매를 받은 우리 즉 성도도 마음속으로 피조물과 같은 탄식을 하게 되고, 또한 구속에 대한 소망을 기대한다. 그 소망은 양자 될 것 즉 몸의 속량 즉 구속을 소망하는 것이다.

칼빈(John Calvin)은 "성도는 이 세상을 살면서 두 가지 마음의 태도를 나타낸다. 먼저 고통스럽게 살아가는 불행(misery)에 대한 탄식(groaning)이며, 다음은 장차 완성될 구원을 기다림(waiting for deliverance)이다."라고 설명했다.

1) 탄식하는 성도

물론, 이 탄식은 로마서 서신을 받는 로마의 가정교회 성도들이 지금 당하고 있는 핍박에 따른 고난을 사도가 염두에 두고 이런 말을 하는 것도 사실이다. 당시 로마교회 성도들이 당하고 있는 사회, 정치, 경제적인 핍박과 환란은 지극히 참기 힘든 어려움이었을 것이다.

여기서 말하는 "우리"의 탄식은 누구를 가리키며 어떤 탄식일까? 사도 바울은 농사 용어를 사용하여 이 진리를 설명한다. 그것은 "처음 익은 열매(*ten aparchen*, the first fruit)"이다. 이 단어는 농사에서 첫 열매가 맺히면 얼마 지나지 않아 풍성한 열매를 기대하게 된다는 것이다.

사도가 성도를 가리켜 "성령의 첫 익은 열매를 받은 자"라고 한 것은 성도가 성령의 역사로 '예수 그리스도를 주로 고백한 자'란 뜻이다. 이에 대하여 바울은 주를 고백하는 자의 특권을 밝혔다.

> "너희는 다시 무서워하는 종의 영을 받지 아니하고 양자의 영을 받았으므로 우리가 아빠 아버지라고 부르짖느니라. 성령이 친히 우리의 영과 더불어 우리가 하나님의 자녀인 것을 증언하시나니(롬 8:15~16)"

첫째, 절반의 구원

이렇게 성도는 '성령의 첫 열매'이다. 이것은 마치 첫 수확이 최종 수확을 바라보게 하듯, 성령의 첫 구원 사역은 장차 완성될 구원을 바라보게 한다. 이런 의미에서 성령의 처음 익은 열매를 받았다는 말은 절반의 구원은 받은 것이라 하겠다.

이 표현은 성도가 예수 그리스도의 대속의 진리를 믿음으로 과거에 지은 더러운 죄에서 예수의 피로 깨끗함을 받아 이미(already) 구원받은 상태지만, 아직 구원이 완성된 상태가 아님(not yet)을 말한다. 좀 더 자세히 말한다면, 현재의 성도는 하나님을 모르고 살아온 죄인의 신분에서 벗어나 하나님의 자녀로 입양되기로 결정된 것이지 아직 그가 하나님의 자녀로서 입양이 완료된 것은 아니라는 말이다. 그의 영혼은 구원받았으나 그의 몸은 아직 구속받지 못한 상태이며 이것은 아직 완전한 구원에 이르지 못했다는 뜻이다. 그래서 그는 이 땅에 살면서 여전히 탄식하며 신음하고 있는 것이다.

비록 자신이 하나님의 자녀임을 스스로 깨닫고, 고백하며 주위에 '나는 예수 믿는 자이며, 하나님을 아버지로 부르는 하나님의 자녀' 임을 밝히지만, 아직 공적으로 하나님의 양자라고 선언된 상태는 아니라는 사실이다.

그렇다면 언제 하나님의 양자 되었음이 선언되고 공인되는가? 예수께서 우리를 하나님의 법정에 세워 우리가 예수를 믿어 그 안에서 의로워졌음을 변호하실 때 하나님께서는 우리를 하나님의 양자임을 선언하시며 공인하신다. 이 모든 과정은 성령께서 완벽하게 수행하시고 보증하신다. 그 때까지 이 땅에 사는 우리는 모두 죄의 영향 아래서 온갖 고통을 겪으며 신음하고 탄식하게 된다. 이것은 아직 우리의 구원이 완성되지 않았기 때문이다. 이 점을 성도는 분명히 깨달아야 한다.

둘째, 탄식의 이유

좀 더 구체적으로 생각해 보면, 성도의 탄식 요인을 두 가지로 생각할 수 있다.

먼저, 성도는 죄 때문에 탄식한다.

비록 우리가 성령의 은혜 가운데 예수 그리스도를 주로 고백하는 놀라운 은혜를 입었지만, 우리는 여전히 죄의 세력에서 벗어나지 못하고 계속 유혹받으며 그 유혹을 물리치지 못하고 산다. 간교한 죄의 세력은 여전히 우리에게 강력한 영향력을 발휘한다. 우리 속에 있는 죄와 결탁한 죄의 세력은 죽음이란 강력한 무기로 우리를 유혹하고 시험하고 위협한다.

이러한 죄의 요소가 여전히 우리 가운데 작용하고 또한 굴복하는 모습 속에서 가련한 자신의 죄된 모습을 보며 탄식하는 것이다. 사도 바울도 이런 자신의 모습을 보며 탄식했다.

> 이제는 그것을 행하는 자가 내가 아니요 내 속에 거하는 죄니라. 내 속 곧 내 육신에 선한 것이 거하지 아니하는 줄을 아노니 원함은 내게 있으나 선을 행하는 것은 없노라. 내가 원하는 바 선은 행하지 아니하고 도리어 원하지 아니하는 바 악을 행하는도다. 만일 내가 원하지 아니하는 그것을 하면 이를 행하는 자는 내가 아니요 내 속에 거하는 죄니라.(롬 7:17~20)

바울 역시 이 강력한 죄의 세력을 실토하면서 "내 지체 속에서 한 다른 법이 내 마음의 법과 싸워 내 지체 속에 있는 죄의 법으로 나를 사로잡는 것을 보는도다. 오호라, 나는 곤고한 사람이로다. 이 사망의 몸에서 누가 나를 건져내랴(롬 7:23~24)"라고 절규했다. 그리고 이 죄의 영향에서 구원하실 분은 오직 예수 그리스도뿐임을 고백했다(롬 7:25).

다음은, 자신의 연약함 때문에 탄식한다.

누구나 인간은 살면서 약해져 고통을 겪게 마련이다. 그리고 누구나 그러한 인생을 살아간다. 이러한 삶의 과정에서 각종 사건과 사고를 당하고, 병들고, 늙어 결국 죽는다. 인간은 참으로 연약한 존재이다. 인간은 아무리 자존심이 강한 사람이라 하더라도 나이 앞에서, 그리고 죽음 앞에서 결코 강할 수 없고 절대 강자가 될 수 없다. 연약한 우리의 몸은 짊어진 죄짐의 무게 때문에 항상 탄식하며 죄의 굴레 속에서 신음하며 결국 죄의 삯인 죽음을 두려워한다.

2) 구원을 소망하는 성도

그러나 성도는 이 탄식으로 인생이 끝나지 않는다. 죄의 세력 가운데 신음하고 탄식하며 사망 가운데 살아가지만, 성도는 그것으로 끝나는 인생이 아니다. 물론 불신자는 항상 염려와 걱정으로 탄식하며 고해와 같은 인생을 살아가지만, 성도는 탄식 속에서도 주님을 기다리며 소망 가운데 살아간다. 불신자는 슬픔과 탄식 속에서 살다가 생을 마감하지만, 성도는 탄식 속에서도 소망가운데 살아간다.

사도 바울은 자신이 약한 자임을 실토하며 이러한 고백을 했다.

참으로 우리가 여기 있어 탄식하며 하늘로부터 오는 우리 처소로 덧입기를 간절히 사모하노라. 이렇게 입은 우리가 벗은 자들로 발견되지 않으려 함이라. 참으로 이 장막에 있는 우리가 짐 진 것 같이 탄식하는 것은 벗고자 함이 아니요 오히려 덧입고자 함이니 죽을 것이 생명에 삼킨 바 되게 하려 함이라.

곧 이것을 우리에게 이루게 하시고 보증으로 성령을 우리에게 주신 이는 하나님이시니라.(고후 5:2~5)

무슨 뜻일까? "참으로 이 장막에 있는 우리가 짐 진 것 같이 탄식하는 것은 벗고자 함이 아니요 오히려 덧입고자 함이니 죽을 것이 생명에 삼킨 바 되게 하려 함이라."(4절)라고 말씀하셨는데, 이 말씀을 생각해 보면, 성도는 죄로 인하여 사망이 적용되는 인생이지만 탄식만 하고 있지는 않는다는 것이다.

성도는 육신의 장막이 허물어져 가는 두려움과 슬픔 가운데 신음하고 있지만, 오히려 이러한 상황일수록 낙심하고 위축되지 않고 더욱 신앙으로 분발한다는 것이다. 참된 성도는 사망을 이기게 하시고 부활로 승리하게 하시는 성령을 보내신 분이 하나님임을 확신하는 자이다. 바른 성도는 이 점을 기억하고 탄식 중에서도 낙심하지 않고 소망을 갖는다.

칼빈(John Calvin)은 "이 소망은 마치 산모가 해산함으로 산고의 탄식을 다 잊어버리고 자식의 출산을 기뻐하듯이 성도들의 신음과 탄식은 장차 완성될 그 나라에서 참된 기쁨과 즐거움이란 아름다운 열매를 맺게 한다."라고 고통과 고난 중에 탄식하는 성도를 격려했다.

2. "성령의 처음 익은 열매"의 소망

이러한 탄식 중에서도 성도는 어떠한 소망은 가지게 되는가? 그것은 장차 미래에 주어질 영광이다. 성도는 이 영광을 소망하며 갈망한다. 이 영광은 "예수를 죽은 자 가운데서 살리신 이의 영이 너희 안에 거하시면 그리스도 예수를 죽은 자 가운데서 살리신 이가 너희 안에 거하시는 그의 영으로 말미암아 너희 죽을 몸도 살리시리라(롬 8:11)"라는 말씀에 잘 나타나 있다. 이것은 우리의 죽은 몸이 다시 살아나 영광의 몸으로 변화되는 놀라운 구원이다. 이것은 성령께서 역사하시는 구속의 완성이다. 이 점을 바울은 본문에서 밝히 말한다.

> 그뿐 아니라, 또한 우리 곧 성령의 처음 익은 열매를 받은 우리까지도 속으로 탄식하여 양자 될 것 곧 우리 몸의 속량을 기다리느니라.(롬 8:23)

비록 이 세상에서 살아갈 때 우리의 육신이 탄식하며 완전한 구원에 이르지 못했지만, 장차 하나님의 양자라는 신분이 성취될 때, 즉 하나님의 법정에서 양자됨이 공개적으로 선언되어 우리의 몸의 대속(redemption)이 완성될 때, 이미 구원받은 우리의 영혼과 몸이 연합되어 영광을 얻게 된다. 이 영광된 순간을 성도는 깊이 사모하며 소망한다.

바울은 모든 성도에게 몸의 부활을 확신하는 부활 신앙을 가질 것을 강력히 촉구했다.

> 형제들아 내가 이것을 말하노니 혈과 육은 하나님 나라를 이어받을 수 없고 또한 썩는 것은 썩지 아니하는 것을 유업으로 받지 못하느니라. 보라. 내가 너희에게 비밀을 말하노니 우리가 다 잠잘 것이 아니요, 마지막 나팔에 순식간에 홀연히 다 변화되리니 나팔 소리가 나매 죽은 자들이 썩지 아니할 것으로 다시 살아나고 우리도 변화되리라.(고전 15:50~52)

이 확신을 가진 바울은 비록 자신의 몸은 감옥에 갇혀 죽을 날을 기다리지만, 우리에게는 예수의 부활을 성공적으로 이루신 성령 하나님을 온전히 믿고 자신의 몸의 부활을 확신하라고 강력하게 권고한다.

> 그는 만물을 자기에게 복종하게 하실 수 있는 자의 역사로 우리의 낮은 몸을 자기 영광의 몸의 형체와 같이 변하게 하시리라.(빌 3:21)

사도 요한도 성도는 비록 이 땅에서 살아가는 동안 염려하고 걱정하며 탄식하지만, 그저 탄식만 하고 있을 것이 아니라, 몸의 부활을 믿고 소망하여 세속에 물들지 말고 구별된 삶을 살라고 권면한다.

> 사랑하는 자들아 우리가 지금은 하나님의 자녀라 장래에 어떻게 될지는 아직 나타나지 아니하였으나 그가 나타나시면 우리가 그와 같을 줄을 아는 것은 그의 참모습 그대로 볼 것이기 때문이니, 주를 향하여 이 소망을 가진 자마다 그의 깨끗하심과 같이 자기를 깨끗하게 하느니라.(요일 3:2~3)

성도는 이 소망을 갖고 장차 완성될 그 날의 소망을 바라보고 인내하는 자들이다. 이러한 삶의 모습은 칼빈(J. Calvin)이 말한 바와 같이 "근심하나 기다리는 삶(groaning and waiting life)"이다.

사도 바울은 구원의 진리를 생각하며 "생각하건대 현재의 고난은 장차 우리에게 나타날 영광과 비교할 수 없도다(롬 8:18)."라고 외쳤던 것이다. 그는 비록 고통스러운 길을 갔지만, 이 확신으로 주신이 감당해야 할 복음 전파 사명을 수행하며 끝까지 충성하며 이러한 자신과 같은 신실함으로 모든 성도들도 자신을 따라 충성할 것을 격려했다.

> 나는 선한 싸움을 싸우고 나의 달려갈 길을 마치고 믿음을 지켰으니, 이제 후로는 나를 위하여 의의 면류관이 예비되었으므로 주 곧 의로우신 재판장이 그 날에 내게 주실 것이며 내게만 아니라 주의 나타나심을 사모하는 모든 자에게도니라.(딤후 4:7~8)

결 론

성도는 비관 속에 긍정의 삶을 살고, 절망 속에서도 소망으로 살아가는 역설적인 인생관을 가진 자들이다. 그래서 성도는 비관주의적 낙관론자(pessimistic optimist)들이다. 그들은 비록 이 땅에서는 힘든 삶을 살아가지만, 장래 주어질 복된 영광을 바라본다. 그들은 그 날의 영광된 축복을 기대하며 구원의 길을 간다. 그렇게 할 수 있는 것은 현재의 고난과 역경 속에서도 장차 주어질 그 날의 영광이 있음을 확신하기 때문이다.

이미 주 예수께서는 이런 삶의 현장을 잘 아시기에 우리를 위로하시며 부르신다.

> 수고하고 무거운 짐 진 자들아 다 내게로 오라 내가 너희를 쉬게 하리라. 나는 마음이 온유하고 겸손하니 나의 멍에를 메고 내게 배우라 그리하면 너희 마음이 쉼을 얻으리니, 이는 내 멍에는 쉽고 내 짐은 가벼움이라 하시니라(마 11:28~30).

성도는 주님의 이 초청을 마음 깊이 새기며 주를 따르는 이미 구원을 받은 자들이다. 그러나 그의 구원은 아직 완성되지 않았다. 단지 구원의 시작을 알리는 "성령의 처음 익은 열매"가 되었을 뿐이다. 그래서 우리는 이렇게 말할 수 있다. 구원의 시작을 알리는 첫 열매(*primitis*, first fruit)는 구원의 시작(*primordia*, beginnings of salvation)이다.

비록 그 소망은 현재의 우리 눈에 보이지 않고 우리 손에 주어져 있지 않지만, 성령께서 시작한 이 신앙은 장차 완성될 영광을 바라보며 인내하며 가야만 얻을 수 있다. 우리의 모든 신앙의 선배들이 이와 같은 믿음의 길을 갔었다.

> 믿음은 바라는 것들의 실상이요 보이지 않는 것들의 증거니, 선진 들이 이로써 증거를 얻었느니라. 믿음으로 모든 세계가 하나님의 말씀으로 지어진 줄을 우리가 아나니 보이는 것은 나타난 것으로 말미암아 된 것이 아니니라.
> (히 11:1~3)

찬송가 545장, "이 눈에 아무 증거 아니 뵈어도" 1절 가사를 보자.

> 이 눈에 아무 증거 아니 뵈어도 믿음만을 가지고서 늘 걸으며
> 이 귀에 아무 소리 아니 들려도 하나님의 약속 위에 서리라
> 걸어가세 믿음 위에 서서 나가세 나가세 의심 버리고
> 걸어가세 믿음 위에 서서 눈과 귀에 아무 증거 없어도

비록 우리 눈에는 보이지 않고 확인되지 않는 장래의 영광이지만, 성

도는 이를 믿고 나아가야 한다고 강조한다. 이것이 구원을 얻게 하는
바른 믿음이다.

> 우리가 소망으로 구원을 얻었으매 보이는 소망이 소망이 아니니 보는 것을
> 누가 바라리요, 만일 우리가 보지 못하는 것을 바라면 참음으로 기다릴지니
> 라.(롬 8:24~25)

제104강

성령 하나님의 탄식과 기도

이와같이 성령도 우리의 연약함을 도우시나니 우리는 마땅히 기도할 바를 알지 못하나 오직 성령이 말할 수 없는 탄식으로 우리를 위하여 친히 간구하시느니라. 마음을 살피시는 이가 성령의 생각을 아시나니 이는 성령이 하나님의 뜻대로 성도를 위하여 간구하심이니라(로마서 8:26~27).

성도는 모두 기도한다. 그러나 기도에 흥미를 갖고 재미를 느끼며 기도하는가? 언제 기도하며, 얼마나 오래 기도하는가? 그리고 기도가 쉬운가? 아니면 어려운가? 어린아이와 같이 기도하면 쉬울 것이다. 기도가 어렵다면 뭘 어떻게 기도할지 그리고 하나님의 뜻을 찾으며 기도하기를 원할 때 기도가 어려워질 것이다. 사실 기도는 어렵다 그리고 힘든 노동이라고 할 수 있다. 마음을 집중하여 솔직한 내용으로 정확하게 표현하며 기도하기란 간단하지 않고 또한 만만하지 않다.

예수께서 십자가를 앞두고 감람산에서 기도하실 때 "땀이 피방울" 처럼 되어 흐를 정도로 힘써 기도하셨다(눅 22:44). 이를 생각하면 기도가 얼마나 어렵고 힘든 것인지 짐작할 수 있다.

바울은 피조물(19~22절)과 성도(23~25절), 그리고 성령(26~27절)이 탄식한다고 말한다. 앞에서 두 시간에 걸쳐 피조물의 탄식과 성도의 탄식에 대하여 살펴보았다. 아담의 범죄로 인하여 창조주에게 저주받은 피조물은 고통스러운 탄식을 하며 속히 하나님의 아들들이 나타나기를 고대하며, 성도는 복음을 믿어 이미 구원받아 하나님의 양자로서 인정되었지만, 장차 양자의 확정 즉 몸의 속량(구원의 완성)을 간절히 바라며 탄식함을 살펴보았다. 이제 세 번째 "성령께서 하시는 탄식"에 대하여 살펴보려 한다.

1. 중보기도 하시는 성자 하나님과 성령 하나님

바울은 로마서 8장에서 성도를 위하여 중보기도를 하시는 하나님이 계신다고 말한다. 그 하나님은 성자 하나님과 성령 하나님이시다. 이들이 중보기도를 하시는 까닭이 무엇일까? 누구에게 누구를 위하여 무엇을 기도하시는 것일까?

중보기도(intercession prayer)란 다른 사람을 위하여 중재하며 드리는 기도이다. 바울은 성자 하나님 즉 예수님과 성령 하나님께서 '우리'를 위하여 하나님께 우리 대신 기도하신다고 말한다. 그는 성령께서 '우리'를 위하여 중보기도를 하시고(26절), 예수께서 하나님 보좌 우편에서 '우리'를 위하여 기도하신다(롬 8:34)고 말한다. 여기서 말하는 우리란 바울을 포함한 모든 성도다.

> 이와 같이 성령도 우리의 연약함을 도우시나니 우리는 마땅히 기도할 바를 알지 못하나 오직 성령이 말할 수 없는 탄식으로 우리를 위하여 친히 간구하시느니라.(롬 8:26)

> 죽으실 뿐 아니라, 다시 살아나신 이는 그리스도 예수시니 그는 하나님 우편에 계신 자요, 우리를 위하여 간구하시는 자시니라.(롬 8:34b)

그런데 이 두 분의 중보기도에는 어떤 차이가 있을까? 특히 기도하시는 장소를 보면 명확하게 구분된다. 예수는 천상에서, 성령은 지상에서 하신다. 예수 그리스도는 부활 승천하신 후 하나님 보좌 우편에 계시면서 우리를 위하여 기도하신다(롬 8:34; 히 7:25; 요일 2:1). 승천하신 예수께서는 이렇게 하나님 보좌 우편에서 우리를 위하여 대언 기도하신다.

히브리서 저자는 예수께서, 자기를 믿어 하나님께 나가는 자들을 온전히 구원하실 수 있는 능력이 있으신 분이신 데 그 이유는 항상 살아 계시며 우리를 위하여 간구하시는 분이기 때문이라고 설명한다.

> 그러므로 자기를 힘입어 하나님께 나아가는 자들을 온전히 구원하실 수 있으니 이는 그가 항상 살아 계셔서 그들을 위하여 간구하심이라.(히 7:25)

사도 요한도 예수님은 의로우신 분으로 대언(변호)자 이라고 설명한다.

> 아버지 앞에서 우리에게 대언자가 있으니 곧 의로우신 예수 그리스도시라.(요일 2:1b)

한편, 성령께서는 지상에서 믿음을 고백하는 성도들의 마음속에서 말할 수 없이 탄식하신다. 성령께서는 성도가 무엇을 기도해야 것인지를 모르는 것을 안타까워하신다. 이를 안타깝게 여기신 성령께서 우리를 대신하여 기도하신다.

예수께서는 제자들에게 자신이 아버지 하나님께 구하여 성령 보혜사를 보내셔서 성도들 가운데 성령께서 영원히 계시게 하겠다고 약속하셨다. 그 성령님은 진리의 영으로 성도 마음속에 계시면서 기도하시는 하나님이시다.

> 내가 아버지께 구하겠으니 그가 또 다른 보혜사를 너희에게 주사 영원토록 너희와 함께 있게 하리니, 그는 진리의 영이라 세상은 능히 그를 받지 못하나니 이는 그를 보지도 못하고 알지도 못함이라. 그러나 너희는 그를 아나니 그는 너희와 함께 거하심이요 또 너희 속에 계시겠음이라.(요 14:16~17)

그런데 예수께서 보내시겠다고 약속하신 성령께서 하시는 일이 무엇일까? 다음 구절에서 알 수 있듯이 성령께서는 다섯 가지 은혜로 우리를 인도하신다. **첫째**, 진리로 인도하시고 **둘째**, 진리를 깨닫게 하시고 **셋째**, 장래를 알리시고 **넷째**, 선악을 구분하게 하시고 **다섯째**, 죄와 악과 세상을 정죄하신다.

> 그러나 진리의 성령이 오시면 그가 너희를 모든 진리 가운데로 인도하시리니 그가 스스로 말하지 않고 오직 들은 것을 말하며 장래 일을 너희에게 알리시리라.(요 16:13)

> 그러나 내가 너희에게 실상을 말하노니 내가 떠나가는 것이 너희에게 유익이라 내가 떠나가지 아니하면 보혜사가 너희에게로 오시지 아니할 것이요 가면 내가 그를 너희에게로 보내리니, 그가 와서 죄에 대하여, 의에 대하여, 심판에 대하여 세상을 책망하시리라.(요 16:7~8)

이렇게 성령께서는 예수께서 전하신 말씀, 또 예수께서 완성하신 구속의 진리를 우리에게 알려주시고, 그리고 이 진리를 믿고 예수를 주로 고백하는 성도에게 예수께서 완성하신 구속의 진리가 온전히 적용되도록 격려하시며 기도하신다.

사도 바울은 성령이 우리의 마음 깊은 곳에 숨겨진 모든 것을 우리가 고백하게 하시고 회개하여 구원에 이르게 하신다고 말한다. 그것이 가능한 이유는 마음을 살피시는 하나님께서 성령을 통하여 성도가 성령의 뜻에 따라 하나님의 뜻을 수행하도록 하시기 때문이다.

> 마음을 살피시는 이가 성령의 생각을 아시나니 이는 성령이 하나님의 뜻대로 성도를 위하여 간구하심이니라.(롬 8:27)

한편, 신약학자인 헨드릭슨(W. Hendrickson)은 성자 예수님의 대언(代言) 기도와 성령 하나님의 중보(中保)기도의 차이점을 다음과 같이 정리했다. "성자의 기도는 마치 가장으로서 온 가족을 위하여 기도하는 아버지와 같은 역할의 기도라면, 성령의 기도는 약한 자녀의 침상 곁에서 무릎을 꿇고 자녀가 회복되기를 간절히 구하는 어머니의 기도와 같다."

2. 탄식으로 중보기도 하시는 성령

> 이와 같이 성령도 우리의 연약함을 도우시나니 우리는 마땅히 기도할 바를 알지 못하나 오직 성령이 말할 수 없는 탄식으로 우리를 위하여 친히 간구하시느니라.(롬 8:26)

위의 구절은 "이와 같이(in the same way)"로 시작한다. 무슨 의미일까? 앞 구절에서 말한 바와 같이, 피조물의 탄식과 성도의 탄식과 같은 방식으로 성령도 탄식한다는 말이다. 그런데 이렇게 탄식하시며 중보하시는 성령의 기도가 필요한 이유가 무엇일까? 성령께서는 무엇을 기도하시며 어떻게 기도할까?

1) 성령의 중보기도의 필요성

26절에서 밝힌 바와 같이 두 가지 이유를 생각해 볼 수 있다. 우선 인간의 연약성 때문이고, 다음은 무엇을 기도할지 모르는 인간의 무지함 때문이다. 그래서 성도에겐 성령의 중재, 즉 중보기도가 필요하다.

a. 연약함 때문에

인간의 연약함은 이루 다 말할 수 없다. 정신적으로, 신체적으로, 그리고 지적으로 매우 강한 사람이라 할지라도 실상은 약하기 짝이 없다. 스스로 강한 척, 똑똑한 척할 뿐이다. 인간은 또한 도덕적으로나 감정적으로 그리고 영적으로 약한 존재이다.

바울은 두 구절(26, 27절)에서 4번이나 "성령"을 언급하면서 성령께서 중보기도를 하신다는 점을 강조하고 있다. 그는 "성령께서 우리의 연약함을 도우시나니 우리는 마땅히 기도할 바를 알지 못하기" 때문에 인간의 연약함을 도우시려고 중보기도를 하신다고 말한다.

인간은 원래 하나님의 형상으로 지음을 받은 탁월한 능력의 소유자였다. 그에게는 만물을 다스리는 권능이 주어졌었다. 그런데 그가 죄를 지으므로 그 영광스럽고 탁월한 능력을 상실했다. 오히려 인간이 죄의 지배를 받게 되었다. 그 결과 인간의 탁월한 능력은 제한되었고, 죄로 인하여 하나님의 거룩하심을 상실한 가운데 만사에 제약받는 상태에 놓이게 되었다.

이러한 인간의 연약성 때문에 인간은 자기를 구원하지 못하기에 성령의 중보 사역이 절대적으로 필요하다. 인간의 한없는 연약함은 당연히 알아야 할 지식을 모르는 무지함에 빠지게 되었고 피조물로서 창조주 하나님께서 원하시는 바에 대한 무지로 인하여 기도할 때 무엇을 구해야 하는지 모르는 존재가 되었다. 이런 연약한 우리를 위하여 성령께서 하나님께 기도하신다.

이때 흥미로운 점은 바울이 "우리도"라고 자신까지 포함하여 말하고 있다는 점이다. 생각해 보면 바울은 기도의 사람이었다. 그의 서신서 곳곳에서 "기도"를 강조하였고, 탁월한 기도문"을 남길 정도다. 대표적인 예가 에베소서에 실린 두 개의 기도문이다(엡 1:15~19; 3:14~19). 바울은 놀랍고 다양한 주제로 하나님께 기도했음을 알 수 있다. 이러한 기도를 우리도 드릴 수 있다면 얼마나 좋겠는가!

그의 기도 주제를 보면, 용서, 화평, 풍성한 영적 지식, 복음 전도, 환란 중의 인내와 용기, 승리, 구제, 봉사 등등 다양하다. 이들 주제는 성도라면 마땅히 드려야 할 기도 제목이 어떤 것들이 있는 지를 깊이 알게 한다.

b. 기도할 내용을 모르기 때문에

그런데, 기도의 용사인 그가 기도하면 항상 응답받았는가? 그렇지 않다. 다음 구절을 보자.

여러 계시를 받은 것이 지극히 크므로 너무 자만하지 않게 하시려고 내 육체에 가시 곧 사탄의 사자를 주셨으니 이는 나를 쳐서 너무 자만하지 않게 하려 하심이라. 이것이 내게서 떠나가게 하기 위하여 내가 세 번 주께 간구하였더니, 나에게 이르시기를 내 은혜가 네게 족하도다. 이는 내 능력이 약한 데서 온전하여짐이라 하신지라.(고후 12:7~9a)

바울은 하나님의 뜻이 무엇인지를 모르고 요구 즉 "육체의 가시를 제거해 달라"고 세 번씩이나 기도했다. 그런데 놀랍게도 하나님은 바울의 절실한 기도를 거절하셨다. 하나님은 "내가 그동안 네게 베풀어 준 은혜가 족하다!"라고 응답해 주셨다.

이는 현재 상황에 만족하라. 이것이 그동안 네게 베풀어 준 은혜이기에 그 은혜로 만족하고 현재의 상황을 받아드리라는 것이다. 참으로 의아하고 안타깝기 까지 하다. 하나님께서 뜻이었으셔서 바울에게 육체의 가지를 주셨지만, 바울은 그것을 모르고 세 번씩이나 기도를 했던 것이다.

우리는 언제 그리고 왜 기도해야 하는가? 이유가 여러 가지가 있겠지만 우리의 기도하는 배경은 무엇인가 바라는 것을 얻으려 하기 때문이다. 이루고 싶고, 소유하고 싶고, 누리고 싶은 것을 얻기 위해서 기도라는 종교적인 수단을 취하는 것이다. 그래서 우리가 기도할 때, 하나님의 뜻이 무엇인지는 고려하지 않고 나의 뜻만을 고집하여 기도하며 얻기를 원한다.

성경은 어떻게 기도하라고 가르치는가?

첫째, 하나님의 자녀로서, 하나님 나라 백성으로서, 예수의 제자로서, 감사와 순종을 통하여 하나님께 영광을 돌리도록 기도하라(고전 10:31).

둘째, 성령께서 마음속에 계심을 믿고 기도하라(롬 8:26).

셋째, 예수의 이름으로 기도하면 응답하게 해주실 것을 약속하셨기에 기도하라(요 14:14).

넷째, 예수와 성령의 중보기도를 믿고 좌절하지 말고 끝까지 기도하라(눅 19:1).

다섯째, 나의 뜻대로 기도하지 말고 하나님의 뜻이 무엇인지 알기를 구하라(눅 22:42).

2) 성령의 중보기도 방식

그렇다면 성령께서는 어떻게 중보기도를 하실까? "우리는 연약해서 마땅히 기도할 바가 무엇인지 모르지만, 성령께서는 '말할 수 없는 탄식'으로 우리를 위하여 기도하신다(26절)."라고 말한다.

여기서 "탄식"은 누가 하는 탄식인가? 이 탄식은 성도의 탄식이 아니라, 당연히 성령께서 하시는 탄식이다. "성령께서 말로 다 할 수 없는 탄식으로"라고 했는데, 한글 번역에서는 잘 나타나고 있지 않지만, 원문에는 "성령도(*auto to pneuma*)"라고 되어있다. 즉 피조물 그리고 하나님의 양자들이 탄식하는 것과 같이, 성령께서도 탄식한다는 것이다. 또 "마음을 살피시는 이가 성령의 생각을 아시나니 이는 성령이 하나님의 뜻대로 성도를 위하여 간구하심이니라(27절)"라는 구절에서, 성령께서 하나님의 뜻대로 '말로 표현할 수 없는 탄식'을 하시며 우리를 위하여 중보기도를 하신다고 밝힌다.

3) 성령의 탄식 내용

그런데 이 "말할 수 없는 탄식"은 어떤 내용을 담고 있을까? 사도 바울은 그 내용을 구체적으로 밝히고 있지는 않지만, 생각해 보면, "말할 수 없는 탄식"은 말과 글로도 표현할 수 없는 충격적인 사건 속에서의 고통, 혹은 정말 꼭 이루어져야만 하는 간절한 열망이라고 하겠다.

성령께서 말로 다 할 수 없는 탄식으로 간절히 열망하여 기도하는 것이 무엇일까? 다름 아닌 성도의 구원문제, 나의 구원문제가 아니겠는가? 성령께서 나의 구원을 위해 탄식하시며 위하여 기도하고 계신다. 이에 대한 좋은 예가 사무엘의 모친 한나의 기도(삼상 1:10~11)와 예수께서 기도를 가르치시면서 "과부와 불의한 재판관" 비유(눅 18:1~8)로 말씀하신 경우다.

야고보 선생은 우리 안에 내주하시는 성령께서 얼마나 우리를 사랑하시는지, 말로 다 할 수 없는 탄식으로 우리를 위하여 기도하시는 것을 확인해 주었다.

> 너희는 하나님이 우리 속에 거하게 하신 성령이 시기하기까지 사모한다 하신 말씀을 헛된 줄로 생각하느냐.(약 4:5)

구약 호세아 선지자도 하나님께서 다음과 같이 극진한 사랑으로 마음앓이를 하신다고 밝혀 주었다.

> ~~ 이스라엘이여 내가 어찌 너를 버리겠느냐 ~~ 내 마음이 내 속에서 돌이키어 나의 긍휼이 온전히 불붙듯 하도다.(호 11:8)

이들 구절에서 말하는 바가 무엇인가? 하나님의 영께서는 성도의 구원을 위하여 마음이 불붙듯 열정적으로 안타까워하시며 우리를 위하여 기도해 주시고, 하나님께서는 우리가 세상의 것에 더 심취해 있을 때도 우리 안에 내주하시는 성령께서 시기할 정도로 극진히 성도를 "사랑"하신다는 것이다. 이러한 차원에서 생각해 볼 때, 성령께서는 성도가 살면서 부딪치는 모든 상황 가운데에서 택한 성도를 위하여 기도하시는 것이다.

성도들이 죄에서 벗어나, 온전한 구원의 삶의 안전한 보호와 기쁨의 삶을 살면서 하나님께 영광을 돌리는 수준에 미치지 못하는 상황을 보시고 안타까워하시면서 탄식하시며 기도하신다. 그러므로 모든 성도는 이 점을 기억하고 더욱 기도에 힘써야 한다.

3. 응답이 보장된 성령 하나님의 중보기도

그렇다면, 성령께서 "말로 다 할 수 없는 탄식"으로 기도하시는 결과는 어떻게 될까? 설령 우리가 미려한 언사로 유창하게 기도하지 않더라도 성령께서 우리 속에서 역사하셔서, 성령을 의지하여 성령과 함께 간절하고 진솔하고 진지하게 하나님의 뜻에 맞는 기도를 하면 하나님은 당연히 응답해 주실 것이다.

그리고 '말로 다 할 수 없는 탄식으로 마음을 다하여 드리는 기도'는 하나님 앞에 거짓이 없는 진솔하게 드리는 기도를 의미한다. 다음 구절들에서 이러한 교훈을 얻을 수 있다(삼상 16:7; 왕상 8:39; 대상 28:9; 잠 15:11; 렘 17:9~10; 행 1:24; 고전 4:5; 히 4:13). 이 중에 대표적으로 시편 기자의 기도를 생각해 보자.

> 여호와여 주께서 나를 살펴보셨으므로 나를 아시나이다. 주께서 내가 앉고 일
> 어섬을 아시고 멀리서도 나의 생각을 밝히 아시오며, 나의 모든 길과 내가 눕
> 는 것을 살펴보셨으므로 나의 모든 행위를 익히 아시오니, 여호와여 내 혀의
> 말을 알지 못하시는 것이 하나도 없으시니이다.(시 139:1~4)

이렇게 "마음을 살피시는" 하나님은 우리를 극진히 사랑하신다. 하나님은 성령을 통하여 우리에게 그 사랑을 깨닫게 하시고 느끼게 하신다(롬 5:5b). 우리는 성령의 내주하심을 통하여, 기도 가운데 깊이 하나님의 임재를 체험하며 그 사랑을 느끼게 된다.

결 론

모든 성도는 자기 속에 내주하시는 성령께서 자기의 영과 함께, 말할 수 없는 탄식으로 기도하고 계심을 기억해야 한다. 그리고 자신의 연약함과 무지함을 인정하고, 무엇을 기도할지 모르는 자임을 인정해야

한다.

'불의한 재판관과 과부 비유(눅 18:1~8)에서 가르쳐 주신대로 쉬지 말고 기도하여 하나님의 선하심을 맛보아 아는 기쁨을 누리는 성도가 되자.

> 너희는 여호와의 선하심을 맛보아 알지어다 그에게 피하는 자는 복이 있도
> 다.(시 34:8)

제105강

부르심을 받은 자의 선을 위하여

우리가 알거니와 하나님을 사랑하는 자 곧 그의 뜻대로 부르심을 입은 자들에게는 모든 것이 합력하여 선을 이루느니라. 하나님이 미리 아신 자들을 또한 그 아들의 형상을 본받게 하기 위하여 미리 정하셨으니 이는 그로 많은 형제 중에서 맏아들이 되게 하려 하심이니라(로마서 8:28~29).

"걱정하지 마, 행복해(Don't Worry Be Happy)"란 노래를 아는가? 바비 맥페린(Bobby McFerrin) 이란 가수가 불러 1989년에 그래미상(Grammy award)을 받은 유명한 노래다. '어떤 일이 닥치더라도 걱정하지 말고 스스로 행복하라'를 무반주(acappella)로 노래했다. 매우 낙천적이고 긍정적인 사고를 갖고 인생을 살라고 불러 많은 사람을 즐겁게 했다.

한편 이에 편승이라도 하듯이, 당시 기독교계에서는 "긍정적 사고(Positive Thinking)"라는 것이 유행병처럼 번지고 있었다. 이 사상은 노만 빈센트 필, 로버트 슐러, 조엘 오스틴 등이 주도적으로 주창하여 지금까지 큰 영향을 미치고 있다. 그런데 이 주장은 심리학적 접근으로 긍정적인 사고가 복음인 양 포장되는 얄팍함을 내포하고 있다. 이들은 그것이 구원이라고까지 주장했다. 과연 긍정적인 사고를 성경이 교훈하는 구원의 도리라고 할 수 있을까?

본문은 기독교인들이면 누구나 좋아해서 암송하고 있는 말씀이다. 이들은 "합력하여 선을 이루어주신다"고 믿고 살아가면 된다고 가르친다. 물론 그러한 교훈이 없는 것은 아니라고 할 수는 없지만, 과연 바울이 말하고자 하는 교훈이 무조건 다 잘될 것이라는 것일까 라는 점은 따져 보아야 한다. 사실 이 구절은 너무도 많은 교회에서 긍정적 사고와 함께 일방적으로 인용되는 구절이기에 지금까지도 별생각 없이 사용되어 왔다. 그래서 더욱 신중하게 본문을 다루어야 한다.

1. 성도가 확실하게 아는 것

말씀드린 대로 28절은 하나님께서 모든 상황을 종합하여 결국에는 선을 이루어주신다는 의미라 말한다. 그래서 모든 일이 합하여 결국에는 좋게 되고 잘 될 것이라는 말씀으로 이해한다. 과연 그런 의미일까? 이 말씀의 진정한 영적 교훈은 무엇일까?

28절은 "우리가 알거니와"로 바로 시작되지만, 원문에는 "그리고(de, and)"로 시작한다. 이것은 앞에서 말씀한 바에 부가적인 말씀으로, 로마서의 수신자들에게 위로와 격려를 하려는 목적으로 한 말씀이다. 이제까지 8장에서 사도 바울이 성도가 누리게 될 영광스러운 구원에 이르는 과정을 설명한 후 덧붙인 말씀이기 때문이다.

이를 요약하면 다음과 같다.
1) 주 예수 안에서는 결코 정죄함이 없다(1~8절),
2) 성령께서 내주하셔서 장차 육신의 몸을 영화롭게 하신다(9~11절).
3) 성령께서 하나님의 자녀로서 하나님의 후사가 되는 확신을 주신다(14~16절).
4) 성도가 겪는 현재의 고난은 장차 누릴 영광과 비교조차 되지 못

할 것이다(18절).

5) 성도는 모든 피조물이 탄식하며 고대하는 새 하늘과 새 땅에서 살 것이다(19~22절).

6) 피조물도 하나님이 자녀의 출현을 고대하며 탄식한다(23~25).

7) 성령은 하나님 자녀의 연약함을 도우며 그들이 하나님의 뜻이 따른 기도하게 하신다(26~27절).

바울은 이런 말씀을 통하여 하나님께서 이 모든 과정을 주관하셔서 택하여 부르신 성도들의 구원을 완성하시기 위하여 모든 상황 속에 개입하시어 결국 선을 이루신다는 것을 밝히 말했다. 이어서 그는 성도들은 이미 잘 알고 있을 것을 인정하며 그들을 위로한다. 그는 모든 성도는 하나님의 사랑을 받은 자이며 그 사랑 가운데 하나님을 진정으로 사랑하는 자이라고 강조한다. 그 역시 사역 중에 체험한 모든 상황에서 하나님께서는 사랑으로 구원하심을 확신했기 때문이다.

그래서 바울은 8장을 이렇게 마감한다.

> 그러나 이 모든 일에 우리를 사랑하시는 이로 말미암아 우리가 넉넉히 이기느니라. 내가 확신하노니 사망이나 생명이나 천사들이나 권세 자들이나 현재 일이나 장래 일이나 능력이나 높음이나 깊음이나 다른 어떤 피조물이라도 우리를 우리 주 그리스도 예수 안에 있는 하나님의 사랑에서 끊을 수 없으리라.(롬 8:37~39)

성도는 지난날의 경험을 통하여 이 점을 분명하게 인식하고 있는 자이다. 여러분은 하나님께서 이 모든 것을 섭리하시며 간섭하신 것이라고 인정하실 수 있겠는가? 그리고 그 모든 과정이 나에게 합하여 선이 될 것을 믿으시는가?

2. 구원 지식의 근거

28절은 "우리가 알거니와"라고 말한다. 바울의 이 판단은 성도가 이미 알고 있는 지식의 근거가 어디에서 오는 것이라고 판단했을까? 두 가지로 생각해 볼 수 있다. 먼저 지난 역사에서 체득한 지식에서, 다음은 하나님의 섭리에 대한 확고한 믿음에서 기인한다고 하겠다.

1) 역사에서의 교훈

유명한 역사가 아놀드 토인비(Arnold Toynbee)는 '과거 역사에서 아무것도 배우지 못하는 민족은 희망이 없다!'라고 말했다. 역사는 반복되기에 과거 역사에서 교훈을 얻어 현재를 살고 또 미래를 살아갈 때 배운 것을 실천하므로 성공적인 역사를 이룰 수 있음을 알게 된다. 성경에서도 이 사실에 주목했다.

이는 우리가 들어서 아는 바요 우리의 조상들이 우리에게 전한 바라.(시 78:3)

인류가 지금까지 얻게 된 모든 지식은 과거 역사 속에서 겪은 시행착오를 통하여서 습득된 것이다. 이는 어른이 후손들에게 자신이 겪었던 바를 전달해 주므로 그 후손이 같은 실수를 되풀이하지 않고 더 나은 수준으로 발전하게 되는 것과 같은 이치다.

모세는 신명기서에서 이스라엘 백성에게 지난날 출애굽 1세대의 실수와 불순종으로 인한 실패를 반복하지 말로 다시 반복하여 주시는 십계명을 온전히 기억하여 구원을 누릴 것을 강조했다.

너희 하나님 여호와께서 너희에게 명령하신 모든 도를 행하라. 그리하면 너희가 살 것이요 복이 너희에게 있을 것이며 너희가 차지한 땅에서 너희의 날이 길리라.(신 5:33)

사실, 하나님께서는 이스라엘의 역사 속에 깊이 개입하셔서 그들의 삶 속에서 역사하셨다. 여호와 하나님은 이사야 선지자에게 언약 백성인 이스라엘 민족의 역사 속에 함께 하셔서 그들을 구원하셨다는 사실을 강조했다. 그러나 사실은 그들이 역사 속에서 교훈을 제대로 배우지 못하고 반복적으로 거역하므로 고난을 겪게 되었던 것이다.

> 그가 말씀하시되 그들은 실로 나의 백성이요 거짓을 행하지 아니하는 자녀라 하시고 그들의 구원자가 되사 그들의 모든 환난에 동참하사 자기 앞의 사자로 하여금 그들을 구원하시며 그의 사랑과 그의 자비로 그들을 구원하시고 옛적 모든 날에 그들을 드시며 안으셨으나(사 63:8~9)

선지자 이사야의 말은 이스라엘 백성은 이 말씀을 듣고서도 역사에서 아무런 것을 배우지 못하여 여호와 하나님을 배반하므로 하나님께서 단련을 받게 되어 고난을 겪었다는 것을 교훈한다.

2) 하나님의 섭리를 믿음으로

다음은 이러한 과거에 벌어진 역사적 사건을 통하여 깨닫는 하나님의 섭리하심을 살펴 구원 지식을 얻게 된다. 하나님께서는 지난날 역사 속에서 섭리하시며 진리를 전달하시고 이를 믿는 자녀에게 복을 주신다. 이는 악에서 선을 얻게 하시고, 고난을 통과하며 얻게 되는 귀한 구원 지식이며 이를 통하여 영광된 구원을 얻게 하신다.

그 좋은 예가 요셉의 경우다. 요셉은 비록 형들에게 배신을 당해 애굽으로 팔려가는 고통을 겪었으나 오랜 시간 속에서 하나님의 섭리하심을 깊이 인식하게 되었다. 그는 애굽의 총리가 된 후에 곡식을 얻기 위하여 애굽에 내려와 자기 앞에 무릎을 꿇은 형들을 보면서 과거에 자신이 꾸었던 꿈을 생각했을 것이다. 그러나 요셉은 놀랍게도 형들에게 다음과 같은 말을 했다.

> 하나님이 큰 구원으로 당신들의 생명을 보존하고 당신들의 후손을 세상에 두시려고 나를 당신들보다 먼저 보내셨나니, 그런즉 나를 이리로 보낸 이는 당신들이 아니요 하나님이시라 하나님이 나를 바로에게 아버지로 삼으시고 그

온 집의 주로 삼으시며 애굽 온 땅의 통치자로 삼으셨나이다. 당신들은 속히 아버지께로 올라가서 아뢰기를 아버지의 아들 요셉의 말에 하나님이 나를 애굽 전국의 주로 세우셨으니 지체 말고 내게로 내려오사 아버지의 아들들과 아버지의 손자들과 아버지의 양과 소와 모든 소유가 고센 땅에 머물며 나와 가깝게 하소서.(창 45:7~10)

어떻게 그가 이런 말을 하면서 형들을 만날 수가 있었을까? 이에 대한 시편 기자의 설명을 들어보자.

그가 한 사람을 앞서 보내셨음이여, 요셉이 종으로 팔렸도다. 그의 발은 차꼬를 차고 그의 몸은 쇠사슬에 매였으니 곧 여호와의 말씀이 응할 때까지라. 그의 말씀이 그를 단련하였도다.(시편 105:17~19)

하나님께서 요셉을 향한 섭리는 이스라엘 민족의 형성을 위한 심층적인 역사였다. 비록 요셉은 그것을 알 수 없어서 극심한 고난을 겪었지만, 그는 신실한 믿음으로 그 어려운 상황들을 인내로 단련받아 마침내 가족 구원과 민족 구원을 이루는 초석이 된 것이다. 이렇게 하나님은 언약 백성의 삶의 역사 속에 개입하셔서 구체적으로 구원을 이루어 가신다.

이 영적 원리는 신약에서도 같이 나타난다. 바울은 예수의 부활을 믿는 자에게 이것을 아는 것이 구원의 핵심이라 강조한다.

형제들아 내가 너희에게 전한 복음을 너희에게 알게 하노니 이는 너희가 받은 것이요 또 그 가운데 선 것이라. 너희가 만일 내가 전한 그 말을 굳게 지키고 헛되이 믿지 아니하였으면 그로 말미암아 구원을 받으리라.(고전 15:1~2)

'예수 십자가와 부활' 역시 바울이 전달받은 복음이다. 그는 자신이 전달받은 이 역사적 십자가와 부활을 성도에게 전했다. 그는 자신이 받아 전하는 그 말씀을 굳게 지키고 확실히 믿으면 구원을 얻게 된다고 선포했다.

여기서도 역사적 사건에 개입하신 하나님의 섭리를 믿음이 구원을 얻게 하는 것임이 드러난다. 바울은 자신에게도 이것이 가장 핵심적인 구원의 진리였다.

> 내가 그리스도와 함께 십자가에 못 박혔나니 그런즉 이제는 내가 사는 것이 아니요, 오직 내 안에 그리스도께서 사시는 것이라. 이제 내가 육체 가운데 사는 것은 나를 사랑하사 나를 위하여 자기 자신을 버리신 하나님의 아들을 믿는 믿음 안에서 사는 것이라.(갈 2:20)

3. 합력하여 선이 되게 하심

> 우리가 알거니와 하나님을 사랑하는 자 곧 그의 뜻대로 부르심을 입은 자들에게는 모든 것이 합력하여 선을 이루느니라.(롬 8:28)

이 말씀을 사역(私譯)해 보았다. "그리고 우리가 아는 바, 하나님께서는 자기를 사랑하는 자들 즉 당신의 목적에 따라 불림을 받은 자들의 선을 위하여 사역하십니다."

이 말씀의 뜻은 하나님께서 하시는 일을 모든 성도가 잘 알고 있음을 강조하는 것이다. 성도는 앞 구절의 말씀과 같이 과거의 구원 역사를 통하여, 그리고 그 역사 속에서 발견되는 놀랍고도 신비스러운 섭리를 통하여 얻게 된 지식을 알고 있다. 그 지식은 하나님께서 택하신 성도들에게 그 모든 것은 마침내 선이 되고 유익이 되도록 역사하신다.

그 유익이란 특별한 목적을 성취하기 위한 성령의 사역이다.

> 하나님이 미리 아신 자들을 또한 그 아들의 형상을 본받게 하기 위하여 미리 정하셨으니 이는 그로 많은 형제 중에서 맏아들이 되게 하려 하심이니라.(롬 8:29)

하나님께서 이 모든 과정을 주도적으로 이끄신다. 하나님은 미리 정하신 자들이 하나님의 아들 즉 예수 그리스도의 형상을 함께 가질 수 있도록 섭리하신다. 요셉의 경우가 바로 좋은 예다. 참으로 신비하고 놀라운 하나님의 섭리가 아닐 수 없다.

하나님의 섭리 목적은 성도가 하나님의 형상을 지니신 맏아들 즉 예수의 형상을 닮도록 하시기 위함이다. 이것이 바울이 바라는 목표로, 즉 성도가 예수 그리스도의 장성한 분량을 담고 영적으로 성숙한 수준에 이르는 것이다.

> 우리가 다 하나님의 아들을 믿는 것과 아는 일에 하나가 되어 온전한 사람을
> 이루어 그리스도의 장성한 분량이 충만한 데까지 이르리니(엡 4:13)

이것이 하나님 섭리의 목적이다. 성도는 창조주 하나님에서 예수 그리스도 안에서 제시하신 바 그 형상에 이를 수 있는 지식을 습득하는 것이 중요함을 알아야 한다. 바울은 이 점을 지적하며 이것이 거듭난 하나님 백성의 모습이라고 강조한다.

> 새 사람을 입었으니 이는 자기를 창조하신 이의 형상을 따라 지식에까지 새
> 롭게 하심을 입은 자니라(골 3:10)

결 론

변방에 사는 한 노인의 기르던 말이 도망가는 바람에 여러 날 낙심했다. 그러던 어느 날 도망갔던 말이 준마(駿馬)를 데리고 돌아왔다. 너무나 기뻐 애지중지 키우던 준마를 노인의 아들이 타다가 그만 말에서 떨어져 절름발이가 되었다. 그런데 마침 전쟁이 한창이어서 같은 동네 젊은이들은 전장에 나가 대부분 전사(戰死)하고 말았다. 그러나 그의 젊은 아들은 절름발이로 인해 징병(徵兵)을 면했다.

이 고사에서 "인생만사(人生萬事) 새옹지마(塞翁之馬)"란 말이 나왔다. 이는 한 치 앞을 모르는 세상사를 말할 때 가장 흔히 사용하는 말이다. 복이 화가 되고 화가 복이 되는 등 인생의 길흉화복(吉凶禍福)을 전혀 예측할 수 없다는 깊은 의미를 담고 있다.

교회에서 흔히 어려운 일을 당한 성도에게 "걱정하지 마, 다 잘 될 거야, 합력하여 선을 이루어주신다고 말씀하셨잖아!" 말하곤 한다. 그러나 살핀 바와 같이, 본문은 그런 차원에서 하는 말이 아니다.

하나님의 구원 섭리는 삼위 하나님께서 작정하시고 예정하셔서 예수 안에서 개개인을 부르시고 단련시키시며 이루어 가시는 구원이기에 결코 취소되거나 변경될 수 없음을 강조한 말씀이다. 이는 하나님께서 목적을 가지고 이루어 가시는 섭리다. 그래서 바울은 이 말씀으로 모든 성도를 격려한다.

> 너희 안에서 행하시는 이는 하나님이시니 자기의 기쁘신 뜻을 위하여 너희에게 소원을 두고 행하게 하시나니(빌 2:13)

성도는 하나님의 뜻 즉 예수 안에서 타락하여 상실한 하나님의 형상을 회복하는 목표를 가지고 예정하시고 섭리하셔서 이 구원의 역사에 초대하신 것을 알아야 한다. 하나님께서는 이 뜻을 가지고 여러분과 저를 부르셨다. 이 부르심은 유효한 부르심으로 결코 취소될 수 없다. 이유는 성령께서 우리의 마음속에 거하면서 생각과 감정과 뜻을 주관하시고 진리로 인도하셔서 죄를 깨닫게 하시고 부르심을 인지하여 회개하며 그 뜻을 따르도록 인도하시어 마침내 영화로 이끌어가실 것이기 때문이다.

그래서 사도 바울은 하나님의 섭리하심을 확실하게 알고 믿을 것을 강조한다. 이는 하나님께서 우리를 먼저 사랑하신 것으로 그 모든 것을 종합하여 선을 이루어 가시는 강력한 구원의 과정이기 때문이다. 이 점을 확실하게 알아야 한다. 이는 하나님께서 먼저 사랑하신 것이며(요일 4:19) 목적을 가지고 이루어 가시는 구원 섭리이다.

그렇다면 우리 역시 받은 그 사랑에 감사하며 극진히 하나님을 사랑해야 할 것이다. 어떻게 하나님을 사랑할 수 있는가? 다름 아닌 신뢰(Trust)와 순종(Obedience)을 통하여 하나님을 사랑해야 한다. 어떠한 경우라 하더라도 낙심하지 않고 하나님을 신뢰하는 것이 하나님을 사랑하는 것이며, 그 하나님을 의지하여 어떤 경우에서라도 말씀에 순종하기를 힘써야 한다. 이것이 하나님께 드릴 수 있는 우리의 사랑이며 또 서로 사랑하라고 모범을 보이신 예수님의 말씀에 따라 이 땅에서 사랑을 실천해야 한다.

사도 요한은 바로 그 사실을 지적하며 권면했다.

사랑하는 자들아 하나님이 이같이 우리를 사랑하셨은즉 우리도 서로 사랑하는 것이 마땅하도다(요일 4:11)

하나님은 지금도 성도의 삶 속에 개입하셔서 인도하시고 다스리신다. 이것이 하나님의 섭리 적 통치 원리며 하나님의 권세다. 이 과정에 있어서 연약한 우리는 자신의 고집과 불순종으로 죄를 짓고 그에 따라 실패하며 고난을 겪게 마련이다. 이는 하나님의 실수가 아니다. 어디까지나 인간의 실수이며 죄를 지은 것이기에 그가 스스로 책임져야 하는 문제다. 그렇다고 해서 하나님께서 작정하신 구원은 결코 취소되거나 변경되지 않는다. 이유는 모든 것이 합력하여 선을 이루실 것이기 때문이다.

성도는 이 점을 명확하게 알고 확신하여 더욱 부르심에 감사하며 예수의 영광을 위하여 합리적이며 합당한 생활(롬 12:1~2)을 해야 한다.

주께서 사랑하시는 형제들아 우리가 항상 너희에 관하여 마땅히 하나님께 감사할 것은 하나님이 처음부터 너희를 택하사 성령의 거룩하게 하심과 진리를 믿음으로 구원을 받게 하심이니 이를 위하여 우리의 복음으로 너희를 부르사 우리 주 예수 그리스도의 영광을 얻게 하려 하심이니라.(살후 2:13~14)

제106강

합하여 선을 이루시는 구원

하나님이 미리 아신 자들을 또한 그 아들의 형상을 본받게 하기 위하여 미리
정하셨으니 이는 그로 많은 형제 중에서 맏아들이 되게 하려 하심이니라. 또
미리 정하신 그들을 또한 부르시고 부르신 그들을 또한 의롭다 하시고 의롭다
하신 그들을 또한 영화롭게 하셨느니라(로마서 8:29~30).

군 생활 중에 겪었던 일화를 말씀드린다. 군종으로 근무를 했는데,
감리교회에 다니는 감찰 장교 한 분이 제게 질문했다. "전도사님은 장
로교 교인이시죠? 예정론을 믿는다고 들었습니다. 좋으시겠어요. 구원
이 예정되었으니. 그런데 저희는 예정론을 믿지 않아요. 순종하고 선한
일을 열심히 해야 구원을 받는 것이라고 배웠거든요. 어떻게 모든 것이
다 예정되어 있다고 말할 수 있습니까? 사람이 로봇(Robot)와 같은 기
계도 아닌데 어떻게 다 정해졌다고 할 수 있을까요? 감리교와 장로교
의 구원론 차이가 무엇인가요?"

여러분은 어떻게 생각하는가? 흔히 예정론이라 할 때 하나님께서 미
리 다 정해 놓으셨다는 의미로 이해한다. 이것을 운명론 혹은 숙명론이
라 한다. 예정론과 운명론 혹은 숙명론은 어떤 차이가 있을까? 하나님
께서 창조 전에 누가 믿고 누가 불신할 지를 이미 다 정해 놓으셨다는

말이 옳을까? 틀릴까? 맞는다고 생각하면 그런 예정론은 "운명론 혹은 숙명론"과 같은 것이다. 믿을 자와 믿지 않을 자가 이미 다 정해져 있다고 예정론을 이해한다면 오해한 것이다. 왜냐하면, 믿음 자체가 하나님의 선물이기 때문이다.

> 너희는 그 은혜에 의하여 믿음으로 말미암아 구원을 받았으니, 이것은 너희에게서 난 것이 아니요, 하나님의 선물이라.(엡 2:8)

본문은 구원의 순서(*Credo Salutis,* order of salvation)를 말한다. 이 시간 성경은 구원을 어떤 논리로 설명하는지를 살피려 한다.

1. 하나님의 주도적인 사역

먼저 살필 것은 구원의 주도권에 대한 것이다. 사도 바울은 이렇게 말씀한다.

> 우리가 알거니와 하나님을 사랑하는 자 곧 그의 뜻대로 부르심을 입은 자들에게는 모든 것이 합력하여 선을 이루느니라.(롬 8:28)

하나님께서 자기를 사랑하는 자들 즉 하나님께서 설정하신 목적에 따라 부르신 자들에게 주어질 선(유익)을 위하여 일하신다고 말한다.

강조점은 두 가지다. 먼저, 구원의 주체가 하나님이라는 것이다. 전적으로 하나님께서 일하셔서 이루는 것이 구원이라는 것이다. 다음은 하나님께서 하신 사역의 결과는 합력하여 선을 이룬다는 것이다.

하나님께서 일하신다는 말은 다른 말로 하면, "구원에서 하나님의 주도적인 사역"을 뜻한다. 물론 구원에 있어서 인간의 의무와 책임이 중요하지만, 인간은 구원을 받아야 하는 대상이기에 구원을 베풀어 주시는 그 하나님에 대하여 강조하고 있다. 그리고 그 사역의 결과가 하나님께서 부르신 모든 자에게 일해 가시는 모든 것이 합하여 선이 되게 하신다.

이것은 분명 부름을 받은 자에게 유익이 되는 선일 것이다. 그 선 즉 유익은 무엇일까? 그것은 하나님께서 그들을 부르실 때 목적하신 바를 성취하시는 것이다.

> 하나님이 미리 아신 자들을 또한 그 아들의 형상을 본받게 하기 위하여 미리 정하셨으니 이는 그로 많은 형제 중에서 맏아들이 되게 하려 하심이니라.(롬 8:29)

이 구절에서 "예지, 예정, 부르심, 칭의, 영화"란 주제들을 발견한다. 소위, 이를 "구원의 서정" 혹은 "구원의 순서"라 부르는 주제들이다 유명한 조직신학자 워필드(B. B. Warfield)는 이 순서를 "구원의 황금 사슬 (Golden Chain of Salvation)"이라 칭했다.

이 구절에서 사도 바울은 예정교리를 요약적으로 다루었다. 예정론은 "하나님께서 선택하신 자를 끝까지 책임지시고 구원의 완성에 이르게 하신다"는 진리다. 다른 말로 하면, 구원은 하나님께서 주도적으로 이끄시어 완성하신다는 것이다.

2. 구원의 순서(The Order of Salvation)

구원의 전 과정을 다섯 단계로 설명한다. 이는 예지 예정, 선택, 부르심, 칭의, 영화다. 이를 좀 더 세분하면 예지, 예정, 선택, 부르심, 칭의, 성화, 영화이다. 차례로 생각해 보자.

예지(prognosis)

예지란 하나님께서 "미리 아신다"라는 말로 '하나님께서 미래에 일어날 일을 미리 아신다'는 뜻이다.

성경에서 이 말을 사용할 때는 전제로 하나님께서 기쁘신 뜻에 따라 예지하시고 예정하신다고 말한다. 이는 하나님의 전지성과 인간을 사랑하심에 근거한다. 하나님께서 믿음 없이 갈대아 우르 지역에 살던 이방인 아브람을 먼저 부르셔서 믿음의 조상이 되게 하셨고(창 12:1), 예레미야를 선지자로 부르실 때, "내가 너를 모태에 짓기 전에 너를 알았고 네가 배에서 나오기 전에 너를 성별하였고 너를 여러 나라의 선지자로 세웠노라(렘 1:5)"라고 말씀하셨다. 이는 부활 승천하신 주께서 바울을 사도로 부르실 때도 마찬가지였다.

> 주께서 이르시되 가라 이 사람은 내 이름을 이방인과 임금들과 이스라엘 자손들에게 전하기 위하여 택한 나의 그릇이라(행 9:15)

하나님의 예지하심은 하나님 스스로 열의를 가지시고 이루시는 구원의 출발점이다. 하나님은 인간을 구원하시려는 단순한 목적으로 인간을 대상으로 평가하고 소극적으로 구원을 처리하지 않으신다. 오히려 하나님 스스로 열의를 가지시고 구원을 시행하신다. 이 원리는 이스라엘을 택하실 때나 성도의 구원을 전제하실 때 역시 같다.

> 여호와께서 너희를 기뻐하시고 너희를 택하심은 너희가 다른 민족보다 수효가 많기 때문이 아니니라. 너희는 오히려 모든 민족 중에 가장 적으니라.(신 7:7)

즉 하나님의 기쁘신 뜻(열의, 熱意)은 구원받을 자를 향한 원동력이며 구원의 시작점이다. 하나님은 구원 얻을 자를 먼저 택하셔서 그에게 특별한 은혜를 베푸셨다. 이를 사도 바울은 "그 기쁘신 뜻대로 우리를 예정하사 예수 그리스도로 말미암아 자기의 아들들이 되게 하셨으니(엡 1:5)"라고 밝히 말했다.

예정(30a, predestination)

예정이란 말 그대로 '미리 정했다'는 뜻이다. 그러면 예지와 예정은 어떤 차이가 있을까? 예지 속에는 예정이 담겨있다. 예지와 예정은 미묘한 차이가 있다. 예지는 하나님께서 선택하신 자의 최후 상태까지 포함하는 차원에서 사용되는 개념이라면, 예정은 선택하신 바를 이루시는 방식까지 고려하여 사용되는 개념이다. 하나님께서 택하신 목적이 성취되기까지 구체적인 과정과 방법까지 미리 정하셨다는 것이 예정이다. 이 점에서 예정은 구원을 좀 더 구체적으로 설명하는 개념을 내포하고 있다고 할 수 있다.

본문에서 이 점이 분명하게 드러난다. "하나님이 미리 아신 자들을 또한 그 아들의 형상을 본받게 하기 위하여 미리 정하셨으니(29a)" 미리 아신(예지) 자를 구체적인 목적인 "아들의 형상을 본받게 하려고" 예정하신 것이다. 여기서 중요한 점은 예정의 목적이 구원의 목표 즉 흔히 말하는 "천국에 들어가는 것"보다 "아들의 형상 회복"에 초점이 맞추어져 있다는 의미다. 문제는 "하나님 아들의 형상 회복"의 구체적인 내용과 과정을 아는 것이 구원의 핵심이라는 점이다.

(1) 하나님 아들의 형상 회복의 중요성

하나님께서는 창조 때 "우리의 형상 즉 하나님의 형상"대로 인간을 만드셨다(창 1:26~27; 2:7). 그러나 금단의 명령을 어김으로 인간은 하나님의 형상을 상실하고 훼손되었다. 하나님께서는 아들 예수 안에서 이 파괴된 하나님의 형상을 회복하시기를 원하셨다. 이것이 예수 안에서 이루어지는 구원이다. 이유는 오직 예수 안에서만 그 잃었던 하나님의 형상이 회복될 수 있기 때문이다(고후 4:4; 골 1:15).

> 이를 위하여 사도들은 예수 십자가와 부활의 복음을 힘써 전했다.
> 나의 자녀들아 너희 속에 그리스도의 형상을 이루기까지 다시 너희를 위하여 해산하는 수고를 하노니(갈 4:19)

복음을 믿을 때 잃어버린 하나님의 형상이 회복되어 참된 구원의 지식을 습득하게 되고, 그로 인하여 예수 안에서 주어지는 구원에 이르게 된다. 그것을 중생 즉 새사람이라 부른다.

> 새사람을 입었으니 이는 자기를 창조하신 이의 형상을 따라 지식에까지 새롭게 하심을 입은 자니라.(골 3:10)

(2) 하나님 아들의 형상 회복의 시점

문제는 하나님의 형상 회복이 언제 되는가 하는 점이다. 두 견해가 있다. 하나는 '장차 예수께서 재림하실 때 이루어질 것이다'라고 보는 견해이며(Greijdanus, Lenskey, J. Murry, H. Ridderbos) 다른 하나는 '예수를 믿기 시작할 때부터 진행이 된다'고 보는 견해(Calvin, Cranfield)다.

전자는 본문이 몸의 부활을 언급하고 있기에 예수께서 재림하셔서 구원을 완성하실 때 하나님의 형상이 주어질 것이라고 주장한다. 그러나 바울 서신 전체에서 보여주는 것은 후자의 견해가 맞다. 그 이유를 몇 가지로 설명할 수 있다.

첫째, 하나님께서 미리 아신 자들을 택하신 것은 최종적으로 구원에 이르기까지 연속된다. 바울은 "곧 창세전에 그리스도 안에서 우리를 택하사 우리로 사랑 안에서 그 앞에 거룩하고 흠이 없게 하시려고 그 기쁘신 뜻대로 우리를 예정하사 예수 그리스도로 말미암아 자기의 아들들이 되게 하셨으니(엡 1:4~5)"라고 함으로, 하나님 아들의 형상 회복은 이미 예정하셔서 선택하실 때부터 시작되었음을 밝히고 있기 때문이다.

둘째, 많은 권면은 믿음을 가진 성도들이 예수께서 재림하실 그 날까지 하나님 아들의 형상 회복을 위하여 힘쓸 것을 교훈한다(롬 12:1; 엡 4:22~5:2; 빌 3:10; 골 3:10).

> 너희가 서로 거짓말을 하지 말라. 옛 사람과 그 행위를 벗어 버리고, 새 사람을 입었으니 이는 자기를 창조하신 이의 형상을 따라 지식에까지 새롭게 하심을 입은 자니라.(골 3:9~10)

셋째, 인간의 근본적인 변화는 행위에 의한 것이 아니라, 하나님의 전적인 사역으로 이루어진다.

그러나 내가 나 된 것은 하나님의 은혜로 된 것이니 내게 주신 그의 은혜가
헛되지 아니하여 내가 모든 사도보다 더 많이 수고하였으나 내가 한 것이 아
니요 오직 나와 함께 하신 하나님의 은혜로라.(고전 15:10)

우리가 다 수건을 벗은 얼굴로 거울을 보는 것 같이 주의 영광을 보매 그와
같은 형상으로 변화하여 영광에서 영광에 이르니 곧 주의 영으로 말미암음이
니라.(고후 3:18)

넷째, 아들의 형상을 회복하는 데는 시간이 걸리며 점진적인 과정이다.

주께서 사랑하시는 형제들아 우리가 항상 너희에 관하여 마땅히 하나님께 감
사할 것은 하나님이 처음부터 너희를 택하사 성령의 거룩하게 하심과 진리를
믿음으로 구원을 받게 하심이니, 이를 위하여 우리의 복음으로 너희를 부르사
우리 주 예수 그리스도의 영광을 얻게 하려 하심이니라.(살후 2:13~14)

이런 점에서 예정하심은 "아들의 형상 회복의 과정'으로 "성화의 단
계(the process of sanctification)"의 시작인 셈이다. 그래서 "구원의 서정"
을 예지, 예정 → 부르심 → 칭의 → 성화 → 영화의 단계로 설명한다.

(3) 많은 형제 중의 맏아들이 되심(29b)

한편, 이 말씀에서 아들 예수 그리스도를 "많은 형제 중에 맏아들이
되게 하신다"는 무슨 의미일까? 두 가지로 생각할 수 있다.

먼저, 십자가에서 돌아가시고 부활하심으로 예수는 모든 믿는 자들
을 형제로 취급하여 그 가운데 가장 탁월하신 분이시다. 즉 예수는 근
본이시요. 죽은 자들 가운데서 먼저 나신 분으로 만물의 으뜸이 되신
분으로 교회의 머리이시고(골 1:18), 하나님께서 아들 예수를 이 세상에
보내실 때 모든 천사가 그에게 경배하게 하셨고(히 1:6), 부활로 죽은 자
들 가운데에서 먼저 나시고 땅의 임금들의 머리가 되신 탁월하신 분(요
계 1:6)이신 것이다.

다음은, 예수께서 십자가의 희생과 부활로 대속의 진리를 믿는 모든

자에게 지극히 크신 하나님의 사랑을 깨닫게 하신다. 히브리서 기자는 다음과 같이 말한다.

> 거룩하게 하시는 이와 거룩하게 함을 입은 자들이 다 한 근원에서 난지라 그러므로 형제라 부르시기를 부끄러워하지 아니하시고, 이르시되 내가 주의 이름을 내 형제들에게 선포하고 내가 주를 교회 중에서 찬송하리라 하셨으며, 또다시 내가 그를 의지하리라 하시고 또다시 볼지어다. 나와 및 하나님께서 내게 주신 자녀라 하셨으니.(히 2:11~13)

십자가에서 돌아가시고 부활하신 예수로 인하여 주를 믿는 모든 성도의 맏형이 되시고, 성도들은 그의 아우가 되는 형제 관계가 성립되는 놀라운 은혜가 주어지게 되는 것이다. 놀라운 구원의 비밀이 아닐 수 없다.

부르심(30b, Calling)

성도는 하나님의 사랑하심을 받아 "성도"라 부르심을 받은 자다(롬 1:7). 이들은 하나님의 뜻대로 부르심을 입은 자들(롬 8:28)로 성령께서 역사하신 결과다. 성령께서 역사하심으로 성도는 소명을 느끼게 되고 믿음을 갖고 하나님의 소명에 반응하게 된다.

> 너희가 나를 택한 것이 아니요. 내가 너희를 택하여 세웠나니 이는 너희로 가서 열매를 맺게 하고 또 너희 열매가 항상 있게 하여 내 이름으로 아버지께 무엇을 구하든지 다 받게 하려 함이라(요 15:16)

> 사랑은 여기 있으니 우리가 하나님을 사랑한 것이 아니요. 하나님이 우리를 사랑하사 우리 죄를 속하기 위하여 화목 제물로 그 아들을 보내셨음이라. / 우리가 사랑함은 그가 먼저 우리를 사랑하셨음이라(요일 4:10, 19)

칭의(30c, Justification)

그동안 공부하여 잘 아는 대로 복음을 믿음으로 반응하는 자에게 하나님께서는 의롭다고 선언하신다. 이는 복음을 믿는 자에게 선언되는 구원의 첫 단계다.

> 복음에는 하나님의 의가 나타나서 믿음으로 믿음에 이르게 하나니 기록된 바
> 오직 의인은 믿음으로 말미암아 살리라 함과 같으니라.(롬 1:17)

> 그리스도 예수 안에 있는 속량으로 말미암아 하나님의 은혜로 값없이 의롭다
> 하심을 얻은 자 되었느니라. 이 예수를 하나님이 그의 피로써 믿음으로 말미
> 암는 화목 제물로 세우셨으니 이는 하나님께서 길이 참으시는 중에 전에 지
> 은 죄를 간과하심으로 자기의 의로우심을 나타내려 하심이니, 곧 이때에 자기
> 의 의로우심을 나타내사 자기도 의로우시며 또한 예수 믿는 자를 의롭다 하
> 려 하심이라.(롬 3:24~26)

성화(Sanctification)

이는 성령의 역사로 복음을 믿고 거듭난 성도가 믿음으로 살면서 하
나님 앞에 설 때까지 겪는 인생의 여정이 단련을 받아 죄로 어그러졌던
하나님의 형상이 예수 안에서 회복되어 온전해져 가는 과정을 의미한
다. 이 과정은 그가 성경 말씀을 배우고 그 말씀을 실천하면서 예수의
제자로 주를 따르는 삶을 살아가는 것이다(마 16:24; 막 8:34; 눅 14:27). 사
도 베드로는 이러한 성도의 인생 여정의 목적을 다음과 같은 말씀으로
설명했다.

> 이로써 그 보배롭고 지극히 큰 약속을 우리에게 주사 이 약속으로 말미암아
> 너희가 정욕 때문에 세상에서 썩어질 것을 피하여 신성한 성품에 참여하는
> 자가 되게 하려 하셨느니라. (벧후 1:4)

영화(30d, glorification)

마지막으로 구원의 최종 단계는 영화다. 사도 바울은 구원의 마지막
단계에 이르는 것은 바로 "예수 그리스도의 영광에 참여하는 것"이라
고 밝혔다.

> 자녀이면 또한 상속자 곧 하나님의 상속자요 그리스도와 함께한 상속자니 우
> 리가 그와 함께 영광을 받기 위하여 고난도 함께 받아야 할 것이니라(롬 8:17)

어떻게 이 영화에 참여하게 되는가? "예수 그리스도와 연합(the Union with Jesus Christ)"으로 이루어진다(골 1:27). 이는 예수 안에서 죽은 자에게 주어지는 마지막 구원단계에서 완성된다. 이때는 주 예수께서 재림하실 때로 주 안에서 죽은 자의 몸이 이미 영생에 들어간 영과 합하여 신비스러운 영성체로 변하게 된다. 이 영광스러운 영성체는 예수와 함께 영원한 영광에 참여하게 되는 것이다.

사도들은 신약 여러 곳에서 이 점을 밝히 설명하고 있다(롬 8:11~13; 고전 15:43~53; 빌 3:21; 요일 3:2).

> 사랑하는 자들아 우리가 지금은 하나님의 자녀라 장래에 어떻게 될지는 아직 나타나지 아니하였으나 그가 나타나시면 우리가 그와 같을 줄을 아는 것은 그의 참모습 그대로 볼 것이기 때문이니(요일 3:2)

이렇게 바울은 구원은 예정, 부르심, 칭의, 성화 그리고 영화의 단계를 거치며 이루어지며, 주님과 연합한 성도들은 예수 그리스도의 형상이 회복된 거룩한 자들로 변화된다고 설명한다. 그들은 마침내 그리스도와 함께 하나님의 영광에 참여하게 되는 것이다.

얼마나 세밀하고 강력하며 끈질긴 하나님의 구원 섭리인가! 우리는 이미 이 은혜롭고 신비스러우며 완벽한 구원을 받아 그 영광에 참여한 자임을 확신하며 하나님을 찬양해야 할 것이다.

한편 짚고 넘어가야 할 중요한 점이 있다. 그것은 이 모든 구원을 설명하면서 사도 바울은 이 모든 단계는 이미 이루어진 과거형으로 기록하고 있다는 점이다.

> 또 미리 정하신 그들을 또한 부르시고 부르신 그들을 또한 의롭다 하시고 의롭다 하신 그들을 또한 영화롭게 하셨느니라.(롬 8:30)

예정과 부르심, 칭의와 성화 그리고 영화가 장차 이루어질 것이 아니라, 예수 안에서 이미 이루어진 것이라는 말씀이다. 이를 '미래적 과거

형'이라 하여 우리의 구원이 예수 안에서 창세전에 이미 예정되어 선택받은 구원으로 이는 예수 안에서 취소됨이 없이 성취된 구원임을 강력하게 가르치는 구원의 교리다.

결 론

성도는 예수와 함께 죽고 예수와 함께 산 자들이며(롬 6:4~5). 이미 예수와 함께 다시 살리심을 받은 자로서(골 3:1), 예수와 함께 하늘에 올려져 주님과 함께 하나님 보좌 우편에 있는 자다(엡 4:8). 이 놀라운 진리를 믿는가? 꼭 믿기 바란다.

성도는 이 놀라운 영적 변화의 신분을 언제나 잊지 말아야 한다. 비록 이 땅에서 연약한 육신의 몸을 입고 죄 가운데서 살아가지만, 성도의 영적 신분은 이미 예수와 연합된 상태로 그의 영광 가운데 있다. 이는 현재와 미래에 완성될 영광의 상태가 분리되지 않고 연결되어 있다는 말이다. 신실한 성도는 미래에 완성될 확실한 구원과 미래에 주어질 약속의 영광이 이미 선언되었고 또 현재에 벌써 이루어지고 있음을 의미한다. 이 점을 잊지 말고 더욱 신실한 믿음으로 구원의 완성을 향한 성화에 정진해야 할 것이다.

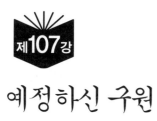

제107강

예정하신 구원

하나님이 미리 아신 자들을 또한 그 아들의 형상을 본받게 하기 위하여 미리 정하셨으니 이는 그로 많은 형제 중에서 맏아들이 되게 하려 하심이니라. 또 미리 정하신 그들을 또한 부르시고 부르신 그들을 또한 의롭다 하시고 의롭다 하신 그들을 또한 영화롭게 하셨느니라(로마서 8:29~30).

사도 바울은 로마서 8장에서 예정교리를 전한다. 이는 예정론이 성경에서 말하는 구원교리의 핵심이 분명하다는 증거다. 기독교의 일부 교파에서는 이 예정론에 대하여 동의하지 않고 비판하기도 한다.

개혁교회와 장로교회에서는 예정론이 성경이 말하는 구원교리임을 확신하기에 성경이 밝히는 예정론의 핵심진리와 역사 그리고 마땅히 믿고 고백하며 삶 속에서 얻게 되는 영적 유익에 대하여 말씀드리고자 한다.

> 하나님이 미리 아신 자들을 또한 그 아들의 형상을 본받게 하기 위하여 미리 정하셨으니 이는 그로 많은 형제 중에서 맏아들이 되게 하려 하심이니라. 또 미리 정하신 그들을 또한 부르시고 부르신 그들을 또한 의롭다 하시고 의롭다 하신 그들을 또한 영화롭게 하셨느니라.(롬 8:29~30)

하나님께서는 미리 아신 자들을 미리 정하시고 그들을 부르시고 의롭다 하시고 영화롭다 하셨다. 이 말씀에서 하나님의 예정에 대한 교리를 찾아볼 수 있다. 삼위 하나님께서는 미리 아시고(예지) 미리 정하시고(예정) 칭의, 성화, 영화로 구원을 이루셨다. 삼위 하나님께서 이 구원의 서정을 거치며 죄인의 구원을 이루어 가신다고 바울은 설명한다. 참으로 놀랍고 신비하며 완벽한 삼위 하나님의 구원 사역이다.

1. "예정교리(The doctrine of predestination)"

개혁교회와 장로교회가 고백하는 웨스트민스터 신앙 고백서는 예정교리를 이렇게 설명한다. "하나님은 영원 전부터 자신의 가장 현명하고도 거룩한 뜻에 따라 앞으로 일어날 일체의 사건을 자유롭게 불 가변적으로 예정하셨다. 그러나 그 결과로 하나님이 죄의 창조자가 되신다든지, 피조자의 의지에 압력을 가하는 존재가 되신다든지, 제2원인 (인간의) 자유와 (모든 일의) 우연성이 무시된다던지 한 것이 아니라 오히려 확정되는 것이다. 하나님은 일체의 조건에서 발생하는 사건과 발생할 수 있는 사건을 다 아신다. 그러나 하나님은 어떤 사건을 미래에 어떤 조건에서 발생할 것이라고 예지(豫知)하셨기 때문에 그것을 예정(豫定)하신 것은 아니다."

이를 웨스트민스터 소요리 문답에서는 문답식으로 하나님의 예정교리를 가르친다.

- 제7문: 하나님의 작정이란 무엇입니까?
    답: 하나님의 작정은 그의 뜻을 따라 세우신 그의 영원한 목적인데, 이로 말미암아 그의 영광을 위하여 이루어지는 모든 일을 미리 정하셨습니다.
- 제8문: 하나님께서는 그 작정을 어떻게 이루시나요?
    답: 하나님께서는 그 작정을 창조와 섭리로 이루십니다.

이 두 질문에서 하나님의 작정은 당신의 뜻에 따라 세우신 영원한 목적 즉 당신의 영광을 이루시기 위한 것이라 말한다. 이를 위하여 하나님께서는 모든 것을 미리 정하셨다. 피조물로서는 알지도 못하고, 알 수도 없는 영역에서 이루어진 목적이며 과정이다.

이는 유한한 피조물과는 아무런 관계가 없다. 그 어떤 전제조건도 없다. 오직 창조주 하나님께서 자신의 영원하신 뜻에 따라 예정하신 것이다. 이는 신적 절대성에 의하여 설정된 것이다. 그래서 하나님의 예정은 거룩하며 영원불변하며 지혜로우며 완벽한 섭리로 나타난다. 성사되는 일들은 인간의 이성과 지혜와 습관을 뛰어넘는다. 하나님께서는 이 비밀을 당신의 종들에게 미리 알려 주시기도 한다. 인간은 발생한 후에야 그것을 알게 될 뿐이다.

한편, 하나님의 이 예정은 자연계에만 관계하는 것이 아니라, 창조로부터 심판에 이르기까지 인류 역사 전체에 미친다. 그리고 성도와 천사와 사악한 자와 음부에서 역사하는 마귀 등 영적 활동까지 다 포함한다. 이는 과거 현재 그리고 미래에서 벌어질 시간과 모든 상황의 원인, 조건, 관계 등 일체를 다 포괄한다. 그뿐 아니라 영원 안에서 벌어질 시간과 모든 피조물의 모든 활동 범위를 다 포괄한다.

하나님의 예정에는 하나님 자신 외에 모든 것이 포함되므로 존재하는 모든 것은 오직 하나님의 창조 섭리에 따라 이루어지게 마련이다. 이는 전지전능하신 하나님의 주권적 섭리 가운데서 이루어지는 것이기에 지극히 당연하다.

이 귀한 예정교리를 다 진술한 결론으로 바울은 신비스럽고 놀라운 하나님의 예정 섭리에 대하여 다음과 같이 고백했다.

> 깊도다. 하나님의 지혜와 지식의 풍성함이여, 그의 판단은 헤아리지 못할 것이며 그의 길은 찾지 못할 것이로다. 누가 주의 마음을 알았느냐, 누가 그의

모사가 되었느냐, 누가 주께 먼저 드려서 갚으심을 받겠느냐, 이는 만물이 주에게서 나오고 주로 말미암고 주에게로 돌아감이라. 그에게 영광이 세세에 있을지어다. 아멘!(롬 11:33~36)

바울은 하나님의 예정 섭리를 깨닫고는 깊은 경외심으로 예정 섭리를 고백하며 하나님께 찬양을 올려드렸다. 하나님께서 예정의 진리 가운데 이루어지는 구원은 "주에게서 나오고(from him, 기원 혹은 시작), 주로 말미암고(through him, 과정), 그리고 주에게로(to him, 완성)"의 주체가 모두 하나님이시다.

바울은 이렇게 예정된 대로 이루시는 구원을 분석하며 하나님을 찬양했다. 그러기에 구원받은 성도는 이 놀라운 구원을 세밀하게 살펴 믿어야 하며, 삼위 하나님을 진심으로 찬양하며 삶 속에서 구원을 확신하며 누려야 한다.

한편 하나님의 이 놀라운 예정 섭리를 깨달은 다니엘 선지자는 고백했다.

"그는 우주의 주재시오. 하늘의 군사에게든지 땅의 거민에게든지 자기 뜻대로 행하시나니 누가 그의 손을 금하든지 혹은 이르기를 네가 무엇을 하느냐 할 자가 없도다(단 4:35)."

과연 누가 하나님의 이 예정 섭리에 대하여 시비를 걸고, 따지고, 의문을 걸 수 있단 말인가! 바울은 피조물 그 누구도 하나님께 감히 도전할 수 없음을 힐난하며 질문했다.

이 사람아 네가 누구이기에 감히 하나님께 반문하느냐 지음을 받은 물건이 지은 자에게 어찌 나를 이같이 만들었느냐 말하겠느냐(롬 9:20)

2. 역사적 예정론 신앙

초대 교회 때부터 교회는 일부 신학자와 종교 개혁자들을 통하여 하나님의 영원한 작정 즉 예정을 믿고 고백해 왔다.

- **오리겐**(A. Origen, 185~254) "하나님은 예지에 의해서 예정하셨다."
- **어거스틴**(St. Augustine, 354~430) "믿고 의지하는 것은 인간에게 속해 있으며 성령을 통해서 우리 마음에 부어진 사랑을 통해선 선을 행할 수 있는 사람에게 믿음과 의지를 준다. 하나님은 인간이 믿을 것을 예견하셨기 때문에 하나님이 예정하셨다."
- **루터**(M. Luther, 1483~1546) "모든 사물은 무엇이든지 하나님의 의도에서 발생하고 또 그것에 의존한다. 이런 관계로 생명의 말씀을 받을 자와 그것을 받지 못할 자, 그들의 죄에서 해방될 자와 그 죄 가운데서 강퍅해질 자, 칭의 받을 자와 정죄 받을 자가 다 예정되었다."
- **칼빈**(J. Calvin, 1509~1564) "하나님의 영원한 작정(作定)을 우리는 예정(豫定)이라고 부른다. 왜냐하면, 인류는 모두 동일한 운명을 가지고 창조된 것이 아니라, 어떤 이는 영생을 얻기로 어떤 이는 멸망에 이르도록 작정되었기 때문이다. 이렇게 각 개인은 각기 다른 목적으로 창조되었기 때문에 구원 문제에 있어서도 역시 영생 아니면 멸망으로 예정되었다고 말할 수 있다. '하나님의 영원한 목적'은 미래의 모든 사건에 관한 그의 예지의 기초는 되지만 결코 예지나 장래 사건들 자체에서 기원된 것들에 의해 좌우되지 않는다.

이들이 한결같이 예정론에 대한 믿음을 갖게 된 것은 성경이 이 진리를 명확하게 계시하기 때문이다.

> 감추어진 일은 우리 하나님 여호와께 속하였거니와 나타난 일은 영원히 우리와 우리 자손에게 속하였나니 이는 우리에게 이 율법의 모든 말씀을 행하게 하심이니라.(신 29:29)

> 여호와의 계획은 영원히 서고 그의 생각은 대대에 이르리로다.(시 33:11)

> 만군의 여호와께서 맹세하여 이르시되 내가 생각한 것이 반드시 되며 내가 경영한 것을 반드시 이루리라.(사 14:24)

이방인들이 듣고 기뻐하여 하나님의 말씀을 찬송하며 영생을 주시기로 작정된 자는 다 믿더라.(행 13:48)

만일 하나님이 그의 진노를 보이시고 그의 능력을 알게 하고자 하사 멸하기로 준비된 진노의 그릇을 오래 참으심으로 관용하시고 또한 영광 받기로 예비하신바 긍휼의 그릇에 대하여 그 영광의 풍성함을 알게 하고자 하셨을지라도 무슨 말을 하리요.(롬 9:22~23)

찬송하리로다. 하나님 곧 우리 주 예수 그리스도의 아버지께서 그리스도 안에서 하늘에 속한 모든 신령한 복을 우리에게 주시되, 곧 창세전에 그리스도 안에서 우리를 택하사 우리로 사랑 안에서 그 앞에 거룩하고 흠이 없게 하시려고, 그 기쁘신 뜻대로 우리를 예정하사 예수 그리스도로 말미암아 자기의 아들들이 되게 하셨으니(엡 1:3~5)

이외에도 많은 구절이 하나님의 예정에 대하여 말하고 있다. 인류 역사 속에서 나타났고, 나타나고 있고, 또 나타날 모든 일이 하나님의 예정에 따라 이루어진다는 것을 알게 한다.

3. 우연까지도

심지어 예정은 우연처럼 여겨지는 것까지도 하나님의 섭리하심 가운데 예정은 이루어진다고 말한다.

오직 비밀한 가운데 있는 하나님의 지혜를 말하는 것이니 곧 감추었던 것인데 하나님이 우리의 영광을 위하사 만세 전에 미리 정하신 것이라.(고전 2:7)

이 말씀에서 바울은 우연 속에 담겨진 예정 진리를 말한다. 정말 우연인 것 같고 전혀 예측하지 못한 상황에서조차도 인간 이해의 한계를 넘어서는 데까지에도 모든 것이 하나님의 예정 속에 담겨있다는 것이다.

종교개혁 당시 멜랑크톤(P. Melanchton, 1497-1560)은 "모든 일이(우리가 외면적으로 행하는 일뿐 아니라 내면적으로 사고하는 사상까지도) 하나님의 예정에 의해서 되어진다. 기회나 운명 같은 것은 없다. 하나님의 예정을 철저히 깨닫는 길만이 하나님의 경외하고 그를 전적으로 신뢰할 수 있는 유일의 첩경이다." 라고 주장했다.

모든 사건의 발생이 의미 없어 보이고 예상치 못한 것처럼 보이지만, 하나님에게는 그렇지 않다. 하나님은 미리 알고 계시며 또한 이 모든 것을 의도하셔서 시행하신다.

그 대표적인 사례가 요셉의 일생이다. 형들의 시기로 애급에 팔리고 억울하게 왕의 감옥에 갇히게 된 그였다. 숱한 경우에 탄원하며 출옥을 시도했으나 다 허사였다. 그러나 그에게 계시하시는 하나님의 은혜는 하나님의 말씀에 대한 강한 단련을 통하여 하나님의 때에 이루어졌다. 그 과정에서 요셉은 하나님의 예정을 깨닫고 형들 앞에서 고백했다.

> 하나님이 큰 구원으로 당신들의 생명을 보존하고 당신들의 후손을 세상에 두시려고 나를 당신들보다 먼저 보내셨나니, 그런즉 나를 이리로 보낸 이는 당신들이 아니요 하나님이시라.(창 45:7)

어떻게 이런 일이 벌어졌을까? 이에 대하여 시편 105편 기자는 설명한다.

> 그가 한 사람을 앞서 보내셨음이여, 요셉이 종으로 팔렸도다. 그의 발은 차꼬를 차고 그의 몸은 쇠사슬에 매였으니 곧 여호와의 말씀이 응할 때까지라. 그의 말씀이 그를 단련하였도다.(시편 105:17~19)

요셉의 일생! 하나님께서 하신 일이다. 우리가 보기에는 우연이고, 어느 가정에서 벌어지고 벌어질 수 있는 사소한 일반적인 것처럼 보이나 모든 것이 하나님의 예정에 따라 간섭하여 이루어진 것임을 알게 된다. 엄격하게 말해, 하나님의 섭리 가운데는 우연이고 사소한 것은 있을 수 없다. 모든 것이 다 하나님의 거룩하신 계획 중에 발생하는 것이다.

이런 예는 얼마든지 있다. 로마가 적의 기습을 당했을 때 거위 한 마리가 큰 울음소리를 내자 잠든 파수꾼들이 깨어 적의 침입을 발견하고 즉시 본영으로 연락하여 로마를 적으로부터 지킬 수 있었다고 한다. 미국의 초대 대통령인 조지 워싱턴(George Washington, 1732-1799)은 전쟁터에서 적군이 쏜 총탄이 불과 1인치 차이로 빗나가서 죽지 않고 살았다. 1871년 발생한 시카고 대형화재는 암소 한 마리가 호롱불을 차 깨뜨리면서 난 불이 원인이라 한다. 선거 역시 마찬 가지다. 인간이 아무리 운동을 하여 선거에 임한다고 하더라도 그 선거속에 하나님의 섭리하심은 분명하게 작동하고 있음을 알게 된다.

> 사람이 제비는 뽑으나 일을 작정하기는 여호와께 있느니라.(잠 16:33)

이렇게 우연처럼 보여도 그 속에는 하나님의 예정이 있고 섭리가 있음을 알아야 한다. 지난 미국 대통령 선거에서 참으로 많은 일이 있었다. 그러나 이해하고 받아드들이기 힘든 것이라 하더라도 하나님께서 간섭하셨음을 인정해야 한다. 이 모든 일 속에는 하나님의 작정과 섭리가 작동했던 것이다. 이것이 성경이 말하는 예정론에 입각한 성도의 태도라 하겠다.

웨스트민스터 소요리 문답 7문은 이 진리를 이렇게 가르친다. "하나님의 규정들은 하나님의 뜻에 따라 정해진 그의 영원한 목적이니 그는 자기의 영광을 위하여 발생할 것은 무엇이든지 작정하셨다."

아무리 이해가 되지 않고 받아들이기 힘들다고 외쳐도 바울은 천지의 창조주시요, 주인이신 전능하신 하나님의 주권에 의하여 그 모든 것이 이루어지기에 그 과정을 토기장이 비유를 들어 설명했다.

> 이 사람아 네가 누구이기에 감히 하나님께 반문하느냐. 지음을 받은 물건이 지은 자에게 어찌 나를 이같이 만들었느냐 말하겠느냐. 토기장이가 진흙 한 덩이로 하나는 귀히 쓸 그릇을, 하나는 천히 쓸 그릇을 만들 권한이 없느냐(롬 9:20~21)

절대 주권으로 섭리하시는 하나님은 전적으로 자신이 세우신 계획에 따라 통치하시고 구원의 역사를 이루어 가신다. 이 때, 놀라운 점은 나의 머리카락까지도 다 세시는 하나님(마 10:30)께서 나 하나 구원하시기 위하여 이미 창세전에 예수 안에서 예정하시고 섭리하셨다는 사실이다.

> 하나님이 미리 아신 자들로 또한 그 아들의 형상을 본받게 하기 위하여 미리 정하셨으니 이는 그로 많은 형제 중에서 맏아들이 되게 하려 하심이니라. 또 미리 정하신 그들을 또한 부르시고 부르신 그들을 또한 의롭다 하시고 의롭다 하신 그들을 또한 영화롭게 하셨나이다.(롬 8:29~30)

4. 하나님 예정의 완벽함

서울에 롯데월드타워가 세워졌다. 123층에 높이가 555m(1,821ft)이다. 세계에서 6위의 높이를 자랑한다. 이 건물은 클렘페러(James B. Klemperer)의 설계 작품이다. 당연히 그의 설계에 의하여 이 대단한 건물이 세워졌다.

이렇게 인간이 세우는 건물도 설계를 미리 한 후에 건축하는데, 하물며 천지 만물을 창조하신 하나님께서 아무런 계획이 없이 창조하셨을까? 진화론자들이 말하듯이 정말로 우연히 세상이, 우주가 만들어졌을까? 이것을 믿으라는 진화론이 과연 과학 시대에 정말로 말이 되는 학설이 될 수 있을까?

무한한 지혜와 능력의 하나님이 아무런 계획도 없이 만물을 창조하셨다는 것은 전혀 이성적이지 않는다. 정말로 상상조차 할 수 없다. 창조주께서는 지극히 작은 부분 하나하나에 이르기까지 주도면밀하게 계획하시고 섭리하시며 통치한다고 말해야 한다. 이 점에서 하나님은 인간의 역사도 계획하시고 운행해 나가신다. 이를 믿는 것이 이성적이고 과학적이다. 정말로 이 세계는 하나님의 계획 즉 하나님의 예정대로 진행되고 있다.

고든(A. J. Gordon, 1836-1895)은 "만일 우주가 아무런 법칙도 없이 운행된다면 그것은 마치 기관사도 없이 불도 켜지 않은 채 캄캄한 어둠 속을 질주하고 있는 기관차와 같은 것이다." 라고 말했다.

성경은 하나님의 섭리적 통치가 온 우주 만물에 미치고 있는 것처럼, 그의 계획 또한 포괄적임을 가르친다. 이에 대한 성경의 증거를 보자(사 46:9~10,; 살후 2:13;. 마 25:34; 벧전 1:20; 렘 31:3; 시 33:11; 딤후 1:9).

> 여호와의 도모는 영영히 서고 그 심사는 대대에 이르리로다.(시 33:11)

> 나는 하나님이라. 나 같은 이가 없느니라. 내가 종말(終末)을 처음부터 고하며 아직 이루지 아니한 일을 옛적부터 보이고 이르기를 나의 모략이 설 것이니 내가 나의 모든 기뻐하는 것을 이루리라'하였노라(사 46:9~10)

> 그때에 임금이 그 오른편에 있는 자들에게 이르시되 내 아버지께 복 받을 자들이여 나아와 창세로부터 너희를 위하여 예비된 나라를 상속하라.(마 25:34)

> 하나님이 우리를 구원하사 거룩하신 부르심으로 부르심은 우리의 행위대로 하심이 아니요, 오직 자기 뜻과 영원한 때 전부터 그리스도 예수 안에서 우리에게 주신 은혜대로 하심이라.(딤후 1:9)

창조주 하나님은 이렇게 영원한 예정 가운데 완벽하고 철저하게 그리고 확실하게 통치하시고 섭리하신다. 이는 우리 각자를 향한 예정도 마찬가지다. 놀라운 일이 아닐 수 없다. 이를 믿으시는가? 믿으시기 바란다.

5. 하나님 예정의 불변성과 신앙

하나님의 예정은 영원한 계획 속에서 시도되었다. 이는 인류 역사 속에서 진행되었고 앞으로 그 예정은 완성될 것이다. 전능하시고 불변하시는 하나님께서 예정 따라 섭리하셔서 시행하시기 때문이다.

계시의 말씀은 이 하나님의 예정 사역의 진리를 성경 내 곳곳에서 다양한 사람의 삶 속에서 그리고 사건과 사고 속에서 분명하게 증명하고 있다. 또한, 창조의 완성 역시 하나님의 예정 속에서 성취될 것임을 강력하게 예언하고 있다. 이것이 피조물이 얻을 구원의 비밀이며 실체이다. 이에 대하여 바울은 말한다.

> 아담 안에서 모든 사람이 죽은 것 같이 그리스도 안에서 모든 사람이 삶을 얻으리라. 그러나 각각 자기 차례대로 되리니 먼저는 첫 열매인 그리스도요 다음에는 그가 강림하실 때에 그리스도에게 속한 자요, 그 후에는 마지막이니 그가 모든 통치와 모든 권세와 능력을 멸하시고 나라를 아버지 하나님께 바칠 때라. 그가 모든 원수를 그 발아래에 둘 때까지 반드시 왕 노릇 하시리니, 맨 나중에 멸망 받을 원수는 사망이니라.(고전 15:22~26)

이렇게 하나님의 작정과 섭리하심은 철저하고 신비스럽게 예정에 따라 완벽하게 성사된다. 이를 알고 믿는 신실한 성도는 그 하나님의 뜻이 이루어지기를 사모하고 기도해야 한다. 그래서 주께서는 이를 위하여 기도하라고 가르치셨다.

> 나라가 임하시오며 뜻이 하늘에서 이루어진 것 같이 땅에서도 이루어지이다.(마 6:9)

> 그런즉 너희는 먼저 그의 나라와 그의 의를 구하라.(마 6:33a)

워필드(B. B. Warfield, 1887-1921)는 예정에 대하여 "아무리 작고 아무리 기이한 일이라도 하나님의 명령 없이 그의 계획에 있어 그 독자적 위치에 합치하는 일이 없이는 발생하지 않는다. 일체의 귀결은 하나님의 영광을 드러내고 하나님께 대한 찬양을 누적시킨다."라고 설명했다.

장래에 우리가 안전한 구원에 거할 수 있음을 아는 것은 우리의 노력 여하에 달린 것이 아니다. 하나님의 약속에 달려 있다. 정말로 칼빈 선생이 말했듯이, '우리의 구원은 우리를 부르시는 하나님의 음성 즉 "말씀을 듣는 것에서뿐만 아니라, 우리 속에서 역사하는 성령의 조명을 통해서 듣게 됩니다." 또 그는 '하나님의 영원한 예정에 관하여(Concerning the Eternal Predestination)'에서, "구원에 대한 신뢰는 그리스도에게 기초하고 있고 약속의 말씀에 의존되어 있습니다."라고 말했다.

결 론

참새 두 마리가 한 앗사리온에 팔리지 않느냐. 그러나 너희 아버지께서 허락하지 아니하시면 그 하나도 땅에 떨어지지 아니하리라. 너희에게는 머리털까지 다 세신 바 되었나니, 두려워하지 말라. 너희는 많은 참새보다 귀하니라.(마 10:29~31)

하나님의 예정을 믿는 성도는 이 말씀을 기억해야 한다. 전지전능하신 하나님은 나를 향하신 특별한 뜻을 가지고 계시며 그 계획에 따라 예수 안에서 나를 예정하셨음을 믿어야 한다. 나를 사랑하신 하나님께서는 예수 안에서 나를 예정하시고 부르시고 의롭다 하시고 성화시켜 영화에 이르게 하셨다. 그러기에 이 엄위로우신 하나님을 믿음으로 고백해야 한다. 그 분은 작정하시면 반드시 성취하시는 하나님이시다.

만군의 여호와께서 맹세하여 이르시되 내가 생각한 것이 반드시 되며 내가 경영한 것을 반드시 이루리라.(사 14:24)

하나님은 식언하지 않으시고 하신 말을 취소하지 않으신다(민 23:19). 말씀하신 바를 철저하게 시행하는 하나님의 이 예정을 철저하게 신뢰하시기 바란다. 설령 이해가 되지 않고 수용이 되지 않는 일을 겪는다 하더라도 낙심하지 말고 그 속에는 분명 하나님의 뜻이 있고 그 뜻을 성취해 가시는 놀라운 섭리가 있음을 확신하길 바란다. 그래서 인내와 근신으로 기도하며 주의 뜻을 살피며 믿음의 순례길을 성실하게 가야 할 것이다. 이것이 하나님의 예정을 믿는 성도의 믿음이요 구원의 길이다.

제108강

무의미한 다섯 질문

그런즉 이 일에 대하여 우리가 무슨 말 하리요 만일 하나님이 우리를 위하시면 누가 우리를 대적하리요. 자기 아들을 아끼지 아니하시고 우리 모든 사람을 위하여 내주신 이가 어찌 그 아들과 함께 모든 것을 우리에게 주지 아니하겠느냐. 누가 능히 하나님께서 택하신 자들을 고발하리요 의롭다 하신 이는 하나님이시니 누가 정죄하리요, 죽으실 뿐 아니라, 다시 살아나신 이는 그리스도 예수시니 그는 하나님 우편에 계신 자요, 우리를 위하여 간구하시는 자시니라. 누가 우리를 그리스도의 사랑에서 끊으리요, 환난이나 곤고나 박해나 기근이나 적신이나 위험이나 칼이라, 기록된바 우리가 종일 주를 위하여 죽임을 당하게 되며 도살당할 양같이 여김을 받았나이다 함과 같으니라(로마서 8:31~36).

너무도 당연한 질문을 하거나 받아 보신 적이 있는가? 요즘 젊은이들이 그런 질문을 주고받으면서 하는 말이 무엇인 줄 아시는가? "당근이지!" 예를 들면 "정말로 아침에 해는 동쪽에서 뜨나?"라고 물으면, 통상적으론 "물론이지! 혹은 당연하지!"라고 했지만, 요즘 젊은이들은 "당근이지!"라고 답한다. 이 "당근"이란 말은 뿌리 식물인 붉은 색을 띤 그 당근을 말하는 것이 아니라, '당연하다'라는 뜻으로 PC 통신상에서 말하던 은어로 최근에 널리 쓰이고 있다.

본문에서 5가지 질문을 볼 수 있다. 이 질문들은 바울 자신이 전개하여 온 구원의 진리를 논리적인 흐름에 따라 적극적으로 제기하는 질문들이다. 그런데 이 질문은 너무도 당연한 질문들이어서 그에 대하여 답을 할 필요성을 느끼지 않는다.

이런 질문 방식은 로마서를 읽는 독자가 바울이 전개하는 진리의 논리적인 흐름을 놓치지 않게 하고, 또 저자가 전하려는 바를 잘 이해하기를 원하는 소기의 목적을 달성하려는 의도에서 한 것으로 보인다. 즉 이 질문으로 결론을 유도하려는 것이다. 이런 방식은 이미 앞에서도 그가 여러 차례 시도한 적이 있다(롬 6:1, 15; 7:7; 8:31~35).

바울은 본문에서 집중적으로 질문하면서 8장을 마감하고 있다. 이는 그가 이제까지 전개해온 구원의 도리를 마감하는 주제를 결론짓는 방식이다. 그 주제는 "끊어질 수 없는 하나님의 사랑, 그리스도의 사랑에 의한 구원"이다.

이제 답이 필요 없는 당연한 질문 다섯 가지를 생각해보자. 다섯 가지 질문은 "누가 우리를 대적할 수 있는가? 그 어떤 것이든 주시지 않겠는가? 누가 고발하겠는가? 누가 정죄하겠는가? 누가 그리스도의 사랑을 끊을 수 있겠는가?"이다.

그런데 특이한 점은 각 질문에는 "만약(If)" 또는 전제적인 설명이 달려 있다는 점이다. 그러기에 바울의 이런 논리를 잘 따라가야 질문의 의도와 의미를 잘 이해할 수 있고 그 결과 감격스럽고 특별한 은혜를 깨닫게 될 것이다.

1. 누가 우리를 대적할 수 있는가(31b)

바울은 8장을 마감하면서 질문으로 시작한다. "그런즉 이 일에 대하여 우리가 무슨 말을 허리요?" 바울이 제기하는 "이 일"이란 무엇일까? 다름 아닌 28절~30까지 논한 주제를 말한다. 그것은 구원의 서정을 통하여 이끌어 가시는 하나님의 구원이란 주제다. 이 질문은 "그러면, 이에 대한 반응으로 뭐라 말해야 하는가(What, then, shall we say in response to this, NIV)?"이다. 예루살렘 성경(JB)에선, "그렇다면 이에 대하여 덧붙일 것은 무엇인가?"라고 번역했다.

이 질문에 대하여 대적 즉 성도를 공격하는 수많은 원수를 제시할 수 있을 것이다. 그 원수들은 성도가 그리스도 예수의 사랑을 의심하게 하고 주를 믿지 못하게 방해하고 공격하는 세력이다. 바울은 무서운 영적 원수들은 환난, 곤고, 박해 기근, 적신, 위험 그리고 칼과 같은 것들을 나열하고 있다(35절). 이것들은 모두 우리의 삶을 어려움에 빠트리게 할 수 있고, 인격과 신앙을 허물고, 심지어 생명까지도 위협하는 무서운 것들이다.

이 질문에서 "그 누가"는 우리의 신앙을 근본적으로 흔들어 놓는 그 어떤 대적을 말한다. 그것은 죽음의 권세 즉 간교하고 집요하며 심지어 잔인하기까지 한 사탄의 세력이다. 그래서 다드(C. H. Dodd)는 "가끔 우리가 사는 세상에서 발생하는 심한 재난이 믿는 우리를 대적하는 것처럼 보일 때가 있다"라고 말했다. 정말로 이런 것들이 성도를 그리스도의 사랑에서 분리할 수 있을까?

"누가 우리를 대적하리오!"라는 이 질문은 전제가 있다. "만일 하나님이 우리를 위하시면"이다. 바울은 하나님께서 우리를 위하시는 데, 어떻게 이러한 사탄의 세력이 하나님을 믿는 성도를 대적할 수 있단 말인가! 라고 묻는다.

구약에서 가장 듣기 무서운 경고는 하나님을 대적하고, 우상 숭배를 하고, 악한 일을 일삼는 개인과 민족 그리고 나라를 향하여 하나님께서 심판을 경고하시는 것이다. 하나님을 거역하고 대적하며 배교하는 자들을 향한 하나님의 경고가 얼마나 무서운가?

> 그러나 너희가 내게 청종하지 아니하여 이 모든 명령을 준행하지 아니하며, 내 규례를 멸시하며 마음에 내 법도를 싫어하여 내 모든 계명을 준행하지 아니하며 내 언약을 배반할진대, 내가 이같이 너희에게 행하리니 곧 내가 너희에게 놀라운 재앙을 내려 폐병과 열병으로 눈이 어둡고 생명이 쇠약하게 할 것이요 너희가 파종한 것은 헛되리니 너희의 대적이 그것을 먹을 것임이며, 내가 너희를 치리니 너희가 너희의 대적에게 패할 것이요 너희를 미워하는 자가 너희를 다스릴 것이며 너희는 쫓는 자가 없어도 도망하리라. 또 만일 너희가 그렇게까지 되어도 내게 청종하지 아니하면 너희의 죄로 말미암아 내가 너희를 일곱 배나 더 징벌하리라.(레 26:14~18)

> 그 선지자들이 허탄한 묵시를 보며 거짓 것을 점쳤으니 내 손이 그들을 쳐서 내 백성의 공회에 들어오지 못하게 하며 이스라엘 족속의 호적에도 기록되지 못하게 하며 이스라엘 땅에도 들어가지 못하게 하리니 너희가 나를 여호와인 줄 알리라.(겔 13:9)

그런데, 바울의 질문(31절)은 이런 거역과 대적 그리고 배교하는 경우에 제기하는 질문이 아니다. 오히려 적극적이고 긍정적인 전제하에서 제기하는 질문이다. 그것은 "하나님께서 우리를 위하신다"는 조건적 질문이다. 그는 "미리 아시고 예정하시고 부르시고 성화시키시고 영화롭게 하시는 하나님이신데 이러한 하나님의 섭리 아래 있는 우리를 그 어떤 악한 세력이 대적할 수 있단 말인가!"라고 반문하고 있다. 답은 무엇인가? 당연히 "없다(none)!"이다. 왜? 하나님께서 나를 향하여 기쁘신 뜻을 가지시고 신실하게, 집요하게 끈질기게 구원을 이루시기 때문이다.

2. 어떤 것이든 주시지 않겠는가(32절)

이 질문을 다시 읽어 보자.

자기 아들을 아끼지 아니하시고 우리 모든 사람을 위하여 내주신 이가 어찌
그 아들과 함께 모든 것을 우리에게 주시지 아니하겠느냐?(롬 8:32)

이 질문 역시 "자기 아들을 아끼지 아니하시고 우리 모든 사람을 위하여 내어주신"이란 전제가 달려 있다. 이 구절에 대한 NIV는 "당신의 아들을 아끼지 않으시고 우리 모두를 위하여 그를 포기하신(did not spare his own Son, but gave him up for us all)다"라고 번역했다.

하나님은 가장 귀한 아들 예수를 아끼지 않으시고 죄를 지은 우리를 구원하기 위하여 그를 십자가에 죽게 하셨다. 이렇게 예수 십자가 사건은 "우리가 아직 죄인 되었을 때에 그리스도께서 우리를 위하여 죽으심으로 하나님께서 우리에 대한 자기의 사랑을 확증하신 하나님(롬 5:8)"이심을 잘 나타내신 사건이다.

우리를 아니, 나를 구하기 위하여 아들까지 희생시키신 하나님의 이 사랑은 '이루 말할 수 없고(unspeakable)', 도저히 '글로 표현할 수 없다(indescribable).' 그래서 바울은 그토록 나를 사랑하신 하나님이 나에게 그 어떤 은사도 주시지 않겠는가? 라고 반문한 것이다. 이는 마치 탕자의 비유에서 아버지가 돌아온 탕자에 대하여 한 말씀과 같다.

아버지는 종들에게 이르되 제일 좋은 옷을 내어다가 입히고 손에 가락지를 끼우고 발에 신을 신기라. 그리고 살진 송아지를 끌어다가 잡으라. 우리가 먹고 즐기자. 이 내 아들은 죽었다가 다시 살아났으며 내가 잃었다가 다시 얻었노라 하니 그들이 즐거워하더라.(눅 15:22~24)

이렇게 하나님은 나를 구원하시기 위하여 내가 치러야 할 죄의 형벌을 당신의 아들에게 물으셔서 그를 십자가에서 죽이기까지 하신 그 사랑을 깨닫고 믿게 하셨다. 그러기에 복음을 믿은 우리에게 그 어떤 은사를 주지 않으시겠는가? 그저 감사할 뿐이다. 그렇지 않은가! 만 입이 있어도 그 입을 가지고 다 감사 찬송을 드려도 다 못할 감사가 아닐 수 없다.

3. 누가 고발하겠는가(33a)

"누가 능히 하나님께서 택하신 자들을 고발하리요(롬 8:33a)?"이 질문 역시 전제가 있다. 즉 "하나님께서 택하셨는데"란 전제 가운데 누가 하나님께서 택하신 자를 고발할 수 있단 말인가?

생각해 보자. 하나님은 하나님의 법정에서 이미 나를 택하여 "의롭다!"라고 선언하시는 심판자이시다. 또 예수께서 나를 대신하여 변호해 주시는데 어떤 검사가 그 법정에서 나를 고발할 생각조차 할 것인가? 뻔 한 판정이 날 것인데! 누가 그 택하신 자를 고소할 수 있겠는가? 당연히 불가능한 일이다. 그래서 사도 요한은 "만일 누가 죄를 범하여도 아버지 앞에서 우리에게 대언자가 있으니 곧 의로우신 예수 그리스도시라(요일 2:1a)"라고 말했다.

4. 누가 정죄하겠는가(33b~34a)

이 구절 역시 전제가 있다. "의롭다 하신 이는 하나님이시니 누가 정죄하리요(롬 8:33b~34a)."

앞에서 살펴본 대로, 예수 그리스도께서 완성하신 대속의 진리 즉 십자가와 부활의 진리를 믿는 자에게 하나님께서는 의롭다 칭하신다(롬 5:1a). 그런데 원수 마귀는 성도로서 이미 의로워진 우리를 계속하여 정죄한다. 사탄은 우리가 죄를 지은 사실을 괴로워하게 하여 복음을 믿는 우리가 죄의식에서 벗어나지 못하게 우리의 믿음을 조롱하고 비방한다. 우리가 죄 가운데서 벗어나지 못하게 하기 위함이다.

누가 이런 짓을 하는가? 바로 사탄이다. 그러기에 성도는 마음을 어지럽게 하고 괴롭히는 사탄의 시험을 의식하고 담대하게 적극적으로 마귀를 대적해야 한다. 이에 대한 베드로 사도의 말씀은 매우 유익하다.

> 근신하라. 깨어라. 너희 대적 마귀가 우는 사자 같이 두루 다니며 삼킬 자를 찾나니 너희는 믿음을 굳건하게 하여 그를 대적하라.(벧전 5:8~9a)

성도를 의롭다고 선언하신 분은 하나님이시다. 이 점을 잊지 말아야 한다. 바울 사도가 강조하는 바는, 예수 안에서 이미 의롭다 선언하신 그 하나님을 믿는 자는 결코 정죄를 당하지 않는다는 것이다. 성도가 이 진리를 알고 확신하는 것이 매우 중요하다.

놀랍게도 사도 요한은 우리가 설령 죄를 지은 경우라 하더라도 주눅들지 말고 더욱 믿음에 굳게 설 것을 강조했다.

> 이는 우리 마음이 혹 우리를 책망할 일이 있어도 하나님은 우리 마음보다 크시고 모든 것을 아시기 때문이라. 사랑하는 자들아 만일 우리 마음이 우리를 책망할 것이 없으면 하나님 앞에서 담대함을 얻고, 무엇이든지 구하는 바를 그에게서 받나니 이는 우리가 그의 계명을 지키고 그 앞에서 기뻐하시는 것을 행함이라.(요일 3:20~22)

이미 예수께서 대속하셨고 이를 믿는 성도에게 하나님께서는 이미 의롭다 선언하셨다. 그러기에 이 하나님의 선언이 취소되지 않는 한 누가 예수의 대속 진리를 믿는 나를 정죄할 수 있을 것인가? 결코 할 수 없다! 그러기에 성도는 아무리 앞이 캄캄하여 빛이 보이지 않는다 하더라도 좌절하거나 주저앉아 헤매며 포기하지 말 것이다.

그리고 성도가 반드시 알아야 하는 것은 하나님의 법정에서 제기하는 마귀의 고소는 절대로 성사될 수 없고 절대로 받아 드려질 수 없다는 사실이다. 그 어떤 세력도 예수 안에 있는 우리를 정죄할 수 없다. 이미 예수 안에서 의로운 자로 선언 받아 의로워졌기 때문이다.

그러므로 이제 그리스도 예수 안에 있는 자에게는 결코 정죄함이 없나니, 이

는 그리스도 예수 안에 있는 생명의 성령의 법이 죄와 사망의 법에서 너를 해 방하였음이라.(롬 8:1~2)

5. 누가 그리스도의 사랑에서 끊을 수 있겠는가(35절)

이 역시 전제가 있다. "누가 우리를 그리스도의 사랑에서 끊으리요. 환난이나 곤고나 박해나 기근이나 적신이나 위험이나 칼이랴(롬 8:35)!"

바울은 그리스도의 사랑에서 끊어질 조건들을 나열하고 있다. 그런데 실제로 이 모든 상황은 역사상 실제로 벌어진 것들이다. 그저 상상하며 한 말이 아니다. 그러면, 이런 상황들이 발생했다고 생각해 보자, 이런 상황 때문에 예수께서 나를 사랑하지 않으신다고 단정하시겠는가? 물론 이런 상황이 닥치면 많은 어려움을 겪을 것이고 창피하고, 힘들고, 죽음까지도 위협받는 상황까지 내몰릴 수 있을 것이다.

실제로 히브리서 기자는 이런 상황이 발생했다고 기술하고 있다.
또 어떤 이들은 조롱과 채찍질뿐 아니라 결박과 옥에 갇히는 시련도 받았으며, 돌로 치는 것과 톱으로 켜는 것과 시험과 칼로 죽임을 당하고 양과 염소의 가죽을 입고 유리하여 궁핍과 환난과 학대를 받았으니, (이런 사람은 세상이 감당하지 못하느니라) 그들이 광야와 산과 동굴과 토굴에 유리하였느니라.(히 11:36~38)

어떤 성도는 예수를 믿어 성공적이고, 자랑스럽고, 누가 보아도 잘나간 모습의 삶을 살기도 할 것이다. 반면에 어떤 성도에겐 '환난이나 곤고나 박해나 기근이나 적신이나 위험이나 칼의 위협 가운데 놓여' 어려운 상황에 부닥치기도 할 것이다. 그때 신실한 성도는 그런 정도의 위협으로는 그들의 믿음을 꺾을 수 없다. 왜냐하면 그들은 믿음의 용장이기 때문이다. 그들은 말로 표현할 수 없을 정도의 악행을 저지르는 악한 세력들이 준동하더라도, 그들의 믿음은 꺾을 수 없었기 때문이다.

극한의 환란이 그들의 믿음을 소멸시키지 못했다.

이것이 히브리서 11장 믿음의 영웅 행전이다. 믿음의 영웅들은 어떻게 이런 승리를 이뤄냈을까?

> 이 사람들은 다 믿음으로 말미암아 증거를 받았으나 약속된 것을 받지 못하였으니, 이는 하나님이 우리를 위하여 더 좋은 것을 예비하신 즉 우리가 아니면 그들로 온전함을 이루지 못하게 하려 하심이라.(히 11:39~40)

이 말씀은 많은 것을 생각하게 한다. 구원은 우리의 구원이 완성되어야 앞선 성도와 함께 모든 성도의 구원이 성취된다는 사실이다. 그러므로 앞서 가신 성도나 지금 성도나 모든 성도는 믿음으로 구원 얻는다는 점을 확실히 알아야 한다. 히브리어 기자는 말한다.

> 믿음이 없이는 하나님을 기쁘시게 하지 못하나니 하나님께 나아가는 자는 반드시 그가 계신 것과 또한 그가 자기를 찾는 자들에게 상주시는 이심을 믿어야 할지니라(히 11:6)

설사 환란 가운데 처하는 상황 가운데 있다 하더라도 그런 환란과 고통은 장차 주어질 영광과 비교조차 되지 않는 것이라고 바울은 강조한다는 점을 기억하자.

> 생각하건대 현재의 고난은 장차 우리에게 나타날 영광과 비교할 수 없도다.
> (롬 8:18)

성도는 이런 확신 속에서 믿음의 승리를 쟁취할 수 있다.

> 기록된 바 우리가 종일 주를 위하여 죽임을 당하게 되며 도살당할 양 같이 여김을 받았나이다 함과 같으니라. 그러나 이 모든 일에 우리를 사랑하시는 이로 말미암아 우리가 넉넉히 이기느니라.(롬 8:36~37)

사도는 시편 44:22을 인용했다. 시편 44편 기자도 그런 상황까지 내몰린 적이 있었다.

> 우리가 종일 주를 위하여 죽임을 당하게 되며 도살할 양 같이 여김을 받았나이다.(시 44:22)

놀라운 점은 이런 역경들이 오히려 그들을 사랑하신 그리스도의 사랑으로 능히 극복할 수 있어서 순교까지 마다하며 믿음의 순결을 지켰다는 것이다. 그들은 자기를 사랑하는 하나님으로 인하여 넉넉하게 그 모든 시험과 환란과 역경을 이겨낼 수 있었다. 이것이 본문 37절의 의미다.

결 론

하나님께서는 이렇게 당신의 사랑하는 아들까지 죽이심으로 우리를 구원하시기 위한 사랑을 증명하셨다. 또한 아들 예수께서도 아버지 하나님의 뜻에 순종하여 우리를 구원하시려 자신을 십자가에 내어 주심으로 우리를 향한 사랑을 입증하셨다.

이 구속의 진리를 믿는 성도라면 당연히 현재 믿음 때문에 겪는 그 어떤 고난도 능히 극복할 수 있다. 우리를 사랑하신 그 사랑을 결코 잊어버릴 수 없어서 그 놀라운 하나님의 사랑과 주 예수 그리스도의 사랑을 결코 배반할 수 없을 것이다.

유세비우스의 교회사에 실린 이레니우스의 증언에 따르면, 사도 요한의 제자인 서머나 지역의 감독인 폴리갑(Polycap, 70c~110c)이라는 교부가 있었다. 그의 나이 86세가 되던 해(155년 2월 22/23일) 당시 교회는 로마 트라얀(Trajan)황제에게 심한 핍박을 받았다. 집행관이 장작더미 위에 폴리갑을 묶어 놓고 불을 피우기 전에 그를 회유했다. "이제라도 예수를 부인하면 살려주겠소. 나도 당신과 같은 아버지를 모시고 있기에 하는 말이요! 그때 폴리갑이 답했다. '내 나이 86세요. 지난 86년 동안 나는 그의 종이었습니다. 그동안 그분은 나에게 아무런 잘못도 하지 않으셨습니다. 그런데 어떻게 내가 나를 구원하신 왕을 모독할 수 있겠습니까?'" 그리고 장작더미 위에서 순교했다.

이 말씀을 기억하기 바란다.

> 하나님의 사랑이 우리에게 이렇게 나타난 바 되었으니 하나님이 자기의 독생자를 세상에 보내심은 그로 말미암아 우리를 살리려 하심이라. 사랑은 여기 있으니 우리가 하나님을 사랑한 것이 아니요, 하나님이 우리를 사랑하사 우리 죄를 속하기 위하여 화목 제물로 그 아들을 보내셨음이라. 사랑하는 자들아 하나님이 이같이 우리를 사랑하셨은 즉 우리도 서로 사랑하는 것이 마땅하도다.(요일 4:9~11)

제109강

성도의 절대 확신

그러나 이 모든 일에 우리를 사랑하시는 이로 말미암아 우리가 넉넉히 이기느니라. 내가 확신하노니 사망이나 생명이나 천사들이나 권세자들이나 현재 일이나 장래 일이나 능력이나 높음이나 깊음이나 다른 어떤 피조물이라도 우리를 우리 주 그리스도 예수 안에 있는 하나님의 사랑에서 끊을 수 없으리라 (로마서 8:37~39).

로마서 8장 마지막에 도달했다. 보시다시피 로마서 8장은 장엄하고 감격에 찬 격정적인 언사로 마친다. 사도 바울은 벅찬 감격 속에서 그가 전개해온 하나님의 구원 즉 하나님께서 예수 안에서 의롭다 칭하신 성도가 성령의 역사 가운데 인내하여 마침내 영화에 들어가게 되는 전 과정에 대한 심오한 진리를 마감한다. 그것은 구원의 서정(ordo salutis)을 가르치는 것으로 예정, 소명, 칭의, 성화 그리고 영화 교리까지 풍성한 구원의 진리를 담고 있다.

본문에 대하여 강해 설교자 로이드 존스(M. Lloyd-Jones)는 "성경 전체에서 이 구절 이상의 더 크고 더 큰 놀라움은 찾아볼 수 없다(There is nothing greater or more wonderful in the whole of Scripture)"라고 극찬했다.

본문은 두 부분으로 나누어볼 수 있다. 먼저 성도의 인내, 즉 '성도의 견인(perseverance of saints, 35~37절)' 교리와 다음은 바울 특유의 감동적인 논리로 결론짓는 부분(38~39절)이다.

앞에서 살펴본 대로, 바울은 다섯 질문으로 하나님께서 택하신 성도가 가질 수밖에 없는 구원의 확신을 점검하며 최종 승리를 선언했다. 그 승리는 세상에서 말하는 성공신화가 아니다. 그 승리는 역설(paradox)이다.

성경의 기록과 같이 하나님과 예수를 믿는 성도의 삶은 참으로 비참하고 절망적이고 심지어 죽기까지 처절하다. 이는 그가 인용한 시편(시 44:22)에서 증명된다 그러나 바울은 이 모든 경우에서도 "우리를 사랑하시는 이" 즉 하나님으로 인하여 '우리가 넉넉히 이긴다!'라고 선언한다. 놀라운 선언이다, 이 또한 매우 역설적이다.

> "누가 우리를 그리스도의 사랑에서 끊으리요, 환난이나 곤고나 박해나 기근이나 적신이나 위험이나 칼이랴, 기록된 바 우리가 종일 주를 위하여 죽임을 당하게 되며 도살당할 양 같이 여김을 받았나이다 함과 같으니라. 그러나 이 모든 일에 우리를 사랑하시는 이로 말미암아 우리가 넉넉히 이기느니라 (롬 8:35~37)."

바울은 감격과 환희에 찬 확신으로, 그 어떤 경우와 세력 속에서도 "결코 하나님의 사랑에서 끊을 수 없다!"라고 외친다(38~39절). 이 역설적 논리는 31절부터 전개하는 단락의 결론이다. 그의 선언은 "하나님의 사랑에서 결코 우리를 끊을 수 없다! 그 어떤 것도!"이다.

이 서신을 쓸 당시는 로마 정권의 핍박이 점점 심해질 때다. 당시 로마교회 성도들은 종일 심각한 핍박 소식을 들었을 것이다. 마치 못이 박힌 탈곡기로 타작하듯 놀랍게도 그들은 그 환란과 핍박 속에서 믿음을 지켰다. 히브리서 기자는 이렇게 당시 상황을 묘사한다.

> 또 어떤 이들은 조롱과 채찍질뿐 아니라 결박과 옥에 갇히는 시련도 받았으며, 돌로 치는 것과 톱으로 켜는 것과 시험과 칼로 죽임을 당하고 양과

염소의 가죽을 입고 유리하여 궁핍과 환난과 학대를 받았으니, (이런 사람은 세상이 감당하지 못하느니라) 그들이 광야와 산과 동굴과 토굴에 유리하였느니라.(히 11:36~38)

이 말씀은 상상하기조차 싫은 온갖 환란과 고통과 핍박이 나열되어 있다. 누가 이러한 핍박을 받았는가? 우리와 같이 하나님을 믿고, 예수를 믿는 자들이다. 이런 핍박이 과거에만 있었던 골동품과 같은가? 아니다. 지금도 지구촌 한편 구석에서 여전히 버젓이 벌어지고 있다. 단지 여러분과 저는 이 편한 시대에 자유 세상에서 살고 있어서 핍박을 받을 기회가 적었을 뿐이다. 그저 하나님의 은혜라고 말할 수밖에 없다. 그렇다고 해서 우리가 그들보다 의롭다고 말 할 수는 없다. 그렇지 않은가!

그러면, 어떻게 당시 성도는 그 심한 핍박과 환란을 극복할 수 있었을까? 다름 아닌 "하나님의 사랑!" 때문이었다. 놀랍지 않은가? 바울은 "누가 우리를 그리스도의 사랑에서 끊으리요(35a)?"라고 반문하며 그 "어떤 것도 하나님의 사랑과 우리를 분리시킬 수 있는 것은 없다!"라고 주장한다.

어떻게 성도가 이런 확신과 담대함을 가질 수가 있을까? 이 시간 이 엄숙한 '바울의 확신' '바울의 절대 확신'을 살피며 성도의 견인 교리를 통하여 영적 도전을 하고자 한다. 그 확신은 두 가지다. 첫째 넉넉히 이긴다. 둘째 하나님의 사랑은 절대로 끊어지지 않는다.

1. '넉넉히 이긴다'는 확신

바울은 어떤 경우에서도 또 그러한 일들을 직접 겪는다 하더라도 성도는 이긴다고 주장한다. 이 표현에 주목하자. "그러나 이 모든 일에 우리를 사랑하시는 이로 말미암아 우리가 넉넉히 이기느니라(롬 8:37)."

첫째, 수동적 표현이다

"우리를 사랑하시는 이로 말미암아(through him who love us)" 이 무슨 말인가? 성도의 승리는 스스로 힘쓰고 애써서 쟁취하는 것이 아니라는 말이다. 즉 승리가 성도의 능력에 의하여 발생하지 않는다는 뜻이다. 이는 승리할 수 있게 하는 힘은 성도에게서 나오는 것이 아니라, "우리를 사랑하시는 이"에 의하여 발생하고, 승리의 원천은 "우리를 사랑하시는 이" 때문이지 성도로부터 오지 않는다는 뜻이다. 이렇게 구원은 철저하게 수동적으로 주어진다. 왜 그런가? 이 구절을 보자.

> 우리가 아직 죄인 되었을 때에 그리스도께서 우리를 위하여 죽으심으로 하나님께서 우리에 대한 자기의 사랑을 확증하셨느니라. / 곧 우리가 원수 되었을 때에 그의 아들의 죽으심으로 말미암아 하나님과 화목하게 되었은 즉(롬 5:8, 10a)

무슨 말인가? 예수께서 십자가에서 나 대신 죽으심으로 완성된 구원의 진리를 내가 믿게 된 것은 하나님께서 내가 믿기 전에 나를 사랑하셨기에 가능했다는 뜻이다. 과거에 이미 그렇게 나를 사랑하신 하나님께서 나 대신 십자가에서 자신을 주셨기에 나의 구원이 완성될 때까지 '어떻게 나를 포기하시겠는가?'라는 것이다.

구원의 주도권 가지시고 예수를 통하여 행사하시는 하나님께서 어떻게 그 구원을 완성하지 않으시겠는가? 라는 말이다. 그래서 바울은 "자기 아들을 아끼지 아니하시고 우리 모든 사람을 위하여 내주신 이가 어찌 그 아들과 함께 모든 것을 우리에게 주시지 아니하겠느냐(롬 8:32)."라고 반문한다.

둘째, 풍성한 승리를 보장한다.

"넉넉히(hupernikowmen, we overconquer)," 라는 표현은 모자람이 없이 완벽하게 승리한다는 의미다. 다른 말로 표현하면 "정복하려 한 자를 완벽하게 무찌르는 강력한 정복자(more than conquerors)"란 뜻이다.

이는 구원은 성도의 노력으로 되는 것이 아니라, 예수 그리스도께서 완성하신 구속의 진리를 믿게 하심으로 완성된다는 의미다. 그 예수를 믿으면 어떠한 경우와 상황 속에서도 넉넉한 승리가 보장되는 것이다. 어떤 경우이고 어떤 상황인가? 바울은 이렇게 나열한다.

> 사망이나 생명이나 천사들이나 권세 자들이나 현재 일이나 장래 일이나 능력이나 높음이나 깊음이나 다른 어떤 피조물이라도(38~39절),

이 각각의 경우들은 시공간을 초월하고 영육을 초월한 세력이 벌리는 것들로 이는 앞 절(35절)에서 나열한 "환난, 곤고, 박해, 기근, 적신, 위험, 칼" 등의 경우다.

이미 주께서도 이런 경우들을 예상하시고 말씀하시며 경계하셨다.

> 나로 말미암아 너희를 욕하고 박해하고 거짓으로 너희를 거슬러 모든 악한 말을 할 때에는 너희에게 복이 있나니, 기뻐하고 즐거워하라. 하늘에서 너희의 상이 큼이라 너희 전에 있던 선지자들도 이같이 박해하였느니라.(마 5:11~12)

사도들 역시 주님의 이 말씀을 마음 깊이 새기고 그들에게 명하신 복음전파 사역에 힘썼다.

> 근신하라. 깨어라. 너희 대적 마귀가 우는 사자 같이 두루 다니며 삼킬 자를 찾나니, 너희는 믿음을 굳건하게 하여 그를 대적하라. 이는 세상에 있는 너희 형제들도 동일한 고난을 당하는 줄을 앎이라.(벧전 5:8~9)

그러기에 고난이 없는 신앙은 온실 신앙으로 이는 대처능력이 떨어지는 연약한 신앙이며 투쟁이 없는 신앙은 사이비 신앙이라 하겠다. 바른 신앙으로 살아가는 신실한 성도에게는 고난과 핍박이 당연히 있게 마련이다. 이유는 이미 주께서 예상하셨고 사도 역시 그러한 삶을 살아가면서 결코 신앙을 포기하지 않았기 때문이다.

그렇다. 성도가 믿음의 순례길을 갈 수밖에 없는 이유는 바울의 설명과 같이 "생각하건대 현재의 고난은 장차 우리에게 나타날 영광과 비교할 수 없기 때문(롬 8:18)"이다. 이런 배경 하에서 시편 기자도 "고난 당하는 것이 오히려 유익이라. 그로 인하여 주의 율례를 배우게 되었다(시 119:71)"라고 까지 말했다.

온갖 고난 속에서도 굴하지 않고 믿음으로 승리한 성도에게 주어질 그 영광을 바라보는 것에 대하여 생각해 보았는가? 바울은 고후 4장에서도 이 점을 잘 설명한다.

> 우리가 잠시 받는 환난의 경한 것이 지극히 크고 영원한 영광의 중한 것을 우리에게 이루게 함이니, 우리가 주목하는 것은 보이는 것이 아니요 보이지 않는 것이니 보이는 것은 잠깐이요 보이지 않는 것은 영원함이라.(고후 4:17~18)

이 글을 쓴 바울이 누군가? 아이러니하게도, 기독교 초대 교회의 첫 순교자인 스데반 집사의 순교 사건 당시 자신이 책임지겠다고 나섰던 자가 바로 바울!, 당시 이름은 사울이었다. 스데반 집사의 순교 장면을 누가는 이렇게 기술했다.

> 스데반이 성령 충만하여 하늘을 우러러 주목하여 하나님의 영광과 및 예수께서 하나님 우편에 서신 것을 보고 말하되 보라 하늘이 열리고 인자가 하나님 우편에 서신 것을 보노라 한대 그들이 큰소리를 지르며 귀를 막고 일제히 그에게 달려들어 성 밖으로 내치고 돌로 칠새 증인들이 옷을 벗어 사울이라 하는 청년의 발 앞에 두니라. 그들이 돌로 스데반을 치니 스데반이 부르짖어 이르되 주 예수여 내 영혼을 받으시옵소서 하고 무릎을 꿇고 크게 불러 이르되 주여 이 죄를 그들에게 돌리지 마옵소서 이 말을 하고 자니라. 사울은 그가 죽임당함을 마땅히 여기더라.(행 7:55~8:1a)

이 사울이 예수 믿은 다음 그 역시 예수를 인한 고난을 스스로 택하여 스데반과 같은 죽음의 길을 갔다. 이것이 "넉넉히 이기는 것"이 아니고 무엇인가! 놀라운 일이 아닐 수 없다.

2. "결코 하나님의 사랑에서 끊어질 수 없다"는 확신

> 내가 확신하노니 사망이나 생명이나 천사들이나 권세 자들이나 현재 일이
> 나 장래 일이나 능력이나 높음이나 깊음이나 다른 어떤 피조물이라도 우리
> 를 우리 주 그리스도 예수 안에 있는 하나님의 사랑에서 끊을 수 없으리라.(롬
> 8:38~39)

1) 확신의 논리

이 말씀은 사도 바울의 확신이다. 그런데 특이하게도 이 확신은 능동
적이 아니라, 수동적이다. 이는 집요하신 하나님의 부르심에 따라 설득
당하고 설복 당하여 체득 되고 정리 되고 항복하여 결론짓고 얻게 된
확신이다. 무슨 뜻인가? 기독교의 복음은 논리와 이성적 계산에 따른
것이 아니라, 역설과 반전과 이해와 설득으로 항복하게 만드는 논리 체
계를 갖고 있는 복음이란 말이다. 이는 사도 바울의 이 복음 진술에서
잘 나타난다.

> 우리가 아직 연약할 때에 기약대로 그리스도께서 경건하지 않은 자를 위하여
> 죽으셨도다. 의인을 위하여 죽는 자가 쉽지 않고 선인을 위하여 용감히 죽
> 는 자가 혹 있거니와, 우리가 아직 죄인 되었을 때에 그리스도께서 우리를
> 위하여 죽으심으로 하나님께서 우리에 대한 자기의 사랑을 확증하셨느니
> 라.(롬 5:6~8)

> 그리스도의 사랑이 우리를 강권하시는도다. 우리가 생각하건대 한 사람이
> 모든 사람을 대신하여 죽었은 즉 모든 사람이 죽은 것이라. 그가 모든 사람을
> 대신하여 죽으심은 살아 있는 자들로 하여금 다시 그들 자신을 위하여 살
> 지 않고 오직 그들을 대신하여 죽었다가 다시 살아나신 이를 위하여 살게 하
> 려 함이라.(고후 5:14~15)

논리와 이성적으로 따져 볼 때, 십자가 사건은 이해되거나 받아들이
기 힘들다. 정말로 누구에게나 거리끼는 것이며 어리석고 미련한 일이

아닐 수 없다(고전 1:23). 그런데 하나님의 사랑으로 이루어진 십자가 사건은 이를 믿은 성도에게는 정말 감동이요 감격이어서 하나님께 진심 어린 감사와 찬양을 돌려드리지 않을 수 없다. 그들은 미련하고 죄 많은 자신들을 살려주신 그 크신 사랑에 감동하고 감격할 수 밖에 없다. 이러한 현상은 자기 스스로 확신하는 것이 아니라, 하나님의 사랑에 설득되어 갖게 되는 감사요 확신이다. 즉 전적으로 수동적인 구원임을 확신한 가운데 고백하게 되는 것이다.

2) 확신의 내용

무엇을 확신하는 것인가? 하나님의 사랑을 알게 된 자의 확신은 단순히 신앙의 환경이 개선되어 믿기 편하게 되거나 핍박과 시련이 경감되고 환란이 소멸될 것을 확신하는 것이 아니다. 바울이 논리를 보자. 사도 바울은 빌립보 감옥에서 죽을 날만을 기다리면서도 믿음의 승리를 확신했다.

> 나의 간절한 기대와 소망을 따라 아무 일에든지 부끄러워하지 아니하고 지금도 전과 같이 온전히 담대하여 살든지 죽든지 내 몸에서 그리스도가 존귀하게 되게 하려 하나니, 이는 내게 사는 것이 그리스도니 죽는 것도 유익함이라.(빌 1:20~21)

이 고백은 모든 고난과 시련, 환난과 심지어 죽음까지 발생하는 상황은 전혀 개선되지 않고 오히려 더욱 강력하게 전개되는 상황 속에서 죽음을 앞둔 고백이다. 그 배경은 치환된 논리로 무장되어 있다.

> 내가 그리스도와 함께 십자가에 못 박혔나니 그런즉 이제는 내가 사는 것이 아니요 오직 내 안에 그리스도께서 사시는 것이라 이제 내가 육체 가운데 사는 것은 나를 사랑하사 나를 위하여 자기 자신을 버리신 하나님의 아들을 믿는 믿음 안에서 사는 것이라.(갈 2:20)

3) 확신의 대상

바울은 "우리를 우리 주 그리스도 예수 안에 있는 하나님의 사랑에서 끊을 수 없을 것(39절)"을 주장하며 확신한다. 여기서 "우리"는 '예수를 주로 고백하는 성도'다. 이는 하나님의 사랑이 제한(limited)된 자 즉 "예수를 주로 고백하는 자"들에게만 적용되는 것을 뜻한다.

사도 요한도 이 점을 분명히 하고 있다.

하나님이 세상을 이처럼 사랑하사 독생자를 주셨으니 이는 그를 믿는 자마다 멸망하지 않고 영생을 얻게 하려 하심이라. 하나님이 그 아들을 세상에 보내신 것은 세상을 심판하려 하심이 아니요, 그로 말미암아 세상이 구원을 받게 하려 하심이라. 그를 믿는 자는 심판을 받지 아니하는 것이요 믿지 아니하는 자는 하나님의 독생자의 이름을 믿지 아니하므로 벌써 심판을 받은 것이니라.(요 3:16~18)

이 말씀은 예수 십자가 사건은 제한된 사람에게만 적용되어 구원의 역사가 이루어진다는 엄격한 복음 즉 '제한 속죄(limited atonement)'의 진리를 가르친다. 구원은 예수께서 완성하신 구속의 진리 즉 십자가와 부활의 진리를 "믿는 자"에게만 주어지는 구원이지, 온 인류 누구에게나 전부 다 주어지는 구원(만인 구원론)이 아니라는 설명이다.

한편, 이 하나님의 사랑은 예수의 사랑이며 성령에서 역사하셔서 우리를 사랑하는 성령의 사랑이다. 이는 삼위 하나님께서 택한 백성을 끝까지 이끌어 구원의 완성을 이루시는 것이다.

그의 신기한 능력으로 생명과 경건에 속한 모든 것을 우리에게 주셨으니 이는 자기의 영광과 덕으로써 우리를 부르신 이를 앎으로 말미암음이라. 이로써 그 보배롭고 지극히 큰 약속을 우리에게 주사 이 약속으로 말미암아 너희가 정욕 때문에 세상에서 썩어질 것을 피하여 신성한 성품에 참여하는 자가 되게 하려 하셨느니라.(벧후 1:3~4)

4) 확신 방법

그러면 어떻게 이 확신을 가질 수 있을까? 성도가 하나님의 사랑에서 끊어질 수 없다는 사실을 어떻게 알 수 있을까? 수련을 통하여 공력을 쌓아서가 아니다. 다름 아닌 성경이 그 근거가 된다. 성경은 삼위 하나님께서 얼마나 나를 사랑하셔서 구원을 이루고 있는 지를 말한다. 이는 예수 그리스도의 말씀(요 6:39), 기도(요 17:23), 그리고 아버지 하나님의 보증(히 6:17)은 하나님의 사랑을 가장 확실하게 밝히는 증명이다.

> 나를 보내신 이의 뜻은 내게 주신 자 중에 내가 하나도 잃어버리지 아니하고 마지막 날에 다시 살리는 이것이니라(요 6:39)

> 하나님은 약속을 기업으로 받는 자들에게 그 뜻이 변하지 아니함을 충분히 나타내시려고 그 일을 맹세로 보증하셨나니(히 6:17)

> 곧 내가 그들 안에 있고 아버지께서 내 안에 계시어 그들로 온전함을 이루어 하나가 되게 하려 함은 아버지께서 나를 보내신 것과 또 나를 사랑하심 같이 그들도 사랑하신 것을 세상으로 알게 하려 함이로소이다.(요 17:23)

이러한 말씀들은 우리가 어렸을 때부터 즐겨 부르는 563장 찬송, "예수 사랑하심은"에서 잘 묘사되어 있다.

> "예수 사랑하심을 성경에서 배웠네. / 우리들은 약하나 예수 권세 많도다 날 사랑하심. 날 사랑하심. 날 사랑하심/ 성경에 써있네" Bible Tells me so!

결 론

하나님께서 예수 안에서 우리를 택하시고 부르셔서 주를 믿고 구원 얻게 하셨다. 전적으로 하나님의 사랑이요 하나님의 전적인 은혜이다. 그것은 내가 이 땅에 존재하기 전에 이미 작정된 것이며 예정된 것이다. 이는 전적으로 하나님께서 나를 주안에서 아시고 사랑하여 이루어 가시는 구원의 역사이다. 그러기에 우리의 생명의 주시요, 구원이신 주께서 하신 말씀에 근거하여 전대로 하나님의 사랑에서 우리가 끊어질 수가 전혀 없다는 것을 확신해야 한다. 부활하셔서 하나님 보좌 우편에 계신 예수께서 생명과 사망 그리고 음부의 권세를 다 가지시고(계 1:18) 성령으로 택한 백성을 아버지 하나님께로 온전히 인도하신다. 이것이 삼위 하나님께서 이루어주시는 사랑의 역사이며 구원이다. 하나님께서 예정하신 대로 예수 안에서 부르시고 그 크신 사랑을 증명해 보이셨다. 이 진리를 믿게 하시고 지금도 끊임없이 붙잡고 인도하고 계신다.

바울을 끝까지 승리하게 하신 하나님께서 여전히 우리가 승리하도록 이끌어 주실 것이다. 사도 바울은 이러한 강력한 확신으로 "너희 안에서 착한 일을 시작하신 이가 그리스도 예수의 날까지 이루실 줄을 우리는 확신하노라(빌 1:6)"라고 말했다.

바울의 이 확신을 믿는가? 저는 믿는다. 여러분도 바울과 함께 그리고 저와 함께 이 놀라운 구원을 확신 하기 바란다. 전능하신 삼위 하나님께서 이미 내 속에서 선한 일을 시작하셨기 때문이다.

〈로마서 강해 2권 끝〉

로마서 이해하기 (Ⅱ)

예정하신 구원을 성화로 이루시는 성령

로마서 5장 12절–8장 39절

■
초판 1쇄 인쇄 / 2023년 7월 25일
초판 1쇄 발행 / 2023년 7월 30일

■
지은이 | 박 병 은
펴낸이 | 민 병 문
펴낸곳 | 새한기획 출판부

■
편집처 | 아침향기
편집주간 | 강신억

■
주소 | 04542 서울특별시 중구 수표로 67 천수빌딩 1106호
TEL | (02)2274-7809 / 070-4224-0090
FAX | (02)2279-0090
E-mail | saehan21@chol.com

■
미국사무실 : The Freshdailymanna
2640 Manhattan Ave. Montrose, CA 91020
☎ 818-970-7099
E.mail : freshdailymanna@gmail.com

■
출판등록번호 | 제 2-1264호
출판등록일 | 1991. 10. 21

값 25,000원

ISBN 979-11-88521-75-3 03230